우리는 지금
문학이 필요하다

우리는 지금 문학이 필요하다

—

2021년 12월 22일 초판 1쇄 발행
2023년 12월 8일 초판 22쇄 발행

—

지은이 앵거스 플레처
옮긴이 박미경
펴낸이 강준규
책임편집 유형일
마케팅지원 배진경, 임혜솔, 송지유, 이원선

—

펴낸곳 (주)로크미디어
출판등록 2003년 3월 24일
주소 서울시 마포구 마포대로 45 일진빌딩 6층
전화 02-3273-5135
팩스 02-3273-5134
편집 02-6356-5188
홈페이지 http://rokmedia.com
이메일 rokmedia@empas.com

—

ISBN 979-11-354-7217-6 (03180)
책값은 표지 뒷면에 적혀 있습니다.

—

• 비잉은 로크미디어의 인문 도서 브랜드입니다.
• 잘못 만들어진 책은 구입하신 서점에서 교환해 드립니다.

문학 작품에 숨겨진 25가지 발명품

우리는 지금 문학이 필요하다

앵거스 플레처 지음 | 박미경 옮김

Wonderworks

Being

저자 소개

앵거스 플레처_{Angus Fletcher}

앵거스 플레처는 오하이오 주립 대학의 스토리 연구를 위한 세계 최고의 학술 싱크탱크인 프로젝트 내러티브Project Narrative 소속 교수이다. 그는 신경과학과 문학에서 복수 학위를 받았는데, 미시간 대학교에서 신경과학 학사 학위를, 예일 대학에서 문학박사 학위를 받았다. 스탠퍼드 대학에서 셰익스피어를 가르쳤고, 책을 두 권 출간했으며, 소설과 시, 영화, 연극 작품에 관한 학술 논문을 수십 편 발표했다. 그의 연구는 미국 국립과학 재단, 멜론 재단, 아카데미영화상 심사위원회의 후원을 받아 진행되었다. 그는 소니, 디즈니, BBC, 아마존, PBS, NBC/유니버설의 각종 프로젝트에 대한 스토리 컨설팅을 진행하고 있으며, 시나리오 작성에 대한 청각/고급코스 가이드의 저자이자 발표자이다. 그는 현재 제작 중인 J.R.R 톨킨의 일대기를 다룬 영화 '미들 어스Middle Earth'의 각본가이기도 하다.

이 책은 문학 발명품을 총체적으로 조사한 보고서이다. 고대 중국의 서정시에서 셰익스피어의 《햄릿》, 동화, 만화책, 사랑 노래, 시트콤, 성서에 나오는 비극, 《곰돌이 푸》, 고전 로맨스, 공상 과학 영화, 범죄 소설, 노예 이야기까지, 문학사에서 가장 강력하고 유익한 스물다섯 가지 발명품의 문학적 청사진을 제시한다. 그리고 각 청사진이 어떻게 슬픔과 불안, 외로움과 비관적 기분을 덜어주면서도 창의성과 용기, 사랑과 공감과 치유를 안겨주는지, 그 숨은 신경과학을 알기 쉽게 설명한다. 이 책은 역사상 가장 뛰어난 시와 스토리가 어떻게 삶의 여러 순간을 풍요롭게 개선할 수 있는지 보여줄 것이다.

역자 소개

───────

박미경

고려대학교 영문과를 졸업하고 건국대학교 교육대학원에서 교육학 석사 학위를 취득했다. 외국 항공사 승무원, 법률회사 비서, 영어 강사 등을 거쳐 현재 바른번역에서 전문 출판번역가이자 글밥아카데미 강사로 활동하고 있다.

옮긴 책으로는 《마음챙김》, 《인생의 마지막 순간에서》, 《탁월한 인생을 만드는 법》, 《나를 바꾸는 인생의 마법》, 《혼자인 내가 좋다》, 《완벽한 날들》, 《아서 씨는 진짜 사랑입니다》, 《살인 기술자》, 《포가튼 걸》, 《프랙처드》, 《언틸유아마인》, 《프랑스 여자는 늙지 않는다》, 《제인 오스틴에게 배우는 사랑과 우정과 인생》, 《이어 제로》, 《슈퍼히어로의 에로틱 라이프》, 《남편이 임신했어요》, 《내가 행복해지는 거절의 힘》 등이 있다.

이 책에 바치는 찬사

지난 몇 주 동안 이 책에 푹 빠져 지냈다. 이 책의 혁신적 내용과 과감한 추정, 뛰어난 통찰, 뜻밖의 자료, 무엇보다도 영감을 불어넣는 힘에 압도당했다. 앵거스 플레처는 값진 얘깃거리를 가진 작가이자, 우리의 멱살을 부여잡고 낡은 생각을 바꾸라고 흔들어도 될 만큼 훌륭한 비평가이다. 이 작품은 지난 10년 동안 출시된 문학 관련 책들 중에서 가장 중요하고도 유용한 책인 것 같다. 글쓰기를 인간공학과 사회공학에서 일종의 지속적 실험으로 간주하면서, 읽을거리에 대한 새 지평을 열어준다. 그 참신한 시각과 접근에 주목하지 않을 수 없다.

제이 파리니Jay Parini, 미들버리 대학 문학 교수, 《보르헤스와 나의 만남Borges and Me: An Encounter》 저자

아리스토텔레스의 《시학》은 새롭고 과감했지만 불완전한 상태로 남아 있었는데, 앵거스 플레처가 현대 과학의 도움을 살짝 받고 날카로운 분석력을 총동원하여 그 불완전함을 싹 거둬냈다. 플레처는 스토리텔링을 기본 테크놀로지로 홍보하지만, 그 수준을 넘어 문화적 발명품의 치유 가치와 중요성까지 확실히 보여준다. 이 책은 지옥 같은 계절을 버티게 할 완벽한 대비책이다.

안토니오 다마지오Antonio Damasio, 서던 캘리포니아 대학교 신경과학과 교수이자 뇌와 창의성 연구소 소장, 《느낌의 진화》 저자

박식한 사람을 한 명 구하라. 세계 문학의 방대한 지식을 취하라. 현대 심리학과 신경과학의 심오한 지식을 추가하라. 세속적인 지혜도 한 컵 가득 추가하라. 매혹적인 산문체로 휘저어라. 거품이 생길 때까지 가열하라. 그 결과, 세상 어디에도 없는 특별한 요리가 탄생했다. 바로 이 책이다.

마틴 셀리그먼Martin Seligman, 펜실베이니아 대학 심리학과 교수이자 긍정 심리학 센터 소장, 《학습된 낙관주의》 저자

대서사시이자 걸작이다. 앵거스 플레처는 머나먼 역사와 현대의 신경과학까지 총동원하여 인간이 문학을 왜 만들었는지, 더 나아가 세상을 살아가는 데 어떻게 활용하는지 총체적으로 보여준다.

블레이키 버뮬Blakey Vermeule, 스탠퍼드 대학교 앨버트 게라드 문학 교수, 《왜 우리는 문학 속 인물에 관심을 갖는가?Why Do We Care About Literary Characters?》 저자

스토리텔링 기술 전문가가 신경과학과 진화생물학 지식을 바탕으로 문학이 왜 중요한지 설명하면서, 문학의 여러 기법이 우리 마음에 작동하는 수많은 방법을 실제 사례와 함께 명쾌하게 제시했다. 문학과의 만남에서 경이를 경험했던 사람이라면 이 현명한 책에서 이득을 취할 것이다.

로렌스 맨리Lawrence Manley, 예일 대학교 윌리엄 R. 케넌 주니어 영문학 교수

탁월하다. 앵거스 플레처는 우리를 돕는 테크놀로지로서 문학에 대한 혁신적 비전을 제시했을 뿐만 아니라 방대한 독서 목록까지 자세히 소개했다. 이 책은 영감과 흥미로운 도전을 제시하면서 문학을 더 깊이 읽고 생각하도록 유도한다. 엄청난 즐거움을 선사하는 책이다.

라파엘 라인Raphael Lyne, 케임브리지 대학교 영문학부 르네상스 문학 교수

이 책은 스토리의 황홀감과 서스펜스, 역설과 힘을 적나라하게 보여준다. 아리스토텔레스와 셰익스피어에서 현대 신경과학에 이르기까지, 책의 여러 주제를 구성하는 문학 발명품을 제시하면서 지식과 환상과 힐링 욕구까지 한꺼번에 해소해주는 역작이다.

리타 샤론Rita Charon, 컬럼비아 바젤로스 의과대학 서사의학 프로그램 설립자이자 상임 이사

이제 거의 3살이 된 로난에게

"로난이 여기 또 있나?"
"아뇨, 나뿐이에요!"

차례

영감의 불꽃으로 충만한 시신詩神이여!
창작의 가장 빛나는 하늘에 오르소서.

윌리엄 셰익스피어, 《헨리 5세Henry V》

창작의 빛나는 하늘

먼동이 틀 무렵이었다.

손가락이 장밋빛으로 물드는 어슴푸레한 햇살 속에서 경이로운 발명품이 탄생했다. 그것은 마음의 상처를 치유하고 어둠 속에서 희망을 되살릴 수 있었다. 황홀감을 자아내고 믿기 어려운 나날로 이끌 수 있었다. 지루함을 몰아내고 하늘의 빗장을 벗길 수 있었다.

그 발명품은 바로 문학이었다. 그 경이로움을 직접 맛보기 위해 그날 새벽으로 돌아가보자. 문학이 왜 탄생했는지, 또 어떠한 일을 하는지 제대로 배워보자.

(문학의 탄생)

기원전 2300년경, 지금의 이라크 지역, 눈 녹은 물로 일렁이는 티그리스강 근처, 진흙 벽돌로 쌓은 거대한 궁전에서 한 아기가 태어났다. 문학을 처음 발명했다고 알려진 이 아기는 향긋한 삼나무 침대에 누워 자장가를 들었다. 하얀 대리석으로 조각된 군인들이 아기를 에워싸고 있었다. 산을 잿더미로 만들고 컵에 피를 따르고 가시덤불에서 짐승을 때려잡는 용맹한 대리석 군인 조각상들의 호위 속에서, 아기는 훗날 자신이 얼마나 유명해질지 모른 채 단잠에 빠져들었다. 아나톨리아의 은 광산부터 페르시아만의 해변까지 메소포타미아 전역에서 그녀의 이름이 울려 퍼질 것이다. 엔헤두안나! 엔헤두안나!

아직 소녀티도 벗지 못한 어린 시절, 엔헤두안나Enheduanna는 버들가지가 하늘거리는 유프라테스강 하구로 파견되었다. 아몬드 모양을 한 남쪽 도시, 우르Ur였다. 우르는 예전부터 상상력이 꽃피는 장소로 숭배되었다. 밤마다 달을 향해 기도 드리던 우르 시민들은 바퀴와 돛단배와 곱셈표를 고안했다. 그리고 더 놀라운 물건을 고안하려고 분주한 작업장에 원자재를 공급하고자 대규모 항구를 지었다. 그 항구를 통해 레바논 삼림에서 목재를, 이란의 마칸 채석장에서 구리를, 아프가니스탄 광맥에서 푸르스름한 보석을 들여왔다. 상거래망이 어찌나 복잡했던지, 그들은 기원전 300년 무렵까지 세상을 가장 크게 변화시킨 창조물인 남덥namdub을 고안해냈다. 고대 바빌로니아 말로 기록writing이라는 뜻이다. 금세 건조되는 점토판에 설형문자를 새겨 넣는 방식으로, 그들은 우르의 모래투성이 정박지에서 이뤄지는 화물 거래를 모두 추적하고, 영수증 장부를 보관하고, 세금을 소수점 단위까지 계산할 수 있었다.

우르는 혁신을 거듭한 덕분에 지구상에서 가장 부유한 도시가 되었다. 무역상들은 생전엔 진주 모자이크로 안뜰을 꾸미고 사후엔 황금 무덤에 묻혔다. 사르곤 대왕King Shargon은 엔헤두안나 공주에게 우르의 풍요로운 재화를 아카드Akkad의 황실 금고로 보내라고 명했다. 우르의 거만한 상인들을 길들이고 당나귀 캐러밴으로 재화를 북쪽까지 수송하기란 무척 힘들었다. 사르곤 대왕은 그 점을 익히 알았지만 공주가 잘 해내리라 믿었다. 자식들 중에서 엔헤두안나가 가장 영리했기 때문은 아니다. 혹은 가장 무자비했기 때문도 아니다. 그보다는 공주가 왕비를 닮아 말을 잘했기 때문이다. 감미로운 말로 상대를 회유하고 가슴에 치미는 온갖 분노를 달랠 줄 알았기 때문이다.

엔헤두안나는 왕명을 받들고자 그 감미로운 말로 자기 이름을 새로 지었다. 요람에 누웠을 때부터 "엔헤두안나"로 불린 게 아니라 직접 지은 이름이었던 것이다. 그 소리가 처음 공중에 퍼질 때만 해도 이상하게 들렸지만, 우르에 도착했을 땐 교묘한 작명이 빛을 발했다. 해가 떨어지고 한참 지난 뒤라 해안가는 공기가 서늘했다. 어둑한 하늘엔 구름 한 점 없었다. 엔헤두안나는 바지선을 타고 우르의 운하를 미끄러지듯 내려왔다. 깃털 장식이 달린 예복을 입은 성직자들이 노를 저었다. 하늘 꼭대기에 걸린 달이 성스러운 빛을 비추며 그녀를 환영했다. 수로를 사이에 두고 사방에서 우르의 뱃사공과 필경사와 양조업자들이 낫 모양의 청동 검을 들고 우르르 몰려들었다. 우르의 고대 지구라트Ziggurat 신전이 반짝이는 별빛을 뒤로하고 우뚝 서 있었다.

서문. 창작의 빛나는 하늘

지구라트는 우르 사람들이 숭배하는 신들의 중심지였다. 신전의 초석은 홍수 신의 폭풍우로 세례를 받았다. 거대한 신전 내부에는 높다랗고 길쭉한 침소가 있었다. 그 침소에서 달이 습지 여왕과 동침하여 뜨거운 태양 광선을 낳았고 또 양성체兩性體인 사랑의 여신을 낳았다. 이 천상의 존재들은 피에 굶주렸다고 악명이 높았지만 엔헤두안나의 앞길을 막진 못했다. 마침내 엔헤두안나는 검은 윤곽만으로도 위풍당당한 지구라트 선창가에 차분히 배를 댔다. 강가에 피어난 잡초와 장미 향내가 코를 찔렀다. 환한 달빛 속에서 엔헤두안나는 성직자들에게 목청껏 외치라 명하였다.

"그녀는 달의 수호 사제로다."

당시에 외쳐지던 구호 그대로 적으면 다음과 같다.

"엔-헤두-안나. 엔-헤두-안나. 엔-헤두-안나."

엔헤두안나라고 스스로 이름 지은 이유가 바로 여기에 있었다. 그녀는 자신이 도시의 영적 수호자라고 당당히 밝히면서 우르 운하를 에워싼 5만 명의 달 숭배자들 앞에 대제사장으로 우뚝 설 수 있었다. 단어 창작으로 일궈낸 힘이자 권력이었다.

작명을 시작으로 엔헤두안나는 창작의 새로운 길을 끝없이 닦아나갔다. 바지선에서 내린 후, 엔헤두안나는 1천 개에 달하는 연갈색 계단을 올라 지구라트 내부에 숨겨진 사당에 도달했다. 하늘까지 닿을 듯 높다란 연단에는 성스러운 연못이 있었다. 아무도 엿보지 못하도록 연못 둘레는 역청으로 꼼꼼히 발라져 있었다. 엔헤두안나는 성수로 목욕재계한 뒤, 군중을 무릎 꿇게 하고 큰소리로 주문을 읊었다.

오, 생명을 주시는 이여,

위대한 어머니에게서 태어나

뱀의 늪에서 황소처럼 솟아오르셨으니,

세상 만물을 환하게 비추소서.

그러자 수평선 너머로 천 개의 달에서 쏟아지는 듯한 불빛이 솟아오르며 엔헤두안나의 노래에 화답했다. 밤의 심장에서 새로운 아침이 밝아오고 있었다. 그 누구도 상상하지 못한 방식으로.

엔헤두안나가 문학을 발명했다.

물론 그녀가 문학을 처음 고안한 사람은 아니다. 그녀의 시가 나오기 전에 다른 찬가들이 있었다. 〈케쉬 사원 찬가The Kesh Temple Hymn〉가 그녀의 시보다 몇 세대 전에 나왔고, 그 이전엔 수세대를 거쳐 내려온 구전 문학도 있었다. 백만 년도 더 전, 구석기 시대에 아프리카와 아시아 지역에서 수렵과 채집으로 살아가던 호모에렉투스 이전까지 거슬러 올라가면, 케냐 그레이트 리프트 밸리Great Rift Valley의 화산 호숫가나 산시성의 부산스러운 습지대에서 어느 유인원 조상이 세계 최초의 신화나 은유적 이야기를 들려줬는지도 모른다.

하지만 이름이 알려진 최초의 발명가는 엔헤두안나이다. 그녀는 문학의 원작자라고 칭할 수 있는 최초의 작가였다.

이러한 영광스러운 칭호는 그녀가 글을 읽고 쓸 줄 아는 시대에 태어났기 때문에 가능했다. 우르 선착장의 번잡한 교역 상황을 기록할 때 썼던 설형문자를 이용해, 엔헤두안나는 자신의 생각을 점토판에 새겨 넣었다. 그 덕에 번뜩이는 지혜를 후세대 독자들에게 전할

서문. 창작의 빛나는 하늘

수 있었다. 다른 한편으론, 그녀의 창작품이 너무나 훌륭해서 수메르의 서기들이 수백 년 동안 베껴 썼기 때문에 가능했다. 암살자들이 휘두른 석판 도장에 그녀의 아둔한 형제들이 맞아 죽고, 동쪽 산악지대에서 온 침입자들이 아버지의 혈통을 전멸시킨 후에도 그녀는 꿋꿋이 살아남을 수 있었다.

하지만 무엇보다도 엔헤두안나 본인이 발명가로 알려지길 원했기 때문에 가능했다. 그녀는 시가에 자신을 노골적으로 드러냈다.

오, 여신이여, 여사제로 임명된 그날부터
나, 엔헤두안나는 당신을 찬미했나이다.

엔헤두안나는 또 자신이 선택한 시가를 한데 엮어서 다음과 같은 자랑으로 끝을 맺었다.

나, 엔헤두안나가 이 책자를 창조했노라―
그 누구도 창조하지 못했던 물건을.

우리는 엔헤두안나의 시가에서 초창기 문학이 어떠했는지 엿볼 수 있다. 보일 듯 말 듯하지만, 우리 조상들이 왜 문학을 발명했는지 파악하기엔 충분하다.

(문학이 발명된 이유)

엔헤두안나는 자기 이름을 지었을 때와 같은 목적으로 신전 찬가를 지었다. 그 목적은 바로 초월적 힘을 쟁취하는 것이었다. 그녀가 믿었던 문학의 전능성은 오래도록 살아남아서, 고대 세계의 가장 성스러운 기록물에 그 흔적이 남아 있다. 가령 엔헤두안나가 죽고 8세기가 흐른 뒤, 힌두교《베다Vedas》경전에는 나사트야Nasatya와 다스라Dasra라는 쌍둥이 신을 칭송할 때 은유적 직유가 등장했다. 그로부터 8세기가 지나서, 에덴동산에 죽음이 다가온다고 적힌 히브리 율법에선 두운법(첫 음절에서 특정 음소를 반복하는 것)이 활용되었다. 반세기가 더 지나서, 하늘Sky과 대지Soil의 두 신이 어떻게 외눈박이 거인 키클롭스를 탄생시켰는지 밝힌 그리스《신통기Theogony》에선 시적 반복이 자주 사용되었다.

문학의 태동기엔 경전scripture과 문학literature이 서로 연결되어 있었다. 너무 긴밀하게 연결된 탓에 실제로 문학과 경전은 동일한 의미를 지녔을 것으로 보인다. 바로 "기록된 것that which is write"이라는 뜻이다. 이 둘은 결국 같은 것을 말하는 두 가지 방식이었다.

무엇 때문에 고대인은 문학을 숭배하게 되었을까? 엔헤두안나를 비롯한 여러 조상들은 문학에서 어떤 위대한 힘을 감지했을까? 여러 가지 힘이 있었을 테지만 특히 두 가지가 두드러졌다.

첫 번째 위대한 힘은 바로 서술narrative이었다. 흔히 쓰는 말로 하면, 스토리story이다. 스토리는 여러 사건을 연결했다. 그리고 처음과 끝을 제공했다. 그래서 스토리는 "우주는 과연 어디에서 왔을까?"라

서문. 창작의 빛나는 하늘

는 질문에 답할 수 있었다. 중앙아메리카의 한 우화를 보면, 아나우악 고원에서 아즈텍족보다 앞서 살았던 사람들은 다음과 같이 서술했다.

어둠 속에 신들이 다 함께 모였다. 빛을 만들기 위해 그들은 연료가 필요했다. 그러자 거만한 테쿠시스테카틀Tecuciztecatl이 불속으로 뛰어들겠다고 자청했다. 하지만 불꽃의 뜨거운 열기에 겁이 났는지, 테쿠시스테카틀은 그 앞에서 머뭇거렸다. 불꽃이 사그라지려 하자 병들고 절름발이인 나나우아친Nanauatzin이 훌쩍 뛰어들었고, 결국 태양이 되었다. 테쿠시스테카틀은 수치심에 그 뒤를 따라 뛰어들어 달이 되었다.

또 스토리는 "우리가 죽으면 어디로 갈까?"라는 질문에도 답할 수 있다. 기원전 2320년경 고대 이집트 왕국의 사카라Saqqâra 피라미드 기록물엔 이렇게 적혀 있다. "선한 영혼은 동쪽 하늘 배를 저어 갈대밭의 물길을 가로질러갈 것이다."

문학은 사랑, 경이, 믿음 같은 감정을 자극할 수 있었다. 이것이 바로 문학의 두 번째 위대한 힘이다. 이러한 감정은 워낙 막강해 삶을 괴롭히는 악마들을 막아낼 수 있었다. 엔헤두안나가 떠나고 3세기가 흐른 뒤, 달을 숭배하는 우르의 다른 신전에서는 외로움의 악마에 대항하고자 〈슈신Shu-Sin에게 바치는 사랑의 기도〉를 노래했다.

오, 낭군이여,
나 그대에게

우리는 지금 문학이 필요하다

자유롭게 요청하노니,

나의 주인이 되어 주소서;

내 손길에 그대의 전당을 활짝 열고서

그대의 사랑으로 내 어두운 밤을 감미롭게 하소서.

인도의 베다 시대(기원전 1500년에서 기원전 600년경)에 완성된 《상히타Samhita》를 보면, 두려움의 악마에 대항하고자 자작나무 껍질에 타르 잉크로 이렇게 적었다. "위대한 번개의 신이여, 힘의 문들을 활짝 열고 우리를 영웅으로 만들어 주소서."

가슴을 울리고 우주를 설명하는 이러한 글귀는 문학이 어둠 속에서 우리를 지원하고 이끌어 준다던 엔헤두안나의 믿음을 계승하고 있다. "오, 생명을 주시는 이여 … 세상 만물을 환히 비추소서."

우리는 엔헤두안나에게서 문학의 두 가지 힘, 즉 이야기와 감정만 배울 수 있는 게 아니다. 어떻게 하면 그 힘들을 하늘에서 끌어와 우리 스스로 새벽을 여는 자가 되는지, 그 방법도 알아낼 수 있다.

(엔헤두안나의 다른 창작물)

엔헤두안나는 문학을 불멸의 경전으로만 보지 않았다. 세속적 발명품earthly invention으로 취급하기도 했다. 다시 말해서, 일종의 테크놀로지technology(기술, 혹은 그 기술을 실제로 적용해 인간 생활에 유용하도록 가공한 장치)로 여겼다.

현시대를 사는 우리는 흔히 테크놀로지를 강철과 실리콘으로 만든 기계 장치라고 생각한다. 심지어 엔헤두안나가 살던 시대에도, 테크놀로지는 구리와 청동과 주석으로 교묘하게 짜 맞춘 장치로 인식되었다. 하지만 테크놀로지가 꼭 금속으로 주조될 필요는 없다. 점토나 종이, 잉크, 심지어 숨결까지 어떤 물질로도 만들어질 수 있다. 공학engineering의 초창기로 거슬러 올라가 보면, 테크놀로지란 문제를 해결하고자 인간이 고안해낸 모든 것을 일컫는 말임을 알 수 있다.

추위를 해결하고자 불을 다스리는 기술이 고안되었다. 일례로, 황하 유역의 구석기 인류는 석회암에 구덩이를 파서 불을 피웠다. 굶주림을 해결하고자 동물을 사냥하는 기술이 고안되었다. 일례로, 홍적세洪績世(신생대 4기 전반)의 원시 인류는 탄자니아의 개울에서 주운 규암으로 돌칼을 만들었다. 앞에 무엇이 놓여 있는지 모르는 문제를 해결하고자 휘파람 부는 기술이 고안되었다. 일례로, 고古 아메리칸 인디언은 새 뼈에 구멍을 뚫어 호각을 만들었다.

엔헤두안나가 간파했듯이, 문학도 문제를 해결하도록 도울 수 있다. 실제로 엔헤두안나가 문학에 끌렸던 이유도, 문학이 방금 언급한 원시 테크놀로지와는 다른 종류의 문제를 해결하도록 도왔기 때문이다. 그런 테크놀로지는 매우 다양해 보이지만, 각 활동의 기저엔 더 심오한 공통 업무가 깔려 있다. 바로 우리 지구를 길들이는 일이다. 불과 칼과 호각은 추운 밤과 배고픈 상황과 불확실한 미래를 온기와 자양분과 정보로 바꿈으로써 물리적 환경을 우리 뜻대로 굴복시켰다.

이러한 원시적 과업은 인간이 존재하는 한 언제 어디서나 필요하다. 이는 오늘날에도 가장 미래 지향적인 공학의 목표로 남아 있다. 드론, 전화기, 알고리즘, 가상현실, 스마트홈은 데이터를 비롯한 온갖 것을 실어 나르도록 구축되었다. 시공간을 우리의 필요와 욕구의 연장선으로 바꾼 것이다. 하지만 거꾸로 생각해 보면, 비인간 세상 nonhuman world에서 인간으로 살아가는 것보다 훨씬 더 근본적인 도전이 우리 앞에 놓여 있다. 그 도전은 바로 인간이라는 존재 자체에서 비롯되는 문제이다.

인간은 본래 갖가지 의문을 품는다. 우리는 왜 여기 있을까? 시간의 목적은 무엇일까? 이 삶에 어떤 의미가 있을까? 또 인간은 엉뚱한 욕망과 억제할 수 없는 열정과 가슴 찢어지는 슬픔을 느낀다. 과학적 견지에서 말하자면, 인간은 결국 뇌를 이고 산다는 게 문제다. 인간의 뇌는 답할 수도 없는 온갖 문제를 제기하고, 온갖 감정에 수시로 휘둘린다. 그런 감정에 따라 앞으로 나아가기도 하지만, 때로는 해로운 것들을 탐닉하고, 존재하지 않는 것들을 두려워하며, 노화나 죽음처럼 피할 수 없는 속성에 대해 분노하기도 한다.

과학자들이 최근에 알아냈듯이, 이러한 문제가 인간에게만 국한되진 않는다. 우리와 가까운 동물은 우리의 신경회로 중 일부를 공유한다. 그래서 침팬지는 불안감에 시달리고 코끼리는 종족의 죽음을 애도한다. 개는 외로움을 느끼고 영양은 겁을 집어먹는다. 그렇다 하더라도 당신과 나의 머리에 든 하드웨어는 유난히 정교하다. 이 말은 곧 우리에게 유난히 심오한 문제가 생긴다는 뜻이다. 우리는 전례 없는 성공을 거두고도 삶이 무의미하다고 느낀다. 친구가

서문. 창작의 빛나는 하늘

천 명이나 있는데도 외로움에 시달리고, 눈부시게 환한 거리를 거닐면서도 천지가 흐릿해 보인다고 토로한다.

이러한 문제는 너무나 깊고 넓게 퍼져 있는 데다 눈에 보이지도 않아서 어떠한 테크놀로지로도 포착할 수 없을 것 같다. 그런데 엔헤두안나의 지구라트 시가를 비롯해 여러 독창적인 문학 경전에서 이러한 문제를 이미 다루었다. 이러한 작품들은 스토리라는 문학의 위대한 힘을 이용하여 서술적 목적으로 실존적 의구심을 풀어냈다. 그리고 감정이라는 문학의 위대한 힘을 이용하여 불안정한 영혼에 연대감과 용기를 불어넣었다.

문학의 테크놀로지는 신석기 시대의 도끼나 청동기 시대의 쟁기, 그밖에 금속과 돌과 뼈로 만들어진 여러 창조물과 확실히 구별되었다. 그러한 창조물은 세상에서 살아남는 문제를 해결하고자 외부로 눈을 돌렸지만, 문학은 우리 자신으로서 살아남는 문제를 해결하고자 내부로 눈을 돌렸다.

물론 문학을 처음 창안한 작가의 마음속에 이렇게 거창한 의도가 들어 있지는 않았다. 실제로 여러 고대 문화에서 작가들은 아무런 의도가 없었고 자신들의 작품이 뮤즈나 초월적 신들에게 속한다고 주장했다. 하지만 엔헤두안나에 이르러선 분위기가 달라졌다. 그녀의 글에선, 테크놀로지를 발견했다는 사실이 어렴풋이 엿보인다. 작가도 혁신가가 될 수 있음을 알아차린 것이다.

나, 엔헤두안나가 이 책자를 창조했노라―

그 누구도 창조하지 못했던 물건을.

어찌 이리 당당하게 자랑할 수 있었을까? 엔헤두안나는 자신을 단지 생명력을 전달하는 자궁으로서 창조 행위("위대한 어머니에게서 태어나")에 동참한 파트너라고 선언했던 것일까? 아니면 더 대담하게, 자신이 단독으로 창조 행위를 수행했다고 믿었던 것일까? 그래서 자신이 이름 붙였던 신들조차 허구로 생각했던 것일까? 신들은 단지 자신이 국왕의 명령을 수행하고 우르의 상인들을 길들이며 왕조를 보존하고자 지어낸 존재일 뿐이라고 여겼던 것일까? 천국은 단지 자신이 꾸며낼 수 있는 이야기에 불과하다고 치부했던 것일까?

지금으로선 알 길이 없다. 하지만 어느 쪽이든, 엔헤두안나의 뒤를 잇는 작가들은 마법 같은 초자연적 현상의 도움 없이도 문학의 기어와 스위치를 마음대로 조작할 수 있었다. 그들은 삶의 여러 의문에 답하려고 스토리를 적절히 활용할 수 있었다. 마음의 위로와 희망을 심어주려고 감정을 자극할 수 있었다. 그들은 새로운 세계를, 더 나아가 새로운 내세까지 설계할 수 있었다.

엔헤두안나가 우르에 도착한 지 2,000년이 지난 기원전 1000년 무렵, 문학은 성직자나 의사의 손길이 미치지 못하는 영역에서 희망과 위안을 제공한다는 명성을 얻었다. 헬레니즘 시대의 현자 에피쿠로스Epicouros가 신들이 사라졌다고 선언했을 때, 그의 추종자들은 〈만물의 본성에 관하여On the Nature of It All〉라는 서사시로 더 원대한 목적의식을 되살려냈다. 그리고 주나라 의사들이 뼈는 고칠 수 있지만 슬픔은 고칠 수 없다고 고백했을 때, 양쯔강 습지에 사는 어느 아낙은 대나무에 다음과 같은 서정적 치유법을 적어 놓았다.

서문. 창작의 빛나는 하늘

당신이 붉은 발 거위와 야생 오리를

사냥해서 돌아오면,

우리는 비단처럼 부드러운 노래를 부르며

축제를 벌일 거예요.

그리고 나는 기도할 거예요.

백발이 되도록 오래오래,

당신 품에 안겨 있기를.

치료 주술사는 물약과 연고가 떨어질 수 있다. 신들은 홀연히 사라지거나 냉담해질 수 있다. 그렇지만 문학은 여전히 마음을 치유하고 영혼을 고양시킬 수 있다.

요컨대, 그런 이유에서 문학이 고안되었다. 그리고 그게 바로 문학이 하는 일이었다. 문학은 인간 생물학에서 제기되는 심리적 도전에 맞서도록 돕는 서술적·감정적 테크놀로지였다. 아울러 인간으로 존재하는 데서 제기되는 의심과 고통을 극복하기 위한 발명품이었다.

선조들이 세상을 떠난 뒤에도 이 테크놀로지는 작동을 멈추지 않았다. 지금도 여전히 죽음을 사유하고 심리적 충격을 덜어줄 수 있다. 지금도 여전히 별들을 지나 우리에게 불멸의 의미를 전해줄 수 있다.

선조들의 청사진은 우리에게 그 방법을 보여줄 수 있다.

(문학 활용을 위한 선조들의 청사진)

선조들은 문학을 최대한 활용하기 위해 대단한 발명품으로 취급했다. 그것도 한 가지가 아닌 여러 가지 발명품으로 취급했다.

각 발명품은 고유한 용도가 있어서, 각기 다른 복잡한 회로를 작동시켜 각기 다른 방식으로 우리의 심리를 자극했다. 어떤 발명품은 슬픔을 달래주었고, 어떤 발명품은 외로움을 없애주었다. 아울러 불안감을 덜어주거나 트라우마 증상을 치유하거나 희망을 안기거나 즐거움을 배가시키거나 사랑을 부추기거나 평온함을 유도하기도 했다.

만들어진 방식도 다르고 하는 일도 다르기 때문에, 각각의 발명품은 어쩌다 우연히 발견되었다. 그러다 엔헤두안나가 떠나고 대략 100세대가 흐른 기원전 500년경, 획기적 돌파구가 마련되었다. 선조들이 '발명품 찾기 방법invention-finding method'을 발견한 것이다. 그 방법은 굉장히 간단하지만 다재다능했다. 그래서 아무리 독창적인 디자인이나 창작물이라도 몇 분 안에 설명할 수 있었고, 지구상의 어느 문학 작품에도 적용할 수 있었다. 선조들은 그 방법으로 문학 작품에 숨겨진 발명품을 하나씩 찾아냈다. 정신 건강과 행복을 나날이 개선하고자 전 세계 도서관을 뒤져서 찾아낸 발명품을 도구 상자에 차곡차곡 모았다. 그런데 이 프로젝트는 시작한 지 몇 세기 만에 갑자기 중단돼버렸다. 도구 상자에 새로운 발명품이 추가되기는커녕 기존 발명품조차 점점 방치되었다. 문학의 테크놀로지를 영영 잃어버린 것이다.

서문. 창작의 빛나는 하늘

왜 잃어버리게 됐는지 궁금한가? 그리고 현대의 중·고등학교와 대학에선 왜 인간적인 문제를 해결할 도구로서 문학을 활용하라고 가르치지 않는지 궁금한가? 이 책의 종결부인 코다coda에서 그 이유를 확인할 수 있다. 그렇지만 이 책의 목적은 단지 문학적 도구 상자의 소멸을 아쉬워하며 그 속사정을 살펴보려는 게 아니다. 오히려 그 도구 상자를 되찾으려는 것이다. 건강과 행복을 촉진하는 부스터들을 다시 작동시킬 수 있도록, 우리는 먼저 선조들이 발굴했던 독창적 발명품을 다시 파내서 정지된 플라이휠의 먼지를 털어내고 부식된 회로를 수리할 것이다. 한 발 더 나아가, 선조들의 낡은 '발명품 찾기 방법'에 참신한 방식을 두어 가지 추가하여 도구 상자를 몇 배 더 확장시킬 것이다.

첫째, 우리는 선조들이 속세를 떠난 후 수세기 동안 창작된 방대한 문학에 눈을 돌릴 것이다. 선조들의 방법을 활용하여 현대 소설과 르네상스 시대의 희곡, 동요와 슈퍼히어로 만화, 범죄 소설과 애니메이션, 사랑 노래와 황금 시간대 드라마, 노예 이야기와 외계인 소재 영화, 만화 회고록과 시트콤, 펄프 픽션(싸구려 통속 소설)과 포스트모던 비가悲歌, 공포 영화와 탐정 소설, 초현실주의 단편 소설과 동화집 등 수많은 발명품을 찾아낼 것이다.

둘째, 우리는 선조들의 방법과 21세기 신경과학을 접목할 것이다. 지난 10여 년 동안, 신경과학자들은 우리가 소설과 시, 영화와 만화책을 소비하는 동안 맥박 모니터, 시선 추적기, 뇌 스캐너 등 다양한 장치를 이용해 우리 머릿속을 들여다보았다. 이러한 과학 프로젝트는 아직 초기 단계라 학자마다 의견이 분분하고 미해결된 문제가 쌓여 있다. 그렇긴 하지만 지금까지 발견된 사실만으로도 상당히 흥미진진하다. 심리학과 정신의학 연구에서 이미 확립된 부문에 이러한 사실을 접목하면, 문학 발명품이 뇌의 각기 다른 영역과 어떤 식으로 연결되는지 보여주는 정교한 그림이 완성된다. 좀 더 구체적으로 말하면, 감정 센터인 편도체, 상상력 허브인 디폴트 모드 네트워크(휴식을 취할 때 작동하는 뇌), 정신적 교점이라는 두정엽, 심장 연화제인 공감 시스템, 전지전능한 고양기God's-Eye elevator라는 전두엽 뉴런, 쾌감 주입기라는 미상핵尾狀核, 환각제의 경로라는 시각 피질 같은 뇌의 각 영역과 문학 발명품이 교감하여, 우울증을 완화하고 불안감을 덜어주고 지능을 향상시키고 정신력을 키우고 창의성을 불붙이고 자신감을 불어넣는 등 수많은 심리적 혜택으로 우리 삶을 풍요롭게 해주는 것이다.

그리고 보면 선조들은 자신들이 인지하던 것보다 더 옳았다. 엔헤두안나가 달빛 속에서 이뤄낸 공학적 위업을 필두로 새롭고 멋진 발명품이 끊임없이 생겨났다. 그 발명품은 우리 마음을 치유하고 정신을 고양시키고 생기를 불어넣으며 우리를 새로운 사람으로 변화시키면서 문학을 풍성하게 가꿔주었다.

자, 이제 다시 미래로 돌아가자. 선조들의 옛 방법과 그 이면에 숨겨진 현대 과학을 찾아보자. 책장을 넘겨서, 먼동이 튼 뒤 어떤 일이 벌어졌는지 알아보자.

서문. 창작의 빛나는 하늘

잃어버린 테크놀로지

기원전 4세기 초반, 그리스 북쪽의 상록수 숲길을 따라 덥수룩한 검은 머리의 젊은이가 걸어갔다.

젊은이네 가문은 예로부터 호기심이 많았다. 증조할아버지는 질병의 비밀을 알아내고자 들개를 해부했다. 어쩌면 꼬리 없는 유인원 Barbary Ape의 펄떡이는 심장도 해부했을 것이다. 누나는 어머니를 붙잡고서, 황금빛 뿔사슴을 타고 종횡무진 하는 여자 사냥꾼의 이야기나 양귀비꽃으로 죽음의 고통을 씻어준 여신의 이야기, 세상의 모든 노래와 스토리를 두루 기억할 정도로 지혜로운 여왕의 이야기를 들려달라고 끊임없이 졸랐다. 젊은이 본인은 의학과 신화의 미스터리를 더 깊이 파헤치기로 마음먹었다. 그리고 평생토록 광범위한 탐색을 거듭한 끝에, 훗날 문학 발명품을 찾아낼 방법을 기어이 알아내게 된다.

마케도니아 출신의 이 젊은이는 아리스토텔레스Aristoteles였다. 그는 소년기를 보냈던 산골짜기를 뒤로하고 배움의 열정에 이끌려 동쪽으로 향했다. 스라소니가 출몰하는 산을 넘은 다음, 에게해의 청록색 물길을 따라 남쪽으로 300마일을 더 내려가서 하얀 대리석 장벽이 멋지게 둘러쳐진 곳에 도착했다. 사원의 무너진 아치와 영웅의 부서진 조각상들이 수호하는 도시, 아테네였다. 장벽 바로 바깥에는 고대 지중해에서 가장 유명한 학교인 플라톤 아카데미가 있었다. 올리브 숲 언덕에 자리 잡은 이 학교에선 학생들에게 바빌론과 이집트와 아틀란티스의 고대 지혜를 가르치고 더 발전시켰다. 아리스토텔레스는 이 학교에 등록한 후 자기계발이라는 숭고한 계획을 착착 실현해 나갔다. 스승 플라톤Platon의 난해한 이론, 즉 불멸의 아름다움과 산술적 사후세계에 대한 개념을 이해했다고 알려진 유일한 제자로 명성을 떨쳤다. 그러다 기원전 347년경, 중년이 된 아리스토텔레스는 자신의 뜻을 펼치고자 아카데미를 떠났다.

아리스토텔레스가 독립하기로 결심한 이유는 정확하게 알려지지 않았지만, 당시에 그를 두고 선동가에 불과하다는 이야기가 돌았다. 야심만만한 학생들에겐 흔한 일이었다. 그들은 이름을 날리려고 황당한 아이디어를 내놓았다. 게다가 아리스토텔레스는 관심받는 걸 좋아했다. 값비싼 옷을 즐겨 입고 번쩍이는 반지를 끼었으며, 만물 이론a theory of everything을 안다고 공공연히 떠들고 다녔다.

어쩌면 아리스토텔레스가 이방인이었기 때문에 아카데미를 떠났는지 모른다. 아테네 귀족 출신인 플라톤과 달리 그는 마케도니아 출신이었다. 그래서 출신 혈통 때문에 신분을 유지하기 어렵겠다고 생각했는지 모른다.

서론. 잃어버린 테크놀로지

그도 아니라면 스승인 플라톤과 달리 현실 세계에 관심이 많아서 갈라섰는지도 모른다. 아리스토텔레스는 세속적인 사람이었다. 단지 화려한 의상과 보석을 즐겼기 때문만은 아니다. 사물이 작용하는 방식에도 관심이 많아서 늘 과학자의 눈으로 자연을 탐색했다. 도토리가 어떻게 싹트는지, 혀가 어떻게 맛을 느끼는지, 하늘이 어떻게 회전하는지 끊임없이 연구했다.

무슨 이유로 떠났든, 아리스토텔레스는 이성에만 매달리던 아카데미와 완전히 결별하고 독자 노선을 걸어갔다. 양봉업자와 담소를 나누고 새알을 해부하고 인간의 감정을 목록으로 만들고 야생화를 분류하고 무대 공연을 연대순으로 기록했다. 그런 노력 끝에 동물학과 생리학, 식물학과 극작법의 경험적 토대를 구축했다. 그리고 세상살이에 필요한 자료를 시시콜콜 조사하는 과정에서 문학 발명품을 죄다 찾아낼 방법도 발견했다.

아리스토텔레스가 그 방법을 처음 발견한 사람은 아니었다. 실은 문학 소피스트literary Sophists라고 알려진 미스터리한 교사 집단과 한가로이 산책하면서 배웠던 것으로 보인다. 그들에 관한 이야기는 이 책을 끝맺는 코다에 간략히 설명해두었다. 하지만 오랜 세월이 흐르면서 이 문학 소피스트들에 대한 기록은 모두 사라졌다. 아리스토텔레스를 제외한 그들의 제자들에 대한 기록까지 바람처럼 흩어져버렸다. 그래서 문학이 어떻게 작용하는지 배우려는 아리스토텔레스의 열정이 없었더라면, 그 방법은 아틀란티스의 전설처럼 영원히 사라졌을 것이다.

'발명품 찾기 방법'에 관한 아리스토텔레스의 설명은 《시학Poetics》

우리는 지금 문학이 필요하다

이라고 알려진 논문의 약 3분의 1 지점에 알아보기 힘든 필체로 적혀 있다. 《시학》은 아리스토텔레스가 직접 작성하지 않았던 것으로 보인다. 실제로 그의 제자 중 한 명이 썼을 가능성이 크다. 그 학생은 암호 같은 속기 방법을 익힌 대필자였는지 모른다. 아니면 아리스토텔레스의 빠른 강의를 따라가는 데 어려움을 겪다가 나중에 살펴볼 요량으로 스승의 말을 정신없이 받아썼는지 모른다. 그도 아니면, 간밤의 토론회에서 들이켠 히아신스 와인 때문에 정신이 흐트러져 필체가 엉망으로 흔들렸는지도 모른다. 어떤 이유에서 기록되었든, 《시학》은 쉽게 읽히지 않는다. 복잡하면서도 획기적인 아이디어를 지나칠 정도로 딱딱하게 전달하고, 현학적 표현을 지루하게 늘어놓다가 짜증날 정도로 난해하게 끝맺는다.

《시학》의 산문 단락들이 아무리 복잡하게 꼬였다 하더라도, '발명품 찾기 방법'의 핵심 기능을 이해하지 못할 정도는 아니다. 그 기능은 서로 연계된 두 단계로 구성된다. 첫 단계는 문학이 무엇을 하는지 파악하는 것이고, 둘째 단계는 문학이 그 일을 어떻게 하는지 알아내고자 거꾸로 분석하는 것이다. 전자는 문학 작품의 구체적인 심리 효과를 가리키는데, 흔히 감정과 연결된다. 후자는 그런 효과를 도출하는 특정한 문학 발명품을 가리킨다. 흔히 플롯, 캐릭터(등장인물), 이야기세계storyworld(스토리가 펼쳐지는 세계, 즉 배경), 서술자 등 서술의 핵심 요소들 중 하나에서 비롯된다.

문학을 역분석하는 이러한 2단계 과정은 이론적으론 간단하지만, 실제로 해보면 상당히 어렵다. 그래도 자꾸 하다 보면 점점 쉬워진다. 자, 연습 삼아 《시학》에서 아리스토텔레스가 문학 창작물에

서론. 잃어버린 테크놀로지

숨겨진 발명품을 발굴하는 과정을 따라가보자. 그런 다음, 숨겨진 다른 발명품도 하나씩 발굴해보자.

(《시학》에서 발굴한 첫 번째 발명품)

첫 번째 발명품은 그리스인들 사이에서 정신 고양제soul lifter로 여겨졌다.

플라톤은 정신을 고양시키는 수단이 오직 이성밖에 없다고 못 박았다. 하지만 아리스토텔레스는 극장에 방문했을 때 그리스 비극을 보는 관객이 비이성적, 즉 감정적 고양을 경험하는 모습을 목격했다. 그 고양은 바로 '타우마제인thaumazein'이었다. 요즘 말로 바꾸면 경이wonder라고 할 수 있다. 경이는 아이의 눈으로 바라보는 삶이다. 예쁜 꽃을 처음 보거나 대양을 처음 발견하거나 드높은 창공에서 갈라지는 구름을 볼 때 느끼는 놀랍고도 신기한 감정이다.

그렇다면 이렇게 고양된 기분의 문학적 출처는 무엇일까? 그리스 극작가들은 경이의 더 큰 가능성을 전달하고자 어떤 발명품을 고안했을까? 《시학》에서 제공한 답은 바로 플롯 반전plot twist이다. 간단하게 들리지만, 물론 여기에도 약간의 반전이 있다.

반전의 첫 부분은 다음과 같다.

플롯 반전은 단순한 반전이 아니라 뒤틀리지 않은 일련의 사건들을 연결하는 마지막 고리이다. 각각의 고리는 구부러지거나 끊어지지 않으면서 이야기를 매끄럽게 연결한다. 줄거리가 화살처럼 곧게

우리는 지금 문학이 필요하다

뻗어가지만, 마지막 연결 고리가 너무나 충격적이라 방향이 확 꺾인 것처럼 느껴진다. 결국 이야기 흐름이 뒤집어져 우리를 뜻밖의 장소로 인도한다.

아리스토텔레스가 가장 좋아하는 플롯 반전의 예를 살펴보자.

먼 옛날, 테베의 한 왕자가 끔찍한 신탁을 안고 태어났다. 자기 어머니와 동침할 운명이라는 내용이었다. 왕자의 어머니는 신탁이 실현되지 않도록 즉시 조치를 취했다. 양치기에게 아이를 없애라고 명령한 것이다. 하지만 양치기는 차마 아이를 죽이지 못하고 먼 곳으로 보냈다.

그 먼 곳에서 왕자는 다른 어머니의 보살핌을 받으며 자랐다. 그러던 어느 날, 왕자는 자신의 앞날이 궁금해 신탁소를 찾아갔다. 그곳에서 왕자는 끔찍한 신탁을 들었다. 자기 어머니와 동침할 운명이라는 내용이었다. 신탁이 실현되는 걸 결단코 막으려고 왕자는 즉시 조치를 취했다. 자신이 아는 유일한 어머니의 집을 나와 머나먼 곳으로 길을 떠났던 것이다. 그러다 테베라는 도시에 이르렀고, 그곳에서 홀로 사는 사랑스러운 왕비를 만났다.

오이디푸스의 이야기이다. 고리가 끊어지지 않고 매끄럽게 연결되어 있다. 어머니와 아들은 대단히 논리적으로 행동한다. 신탁을 듣고 나서 어떻게든 막으려고 합리적 조치를 취한다. 그런데 기막힌 반전이 일어난다! 그들의 합리적 플롯(계획이라는 뜻)은 틀어지게 되고 어머니와 아들은 결국 동침하게 된다.

이러한 반전이 오이디푸스와 그의 어머니에게는 공포를 안긴다. 하지만 관객인 우리에게는 타우마제인을 선사한다. 앞날을 내다보

서론. 잃어버린 테크놀로지

게 함으로써 우리 정신을 경외감으로 한껏 고양시키는 것이다.

그런데 플롯 반전에서 우리가 취할 수 있는 경이는 이게 다가 아니다. 또 다른 반전, 즉 아무런 플롯도 없이 경이를 자아내는 발명품이 숨겨져 있다.

(경이를 자아내는 더 심오한 발명품)

플롯 반전의 밑바닥에는 더 심오한 문학 발명품이 깔려 있다. 바로 확장stretch이다.

확장은 플롯이나 캐릭터, 이야기세계, 서술 스타일 또는 스토리의 다른 핵심 요소에서 일반적 패턴을 취한 다음 그 패턴을 더 확대하는 것이다. 즉, 멋진 전투를 더 훌륭하게 치러내고, 대담한 소녀를 더 대담하게 그려낸다. 푸른 호수를 더 푸르게 하고, 별 하나를 취한 다음 사방에서 반짝이게 한다.

확장은 모든 문학적 경이의 근원에 깔려 있는 발명품이다. 가령 평범한 대상을 은유로 확장시킨 데서 오는 놀라움, 언어의 규칙적 리듬을 시적 운율로 확장시킨 데서 오는 황홀감, 평범한 인간을 영웅으로 확장시킨 데서 오는 경외감이 그 예다.

또 확장은 플롯 반전의 근원에 깔려 있는 발명품이기도 하다. 플롯 반전은 이야기 사슬을 취해서 고리를 하나씩 확장해 나간다. 《오이디푸스 왕Oedipus Tyrannus》의 경우, 신탁을 교묘하게 회피하려는 사람의 플롯을 취한 다음, 똑같은 신탁을 뛰어넘으려 애쓰는 두 사람의 전략을 정교하게 풀어나가다 깜짝 반전으로 두 신탁을 완성해버린다.

확장은 간단한 장치이지만 우리 뇌에 심오한 영향을 미칠 수 있다. 이는 현대 심리학 연구실에서 하는 관심의 전환과도 연결된다. 관심사를 밖으로 돌리면, 자아 인식과 관련된 뇌 영역인 두정엽의 활동이 감소한다. 그 결과, 우리는 자아의 경계선이 사라진다고 느낀다. 심지어 '무아지경'에 이르기도 한다.

이런 신경적 느낌 때문에 우리는 책이나 영화에 '푹 빠져서' 우리의 인간적 한계를 잊을 수 있다. 이러한 망각을 두고 예전엔 한가한 도피주의라고 일축하는 관찰자가 많았지만, 21세기 신경과학자들은 이러한 망각이 우리 뇌를 자기초월적 경험으로 이끈다고 주장한다. 20세기 초 현대 심리학의 창시자인 윌리엄 제임스William James는 더 생생하게 '영적' 경험이라고 묘사했다. 이러한 경험은 태곳적부터 현자들이 인간 삶의 최고선最高善으로 설파했던 신비한 정신 상태이다. 적어도 문학의 경우엔 그러한 선善이 실제로 존재한다. 현대 신경과학자들에 따르면, 확장은 관대함과 개인적 행복감의 유의미한 증가와 관련이 있다. 다시 말해서, 허구적 플롯 반전과 은유, 영웅적 캐릭터가 실제로 유익한 효과를 발휘한다. 우리의 신경 회로를 더 큰 존재에 몰입시킴으로써 관대함과 행복감을 높여 결국 우리의 기분을 과학적 샹그릴라Shangri-la(꿈의 낙원)에 한층 더 가깝게 고양시킨다.

정신을 고양시키는 경험과 관련된 문학적 청사진은 실로 놀랍다. 이것만으로도 독자는 경이롭다고 느낄 수 있다. 하지만 《시학》에 담긴 놀라운 점은 아직 절반밖에 설명하지 않았다. 아리스토텔

서론. 잃어버린 테크놀로지

레스는 극장에서 관객을 관찰하는 동안 그리스 비극에 또 다른 멋진 발명품이 있음을 발견했다. 그 발명품은 확장과는 확연히 다르게 작용했다.

그리고 영적인 기능보단 의학적인 기능이 더 강했다.

(그리스 비극의 의학적 기능)

아리스토텔레스는 극장에 갔을 때, 그리스 비극이 사람들을 기분 좋게만 하는 게 아니라 덜 나쁘게 느끼도록 한다는 점을 알아냈다. 좋은 기분feeling good은 경이와 희망 같은 긍정적 경험으로 뇌를 채울 때 나왔다. 반면, 덜 나쁜 기분feeling less bad은 슬픔과 불안 같은 부정적 경험을 뇌에서 비울 때 나왔다. 현대의 정신의학 용어로 말하자면, 좋은 기분은 고양된 정신 건강, 즉 우리 삶이 최고조에 도달하여 대단히 행복한 상태에서 나왔다. 반면, 덜 나쁜 기분은 개선된 정신 건강, 즉 정신적 웰빙과 평범한 일상을 위한 심리적 토대에서 나왔다.

문학은 온갖 방식으로 우리의 정신 건강을 개선할 수 있다. 그런데 특정한 그리스 비극에서, 아리스토텔레스는 카타르시스catharsis라고 부르는 치유 과정을 강조했다. 카타르시스는 건강에 좋지 않은 것을 정화한다는 뜻의 의학 용어이다. 아리스토텔레스가 《시학》에서 기록한 바, 그리스 비극으로 정화되는 것은 바로 두려움이다.

두려움이 다 나쁜 건 아니다. 실은 건강에 매우 유익하기도 해서, 우리를 벼랑과 악어 같은 여러 위험에서 멀어지게 한다. 하지만 우리가 트라우마(정신적 외상)에 시달릴 때는 뇌에 해로운 두려움이 쌓일 수 있다. 아리스토텔레스가 주목했던 이러한 감정 상태를 두고 현대 정신과 의사들은 외상 후 두려움이라고 부른다. 이러한 외상 후 두려움은 감정적 자기방어의 한 형태이다. 다시 피해를 입지 않도록 세상과 거리를 유지하는 방법인 셈이다. 하지만 그 효과는 흔히 고통을 가중시킬 뿐이다. 가령 만성 무력감, 고립감, 과잉각성으로 삶을 혼란에 빠트릴 수 있다. 그리고 흔히 범불안장애와 분노와 우울증과도 연결된다.

우리 중 약 90퍼센트가 살면서 외상성 두려움을 경험하게 되고, 그중 약 10퍼센트는 외상 후 증상에 시달리게 된다. 이러한 증상에 두루 효과적인 치료법은 없으며, 상황마다 다른 치료법이 어느 정도 효과를 낼 뿐이다. 그런데 지난 20여 년 동안 수천 명의 환자를 대상으로 실시한 정신의학 연구에서 뜻밖의 사실이 두 가지 밝혀졌다.

첫째, 트라우마에 대한 기억을 되살리면 치료에 효과가 있다. 자전적 검토autobiographical review로 알려진 이 정신의학 과정은 언뜻 납득이 안 갈 수도 있고, 늘 효과가 있지도 않다. 초기엔 오히려 전향적 스트레스 관리forward-looking stress management에 집중했을 때 더 안도감을 찾는 사람도 있다. 하지만 일반적으론, 안전한 환경에서 트라우마 경험을 떠올리면, 기억의 '섬광' 강도가 점차 약해진다. 그렇다고 기억을 아예 지운다는 말은 아니다. 트라우마는 신경피질의 장기저장 공간에 생생한 경험의 일부로 남아 있을 것이다. 하지만 자전적 검토를 통해 그 기억을 덜 아프고 덜 거슬리게 유도하여, 트라우마를 의식의 뒤편으로 밀어내고 무력감과 고립감과 과잉각성 증상을 줄일 수 있다.

둘째, 트라우마를 검토하는 동안 눈을 좌우로 움직이면 도움이 된다. 이런 기이한 사실은 캘리포니아의 심리학자인 프랜신 샤피로 Francine Shapiro가 1980년대 말에 우연히 발견했다. 당시엔 너무 엉뚱하고 신기해서 사이비 과학으로 치부되기도 했다. 하지만 쥐를 대상으로 한 최근 연구에서, 눈을 좌우로 움직이면 두려움 감소와 관련된 회로인 상구-중앙 내측 시상핵superior colliculus–mediodorsal thalamus circuit이 활성화된다고 밝혀졌다. 이러한 안구 운동은 임상 시험에서 안구 운동 민감소실 및 재처리 요법eye movement desensitizing and reprocessing, EMDR이라는 트라우마 치료법으로 그 효과가 입증되었으며, 미국 정신의학협회와 세계보건기구, 재향군인회 등에서 공식적으로 추천되고 있다.

현대 정신과 의사들이 이런 놀라운 사실을 발견하기 전, 고대 그리스 비극은 그 나름의 자전적 검토와 EMDR을 이미 포함하고 있었다. 그리스 비극은 자살과 살인, 폭행 등을 합창 구호의 형태로 무대에 올려 우리에게 과거의 트라우마 경험을 떠올리게 했다. 아이스킬로스Aeschylos의 《아가멤논Agamemnon》에서 그 예를 찾아볼 수 있다.

세상의 법칙은 고통스러우니,

그 상처는

나날의 고달픔을 가르치고

모든 이의 마음에

흉터를 남긴다.

이 구호는 기원전 458년에 디오니소스 엘류세레우스Dionysus
Eleuthereus(디오니소스 해방자라는 뜻) 극장에서 처음 외쳐졌다. 아테네 아
크로폴리스 남쪽 언덕에 세워진 이 야외극장은 아테네 시장과 토론
광장을 뒤로하고, 히메토스 산맥의 아름다운 능선과 사로니코스만
의 잔물결을 마주하고 서 있다. 당시에 관객은 곡선형의 기다란 소
나무 벤치에 앉아 수천 명의 이웃들과 가족에 둘러싸인 채 자신의
고난을 회상하도록 자극받았다. 일상의 압박에서 벗어나 더 큰 공동
체의 품 안에서 "세상의 법칙은 고통스러우니… 나날의 고달픔… 흉
터를 남긴다"는 구호를 들었다.

관객은 《아가멤논》의 구호를 듣기만 한 게 아니었다. 직접 보기
도 했다. koros 즉 '코러스chorus'라는 열두 명의 배우가 이 구호를 연
호하며 몸을 흔들었기 때문이다. 코러스는 요즘 말로 하면 '노래'를
뜻하지만 고대 그리스에선 '춤'과 동의어였다. 그리스 전사 아이아스
Aeas는 호머의 《일리아드》에서 이렇게 쏘아붙인다. "트로이 사람들
은 우리를 코러스 춤꾼이 아니라 투사라고 부른다!"

그리스 비극의 경우, 춤을 추는 공간이 굉장히 넓었다. 직경이 20
미터 넘는 반원형의 야외극장 바닥이 그들의 무대였다. 이 구역은
orkestra 즉 '오케스트라orchestra'로 불렸는데, 요즘 시대에는 코러스
와 마찬가지로 소리를 뜻하는 말이지만, 원래는 '춤추는 장소'를 뜻
했다. 고대 그리스인들에게 160제곱미터에 달하는 오케스트라는 이
리저리 안무를 펼치는 장소였다.

따라서 《아가멤논》은 25세기 전 초연되던 당시, 관객에게 외상
후 두려움에 대한 두 가지 치료법을 경험해볼 기회를 제공했다. 현

서론. 잃어버린 테크놀로지

대적 정신 치료법의 고대 문학 버전이었던 것이다. 자전적 검토와 마찬가지로,《아가멤논》도 물리적으로 안전하고 정서적으로 안정된 환경에서 관객에게 외상 후 기억을 검토하도록 자극했다. 그리고 EMDR과 마찬가지로, 연극의 코러스는 역동적 공연으로 관객의 시선을 좌우로 움직이게 했다. 이 오랜 치료법의 효과를 측정하려고 시간을 거슬러 올라갈 수는 없지만, 21세기 트라우마 생존자들을 대상으로 그 치유 작용을 관찰할 수는 있다. 지난 10년 동안,《아가멤논》을 비롯한 여러 그리스 비극이 퇴역 군인들을 위해 브라이언 도에리스Bryan Doerries의 참전용사 극장Theater of War Productions과 피터 마이넥Peter Meineck의 아퀼라 공연단Aquila Theatre Company에서 공연되고 있다. 아퀼라 공연단은 EMDR에 통합된 좌우 움직임을 특히 강조한다. 이러한 공연에 대한 반응으로, 퇴역 군인들은 고립감과 과잉각성, 외상 후 두려움의 여러 증상이 완화되었다고 보고했다. 아리스토텔레스가《시학》에서 묘사한 카타르시스를 경험한 것이다.

그렇다고 그리스 비극을 기적의 치료법이라고 선전할 수는 없다. 《아가멤논》같은 고대 연극이 모든 사례에서 외상 후 두려움을 무조건 줄여주진 않기 때문이다. 하지만 비극 작가들은 치료상의 한계를 인식하고 그 한계에 대처할 혁신을 기어이 일궈냈다. 이는 오랜 세월 진화를 거듭한 그리스 비극에서 가장 주목할 점이 아닌가 싶다.

우리는 지금 문학이 필요하다

(그리스 비극의 치유 효과를 개선하기 위한 혁신)

그러한 혁신은 21세기 정신의학의 한 가지 발견 덕분에 현대인의 눈에 띄었다. 바로 '자기효능감'이 있을 때 외상 후 두려움에 대한 치료가 더 효과적이라는 점이다.

자기효능감self-efficacy은 우리가 외상 후 두려움을 잘 처리해서 결국 극복할 수 있다는 내적 확신이다. 그러한 확신은 의식적일 수 있다. 가령 손상을 가하는 외적 힘인 트라우마와 달리, 외상 후 두려움은 우리 뇌가 흔드는 내적 방패라고 말할 수 있다. 그래서 정신적 고통에 맞서거나 도망치는 대신, 우리는 침착하게 그것을 우리 자신의 보호적 부분으로 인정할 수 있다. 그러한 확신은 무의식적 태도로 존재할 수도 있다. 굳이 말로 하지 않아도 '나는 이 두려움보다 더 강해'라는 생각이 뇌리에 깊숙이 박혀 있는 것이다. 뭐가 됐든, 이 확신은 강력한 효과를 발휘한다. 자기효능감이 있으면, 자전적 검토와 EMDR이 상당히 더 효과적으로 작용할 공산이 크다. 하지만 자기효능감이 없으면, 다시 말해서 외상 후 두려움의 고통이 끊임없이 우리를 괴롭힐 거라고 뼛속까지 믿고 있으면, 역효과가 난다. 자전적 검토나 EMDR을 통한 트라우마 회상 과정이 증상을 완화시키기는커녕 오히려 더 악화시킬 수 있다.

그리스인들은 25세기 전에 이런 사실을 깨달았던 것 같다. 그렇기 때문에 그리스 비극은 진화를 거듭하며 자기효능감을 키우는 메커니즘을 개발했고, 아리스토텔레스는 《시학》에서 그 메커니즘을 정확하게 포착했다.

《시학》1452a에서, 아리스토텔레스는 특정한 비극적 플롯, 즉 캐릭터가 트라우마를 겪으면서도 처음엔 모르다가 나중에 가서야 인식하게 되는 상황에서 카타르시스의 치유 효과가 크게 향상될 수 있다고 설명한다. 아리스토텔레스는 이런 뒤늦은 인식을 아나그노리시스anagnorisis라고 불렀다. 우리는 '상처 지연Hurt Delay'이라고 부를 수 있다.

아리스토텔레스는 '상처 지연'을 설명하고자 소포클레스Sophocles의 《오이디푸스 왕》을 언급했다. 《아가멤논》 코러스 이후 30년 만에 나온 작품이다. 이 희곡은 오이디푸스가 자신을 낳아준 테베의 사랑스러운 미망인과 결혼해 자식을 낳았다고 폭로한다. 사건이 너무 파국적이라 테베시 전체가 역병으로 황폐화된다. 하지만 오이디푸스는 내막을 전혀 모른다. 어머니와 결혼했다고는 꿈에도 모른 채 자기에게 경고하려는 예언자의 말을 묵살해버린다. 희곡 끝부분에 가서야 자기에게 벌어진 일의 공포를 마주한다. 그제야 비명을 내지르며 수년 전에 벌어진 참상을 인식하게 된다.

이러한 이야기는 대단히 복잡한 구조로 전개된다. 일단 작가가 캐릭터 모르게 트라우마를 안길 방식을 구상해야 한다. 그래서 소포클레스는 예언자와 예언을 활용하여 오이디푸스가 볼 수 없는 미래의 재앙을 암시한다. 시간을 비트는 이러한 장치는 현대 교실에서 《오이디푸스 왕》을 배우는 학생들에게 운명과 자유의지의 무한한 철학적 미로를 숙고하게 하는 용도로 널리 활용된다. 그런데 이러한 이야기 구조의 목적은 아주 단순하다. 트라우마를 먼저 알아차릴 수 있는 자리에 관객을 배치하는 것이다.

이러한 선지적先知的 배치는 전두엽 피질의 '관점 수용 네트워크 perspective-taking network'에서 강력한 감각인 우주적 아이러니cosmic irony를 자극하여 오이디푸스의 심각한 비극을 신처럼 위에서 내려다볼 수 있게 한다. 이런 전지전능한 입장은 뇌에서 깊숙한 감정 영역의 활동을 감소시켜 우리 앞에 놓인 충격적 사건에 대한 완충제로 작용한다. 아울러 자기효능감도 높여준다.

자기효능감은 상처 지연이 절정에 이른 순간, 즉 오이디푸스가 끔찍한 사실을 깨달은 순간부터 높아진다. 오이디푸스는 자신이 벌인 참상을 안 보려고 황금 브로치로 눈을 찌른다. 하지만 이런 극단적 행동으로는 목적을 달성하지 못한다. 결국 괴로워하면서 "기억에 찔렸다"고 울부짖는다. 그 기억은 외상 후 두려움의 근원으로 자리 잡아, 평생 수시로 되살아나서 오이디푸스를 찌를 것 같다. 육체의 눈은 더 이상 지각할 수 없지만 마음의 눈은 결코 잊지 못할 테니까.

그런데 바로 그때, 뜻밖에도 코러스 형태로 위로의 손길이 찾아든다. "우리는 당신의 고통을 이해합니다. 그것은 재앙 중의 재앙입니다." 오이디푸스는 그 말에 감사하며 대답한다. "친구여, 그대는 나를 변함없이 돌봐주는구려."

코러스가 오이디푸스에게 위로를 제공할 수 있는 이유는, 그의 비극에 대한 관점perspective이 있기 때문이다. 그러한 관점은 자신들의 외상 후 기억에서 나오는데, 코러스 단원들이 오케스트라에 처음 도착할 때 고통스러운 과거에서 비롯된 두려움을 고백하면서 미리 드러난다. 그리고 극이 진행되는 내내 그들의 기억이 회상되고, 그때마다 코러스는 고통스럽게 몸을 흔든다. 그러다 오이디푸스가 끔

서론. 잃어버린 테크놀로지

찍한 곤경에 처했을 때, 그 기억은 뜻밖에 치유의 원천으로 전환된다. 그리고 트라우마를 이겨낸 동료로서 "당신은 혼자가 아니에요"라고 오이디푸스를 위로할 힘을 코러스 단원들에게 제공한다.

상처 지연은 우리에게 그와 똑같은 힘을 제공한다. 우리 뇌의 관점 수용 네트워크를 활발하게 자극하여 우리가 더 높은 차원에 있는 것처럼 느끼게 한다. 그곳에서 우리는 코러스 단원들처럼 오이디푸스의 재앙을 더 방대한 우주적 패턴의 일부로 바라볼 수 있다. 그리고 손을 뻗어 오이디푸스를 일으켜 세울 수 있다. 오이디푸스를 지원할 수 있다는 이 신경학적 느낌엔 강력한 치유 효과가 있다. 다른 사람이 트라우마를 이겨내도록 도와주면서 우리 스스로 트라우마를 극복할 수 있다는 자신감이 생기는 것이다. 실제로 그룹 임상 치료 상황에서, 자기효능감이 높아지면 트라우마 회복률이 상당히 더 높아졌다. 오이디푸스나 우리나 불가피한 상황을 막을 수는 없지만 상처 지연은 그런 불가피한 상황이 닥쳤을 때 우리에게 대처할 능력을 키워준다. 무력감helplessness이라는 비극적 느낌을 유력감helpfulness 이라는 심리적 기분으로 바꿔줌으로써, 치유할 힘이 있다는 믿음을 우리 뇌에 심어준다.

《시학》에서 아리스토텔레스는 이 치유 혁신 덕분에 그리스 비극이 완벽한 상태로 승격되었다고 말한다. 물론 그리스 비극의 의학적 측면만 따져보자면, 이 말은 과장되었다. 어떤 문학 작품도 만병통치약이 되지는 못한다. 그렇긴 하지만 상처 지연이 그리스 비극의 정화 효과를 향상시켰다고 충분히 주장할 만하다. 그리고 의학적 개선에 대한 기록은 《시학》에서 기술된 여러 놀라운 사항들 중에서도 가장 놀라운 사항으로, 당시 무대가 새로운 문학 발명품을 개발하는 실험실 역할을 수행했음을 보여준다. 아울러 오랜 세월에 걸쳐서 치유력을 키우도록 확장된 명작으로서 그리스 비극의 입지를 확고히 다져준다.

고대부터 현대에 이르기까지 온갖 실험적 연구에도 불구하고 당신은 이렇게 생각할 수도 있다. '잠깐, 잠깐! 그리스 비극을 한두 권 읽어보긴 했지만 나는 기분이 전혀 나아지지 않았어. 이제 와서 생각해 보니, 샹그릴라로 가는 길도 못 찾았어.'

이런 생각이 든다고 바로 이 책을 내려놓지는 마시라. 당신은 여전히 그리스 비극의 심리적 혜택을 누릴 수 있다. '발명품 찾기 방법'을 잘 따라가기만 하면 된다.

[문학의 혜택을 누리기 위해 발명품 찾기 방법을 직접 활용하기]

우리 뇌는 모두 똑같이 작동하진 않는다. 실은 모두 조금씩 다르게 작동한다. 그 차이는 우리의 DNA에서 비롯되기도 하고, 문화에서 비롯되기도 한다. 또 각자 살아온 이력과 선택에서 비롯되기도 한다.

이러한 차이는 모두 한 종種으로 살아가는 우리에게 유익하다. 변화하는 시대와 환경에 맞춰 인류가 적응하고 성장하는 데 이용할 방대한 신경 다양성을 갖췄다는 뜻이기 때문이다. 하지만 이러한 차이는 나날이 문학을 소비하는 데엔 문제를 제기한다. 다들 서로 조금씩 다르다면, 똑같은 시와 소설, TV쇼와 연극을 어떻게 감상할 수 있을까?

이 질문엔 크게 두 가지로 답할 수 있다. 첫째는 우리 뇌가 유연하다는 점이다. 물론 한없이 유연하지는 않고 어느 정도 한계가 있다. 그렇더라도 인간의 회백질, 즉 뇌는 적응력이 뛰어나서 온갖 종류의 문학에 알아서 적응할 수 있다.

둘째는 문학 역시 유연하다는 점이다. 굉장히 다양한 스타일과 장르에서 기본적으로 똑같은 문학 발명품이 전개될 수 있다. 그래서 우리 마음을 문학에 적응시킬 수 없을 땐, 흔히 문학이 알아서 우리에게 적응할 수 있다.

'발명품 찾기 방법'은 두 가지 적응 방식에 모두 도움을 줄 수 있다.

1. 우리 마음을 문학에 적응시키기

'발명품 찾기 방법'은 문학 발명품이 작용하는 방법에 관한 청사진을 우리에게 제공한다. 그 덕에 우리는 고전 시가와 희곡을 처음 접했을 때, 낯선 기계를 만났을 때처럼 아무 버튼이나 누르고 어떻게 되나 보는 식으로 소통하지 않아도 된다. 오히려 문학 작품 속에 자연스럽게 녹아들어 적극적인 파트너가 될 수 있다.

상처 지연의 경우, 청사진은 우리에게 (1) 오이디푸스의 재앙을 미리 알게 함으로써 아이러니하면서도 전지전능한 기분을 수용하게 하고, (2) 오이디푸스의 고통을 지원하도록 코러스와 함께 손을 내밀게 하며, (3) 고마워하는 오이디푸스의 마음을 느낄 수 있게 한다. 이러한 세 단계를 밟으면, 그리스 비극의 카타르시스 효과를 높일 수 있다.

2. 문학을 우리 마음에 적응시키기

'발명품 찾기 방법'은 문학 발명품에 대한 심오한 청사진을 우리에게 제공한다. 따라서 우리는 우리 취향에 유기적으로 더 맞는 동시대 문학에서 그러한 발명품을 찾아낼 수 있다.

상처 지연의 경우, 현대 소설에서도 수많은 예를 찾아볼 수 있다. F. 스콧 피츠제럴드F. Scott Fitzgerald의 《위대한 게츠비The Great Gatsby》(1925)부터 가즈오 이시구로石黒一雄의 《남아 있는 나날Remains of the Day》(1989), 존 그린John Green의 《잘못은 우리 별에 있어The Fault in Our Stars》에 이르기까지, 트라우마의 시간을 비트는 이 장치는 주인공보다 먼저 비극적 운명을 감지하게 함으로써, 우리 뇌에 우주적 아이러니를 맛볼 힘을 제공한다. 아울러 그리스 비극에서 트라우마를 통해 서로 지원하는 호혜적 경험은 현대극에서도 수없이 찾아볼 수 있다. 마가렛 에드슨Margaret Edson의 《위트Wit》(1999) 끝부분에서, 간호사인 수 모나한은 코러스 역할을 훌륭히 수행해낸다. 마샤 노먼Marsha Norman의 연극 《잘 자요, 엄마Night, Mother》(1983)에서, 마지막 순간에 엄마는 쓸쓸하게 전화를 건다. 또 유진 오닐Eugene O'Neill의 영화 '밤으로의 긴 여로A Long Day's Journey into Night'(1956)가 막을 내리는 순간 우리는 옆자리에 앉은 사람을 돌아보게 된다. 이 모든 사례에서 보듯, 우리는 타인의 비극적 순간에 함께 있어줌으로써 그들이 고마워하는 마음을 감지할 수 있고, 결과적으로 자기효능감을 높일 수 있다.

이게 바로 '발명품 찾기 방법'이 제공하는 적응력이다. 이 적응력은 고전의 맛을 깊이 음미할 수 있게 하거나 똑같은 심리적 혜택을 주는 새로운 작품을 향해 더 나아갈 수 있게 한다. 그리하여 오랜 세월 유효성이 입증된 방대한 목록의 문학 발명품으로 우리 삶을 풍요롭게 해준다.

상처 지연 같은 발명품은 우리의 정신 건강을 개선할 수 있다.

확장 같은 발명품은 우리의 행복감을 키워줄 수 있다.

(뒤에 이어지는 장들에 대한 계획)

아리스토텔레스는 실용주의자여서 문학을 더 멋진 삶으로 이끄는 다목적 도구로 여겼다. 그래서 이 책도 똑같이 실용주의 노선을 취할 것이다. 《시학》을 확장하여 지금 바로 활용할 수 있는 스물다섯 가지 문학 발명품을 제시할 것이다.

어떤 발명품은 슬픔, 원한, 비관, 수치심, 애통, 곱씹기, 반사적 사고, 자기회의, 무감각, 외로움 등 요즘 정신과 의사들이 흔히 정신적 고통으로 규정한 것들을 겨냥한다. 어떤 발명품은 용기, 사랑, 호기심, 믿음, 에너지, 상상력 등 요즘 심리학자들이 웰빙 부스터, 즉 행복 촉진제라고 규정한 것들을 전해준다. 또 어떤 발명품은 자유로운 생각과 문제해결력, 편견 해소, 조건법적 추측, 인지적 유연성, 재학습, 자기성찰 등 실용적인 삶의 기술을 길러주어 우리의 정신 건강과 행복감을 간접적으로 높인다.

그렇다고 해도 이러한 혜택이 현대 정신의학을 대체하지는 못한다. 건강식품과 규칙적인 운동이 의사의 치료와 혈압약을 보충하듯이, 이러한 혜택도 정신의학을 보충할 뿐이다. 그런데 우리가 매일 섭취하는 음식 못지않게 우리가 나날이 소비하는 문학도 상당한 혜택을 줄 수 있다. 이러한 혜택을 광범위하게 전달하기 위해, 뒤에 이어지는 장들에서는 각기 다른 문학 발명품을 탐색하고, 그 발명품을 이용하는 데 필요한 세 가지 사항을 모두 제공한다. (1) 그 발명품이 왜why 중요한가, (2) 그 발명품이 어떻게how 작용하는가, (3) 그 발명품이 담긴 작품을 어디서where 찾을 수 있는가.

이유why 측면은 발명품의 기원 설화, 다시 말해서 인간이 그 발명품을 개발한 역사에서 살펴볼 수 있다. 기원 설화는 여느 역사 탐색과 마찬가지로 가장 그럴싸한 추측이다. 그 발명품을 제일 처음 고안한 사람에 대한 기록은 없을 때가 많고, 그 사람의 창조적 천재성은 흔히 후대의 시가와 스토리 속에 숨겨져 있다. 설사 누가 처음 개발했는지 상당 부분 알고 있다 해도 개발의 공학적 과정은 흔히 미스터리한 장막으로 가려져 있다. 의식적으로 노렸을까, 아니면 잠재적 직관으로 움직였을까? 개인적 탁월함의 소산일까, 아니면 문화적 유산일까? 그 발명자가 때로는 다른 것을 추구하다 우연히 찾아냈는지도 모른다. 때로는 자기 발명품의 심리적 혜택을 전혀 깨닫지 못하고 후세대만 그 혜택을 누리는지도 모른다. 이런 문제가 확실하지 않은 상태에서, 이 책은 지나치다 싶을 정도로 너그러운 입장을 취해 발명자의 의도적 지성을 인정할 것이다. 그렇게 함으로써 인간의 문학적 창의성이라는 부인할 수 없는 사실을 칭송할 것이다.

방법how 측면은 발명품의 운영 청사진으로, 그 이면에 담긴 기본적 신경과학을 포함한다. 신경과학은 난해한 전문 용어가 많고 미로처럼 복잡하게 얽힌 전문 분야이기 때문에, 이어지는 장들에서 기술적 문제를 논하진 않을 것이다. 우리가 이미 아는 내용 중에서 흥미로운 부분을 최대한 쉬운 말로 설명하여, 당신이 발명품을 더 효과적으로 활용하도록 도울 것이다.

장소where는 소설이나 시, 영화, 만화책에서 발명품을 찾도록 도와줄 추천 도서를 가리킨다. 이러한 추천 도서를 보면 누구나 그 효과를 직접 경험할 수 있다.

각 장은 서로 연결되면서도 서가의 책들처럼 독립되어 있다. 그러므로 문학에서 특정 혜택을 누리고 싶다면, 해당 장으로 바로 뛰어들어도 된다. 놀라움을 즐기는 편이라면 두서없이 아무 장이나 훑어봐도 좋다. 문학 애호가라면 제1장부터 거침없이 읽어 나가도 좋다.

우리는 일단 아리스토텔레스 시대에 알려진 발명품을 더 살펴볼 것이다. 지중해 섬들에서 단련된 용기 촉진제부터 중국의 어느 계곡에서 건설된 사랑 증식기, 성경 속에서 설계된 공감 발생기에 이르기까지 두루 살펴볼 것이다. 그런 다음에는 역사적 흐름에 따라 중세와 르네상스, 현대에 개발된 발명품을 두루 탐색할 것이다.

자, 이제부터 선조들이 문학 작품 속에 숨겨둔 비밀을 하나씩 파헤쳐보자.

그 너머에 뭐가 있었는지도 알아보자.

제 1 장

용기를
북돋워라

Wonderworks

호머의 《일리아드》

발명품: 전능한 마음

차분한 갈색 눈의 소년은 곧 숨이 넘어갈 처지였다.

소년의 형제자매는 벌써 다 먹혔다. 이젠 소년 차례였다. 아버지가 날카로운 이를 드러낸 채 피로 물든 낫을 휘두르며 쫓아왔다.

하지만 소년은 달아나지 않았다. 산꼭대기에서 아버지와 정면으로 맞섰다. 하늘은 시뻘겋게 타오르고 계곡은 거인들의 비명으로 요란했다. 그날, 운명은 소년의 편이었다. 그는 아버지의 배를 갈라서 형제자매를 거칠게 꺼낸 다음 아버지를 지옥으로 내던졌다.

그 소년이 바로 제우스였다. 신들의 전쟁에서 이긴 제우스는 그리스를 오랫동안 지배했다. 후기 구석기 시대인 기원전 4000년부터 철기 시대인 서기 4세기까지 대대로 군림했다. 그런데 로마 제국이 채찍을 휘두르고 십자가형을 내리면서 그리스인들에게 새로운 신, 예수 그리스도를 강요하는 바람에 제우스는 뒷전으로 밀려나고 말았다.

제우스가 군림하던 시절, 그리스인들은 그가 산꼭대기에서 아버지 배를 가른 이야기를 계속 반복했다. 물론 제우스에 대한 다른 이야기도 계속해서 지어냈다. 제우스가 지구에 홍수를 일으켜 백만 명에 달하는 아기를 익사시켰다는 이야기. 질투심에 세계 최초의 의사인 아스클레피오스를 번개로 암살한 이야기. 백조로 변신해 스파르타의 왕비인 레다를 겁탈한 이야기. 염소 다리를 한 사티로스로 변장해 테베의 안티오페를 겁탈한 이야기. 여신으로 변장해 아르카디아 숲의 처녀인 칼리스토를 겁탈한 이야기. 황소로 변신해 레바논의 해녀인 에우로페를 겁탈한 이야기. 하데스와 협력하여 친딸인 페르세포네를 겁탈한 이야기. 독수리로 변신해 트로이의 미소년 가니메데스를 겁탈한 이야기.

그리스인들은 왜 이런 이야기를 계속 지어냈을까? 자신들의 신을 왜 폭력으로 태어난 아이라고 상상했을까? 그리고 그 아이가 성장한 뒤엔 왜 연약한 사람들에게 끊임없이 폭력을 휘두른다고 상상했을까? 그들은 왜 둥그런 화덕과 그늘진 샘터와 붉은 양귀비 재단에 둘러앉아서 하늘에 있는 괴물의 우화를 들려주며 서로 겁먹게 했을까?

그리스인들은 그러한 우화가 사실이라고 믿었기 때문에 자꾸 이야기했다. 욕정에 취해 구름 아래로 훌쩍 내려오는 신을 직접 보진 못했을 테지만, 그들은 신생아가 죽고 의사가 쓰러지고 젊은이가 이유 없이 다치는 모습을 수없이 목격했다. 자신들의 치명적 허약함과 권력자의 가혹함을 뼈저리게 느꼈다. 한마디로 말해 그들은 두려움을 느꼈다. 제우스에 대한 여러 이야기는 그러한 두려움을 반영하여 지상의 미천한 존재에 상반되는 하늘의 존재를 그려낸 것이었다.

고대 그리스인들은 무서운 스토리로 인간사를 표현해내면서 문학의 첫걸음을 내디뎠다. 그러다 기원전 750년경, 문학에 다른 길을 낼 수 있음을 알게 되었다. 문학이 세속적 두려움을 표현하는 데 그치지 않고 그 두려움을 치유하도록 도와줄 수 있음을 깨달은 것이다.

일이십 년의 차이는 있겠지만 대략 기원전 750년경, 동방에서 새로운 스토리가 그리스에 당도했다. 그 스토리는 한 방랑 시인의 머리에서 나왔는데, 그 시인에 대한 소문은 중구난방이었다.

"이름은 호머인데…."

"젊은 시절 눈에 병이 들어 장님이 되었대."

"한때 교사 일로 생계를 꾸리면서, 개구리와 쥐를 주인공으로 애들 동화를 지었대."

세월이 흐른 뒤에는 더 많은 소문이 떠돌았다.

"시인 공동체의 일원이래."

"그의 서사시 중 절반은 딸이 쓴 거래."

"한 사람이 아니라 여러 사람이래."

어쩌면 이러한 소문이 사실일지도 모른다. 아니면 그저 흥미로운 뜬소문일지도 모른다. 아무튼 우리가 확실히 아는 내용은 다음과 같다. 이 방랑 시인의 허구는 《일리아드Iliad》라는 제목으로 불리고, (흔히 트로이로 알려진) 청동기 시대의 무역 도시, 일리움Ilium을 무대로 펼쳐진다. 그리스의 공격을 받은 일리움에서 아킬레우스, 헥토르, 아이아스, 아이네아스, 오디세우스, 아가멤논, 메넬라오스, 파트로클로스, 디오메데스 등 영웅들의 용맹한 활약상을 보여준다.

이 영웅 서사시는 거의 3,000년 동안 관객을 현혹했다. 그런데 《일리아드》의 진정한 승자는 이런 영웅들이 아니다. 오히려 그 안에 담긴 문학 발명품이다. 그 발명품은 번개와 죽음, 심지어 제우스까지도 제압할 용기를 우리 뇌에 불어넣어, 결국 우리 자신을 영웅으로 변모시킨다.

(이 발명품의 기원)

용기는 우리가 요즘 서술자narrator라고 부르는 문학 테크놀로지와 함께 시작되었다.

서술자는 스토리 뒤에 숨겨진 마음mind("정신"으로 볼 수도 있음)을 가리킨다. 스토리를 들려주는 사람storyteller의 기분과 기억, 본능, 태도, 열정, 욕망, 믿음을 아우른다. 스토리를 들려주는 마음은 여느 마음처럼 눈에 보이지 않고 공적 행위를 통해서만 드러난다. 스토리의 경우, 그러한 행위는 서술자의 목소리voice라는 형태를 취한다.

스토리를 맨 처음 들려주던 시기로 거슬러 올라, 석기 시대 모로코의 관목 숲이나 중국 다오시안 동굴의 불그스름한 불구덩이 주변에서 그 목소리는 그야말로 목소리였다. 스토리텔링은 모두 구술되었다. 살아 있는 입에서 발화된 것이다. 그러한 입은 다양한 방식으로 실감나게 이야기를 전할 수 있었다. 그중에서 핵심은 어조tone와 취향taste이었다.

우리는 지금 문학이 필요하다

어조는 목소리의 울림과 음색이었다. 아마도 그 목소리는 끔찍한 생명체를 말할 땐 바르르 떨렸을 것이다. 터무니없는 우연을 말할 땐 낄낄 웃었을 것이다. 가난한 사람들의 고통을 묘사할 땐 감정을 잔뜩 실었을 것이다. 신들에 대해 이야기할 땐 경이로 가득 찼을 것이다.

취향은 목소리가 선호하는 주제였다. 어쩌면 자연과 계절에 집중하고 싶어 했을 것이다. 어쩌면 사랑이나 전쟁, 도시 건축물이나 바닷속 괴물에 대해 장황하게 떠들고 싶어 했을 것이다.

이야기꾼마다 좋아하는 어조와 취향이 있어서, 각기 다른 목소리로 세상을 채웠다. 그러다 어느 순간 스토리텔링 방식에 획기적인 돌파구가 마련되면서 세상은 훨씬 더 풍요로워지게 되었다.

이 획기적 돌파구는 기원전 8000년도 더 전에 만들어졌다. 아련한 그 시기에, 인도의 빔베트카 바위 동굴과 인도네시아의 술라웨시섬 같은 곳에서, 이야기꾼들은 구술 목소리를 그림과 조각과 춤 같은 시각 매체로 옮기는 방법을 발견했다. 그들은 어조를 구술에서 시각으로 옮기기 위해 개인적 스타일style이라는 굉장히 독창적인 특징을 고안했고, 취향을 옮기기 위해 서술 초점focus으로 알려진 놀라운 도구를 고안했다. 초점을 활용해서 카메라 렌즈처럼 특정 대상과 사건에 집중해 이야기를 선명하게 부각시키고 나머지 대상을 배경으로 흐릿하게 처리할 수 있었던 것이다.

5,000년쯤 전, 글쓰기의 출현과 함께 스토리텔링은 또 한 번 획기적으로 발전했다. 글쓰기는 그림처럼 시각 매체의 일종이다. 가령

제1장. 용기를 북돋워라

진흙 판에 새겨진 수메르의 설형문자나 벽돌에 새겨진 이집트의 상형문자, 천 조각에 새겨진 중국의 신탁문자, 나무판에 새겨진 메소아메리카(중앙아메리카)의 표어문자logograph 등이 있는데, 이런 시각 매체를 활용한 고대 작가들이 스타일과 초점이라는 화가의 도구를 이용해 완전히 새로운 종류의 서술자, 즉 '문자'로 표현되는 문학 서술자를 만들어냈다.

문학 서술자는 얼핏 봐선 불가능할 것 같았지만, 판에 새겨진 단조로운 문자로 존재했는데도, 의외로 스타일과 초점을 통해 따뜻한 감동을 주거나 엄숙하게 호령하거나 두렵게 속삭이거나 딱딱하게 말하는 등 살아 있는 입이 하는 일을 다 할 수 있었다.

우리는 초창기 문학 서술자들이 누구인지 모른다. 점토나 돌, 천이나 나무에 새겨진 그들의 이야기는 이미 흔적도 없이 사라졌다. 우리는 그저 그들이 문학을 탄생시킨 인간 정신의 심리적 확장이라고 짐작할 뿐이다. 그러한 정신이 인생의 덧없음을 사뭇 초연하게 바라봤다면, 그 서술자들의 스타일은 우주적인 우리-화자cosmic we-speak에 가벼운 아이러니를 결합시켰을지 모른다. 고대 아칸족의 이야기를 현대적으로 표현한 글에서 그 점을 확인할 수 있다.

우리가 말하려는 것이 진실이라는 뜻은 아니다. 그런 뜻은 결코 아니다. 스토리는 그저 스토리일 뿐, 가볍게 듣고 가볍게 흘려버려라.

그러한 정신이 자연의 우주적 중요성을 믿었다면, 그 서술자들의 초점은 자연 캐릭터의 욕망과 행동과 기억에 맞춰져, 이는 상세하게 묘사하는 반면 초자연적 힘은 흐릿하게 처리하거나 심지어 배제했을지도 모른다. 19세기 체로키족의 창조 신화에서 그 점을 확인해볼 수 있다.

모든 게 물로 덮이자 동물들은 아치형 구조물 너머 갈렁래트Galûñ'lätï 위에 모였다. 그런데 너무 몰리다 보니 자리가 비좁았다. 그들은 물 밑에 뭐가 있는지 궁금했다. 결국 '비버의 손자'인 물방개, 다유니시가 가서 알아보겠다고 나섰다. 어린 물방개는 수면 위로 사방을 돌아다녔지만 발 디딜 장소를 찾지 못했다. 그래서 바닥으로 내려가 부드러운 진흙을 퍼왔다. 그 흙은 점점 사방으로 퍼지더니 마침내 우리가 지구라고 부르는 섬이 되었다. 나중에 지구는 네 개의 밧줄로 하늘에 고정되었지만, 누가 그렇게 했는지는 아무도 기억하지 못한다.

이러한 유기적 생물체를 시작으로, 선조들은 스타일과 초점에 또 다른 혁신을 이뤄냈다. 인간 저자와는 완전히 다른 독창적인 서술자들을 고안한 것이다. 나무나 강이나 짐승의 목소리로 말하는 서술자. 더 특별한 일을 해내는 서술자.

신의 목소리로 말하는 서술자.

(하나님 서술자The Narrator God)

"빛이 있으라."

제1장. 용기를 북돋워라

이는 전능한 하나님의 목소리이다. 스타일이 단순하고 선언적이고 절대적이다. 그리고 초점은 은하계 전체를 아우른다.

신들은 이런 식으로 말하지 않아도 된다. 신은 어디까지나 신이기 때문에 뭐든 바라는 대로 말할 수 있다. 하지만 이 기본적인 "빛이 있으라" 청사진은 고대 이집트의 〈피라미드 텍스트Pyramid Texts〉(기원전 2400년경)부터 산스크리트어 《리그베다》(기원전 1500년경)와 히브리어 《창세기》(기원전 750년경)에 이르기까지 대다수 고대 경전의 서술자들에게 채택되었다. 이러한 경전의 스타일은 강압적이고 근엄하고 명확하다. 그리고 초점은 생명Life, 진리Truth, 아름다움Beauty, 법칙Law 같은 위대한 본질이다. 이러한 스타일과 초점이 결합해 사물의 가장 깊은 속성을 꿰뚫어보는 전능한 존재가 창조된다. 그런 이유로, 우리는 그 전능한 존재를 흔히 '전지전능한 서술자God's-Eye Narrator', 또는 더 간결하게 '하나님 목소리God Voice'라고 부른다.

하나님 목소리는 아주 특별한 문학 발명품이다. 펜을 든 사람이라면 누구나 신처럼 들리게 한다. 그리고 신처럼 들리게 함으로써, 누구나 두 가지 강력한 감정으로 관객의 마음을 어루만질 수 있다.

1. 경이Wonder

서론에서 살펴봤듯이, 경이는 확장에 의해 도출된다. 그런데 하나님 목소리가 하는 게 바로 이 확장이다. 하나님 목소리는 사소한 진리truth를 보편적 진리Truth로, 작은 법칙law을 불변의 법칙Law으로, 한 줄기 빛light을 방대한 우주적 광휘cosmic brightness로 확장시킨다. 그리하여 삶의 모든 것을 더 크게, 익숙한 것을 더 신성하게 느끼도록 한다.

2. 두려움Fear

두려움은 경이와 흡사한 감정이다. 예전엔 경외감awe을 불러일으키는 것을 두고 'awe-full'이라고 말했다. 요즘 쓰는 말로 바꾸면 'awful', 즉 '끔찍하고 무섭다'는 뜻이다. 우리 뇌를 확장시키는 그 거대함bigness이 경각심을 불러일으키기 때문이다. 그래서 전능한 신처럼 호령하는 서술자는 우리를 불안에 떨게 할 거라고 예상할 수밖에 없다. 거대한 크기가 두려움을 유발하여 맥박을 뛰게 하고 등골을 오싹하게 하는 것이다.

이 두 감정, 즉 경이와 두려움은 하나님 목소리를 구사한 초창기 작가들에 의해 적극적으로 함양되었다. 경이의 함양은 특별히 주목할 게 없었다. 역사적 시대나 문화적 기원에 상관없이 거의 모든 문학이 우리에게 귀를 기울이게 하려고 경이를 활용했기 때문이다. 하지만 두려움의 함양은 주목할 만했다. 두려움은 흔히 관객에게 불쾌감을 준다. 마음을 어지럽히거나 심지어 정신적 외상을 일으켜, 뇌리에서 맴돌며 반복되는 고통을 야기할 수도 있다.

실제로, 고대의 여러 하나님 목소리는 의도적으로 그러한 고통을 유발했던 것 같다. 《길가메시 서사시The Epic of Gilgamesh》(기원전 2100년경)는 이런 식으로 죽음을 어렴풋이 보여주었다. "시커먼 이마에 사자의 손, 독수리의 발톱을 하고서 그는 먼지 사원Temple of Dust으로 가는 길을 걷는다." 이집트의 《사자의 서Book of the Dead》(기원전 1500년경)는 이렇게 경고하였다. "오시리스의 천국은 화염의 입과 칼의 정령과 심장의 파괴자와 피의 섭취자에게 보호받고 있다."

고대 작가들 중 일부는 하나님 목소리로 촉발된 공포가 우리에게 좋다고 생각했는지 모르지만, 대다수는 다소 사악한 의도를 품고 있었다. 그래서 두려움은 심리 통제를 위해 흔히 쓰이던 도구였고, 지금도 그런 도구로 남아 있다. 가령 고대 이집트의 제20왕조 중기, 테반 네크로폴리스의 황금 계곡에서 대제사장 람세스나크트Ramessesnakht는《사자의 서》에 등장하는 섬뜩한 유령을 동원하여 파라오를 능가하는 권력을 행사했다. 고대의 다른 여러 폭군과 성직자도 백성의 재산을 몰수하고자 하나님 목소리를 동원했다.

그러던 차에《일리아드》가 지어졌다.《일리아드》의 개발자(편의상, 호머라고 부르겠다)는 하나님 목소리가 우리를 두려움으로 짓밟는 것과 정반대 역할도 할 수 있음을 보여주었다. 하나님 목소리는 우리를 용기로 일으켜 세울 수 있었다.

(용기, 그리고 용기의 신경계 출처)

용기courage는 고대 프랑스어 cuor에서 유래했고, cuor는 다시 고대 라틴어 cor로 거슬러 올라간다. 둘 다 '심장heart'을 뜻하는 말이다. 따라서 고대 프랑스어와 라틴어 문장가들에게 용기는 금욕적 미덕이나 이성적 선택이 아니었다. 위험한 순간에 혈관을 타고 돌진하는 공포와 정면으로 충돌하는 기운이었다. 용기는 한 감정으로 다른 감정을 상쇄하고, 뒤로 물러서지 않으려는 심리적 욕구를 불러일으켰다.

우리는 지금 문학이 필요하다

용기에 대한 옛 문장가들의 통찰은 현대 신경과학에 의해 더 확대되었다. 용기의 신경계 기원은 뇌의 원시 중심부 깊숙한 곳인데, 그곳에 편도체amygdala라는 물방울 모양의 겁쟁이 폭군 둘이 편안하게 자리 잡고 있다. 편도체는 위험을 감지하자마자 공포에 휩싸여서 우리가 하던 일을 바로 팽개치게 한다. 그리고 교감신경계와 수도관주위 회색질periaqueductal gray matter 등 뇌의 위협-반응 네트워크threat-response network의 다른 요소들을 자극해 아드레날린과 천연 오피오이드 진통제 혼합물을 방출하게 한다. 아울러 우리의 심박수를 증가시키고 통증 감각을 둔화시켜 우리를 에너지로 가득 채운다. 그런데 두려움에서 비롯된 이 열띤 기분은 용기가 아니다. 이 힘의 본래 생물학적 목적은, 우리를 위험에서 벗어나도록 돕는 것이다. 하지만 여기에 신경성분을 한 가지 더하면 용기로 전환될 수 있는데, 그 성분이 바로 옥시토신이다.

옥시토신은 산모와 신생아를 결합시키는 호르몬으로, 신경과학자들이 발견했듯이 위협에 대한 반응으로 분비될 수도 있다. 이 호르몬을 방출하는 뇌하수체는 안쪽 뇌의 좀 더 용감한 부분으로, 편도체 바로 밑, 터키안장sella turcica이라는 뼈에 놓여 있다. 이 터키안장을 지휘 벙커로 삼아서, 뇌하수체는 주변 환경에 대한 정보를 조심스럽게 수집한다. 그리고 위험에 처한 사람이 가까이 있다고 감지하면 옥시토신을 분비한다.

이러한 옥시토신 분비 덕분에 우리는 대다수 동물과 다른 식으로 위험에 반응할 수 있다. 사자든 설치류든 동물은 흔히 위협을 받으면 회피하는 식으로 반응한다. 사자는 일단 발각되지 않기를 바라면서 바로 얼어버린다. 그래도 들키면 그냥 도망치려고 한다. 도망치기도 어려운 경우에만 돌아서서 싸운다. 하지만 그때도 격렬하게 싸우지 않고 큰소리로 으름장만 놓는다. 상대를 깜짝 놀라게 해서 도망갈 틈을 노리는 것이다.

그러한 단독 투쟁도피반응solo fight-or-flight response을 통해 사자와 설치류는 오늘날까지 살아남을 수 있었다. 그런데 우리 인간은 옥시토신이라는 사회적 유대를 통해 훨씬 더 효과적인 생존 전략을 펼칠 수 있었다. 과학자들이 흔히 '보살피고 도와주기tend-and-befriend'라고 부르는 전략인데, 기근이나 역병처럼 위험이 지속되는 시기엔 뇌하수체에서 감지된 다른 위협받는 사람들과 함께 음식이나 약을 공유하고, 매복 공격처럼 위급한 순간엔 바로 뭉쳐서 전투 대형을 형성하는 것이다. 그 대형 속에서, 우리는 혼자 도망친 사람보다 더 오래 견뎌낼 가능성이 크다. 혼자서 맞섰다간 우리를 집어삼킬 수도 있는 위협을 피하거나 심지어 제압할 수도 있다.

하지만 이렇게 함께 살아남는survive-together 전략이 모든 인간사에 보편적으로 적용되지는 않는다. 테스토스테론이 많이 분비되는 뇌는 보살피고 도와주는 성향이 약하다. 게다가 상황이 몹시 안 좋을 때는 모든 뇌가 이기적으로 변해서 자원을 몰래 비축하고 동료를 배신하도록 부추긴다. 설사 그렇다 해도 옥시토신의 효능이 워낙 탁월해서, 포화 속에서 쌓은 우정은 놀라울 정도로 오래간다. 역사 연보에는 목숨을 걸고서 낯선 이와 함께 싸운 사람들의 일화가 넘쳐난다. 함께 뭉치면, 우리는 어떠한 위협보다 더 크고 강해질 수 있다고 느낀다. 함께 뭉치면, 우리의 개별적 자아는 이 진흙 밭에서 스러지

우리는 지금 문학이 필요하다

더라도 우리의 더 큰 인간성은 계속 이어질 거라고 느낀다.

이러한 느낌이 일차적인 공포 반응으로 촉발된 신경화학물질과 결합되면, 심장에서 세 배나 뜨거운 열기가 솟구친다. 피를 뿜어내는 아드레날린의 열기, 고통을 덜어주는 천연 오피오이드의 열기, 사회적 유대감을 형성하는 옥시토신의 열기. 이 신경화학적 묘약은 우리에게 활력을 불어넣고 고통을 덜 느끼게 하며 자신을 기꺼이 희생하게 한다. 가슴속에서 타오르는 이 불꽃heart flame이 바로 용기이다.

호머를 비롯한 당대 그리스인들은 후대에 발견된 이러한 내용을 알지 못했다. 그런데도 후대의 라틴어와 고대 프랑스어 문장가들처럼, 용기를 심장과 결부시켰다. 《일리아드》 초반부는 아킬레우스가 아가멤논 앞에서 사납게 대드는 장면으로 시작된다. "오, 개의 얼굴과 사슴의 심장[kardia]을 한 당신이라는 남자는 백성들과 함께 용감하게 싸워본 적이 전혀 없습니다."

그리고 현대 신경과학자들처럼, 고대 그리스인들도 옥시토신을 더하면 불안감을 용맹한 투지로 바꿀 수 있음을 알았다. 물론 그들은 그것을 옥시토신이라고 부르진 않았다. 그 대신, 찬가paean라는 문학적 이름으로 불렀다.

(찬가와 그 신경화학적 효과)

찬가는 신에게 바치는 노래이다.

기원전 480년, 그런 노래가 긴박한 전쟁의 서곡으로 한 아테네인의 폐부 속에서 메아리쳤다. 살라미스에서 벌어진 전투였다. 이 전투에서 그리스는 갤리선船 수백 척으로 페르시아 제국의 함선 수천 척을 물리쳤다. 그 아테네인은 마흔다섯 살의 극작가 아이스킬로스였다. 아이스킬로스는 최초의 극작가라고 불리는데, 그가 부른 노래는 훗날 페르시아인들마저 용기를 북돋는 노래라고 칭송하곤 했다.

> 페르시아인들은 두려움에 사로잡혀 정신을 못 차리네,
> 그리스인들은 찬가를 불렀기에,
> 용기 충천한 마음을 안고 전쟁터로 달려가네.

찬가의 용기 증진에 대한 이 오래된 묘사는 현대 과학의 두 가지 교차 연구로 확인되었다. 첫 번째 연구에서, 억압받는 동안 단체로 부르는 노래는 불안에 떠는 다른 사람들과 가까이 있다는 뇌하수체의 느낌을 증폭시켜, 혈중 옥시토신 수치를 상승시킨다는 사실이 밝혀졌다. 두 번째 연구에서, 신이 우리와 고난을 함께하신다고 느끼게 하는 기도를 통해서도 옥시토신 수치가 올라갈 수 있다는 사실이 밝혀졌다.

이 두 가지 옥시토신 유인책이 찬가로 통합되고, 찬가는 다시 대규모 코러스와 경건한 탄원을 결합한다. 그 결과, 살라미스에서 불렸던 찬가는 호전적 연금술로 작용하여 그리스인들에게 두려움을 떨쳐내고 맹렬히 진격하게 했다.

이런 신경-문학적 발명품은 아이스킬로스 시대엔 이미 구식이었

우리는 지금 문학이 필요하다

다. 아이스킬로스보다 2세기나 먼저 태어난 호머가 그 발명품을 열심히 갈고닦아놨기 때문이다. 호머는 《일리아드》의 약 500행에 찬가라는 용어를 언급한다. "아폴로에게 그리스인들은 숭고한 찬가를 노래했다." 그런데 이 서사시의 첫 번째 찬가는 더 전에 나타난다. 아니, 실은 서사시의 첫 단어에서 시작된다. 《일리아드》는 전체 내용이 찬가이기 때문이다. 우리 마음속에 잠재된 용기를 북돋도록 의도된 12,000행짜리 장엄한 군가인 것이다.

이 군가는 그 길이만으로도 주목할 가치가 있다. 그런데 《일리아드》는 단순히 길기만 한 게 아니다. 색다른 종류의 노래이기도 하다. 우리에게 노래하도록 요구하지도 않으면서 옥시토신을 방출하도록 찬가를 개량해 세계 문학에 혁명을 일으켰다. 얼핏 모순되는 말처럼 들린다. 노래하지 않는데 어떻게 노래가 될 수 있을까? 이러한 모순은 스타일과 초점이라는 도구로 해결된다. 호머 이전의 작가들이 보여주었듯, 이러한 도구 덕분에 구술자의 힘이 서술자에게 고스란히 옮겨질 수 있다. 군가의 용기 증진을 재현하기 위해, 호머는 단지 노래 찬가가 하는 일을 수행할 서술자를 창조했다. 그래서 인접한 위험을 감지하는 신성한 코러스에 합류했다는 기분을 우리 뇌에 심어줄 수 있었다.

호머는 《일리아드》를 이렇게 시작하면서 그 일을 해냈다.

"노래하소서, 여신이여! 분노를."

이 짧은 문장을 읽는 순간, 우리는 격정에 휩싸인 채 멋진 찬가에 합류한 느낌을 받게 된다. 고작 몇 단어로, 《일리아드》는 우리의 뇌 하수체를 속여서 '보살피고 도와주는 온기'를 혈류에 내보내게 한다.

그런데 《일리아드》의 도입부는 그저 일회성 속임수가 아니다. 용 기를 북돋기 위한 방대한 청사진의 첫 획이다.

〔 용기를 북돋기 위한 청사진 〕

우리는 《일리아드》 도입부의 스타일과 초점을 창세기 "빛이 있으 라"의 스타일과 초점에 대비하면서 그 청사진을 알아낼 수 있다.

창세기

태초에 하나님이 하늘과 땅을 창조하시니라.

땅은 형체가 없고 공허만 있으며, 어둠은 심연에 있고 하나님의 영은 수면 에서 운행하시니라.

하나님이 이르시되, 빛이 있으라 하시니 빛이 있었다.

일리아드

노래하소서, 여신이여! 분노를, 펠레우스의 아들 아킬레우스의 분노를,

남자들에게 헤아릴 수 없는 고통을 안기고,

숱한 영웅들의 굳센 혼백을 때가 되기도 전에 하데스에게 보내고,

그들을 온갖 개와 독수리의 먹이가 되게 한 잔혹한 분노를.

우리는 지금 문학이 필요하다

두 도입부 모두 하나님 목소리로 쩌렁쩌렁하다. 하지만 그 울림은 사뭇 다르다. 창세기의 도입부에는 '하늘과 땅'이 있다. 《일리아드》의 도입부에는 '분노, 분노'가 있다. 결국 호머의 서술은 빛Light이나 법칙Law이나 더 높은 진리Truth에서 나오지 않는다. 출처와 목적은 인간의 감정이다. 기술적으로 말하자면, 초점이 인간의 마음human heart이다.

《일리아드》는 형용사 사용을 통해 똑같은 인간적 마음human-heartedness을 얻는 스타일을 취한다. 창세기 첫 줄에는 형용사가 없고 은하계의 명사가 줄줄이 나열된다. 하나님, 하늘, 땅, 형체, 공허, 어둠, 심연, 수면. 이러한 명사는 여느 명사와 마찬가지로, 객체object라서 객관적object-ive으로 느껴진다.

물론 그러한 객관성이 명사에만 국한되진 않는다. (창세기 뒷부분에 나오는 것과 같은) 여러 형용사도 객관적으로 느껴질 수 있다. '둥글다, 생생하다, 파랗다'는 사물을 거의 있는 그대로 표시한 것이다. 그런데 형용사는 개인적 관점에서 무엇이 어떻게 보이는지에 대한 주관성을 반영할 수 있다. '크다, 빠르다'는 우리가 더 작고 느릴 때만 그렇게 보인다.

《일리아드》 도입부의 형용사, 헤아릴 수 없다countless와 잔혹하다 all-a-damaging(다 파괴한다는 뜻에서 잔혹하다로 번역함. - 역자 주)에서 그런 주관성을 느낄 수 있다. 이는 아킬레우스의 분노에 너무 놀라 그 파괴적 효과를 정확하게 계량하지 못했다는 뜻을 전달한다. 서술자는 그저 분노가 모든 것을 파괴하고 헤아릴 수 없이 많은 사람을 죽인 것 같다는 식으로 말할 뿐이다. 분노에 찬 아킬레우스가 대량 학살하는

제1장. 용기를 북돋워라

모습을 우리도 봤다면 딱! 그렇게 느꼈을 것이다. 따라서 아테나와 아폴로, 그리스 판테온 신전의 여러 의인화된 신들과 마찬가지로, 《일리아드》의 하나님 목소리는 똑같이 거대하지만 결국 인간이다. 무심한 신이 아니다. 더 방대한 버전의 우리 자신이다. 전쟁과 죽음에 대한 우리의 감정적 반응을 보여주는 불굴의 용기요, '전능한 마음Almighty Heart'이다.

인간이 내는 하나님 목소리는 호머의 위대한 발명품이다. 호머 이전에, 문학 서술자들은 인간의 목소리나 신의 목소리로 말했다. 하지만 《일리아드》는 두 종種의 목소리를 혼합한다. 인간의 감정과 우주적 시야를 섞어서 의인화된 선견지명anthropomorphic far-sightedness을 일궈낸다.

《일리아드》 전반에서 용기를 부추기는 이런 스타일과 초점 청사진은 일련의 자잘한 문학 발명품에 의해 계속 유지된다. 그중에서도 호머의 가장 유명한 장치는 '서사시적 비유Epic Simile'이다. 서사시적 비유는 호머 이전의 작가들도 알고 있었다. 가령 창세기에서 죽어가던 야곱이 아들들에게 예언하는 장면을 보자.

"유다는 사자의 새끼로다. 내 아들아, 너는 먹이를 찢고 위로 올라갔도다. 그가 사자처럼, 늙은 사자처럼, 엎드리고 웅크렸으니 누가 그를 범할 수 있겠느냐?"

호머는 서사시적 비유를 고안하진 않았지만 하나님 목소리를 의인화하면서 그 비유를 가장 많이 사용한 작가로 유명하다. 《일리아

우리는 지금 문학이 필요하다

드》제3권에 나오는 인간-사자 비유에서 그런 의인화를 경험할 수 있다.

> 마치 배고픈 사자가 야생 사슴이나 염소의 사체를 발견하고 기뻐하면서
> 간절한 사냥꾼들과 재빠른 개들이 자기에게 덮치듯 달려드는 순간에조차
> 게걸스럽게 먹어치우듯이,
> 메넬라오스는 알렉산더를 보고 그만큼 기뻐했다.

이 비유는 야곱의 성경 비유에 대한 서술 구조를 뒤집는다. 성경 비유는 인간으로 시작해서 사자로 진행된다. 우리가 있는 곳에서 시작하여 미스터리한 곳을 향해 확장해, 현시점에선 헤아릴 수 없는 더 방대한 진리Truth로 우리를 놀라게 한다. (이 문학적 기법이 종교적 경외심을 어떻게 불러일으킬 수 있는지 자세히 알고 싶으면, 제6장을 참고하라.)

호머의 비유는 그 반대이다. 사자에서 시작해 인간으로 진행되어, 인간의 감정 중 하나인 기쁨을 통해 외부 존재를 이해하게 한다. 따라서 우리가 사자를 볼 때, 또는 호머의 서사시적 비유에 담긴 나무와 새, 수돼지와 불꽃, 벌레와 별과 신들을 바라볼 때, 우리가 실제로 보는 것은 불가사의한 하나님의 작품이 아니다. 동료 인간의 심장이 느끼는 감정이다. 인간과 사자를 비롯해 자연의 모든 것은 세상에 활기를 불어넣는 더 큰 인간 맥박의 일부이다. 하늘과 잎사귀와 빛과 생명, 이 모든 것이 우리이다.

우주적 인간 공동체와 연결됐다는 이러한 기분은 전투 코러스에서 부르는 노래나 호의적인 신에게 바치는 기도처럼 뇌하수체를 자

제1장. 용기를 북돋워라

극한다. 그래서 찬가의 생리적 효과를 재현하여 혈중 옥시토신의 상승을 유발한다. 그런데 직접 경험해보면 알겠지만,《일리아드》는 찬가보다 훨씬 더 큰일을 해낸다. 우리가 혼자 조용히 읽을 때조차 옥시토신 분출을 유발한다.

믿기 어려운 속임수 같지만, 그 창의적 효과는 한 군인이 외로운 참호에서 사랑하는 사람들을 떠올리며 용기를 찾는 것과 별반 다르지 않다.《일리아드》에서 무시무시한 전쟁 묘사가 우리 뇌에 아드레날린과 오피오이드라는 위협-도피 호르몬을 촉발시키는 순간 그러한 창의적 효과가 발휘되기 시작한다. 그리고 호머의 전능한 마음이 용기의 세 번째 신경 요소를 더해, 두려움을 물리치고 죽음에 맞설 뜨거운 힘을 우리에게 불어넣을 때 그 효과는 최고조에 이른다.

('전능한 마음'을 직접 활용하기)

1915년, 패트릭 쇼 스튜어트Patrick Shaw-Stewart라는 이름의 영국 해군이 트로이 전쟁으로 격렬했던 에게해 해안에 돌아왔다.

그 해안은 다시 교전 지역이 되었고, 어쩌면 전보다 더 격렬한 전쟁터가 됐는지도 모른다. '우리는 시체 썩는 냄새 때문에 방독면을 쓴다. 포탄 파편에 시신의 머리가 날아갔고, 수백만 마리의 파리가 우리 입을 막는다.' 쇼는 그 참혹한 장소에《일리아드》를 가져갔다. 호머의 시가 예전에 용기를 북돋워주었던 사실을 떠올리며 펜을 들고 〈참호 속의 아킬레우스Achilles in the Trench〉라는 시를 썼다.

우리는 지금 문학이 필요하다

그렇게 힘들던가, 아킬레우스,

죽는 게 그렇게 힘들던가?

당신은 알지만, 나는 모르오,

그러니 내가 훨씬 더 행복하오.

나는 오늘 아침에 돌아갈 거요.

임브로스에서 바다 저편으로.

참호에서 일어서게, 아킬레우스,

화염에 휩싸여, 나를 위해 소리치게.

첫 번째 연에서, 우리는 아킬레우스에게 거리감을 느낀다. 그리고 죽음을 생각할 때 두려움을 느낀다. 하지만 두 번째 연의 마지막 행에서, 영웅의 우렁찬 목소리가 우리와 함께한다고 상상한다. 그러자 두려움 속에서 용감한 기운이 솟아난다.

당신이 《일리아드》 사본에서 그런 기운을 느끼지 못한다면, 후대의 수많은 시와 소설, 영화 등에서 호머의 발명품을 찾아볼 수 있다. 책장을 뒤져서 인간 마음에 선견지명까지 갖춘 서술자를 찾아보라. 가령 찰스 디킨스Charles Dickens의 《두 도시 이야기A Tale of Two Cities》에서 다정한 하나님 목소리를 들어보라. "최고의 시대이자, 최악의 시대였다." 아니면, 토니 모리슨Toni Morrison의 1987년 소설 《빌러비드Beloved》의 서술자가 말하는 서사시적 비유를 들어보라. "아이의 집처럼, 키가 아주 큰 아이의 집처럼."

아울러 서재에 있는 인쇄본 외에, 호머의 《일리아드》 원전 낭독

제1장. 용기를 북돋워라

처럼 극적 형태의 문학 작품을 찾아볼 수도 있다. 리들리 스콧_{Ridley}

처럼 극적 형태의 문학 작품을 찾아볼 수도 있다. 리들리 스콧Ridley Scott 감독의 '글레디에이터Gladiator' 같은 전투 서사 영화부터 '페이튼 플레이스Peyton Place' 같은 황금시간대 드라마에 이르기까지, 영화와 TV 드라마도 카메라 렌즈의 객관적인 시각에 인간 초점, 옥시토신을 방출하는 사운드트랙을 결합하여 의인화된 하나님 목소리의 신경 효과를 충분히 거둔다.

인쇄본에서든 화면에서든 호머풍의 서술자를 몇 가지 발견했다면, 당신의 가장 깊은 두려움을 들춰낼 이야기 속으로 헤집고 들어갈 서술자를 하나 골라보라.

삶에 아무런 목적도 없다 싶으면, TV 드라마 '왕좌의 게임Game of Thrones'을 보라. 우리가 모두 타인의 삶에 거주하는 낯선 사람으로 끝날 운명인가 싶으면, '그레이 아나토미Gray's Anatomy'를 보라.

그런 다음 더 큰 목소리가 당신과 연결됨을 느껴보라.

그리고 두려움 가득한 이 세상에서, 용기를 얻어라.

제 2 장

로맨스의 불을
다시 지펴라

Wonderworks

사포의 '서정시',
동주_{東周}의 '송가'

발명품: 비밀 공개자

20세기 초, 서구 문명이 전운에 휩싸여 철조망 참호와 곡사포 학살을 향해 미친 듯이 달려갈 무렵, 영국 남자 둘이 이집트로 항해를 떠났다.

친한 친구 사이인 이들은 나일강 바로 서쪽, 한때 신성한 코끼리은 상어로 유명했던 머워Mer-wer 운하에서 실로 놀라운 것을 발견했다.

물론 처음부터 놀라워 보였던 건 아니다. 처음엔 그저 수천 년 전에 그리스 천문학자 프톨레마이오스Ptolemaeos의 회계사들이 서류철을 치우며 버린, 곰팡이 핀 종이 쓰레기 같았다. 그런데 두 영국인은 고대의 서류 뭉치를 조심스레 살펴보다 멈칫했다. 대수학보다 오래되고, 등자鐙子나 수차水車보다 더 오래된 파피루스 시를 발견했기 때문이다.

그 시는 고대 그리스어로 쓰이긴 했지만, 두 사람이 학교에서 배웠던 그리스어가 아니었다. 그들은 학교에서 호머의 전쟁 서사시

《일리아드》에 나온 아티카 어휘를 공부했었다. 하지만 쓰레기 더미에서 찾은 시는 어휘가 달랐고, 두 친구 모두 무척 기이하다고 여겼다. 시의 특이한 용어를 읽어 내려갈수록 경이로움은 점점 커져다. 그들은 고향에서 벌어지는 전투를 까맣게 잊은 채 예정보다 오래 사막에 머물렀다. 달콤하면서도 낯선 기분에 취해서. 사랑에 취해서.

[사랑, 그 문학적 기원]

사랑의 비밀은 무엇일까?

흠, 사랑에는 여러 가지 은밀한 출처가 있다. 나일강의 고대 주민들은 사랑이 악어의 대동맥에서 나온다고 생각했다. 중국 신화시대의 황제 신농神農은 인삼에서 사랑을 찾았다. 아즈텍족은 엄청난 양의 뜨거운 초콜릿에서 얻었다. 사하라 이남의 반투족은 요힘베 나무 껍질에서 추출했다. 그리고 19세기 미국에서, 앤드루 잭슨 데이비스Andrew Jackson Davis라는 심령술사가 사랑의 출처로 제시한 말은 훗날 속담처럼 널리 쓰이게 되었다.

"같으면 밀어내고 다르면 끌어당긴다. 그 점을 반드시 주목해야 한다."

안타깝게도, 현대 과학은 이런 고풍스러운 이론들을 전혀 입증하지 못했다. 실은 많은 경우, 과학 실험을 통해 그 반대 결과를 확인했다. 악어의 대동맥은 황홀감을 자아내지 못하고, 마음이 다르면 흔히 서로를 밀어낸다.

과학이 찬물을 끼얹긴 했지만, 우리는 아무 방향도 없이 사랑을 찾아 헤매지 않아도 된다. 21세기 신경과학자들이 고릿적 최음제의 실체를 폭로하는 한편, 사랑의 진짜 출처 중 하나를 밝혀냈기 때문이다. 바로 일인칭 화자인 나$_1$의 목소리로 전하는 시이다.

('나(I)'의 시적 능력)

확인 가능한 시절까지 역사를 한참 거슬러 올라가, 문학에서 나$_1$의 목소리를 찾아보자.

일단 기원전 2600년에 쓰인 수메르인의 〈슈루팍 지침서Instructions of Shuruppak〉가 있다. "아들아, 내가 너를 깨우쳐주마. 내가 하는 말을 무시하지 말거라!" 그리고 기원전 18세기에 쓰인 〈길가메시 서사시 The Epic of Gilgamesh〉의 바빌로니아 영웅이 있다. "어머니, 나는 별들이 나한테 떨어지는 꿈을 꿨습니다."

그런데 이러한 전설과 경전에서 나의 목소리가 울려 퍼지긴 했지만, 단독으론 멀리 울려 퍼질 만큼 강력하진 않았다. 결국 미약한 개인의 목소리였던 것이다. 그들은 우주적 진실을 우렁차게 선포한 게 아니라, 개인적 의견을 전달했을 뿐이다. 나의 목소리는 제한적이고, 또 미약했다.

그러므로 〈길가메시 서사시〉와 〈슈루팍 지침서〉에서 그he-그녀 she-그들they의 서사시 목소리epic voice가 나의 목소리에 힘을 실어줘야 했다. 서사시 목소리가 높은 위치에서 〈슈루팍 지침서〉의 첫 부분을 시작한다. "오랜 옛날에 한 현자가 수메르 땅에 살았는데, 언변이 아주 뛰어났단다. 이 지침서는 그$_{he}$가 자기 아들에게 내린 것이란다."

그리고 〈길가메시 서사시〉에서 서사시 목소리는 더 웅장하게 시작한다.

신들이 길가메시를 만들었다. 그리고 그들은 그를 완벽하게 만들었다. 태양신은 그에게 영광을 주었고 천둥신은 그에게 용기를 주었다.

나의 목소리는 수세기 동안 서사시의 그-그녀-그들 안에서 계속 이런 식으로 존재했다. 물론 그 와중에 독자적으로 나의 시를 쓰려고 덤빈 작가가 분명 있었을 것이다. 하지만 그러한 시는 하나도 살아남지 못했다. 나 혼자서는 버텨낼 수 없었음을 입증하는 것 같다.

그런데 〈길가메시 서사시〉가 나오고 1,000년쯤 흐른 어느 날, 중국 동부의 뽕나무 밭에서 한 여인이 이렇게 속삭였다.

커다란 수레가 덜커덩덜커덩 지나가네,
새파란 잔디 같은 초록색 관복 차림의 판사를 태우고.
내가 기억하는 사람은 바로 당신,
하지만 나는 법을 알기에 몸을 떨었네.

커다란 수레가 덜커덩덜커덩 지나가네,
루비처럼 빛나는 관복 차림의 판사를 태우고.

우리는 지금 문학이 필요하다

내가 원하는 사람은 바로 당신,

하지만 나는 법을 알기에 얼른 멈추었네.

우리는 서로 다른 방에서 살아야 하네,

하지만 죽어서는 한 무덤에 거할 거라네.

당신은 내가 거짓말을 한다고 생각하나요?

나는 태양의 영원한 빛에 대고 그것을 맹세해요.

이 송가가 지금까지, 우리가 사는 이 시대까지 살아남다니, 참으로 대단하다. 나를 주인공으로 한 시 가운데 숱한 세월을 살아남은 다른 시는 히브리어 시편뿐이다. 그런데 시편은 〈슈루파 지침서〉와 〈길가메시 서사시〉처럼 서사시 냄새가 짙게 풍긴다. 시편은 성경에 나오는 왕들이 읊조린, 신성한 경전의 일부이다.

하지만 중국 송가는 다르다. 불법적인 사랑 행위로 처벌받을까 두려워하는 평범한 여성이 썼다. 시편과 달리, 그녀의 송가는 대중에게 공개되도록 쓰이지 않았다. 곱게 접힌 연서戀書로 연인에게 몰래 전해졌다. 그리고 시편과 달리, 그녀의 감정은 더 높은 권위자에게 용인되지 않았다. 오히려 덜커덩거리는 수레를 탄 오만한 판사에게 비난받는다. 시인을 지지하는 것은 자신이 힘차게 내뱉은 말뿐이다. "나는… 맹세해요."

우리는 그 맹세를 믿을 수도, 믿지 않을 수도 있다. 어느 쪽이든, 우리가 선택할 사항이다. 이 송가는 "여인이 진실을 말했노라" 같은 서사시적 선언으로 우리 마음을 압박하려 하지 않는다. 순전히 나의

제2장. 로맨스의 불을 다시 지펴라

목소리만 담겨 있다.

이런 개인적 목소리가 어떻게 살아남았을까? 어떻게 지금 우리와 함께할 수 있을까?

앞으로 살펴보겠지만, 중국 송가가 세월의 깊고 넓은 바다를 건너 여전히 깐닥거리는 데에는 두 가지 이유가 있다. 먼저 더 흥미로운 이유부터 살펴보자. 이 송가는 우리의 차가운 신경회로에 침투해 사랑의 손길로 포근히 감싸준다.

(사랑의 신경과학)

과학적 견지에서 사랑은 화학적 끌림의 문제라고 말하는 소리를 들어봤을 것이다. '피하 선subdermal glandular에서 분비된 페로몬이 뇌의 쾌락 중추를 자극하려고 예비 짝꿍들에게 은밀하게 퍼져나간다.'

이런 설명은 전혀 낭만적이지 않다. 아마 맞지도 않을 것이다. 인간 페로몬이 실제로 존재한다는 증거는 없다. 설사 존재한다 해도, 구애 행위는 훨씬 더 단순한 문제일 것이다. 물론 사랑에도 과학 공식이 있긴 하다. 그런데 그 공식이 요힘베 나무껍질이나 초콜릿 같은 물리적 재료는 아니다. 그보다는 말하기speech와 관련이 있다. 마법사의 주문 같은 특별한 말이 아니라 우리가 평소에 쓰는 말 말이다.

과학적인 말하기 공식은 두 가지 성분으로 나뉜다. 첫 번째 성분은 자기공개self-disclosure이다. 당신은 개인사와 관련해 시시콜콜한 내용을 공유할 때마다 자기공개를 하는 것이다. 당신이 어디서 태어났

우리는 지금 문학이 필요하다

는지, 몇 살인지, 화요일에 무슨 일이 있었는지 사람들에게 말한다면, 다 자기공개이다.

자기공개는 뭐가 됐든 다 사랑의 출처가 될 수 있지만, 어떤 것은 다른 것보다 더 강한 효능을 발휘한다. 그러한 자기공개는 더 은밀하고 개인적인 내용이다. 가령, 고향이나 생일과 달리 평소에 쉽게 털어놓지 않는 비밀, 괜히 말했다가 당황하거나 어색하게 느껴지는 비밀, 남들의 관심사가 아닌 엉뚱한 버릇, 가슴속에 깊이 간직하고픈 소중한 추억, 개인적인 바람이나 욕망, 두려움이나 실수 등이 포함된다.

이러한 비밀이 무엇이든, 사랑의 강력한 출처가 될 수 있다. 그 힘은 은밀함의 정도에 따라 커진다. 수년 동안 누구에게도 말하지 않고 깊숙이 간직한 비밀은 사랑을 위한 초강력 재료이다.

그렇다고 당장 나가서 그 강력한 재료를 사용하지는 마라! 과학적인 말하기 공식의 두 번째 성분과 섞지 않으면, 좋은 재료를 허비하게 될 것이다. 두 번째 성분은 바로 경이wonder이다.

경이는 놀라울 만큼 신기한 느낌이라, 아무 때나 쉽게 끌어낼 수는 없다. 하지만 앞서 서론에서 다뤘듯이, 경이에는 확장이라는 믿을 만한 청사진이 있다. 스타일이나 캐릭터, 스토리 등 여러 문학적 요소의 평범한 패턴을 취한 다음, 그 패턴을 한 단계 더 확장시키면 된다.

경이의 확장이 없다면, 자기공개는 사랑을 촉발하는 게 아니라 반감을 유발할 수도 있다. 누군가가 놀랍지도 않은 개인사를 시시콜콜 쏟아낸다면, 옆에 있기 불편할 것이다. 그런 사람과는 나무 그늘

제2장. 로맨스의 불을 다시 지펴라

에 앉아 한가롭게 시간을 보내고 싶지 않다. 무슨 핑계를 대서라도 얼른 자리를 뜰 것이다.

하지만 누군가가 확장을 버무린 자기공개로 구애하면, 이는 강력한 신경 효과를 발휘한다. 즉 뇌의 보상 중추에서 도파민 뉴런을 준비시켜, 우리 마음을 살짝 들뜨게 한다. 우리 뇌는 벌써 행복하다. 게다가 흥분된 뉴런에 불꽃이 일어나면 훨씬 더 행복해질 걸 알고 있다.

흥분된 뉴런에 불꽃을 지피려면 또 다른 자기공개가 필요하다. 그런데 이번엔 구애자의 자기공개가 아니다. 로맨스를 제대로 시작하려면, 두 번째 자기공개는 구애받은 우리 쪽에서 해야 한다. 구애자에게 호응함으로써, 우리는 뇌에서 신호를 기다리던 도파민을 방출하여 그 화학적 달콤함을 즐긴다. 하지만 이 자기만족적 경험은 사랑이 아니다. 홀리거나 희롱하는 단계로, 더 큰 즐거움을 얻기 위한 전주곡이다. 그런데 더 큰 즐거움을 얻으려고 다른 것을 할 필요는 없다. 그냥 구애자와 함께 경이로움으로 가득한 자기공개를 계속 주고받으며, 도파민 준비와 방출의 호혜적 순환을 이어가면 된다. 함께 있으면 더 행복해진다고 느끼고 개인적 이야기를 더 많이 공개하다 보면, 결국 친밀한 정서적 유대감이 형성된다.

정서적 유대감이 형성된 행복한 상태가 바로 사랑이다. 과학적 견지에서 설명하다 보니, 선腺 분비물인 페로몬과 결부시킨 설명과 별반 다르지 않게 들린다. 아무튼 사랑의 행복감은 대부분 자기공개의 즐거움에서 나온다. 우리 뇌는 결국 다소 이기적으로 황홀감을 경험한다. 나는 너랑 있을 때 나 자신을 더 좋아해.

낭만과는 거리가 멀긴 하지만, 과학은 적어도 사랑이 깊어질수록 청사진의 두 번째 성분인 확장이 덜 중요해진다는 점을 드러냈다. 우리는 더 이상 사랑하는 사람을 현혹할 필요가 없다. 그저 평범한 일상 속에서 우리의 은밀한 비밀을 털어놓기만 해도 감정적 유대를 돈독히 다질 수 있다. 그 점이 사랑의 진정한 경이로움이다. 우리 자신보다 더 경이로운 뭔가가 딱히 필요하지 않다.

자기공개에 경이를 결합하는 사랑의 청사진을 알았으니, 이제 밖으로 나가 구애를 시도해도 좋다. 은밀한 이야기에 확장이라는 양념을 버무려 털어놓기만 하면 된다. 그런데 선뜻 내키지 않거나 그냥 손쉽게 구애받고 싶다 해도, 초조해하지 마라. 당신이 필요한 사랑을 시에서 모두 얻을 수 있다.

과학이 참견하기 훨씬 전에 시인들은 2부로 구성된 청사진을 알아냈다. 그들은 중국의 고대 송가처럼 읽는 이의 마음을 사로잡는 비법을 알고 있었다.

(2부로 구성된 시의 청사진)

중국의 고대 시인은 자기공개로 송가를 시작한다. "내가 기억하는 사람은 바로 당신, 하지만 나는 법을 알기에 몸을 떨었네."

그런 다음 시적 확장을 감행하여, 죽음 이후의 시간과 밤의 공간으로 우리의 마음을 넓혀 간다. "죽어서는 한 무덤에 거할 거라네. … 태양의 영원한 빛에 대고 맹세해요."

우리를 경외감으로 채워주는 비밀을 공개하면서 중국 시인은 유혹을 위한 과학 공식을 펼쳐 나간다. 먼저 우리 뇌의 도파민 보상 체계를 자극한다. 그리고 그에 상응하는 자기공개를 상상하도록 우리를 부추긴다. 결국 우리는 솔직하게 고백해준 그녀에게 고마워하고, 우리의 숨겨진 욕망을 인정하며, 언제나 우리 마음에 충실하겠다고 약속한다. 그 과정에서 우리 마음은 사랑의 감정으로 점점 들뜬다.

바로 그 사랑 때문에 이 송가는 당대에 널리 암송되었다. 듣는 사람을 은밀하게 유혹하고, 나의 개인적 힘을 느끼게 했다. 하지만 아무리 강력한 사랑이라 해도 송가를 스스로 지키기엔 역부족이었다. 이 송가가 현대까지 살아남은 두 번째 이유는 주나라 학자들이 관심을 보여서다. 그들은 로맨스를 억누르는 판사의 존재를 높이 평가했다. "내가 원하는 사람은 바로 당신, 하지만 나는 법을 알기에 얼른 멈추었네."

주나라 학자들은 사랑을 멈췄다는 사실에 감동하여, 이 송가를 유학 오경五經의 하나인 《시경詩經》에 기록했다. 올바른 처신에 대한 계율이 오늘날까지 충실히 전수되는 이유이다. (이 계율에 대해 더 자세히 알고 싶으면, 제10장을 참고하라.) 이 말은 곧, 중국 송가의 '나'는 자력으로 살아남은 게 아니라는 뜻이다. 내가 함부로 행동하지 못하게 막은 서사시적 '그' 때문에 살아남았던 것이다.

하지만 나는 이런 무력한 상태로 영원히 머물지는 않는다. 중국 송가가 나온 지 한 세기쯤 후, 다른 시인이 마음에서 우러나온 시를 노래했다. 사포Sappho라는 여류 시인이다. 사포의 시는 더 방대한 서사시적 목소리의 일부로 보존되지 않았다.

우리는 지금 문학이 필요하다

오로지 사랑의 힘으로 살아남았다.

(사포의 힘)

사포의 생애는 대체로 미스터리하다. 우리는 그녀가 레스보스섬에서 태어났으리라 짐작할 뿐이다. 에게해 북동쪽에 있는 아치형의 섬인데, 섬 맞은편에는 헥토르와 아킬레우스가 트로이 전쟁에서 싸웠던 모래 평원이 펼쳐져 있다. 또 우리는 그녀가 기원전 7세기 중반에 살았으리라 짐작한다. 이는 호머가 《일리아드》를 지은 지 100년 조금 넘은 시기이다.

사포는 《일리아드》를 잘 알고 있었다. 하지만 《일리아드》의 서사시 스타일을 거부했다. 그 대신 나의 목소리로 시를 썼다. 당대 그리스인은 그런 시를 릴릭lyric(서정시)이라고 불렀는데, '리라lyre(수금)를 연주하며 부르는 노래'라는 뜻이다.

물론 사포가 서정시를 쓴 그리스 최초의 시인은 아니다. 한 세대쯤 전에 전사戰士 시인인 아르킬로코스Archilochos가 다음과 같은 서정시로 이름을 떨쳤다.

여우는 잔꾀가 많지만 고슴도치는 큰 꾀 하나만 있다네.
승리했다고 뻐기지도 말고 패했다고 슬퍼하지도 말게.
인생은 늘 오르락내리락한다네.
나는 여기 애타게 앓고 있네. 신들이 내게 뼈에 사무치는 고통을 안겼네.

적군이 지금 내 방패를 가지고 있지. 도망칠 때 내가 던져버렸거든.

내가 왜 그걸 가지고 있어야 하나?

방패는 다시 살 수 있지만 이건 하나뿐인 내 인생인걸.

네오불레Neobule의 손을 만질 수 있다면 얼마나 좋을까.

이 서정시의 마지막은 중국 송가의 연서와 흡사하게 들린다. "네오불레의 손을 만질 수 있다면 얼마나 좋을까." 하지만 이 로맨스는 단지 장난일 뿐이다. 네오불레는 지어낸 이름으로, '변덕스러운 여인'을 뜻한다. 그리고 그녀에 대한 아르킬로코스의 논의는 친밀함과 반대되는 도색적 풍자가 주를 이룬다. "그녀의 육체는 숙성된 과일 같고 … 입술을 아래로 낮추고 내 하찮은 물건을 쭉쭉 빨아먹는다."

아르킬로코스의 다른 서정시도 진정한 자기공개와는 거리가 멀다. 상처받기 쉬운 마음을 그대로 드러내기보다는 시편과 〈슈루팍 지침서〉처럼 그-그녀-그들 목소리로 풍자하거나 더 큰 진리로 나를 받쳐주면서 낡은 청사진을 그대로 따라간다. "여우는 잔꾀가 많다." "인생은 늘 오르락내리락한다." "신들이 내게 뼈에 사무치는 고통을 안겼다." "방패는 다시 살 수 있다."

그런 점에서 사포가 과감하게 다음과 같은 시를 지었을 때 그리스인들이 얼마나 놀랐을지 상상해보라.

그는 나에게 신과 같은 존재

그 남자가

너에게 귀를 기울이고

우리는 지금 문학이 필요하다

달콤한 목소리로 이야기하며

매혹적인 웃음을 흘리니,

내 마음은 산산조각 난다.

너를 바라볼 때면,

나는 아무 말도 할 수 없다.

내 혀는 굳어버리고

내 피부는 불에 덴 듯 화끈거린다.

이거야말로 진정한 자기공개이다. 사포는 은밀한 내용을 고백했다. 그것도 사귀는 남자가 있는 여인에게 사랑을 고백한 것이다. 사포에게 상처로 돌아올 수도 있는 고백이었다. 그 여인은 사포의 사랑을 원치 않을 수도 있다. 이미 신과 같은 애인이 있고, 그 애인과 행복한 웃음을 짓고 있다. 그 여인이 사포에게 무엇을 바라겠는가? 아무것도 바라지 않을 것이다. 어쩌면 사포의 서정시를 읽으며 낄낄거릴 것이다.

사포의 행위가 단지 자기공개로 그쳤다면 우리도 낄낄거릴 것이다. 하지만 사포는 단지 사사로운 비밀을 공개하는 데 그치지 않고 경이를 곁들였다. 마음이 산산조각 나고 피부가 불에 덴 듯 화끈거린다는, 단순하지만 경외감을 불러오는 은유로 자신의 내밀한 감정을 확장시켰다.

이러한 경외감과 자기공개의 결합은 중국 송가에서 사용된 청사진과 같다. 그리고 중국 송가처럼, 사포의 연애시도 한 학자의 펜 덕분에 세월의 칼날을 빗겨갈 수 있었다. 그런데 중국 송가를 보존한 학자와 달리, 사포의 시를 기록한 학자는 도덕성을 강조하는 정부 관료가 아니었다. 평범한 문학 애호가인 로마 제국의 롱기누스Longinus였다. 그는 실체가 미스터리하고 본명도 아닐 것으로 짐작된다.

롱기누스는 1세기에 〈숭엄론On the Sublime〉이라는 논문에서, 사포의 시가 호머의 《일리아드》나 히브리어 성경의 서사시와 같은 강력한 감정을 자아낸다고 칭송했다. 게다가 현대 과학이 훗날 밝혀냈듯이, 사포의 시는 단지 호머와 성경의 서사시적 힘에 맞먹는 정도로 그치지 않는다. 오히려 그 힘을 능가한다. 서사시는 거대함에서 정서적 힘을 얻는 반면, 사포의 서정시는 친밀감에서 정서적 힘을 얻는다.

사포의 혁신적인 서정시는 자기공개의 깊이에서 비롯된다. 사포 이전의 작가들은 자기를 깊이 노출하면 위험하다고 생각했다. 그래서 가장 내밀한 감정을 아이러니와 계율로 순화하거나 그-그녀-그들의 힘에 기대곤 했다.

하지만 사포는 더 친밀하게 접근함으로써 작가들이 두려워할 게 없음을 밝혀냈다. 훗날 과학에 의해 입증되듯이, 은밀한 자기공개일수록 더 강력한 힘을 발휘한다는 반직관적 진실을 발견한 것이다. 사포는 신을 비롯한 외부의 목소리를 끌어오지 않고 나를 더 많이 드러냄으로써 서정시가 서사시만큼 웅장할 수 있음을 보여주었다.

게다가 사포는 여기서 멈추지 않고 더 나아갔다. 다른 시를 써서 또 다른 혁신을 이뤄냈다.

그 시는 앞서 언급한 쓰레기 더미에서 발견되었다.

(사포의 두 번째 혁신)

1905년 겨울에 이집트로 항해를 떠난 두 영국인은 파피루스 고문서를 연구하는 버나드 파인 그렌펠Bernard Pyne Grenfell과 아서 서리지 헌트Arthur Surridge Hunt였다. 그들이 발견한 시는 다음과 같다.

어떤 이는 기마병이나
군인이나 배가
세상에서 가장 아름답다고 말하지만,
나는 당신의 사랑이 가장 아름답다고 말하리라.

가장 아름다운 여인
헬레네가
최고의 남자를 남겨두고
트로이로 떠나간 이유도
바로 그 이유가 아니었던가?

제 자식도 잊고
어머니도 잊은 채,
힐끔 보고서 느낀

사랑 때문에.

이 서정시는 《일리아드》를 용감하게 바꾸어 말한다. 《일리아드》는 도둑맞은 한 여인 때문에 트로이에서 전쟁을 일으킨 기마병과 배와 군인의 이야기를 장황하게 늘어놓았다. 그 여인은 스파르타의 왕비이자 메넬라오스의 아내인 헬레네였다. 그런데 사포의 서정시에 따르면, 헬레네는 도둑맞지 않았다. 욕망을 좇아 자의로 항해에 나섰다. 결국 트로이의 진짜 스토리는 전쟁이 아니었다. 사랑이었다.

우리가 멋대가리 없는 철학자라면, 사포의 서정시가 호머를 개작했다는 식으로 논쟁을 벌일 것이다.

"그래! 사랑 이야기였어! 사포는 트로이 전쟁에서 억압당했던 마음에 목소리를 제공했어!"

"쯧쯧! 바보 같은 소리! 전쟁은 그저 전쟁이야. 거기에 낭만 따윈 없다고!"

"둘 다일 수 있어! 진실은 항상 양면성이 있거든! 가장 위대한 지혜는 양쪽을 다 본다니까!"

하지만 사포는 우리가 이런 틀에 박힌 철학자이기를 바라지 않는다. 자신의 서정시를 놓고 옳은지 그른지 따지기를 바라지도 않는다. 그저 트로이 전쟁을 촉발한 사랑을 느끼기를 바란다. 그런 이유에서 사포는 은밀한 공개로 우리 마음을 어루만진다.

그 공개는 헬레네에 관한 것이다. 그런데 처음엔 사포의 시가 전혀 공개적이지 않아서 놀랍다. 우리에게 헬레네의 서정적 목소리를 들려주는 대신, 서사시의 그-그녀-그들 목소리로 그녀를 제시한다. 아울러 헬레네의 내면을 드러내는 대신, 그녀의 외면을 훑고 지나간다. "가장 아름다운 여인 헬레네."

이 "가장 아름다운" 여인은 《일리아드》에 나오는 헬레네이다. 외모 때문에 납치된 바로 그 헬레네이다. 그런데 우리에게 친숙한 그림을 제공하면서도, 사포의 서정시는 완전히 다른 방향으로 흘러간다. 우리의 시선을 헬레네의 아름다운 겉모습 이면으로 인도한다. 그곳에서 우리가 발견하는 내용은 사회적으로 도저히 용납할 수 없다. 헬레네가 제 자식을, 긴 머리카락을 휘날리며 말을 타는 헤르미오네를 잊었다는 것이다. 그리스의 어느 어머니도 감히 털어놓지 못할 내용이다.

이는 《일리아드》가 우리에게 들려주는 내용과 정반대이다. 《일리아드》 제3권에는 헬레네가 "남편과 가족을 그리워하며 속을 끓였다"고 나와 있다. 당시 그리스인들은 그런 상황에선 모든 여성이 가족에 대한 그리움을 느끼기를 기대했다. 자식들을 헌신적으로 보살피고 아버지가 짝지어준 남자의 충실한 아내가 되는 것 말고는 여성이 존재할 이유가 없었다. 그렇기 때문에 《일리아드》는 헬레네의 마음을 드러내는 척하면서도 은밀한 내면을 공개하지 않는다. 오히려 그 내면을 숨기면서 헬레네를 대중의 정형화된 이미지로 그려낸다.

하지만 사포는 헬레네의 진짜 속마음을 드러내고자 이런 정형화된 이미지를 깨트린다. 헬레네가 사랑에 혹해서 제 배 아파 낳은 자식마저 잊어버렸다고 공개한다. 이러한 폭로는 틀림없이 사포의 초기 그리스 독자들 중 일부에게 반감을 샀을 것이다. 개인의 은밀한 비밀은 흔히 반사회적이라, 겉으로 잘 드러내지 않는 법이다. 하지만 간혹 우리가 자신에 대해 인정하고 싶지 않은 점들 때문에 친구와 연인이 우리를 좋아하게 되듯이, 사포의 독자들 중 일부는 어머니 이상의 존재가 되고픈 헬레네의 감정에 마음이 쓰였을 것이다. 그리고 헬레네의 속내를 알아차리고, 그 안에 숨겨진 사랑의 리듬에 감동했을 것이다.

헬레네를 향한 이런 친밀감은 시에서 혁명적인 시도였다. 단지 《일리아드》의 원래 감정에 도전했기 때문만은 아니다. 서정시의 앞선 청사진을 극적으로 확장시켰기 때문이기도 하다. 과거에 그 청사진은 주로 시인들이 자신을 은밀하게 노출하는 데 사용되었다. 하지만 사포는 이제 다른 사람을 은밀하게 노출하는 데 사용하고 있다. 역사 속에 숨겨진 나의 목소리를 드러내고자 서사시의 그-그녀-그들 목소리를 획기적으로 바꿈으로써, 사포는 속내를 드러내지 않던 캐릭터의 감정을 살려냈다.

이로써 사포는 《일리아드》를 다시 쓰는 데 그치지 않고 문학에 새로운 지평을 활짝 열었다. 문학이 헬레네를 대신해서 자기공개를 할 수 있다면, 다른 서사시의 그나 그녀나 그들을 대신한 자기공개도 할 수 있기 때문이다.

문학은 어떤 스토리든 취해서 사랑 이야기로 바꿀 수 있게 되었다.

('비밀 공개자'를 직접 활용하기)

사랑은 우리가 타인에게 마음을 쓰는 유일한 방식이 아니다. 우리는 공감이나 공감적 동일화, 우정을 느낄 수도 있다. (이러한 문학 재료는 제3장, 제19장, 제25장에서 자세히 다룬다.)

우리는 지금 문학이 필요하다

하지만 사랑은 대단히 풍부한 감정이다. 사포의 에로틱한 사랑부터 중국 송가에서 다루는 지고지순한 사랑, 딜란 토머스Dylan Thomas의 시 〈고이 잠들지 마십시오Do Not Go Gentle into That Good Night〉에서 다루는 가족애, 그리고 에밀리 디킨슨Emily Dickinson의 시 〈친구를 홀로 두면 안 돼I Should Not Dare to Leave My Friend〉와 월트 휘트먼Walt Whitman의 시 〈브루클린 나루터를 건너며Crossing Brooklyn Ferry〉에서 다루는 사회적 사랑에 이르기까지, 사랑은 그 색조와 종류가 참으로 풍부하다.

아울러 사랑은 우리 뇌가 경험할 수 있는 대단히 강력한 보상 감정이기도 하다. 기분을 좋게 하고 기운을 북돋우며 모든 일상을 즐기게 해준다고 과학적으로 입증되었다. (굳이 과학을 언급하지 않아도 다 알 것이다.)

삶에 더 많은 사랑을 원한다면, 여러 시대의 시에서 경이가 결합된 은밀한 공개의 청사진을 찾아보면 된다. 먼저 9세기 초 아바스 왕조의 울라야 빈트 알 마흐디Ulayya bint al-Mahdi 공주는 다음과 같이 금지된 시를 썼다.

나는 우리 사랑을 이 서정시에 담았다.
주머니에 담긴 은화처럼.

그리고 E. E. 커밍스E. E. Cummings는 다음과 같은 시를 남겼다.

아무도 모를 은밀한 비밀이 있습니다
나는 당신의 마음을 품고 다닙니다 (내 마음속에 고이 품고 다닙니다)

소설의 일인칭 서술과 대화에서도 사랑의 청사진을 찾아볼 수 있다. 샬럿 브론테Charlotte Brontë의 《제인 에어Jane Eyre》에서처럼 우아하고 신속한 공개("독자여, 나는 그와 결혼했다. 우리끼리 조용히 결혼식을 올렸다.")가 있는가 하면, 어니스트 헤밍웨이Ernest Hemingway의 《무기여 잘 있거라A Farewell to Arms》에서 간호사 캐서린 바클리가 한 고통스러울 정도로 취약한 공개("나는 더 이상 용감하지 않아요. 다 망가졌어요. 그들이 나를 망가뜨렸어요. 나는 이제 그걸 알아요.")도 있다. 그리고 윌라 캐더Willa Cather의 《나의 안토니아My Ántonia》에서 십대 소년 짐 버든이 한 애절하면서도 낭만적인 공개도 있다.

나는 한 가지 꿈을 아주 여러 번 꾸었다. 내용이 항상 똑같았다. 나는 수확한 옥수수 다발로 가득한 곳에 있었다. 그 다발 중 하나에 기대어 누워 있는데, 레나 링가드가 짧은 치마 차림에 맨발로 성큼성큼 다가왔다. 손에는 낫이 들려 있고, 얼굴은 동틀 무렵의 하늘처럼 발그레했다. 햇빛을 받아 빛나는 장미 같았다. 레나가 내 옆에 앉더니 가볍게 한숨을 내쉬며 말했다. "그들은 다 갔어. 이젠 너한테 마음껏 키스할 수 있어."
예전엔 안토니아가 이렇게 말해주는 꿈을 꾸고 싶었다. 하지만 한 번도 누리지 못했다.

마침내 당신은 사포와 함께 서정시를 뛰어넘는 사랑의 여정을 떠날 수 있다. 사포의 발명품, 즉 다른 사람을 대신해 공개하는 방식은 현대 노랫말에서도 찾아볼 수 있다. 가령 퍼시 슬레이지Percy Sledge의 1996년 리듬 앤 블루스 발라드 '남자가 여자를 사랑할 때When a Man

우리는 지금 문학이 필요하다

Loves a Woman'는 "남자가 여자를 사랑할 때, 다른 일엔 도저히 마음을 쓸 수 없어요"라고 남자의 마음을 공개한다.

캐릭터의 은밀한 비밀을 드러내기 위해 소설에서 서술적 초점을 사용하거나 영화에서 카메라 클로즈업을 사용하는 놀라운 순간에도 사포의 혁신적 발명품을 찾아볼 수 있다. 여기엔 문학에서 가장 강렬한 사랑 장면으로 손꼽힐 만한 것도 포함된다. 바로 제인 오스틴Jane Austen의 《오만과 편견Pride and Prejudice》에서 엘리자베스 베넷과 다아시가 마침내 마음을 여는 장면이다.

엘리자베스는 다아시가 무척 어색해하고 또 긴장하고 있다는 사실을 알고 애써 입을 열었다. 유창하게 술술 이야기하지는 못했지만, 자기 마음이 지난 4월 이후로 상당한 변화를 겪었고 이젠 그의 변함없는 사랑을 고맙고도 기쁘게 생각한다고 말했다. 이 대답을 듣고 다아시는 지금까지 한 번도 느껴보지 못한 행복감을 맛보았다. 그는 열렬한 사랑에 빠진 남자라면 당연히 그러할 만큼 분별 있고 다정하게 자기 마음을 표현했다. 엘리자베스가 다아시의 눈을 마주볼 수 있었다면, 진심으로 기뻐하는 그의 얼굴이 얼마나 멋지게 보이는지 확인할 수 있었을 것이다. 하지만 엘리자베스는 그의 얼굴을 못 보는 대신 마음을 전하는 목소리를 들을 수 있었다. 그리고 다아시는 그녀가 자기에게 얼마나 소중한 사람인지 고백했다. 그와 함께 그녀를 향한 애정도 매 순간 더 깊어졌다.

트로이의 헬레네처럼, 엘리자베스와 다아시도 너무 어색해서 속마음을 정확히 털어놓지 못한다. 그러자 서술자가 대신해서 그들의

제2장. 로맨스의 불을 다시 지펴라

속마음을 공개하고 사랑을 소환한다.

　문학에는 이러한 장면이 차고도 넘쳐서 다 살펴볼 수 없을 정도이다. 사적인 감정을 드러내는 서정적 목소리는 당신에게 깊은 애정을 느끼게 할 수 있다. 그리고 캐릭터를 은밀하게 공개하는 그-그녀-그들 목소리도 감정적 연결을 촉발할 수 있다. 그리고 각자의 마음에 담긴 비밀이 저마다 특별하기에 그러한 연결은 한도 끝도 없이 이어질 수 있다.

　따라서 이집트에 간 두 영국인처럼, 당신도 날마다 경이로운 친밀감을 발견할 수 있다.

제 3 장

분노를 떨쳐내라

Wonderworks

〈욥기〉,
소포클레스의《오이디푸스 왕》

───────

발명품: 공감 발생기

우리는 지금 문학이 필요하다

우스 땅에 하나님을 공경하고 악을 멀리하는 사내가 살고 있었다. 그런데도 하나님은 그의 신앙이 독실한지 확신하지 못했다. 그래서 사내를 시험하기로 마음먹었다.

시험을 위해, 하나님은 사내에게서 집과 건강과 자녀들까지 모든 것을 거둬갔다. 그러자 사내의 아내는 신앙을 잃었다. 그리고 하나님을 원망하며 차라리 죽는 게 낫겠다고 불평했다. 하지만 사내는 흔들리지 않았다. 오히려 하나님을 원망하는 아내를 바보 같다고 나무랐다. 아무것도 남지 않은 상황에서도 사내는 무릎을 꿇고 진심으로 하나님을 섬겼다.

그러자 하나님은 사내가 참으로 의롭다고 판단하여, 사내에게 전보다 더 많이 돌려주었다. 우스의 사내는 양 14,000마리와 낙타 6,000마리를 거느린 주인이 되었다. 그리고 슬하에 아들 일곱 명과 딸 셋을 두었고, 늙어서는 여러 손자들까지 보고서 눈을 감았다.

제3장. 분노를 떨쳐내라

사내의 이름은 욥이었다. 그리고 하나님이 그를 시험했다는 이야기는 수천 년 전 사해 분지를 에워싼 포도밭과 복숭아나무 협곡에 살던 한 이교도 부족에 의해 쓰였다. 그 이교도는 에돔 사람일 수도 있고, 모압 사람이나 암몬 사람이나 아라비아 사람일 수도 있다. 그들은 철기 시대에 살았을 수도 있고, 그보다 전인 청동기 시대에 살았을 수도 있다. 욥의 이야기는 너무 오래되어 그 출처를 가늠할 수조차 없다. 세월의 풍파 속에서 영원히 묻혀버렸다.

욥의 이야기 출처는 확인할 수 없어도 원래 목적은 재구성할 수 있다. 바로 정의justice에 대한 다짐을 강화하는 것이다. 그 다짐은 이야기 서두의 불의injustice한 것처럼 보이는 조치 때문에 도전받는다. 하지만 피해를 다 복구하고 그의 인내심에 두 배로 보상하는 식으로 이야기가 마무리되면서 우리는 마음을 놓는다. '의로운 영혼은 결국 복을 받는구나.' 욥과 마찬가지로, 우리는 2단계 과정으로 이야기를 따라간다. 먼저 삶의 공정성에 대한 믿음을 시험받고, 이어서 굳건한 믿음 덕에 보상받는다.

그러한 믿음이 사해 협곡 사람들에게는 중요했다. 그래서 그들은 여러 세대와 나라에 걸쳐서 욥의 이야기를 자꾸 들려주었다. 그리하여 사람들은 삶이 정의롭다고 믿었고, 정의롭게 살기 위해 최선을 다했다.

그런데 어느 날, 한 시인이 생각지도 못한 일을 저질렀다. 욥의 이야기를 취해 다시 쓴 것이다.

우리는 지금 문학이 필요하다

(시인과 시인이 바꾼 이야기)

우리는 그 수정론자 시인이 누구였는지 모른다. 아마 기원전 6세기에 살았던 히브리인이었으리라 추정할 뿐이다. 당시 바빌론이 유다 왕국을 정복하면서 예루살렘에 있는 제1성전을 파괴하고 백성들을 추방했다. 추방당한 예루살렘 사람들은 50년 동안 망명 생활을 견뎌야 했다. 그러다 바빌론이 페르시아 제국의 키루스 대왕과 그의 불사부대_{不死部隊}에게 정복된 뒤에야 고향으로 돌아갈 수 있었다. 고향에 돌아온 그들은 기원전 537년에 제2성전을 건축하기 시작했다.

욥의 원작 이야기는 당시 성전을 건축하던 사람들에게 깊은 반향을 불러일으켰을 것이다. 욥과 마찬가지로, 그들도 순식간에 집이 무너지고 자식들이 죽고 건강이 악화되었다. 그러다 욥과 마찬가지로, 결국 다 회복했다. 그들은 성전을 다시 짓고 손자들을 품에 안았으며, 황금으로 집 안을 장식했다. 정의에 대한 그들의 믿음은 시험받았고, 다시 그 믿음이 회복되었다.

그런데도 히브리 시인은 이야기를 바꿨다. 왜? 그는 왜 공정성에 관한 욥의 이야기를 건드렸을까? 도대체 왜 정의의 청사진을 손질했을까?

이는 깨달음에서 비롯되었다. 정의만으로는 바빌론 침략 이전의 삶을 되찾을 수 없다는 깨달음 때문이었다. 정의만 생각했다면, 공정한 예루살렘 주민들은 억울하게 죽은 히브리 영아의 수만큼 바빌론의 아이를 살해했을 것이다. 분노를 삭이지 못하고 당한 만큼 되갚는 식으로 보복하며 갈등을 증폭시켰을 것이다.

제3장. 분노를 떨쳐내라

침략으로 훼손된 비폭력적 삶을 되찾으려면, 뭔가 다른 것으로 정의를 누그러뜨려야 했다. 그게 바로 용서였다. 용서는 상처 입은 마음을 분노의 속박에서 풀어준다. 보복 살해를 멈추게 하고 잃어버린 화합의 나날을 되돌려준다.

그래서 히브리 시인은 용서 테크놀로지를 고안하여 욥이라는 한 이교도의 이야기에 적용하면서 화평을 가미한 공정성을 이뤄냈다.

(시인의 새로운 시행)

정의를 지키기 위해 히브리 시인은 욥의 원래 산문 스토리에 손대지 않았다. 하지만 용서를 채워 넣기 위해 수천 행의 새로운 구절을 삽입했다. 욥의 이야기는 이 새로운 행 때문에 원본 길이보다 스무 배나 늘어났고, 산문체 우화에서 운문체 서사시로 거듭났다.

길게 늘어난 이야기에서, 욥은 하나님의 시험을 받고 꿋꿋하게 참으려고만 하진 않는다. 오히려 "어찌하여 고난당하는 자에게 빛을 주셨으며 마음이 아픈 자에게 생명을 주셨나이까?"라고 따진다. 대답이 없자 욥은 좌절하여 불평을 늘어놓는다. "내가 주께 부르짖으나 주께서 대답하지 아니하시며, 내가 섰사오나 주께서 나를 돌아보지 아니하시나이다."

욥은 하나님에게 이런 식으로 도전한 바람에 엄격한 공정성의 길에서 벗어난다. 그 순간, 우리 뇌는 욥이 시험에서 떨어졌다고 느낀다. 이런 느낌은 하나님이 욥에게 돌연 화를 내는 순간 확신으로

우리는 지금 문학이 필요하다

바뀐다.

"네가 하나님처럼 능력이 있느냐? 하나님처럼 천둥소리를 내겠느냐? 네가 갈고리로 리바이어던을 끌어낼 수 있겠느냐?"

이러한 질책은 우리 뇌에서 이렇게 메아리친다. '그래, 욥이 잘못했어. 그러니까 욥은 마땅히 벌을 받아야 해. 정의를 이뤄야 하니까.' 그런데 우리 마음이 욥에게 반대하기로 마음을 굳히는 바로 그 순간, 시인은 자신의 새로운 테크놀로지를 추가한다. "내가 스스로 질책하고, 티끌과 재 가운데에서 회개하나이다."

이 말은 욥의 입에서 나온 것이다. 대단한 말도 아니고 딱히 독창적인 표현 같지도 않다. 욥은 참신한 신학적 표현을 인용하지도 않고 새로운 철학적 주장을 내놓지도 않는다. 그저 우리 뇌가 이미 내린 결론, 즉 욥은 티끌과 잿더미 속에서 끝나도 싼 죄인임을 반복할 뿐이다.

욥의 말은 아주 익숙하게 들리면서도 기존에 알려진 어떤 문학작품도 못 했던 일을 해낸다. 즉, 정의를 추구하는 뇌의 욕망을 용서의 기운으로 누그러뜨린다. 현대 신경과학자들은 그 기운을 공감이라고 부른다.

공감은 다른 사람의 행동을 이해하는 기분이다. 물론 그 기분 때문에 우리가 상대의 행동을 용납하진 않는다. 그 사람과 우리를 동일시하지도 않으며, 그 사람의 가치나 믿음을 공유하지도 않는다. 상대에게 동조하지 않으면서도 그의 행동이 틀리지 않았음을 받아

제3장. 분노를 떨쳐내라

들일 뿐이다.

우리는 어떻게 이런 식으로 느낄 수 있을까? 그리고 욥의 말은 어떻게 우리 뇌에서 이런 경험을 촉발할 수 있을까? 그 점을 알아보기 위해 일단 용서의 신경과학을 간단히 살펴보기로 하자. 용서가 어디서 비롯되는지, 그리고 정의에 대한 뇌의 욕망을 어떻게 달성하는지 살펴보자.

(정의와 그 신경계 기원)

우리 뇌는 정의에 대한 욕망을 타고났다.

그 욕망이 본성 속에 워낙 깊숙이 흐르는 걸 보면 우리 종種보다 먼저 발생된 듯하다. 침팬지와 고릴라, 짧은꼬리원숭이도 모두 공정성에 대한 선천적 갈망이 있다. 즉 최초의 인간 판사들이 과부를 보호하는 우루카기나 법(수메르, 기원전 약 2400년경)과 눈에는 눈 식의 함무라비 법전(바빌론, 기원전 1750년경) 같은 정의 구현 도구를 제정하기 천만 년 전에, 정글을 휘젓고 다니던 고대 유인원들에게서 비롯된 것이다.

공정성에 대한 뇌의 갈망은 오래되기만 한 게 아니라 대단히 강하기도 하다. 현대 심리학자들이 발견한 바, 그 갈망이 워낙 강해서 우리는 피해 당사자가 아닌데도 공정성을 집행하려고 재산과 건강을 기꺼이 내놓는다. 누군가가 우리 이웃을 속이면 우리는 부당함을 느낀다. 그 감정적 강도가 워낙 커서 가해자에게 법의 심판을 내리

우리는 지금 문학이 필요하다

게 하려고 우리 자신까지 위험에 빠트린다.

우리 뇌가 왜 이토록 강하게 공정성을 갈망하도록 진화했는지 이해하기 위해, 정의를 저버리고 눈앞의 이익만 추구하면서 자신에게 직접적으로 영향을 미치지 않는 부정행위엔 눈감아버리는 마을을 상상해보자. 내가 만약 사기를 당하면 가해자를 뒤쫓지만, 당신이 돈을 떼이면 나는 그냥 집에 머물면서 당신 혼자 알아서 하라고 둘 것이다. 그런 마을에선 자신을 지킬 수 있는 사람은 강자뿐이다. 약자는 가장 가까운 강자에게 의지해야 한다. 그에게 보호비를 지불하고 그의 무리에 합류해야 한다. 이렇게 점차 끼리끼리 파벌을 형성하여 서로 응징하고 보복하면서 거리는 전쟁터로 변한다.

자, 이번에는 그 마을에 정의가 있다고 상상해보자. 우리 중 누군가가 다른 사람을 속이면 다 같이 합심하여 그 사기꾼을 처벌한다고 상상해보자. 그러한 처벌 행위는 마을을 하나로 묶는다. 그리하여 공동체 안에서 신뢰가 쌓이고 결속력이 강화된다. 그리고 힘의 출처가 공동체이기 때문에, 무기를 휘두르는 강자를 사회의 궁극적 선으로 평가할 필요가 없다. 오히려 갖가지 능력, 즉 빵을 굽고 곡식을 기르고 그릇을 만들고 병자를 치료하고 이야기를 지어내는 등의 수많은 선을 인정하는 문화가 형성된다.

지금까지 우리 뇌가 왜 정의를 갈망하는지에 대한 생물학적 답변을 살펴봤다. 정의는 공동체의 장기적 안정과 다양성에 더 좋다. 그런 장기적 선에 도달하기 위해, 우리 뇌는 정의를 대단히 강하게 염원해야 한다. 그런데 단기적으론, 정의가 항상 우리에게 이익이 되는 건 아니다. 이웃을 위해 공정성을 추구하다 다치거나 죽으면 우리에게 전혀 이익이 되지 않는다. 따라서 자기보존에 대한 단기적 충동을 억제하려면, 우리 뇌는 진심으로 정의를 갈구해야 한다. 공정성을 위한 심오한 감정적 동인動因이 있어야 한다.

이 심오한 감정적 동인은 한 종種으로서 우리에게 유익하게 작용했다. 더 공정한 사회를 건설하도록 격려하고, 욥의 원본 이야기와 같은 정의 우화로 그 사회를 더 강화하도록 격려했다. 하지만 모든 상황에서 항상 좋은 것은 없다. 그게 생물학의 황금률이다. 상황에 따라 다른 것이 더 좋을 수 있다. 과학적으로 말하면 너무 지나치면 도리어 귀찮아질 수 있다. 정의도 그렇다.

(너무 지나친 정의)

정의에 대한 우리의 생물학적 갈망은 크게 두 가지 문제를 일으킬 수 있다.

첫 번째는 사회적 문제이다. 누군가가 잘못했다는 확신으로 우리 뇌가 흥분하면, 그 잘못을 꾸짖으려는 신경학적 욕망이 너무 강해져 집단 폭력을 행사하거나 이례적으로 잔인한 처벌을 가하게 된다. 그 결과, 신뢰와 화평 대신 집단적 공포와 불행을 초래한다.

두 번째는 개인적 문제이다. 우리 뇌가 삶의 불공정성에 집착하면 할수록 우리는 분노와 억울함 같은 안 좋은 감정에 휩싸이게 된다. 서로 더 깊이 신뢰하고 교류하는 대신, 고립된 채 증오심만 쌓이게 되는 것이다.

정의로 인한 이 두 가지 부정적 결과 때문에 우리 뇌는 공감이라는 균형추를 개발했다. 공감은 대뇌 피질의 '관점 수용 네트워크'라는 최신 신경 회로에 의해 작동된다. 이 네트워크는 가해자의 관점에서 잘못을 상상한 다음, 정상 참작 요인을 찾는다. 그러면 거의 언제나 그런 요인이 존재한다. 가해자가 무지하거나 자포자기해서 그런 행동을 했을 수도 있고, 의도치 않게 실수했을 수도 있다. 어쩌면 가해자가 태도를 바꿔서 바르게 살겠다는 의지가 클 수도 있다. 그렇다면 우리는 그를 용서할 수 있다. 용서를 통해, 완전한 정의 구현에 따른 가혹한 사회적 결과를 방지하고 끈질긴 분노와 불신에 따른 부정적 효과에서 우리 뇌를 해방시킨다.

이처럼 가해자 입장에서 살피는 신경학적 노력은 놀라운 일을 해낸다. 우리의 본성을 유지하면서 동시에 다른 사람이 될 수 있게 하는 것이다. 하지만 정의와 마찬가지로, 공감만으로는 결코 완벽하지 않다. 우리의 관점 수용 뉴런이 타인의 회백질에 직접적으로 연결되어 있지 않기 때문에, 그들이 무슨 생각을 하는지 확실히 알아낼 방법은 없다. 그저 추측하는 수밖에 없는데, 그러한 추측은 우리의 타고난 자기중심성 때문에 왜곡될 수밖에 없다. 실제로 다른 사람은 다른 동기에서 그랬을 텐데, 우리는 '내가 그렇게 했다면 이런 이유에서 그랬을 것이다'라고 추론한다. 애초에 첫 단추를 잘못 끼우는 것이다. 아울러 우리는 흔히 타인이 우리 때문에 어떤 일을 한다고 가정하는, 자기중심적 성향으로 우리의 실수를 키운다. 그래서 사실은 그녀가 우리를 전혀 생각하지 않고 그냥 우연히 다치게 했을 뿐인데, 우리는 '그녀가 나를 해치려고 그렇게 했어!'라고 생각하기도

한다.

공감의 이런 미덥지 못한 점은 우리를 곤경에 빠뜨린다. 공감은 이렇게 우리의 사회적, 정신적 건강에 요긴하면서도 때로는 무척 변덕스럽다. 그래서 사이코패스에겐 너그러워지고, 무고한 사람에겐 냉담해지게 한다.

그래서 선조들은 일찌감치 우리의 공감력을 개선할 도구를 고안했다. 바로 사과이다.

(사과의 과학)

사과는 잘못을 인정하고 유감을 표현하는 행위이다. "그렇게 해서 죄송합니다. 다시는 그러지 않겠습니다."

이 간단한 단어 공식은 우리 뇌에서 관점 수용 네트워크의 복잡한 하위 영역을 자극하여, 가해자의 관점에서 잘못을 바라볼 수 있게 한다. 그 결과, 우리는 가해자가 애초에 그런 고통을 일으킬 의도가 없었다고 느낀다. 그런 실수를 반복하지 않겠다는 가해자의 맹세에 우리는 너그럽게 용서한다.

이것이 사과 뒤에 숨겨진 기본적인 신경 메커니즘이다. 하지만 사과가 항상 효과를 발휘하지는 않는다. 가해자가 거짓말을 할 수 있기 때문이다. 다행히 우리 뇌는 눈치가 빠르다. 우리를 악의적으로 속인 사람이 거짓 눈물을 짜낸 뒤에 속임수를 되풀이하리라는 점을 잘 알고 있다. 따라서 우리 뇌는 공감 회로와 상담하고 나서야 사과를 받아들인다. 우리의 공감 회로가 그 잘못이 의도적이었다고 강하게 확신하면, 우리 뇌는 가해자의 회개를 묵살한다. 하지만 공감 회로가 결정을 내리지 못한다면, 또는 가해자 쪽에서 뒤늦게 후회하는 실수를 저지를 수 있었겠다고 판단한다면, 그 사과를 믿고 정의의 저울추를 관용 쪽으로 기울인다.

이 내면의 저울은 완벽한 체계를 갖추진 않았지만, 역사적으로 강력한 힘을 발휘했다. 가해자가 확실히 유죄일 땐 우리에게 정의의 칼을 휘두르게 하고, 의심스러울 땐 용서하는 쪽으로 기울게 한다. 따라서 사과는 최대한의 확실한 정의와 최대한의 가능한 용서로 사회를 돌보게 하여 우리가 머리로는 공정하게, 마음으로는 너그럽게 살아가게 한다.

아울러 사과는 넓은 사회적 차원에서만 좋은 게 아니라 개인적 차원에서도 좋다. 우리 뇌가 사과를 받아들이면, 분노와 피해의식 같은 부정적 감정은 줄어드는 반면 신뢰와 사랑 같은 긍정적 감정은 늘어난다. 우리는 처벌 충동을 떨쳐버려서 안도감을 넘어 행복감까지 느낀다. 정신 건강이 전반적으로 개선되는 것이다. 욥이 하나님에게 한 말을 들었을 때도 그랬다.

(〈욥기〉에 나오는 사과)

욥이 한 말은 사과이다. "내가 스스로 질책하고, 티끌과 재 가운데에서 회개하나이다."

이는 잘못을 인정하고 유감을 표현하는 것이다. 욥은 잘못을 저질렀다고 인정하고 그 잘못을 되풀이하지 않겠다고 다짐한다. 따라서 그의 말은 우리의 공감 회로에 닿아, 우리에게 의로운 분노를 누그러뜨리고 용서하도록 촉구한다.

잠시 후에 살펴보겠지만, 욥의 말이 우리 뇌에서 이러한 효과를 발휘하리라는 보장은 없다. 개개인의 뇌가 다르기에, 우리 중 일부는 욥의 사과가 부족하다고 느낄 것이다. 하지만 고대 히브리 우화의 맥락에서, 그 사과는 확실히 효과적이라고 여겨진다. 그렇기 때문에 하나님은 욥을 용서하고 욥이 잃었던 재산을 다 돌려준다. 욥이 행복해진 건 결국 하나님이 공정할 뿐만 아니라 공감하는 측면도 보였기 때문이다.

하나님의 공감은 고대 히브리인들에게도 욥의 사과를 받아드리도록 촉구했다. 그래서 기원전 6세기에 히브리 성경 〈케투빔Ketuvim〉의 세 번째 권을 편찬할 때, 그들은 시편과 잠언에 이어 욥의 수정된 이야기, 즉 〈욥기〉도 포함시켰다. 이러한 경전이 전 세계에 전해지면서 용서를 위한 문학적 청사진도 퍼져나갔고, 그 과정에서 그 범위와 힘은 일련의 기발한 혁신으로 더욱 커졌다.

첫 번째 혁신은 히브리 시인보다 1세기 늦게, 그리고 서쪽으로 1,300킬로미터쯤 떨어진 곳에서 일어났다. 아테네 교외의 희고 야트막한 구릉지에 언변이 아주 뛰어난 재무관이 살았다.

그의 이름은 소포클레스Sophocles였다. 그는 그리스 비극을 다수 창작했다.

(그리스 비극에서의 사과 청사진)

그리스 비극은 기원전 6세기 말경에 고안되었다. 욥의 이야기에 사과가 포함되도록 수정된 직후다. 그리스 비극의 원작자들이 욥의 사과를 알았다는 증거는 없다. 고대 그리스에서 '아폴로지아apologia'는 유감의 표현이 아니라 자기 행동에 대한 변명조의 방어를 뜻했다. 그리스 비극의 가장 오래된 3부작인, 아이스킬로스의 《오레스테이아Oresteia》에서도 용서는 욥처럼 뉘우치는 목소리 없이 아주 이채롭게 이루어진다. 아테나 여신이 복수의 여신들에게 절대적 정의에 대한 다짐을 누그러뜨리라고 폭력을 휘두르며 협박한 것이다.

《오레스테이아》가 나오고 15년쯤 지난 5세기 중순, 소포클레스가 사과 청사진을 그리스 비극에 도입했다. 소포클레스는 성경에서 직접 그 청사진을 얻었을지도 모른다. 그가 살던 하얀 구릉지에서 북동쪽으로 10킬로미터쯤 떨어진 곳에 피레우스 항구가 있었는데, 유대 왕국과 이스라엘로 가는 페니키아 화물선이 드나들었다. 아니면 비문학적 출처에서 그 청사진을 얻었을지도 모른다. 당시 구두 사과oral apologies가 수년 동안 지중해 지역에 유포되면서 그리스인들에게 '시그노미suggnômê'라는 단어를 만들게 했다. '공감적 이해'라는 말인데, 소포클레스 시대엔 '내가 상처 준 사람에 대한 공감'을 암시하는 뜻으로 사용되었다.

어느 쪽이든, 소포클레스는 극작가 경력 초기부터 공감 청사진을 사용했다. 《안티고네Antigone》에선 불경스럽다고 비난받을 정도로 엄격하게 정의를 휘두르는 한 왕을 묘사한다. 왕은 처음엔 그런 비난을 묵살하지만, 정의를 추구하다 자기 가족까지 희생되는 복수의 순환 고리에 빠지자 결국 통곡하면서 후회하게 된다.

"아, 범죄는 나의 것이요 나만의 것이로다! 면죄부는 있을 수 없도다! 내가 바보였노라, 정녕 바보였노라. 내 아내를! 내 자식을! 내가 너희를 죽였구나."

이러한 사과를 통해서, 소포클레스는 신의 뜻을 거슬렀던 왕에게 공감을 유도하며 한 세기 전에 히브리 시인만큼이나 멀리 나아갔다. 그런데 거기서 멈추지 않고 한 발 더 나아갔다. 효과를 더 높이고자 사과 청사진을 혁신했다.

너무나 효과적이라 절대 실패할 수 없는 혁신이었다.

(소포클레스의 혁신)

어떤 상황에서도 공감을 불러일으킬 수 있는 사과가 한 가지 있다. 순식간에 진심을 납득시키는 사과이다.

실생활에서는 어떠한 사과도 그렇게 할 수 없다. 언제나 의심하는 사람이 있기 마련이며, 또 마땅히 그래야 한다. 사과의 진위는 말에 있지 않고, 말 뒤에 숨겨진 마음에 있다. 그리고 마음은 백 퍼센트 확실하게 인식될 수 없다.

하지만 문학에서는 그들의 진심을 즉석에서 확신할 수 있다. 우리가 캐릭터의 머릿속을 들여다보면서 그들의 마음에서 사과의 신

우리는 지금 문학이 필요하다

경적 증거인 회환을 살펴볼 수 있기 때문이다. 그러한 회환을 실제로 보게 되면, 공식적인 사과조차 필요하지 않다. 캐릭터가 단순히 통곡하거나 쓰러지거나 횡설수설하면 우리는 이렇게 느낀다. '저게 다 자신이 한 짓을 후회하기 때문이야. 비판을 받아들이고 실수를 뉘우치기 때문이야.'

우리는 소포클레스의 비극인 《오이디푸스 왕》의 주인공에게 정확히 이렇게 느낀다. 욥과 마찬가지로, 오이디푸스도 잘못을 저질렀다. 아버지를 죽이고 어머니와 동침하여 자식을 낳았다. 그래서 오이디푸스가 무대에 오르면, 우리 뇌에서 정의 회로가 점점 뜨겁게 달아오른다. 그런데 오이디푸스가 "으아악! 으아악! 사실이구나! 내가 정녕 불경스러운 아들이구나!"라고 소리치는 순간, 우리는 그의 진심을 확인한다.

오이디푸스의 외침은 사과가 아니다. 그는 "죄송합니다. 다시는 그러지 않을게요"라고 말하지 않는다. 또한 판사나 신 등 자신을 용서할 힘이 있는 자를 상대로 말하지도 않는다. 그저 사납게 울부짖을 뿐이다.

그런데 이 비명 섞인 외침은 공식 사과 못지않게 효과적이다. 아니, 적어도 신경 회로와 관련해선 더 효과적이다. 격식을 차리지 않는 즉흥적 외침은 오이디푸스가 실시간으로 깨달음을 얻었다는 걸 보여준다. "내가 스스로 질책하고, 티끌과 재 가운데에서 회개하나이다"라고 욥이 소리 내어 한 말을 오이디푸스는 속으로 믿는다. 이런 내면의 믿음은 날조될 수 없기 때문에, 오이디푸스의 외침은 반사적으로 우리의 공감을 자아낸다.

캐릭터의 회환을 순식간에 파악하는 장치, 즉 '공감 발생기Empathy Generator'는 소포클레스의 위대한 발명품이다. 이 발명품은 우리를 타인의 마음속으로 이끄는 문학의 특별한 힘을 이용해, 후회라는 의심할 수 없는 진실을 보여주고 그를 향한 연민으로 우리 마음을 활짝 열어준다.

소포클레스가 이 문학적 돌파구를 마련한 후, 후대 작가들은 이를 더 확장시켰다. 오이디푸스가 떠난 지 2,000년 후, 셰익스피어는 관객에게 훨씬 더 악랄한 폭군을 소개했다. 바로 리처드 3세였다. 리처드 3세는 살인을 저지를 뿐만 아니라 제 자식들까지 살해한다. 근친상간도 저지르는데, 실수가 아니라 의도적이다. 따라서 리처드 3세는 우리의 정의 뉴런을 활활 타오르게 하여, 그가 처벌받는 모습을 기필코 보고야 말겠다는 열망을 불러일으킨다. 그러다 리처드 3세가 다음과 같은 깨달음을 얻는 순간, 우리는 또 마음을 열게 된다.

나는 절망할 것이다. 나를 사랑할 생명체는 아무도 없구나.
내가 죽으면, 어떤 영혼도 나를 동정하지 않겠지.
아, 나 자신도 나를 전혀 동정하지 못하는데,
나를 동정할 자가 어디에 있겠느냐?

리처드 3세는 이 지점에서 잘못 알고 있다. 우리가 그를 동정한다. 그의 자발적인 후회는 우리 뇌에 공감을 불러일으켰다. 아울러 문학의 테크놀로지는 우리에게 그의 악랄하고 냉정한 복수를 반복하지 않게 하고 우리 스스로 폭군이 되지 않게 한다.

우리는 지금 문학이 필요하다

셰익스피어가 떠난 지 200년 후, 소포클레스의 발명품은 또다시 개선되었다. 이번엔 더 세련된 방식으로 바뀌었다. 공감 발생기는 원래 소포클레스와 셰익스피어 같은 극작가에 의해 설계되어 무대 위에서 캐릭터들이 큰 소리로 회환을 표현하는 방식이었다. 하지만 제인 오스틴과 조지 엘리엇, 찰스 디킨스 같은 19세기 작가들은 소설이라는 더 새로운 테크놀로지를 마음대로 다룰 수 있었다. 각각의 소설에서, 엠마 우드하우스와 매기 툴리버, 데이비드 코퍼필드는 말로 표현하지 않고도 후회를 전달했다.

그녀의 마음은 통렬한 비난과 서글픈 후회를 거듭해야만 했다.

- 제인 오스틴, 《엠마Emma》

그 노래는 또렷한 기억과 생각을 제시하며, 설레야 할 순간에 조용한 후회를 불러일으켰다.

- 조지 엘리엇, 《플로스 강변의 물방앗간The Mill on the Floss》

이곳에 다시 올 수는 없었다. 오랫동안 사로잡혀 있던 후회들을 떠올리지 않고선 아그네스 근처에도 올 수 없었다.

- 찰스 디킨스, 《데이비드 코퍼필드David Copperfield》

소설의 테크놀로지는 이러한 내면 정서를 우리 머릿속에 비추면서, 타인의 마음을 우리의 마음과 직접 연결하여 회한이 거짓으로 꾸며질 수 없음을 확신시킨다.

제3장. 분노를 떨쳐내라

소포클레스가 일궈낸 혁신은 작가들에게 이전과 다른 방식으로 공감을 불러일으키는 길을 열어주었다. 그들은 우스 땅의 의로운 사내뿐만 아니라 리처드 3세 같은 악한을 위해서도 공감을 소환할 수 있었다. 아울러 공감을 좀체 거부할 수 없게 만들어서, 세심하게 공들인 사과보다 더 확실하게 우리의 신경 네트워크를 활성화시켰다.

그런데도 소포클레스는 여기에 만족하지 않고 더 많은 공감을 불러일으키고 싶어 했다. 그래서 새로운 길을 또 열었다.

(소포클레스의 두 번째 혁신)

소포클레스의 두 번째 혁신은 의도적으로 보이진 않는다. 하지만 대단히 박식한 학자 덕분에 그 진가를 인정받게 되었다. 그래서 우리도 그 학자를 따라 소포클레스의 공로를 인정하고자 한다.

그 대단히 박식한 학자는 바로 아리스토텔레스였다. 그는 소포클레스의 극에서 회한에 빠지는 캐릭터들이 사실 도덕적으론 아무 죄도 없으며, 단지 그가 하마르티아hamartia라고 부르는 점에서만 유죄라고 주장했다. 이 용어는 오랫동안 '비극적 결함'으로 오역되었다. 그래서 수세대에 걸쳐 교사들은 마땅히 불행한 운명을 맞게 되는 심리적 특성을 찾아 문학을 샅샅이 조사하도록 학생들을 닦달했다. 하지만 하마르티아는 윤리적으로 가치중립적인 것을 뜻한다. 가령 잘못 들은 단어나 순간적으로 흐릿해지는 시야처럼 인식의 착오를 가리킨다.

오이디푸스를 예로 들어보자. 오이디푸스는 자기 어머니와 동침할 의도가 없었다. 그저 다른 여자로 착각했을 뿐이다. 아울러 자기 아버지를 죽일 의도도 없었다. 그의 눈이 착각을 일으키는 바람에 아버지를 못 알아봤을 뿐이다.

아리스토텔레스의 이러한 주장은 논란의 여지가 있다. 오이디푸스의 범죄가 의도적이지 않다는 지적은 맞지만, 그렇다 해도 이 사실이 소포클레스의 극과는 무관해 보인다. 오이디푸스 자신은 무지를 정상 참작 요인으로 주장하지 않는다. 오히려 이유를 막론하고 자신이 범죄를 저질렀다는 사실 자체를 엄격하게 바라보는 낡은 풍속을 따른다.

우리가 아리스토텔레스에게 트집 잡을 순 있지만, 그의 핵심 요점은 의심할 여지도 없이 옳다. 즉, 문학은 잘못이 전혀 없거나 거의 없는 사람들을 향한 공감을 불러일으킬 수 있다. 문학적 공감은 하나님에게 도전하거나 비극적 죄를 범함으로써 우리의 정의 회로를 침해한 캐릭터에게만 제한될 필요가 없다. 단순히 바보 같은 실수를 저지른 캐릭터에게도 확대될 수 있다.

아리스토텔레스 이래로 여러 작가가 해온 게 바로 이러한 확대이다. 그들은 소포클레스의 발명품을 활용해서, 지극히 사소한 실수로 후회하는 캐릭터들을 위해 우리 마음을 누그러뜨린다. 가령 시어도어 드라이저Theodore Dreiser의 《시스터 캐리Sister Carrie》에서, 술집 매니저인 조지 허스트우드는 술기운에 돈을 훔쳐 달아났던 일을 후회한다. 루이자 메이 올컷Louisa May Alcott의 《작은 아씨들Little Women》에서, 조 마치는 메그 언니의 머리카락을 실수로 태우고서 몹시 자책한다.

제3장. 분노를 떨쳐내라

그리고 루시 모드 몽고메리Lucy Maud Montgomery의 《빨간 머리 앤Anne of Green Gables》에서, 우리의 명목상 주인공은 "아니, 난 절대로 너와 친구가 되지 않을 테야. 길버트 블라이스. 난 그리고 싶지 않아!"라고 차갑게 소리치고 나서 바로 후회한다.

그런데 작가들은 여기서 멈추지 않고 더 나아간다. 아무런 잘못도 저지르지 않고 그저 있는 그대로의 모습에 자책하는 캐릭터들을 위해서도 우리의 공감을 자극한 것이다. 어떤 캐릭터는 자신의 너무 큰 귀나 물려받은 옷이나 투박한 발을 유감스럽게 생각한다. 또 어떤 캐릭터는 자신의 불안감이나 과도한 열정, 누군가에 대한 짝사랑을 애석하게 생각한다.

후회하는 내용이 무엇이든, 모두 사과와 같은 기능을 한다. 우리 뇌를 자극해서 완벽하지 않은 사람에 대한 공감을 불러일으킨다. 그리고 단순히 인간으로 존재한다는 죄에 대해서 용서하라고 촉구한다.

('공감 발생기'를 직접 활용하기)

지난 200년 동안 출시된 거의 모든 문학 작품에는 공감을 자아내는 캐릭터가 있다. 다시 말해 거의 모든 현대 소설과 회고록, 만화책, 동화, 영화, 시트콤에 캐릭터의 회환을 엿볼 장치가 들어 있다는 뜻이다.

그런 장치가 많다고 해서 누구나 연민의 달인이 될 수는 없다. 우

우리는 지금 문학이 필요하다

리 머리가 담아내는 데 한계가 있으며, 어떤 뇌는 더 무정하고 어떤 뇌는 더 관대하기 마련이다.

공감을 잘한다고 항상 좋은 것도 아니다. 정의도 지나치면 도리어 귀찮아지듯 공감도 지나치면 좋지 않다. 우리는 동정할 가치가 없거나 동정을 원하지 않는 사람을 동정할 수도 있다. 때로는 우리의 호의적 배려가 거짓 공감으로 전락할 수도 있다. 자유인이 노예에게 "나는 당신 기분을 잘 압니다"라고 한다면, 말로는 이해한다면서도 사실은 상처를 주는지도 모른다.

그렇다 해도 일반적으로, 세상은 조금 더 많은 공감으로 혜택을 볼 수 있다. 뇌의 관점 수용 회로는 정의에 대한 영장류의 충동보다 약하기 때문에, 공감은 흔히 최적의 상태보다 모자란다. 그래서 문학을 이용해 용서를 연습함으로써, 우리는 신경 세포를 더 강하고 더 자주 공감과 반응하도록 길들일 수 있다. 집단적 분노와 개인적 스트레스를 줄여 우리 사회를 더 포괄적이고 풍요롭게, 더 평화롭고 행복하게 가꿔나갈 수 있다.

혹시 욥과 오이디푸스에게서 그러한 공감 혜택을 얻지 못했다면, 아마도 〈욥기〉와 《오이디푸스 왕》의 시적 특질이나 극적 특질이 그들의 사과를 부자연스럽거나 극단적으로 보이게 했기 때문일 것이다. 어떤 경우든, 좀 더 섬세하게 잘못을 인정하는 문학 작품을 찾아보라. 가령 이디스 워튼Edith Wharton의 《순수의 시대The Age of Innocence》 끝부분에서 뉴랜드 아처의 회한이나, 제임스 볼드윈James Baldwin의 《산에 올라 고하라Go Tell It on the Mountain》에서 가브리엘 그라임의 회한을 들어보라.

제3장. 분노를 떨쳐내라

고개를 든 그의 얼굴에 땀과 함께 눈물이 어려 있음을 그녀는 놓치지 않았다.

"주님은" 가브리엘이 말했다. "주님은 마음을 보셔. 마음을 꿰뚫어보셔."

때로는 캐릭터의 후회가 진심인지 미심쩍을 수도 있다. 그런 경우, 캐릭터가 스스로 자신을 벌함으로써 후회를 입증하는 작품을 찾아보라. 가령 토머스 하디Thomas Hardy의 《무명의 주드Jude the Obscure》에서, 식구가 자꾸 늘어나 부양하기 힘들다는 부모의 이야기를 한 아이가 우연히 듣게 된다. 부모의 불행에 기여했다는 죄책감에, 아이는 형제자매를 옷걸이에 매달아 죽이고 자신도 목을 맨다. 바닥에는 휘갈겨 쓴 메모가 놓여 있다. "우리가 너무 많아서 끝냈어요Done because we are too menny."

당신의 마음이 아무리 엄격하다고 해도, 캐릭터의 후회가 진실하게 들릴 만한 작품은 분명히 있다. 그래서 당신은 정의에 대한 원초적 열정뿐만 아니라 친절에 대한 인간적 온정도 느끼게 된다.

우리는 지금 문학이 필요하다

상처를 딛고
올라서라

Wonderworks

《이솝 우화》,
플라톤의 《메논》

발명품: 평정심 고양기

독은 극심한 고통을 준다고 알려졌다.

썩은 파스닙처럼 지독한 냄새와 함께 씁쓸한 액체가 목을 타고 넘어갔다. 액체는 아래로, 아래로 내려가 폐에 이르자 본격적으로 활동을 시작했다. 폐가 서서히 기능을 멈추면서 공기 흡입이 점점 어려워졌다. 힘겹게 헐떡이다 결국 멈췄다. 두 눈은 허공을 향해 멍하니 떠 있었다. 마지막 숨을 거둔 후에도 한동안 그 끔찍한 순간을 바라보다 결국 초점을 잃었다.

그리고 이번엔 독배가 늙은 소크라테스에게 건네졌다. 얼른 마시라는 퉁명스러운 명령과 함께.

기원전 399년, 민주국가 아테네에서 벌어진 일이었다. 몇 주 전, 소크라테스는 에우니메이아의 검찰관인 아니토스에게 불경죄로 기소되었다. 아니토스는 남부 교외에서 가죽 무역으로 번창한 집안 출신의 율법주의자였는데, 소크라테스가 제우스를 부정하고 어수룩

제4장. 상처를 딛고 올라서라

한 젊은이들을 꾀어 괴이한 형이상학을 숭배하게 했다고 주장했다.

소크라테스는 그러한 주장을 도저히 이해할 수 없었다. 제우스의 존재를 의심한 적이 전혀 없으며 단지 일부 성직자에게 의문을 제기했을 뿐이라고 항변했다. 성직자들이 어떤 명확한 대답도 제시하지 못했기에, 그들이야말로 신을 모르는 것 같다고 주장했다.

뒤이어 진행된 재판은 굉장한 구경거리였다. 배심원만 500명이었다. 시민 배심원 중 상당수는 결국 소크라테스의 손을 들어주었다. 하지만 충분하지 않았다. 노쇠한 피고는 근소한 차이로 유죄 판결을 받았다. 승리한 아니토스는 독배를 준비하라고 명령했다.

하지만 바로 집행할 수는 없었다. 아테네가 정화될 때까지 공개 처형을 미뤄야 했기 때문이다. 셀러리 화환을 실은 배가 델로스섬 주변을 돌기 전까지 아테네는 정화될 수 없었다. 성직자들이 그 일정을 완수하려고 한동안 노력했지만, 이상하게도 바람이 불어서 그들을 항구로 돌려보냈다. 신들이 소크라테스의 사형을 원치 않는 것 같았다.

어쨌든 소크라테스의 친구들은 그렇게 생각했다. 그래서 소크라테스를 살리고자 은밀히 계획을 세웠다. 그를 감옥에서 빼내 스파르타나 델피, 또는 그가 원하는 어느 장소로든 데려다 주겠다고 제안했다.

소크라테스는 슬며시 웃으며 친구들의 사랑에 감사를 표했다. 하지만 달아날 생각은 전혀 없었다. 그는 물리적 위치는 중요하지 않았다. 마음가짐만 중요할 뿐이었다. 그의 마음은 이미 위에, 저 위에 있어서 두려움이나 고통이나 독배로 해칠 수 없었다. 심지어 높이

나는 신들만큼이나 범접할 수 없었다.

그래서 소크라테스는 아니토스가 내민 독배를 받아 흔쾌히 들이
켰다. 불쾌한 맛이나 가빠지는 호흡에도 전혀 움찔하지 않았다. 그
의 생각은 다른 곳에, 저 구름 위에 있었다. 그리고 육신이 끔찍한
소멸의 길을 걷는 동안 그의 정신은 위로, 위로 떠올라 고통 없는 평
온을 찾았다.

(소크라테스의 비결)

소크라테스는 근심이나 고통 없이 죽어간 비결을 세상이 알고 싶어
할 줄 미리 알았다. 그래서 간단한 답변을 남겨두었다.

"진정한 철학자는 자신의 철학으로 죽음을 훈련한다."

하지만 그의 여느 간단한 답변과 마찬가지로, 이 답변도 그리 간
단하지 않은 것으로 드러났다. 소크라테스 본인은 자신의 철학이 정
확히 무엇인지 한 번도 설명하지 않았다. 기껏해야 "나는 아무것도
모른다. 다만 내가 모른다는 것을 알 뿐"이라고 했다. 이는 논리적으
로 모순된 말이다. 그냥 수수께끼 같다. 그래서 오늘날까지도 소크
라테스의 철학은 난제로 남아 있다. 어떤 똑똑한 사람이 당신에게
뭐라고 설명해줄 테지만, 다른 똑똑한 사람이 똑같이 설득력 있게
그 반대로 설명해줄 것이다.

물론 결국엔 그런 똑똑한 사람들이 퍼즐을 풀어낼 것이다. 그 사
이 나머지 우리는 소크라테스의 더 높은 평온에 이르는, 덜 불가사

제4장. 상처를 딛고 올라서라

이한 길을 이용할 수 있다. 이 길은 파이돈Phaidon이라는 철학자에 의해 보존되었다. 파이돈은 펠로폰네소스 반도 북서부 도시인 엘리스 출신으로, 전쟁 포로로 잡혀 노예로 팔렸다가 소크라테스 덕분에 몸값을 지불하고 노예 신분에서 해방되었다. 파이돈은 소크라테스의 죽음을 목격하고 나서 나중에 플라톤에게 고스란히 전했다. 당시 플라톤은 복통 때문에 스승인 소크라테스의 사형 집행을 지켜보지 못했다.

파이돈은 플라톤에게 소크라테스가 마지막 몇 시간 동안 "이솝을 흉내 내며" 보냈다고 전했다. 이솝을 흉내 냈다고? 플라톤은 무척 의아했다. 이솝은 죽음을 훈련한 "진정한 철학자"에 속하지 않았기 때문이다. 오히려 어리석은 동물에 관한 우화로 소문난 이야기꾼일 뿐이었다. 가령 여우에 관한 우화에선, 달콤한 포도송이에 닿지 못하자 발끈하여 시어서 못 먹겠다고 말했다. 노새에 관한 우화에선, 좋은 새 주인을 만나고 싶어 했지만 더 나쁜 주인을 만났다. 사랑에 빠진 사자 우화에선, 발톱을 제거하는 데 동의했다가 결국 공격을 당했다.

플라톤은 소크라테스가 왜 이런 유치한 동물 이야기로 마지막 순간을 허비했는지 궁금했다. 파이돈은 그 질문에 답하지 못했지만, 소크라테스가 한 말을 기억해냈다. 즉 《이솝 우화》는 단순한 동물 이야기가 아니라 실제 인간성에 대한 은근한 비판이었다. 잘못을 대놓고 지적하면 사람들이 화낼 걸 알기에 이솝은 여우와 노새, 사자를 내세웠던 것이다.

그제야 플라톤은 스승을 조금 이해했다. 소크라테스는 이솝에 대

우리는 지금 문학이 필요하다

해서만 이야기한 게 아니라 자기 자신에 대해서도 이야기했던 것이다. 이솝과 마찬가지로, 소크라테스는 사는 동안 사람들의 어리석음을 풍자적으로 지적하면서 보냈다. 역시나 이솝과 마찬가지로, 사람들의 분노를 피하려고 악의 없는 잔소리꾼인 척했다. 소크라테스 역시 은밀한 풍자가였던 것이다.

플라톤은 이 사실을 깨닫고 충격을 받았다. 그래서 소크라테스의 초인적 죽음에 얽힌 비결이 어쩌면 그 마지막 몇 시간 동안 이솝을 "흉내 내는 데" 있지 않았을까 고민하기 시작했다. 이솝과 소크라테스에게 영감을 준 고대 풍자가들을 연구하면, 영원한 평정심의 미스터리를 조금이라도 밝혀낼 수 있을 것 같았다. 이러한 가능성에서 촉발된 호기심이 워낙 강해서 플라톤은 이성이라는 철학의 신전을 떠나 풍자가들의 글이 보관된, 문학의 초라한 동굴로 내려가기로 마음먹었다.

그러한 시도는 뜻밖의 결과로 이어졌다. 아픔을 참아낸 소크라테스의 비결을 찾아 문학의 어두컴컴한 동굴을 뒤지는 과정에서, 플라톤은 풍자에 하나가 아닌 세 가지 비결이 있음을 알아냈다. 그리고 각 비결은 서로 다른 발명품의 형체를 띠었다.

(풍자가의 첫 번째 발명품: 패러디)

풍자가의 세 가지 발명품 중에서 가장 기본적이고, 어쩌면 가장 오래된 것은 패러디parody이다.

패러디는 과장된 모방이다. 친구의 말이나 걸음걸이를 과장해서 모방하면, 패러디라고 할 수 있다.

문학 패러디는 무척 오래돼서, 그리스인들은 호머에까지 거슬러 올라간다고 생각했다. 호머는 《일리아드》를 끝냈을 무렵, 코믹 패러디 서사시 《바트라초미요마키아Batrachomyomachia》를 쓰도록 영감을 받았다고 한다. '개구리와 생쥐의 전투'라는 뜻인데, 개구리들이 쥐들을 몹시 불쾌하게 자극해서 두 종 간에 트로이 전쟁 같은 다툼이 벌어진다는 내용이다.

호머 이후의 작가들이 발견했듯이, 패러디는 서사시의 진중함을 희화할 수 있었다. 종교도 희화할 수 있었다. 그리스의 대단히 엄숙한 성직자들에 따르면, 신들은 놀라울 정도로 인간적이었다. 제우스와 아테나를 비롯한 신들은 모두 인간의 심장뿐만 아니라 팔다리까지 갖추었다. 심지어 인간처럼 옷을 입었다.

그런데 인간처럼 보이는 신들이 사실은 우리 내면에 숨겨진 거만함의 표출이 아니었을까? 우리 자신의 모습에서 신들을 상상한 게 아니었을까? 시인인 크세노파네스Xenophanes는 그렇다고 생각했다. 호머가 떠나고 수세기 후, 그는 말과 소가 신들의 그림을 그리는 패러디를 썼다. 참으로 놀랍게도 신들이 딱 말과 소처럼 생겼다!

《개구리와 생쥐의 전투》와 크세노파네스의 여러 시는 이후에 군대 허구military fictions와 경전에서 수많은 코웃음을 촉발했다. 그런데도 인간은 여전히 터무니없는 행동을 일삼았다. 패러디가 인간의 어리석음을 치유하지 못한 것이다.

그래서 풍자가들은 새로운 길을 모색했다.

(풍자가의 두 번째 발명품: 암시)

호머가 떠나고 1세기 후, 그리스의 서정시인이자 독설가로도 유명한 아르킬로코스가 두 번째 발명품인 암시insinuation를 고안했다.

암시는 논리학자들이 불완전한 삼단 논법이라고 부르는 방식으로 상대에게 모욕을 준다. 두 점을 제시하고 그 점을 이어서 모욕적인 결론을 유도하는 것이다. 아르킬로코스가 직접 제시한 예를 살펴보자.

나는 머리를 빗고 면도를 하는 크고 거만한 장군들 편이 아니다. 나는 작고 안짱다리인 장군들 편인데, 그들은 돌아서서 달아나지 않는다.

첫 번째 점: 시인은 돌아서서 달아나지 않는 장군들을 좋아한다. **두 번째 점**: 시인은 크고 거만한 장군들을 좋아하지 않는다. **결론**: 크고 거만한 장군들은 돌아서서 달아난다.

이 점들이 잘 연결되지 않는다면, 좀 더 최근의 암시를 살펴보자. 19세기 미국의 재치 넘치는 작가 마크 트웨인Mark Twain이 제공한 것이다.

독자여, 당신이 바보라고 가정해보라. 그리고 당신이 국회의원이라고 가정해보라. 아, 그 말이 그 말이지.

첫 번째 점: 당신은 바보이다. **두 번째 점**: 당신은 국회의원이다. **결**

제4장. 상처를 딛고 올라서라

론: 국회의원은 바보들이다.

암시는 두 가지 기능을 한다. 풍자가를 영리하게 보이게 하면서 바보들을 비판한다. 암시를 위해서는 어쨌든 영리해야 한다. 영장류 ape라면 누구나 흉내 낼 수 있다는 점에서 패러디나 암시나 '에이핑 aping'이라고 불리지만, 암시는 패러디보다 더 높은 지능이 필요하다. 그래서 우리는 마크 트웨인의 모욕적인 표현을 읽을 때, 국회의원들에게 코웃음만 치는 게 아니라 영리한 마크 트웨인에게 감탄도 하는 것이다. 결국 암시는 멍청이들을 욕하는 데서 그치지 않는다. 좀 더 영리한 방식으로 설명하면서 그들을 교화하려고 시도한다.

그런데도 바보는 갈수록 늘어만 갔다. 그래서 풍자가들은 멋진 발명품을 하나 더 고안했다.

(풍자가의 세 번째 발명품: 아이러니)

풍자 중에서 가장 강력한 발명품은 아이러니irony이다.

아이러니의 문학적 청사진은 다른 사람이 못 보는 진실을 드러내 보인다. 그러한 공개는 (서론에서 설명했듯이) 우리의 관점 수용 회로를 촉발하여 상황을 전지전능한 관점에서 본다고 느끼게 한다. 말 그대로 더 높은 곳에 올라가서 보는 듯한 경험을 선사한다.

플라톤이 문학의 동굴에서 찾았을 법한 아이러니의 예를 한 가지 살펴보자. 기원전 6세기에 시인 히포낙스Hipponax가 한 말인데, 히포낙스는 동지중해의 항구인 클라조메나이에서 박하와 썩은 생선으

우리는 지금 문학이 필요하다

로 연명하며 불평을 늘어놓곤 했다.

여자가 남자를 굉장히 기쁘게 하는 때가 두 번 있다.
바로 그의 결혼식날 밤과 그녀의 장례식이다.

아이러니는 마지막 두 음절에서 나온다. 그전까지는 결혼의 즐거움을 진심으로 축하하는 것 같다. 하지만 '그녀의 장례식'을 언급하는 순간, 히포낙스는 우리를 더 높은 위치로 끌어올려, 저 아래 어리석은 신랑들이 모르는 씁쓸한 진실을 깨우치게 한다. (히포낙스의 지독한 여성 혐오가 마음에 들지 않는다면, 심오한 페미니스트 아이러니가 숨어 있으니 잠시만 기다리시라.)

고대 풍자가들의 글에서 아이러니와 암시와 패러디를 발굴했을 때, 플라톤은 '그래, 바로 이거야. 소크라테스가 이 방법으로 높이 고양되었던 거야! 풍자는 어리석음을 깨우쳐서 높이 고양시켜주는 거야!'라고 생각했다.

하지만 다음 순간 플라톤은 멈칫했다. 아니, 깨달았다. 소크라테스가 풍자를 사용했을 뿐만 아니라 더 혁신했다는 사실을.

(소크라테스의 혁신)

소크라테스의 혁신은 플라톤의 소크라테스식 대화에서 펼쳐지는데, 이는 아테네의 여러 사람들과 소크라테스 간에 연출된 대화이다. 이러한 대화 중 이십여 개가 오늘날까지 남아 있는데, 입문자용으로는 《메논Menon》이 널리 인용된다.

《메논》은 소크라테스가 젊은 학생인 메논에게 세상에서 가장 현명한 사람도 미덕이 뭔지 모른다고 말하면서 시작된다. 이 말에 메논은 확신에 찬 목소리로, 수사학자인 고르기아스Gorgias는 미덕이 뭔지 확실히 안다고 대답한다. 그러자 소크라테스는 이렇게 말한다.

> "안타깝게도, 나는 고르기아스가 어떻게 생각하는지 잊어버렸다네. 그러니 자네가 내게 상기해줄 수 있겠나? 아니, 그냥 메논 자네는 미덕을 뭐라고 생각하는지 말해보게. 자네와 고르기아스는 틀림없이 같은 생각일 테니까."

자, 당신은 이 대화에 담긴 풍자를 포착했는가? 여기서 사용된 풍자는 암시이다. 게다가 한 가지도 아니고 두 가지이다. 메논에 대한 소크라테스의 말에는 연결할 점이 두 쌍이나 들어 있다.

첫 번째 점: 현명한 사람은 미덕을 정의할 수 없다. **두 번째 점**: 고르기아스는 미덕을 정의할 수 있다. **결론**: 고르기아스는 현명하지 않다.

첫 번째 점: 고르기아스는 현명하지 않다. **두 번째 점**: 메논은 고르기아스와 같은 생각이다. **결론**: 메논 역시 현명하지 않다.

메논은 이러한 암시를 이해하지 못한다. 그래서 풍자의 두 번째 요소인 패러디가 등장한다. 플라톤의 문학적 모방은 메논의 순진무구함을 과장하여 순진한 젊은이를 어수룩한 바보로 희화한다.

마지막으로, 플라톤은 풍자의 세 번째 요소인 아이러니를 추가한다. 메논이 미덕에 대한 생각이 있다고 하자, 소크라테스는 이렇게 말한다. "친애하는 메논, 친절을 베풀어서 자네가 아는 것을 나한테 말해주게. 맹세컨대, 나는 자네에게 가르침을 받고 싶다네." 여기서의 아이러니는 소크라테스가 정반대로 메논을 가르친다는 점이다. 질문을 던지는 자가 실제로 가르치는 자라는 숨겨진 진실을 역설한다.

대화의 이 시점까지, 플라톤은 자신이 풍자의 달인임을 입증했다. 가엾은 메논을 조롱하려고 고대 풍자가들의 세 가지 발명품을 합쳐서 한 가지 대화로 완성해냈다. 하지만 여기에 대단한 혁신은 없는 듯 보인다. 아울러 멋진 문학적 돌파구나 소크라테스의 비결도 없는 것 같다.

그런데 실제로는 있다. 플라톤은 앞서 크세노파네스와 아르킬로코스와 히포낙스의 청사진을 단순히 조합하기만 한 게 아니다. 거기에 반전을 추가했다. 플라톤은 고대의 풍자 테크놀로지를 완전히 새로운 방식으로 사용하고 있다.

당신은 그 혁신을 포착했는가? 소크라테스식 반전을 알아냈는가? 그렇지 않다면 계속 읽어보라.

(풍자에 대한 소크라테스식 반전)

반전은 바로 당신이 메논이라는 점이다. 그렇기 때문에 당신은 반전을 이해하지 못했다. 메논은 지능이 변변치 못해서 아무것도 이해하지 못한다. 하지만 메논이 된다고 해서 기분 나쁘게 생각하지 마라. 우리는 모두 식물 같은 지능을 지니고 있다. 우리 모두 (심지어 소크라테스조차) 그렇다.

무슨 말인지 못 알아듣겠다고? 그럼 메논인 당신이 이해하도록 차분히 설명하겠다.

《메논》에서 플라톤은 풍자의 방향을 바꾼다. 우리의 적들을 풍자하는 대신, 우리 자신을 풍자한다.

1. **패러디** : 첫째, 플라톤은 메논을 통해 우리의 행동을 패러디한다. 어쨌거나 우리는 한두 가지 배워서 안다고 생각한다. 아무리 겸손하다 해도, 자신을 바보나 천치라고 생각하는 사람은 아무도 없다. 그래서 누군가가 미덕 같은 주제에 대해 의견을 물으면, 우리는 흔쾌히 의견을 제시한다. 그런데 말이 많아질수록 모순과 혼란과 근거 없는 헛소리로 빠지게 되고, 결국 우리가 생각보다 아는 게 없음을 드러낸다.

2. **암시** : 둘째, 플라톤은 연결할 두 점을 제시하면서 우리가 메논임을 암시한다. **첫 번째 점**: 메논은 깨우침을 구하는 학생이다. **두 번째 점**: 우리는 깨우침을 구하는 학생이기 때문에 《메논》을 읽는다. **결론**: ….

3. **아이러니** : 셋째, 플라톤은 우리를 아이러니의 소용돌이 속으로

우리는 지금 문학이 필요하다

빠뜨린다. 메논이 소크라테스보다 더 똑똑하다고 생각하는 것처럼, 우리는 메논보다 더 똑똑하다고 생각한다. 따라서 소크라테스가 메논을 조롱한 것과 같은 방식으로 플라톤은 우리를 조롱한다. 이 점이 숨겨진 진실이다.

그렇다! 우리는 메논이다.

《이솝 우화》의 여러 동물이 우리 자신임을 몰라봤던 것처럼, 이번에도 우리는 그 점을 바로 알아채지 못했다. 하지만 이제 우리의 느려터진 두뇌 기어가 마침내 따라잡았으니, 우리에게는 두 가지 선택지가 있다. 첫 번째 선택지는 아테네 사람들이 소크라테스에게 한 짓을 똑같이 하는 것이다. 즉, 화를 내면서 저자를 사형에 처한다. (이솝의 독자들이 이솝에게 딱 이렇게 했다. 전설에 따르면, 델피 시민들은 동물에 빗댄 이솝의 비판에 분개하여 그를 절벽으로 내던졌다.) 두 번째 선택지는 풍자에 동조하여 우리 자신을 풍자하는 것이다.

우리가 메논이니, 당장은 첫 번째 선택지가 괜찮아 보일 것이다. 하지만 신경과학자들이 최근에 발견했듯이, 두 번째 선택지가 소크라테스의 통증 억제 비결로 우리 뇌를 풍요롭게 하는 열쇠이다.

(통증 억제 비결)

풍자는 원래 남들을 비웃으려고 고안되었다. 하지만 과학 연구에서 드러난 바, 남들을 비웃는 게 항상 우리 건강에 좋지는 않다. 물론 우월감이 들면서 기분이 좋아지긴 한다. 하지만 이러한 즐거움은 오래가지 않는다. 장기적으론 오히려 부정적 영향을 미칠 수 있다. (제21장에서 자세히 살펴보겠지만) 우쭐한 기분에 남들을 부정적으로 판단하면, 마음이 불안해지고 혈압이 상승하여 심근경색과 뇌졸중 발병 위험이 높아진다.

그렇다고 풍자가 꼭 나쁘다는 뜻은 아니다. 연구 결과, 우리가 풍자의 방향을 바꾸면 단기적으로든 장기적으로든 유익할 수 있다고 드러났다. 단기적으론, 우리 자신을 비웃으면 기분이 좋아지는 신경-오피오이드(아편 유사 물질)가 분비되고 혈중 코르티솔 수치가 떨어지며 스트레스가 낮아진다. 장기적으론, 우리 자신을 비웃으면 불안감이 줄어들고 정서적 회복력이 길러지며 타인과 유대도 잘 맺게 된다.

그렇다고 바로 소크라테스처럼 된다는 뜻은 물론 아니다. 하지만 출발점은 될 수 있다. 소크라테스는 내내 침착했고, 회복력이 있었으며, 마지막 순간에 친구들에 둘러싸여 있었다. 아울러 고통에 대한 내성도 있었는데, 이 점은 우리 자신을 비웃으면서 얻는 또 다른 혜택으로 밝혀졌다. 심리학자들은 우리가 남들을 비웃는laughing at 게 아니라 남들과 함께 웃으면laughing with, 뇌에서 고통에 대한 내성을 상당히 키워주는 엔도르핀이 나온다는 사실을 알아냈다. 아울러 이러한 진통 효과는 셀프 아이러니self-irony를 통해 크게 높일 수 있다는 사실도 알아냈다. 셀프 아이러니는 전두엽의 관점 수용 네트워크를 뒤집어, 우리가 밖에서 자신을 바라본다고 느끼게 한다. 이렇게 분리된 상태에서 바라보면, 감정적으로 느껴지는 고통의 강도가 줄어

우리는 지금 문학이 필요하다

든다. 그런 이유로, 군인과 구급대원 등 날마다 죽음을 접하는 직업 군 사이에서 삐딱한 유머가 자주 등장한다. 그들의 아이러니는 실제로 감각을 마비시킨다. 이는 전쟁터나 응급실의 공포에 맞서기 위해 정신적 마취주사를 맞는 것과 같다.

우리 자신을 풍자하면, 뇌에 소크라테스의 고양된 기분뿐만 아니라 통증을 억제하는 신경 약물까지 투여하게 된다. 반면 남들을 풍자하면, 우리 자신을 끌어내려 불안감과 심장마비로 몰아가게 된다.

자, 당신은 이제 히포낙스가 여성을 비웃었던 농담을 제대로 볼 수 있다. 히포낙스는 자신이 대단히 우월해졌다고 생각했지만, 아이러니하게도 자신을 더 아프게 했을 뿐이다.

('평정심 고양기高揚機'를 직접 활용하기)

소크라테스는 셀프 풍자self-satire를 아주 잘했다. 너무 잘해서 성직자들보다, 어쩌면 신들보다 더 높이 올라섰다. 그런 초월적 평정심을 조금이라도 얻기 위해, 당신은 그저 당신이 진짜로 메논이라는 점을 받아들이기만 하면 된다. 주문 외듯이 이렇게 말해보라. "나는 메논이고, 메논은 바로 나다." 그런 다음《메논》책을 구해 이름 'Menon'에서 뒤의 세 철자를 지워보라. 그러면 이제 소크라테스가 나Me와 대화를 나누게 된다. 그래도 도움이 되지 않으면, 메논의 이름을 싹 지우고 당신 이름을 적은 다음 대화를 다시 읽어보라.

혹시 플라톤이 당신 스타일과 맞지 않다면, 문학의 동굴에 직접

제4장. 상처를 딛고 올라서라

들어가 패러디와 암시와 아이러니를 결합한 좀 더 최근 작품을 찾아보라. 이러한 작품은 대부분 소크라테스식 기분 고양 수단이 아니라 애초에 풍자를 목적으로 쓰였지만, 당신의 기분을 고양시키도록 용도 변경될 수 있다. 당신의 성향 중 하나를 조롱하는 풍자를 찾아 읽어보라. 학교가 유용하다고 생각한다면, 아리스토파네스Aristophanes의 고대 그리스 희극《구름The Clouds》을 읽어보라. 교사들을 피해 세상을 여행하면서 더 많이 배운다고 생각한다면, 조너선 스위프트Jonathan Swift의《걸리버 여행기Gulliver's Travels》를 읽어보라. 국가가 주도하는 사회주의가 불완전한 세계에서 최선의 선택이라고 생각한다면, 러시아의 공상과학 소설가 예브게니 자먀틴Yevgeny Zamyatin의 1921년작《우리들We》을 읽어보라. 자본주의가 우리에게 더 도움이 된다고 생각한다면, 싱클레어 루이스Sinclair Lewis의 1922년 소설《배빗Babbit》을 읽어보라. 고대 현자에게 깨우침을 얻고자 한다면, G. V. 데사니G. V. Desani의《하테르의 모든 것All About Hatterr》(1948)을 읽어보라. 자가 치료와 대중 오락물이 당신의 뇌를 고칠 거라고 믿는다면, 데이비드 포스터 월리스David Foster Wallace의《무한한 재미Infinite Jest》(1996)를 읽어보라. 당신이 책임자가 되면 세상이 더 좋아질 거라고 확신한다면, 조지 오웰George Orwell의《동물 농장Animal Farm》(1945)을 읽어보라.

혹시 대기권까지 빠르게 올라가고 싶다면 용도 변경이 필요 없는, 더글러스 애덤스Douglas Adams의《은하수를 여행하는 히치하이커를 위한 안내서The Hitchhiker's Guide to the Galaxy》(1979)를 읽어보라. 이 책에서 지구인 아서 덴트는 외계인 연구원 포드 프리펙트에게 우주의

우리는 지금 문학이 필요하다

디지털 백과사전이 우리의 멋진 행성을 다음과 같이 설명한다는 얘기를 듣는다.

"'무해함'!? 달랑 그렇게 설명한다고? 무해함! 한 단어로!"

그러자 포드가 어깨를 으쓱하며 말했다.

"은하에는 천억 개나 되는 별이 있는데, 백과사전의 마이크로프로세서에는 공간이 별로 없거든. 게다가 지구에 대해 뭘 아는 사람이 있어야지."

"아, 그렇다면 당신이라도 그걸 바로잡아줬으면 해."

"아, 물론이지. 내가 편집자에게 새로운 내용을 전송하긴 했지. 편집자가 좀 다듬긴 했지만 어쨌든 개선되긴 했어."

"그래서 이젠 뭐라고 설명하지?" 아서가 물었다.

"대체로 무해함."

자, 이 세상의 대체로 무해함을 직접 느껴보라. 당신의 심각한 고민과 문제를 홀홀 털고 일어서라. 그저 풍자의 방향을 돌린 책만 하나 있으면 된다.

가장 멋진 우주적 농담이 우리 자신임을 알아차리기만 하면 된다.

제5장

호기심을
자극하라

Wonderworks

《순자타 서사시》, 현대 스릴러

———

발명품: 미래에서 들려주는 이야기

Wonderworks

발단은 정신 나간 염소 한 마리 때문이었다.

밑으로는 코린트만의 암회색 해변이 펼쳐져 있고, 위로는 파르나소스산이 우뚝 솟아 있었다. 염소는 청동기 시대의 파르나소스산 비탈에서 풀을 뜯고 있었다. 그러다 돌연 서쪽으로 방향을 틀었다. 그리고 가을 클로버 냄새를 맡으며 이리저리 배회하다 산허리에 생긴 들쭉날쭉한 틈새에 이르렀다.

틈새는 암반 깊숙한 곳까지 이어져 있었다. 끝까지 따라가면 지구 중심부에 이를 듯 까마득했다. 게다가 시커먼 틈새에서 이상한 증기가 솟아올랐다. 그 증기가 염소의 눈에 하얀 거품을 일으키는 바람에, 깜짝 놀란 염소가 풀쩍 뛰면서 미친 듯이 울어댔다. 그 울음은 마치 어린아이가 날카롭게 내지르는 비명 같았다.

놀란 목동이 구조하러 황급히 달려왔다. 하지만 목동도 증기를 흡입하고 쓰러졌다. 목동은 신음을 내뱉으면서도 염소가 봤던 것을 목격했다. 미래의 빨강과 검정과 불을, 미래의 파랑과 하양과 얼음을 목격했다.

목동은 간신히 정신을 차린 다음, 염소를 붙잡고 좁은 길을 서둘러 내려가 인근의 델피 부락으로 갔다. 마을 사람들은 목동이 불과 얼음에 대해 떠벌리는 이야기에 종잡을 수 없었다. 결국 저 너머에서 주는 계시일 거라고 판단했다. 그래서 마을 사람들은 틈새 주변에 임시 신탁소를 차렸다. 그리고 신탁소 중앙에 삼각의자를 놓고 노파를 앉혔다.

노파는 산의 증기를 마시며 몇 날 며칠을 보냈다. 그러자 증기가 놀랍고도 기묘한 진실의 전조를 보여주었다. 목동이 봤던 환영과 마찬가지로, 그 진실도 수수께끼처럼 다가왔다. "노새가 왕이 될 것이다." "석상들이 일어설 것이다." "바람이 이 땅을 구할 것이다."

이러한 수수께끼가 무엇을 의미할까? 마을 사람들 중 누구도 답할 수 없었다. 하지만 한 가지는 확실히 단언할 수 있었다. 신탁의 수수께끼는 항상 실현된다는 점을.

그 뒤로, 델피는 고대 세계에서 가장 유명한 신탁소가 되었다. 트로이 헬레네의 신화시대부터 로마의 마지막 황제 시대에 이르기까지 거의 2,000년 동안, 스파르타 왕과 페니키아 철학자, 켈트족 여왕과 아테네 민주주의자, 이집트 노예와 힌두스탄 추장까지 수많은 사람이 앞날을 엿보기 위해 이곳으로 성스러운 발걸음을 내디뎠다.

원한다면 당신도 그 대열에 합류할 수 있다. 이 장은 당신에게 신탁의 비밀뿐만 아니라 몇 가지 다른 비밀까지 다 알려줄 것이다. 당신은 내일이라는 시간의 장막 너머를 쫓는 동안 심장을 벌렁대며 호

우리는 지금 문학이 필요하다

기심을 한껏 자극할 수 있다.

(미래로, 미래로)

처음부터, 미래를 들여다보는 짓은 어리석다는 경고가 있었다.

가장 암울한 경고는 크로이소스Kroisos에게서 비롯되었다. 크로이소스는 기원전 550년경 고대 리디아를 다스린, 대단히 부유한 왕이었다. 그가 델피에 와서 이렇게 물었다. "내가 페르시아 제국을 침략해야 할까?" 그러자 노파가 증기에서 고개를 들고 대답했다. "그렇게 하면 대제국이 몰락할 것이오."

'그래, 좋았어.' 크로이소스는 씩 웃으며 생각했다. '내가 페르시아를 무너뜨린다는 뜻이로군.' 그래서 보석이 잔뜩 박힌 전차에 올라 공격을 감행했다. 결과는 크로이소스에게 대재앙으로 끝났다. 엄청난 군대는 다 흩어지고 황금 왕국은 몰락했다. 신탁은 진실을 알려줬지만 크로이소스가 수수께끼를 거꾸로 푼 것이었다. 몰락할 대제국은 바로 그의 왕국이었다.

크로이소스의 재앙은 엄청난 재산만큼이나 유명해졌지만, 델피로 오는 방문객을 막기엔 역부족이었다. 오늘날까지도 사람들은 여전히 미래로 가는 오솔길을 밟고 있다. 미래를 알면 진짜로 위험할지도 모른다. 하지만 등산객은 산허리 틈새로 접근할 때 긴장감에 맥박이 점점 빨라진다. 내 운명은 어떻게 될까? 부와 사랑을 찾게 될까? 명성을 떨치게 될까? 아니면 불명예를 얻게 될까?

이 모든 호기심 어린 마음을 사로잡는 신탁의 심리적 비밀은 경이驚異로 알려진 감정이다. 우리는 서론에서 경이의 문학적 청사진을 배우긴 했지만, 신탁의 비밀을 배우진 않았다. 경이가 두 가지 신경 변종에서 나오기 때문이다.

첫 번째 변종은 수동적 경이다. 이는 우리가 앞서 서론에서 탐구했던 경이로, 경외감에 휩싸인 느낌을 말한다. 기적을 마주하고 깜짝 놀라서 멍해지는 상태이다.

두 번째 변종은 능동적 경이다. 이는 델피 신탁에서 촉발된 경이로, 궁금해하다to wonder라는 동사적 의미를 지닌다. 궁금해서 탐색하고 찾아보고 갈망하는 상태이다. 기적이 이끄는 곳을 좇아 앞으로 돌진하는 상태이다.

두 번째 경이는 종류가 다르기 때문에 문학적 청사진도 다르다. 우리는 그 청사진을 신탁이 선호하는 방식인 수수께끼를 통해 엿볼 수 있다.

수수께끼는 어떤 사물에 대하여 두 가지 상반된 내용을 제시하면서 작동한다. 가령 "문은 문인데 문이 아닌 때는?" "마를수록 더 젖는 것은?" "나는 왜 못 먹는 입mouth이 있고, 못 눕는 침대bed가 있을까?" (다시 말해서, 어떤 사물은 문이면서 또 문이 아니다. 어떤 사물은 마르면 더 젖는다. 어떤 사물은 입과 침대가 있는데, 둘 다 제 기능을 못 한다.)

능동적 경이를 위한 수수께끼 공식은 워낙 오래되어 델피 신탁이 생기기도 전으로 거슬러 올라간다. 기원전 1750년 수메르의 설형문자 조각에는 이런 질문이 적혀 있다. "맹인은 어디에 가야 볼 수 있을까?" 그렇게 오래전에 시작된 후 수수께끼 공식은 전 세계로 멀리 멀리 퍼져나갔다. 태평양 섬의 매장 의식과 고대 중국의 축제, 나미비아의 결혼식과 인도의 《리그베다》에까지 스며들었다. 고대 영어의 한 구절에는 이렇게 적혀 있다. "나는 물고기처럼 물에서 나왔지만, 불이 나를 눈처럼 만들었다." 고대 아랍어 문헌에는 이렇게 적혀 있다. "나는 먹지도 마시지도 않는데 자란다."

수수께끼 공식이 세계적으로 인기를 끌자 경이가 싹트기 시작했다. 신탁이 그 공식을 취해 반전을 추가했기 때문이다.

(신탁의 반전)

신탁의 반전은 미래에서 수수께끼를 보낸다는 것이었다.

미래의 수수께끼는 미래에 답이 있다. 따라서 "노새가 어떻게 왕이 될지", "석상이 어떻게 일어설지" 알려면, 미래가 도래할 때까지 기다리는 수밖에 없다. 그래서 우리는 기다린다. 기다리고 또 기다린다. 그런데 자꾸 궁금증이 일면서 '서스펜스suspense'라는 감정으로 확장된다.

서스펜스는 당장 그 답을 알 수 없어서 생기는 초조하고 긴장된 감정이다. 긴장한 채로 오래 앉아 있으면, 우리는 의자 끝에 엉덩이만 걸친 채 앞으로 다가올 시간에 조금이라도 가까이 가려고 몸을 쭉 내민다. 다시 말해서, 서스펜스는 우리의 궁금증을 더 활발하게 자극한다. 수수께끼의 답을 더 빨리 알 수 있도록 시간을 훌쩍 건너

뛰고 싶게 한다.

당신은 지금 더 능동적인 경이를 느끼고 있을지도 모른다. 앞에서 "맹인은 어디로 가야 볼 수 있을까?" 같은 수수께끼를 몇 가지 제시하고, 무례하게도 그 답을 바로 알려주지 않았다. 하지만 너무 안달하지 마시라. 금방 나올 테니까.

금방? 얼마나 금방? 그야 당신이 얼마나 빨리 읽느냐에 달려 있다. 그러니 이 고리타분하고 지루한 장이 흥미진진하게 느껴지도록 얼른 읽어 나가라.

(문학 속에 이식된 신탁)

델피 신탁이 수수께끼에 반전을 추가한 후, 그 반전은 문학으로 가는 길을 찾아냈다. 소포클레스의 《오이디푸스 왕》(기원전 429년)은 테베의 장님 예언자가 내뱉은 미래의 수수께끼로 가득하다.

"내 지식은 당신의 무지를 드러낼 것이다."
"당신은 눈이 있지만 보지 못한다."
"오늘은 당신의 생일이자, 기일이 될 것이다!"

이러한 미래 수수께끼 때문에 오이디푸스는 참을 수 없는 서스펜스를 느낀다. 그래서 답을 당장 내놓으라고 몰아친다. 먼저, 예언자인 티레시아스를 협박하며 미스터리를 설명하라고 요구한다. 그 방

우리는 지금 문학이 필요하다

법이 실패하자 오이디푸스는 크로이소스처럼 성급하게 잘못된 결론을 도출한다. 수수께끼를 잘못 푼 것이다.

이와 똑같은 플롯이 2,000년 후 셰익스피어의 《맥베스Macbeth》에도 등장한다. 여기에선 세 마녀가 등장해 신나게 소리친다.

"아름다운 것은 추하고 추한 것은 아름답다."

"전투의 승패가 갈렸을 때."

"맥베스는 결코 멸망하지 않으리라,

버넘 숲이 던시네인 언덕을 넘어

그 앞에 오기 전까지는."

맥베스는 세 마녀의 미래 퍼즐이 너무 궁금해서 도저히 참을 수 없다. 그래서 오이디푸스보다 훨씬 더 과격하게 행동한다. 갈망하는 답을 얻기 위해, 자신이 한때 충성을 맹세했던 왕을 살해하고 나중엔 친구까지 살해한다. 게다가 그 친구의 자식마저 살해하려 한다. 하지만 앞서 오이디푸스와 크로이소스처럼, 맥베스도 미래의 수수께끼를 잘못 풀어 결국 파멸로 내몰린다.

비슷한 비극적 운명에서 당신을 구하기 위해, 앞에서 냈던 문학적 수수께끼에 대한 답을 제시하겠다. 문은 살짝 열려 있을 땐when it's ajar 문이 아니라 '병a jar'이다. 수건은 마를수록 더 젖는다. 강은 입(어귀)과 침대(바닥)가 있지만 먹지도, 눕지도 못한다. '맹인', 즉 무지한 사람은 학교에 가야 볼 수 있다. (강)물을 불로 처리하면, 증발하고 '눈'처럼 하얀 소금이 남는다. 손톱은 먹지도 마시지도 않지만 자란다.

이제 답을 다 알았으니, 페이지를 더 넘기고 싶은 마음이 줄었을 수 있다. 하지만 아직은 멈추지 마라. 당신이 풀어야 할 수수께끼가 하나 더 남아 있다. 《오이디푸스》와 《맥베스》는 고대 신탁의 말을 그대로 베꼈지만, 극장 관객들에게 델피를 방문한 듯한 경험을 제공하진 못했다. 오히려 그 반대였다.

왜 그랬을까?

(문학의 첫 미래 수수께끼의 수수께끼)

한 가지 수수께끼가 두 가지 효과를 낼 수 있다. 수수께끼는 같지만 관객이 다를 수 있기 때문이다.

《오이디푸스》와 《맥베스》도 딱 그렇다. 두 연극을 지켜본 관객은 델피의 구도자들과 달랐다. 구도자들과 달리 관객은 이미 수수께끼의 답을 알았다.

《오이티푸스》의 관객은, 오이디푸스 전설이 워낙 유명해서 소포클레스가 연극을 쓰기 훨씬 전부터 답을 알고 있었다. 그래서 오이디푸스가 미래에 대한 서스펜스로 몸부림치는 동안, 관객은 전혀 다른 기분, 즉 아이러니에 사로잡힌 채 이미 그 미래에 앉아 있었다. (이 청사진에 대해서는 제4장을 참고하라.)

세익스피어의 관객도 맥베스가 버넘 숲의 예언에 휘둘리는 모습을 지켜보면서 똑같이 아이러니한 느낌을 받았다. 그 예언은 《홀린세드의 연대기Holinshed's Chronicles》(1577) 같은 유명한 역사책에 이미 기

우리는 지금 문학이 필요하다

록되어 있었다. 혹시라도 그 책을 안 읽은 독자를 위해, 셰익스피어는 '버넘 숲'이 나뭇가지로 위장한 군인임을 앞 장면에서 미리 귀띔해주었다. 그래서 숲이 걸어온다는 당혹스러운 예언으로 맥베스가 서스펜스에 사로잡혀 갈팡질팡할 때, 관객은 아는 자의 여유를 즐기며 극적 아이러니를 경험했다.

관객의 아이러니한 선견지명은 드라마틱한 비극이 주는 선물이었다. 이는 우리의 정신을 고양시켜 운명의 더 성스러운 국면을 보게 함으로써 의학적 혜택을 제공했다. (이 점에 대해서는 앞의 서론을 참고하라.) 이는 델피 신탁소를 찾아가는 것과 정반대 효과였다. 경이의 능동적 느낌이 아닌, 선견지명에서 나오는 완화된 느낌이었다. 크로이소스가 아니라 증기 속의 신이 된 기분이었다.

따라서 관객에게 크로이소스의 조급한 호기심을 안기고 싶다면, 전 세계 작가들은 소포클레스와 셰익스피어를 한 단계 넘어서야 할 것이다. 대대로 내려온 신탁을 단순히 재활용하는 게 아니라, 스스로 예언자가 되어 새로운 신탁을 내려야 할 것이다.

('미래에서 들려준 이야기'의 발명)

새로운 신탁을 직접 내리려면, 이야기꾼은 관객이 선뜻 대답할 수 없는 미래 수수께끼를 고안할 필요가 있었다.

가장 기본적인 방법은 이야기꾼이 허구적인 신탁을 지어내는 것인데, 아시리아의 수사학자 루시안Lucian이 《실제 이야기A True Story》

(160년경)에서 실제로 그렇게 했다.

《실제 이야기》는 물론 실제로 있었던 이야기가 아니다. 폭풍우 때문에 우주로 날려간 주인공이 겪는 일을 그린 공상과학 소설이었다. 갖가지 에피소드 중엔 주인공이 강철로 불을 때지 않아야 지구로 돌아가게 된다는 점쟁이의 예언도 있었다. 이 수수께끼 같은 예언은 무엇을 뜻했을까? 이 이야기의 원작 독자들은 알 수 없었다. 그래서 소설의 주인공처럼, 독자들 역시 점점 커지는 서스펜스 속에서 답이 나올 때까지 페이지를 빨리 넘길 수밖에 없었다.

이런 식의 서스펜스 조성은 영리한 문학적 기교였지만, 분명 한계가 있었다. 즉 허구적인 예언가가 필요했다. 그런데 스토리 속에 점쟁이 캐릭터를 등장시키고 싶지 않았다면 어떻게 했을까? 능동적 경이를 촉구할 좀 더 유연한 방식을 원했다면 어떻게 했을까?

그 답은 전 세계 다양한 문화에서 구술 이야기꾼들이 독자적으로 찾아냈다. 구술 이야기꾼은 자신의 발견을 기록하지 않았고 후세대가 알아서 보존하든 잃든 맡겼기 때문에, 역사가들은 누가 그걸 맨 처음 발견했는지 알 길이 없다. 혹시 점쟁이라면 알 수 있을지 모르겠다.

그렇다면 신탁소를 한번 찾아가보자. 이왕이면 가장 오래된, 인간이 처음 출현한 사하라 사막 이남에 있는 신탁소로 가보자. 나이지리아의 이그보랜드 동서부 지역엔 오래된 점집이 늘어서 있는데, 오늘날에도 여전히 사용되고 있다. 그 점집들 바로 북쪽으로 구릿빛 사바나 초원이 펼쳐져 있고 니제르강이 도도하게 흐른다. 그리고 《순자타 서사시Epic of Sundiata》로 알려진 노래가 울려 퍼진다.

《순자타 서사시》는 13세기에 말리 왕국의 그리오griot라는 구전 사가에 의해 쓰였다. 신체적 약점 때문에 놀림받던 아이가 자라서 전사로, 또 왕으로 추앙된다는 내용이다. 이 서사시에도 이미 유효성이 입증된 허구적 예언자가 나오는데, 예언의 힘을 안 빌리고 능동적 경이를 촉발하는 방법에 대한 획기적 답도 들어 있다. 그 답은 바로, 관객의 미래를 서술자의 현재에 불쑥 삽입하여 말하는 것이다.

알고 싶은 사람은 내 말을 들어보세요. 내 입에서 나오는 말로 당신은 말리의 역사를 배우게 될 것입니다. 내 입에서 나오는 말로 당신은 그 이야기를 알게 될 것입니다.

"알게 될 것입니다." 이 말은 곧 우리가 아직 모른다는 사실을 퍼뜩 상기시킨다.

말리의 그리오는 왜 이런 식으로 말했을까? 그가 《순자타 서사시》의 미래 암시 방식을 직접 고안했을까? 아니면 더 앞선 구술 이야기꾼들에게 배웠을까? 그야 알 수 없다. 우리는 그 그리오에 대해 아무것도 모른다. 그의 영향력이나 살아온 내력, 심지어 이름도 모른다. 단지 그의 발명품이 왜 우리 뇌에서 작동하는지, 그 원리만 알 뿐이다.

(그리오가 고안한 발명품의 과학)

살아가는 데 꼭 필요한 세 가지는 음식과 생식과 정보이다.

이 중에 정보는 살짝 부적절해 보일 수 있다. 어쨌든 세상에는 아무것도 모른 채 용케 살아가는 박테리아로 가득 차 있다. 박테리아는 학교나 책도 없이 무지無知라는 더없이 행복한 상태에서 잘도 떠돈다. 하지만 가까이서 보면 이 무지한 생명체조차도 정보가 필요하다는 사실을 알 수 있다. 그들은 뇌는 없을지 모르지만, 몸 중심부에 데이터 저장 장치가 있다. 바로 DNA나 RNA 핵산이다. 이 장치에 데이터가 없다면, 박테리아는 음식을 대사하거나 번식할 수 없다. 그렇게 되면 돌멩이처럼 생명력이 없을 것이다.

살아가는 데 데이터가 중요하기 때문에, 원시 뇌세포는 제일 먼저 정보를 수집하도록 진화되었다. 이러한 정보 수집은 최첨단 회백질의 최우선 기능으로 여전히 남아 있다. 우리 두개골에 있는 뉴런은 대부분 (눈과 통증수용체와 여러 감각 기관을 통해) 정보를 모아서 (단기, 일시, 의미, 절차 등) 다양한 기억 장치에 저장하기 위해 존재한다.

생명을 유지하기 위해 뇌의 정보 수집 회로는 수백만 년에 걸쳐 정교하게 조정되도록 진화되었다. 즉, 이 회로는 알 수 없는 답을 찾느라 귀중한 시간을 낭비하고 싶어 하지 않는다. 또 중요하지 않은 답을 찾는 데 귀중한 시간을 허비하고 싶어 하지도 않는다. 시간 낭비를 피하기 위해, 뇌의 정보 수집 회로는 우리가 답에 대해 대강 짐작만 할 뿐 정확하게 확신하지 못할 때 가장 열심히 작동하도록 진화되었다. 우리가 대강 짐작하면, 그 답은 그리 멀지 않은 곳에 있다.

우리는 지금 문학이 필요하다

그리고 정확하게 확신하지 못하면, 그 답은 우리가 이미 아는 것과 다를 수 있다. 우리의 세계관을 바꿔줄 귀중한 정보가 될 수 있다.

이 두 가지 조건이 달성되면, 뇌의 보상 센터는 교활하게도 우리에게 도파민을 소량 선물한다. 그 양은 케이크 한입 정도밖에 안 된다. 달콤하긴 하지만 욕구를 채워주진 못한다. 아니, 맛보지 않았을 때보다 더 굶주리게 해서 엄청난 호기심으로 우리 뇌를 괴롭힌다.

이 엄청난 호기심은 수수께끼에 의해 촉발된 느낌이다. 수수께끼는 모든 답변 조각을 우리에게 제공하여 노새가 왕이 된다거나 패배한 전투에서 승리한다고 솔직하게 말해줌으로써 도파민 케이크 한입 같은 '대강 짐작하는' 상태를 달성한다. 아울러 이성理性을 당황시킬 정도로 모순되게 답변 조각들을 제공함으로써 '확신하지 못하는' 상태를 달성한다. 노새가 어떻게 인간을 다스릴 수 있지? 패자가 어떻게 승자가 될 수 있지? 대강 짐작만 할 뿐 확신하지 못하는 상태일 때, 우리는 논리를 다시 쓸 수 있는 진실의 힌트를 얻었다고 느낀다. 그 결과, 우리 뇌는 이 힌트가 조만간 모든 것을 바꿔줄 데이터라는 믿음으로 전율한다.

"당신은 그 이야기를 알게 될 것입니다"라는 식으로 미래를 암시하는 그리오의 목소리도 똑같이 신경 칵테일을 촉발한다. 이 문학 발명품은 한 가지 스토리를 두 가지 스토리로 제시하면서, 《순자타 서사시》 전체를 수수께끼로 바꿔놓는다. 그 두 가지 스토리는 다음과 같다. (1) 일이 어떻게 끝날지 우리가 대강 짐작하는, 진행 중인 스토리, (2) (미래를 암시하는 목소리 때문에 갑자기 의식하게 되면서) 우리가 그 결말을 확신하지 못하는, 전체를 아우르는 스토리. 그런데 수수께끼의 답은 그리오가 아는 스토리의 결말이기 때문에, 그리오에게 신탁의 영묘한 분위기가 투영된다.

이 영묘한 분위기는 물론 문학적 속임수이다. 그리오는 진짜 예언자처럼 우리의 미래를 보지 못한다. 그 대신, 우리의 시간을 소비할 이야기를 소개함으로써 우리의 미래를 만들어간다. 그런데도 그리오의 약속은 델피의 수수께끼와 같은 방식으로 우리 뇌를 강타한다. 결국 그리오는 보지만 우리는 못 보는 앞날을 의식하게 되면서, 우리는 서스펜스에 사로잡혀 그의 이야기에 귀를 기울이게 된다.

그리오는 일단 서스펜스를 위한 이 청사진으로 우리를 확 끌어당기면서 《순자타 서사시》를 시작한다. 그런 다음, 더 많은 수수께끼로 현재와 미래를 넘나드는 이야기를 제시하면서 청사진의 신경 활동을 강화해나간다. 가령 단단한 은으로 만든 부드러운 활 같은 수수께끼 물체가 등장한다. 맘껏 먹어서 뚱뚱하지만 굶주린 물소 같은 수수께끼 동물도 등장한다. 다리를 절지만 사자처럼 질주하는 아이 같은 수수께끼 캐릭터도 등장한다. 한 사물에 두 가지 상반된 특징을 부여하면서 우리 뇌를 확 끌어당기는 능동적 경이를 유발하지만, 케이크 한입처럼 너무 감질나서 이야기가 어떻게 끝날지 알고자 하는 열망은 더 커진다.

그래서 그게 어떻게 끝날까? 미래에 대한 답은 무엇일까?

자, 시간을 훌쩍 앞당겨서 얼른 알아보도록 하자.

우리는 지금 문학이 필요하다

(스토리텔링의 진화)

수수께끼 청사진과 마찬가지로, 그리오의 문학 발명품은 문화 교류와 독자적 재발견 등을 통해 전 세계로 퍼져나갔다. 영문학에서는 14세기 초 아서 왕 전설류인 《가웨인 경과 녹색의 기사Sir Gawain and the Green Knight》에서 이를 찾아볼 수 있다.

> 나는 영국의 역대 왕들 중에서 아서 왕이 가장 훌륭하다고 들었습니다. 그래서 많은 사람의 눈을 놀라게 할 만한 것을 여러분에게 보여드리겠습니다. 엄청난 모험을 떠난 경이로운 기사의 이야기입니다. 내 노래에 잠시 귀를 기울여준다면, 내가 마을에서 들은 이야기를 고스란히 들려드리겠습니다.

마지막 구절에서, 당신은 '미래에서 들려준 이야기'를 볼 수 있다. "내 노래에 잠시 귀를 기울여준다면, 내가 마을에서 들은 이야기를 고스란히 들려드리겠습니다."

미래에서 들려준 이야기는 엄밀한 의미의 예언이 아니라 수사적 기교이기 때문에, 이 수수께끼 목소리는 탐정 소설과 사실주의 소설, 역사 회고록 등 녹색 기사나 마법사나 여타 마술이 전혀 필요 없는 현대 문학에도 등장했다. 아울러 독창적 장르인 스릴러에도 영감을 주었다.

스릴러는 19세기 말에 H. 라이더 해거드H. Rider Haggard의 《솔로몬 왕의 보물King Solomon's Mines》(1885) 같은 소설에서 고안되었다.

제5장. 호기심을 자극하라

내가 기억하는 가장 기이한 이야기를 들려주겠다. 파울라타를 제외하고 이야기 속에 여자가 한 명도 없다는 점을 고려하면, 참 이상하게 들릴 것이다. 아, 잠깐! 가가울라가 있긴 하다. 그녀를 악귀가 아니라 여자라고 한다면 말이다. 하지만 그녀는 이미 백 살도 넘어서 결혼할 수 없으니, 여자로 치지 않겠다.

여러 가지 수수께끼가 한꺼번에 나와서 서로 부딪친다. 우리의 미래를 서술자의 과거에서 찾아야 하는데, 거기에선 여자 한 명과 악귀이기도 한 여성 말고는 어떤 여자도 만나지 못할 거란다.

스코틀랜드 출신의 존 버컨John Buchan도 《39계단The Thirty-Nine Steps》(1915)이라는, 대단히 영향력 있는 스릴러의 도입부에서 수수께끼를 사용해 우리의 흥미를 끌었다.

현관문에 막 열쇠를 꽂아 넣는 순간, 나는 웬 남자가 등 뒤에 서 있다는 걸 알아차렸다.

"죄송합니다." 남자가 말했다. "제가 좀 흥분했나 봅니다. 사실, 전 지금 죽은 걸로 되어 있거든요."

산 사람이 어떻게 죽은 걸로 되어 있단 말인가? 물론 그 수수께끼의 답은 미래에 놓여 있다. 그에 대한 궁금증을 유발하기 위해, 이야기꾼은 미래로 훌쩍 날아가서 남자의 이야기를 듣고 다시 우리에게 돌아와 말한다.

우리는 지금 문학이 필요하다

"얼른 해보세요." 내가 말했다.

남자는 애써 마음을 다잡는 듯하더니, 도저히 믿기 힘든 이야기를 쏟아내기 시작했다. 처음에는 무슨 소리인지 갈피를 못 잡고 몇 번이나 남자의 말을 끊고 되물어야 했다. 결국 요점을 정리하면 이렇다.

이 이야기는 알프레드 히치콕Alfred Hitchcock 감독에 의해 1935년에 같은 제목의 스릴러 영화로 각색되었다. 서스펜스를 형성하는 기술은 이제 서점과 영화 스크린에도 넘쳐난다. 거의 모든 범죄 소설이나 모험 소설의 첫 장, 그리고 거의 모든 텔레비전 미스터리나 액션 영화의 티저 광고는 미래의 장면을 힐끔 보여주는 식으로 전개된다. 스테파니 메이어Stephenie Meyer는 《트와일라잇Twilight》 시리즈를 이렇게 시작한다.

지난 몇 달을 돌이켜보면 그럴 만한 이유가 충분히 있었지만, 나는 내가 어떻게 죽게 될지 전혀 생각해보지 않았다. 설사 생각했다 해도, 이런 식일 거라고는 상상하지 못했을 것이다.

스릴러가 호기심을 확 유발하긴 하지만, 그리오의 발명품을 가장 멋지게 발전시킨 현대물은 스릴러가 아니다. 그건 바로 책장 넘기기가 바쁠 정도로 흥미진진한 논픽션이다.

흥미진진한 논픽션은 또 다른 수수께끼이다. 논픽션 자체는 스릴러와 반대된다. 교과서나 교육 매뉴얼, 또는 궁금해서 펼쳤다가 지루해서 금세 덮어버리는 책들의 영역이다. 그런데 논픽션이 '미래에서 들려준 이야기'와 결합되면, 대단히 따분한 재료조차 당신의 심장을 고동치게 할 수 있다.

찰스 다윈이 그의 고전 과학서 《종의 기원On the Origin of Species》(1859) 서두에서 어떻게 서스펜스를 고조시켰는지 보자.

박물학자로서 H.M.S '비글호'에 승선했을 때, 나는 새로 알게 된 몇 가지 사실에 깜짝 놀랐다. 이러한 사실이 종의 기원, 그러니까 어느 위대한 철학자가 미스터리 중의 미스터리라고 했던 종의 기원에 대한 의문을 해결하는 데 어느 정도 실마리를 제공할 것 같았다.

이 "미스터리 중의 미스터리"의 해답은 "뒤에서 자세히 살펴보겠지만"이라는 미래 이야기로 감춰진다. 그리고 말리의 그리오처럼, 다윈도 더 많은 수수께끼를 제시하며 서스펜스를 고조시킨다.

딱따구리 형태의 어떤 새가 땅바닥 곤충을 잡아먹도록 창조되었다면 얼마나 기이한가. 고지대에 살아서 좀체 혹은 전혀 헤엄치지 않는 거위가 물갈퀴 발을 갖도록 창조되었다면 얼마나 기이한가.

어떤 딱따구리가 나무를 쪼지 않을까? 어떤 생명체가 물갈퀴 발을 하고서도 헤엄치지 않을까? 다윈은 아마도 그의 가장 흥미로운 수수께끼에선 이렇게 말한다.

어렵겠지만, 우리는 여왕벌의 야만적이고 본능적인 증오심을 존중해야 한다. 이 증오심 때문에 여왕벌은 본능적으로 새끼 여왕벌, 그러니까 자기 딸을 낳자마자 죽인다. 혹은 싸우다 자신이 죽게 된다.

우리는 모두 모성애에 대해 들어봤다. 그런데 여왕벌은 예외인가 보다. 그들은 자기 딸들과 본능적으로 치열한 전투를 벌인다. 그래서 여왕벌의 심장에는 모성 증오maternal hate라는 수수께끼가 들어 있다.

이 과학 수수께끼를 어떻게 풀 것인가? 그 답은 알다시피 미래에 놓여 있으니, 책장을 부지런히 넘기지 않을 수 없다.

('미래에서 들려준 이야기'를 직접 활용하기)

호기심은 우리의 생존에 중요하다. 게다가 우리의 행복에도 중요하다. 심리학자들이 말하는 긍정적 정서positive affect를 높여주어 우리를 더 유쾌하고 활기차게, 그리고 전반적으로 더 즐겁게 살아가게 해준다. 새로운 발견에 대한 기대감으로 침대에서 불끈 일어나게 해준다.

혹시 《순자타 서사시》나 《39계단》, 《종의 기원》으론 긍정적 정서를 높이지 못한다면, 호기심을 유발하고 서스펜스를 키우기 위해 그리오의 발명품을 활용한 다른 작품을 찾아보라.

범죄 스토리를 좋아한다면, 역대 최고의 베스트셀러 작가인 애거사 크리스티Agatha Christie의 작품은 어떤가? 그녀의 1939년 소설 《그리고 아무도 없었다And Then There Were None》는 '미래에서 들려준 이야기'

의 고전이다. 미래를 암시하는 전래 동요로 시작해서 《순자타 서사시》처럼 온갖 사물과 캐릭터의 수수께끼로 서스펜스를 고조시킨다. 가령 상반된 스토리가 떠도는 섬, 열정은 있지만 차가운 여교사, 아무 일에나 끼어드는 신중한 대위 등이 연이어 등장한다.

크리스티가 당신 취향보다 좀 뒤처졌다면, 길리언 플린Gillian Flynn의 《나를 찾아줘Gone Girl》 같은 최신 스릴러를 읽어보라. 논픽션에서 스릴을 느끼고 싶다면, 트루먼 카포티Truman Capote의 1996년작 《인 콜드 블러드In Cold Blood》의 오프닝 예언을 읽어보라.

당시, 잠들어 있던 홀컴 마을에서는 누구도 그 소리를 듣지 못했다. 여섯 명의 목숨을 앗아갔던 네 발의 엽총 소리를. 그때까지만 해도 주민들은 대문을 안 잠그고 다녀도 전혀 걱정하지 않을 만큼 서로를 두려워하지 않았는데, 이젠 환청처럼 그 소리를 자꾸 되살려냈다. 그 음울한 총소리는 불신의 불꽃을 지펴 오랜 이웃을 낯선 눈길로, 이방인으로 바라보게 했다.

혹은 1983년 다큐드라마 '필사의 도전The Right Stuff'을 틀어보라. 이 드라마는 1950년대 머큐리 우주 비행사 선발에 관한 톰 울프Tom Wolfe의 책을 바탕으로 제작되었다.

하늘에는 악마가 살고 있었다. 사람들은 말했다. 그 악마에게 도전했다간 누구든 죽을 거라고.

아니면 프랜시스 버니Frances Burney의 1768년 소설 《초기 다이어리

우리는 지금 문학이 필요하다

The Early Diary》의 낭만적으로 친근한 목소리에 귀를 기울여보라.

오, 세상에, 정말 멋진 하루였어! 그리고 어젯밤엔, 흠, 뭔 일이 있었는지 순서대로 알려줄게. 내가 기억하는 건 다.

혹은 이중 신탁을 경험하고 싶다면, 전기 문학에 새바람을 일으킨 리튼 스트레치Lytton Strachey의 1918년작 《빅토리아 시대의 명사들 Eminent Victorians》을 읽어보라. 이 전기는 ("강조와 강조의 부족, 기이함과 판에 박힘, 사무적인 태도와 로맨틱한 태도가 혼재된") 내일의 목소리와 수수께끼 인물들을 티레시아스(테베의 장님 예언자)와 세 마녀(《멕베스》에 나오는 Weird Sisters)의 비극적 아이러니에 섞어 놨다. "그의 운명은 제국의 광란과 사람들의 죽음으로 뒤얽혀 있었다. 그는 결국 평온과 안식이 아니라 파멸과 공포 속에서 눈을 감았다."

어떤 장르에 관심이 가든, 당신은 책을 펼치면 바로 스릴러인지 파악할 수 있다. 이야기꾼이 미래에서 이야기를 들려주는가? 몇 시간 뒤에 벌어질 이야기를 앞에서 슬쩍 내비치는가?

만일 그렇다면, 그 이야기꾼은 파르나소스산 틈새에서 증기를 마셨을 것이다.

그리고 당신의 비밀스러운 앞날을 엿봤을 것이다.

제5장. 호기심을 자극하라

제6장

정신을
해방시켜라

Wonderworks

단테의《신곡 지옥편》,
마키아벨리의 '혁신가들'

발명품: 경계심 유발기

1513년 7월, 토스카나 지방의 드넓은 해바라기 밭에 외풍이 심하고 허름한 농가가 있었다. 그 농가에서 새로운 컴퓨팅 엔진이 만들어졌다. 그 당시, 엔진은 너무 전례가 없는 것이라 이름을 붙이진 못했다. 하지만 언어는 결국 시류를 따라잡기 마련이라, 이 미래지향적 장치엔 '근대정신'을 뜻하는 '라 멘테 모데르나la mente moderna'라는 우아한 명칭이 붙게 될 터였다.

이 교묘한 장치의 제작자는 니콜로 마키아벨리Niccolò Machiavelli였다. 그는 1469년 피렌체의 한 목조 주택에서 태어났다. 아르노강을 가로지르는 폰테 베키오 다리의 우아한 석조 아치에서 남서쪽으로 두 블록 떨어진 곳이다. 그는 이 아치교와 피렌체의 나머지 지역을 발전시키는 데 평생 헌신했다. 서기관과 외교관, 민병대 지휘관으로 두루 복무하면서 승승장구하다 한순간에 몰락의 길을 걷게 되었다. 마흔네 살 때 숙소에서 끌려나와 밧줄에 매달리는 고문을 받았고,

| 171 |

제6장. 정신을 해방시켜라

결국 이탈리아에서 가장 강력한 메디치 가문에 의해 추방형을 선고받았다. 혁명을 일으키려고 '모의했다'는 죄명이었다. 마키아벨리가 무죄를 강력히 주장하긴 했지만, 망명지에서 했던 활동을 보면 고발자들이 진실을 감지했던 것 같다. 해바라기 밭에는 마키아벨리가 함께 모의할 사람이 한 명도 없었지만, 그는 깃펜을 잉크 단지에 적시고 '이노바토리innovatori'라는 단어로 혁명을 촉발시켰다.

이노바토리는 '혁신가들'이라는 뜻이었다. 용어 자체는 전혀 새로울 게 없었다. 이탈리아에서 수세기 동안 존재했던 말이고, 그 전에는 라틴어로 오랫동안 존재했다. 하지만 마키아벨리의 펜으로 작성되자 전례가 없는 단어로 변했다. 예전에는 비난을 뜻하는 말로 쓰였기에, 혁신가는 곧 강탈자, 신성 독자, 하나님에게 맞서는 영혼을 뜻했다. 사탄은 천국의 위계에 도전했을 때 혁신을 저질렀다. 이브는 에덴의 사과를 따 먹었을 때 혁신을 저질렀다. 이런 새로운 행동은 전능하신 하나님의 완벽한 작품을 타락시켰다. 그들의 새로운 관점은 그야말로 지옥을 획책했다.

마키아벨리는 원래 개념의 도덕적 측면보다 실용적 측면에 더 비중을 두었다. 그는 당시 피렌체의 정치상과 몇 차례 전쟁을 겪으면서, 세상이 계속 변한다는 사실을 깨달았다. 어떤 제국도 영속하지 못했고 인간의 삶도 부침을 겪었다. 그래서 세월의 거친 파고를 이겨내기 위해, 우리는 계속해서 적응하고 실험하고 즉흥적으로 대응하면서 법과 기술과 생존방식을 새롭게 고안해야 했다. 그게 혁신이었다. 혁신하지 못하면 소멸될 수밖에 없었다.

마키아벨리의 혁신적 태도가 요즘 시각에선 반항적으로 보이지

우리는 지금 문학이 필요하다

않는다. 오히려 진부하게 느껴진다. 여러 과학자와 역사가, 성공한 사업가의 근대정신 덕분에, 우리는 운명이 끊임없이 변한다고 진작부터 알고 있었다. 지금 있는 어떤 것도 예전엔 없었고, 여기 있는 어떤 것도 미래엔 없을 것이다. 하지만 16세기로 거슬러 올라가면, 혁신가들에 대한 마키아벨리의 찬양은 너무나 파격적인 것이었다. 그래서 그는 '인류의 적'으로, 무신론자로, 악마 숭배자로, 심지어 적 그리스도로 여겨졌다. 그의 저서는 1559년 교황 바오로 4세에 의해 이단으로 찍혔고, 1564년엔 가톨릭교회의 금서 목록인《트리엔트 색인Tridentine Index》에 정식으로 등재되었다.

무엇 때문에 그는 동시대 사람들의 믿음에서 급격히 멀어졌던 것일까? 무엇 때문에 그는 당시 용인되던 지혜를 확 뒤집으려 했을까? 도대체 무엇 때문에 그는 스스로 혁신가의 반열에 올라섰던 것일까?

마키아벨리의 독창적 사고는 여러 출처에서 비롯되었다. 특히 피렌체의 또 다른 망명자인 단테 알리기에리Dante Alighieri의 시가 가장 큰 영향을 미쳤다. 마키아벨리보다 2세기 전에 살았던 단테는 강력한 파벌인 블랙 굴프the Black Guekphs에 의해 네 개의 강이 흐르는 도시, 즉 에덴동산에서 쫓겨났다. (당시 유럽의 권력은 기벨린Ghibellines(황제파)과 굴프Guelphs(교황파)로 나뉘었다. 굴프는 또 블랙 굴프와 화이트 굴프로 나뉘었는데, 단테는 화이트 굴프에 속했다. - 역자 주) 그리하여 여기저기로 떠돌면서 게릴라 작전이라도 펼치듯 놀라운 업적을 남겼다. 얼핏 보기엔 정통 서사시라 대단히 보수적인 도서관에서도 환영할 만한 작품이지만, 단테는 그 안에 정신을 해방시키는 발명품을 은밀히 숨겨놓았다.

제6장. 정신을 해방시켜라

그 발명품은 마키아벨리 같은 사람들에게 이브를 따르도록, 사과를 따먹고 자유롭게 생각하도록 영감을 불어넣었다.

(에덴동산의 정통 문학)

게릴라 활동이 성공하려면, 유럽의 최고 권력자인 가톨릭교회가 의심하지 못할 문학 스타일로 위장해야 했다. 그래서 단테는 알레고리 allegory(우의寓意, 풍유諷諭, 우유愚喩로 불리기도 함)를 채택했다.

알레고리는 고대 그리스어로 '달리 말하기'라는 뜻인데, 어떤 사물을 다른 사물에 은밀히 빗대어 표현하는 기술이다. 알레고리로 표현해 놓으면 해독이 필요하다. 일례로, 오비디우스Ovidius의 고대 라틴 서사시 《변신Metamorphoses》에서 단테가 직접 뽑은 표현을 살펴보자. "오르페우스는 자신의 리라를 사용해 사나운 짐승을 길들이고 식물과 돌멩이를 감동시켰다."

자, 이번엔 단테가 이 표현을 어떻게 해독했는지 보자.

오르페우스는 현자를 대변하고 그의 리라는 현자의 목소리를 대변한다. 그는 그 목소리를 이용해서 "짐승"처럼 잔인한 사람의 마음을 누그러뜨린다. 그리고 정신이 "식물" 같아서 아무것도 배우지 못한 사람들과 머리가 "돌" 같아서 움직이지 않는 사람들조차 감동시킨다.

이와 같은 알레고리는 경이를 자아냈기 때문에 중세 교회에서 크게 환영받았다. 경이는 확장으로 알려진 문학 발명품에서 나온다. (자세한 내용은 서론을 참고하라.) 우리는 단테의 해독에서 그 발명품을 느낄 수 있다. 오르페우스 시인에 대한 간단한 이야기를 지혜에 관한 멋진 우화로 확장시킨 것이다.

확장에서 비롯된 경외감은 뇌의 영적 영역을 활성화시켜, 색다른 의미로 우리의 의식을 풍요롭게 한다. 따라서 그러한 의미가 의식 속에서 계속 차오르도록, 중세 교회는 온갖 영역에 알레고리를 활용했다. 주일 미사의 여러 의식은 물론, 사제복의 장식품과 제단 성단소의 건축적인 세부 사항에까지 특별한 의미를 부여했다.

알레고리는 교회의 권한을 강화했을 뿐만 아니라 경쟁자들의 힘을 빼는 데도 도움이 되었다. 경쟁자들 중엔 이교도 문학이 있었다. 이교도 문학은 오랫동안 호전적 용기와 호색적 사랑, 소크라테스식 고양 같은 대안적 생활방식으로 교회의 도덕 계명에 도전했다. (각각의 청사진을 보려면, 제1장과 제2장, 제4장을 참고하라.) 대단히 위험한 이단적 감정을 억누르기 위해, 교회는 걸핏하면 《트리엔트 색인》 같은 검열 수단을 동원했다. 하지만 검열보단 알레고리가 이교도 작가들을 침묵시키는 데 더 효과적이라는 사실을 깨달았다. 알레고리를 이용하면 그들의 목소리를 훔칠 수 있었기 때문이다.

절도 업무에는 수도자 같은 고전 주석학자가 동원되었다. 그들은 아폴로나 오이디푸스, 트로이 전쟁에 대한 이야기를 취한 다음, "도덕적으로, 자만은 치명적인 죄악이다!" 같은 우의적 주석을 달았다. 이러한 주석은 결국 비기독교 내용을 교회에 어울리는 표현으로 개량한 '달리 말하기'였다. 개량 작업을 더 효과적으로 수행하기 위해,

제6장. 정신을 해방시켜라

주석학자들은 이따금 본문 내용에까지 우의적 해설을 멋대로 삽입했다. 그 결과, 앵글로색슨 잉글랜드에서 가장 유명한 서사시인 〈베어울프Beowulf〉에는 그들이 남긴 봉합선이 선명하게 남아 있다.

〈베어울프〉 서사시는 6세기 스칸디나비아를 배경으로 펼쳐진다. 그곳에서 주인공은 괴물들을 무찔러서 덴마크 왕을 돕는다. 우리에게도 비슷한 영웅심을 고취시키기 위해, 〈베어울프〉의 서술자는 《일리아드》나 기타 여러 서사시의 선구자들처럼 우리 뇌를 용기로 가득 채워준다. (용기 청사진은 제1장을 참고하라.) 그런데 7세기에 영국이 기독교화 된 이후, 〈베어울프〉는 오퍼히그드oferhygd의 위험을 경고하는 가톨릭 설교를 포함하도록 개정되었다. 오퍼히그드는 '자만심hubris'이나 '교만pridefulness'을 뜻하는 말이다. 이 단어는 확실히 앵글로색슨어처럼 들리긴 하지만, 교회의 언어학자들에 의해 의미가 교묘하게 바뀌었다. 그전까지만 해도, 앵글로색슨인들은 우월감pride을 전사의 정체성에 유익한 요소로 간주했다(그 이유를 제10장에서 자세히 살펴볼 것이다). 그런데 설교 속에 삽입된 문장에서는 전혀 다르게 들린다.

오, 많은 사랑을 받는 베어울프여, 오만방자한 자만심oferhygd에 빠지지 마라! 우월감pride에 굴복하지 마라. 그대가 비록 지금은 강하지만, 곧 쇠약해져 죽을 것이다. 그러니 전능하신 하나님께 눈을 돌리도록 하라!

이 해설이 삽입되면서, 괴물을 죽인 우월한 킬러는 겸손한 그리스도 숭배자로 바뀌었다. 이교도의 용맹에 대한 오래된 시적 청사진

우리는 지금 문학이 필요하다

이 기독교 숭배를 위한 성수반聖水盤으로 변질된 것이다.

이교도 우화를 교정하는 교회의 우의적 방법은 단테에게도 잘 알려져 있었다. 추방당하기 전, 단테 역시 군사 정복과 사악한 마법은 물론이요, 베르길리우스Vergilius의 〈아이네이스The Aeneid〉와 루카누스Lucanus의 〈내란기Pharsalia〉, 스타티우스Status의 〈테바이스Thebiad〉 같은 야수 신화들을 경건한 기독교 설교로 확장하곤 했다. 단테는 그러한 개량 작업을 수행하면서 알레고리 테크놀로지를 완벽하게 익혔다. 너무 완벽하게 익힌 나머지 그 회로를 역으로 뒤집는 법까지 터득했다.

(단테의 알레고리 뒤집기)

1308년경, 단테는 이탈리아 북부 어딘가에서 그림자처럼 숨어 지내던 중에 《신곡 지옥편Inferno》을 썼다. 〈베어울프〉처럼, 단테의 《신곡 지옥편》도 서사시이다. 하지만 구조가 뒤집어졌다. 〈베어울프〉가 기독교 알레고리를 이교도 신화에 삽입했다면, 《신곡 지옥편》은 이교도 신화를 기독교 알레고리에 삽입했다.

《신곡 지옥편》의 기독교 알레고리는 "정의가 나를 세웠노라"라고 적힌 문으로 우리를 안내하면서 시작된다. 문을 통과하면, 우리는 지옥의 아홉 개 원을 차례로 마주하게 된다. 각각은 성경 출애굽기의 정의 청사진("해가 있으면 갚되, 생명은 생명으로, 눈은 눈으로 갚을지니라")을 취한 다음, 그것을 독창적인 '눈에는 눈' 형벌로 확장시킨다. 단테의 지옥 제1원에선, 지상에 있을 때 하나님의 빛을 차단했던 영혼들은 이제 영원히 차단된 그림자 형을 받는다. 제2원에선, 격렬한 욕정으로 세상을 뒤흔들었던 영혼들이 영원한 고통의 소용돌이에 휩쓸린다. 지옥의 원을 하나씩 통과할 때마다 신선한 반전이 가미된 새로운 형벌이 등장하면서 정의를 더 정교하게 보여준다. 그때마다 우리 뇌는 종교적 경이로 점점 더 채워진다. 그러다 갑자기 알레고리가 깨진다. 깨진 틈새로 불타는 벽이 보이는데, 그곳에선 세 괴물이 피로 얼룩진 턱을 벌리고 부르짖는다. "오 메두사여, 저 침입자를 돌로 만들어라!"

　메두사는 지옥의 불타는 원을 만든 하나님의 창조물이 아니다. 메두사의 이름은 출애굽기나 성경의 어느 구절에도 나오지 않는다. 실은, 단테가 젊었을 때 오비디우스의 《변신》을 정독하면서 알아낸 인물이었다. 메두사는 이교도 여사제였는데 크나큰 오판miscarriage of justice에 희생되고 말았다. 바다의 신 포세이돈에게 농락당한 후, 오히려 아테나 여신에게 뱀의 머리카락을 한 괴물로 변하는 형벌을 받았던 것이다.

　그렇다면 이 비기독교 허구가 기독교의 사후세계 안에서 뭘 하고 있을까? 이교도에서 불의unfairness의 화신이 정의라는 하나님의 거창한 종말 신학을 어떻게 방해했단 말인가? 이러한 의문에 대해 《신곡 지옥편》은 아무 말도 하지 않는다. 그 대신, 이교도 생명체를 더 많이 보여줄 뿐이다. 가령 지옥 제7원의 무너진 벽에 둘러싸인 채 제 살을 갉아먹는 미노타우로스, 지옥에서 피의 강인 플레게톤을 순찰하는 반인반마半人半馬의 켄타우로스 무리, 자살 숲Wood of Suicides에서

우리는 지금 문학이 필요하다

가시를 먹고 사는 하피 무리(여자의 머리와 새의 몸을 한 탐욕스러운 괴물)들이 연이어 등장하면서 우리의 종교적 경이를 이상한 기분으로 방해한다.

(이상한 기분과 그 신경과학)

우리 뇌에서, 어떤 물체가 눈에 확 띄는 방식은 두 가지이다. 첫째, 낯선 환경에서 익숙한 물체는 눈에 잘 띌 수 있다. 둘째, 익숙한 환경에서 낯선 물체는 눈에 잘 띌 수 있다.

첫 번째 유형의 물체는 집에 있는 것들을 상기해준다. 낯선 땅에서 집이 우리에게 다가오려고 확장하는 것처럼 느끼게 하면서 경이를 유발한다.

이는 〈베어울프〉의 기독교 개정본에서 유발된 감정이다. 그 개정본에서 우리는 6세기 스칸디나비아의 머나먼 지역을 헤매다 고향 땅의 종교에 대한 우의적 힌트를 얻는다. 그 순간, 믿음은 어디서나 영향을 미친다는 경이로운 깨달음을 얻게 된다. (적어도 중세 기독교 국가 출신이라면, 그런 경험을 얻게 될 것이다.) 똑같은 확장 효과를 최신 버전으로 느껴보고 싶다면, 매들렌 랭글Madeleine L'Engle의 1962년 청소년 소설《시간의 주름A Wrinkle in Time》을 읽어보라.

두 번째 유형의 물체, 즉 익숙한 환경에서의 낯선 물체는 아주 다른 감정인 파라노이아paranoia(망상증, 편집증)를 유발한다.

파라노이아는 우리 뇌의 가장 오래된 요소 중 하나인 위협 탐지

제6장. 정신을 해방시켜라

네트워크threat-detection network에서 비롯된다. 이 네트워크는 수억 년 전, 그러니까 우리가 인간이나 포유류, 심지어 파충류이기도 전에 진화됐다. 우리가 원시 바다에서 헤엄치던 무악어류jawless fishes일 때부터 진화했다. 당시 바다는 위험으로 가득했다. 그러니 주변에서 어떤 움직임이 포착되면, 위협 탐지 네트워크에서 경계경보가 발령됐다. 조심해! 조심해! 조심하라고!

우리는 원시 바다를 떠날 때 이 위협 탐지 네트워크를 챙겨왔다. 그런데 네트워크의 원래 회로는 새로운 환경에서 우리를 지키기엔 역부족이었다. 더 정교한 위협, 즉 움직이지 않고 가만히 있을 수 있는 포식자가 도사리고 있었기 때문이다. 그들은 우리가 등을 돌릴 때까지 숨죽이고 기다렸다. 그렇게 기회를 엿보다 슬그머니 다가와 날카로운 이빨을 드러내었다.

이러한 매복 공격에서 살아남기 위해, 위협 탐지 네트워크는 점점 더 복잡한 정신 조직으로 진화했다. 이 조직은 두정엽 안의 '서식지 지도habitat map'가 눈에 띄는 낯선 물체를 인식하는 순간 활발하게 작동하기 시작한다. 그 물체는 우리가 빛을 기대하는 곳에 있는 그림자일 수 있다. 반대로 우리가 그림자를 기대한 곳에 있는 빛일 수도 있다. 그게 뭐든, 일상적인 환경 패턴에 맞지 않기 때문에 가까운 곳에서 뭔가가 움직일지도 모른다는 경계심을 유발한다. 그 뭔가가 실제로 움직였다면, 또다시 움직여서 우리가 안심하는 순간 확 달려들 수도 있다.

그러한 가능성을 막기 위해, 머릿속의 서식지 지도는 파라노이아를 유발하여 우리의 경계심을 자극한다. 결국 파라노이아는 우리 눈

우리는 지금 문학이 필요하다

이 볼 수 없는 곳에 뭔가가 도사리고 있다는 의심이다. 뇌가 그러한 잠복을 확신하면 할수록 우리의 파라노이아는 점점 더 심화된다. 조심해! 조심해! 조심하라고!

뇌가 진화하면서 이 조심해! 경고도 진화했다. 그래서 이젠 예기치 못한 미소나 그럴싸한 구매 권유, 아니면 지옥의 메두사 등 대단히 미묘한 변칙에 의해서도 촉발될 수 있다.

(《신곡 지옥편》에서 느껴지는 파라노이아)

단테는 뇌의 위협 탐지 네트워크에 대해 들어본 적이 없었다. 그래도 메두사를 지옥에 등장시키면서 자신이 뭘 하는지는 정확히 알았다. 《신곡 지옥편》을 집필하기 직전, 단테는 교육 백과사전인 《향연 Convivio》에서 이렇게 말했다. "성직자는 시인과 다른 방식으로 알레고리를 사용한다. 나는 시인을 따르고자 한다."

단테는 성직자와 시인 간의 차이를 사소하게 보지 않았다. 실은 성직자와 시인이 알레고리를 정반대로 사용한다고 판단했다. 성직자는 숨겨진 진실을 밝히기 위해 알레고리를 사용하는 반면, 시인은 숨겨진 진실을 감추기 위해 알레고리를 사용한다. 따라서 교회의 알레고리는 계시의 경이로움을 창조하고, 시의 알레고리는 표면 아래 뭔가가 숨어 있다는 느낌을 유발한다. 다시 말해, 파라노이아를 불러일으킨다.

단테의 《신곡 지옥편》에서 우리가 메두사를 볼 때 경험하는 것도 바로 파라노이아다. 메두사는 익숙한 기독교 세계에서 낯선 생명체라 전혀 어울리지 않는다. 따라서 위협 탐지 네트워크가 작동하면서 궁금증을 유발한다. '이교도 신화가 지옥에 왜 등장하지? 단테가 우리에게 숨겨진 메시지를 전하려는 건가? 혹시 메두사는 함정이 아닐까? 사탄처럼, 우리를 진리에서 멀어지도록 유혹하고 이교도의 왜곡된 이야기로 우리 눈을 흐리게 하려는 걸까?'

그런데 《신곡 지옥편》에서, 메두사를 비롯한 그리스 로마 전설 외에도 우리의 위협 탐지 네트워크를 활성화시키는 존재는 또 있다. 우리를 내내 따라다니면서 훨씬 더 불안하게 하는 잠복자는 바로 베르길리우스다.

베르길리우스는 지옥을 안내하는 가이드이다. 그런데 다소 낯선 유형의 가이드이다. 그는 천사나 독실한 가톨릭교도가 아니다. 〈아이네이스〉라는 이교도 시를 쓴 작가이다. 이 시 덕분에, 그는 단테의 지하 세계에서 한자리를 차지하게 되었다. 그렇다면 우리는 베르길리우스를 믿어도 될까? 그의 안내에 귀를 기울이면, 지옥에서 무사히 빠져나가게 될까? 아니면 하나님에게 버림받고 베르길리우스와 함께 영원히 지옥 속에서 헤매게 될까?

전체 여정을 생각만 해도 파라노이아에 빠질 것 같은데, 베르길리우스는 우리의 불안을 전혀 덜어주지 못한다. 파롤라 오나타parola ornata, 즉 '화려한 언변' 때문에 우리의 수행원으로 발탁됐다는 그의 설명은 오히려 위협 탐지 시스템을 가동시킬 뿐이다. 화려하게 말하는 사람은 진실하게 말하는 사람과 같지 않다는 사실을 알기 때문이다. 베르길리우스는 우리 면전에서 지옥의 거주민들을 속이려고 대

우리는 지금 문학이 필요하다

충 둘러대듯, 그럴싸한 거짓말로 우리를 속일 수도 있다.

그렇다면 베르길리우스는 우리에게도 사기를 치는 걸까? 능란한 말솜씨로 우리를 멋대로 조종하는 걸까? 지옥에서 고통받는 영혼들을 불쌍히 여기지 말라는 그의 경고를 믿어도 될까? 혹시 그의 화려한 언변 때문에 우리는 그리스도의 자비를 베풀지 못하는 것일까?

《신곡 지옥편》은 아무런 답변도 제공하지 않는다. 오히려 뜬금없는 목소리로 파라노이아를 고조시킨다.

오, 건전한 정신의 소유자여,

낯선 시구의 베일 아래

숨겨진 교리를 찾으라.

우리한테 왜 이렇게 할까? '이상한' 움직임을 왜 자꾸 보여주는 걸까? '숨겨진' 비밀이 있다고 고백하면서 그 비밀이 무엇인지 왜 공개하지 않을까?

내 나름의 화려한 언변으로 그 이유를 설명해보겠다. 《신곡 지옥편》이 공개하지도 않을 비밀을 암시한 이유는, 단테가 비밀 자체보다 비밀을 찾는 행위가 더 중요하다고 믿었기 때문이다. 단테는 훗날 베로나의 전제 군주인 칸그란데 델라 스칼라Cangrande della Scala에게 다음과 같은 편지를 쓴다. "내 시는, 우리 자신의 자유로운 선택을 통해서 정의가 우리를 어떻게 처벌하는지, 혹은 보상하는지 보여주는 알레고리입니다."

이는 중세 수도사가 이교도 신화에 "이 소설은 정의를 나타낸 것

제6장. 정신을 해방시켜라

이다"라고 덧붙인 해설처럼 들린다. 하지만 우리의 정신은 이미 단테의 시로 각성됐기 때문에, 그의 해설에서 중요한 말은 정의가 아니라 자유임을 간파할 수 있다. 우리가 "처벌받을지" 아니면 "보상받을지" 결정하는 것은 바로 우리의 자유로운 선택이다. 우리는 자유로운 선택에 따라 하늘의 높은 빛을 받을 수도, 지옥의 시커먼 불을 받을 수도 있다.

그렇기 때문에 《신곡 지옥편》은 우리의 정신을 자유롭게 해준다. 우리에게 지옥의 메두사를 선보이고 구변 좋은 수행원을 붙여주고 비밀에 대한 섬뜩한 경고를 제시함으로써, 우리의 병적인 경계심을 유발하고 정신적 무기력에서 벗어나게 한다. 그리고 자유롭게 생각하도록 우리를 해방시킨다.

그 자유로운 생각은 기독교의 정통 경로를 강화할 수도 있고, 이단적 경로로 우리를 슬쩍 밀어 넣을 수도 있다. 어느 경로든, 그 길은 구원을 위한 우리의 유일한 희망이다.

지옥에서 벗어날 유일한 기회이다.

('경계심 유발기'를 직접 활용하기)

1513년, 마키아벨리는 정치 논문인 《군주론The Prince》의 여섯 번째 장에서 혁신가들innovatori을 이렇게 찬양했다.

세계 최고의 혁신가 중에는 이스라엘을 건국한 모세, 페르시아를 건국한

키루스 대왕, 로마를 건국한 로물루스, 아테네를 건국한 테세우스가 있다.

그런데 바로 그해에 친구에게는 이런 편지를 은밀히 보냈다.

나는 농장에서 지내며 올가미로 참새를 사냥한다네. 아침마다 숲에 가서 한두 시간씩 어슬렁거리고 냇가에도 잠시 들른다네. 그러다 다시 새 올가 미를 걸기 위해 숲으로 향하지. 내 주머니에는 항상 단테의 《희곡Comedy》 이 들어 있다네.

단테의 《희곡》은 바로 《지옥편The Inferno》 및 그 두 속편인 《연옥 편Purgatorio》과 《천국편Paradiso》이었다. 마키아벨리가 친구에게 편지 를 쓸 무렵, 단테의 《희곡》은 이미 고향인 피렌체에서 고전으로 여 겨졌다. 그 후로 몇 세기가 흐르면서, 《희곡》의 명성은 가톨릭 권력 자들에 의해 훨씬 더 멀리 퍼져 나갔다. 권력자들은 《희곡》의 근본 적 정통성을 받아들였고, 심지어 신성한 희곡이라는 뜻으로 《신곡 The Divine Comedy》이라는 새로운 제목까지 하사했다. 그런 다음, 교회 는 이 시를 여러 국가와 대륙으로 퍼뜨렸다. 파라노이아를 일으키는 단테의 발명품은 결국 수많은 작가에게 영향을 미쳤다. 제프리 초 서, 마르코 마룰리치, 갈릴레오 갈릴레이, 서광계, 프랜시스 베이컨, 존 밀턴, 지암바티스타 비코, 엘리자베스 인치볼드, 윌리엄 블레이 크, 오노레 드 발자크, 칼 마르크스, 조지 산타야나, 쥘 베른, F. 스콧 피츠제럴드, E. M. 포스터, 호르헤 루이스 보르헤스, 자히트 스트크 타란즈, 사뮈엘 베케트, 프리모 레비, 존 케네디 툴, 지안나 브라

스키 등 헤아릴 수 없이 많다.

따라서 단테의 시에서 자유로운 생각을 충분히 얻지 못했더라도, 그의 발명품에 영향을 받은 후대 문학 작품은 널려 있다. 너대니얼 호손Nathanial Hawthorne의 《주홍 글자The Scarlet Letter》와 샬럿 퍼킨스 길먼 Charlotte Perkins Gilman의 《누런 벽지The Yellow Wallpaper》 같은 19세기 소설에서도 낯선 물체가 등장하는 알레고리를 찾을 수 있다. "패턴이 반복되는 지점에선 부러진 듯 축 늘어진 모가지와 둥그런 두 눈이 당신을 거꾸로 응시한다."

그리고 프란츠 카프카Franz Kafka의 《심판The Trial》, 켄 키지Ken Kesey의 《뻐꾸기 둥지 위로 날아간 새One Flew over the Cuckoo's Nest》, 윌리엄 S. 버로스William S. Burroughs의 《벌거벗은 점심Naked Lunch》, 필립 K. 딕Philip K. Dick 의 《유빅Ubik》, 옥타비아 버틀러Octavia Butler의 《블러드 차일드Bloodchild》, 아미타브 고시Amitav Ghosh의 《캘커타 염색체The Calcutta Chromosome》 같은 20세기 작품에서도 똑같은 청사진을 찾아볼 수 있다.

수많은 정신적 해방자가 지금 도서관에서 당신을 기다리고 있다. 당신이 원하는 해방자를 발견하기는 그리 어렵지 않을 것이다.

책장에서 툭 튀어나와 있거나 잘 들어맞지 않는 신화일 테니까.

우리는 지금 문학이 필요하다

비관적인 생각을
버려라

Wonderworks

조반니 스트라파롤라,
오리지널 신데렐라

―――――――

발명품: 동화의 반전

샤를 페로Charles Perrault는 극심한 비관론에 시달렸다. 그런데 어느 날, 조카딸이 불쑥 찾아와 비관론을 치유해줄 테니 제일 멋진 바지와 화려한 가발을 걸치라고 주문한다. 페로는 그 옛날 베르사유 궁에서 루이 14세에게 잘 보이려고 착용했던 의복을 꺼냈다. 가발은 오래되어 푸석거렸고, 끼니를 잘 챙기지 않은 탓에 바지허리는 너무 헐렁했다. 그래도 페로는 한숨을 내쉬며 조카딸의 주문에 응했다. 페로는 녹슨 거울에 비친 자신의 모습을 응시하며, 조카딸의 발랄한 공상이 어쩌면 한줄기 빛을 내려줄지도 모른다고 기대했다. 빛바랜 낡은 정장이지만 그래도 갖춰 입으니 예전의 낙관론이 슬며시 고개를 들었다. 태양왕을 위해 끓어올랐던 열정이 다시 타오를 수도 있겠다 싶었다.

복장의 변화는 조카딸이 계획한 원대한 치유책의 시작에 불과했다. 그녀는 페로를 4륜 마차에 태우고 17세기 파리 시내로 들어갔다. 잘 가꿔진 정원과 한여름의 왁자한 거리를 지나 도시의 매혹적인 중심부에 이르렀다. 리슐리외 거리에서, 마차가 급히 선회해 웅장한 대문을 통과했다. 실내로 들어가자 숨겨진 방이 나왔는데, 황금 잎사귀가 달린 시계와 터키산 카펫이 있었다. 때마침 생쥐 눈을 한 여자가 휙 나타나더니 자신을 '탈출한 공주'라고 소개했다.

페로는 자신이 꿈을 꾸나 싶었다. 하지만 죄다 현실이었다. 탈출한 공주는 안젤리크-니콜 티케Angelique-Nicole Tiquet였다. 티케는 정략결혼으로 맺어진 남편이 자신을 벽장에 가두겠다고 위협했을 때도 남편을 거절한 일화로 유명했다. 그리고 숨겨진 방은 마흔여섯 살 난 랑베르 후작부인Madame de Lambert이 운영하던 화요 살롱(파리의 상류층 가정 응접실에서 열리던 사교 모임. 작가와 예술가 등이 참여했다. - 역자 주)이었다. 랑베르 후작부인은 대단히 활달하고 개방적인 여성으로, 훌륭한 고전 문학을 읽고도 지루하다고 논평했다. 결국 1692년 12월, 후작부인은 좀 더 새롭고 신나는 이야기를 장려하기 위해 이 살롱을 개설했다. 그리고 방금, 후작부인의 초대를 받은 대담한 작가 중 한 명이 페로 옆을 스치고 지나갔다. 그녀는 통통한 얼굴에 플라밍고 깃털 같은 핑크색 슬리퍼를 신고서 백금으로 된 안락의자에 앉았다. 그리고 자신의 신작 원고를 꺼냈다. 《그라시오사와 페르시넷의 이야기The Tale of Graciosa and Percinet》였다.

그제야 페로는 조카딸이 약속한 치유가 이거였구나 싶었다. 그와 동시에 가슴이 철렁 내려앉았다. 페로는 비관적 생각을 없애줄 좀 더 그럴듯한 치료법을 상상했었다. 한때 유행했던 페르시아의 묘약, 의술로 뛰어난 파도바 출신의 의사, 출처도 모르고 이상한 냄새마

우리는 지금 문학이 필요하다

저 풍기는 약초 따위를 기대했었다. 핑크 슬리퍼를 신은 작가가 큰 소리로 읽기 시작하자 페로의 가슴은 더 내려앉았다. 공주와 사악한 계모가 등장하는 그녀의 이야기는 황당한 사건의 연속이었다. 한마디로 터무니없는 한담이었다. 페로는 결국 가발을 꺼내 먼지를 털어 내기로 했던 결정을 후회했다. 희망을 품었던 자신을 또다시 질책했다. 희망은 결국 실망으로 이어졌다. 해뜨기 직전은 역시나 가장 위험한 시간이었다.

바로 그때, 핑크 슬리퍼를 신은 작가가 마지막 구절을 읊었다. "엉 파흐페 본네흐un parfait bonheur." 다시 말해서 "오래오래 행복하게 살았답니다." 그 구절이 공중으로 퍼지자 페로는 뜻밖에도 가슴이 벅차올랐다. 왕궁에서 맡았던 직책을 한참 어린 사람에게 빼앗긴 후, 또 15년 전 사랑하는 아내를 떠나보낸 후 처음으로, 내일은 오늘보다 더 나을 거라는 기분이 들었다.

참으로 특별한 느낌이었지만, 믿어도 될지 확신할 수는 없었다. 핑크 슬리퍼를 신은 작가가 뭘 어떻게 했든, 덧없는 속임수일 것 같았다. 그래서 페로는 소파에 웅크리고 앉아 벨벳 쿠션을 움켜쥔 채 우울한 기분이 돌아올 때를 대비했다. 그런데 한참을 기다려도 특별한 느낌이 계속 유지되었다. 페로의 조카딸이 약속한 대로 그 치유법은 효과가 있었다.

마침내 믿기로 마음먹은 페로는 소파에서 벌떡 일어나 작가에게 고맙다고 인사하려고 줄을 섰다. 그녀는 누구였을까? 그리고 그녀의 기적 같은 치유법은 무엇이었을까? 알고 보니, 작가는 프랑스를 위해 스페인에서 스파이로 활동하다 은퇴한 마리-카트린 도느와

제7장. 비관적인 생각을 버려라

Marie-Catherine d'Aulnoy 남작부인이었다. 그녀의 기적 같은 치유법은⋯ 흠, 부르는 이름이야 많았지만 그녀는 '콩 드 페conte de fée'라는 이름을 좋아했다. '요정 이야기fairy tale'(요정 이야기지만, 한국에선 흔히 '동화'라고 부른다. - 역자 주)라는 뜻이다.

페로는 서둘러 마차를 타고 집으로 돌아왔다. 비관적 생각이 사라지자, 그의 머릿속에서 온갖 희망과 꿈이 피어났다. 고통받는 다른 영혼들에게 치유법을 퍼뜨리고 싶었다. 유명해지고 돈도 많이 벌고 싶었다. 그래서 페로는 깃펜을 잡고 자신의 요정 이야기 3부작을 완성했다. 이야기를 전개해 나가면서, 페로는 도느와 남작부인의 원래 공식을 조심스럽게 바꾸었다. 그러면 동화의 약리 효과를 더 높일 거라고 확신했다.

페로의 요정 이야기는 그가 꿈꿨던 대로 작용하는 것 같았다. 발표하자마자 금세 인기를 끌었다. 몇 년 지난 1697년, 페로는《잠자는 숲속의 공주》와《장화 신은 고양이》,《신데렐라》로 영원히 지속될 명성을 얻었다. 그 뒤로 몇 세기에 걸쳐서 그의 동화는 100여 개 언어로 번역되었다. 급기야 1950년에는《신데렐라》가 디즈니 고전 애니메이션으로 제작되었다. 이 영화는 파산 직전의 월트 디즈니 프로덕션을 구하고 매직 킹덤의 로고가 되었으며, 페로가 화요 살롱에서 느꼈던 행복감을 전 세계 수십억 명의 가슴에도 안겨주었다.

하지만 그런 행복감 속에서 왠지 모를 찜찜한 기분이 뒤따랐다. 사람들은 점차 페로의 장밋빛 치유법에 숨겨진 가시가 있음을 알아차렸다.

우리는 지금 문학이 필요하다

(치유법에 붙은 가시)

'신데렐라'에 붙은 성가신 가시는 무엇일까? 영화는 긍정적 희망을 불러일으키지만, 대체로 그 희망은 오래가지 못한다. 그리고 희망이 사라지면, 전보다 더 크게 낙담한다.

'신데렐라'는 할리우드에서 초연된 이래로 줄곧 현실성이 떨어진다는 지적을 받았다. 할리우드 비평가들은 디즈니의 '인형처럼 예쁜' 공주를 비판했고, 소련은 이 작품을 자본주의적 환상이라고 비난하는 선언문을 발표했다. 그리고 일간지인 〈애틀랜타 컨스티튜션 The Atlanta Constitution〉은 의붓자매라고 다 발이 크고 잔인하진 않다고 지적했다. 따라서 이런 문제를 해결하고자 1950년 이후의 이야기꾼들은 페로의 이야기를 고쳐 캐릭터를 좀 더 사실적으로, 줄거리를 좀 더 어둡게, 도덕성을 좀 더 모호하게 그리기 시작했다. 《숲속으로 Into the Woods》,《신더Cinder》,《못생긴 의붓언니의 고백Confessions of an Ugly Stepsister》같은 현대적인 신데렐라가 탄생했다.

환상을 깨트린 이 동화들은 디즈니 공주가 아니어도 우리 자신을 너무 미워하지 말자는 목표를 기어이 달성했다. 하지만 안타깝게도 '신데렐라'의 부작용을 없애려던 그들의 방법은 화요 살롱의 장점을 제대로 살리지 못했다. 오히려 도느와 남작부인의 치유법에서 훨씬 더 멀어져버렸다. 그 치유법은 결국 리얼리즘에서 나온 게 아니라 낙관론에서 나왔던 것이다. 다시 말해, 암울한 진실보다 희망찬 가능성에 더 초점을 맞추는 것에서 나왔다. 그래서 남작부인의 치유법을 되살리기 위해, 디즈니의 현대 비평가들과 반대로 가보려 한다.

제7장. 비관적인 생각을 버려라

페로에게 돌아가서 그가 무엇을 바꿨는지 살펴보자.

그런 다음, 그가 바꾼 것을 원상태로 돌리고 오리지널 요정 이야기의 흥을 되살려보자.

(페로가 바꾼 것, 그리고 그 이전의 모습)

페로는 자신의 경로를 숨기려 하지 않았다. 오히려 동화집 제목을 《교훈을 가미한 옛날이야기Tales of Times Past, with Morals》라고 지으면서, '신데렐라'에 유익한 교훈을 가미했음을 대놓고 선전했다.

> 여자의 미모는 대단히 귀하지만, 가치가 훨씬 더 높은 것은 예의이다. '예의courtesy'는 '궁정court'에서 유래한 단어로, 왕실의 어휘이자 신데렐라를 왕비로 만들어준 어휘이다. 그러니 명심하라! 왕자의 마음을 얻고 싶다면, 우아한 머리보다 예의가 더 중요하다는 사실을. 예의는 요정들의 진정한 선물이다. 예의를 갖추면, 뭐든 이룰 수 있다.

페로가 가미한 교훈을 구체적으로 살펴보자. "왕비다운 행동은 왕비를 낳는다. 그러니 예의바르게 행동하면 궁정에 들어갈 것이다." 좀 더 넓은 의미의 교훈을 살펴보자. "어떻게 살든 응분의 대가가 따른다." 이러한 시적 정의poetic justice는 곧, 악은 처벌받고 선은 상을 받는다는 권선징악의 문학적 결말을 가리킨다.

페로는 이러한 동화의 교훈을 좋은 취지에서 퍼뜨렸다. 그도 르

우리는 지금 문학이 필요하다

네 데카르트_René Descartes 같은 17세기 중반의 계몽 철학자들에게서 비롯된 계몽주의 교육을 받고 자랐다. 계몽 철학자들은 이성의 중요성을 추론했고, 이성은 스스로 더 많은 진리를 추론하기 시작했다. 여기엔 권선징악이라는 시적 정의의 혜택도 포함된다. 가령, "뿌린 대로 거두는 법, 나쁜 일은 나쁜 일을 낳고, 좋은 일은 좋은 일을 낳는다." 다시 말해서 "좋은 일은 좋은 사람들에게 일어나고, 또 좋은 일에 관한 이야기는 좋은 독자를 생기게 한다."

그야말로 이성적으로 들리는 것 같지만, 현대 신경과학자들은 시적 정의가 우리에게 썩 좋지 않은 때가 있음을 알아냈다. 우리가 우울할 땐, "좋은 일은 좋은 일을 낳고 나쁜 일은 나쁜 일을 낳는다"는 논리는 이런 식으로 생각하게 한다.

내 노력이 헛수고로 끝났어. 그동안 헛살았던 거야. 나는 실패를 자초한 실패자야. 내가 실패자라면, 앞으로도 계속 실패할 거야.

이런 식으로 최악의 상황을 상정하는 것을 '파국화_catastrophizing'라고 하는데, 파국화는 뿌린 대로 거둔다는 계몽주의 이성과 같은 논리를 따른다. 페로의 《신데렐라》 같은 동화의 흔한 신경학적 부작용인 것이다. 우리는 삶이 완벽하지 않아 이런 동화에 눈을 돌리고 감정적 고양을 원한다. 하지만 동화가 "사람은 마땅히 받아야 할 대접을 받는다"라고 속삭이면, 이렇게 걱정하기 시작한다. '나는 마땅히 불행해야 하기 때문에 불행한가 봐. 아무래도 나는 신데렐라와 반대인가 봐.'

이런 파국적 자기비판은 비관론, 불안, 우울과 연결되어 있다. 그런데 이는 페로의 교훈에서 비롯되는 문제의 시작일 뿐이다. 페로의 교훈은 원래 동화에 해로운 점을 가미했을 뿐만 아니라 우리에게 희망을 주는 유익한 점, 즉 도느와 남작부인의 특별한 성분을 제거하기도 했다.

그 특별한 성분은 무엇일까? 그리고 그 성분이 어떻게 시적 정의와 다르게 작동한다는 걸까? 그 답을 도느와 남작부인에게 들을 수는 없다. 그녀는 진짜 스파이처럼 자신의 비밀을 결코 누설하지 않았다. 하지만 우리는 화요 살롱의 구성원인 앙리에트-줄리 드 뮈라 Henriette-Julie de Murat 백작부인에게서 미스터리를 풀 실마리를 얻을 수 있다.

백작부인은 이성 복장을 즐기는 자유분방한 여성으로, 1699년에 자신의 동화집을 처음 출간했다. 이 동화집을 홍보하면서, 도느와 남작부인을 표절했다는 비난에 반박하며 둘 다 다른 사람을 표절했다고 실토한 것이다.

일부 이야기는 예전에 출간된 《흥겨운 밤The Playful Nights》에서 아이디어를 얻었다는 점을 독자에게 밝히는 바입니다. 스트라파롤라 선생의 《흥겨운 밤》은 1615년에 열여섯 번이나 인쇄되었습니다. 그런데 도느와 남작부인도 이 책에서 아이디어를 얻었습니다. 그러니까 그녀와 내가 같은 이야기를 하고는 있지만, 나는 그녀에게서 훔친 게 아닙니다. 우리 둘 다 스트라파롤라 선생에게서 훔쳤습니다. 뭐, 훔치면 안 되나요? 그렇게 여러 번 인쇄된 걸 보면, 《흥겨운 밤》이 인기가 아주 많았나 봅니다.

우리는 지금 문학이 필요하다

스트라파롤라 선생은 누구였을까? 그리고 도느와 남작부인을 비롯한 화요 살롱의 참석자들이 《흥겨운 밤》에서 정확히 무엇을 훔쳤을까? 그 답을 알아보기 위해, 역사의 다른 장으로 돌아가보자.

(미스터리한 스트라파롤라 선생)

1553년, 조반니 프란체스코 스트라파롤라Giovanni Francesco Straparola는 생의 끝자락에 조금씩 다가가고 있었다. 듣자 하니, 그렇게 성공한 삶은 아니었던 것 같다. 워낙 총명해서 젊은 시절에 2절판으로 된 시집을 출간하기도 했지만 금세 잊히고 말았다. 그 뒤로 50년 동안 그는 존재감 없이 힘겹게 살았다. 왕을 보필하던 신하였다는 설도 있고, 궁의 문지기였다는 설도 있다. 무슨 일을 하면서 살았든 딱히 주목할 만한 흔적을 남기진 못했다.

스트라파롤라가 존재감 없이 살아가던 무렵, 그를 둘러싸고 있던 시대도 점점 존재감을 잃어갔다. 그 시대는 이탈리아의 르네상스, 당시 쓰던 말로 '리나시타Rinascita'였다. 14세기와 15세기에 리나시타는 찬란한 문명을 꽃피우면서 '암흑' 시대를 몰아냈다. 페트라르카Petrarch의 사랑 노래, 도나텔로Donatello의 청동 조각상, 마사치오Masaccio의 소실점 초상화를 시작으로, 다음 세기에도 이탈리아의 미래는 한없이 밝아 보였다. 레오나르도 다빈치Leonardo da Vinci는 모나리자의 전염성 강한 미소를 그렸고, 미켈란젤로Michelangelo는 시스티나 성당 천장의 푸르른 하늘을 프레스코 화법으로 멋지게 그려냈다.

하지만 스트라파롤라의 말년엔 그 푸르른 희망이 연기처럼 사라졌다. 프랑스의 대포알이 나폴리의 성 다섯 곳을 강타했고, 스위스 용병이 밀라노의 성벽을 넘나들었다. 스페인 기병대가 베니스의 소중한 포도밭을 밟아 뭉갰고, 프랑스의 궁수들이 다빈치의 걸작을 표적 연습하는 데 사용했다. 로마는 곳곳이 약탈당했다. 토리노는 함락되었고 피렌체는 포위되었다. 1553년 겨울, 이탈리아는 그야말로 암울했다. 리나시타는 끝났고, 차가운 눈발만 사방에 흩날렸다.

이탈리아의 과거 희망이 침울한 안개 속으로 사라질 것 같던 바로 그때, 스트라파롤라가 치료법을 들고 안개 속에서 등장했다. 그 치료법은 르네상스의 여러 창조물과 마찬가지로 고대 문학을 모델로 했다. 그런데 이 모델은 훗날 화요 살롱에서 지루하다고 치부되던 격조 높은 고전 문학이 아니었다. 희극comedy이라고 알려진 시끌벅적한 무대 오락물이었다.

희극은 기원전 5세기에 아테네에서 처음 고안되었고, 이후 300여 년 동안 메난드로스Menandros, 플라우투스Plautus, 테렌티우스Terentius 같은 그리스와 로마 작가들에 의해 혁신되었다. 그들은 익살과 말장난, 풍자, 재담, 꿈, 책략, 화해, 농담 등 온갖 기발한 문학 발명품으로 관객의 흥을 북돋웠다. 온갖 흥겨운 장치 중에서 스트라파롤라를 가장 흥분시켰던 장치는 해피 엔딩, 즉 행복한 결말이었다. 해피 엔딩은 관객에게 희망을 주는 유쾌한 사건이었다. 그래서 그 희망을 극대화하는 방법을 배우려고 스트라파롤라는 낡은 희극 원고들을 좀이 슬 정도로 정독했다. 그러다 마침내 해피 엔딩의 가장 큰 비결은 '행운의 반전Lucky Twist'임을 깨달았다.

우리는 지금 문학이 필요하다

행운의 반전은 이성의 법칙을 제멋대로 깨트리고 온갖 논리를 무너뜨리는 행운을 상정하여 뜻밖의 즐거움을 선사한다. 실은 행운의 반전 자체도 뜻밖의 산물이다. 얼핏 생각해 보면, 희극 작가들이 행운의 반전을 고안했을 것 같지만 실제론 비극 작가들이 고안했다.

비극은 으레 비극적으로 끝나야 할 것 같았다. 하지만 아이스킬로스의 《에우메니데스Eumenides》와 에우리피테스Euripides의 《오레스테스Orestes》 같은 고대 그리스 비극은 신이 상황을 행복하게 중재하는 줄거리로 끝났다. 이러한 신의 개입은 '데우스 엑스 마키나deus ex machina'로 불리는데, 위급할 때 나타나서 돕는 신deus을 가리키는 말이다. 이야기를 임의로 뒤집기 위해 신의 가면을 쓴 배우가 기계 장치의 도움으로 등장하는 데서 유래했다. 그러다 기원전 4세기경, 희극 작가들은 임의성을 훨씬 더 많이 부여하고자 신을 멋대로 바꿨다. 비극에서 신은 화합이라는 우주 법칙을 강요하는 올림포스의 진지한 신이었지만, 희극에서 신은 이성을 즐거움으로 마구 뒤집는 행운의 신이 되었다. 메난드로스의 《아스피스Aspis》 끝부분에선, 행운의 여신이 나타나자 장례식이 휙! 하는 순간에 결혼식으로 바뀐다. 플라우투스의 《아울룰라리아Aulularia》 끝부분에선, 장난기 많은 정령이 지팡이를 얏! 하고 흔들자, 인색한 구두쇠가 돌연 황금 단지를 내밀며 결혼을 축복한다.

이러한 행운의 반전은 권선징악을 상징하는 시적 정의와 대척점에 있다. 꼭 좋은 것에서만 좋은 게 나오진 않는다. 나쁜 것에서도 임의로 좋은 게 나온다. 고대의 여러 연극 평론가들은 행운의 반전을 김빠진 도피주의라고 호되게 비판했지만, 현대의 신경과학자들은 우리 내면의 낙천가를 활성화시킬 수 있는 유익한 장치라고 호평했다.

(내면의 낙천가에 얽힌 과학)

우리에겐 누구나 내면의 낙천가inner optimist가 있다.

마지막으로 희망을 품었던 때가 기억나지 않더라도, 그 낙천가는 지금도 우리 머릿속에 들어 있다. 게다가 가볍지도 않다. 크고 묵직한 회백질 덩어리로, 뇌의 왼편을 다 차지하고 있다.

그렇다, 참으로 신기하게도 뇌의 좌반구는 우반구보다 더 낙천적이다. 이 기이한 사실은 19세기 유럽에서 피에르 폴 브로카Pierre Paul Broca와 칼 베르니케Carl Wenicke라는 두 의사 덕분에 처음 알려졌다. 그들은 뇌의 양쪽 반구가 서로 다른 일을 나눠 한다는 사실을 발견했다. 이러한 현상을 편재화lateralization라고 하는데, 20세기 말에 이르러선 좌뇌가 더 논리적이고 우뇌가 더 창의적이라는 통념까지 생겨났다. 회계사들은 스스로를 '좌뇌형' 인간이라고 선언했고, 남부 캘리포니아에서 베티 에드워즈Betty Edwards라는 미술교사는 1979년에 "우뇌를 활성화시키면" 창의성을 높일 수 있다고 주장하는 베스트셀러를 출간하기도 했다.

이러한 통념은 오래전에 틀렸다고 밝혀졌다. 그렇긴 하지만 21세기 신경과학은 좌뇌와 우뇌 사이에 중요한 차이가 있음을 보여주었는데, 그 차이가 양쪽 뇌가 서로 기능을 복제하거나 다투지 못하게 한다. 무엇보다 주목할 만한 차이는 뇌의 양쪽이 위험을 반대로 평가한다는 점이다. 이러한 차이는 위험성 평가에서 몇 가지 특이한 실험으로 측정되었다. 신경과학자들은 피험자의 오른쪽 귀를 막고 왼쪽에만 위협 신호를 보냈다. 또 신체의 어느 쪽이 가장 가상적인 고통을 억누르는지 알아보려고 심기증 환자들을 인터뷰했다. 아울러 비관론자들의 머리에 자기磁氣 충격을 가하기도 했다. 이러한 일련의 실험을 통해, 신경과학자들은 우뇌가 (투쟁-도피 반응을 촉발시키는) 교감신경계와 더 밀접하게 연결되어 있고, 좌뇌가 (우리를 진정시키는) 부교감신경계와 더 밀접하게 연결되어 있음을 알아냈다. 달리 말하면, 우뇌는 잘못될 수 있는 것에 더 집중하기 쉬운 반면, 좌뇌는 잘될 수 있는 것에 더 집중하기 쉽다.

이러한 분업 덕분에 우리 뇌는 위험성과 가능성을 동시에 처리할 수 있다. 그래서 삶의 어두운 측면이나 밝은 측면 중 어느 한쪽으로 치우치지 않고 똑바로 신중하게 나아갈 수 있다.우리가 지금 당장 아무리 비관적으로 느낀다 해도, 우리 뇌는 전체적으로 비관론의 반은 비어 있고 낙관론의 반은 가득 차 있는 셈이다. 그러니 반이나 차 있는 낙관론에 접근하려면 뇌의 관점을 바꾸면 된다. 좌반구가 위로 올라오도록 머리를 몇 도 기울이면 된다.

적절한 기울기를 얻기 위해 실험실에서 승인한 방법이 몇 가지 있는데, 두개골의 오른쪽에 자기 충격을 가하는 방법도 포함된다. 하지만 덜 폭력적이고 더 참을 만하면서도 똑같이 효과적인 방법을 선호한다면, 그냥 행운을 떠올리면 된다. 마틴 셀리그먼Martin Seligman 같은 현대 심리학자들이 발견한 바, 행운은 좌뇌가 실패에 대한 설명으로 선호하는 방법 중 하나이다. '그때는 운이 없었던 거야. 그냥 일진이 나빴어. 하지만 내일은 나한테도 행운이 찾아올 거야.'

운에 대한 좌뇌의 강조는 회복력을 높여준다. 힘든 상황을 일시적 차질로 바라보도록 격려함으로써 상황이 개선될 때까지 힘차게 나아가게 한다. 그리고 우리의 행복감도 더 높여준다. 삶의 무작위성에 적응하게 함으로써 우리가 이미 가진 긍정적 측면을 당연하게 여기지 않게 한다. 그 대신, 그런 긍정적인 측면을 갖게 되어 행운이라고 느끼고 감사한 마음이 들게 한다(삶에 활력을 주는 기분에 대해서는 제15장에서 더 살펴볼 것이다). 희망하는 대로 다 잘 풀리진 않더라도, 이따금 우리가 누리는 행운을 상기하면 삶의 만족도를 여전히 높일 수 있다. 이러한 희망적 관측은 자기 충족적 예언으로 배가된다.

이러한 심리적 혜택은 모두 행운의 반전에 의해서 전달된다. 반전은 우리 뇌를 파국화로 이끄는 합리적 사고에 합선을 일으켜 달리 생각하라고 촉구한다. '그래, 나쁜 시기엔 나쁜 일이 생기는 게 논리적이지. 하지만 인생이 늘 논리적인 건 아니야. 당장 하늘에서 행운이 떨어질 수도 있어.'

이러한 낙관론의 문학적 출처는 행운을 하나님에 대한 불경스러운 도전으로 여긴 중세 기독교와 이슬람 철학자들에게 비판받았지만, 이탈리아의 리나시타 중에 다시 부활했다. 1509년, 루도비코 아리오스토Ludovico Ariosto는 유쾌한 희극《대역I Suppositi》으로 페라라 지역의 우울한 분위기에 흥을 돋웠는데, 재앙 같은 상황이 별안간 축제의 장으로 바뀐다는 내용이었다. 1543년, 지암바티스타 겔리Giambattista Gelli는 플라우투스의 고전 희극《아울룰라리아》를 각

우리는 지금 문학이 필요하다

색하여 플로렌스 사람들에게 희망을 선사했다. 1548년, 파두아 지역에서 엄격한 문법학자로 명성을 떨치던 프란체스코 로보르텔로 Francesco Robortello는 평소 과격한 논쟁을 좋아해서 '문법 개grammatical dog'라는 별명까지 얻었는데, "행운의 반전으로 뜻밖의 즐거움을 주는 것"이 바로 희극의 속성이라고 컹컹 짖어댔다.

이렇게 행운의 반전이 부활하자 스트라파롤라도 기운을 차렸다. 그는 1553년 겨울의 침울한 분위기를 털고 일어나며 생각했다. '반전을 증폭시키면 어떨까? 행복감을 더 크고 더 유쾌하게 확대하면 더 많은 희망을 줄 수 있지 않을까?'

참으로 낙관적인 생각이었다. 스트라파롤라의 좌뇌는 그에게 당장 시도해보라고 부추겼다.

(행복감을 더 높이는 반전)

스트라파롤라는 반전의 감정적 행복감을 높이기 위해 두 가지 방법을 상정했다.

첫째, 반전이 부여하는 행운을 확대할 수 있다. 기존 희극에서는 행운을 흔히 결혼식과 소량의 황금으로 표현했지만, 스트라파롤라는 왕실 결혼식과 무한한 황금으로 행운을 확대하여, "행복하게 살았다"를 "오래오래 행복하게 살았다"로 증폭시킬 수 있다고 봤다.

둘째, 왕실 신부를 불완전하게, 심지어 무능하게 그릴 수 있다. 그렇게 하면 그녀의 동화 같은 성공은 우리 뇌에 다음과 같이 암시하

제7장. 비관적인 생각을 버려라

게 된다. '그녀를 공주로 만든 것은 미덕이 아니라 우연이었어. 누구에게나 닥칠 수 있는 순전한 우연이었어.'

이 두 가지 혁신을 염두에 두고서, 스트라파롤라는 책상에 앉아 〈아다만티나와 인형Adamantina and the Doll〉이라는 제목의 동화를 써 내려갔다. 이 동화는 아다만티나와 그녀의 언니라는, 배고픈 두 자매의 이야기로 시작된다. 먹을 게 없자 언니는 아다만티나에게 시장에 다녀오라고 시킨다. 그런데 아다만티나는 언니가 사오라고 한 빵과 계란과 우유에 주의를 기울이지 않는다. 그 대신, 시시한 인형에 홀딱 빠진다. 그래서 어리석게도 그 인형을 산다.

아다만티나가 인형을 들고 집에 돌아오자 언니는 몹시 실망한다. 그런데 쫄쫄 굶어야 할 상황에서 갑자기 놀라운 반전이 일어난다. 인형이 뜬금없이 동전을 내뱉는 마술 인형으로 밝혀지면서 아다만티나와 언니는 순식간에 부자가 된다. 이것만으로도 순전한 운인데, 놀랍게도 아다만티나의 운은 계속 이어진다. 도둑맞은 마술 인형이 수레에 던져져서 쓰레기장에 버려지는데, 하필 임금님이 그 쓰레기장 주변을 우연히 지나게 된다. 물론 결혼하지 않은 임금님이다! 게다가 인형이 뜬금없이 임금님의 엉덩이를 꽉 깨문다. 깜짝 놀란 임금님은 인형을 떼어내려 애쓰지만 좀체 떨어지지 않는다. 그래서 백성에게 호소한다. "이 골치 아픈 인형을 누가 떼어주겠느냐?" 임금님의 호소는 즉시 아다만티나에게 전달된다. 그녀는 인형을 달래서 왕에게서 떨어지게 하고 다시 황금을 쏟아내게 한다. 크게 기뻐한 임금님은 자신의 왕국을 황금으로 채우고 마법의 이빨로부터 엉덩이를 지키려고 아다만티나와 결혼한다.

우리는 지금 문학이 필요하다

이 이야기는 행운의 반전을 '동화의 반전'으로 증폭시켰다. 아다만티나는 장점이 아닌 우연 때문에 오래오래 행복한 삶을 누린 반反신데렐라이다. 그래서 그녀의 이야기는 《신데렐라》의 찝찝한 뒷맛이 없는 희망 청량제를 분사하여, 우뇌의 부메랑 같은 자기판단을 일으키지 않으면서 좌뇌의 희망적 기운을 강화한다.

스트라파롤라는 1553년에 《흥겨운 밤》이라는 작품집에서 〈아다만티나와 인형〉을 발표했다. 그리고 150년이 지난 후, 그의 발명품은 도느와 남작부인 덕분에 다시 빛을 보게 되었다. 남작부인은 스트라파롤라의 플롯을 훔쳤다. 그리고 더 중요하게, 임의적 사건에서 동화 같은 결말을 꾀하는 스트라파롤라의 더 확대된 플롯 기술도 훔쳤다. 물론 남작부인의 임의적 사건은 《흥겨운 밤》에서만큼 임의적이진 않다. 남작부인은 자신과 친구들을 왕족으로 여겼기 때문에 영원한 행복을 일반 사람들이 아닌 공주에게만 부여했다. 그렇긴 하지만 그녀의 영원한 행복에도 엄청난 반전이 마구 일어난다.

〈그라시오사와 퍼시넷Graciosa and Percinet〉의 경우, 공주가 사악한 계모에게 붙잡힌 상황에서 전혀 언급도 없던 요정 왕자가 뜬금없이 나타나 공주를 구조한다. "공주, 나의 공주! 나는 그대의 것이고 앞으로도 영원히 그대의 것이오!" 순간, 공주도 당황하고 우리도 당황한다. 이 뜬금없는 요정은 누구일까? 도대체 어디서 왔을까? 왜 이 공주에게 헌신하겠다고 맹세했을까? 동화는 아무런 설명도 안 한다. 그냥 이렇게 읊조린다. "오, 공주님, 요정의 영원한 사랑이 당신을 구해주지 않았더라면 당신의 운명은 어떻게 됐을까요?" 동화에서 공주는 늘 요정의 영원한 사랑을 독차지하는 존재요, 마법 같은 반

제7장. 비관적인 생각을 버려라

전의 수혜자이다. 급할 때 나타나서 돕는 요정fairy은 신적인 존재로, 이성의 법칙을 깨뜨리는 페어리 엑스 마키나fairy ex machina이다.

이 신과 같은 요정이 바로 도느와 남작부인의 비관론 치유 비법이다. 대단히 비논리적인 것처럼 보이지만, 이 비법의 강력한 효과는 실의에 빠진 수백만 명에게 희망을 선사한 두 가지 현대적 반전에서도 확인할 수 있다.

(두 가지 현대적 반전)

첫 번째 반전은 활동사진motional picture(이하 영화)이라는 마법 같은 신기술에 의해 1900년대 초에 출시되었다. 번뜩이는 은막 스크린을 활용해서 '백만장자 카우보이The Cowboy Millionaire'와 슬레이그 폴리스코프 컴퍼니Selig Polyscope Company의 '오즈의 마법사The Wonderful Wizard of Oz' 등 동화 같은 무성 단편 영화가 상영되어 관객을 매료시켰다. ('오즈의 마법사' 끝부분에서, 허수아비는 새로운 종류의 데우스 엑스 마키나, 즉 풍선을 타고 다니는 마법사에 의해 왕위에 오른다.) 1922년, '잠자는 숲속의 미녀'와 '신데렐라'가 독일의 특수 효과 전문가인 로테 라이니거Lotte Reigniger에 의해 애니메이션으로 처음 제작되었다. 1925년에는 마침내 동화의 반전을 갖춘 장편 영화가 출시되었다. 바로 찰리 채플린의 '황금광 시대The Gold Rush'이다.

'황금광 시대'에는 채플린의 가장 유명한 코믹 창조물인 부랑자 트램프Tramp가 등장한다. 트램프 역시 행운의 반전으로 탄생한 캐릭터라고 채플린은 설명한다.

나는 서둘러 우스꽝스러운 분장을 하라는 지시를 받았다. 이번엔 분장실에 가서 헐렁한 바지와 꽉 끼는 코트, 작은 중산모를 걸치고 커다란 신발을 신었다. 내 모습을 보고 다들 열광적인 반응을 보였다. 의상이 나에게 캐릭터의 정신을 불어넣는 것 같았다. 이제야 그는 혼이 있는 남자, 관점이 있는 남자가 되었다.

분장을 통해서 새로운 '혼'이 탄생했다.

이와 같은 뜻밖의 행운이 '황금광 시대' 전반에 스며 있다. 가난하고 어수룩한 트램프는 클론다이크 금광지대의 눈보라 속에서 헤매다 운 좋게 오두막을 발견한다. 트램프는 따뜻한 오두막에 들어가 크게 횡재한 탐광업자를 만난다. 여기서부터 더 큰 행운의 반전이 일어나며 트램프는 엄청난 부자가 된다. '황금광 시대'는 마지막까지 우연의 연속이다. 오래전 헤어졌던 연인과 우연히 같은 배에 탑승했다가 우여곡절 끝에 마주친다. 짜잔! 트램프도 결국 아다만티나처럼 운 좋게 부를 일구고 결혼식도 올렸다.

'황금광 시대'는 엄청난 성공을 거뒀다. 무성영화 사상 다섯 번째로 높은 수익을 거두었고, 1942년에 재개봉될 정도로 오랫동안 사랑을 받았다. 여러 숭배자 중에는 열한 살 난 소년도 있었는데, 훗날 그는 두 번째 현대적 반전을 출시하게 된다.

그 소년은 제리 시겔Jerry Siegel이었다. 시겔은 오하이오주 클리블랜드에서 조그마한 옷가게를 운영하던 리투아니아 이민자 부부의 여섯째 아이로 태어났다. 고등학교를 졸업할 무렵, 아버지가 좀도둑과 맞선 후 심장마비로 사망하는 바람에 가정형편이 무척 어려워졌다. 시겔은 대학에 갈 수 없게 됐지만 희망을 버리지 않았다. 친구인 조 슈스터Joe Shuster와 동업하여 만화책 창작자로 생계를 꾸리기 시작했다. 두 친구의 초기 작품 중 하나는 〈스누피와 스마일리Snoopy and Smiley〉라는 연재 만화였는데, 채플린의 트램프를 모방했다가 안타깝게도 실패로 끝났다. 하지만 시겔과 슈스터는 곧 더 성공적인 속편을 기획했다. 그게 바로 슈퍼맨이다.

슈퍼맨은 1938년에 《액션 코믹 1호Action Comics #1》와 1939년 6월에 《슈퍼맨 1Superman 1》로 세상에 나왔다. 도입부는 고전 동화의 반전을 이용해 비극을 승리로 반전시키는 형태를 취했다. 파멸할 운명의 어느 행성에서 한 아기가 '살아갈 기회'를 얻길 바라는 엄마에 의해 '실험적' 우주선에 실린다.

아기는 지구에 불시착했다가 때마침 근처를 지나던 켄트 부부에게 발견된다. 동화의 대부모 격인 부부는 우주 고아를 데려다가 강철 인간으로 키워낸다. 어머나! 고향 땅에선 평범한 사람이었을 아기는 지구에서 가장 특별한 사람으로 방향을 확 튼다.

이런 서술적 급선회가 주는 희망적 효과가 워낙 강해 슈퍼맨은 대공황기에 가장 인기 있는 만화 캐릭터로 등극했다. 찰리 채플린의 트램프와 마찬가지로, 낙관론을 위한 슈퍼맨의 반전 공식 역시 상당한 영향을 미쳤다. 스탠 리Stan Lee를 포함한 여러 만화책 창작자에게 플래시Flash, 플라이Fly, 판타스틱 4Fantastic Four, 헐크Hulk, 스파이더맨Spider-Man 등 수십 명의 다른 슈퍼히어로를 기획하도록 영감을 주었

우리는 지금 문학이 필요하다

다. 이러한 슈퍼히어로는 (실험실의 우연한 폭발과 우주 광선, 방사능 거미에 물리기 등) 임의적인 운을 통해 (엄청난 힘과 투명성, 하늘을 나는 능력 등) 마법적 힘을 얻었다. 그리고 1950년대와 1960년대에 인쇄기를 풀가동시켜 찍어낸 수백만 권의 4색 만화책에서, 이 슈퍼히어로들은 행운의 반전에 대한 보답으로 위기에 처한 평범한 사람들이 오래오래 행복하게 살아갈 수 있도록 가면을 쓴 신처럼 요정 대부모 역할을 멋지게 수행했다. 휙! 얏! 짜잔! 어머나!

도느와 남작부인의 요정 이야기에서 뜻밖의 행운이 음울한 화요일 오후 샤를 페로에게 행복감을 선사했듯이, 채플린의 할리우드 반전 그리고 시겔과 슈스터의 슈퍼히어로 반전에서 뜻밖의 행복한 결말은 수많은 침울한 사람에게 행복감을 선사했다. 그렇다면 자연스럽게 다음과 같은 의문이 생긴다. 샤를 페로는 왜 낙관론 공식을 바꾸었을까? 왜 마법 같은 치유법에 손을 댔을까?

그건 샤를 페로가 회의적인 목소리를 들었기 때문이다. 그 목소리는 누구의 머릿속에나 들어 있는데, 어쩌면 지금 당신에게도 속삭이고 있을지도 모른다.

(동화의 반전에 대한 우리의 의심)

샤를 페로가 화요 살롱을 떠날 때 머릿속엔 동화의 반전에 대한 두 가지 큰 걱정이 있었다.

첫 번째 걱정은 동화의 반전이 나쁜 스토리텔링이라는 점이었다.

제7장. 비관적인 생각을 버려라

참으로 무능한 작가 외에 누가 무작위로 마법 지팡이를 흔들면서 재앙을 해피 엔딩으로 바꾸는 마법 캐릭터를 등장시키겠는가? 두 번째 걱정은 동화의 반전이 무책임한 행동을 유발한다는 점이었다. 동화의 반전은 막연한 운을 믿게 함으로써, 필요한 음식 대신 엉뚱한 물건을 구입한 아다만티나의 무분별한 행동을 따르라고 권했다. 상식을 저버리고 어리석음을 택하라고 부추겼다.

페로의 두 가지 걱정은 아마 당신에게도 적잖은 반향을 일으킬 것이다. 그의 걱정이 뇌의 오른쪽에서 비롯되었기 때문이다. 게다가 우리의 오른쪽 뇌는 대단히 설득력이 있다. 그러한 걱정은 결국 페로에게 도느와 남작부인의 17세기 동화를 해체하도록 몰아쳤다. 그리고 훗날 할리우드 반전과 슈퍼히어로 반전마저 해체하도록 이끌었다.

해체 작업은 1930년 영화 제작법Motion Picture Production Code과 1954년 만화 제작법Comics Code으로 시작되었다. 두 규범은 "어떤 경우에도 선이 악을 이겨야 한다"는 시적 정의를 엄격하게 적용함으로써 행운을 몰아냈다. 심지어 수년 후 두 규범이 폐기된 후에도, 세상의 우뇌들은 여전히 행운이 나쁜 스토리텔링이며 나쁜 삶의 조언이라고 계속해서 주장했다. 그런 이유로, 지금 이 순간 영화계의 온갖 슈퍼맨과 디즈니 공주의 해피 엔딩은 지성, 고된 노력, 인내, 사랑, 또는 여러 권선징악적 미덕에 엄청 시달리고 있다. 페로의 시적 정의가 스트라파롤라의 동화 반전을 무찌른 것이다.

이러한 승리는 계몽사상만큼 확실히 합리적이다. 그렇지만 합리적이라고 꼭 맞는 건 아니다. 어차피 오른쪽 뇌도 절반만 맞다. 그렇

우리는 지금 문학이 필요하다

기 때문에 수백만 년 동안 생물학적 진화를 거치면서 다른 관점을 지닌 뇌 반구가 생겨난 것이다. 따라서 동화의 반전을 포기하기 전에, 잠시 그 대안을 생각해보자. 우리의 왼쪽 뇌가 페로의 두 가지 걱정을 어떻게 생각하는지 들어보자.

첫째, 좌뇌는 비논리적 스토리텔링에 크게 신경 쓰지 않는다. 좌뇌는 스토리가 엄격하게 논리적이어야 한다고 생각하지 않는다. 실은 스토리가 꼭 어떠해야 한다고 전혀 생각하지 않는다. 좌뇌에게 스토리는 절대적 규칙의 영역이 아니다. '아다만티나'와 '황금광 시대', '슈퍼맨'에서 보았듯이, 스토리는 삶의 지평을 넓힐 수 있는 열린 가능성의 영역이다.

둘째, 좌뇌는 운에 대한 믿음이 위험하다고 생각하지 않는다. 물론 우리가 항상 운이 좋을 거라고 믿는다면 위험할 것이다. 하지만 동화의 반전은 우리에게 마지막 남은 은식기를 저당 잡히고 카지노에 가라고 권하진 않는다. 그저 우리가 운이 좋을 수 있다고, 그리고 운이 좋았다고 상기해줄 뿐이다. 이러한 암시는 전혀 위험하지 않다. 오히려 유익하다. 우리의 회복력을 강화하고 기존에 가진 좋은 것들에 감사하도록 한다. 좌뇌가 간파한 바, 우리 건강에 진짜로 위험한 것은 낙관론이 아니라 비관론이다. 비관론은 우리의 사망률을 두 배로 높일 수 있는 자살, 심장병, 뇌졸중의 증가율과 상관관계가 있다. 그리고 좌뇌가 경고한 바, 이런 잠재적으로 해로운 부정적 사고는 행운에 대한 우뇌의 거부에서 비롯된다.

물론 우뇌는 비관론이 아니라 현실론을 따른다는 식으로 반격할 것이다. 우뇌의 여러 주장과 마찬가지로, 현실론과 비관론 간의 차

제7장. 비관적인 생각을 버려라

이는 매우 설득력이 있다. 하지만 여기엔 단점이 있다. 우리 뇌의 어떤 부분도 상황을 현실적으로 볼 수 없다. 우리 뇌는 너무 작고 세상은 너무 방대하다. 진실에 가장 가까이 다가갈 방법은 우반구의 경계심과 좌반구의 낙관론 사이에 균형을 잡는 것이다. 그러니 마음의 균형이 깨져서 절망적 공포 속으로 빠져들 때, 정신을 차리고 마음의 균형을 잡는 게 가장 현명한 선택이다.

동화의 행운으로 그렇게 할 수 있다.

('동화의 반전'을 직접 활용하기)

옛날 옛적, 스코틀랜드 국경 지대의 엉겅퀴 들판과 첨탑 성당들 사이에서 검은 눈의 귀여운 아이가 태어났다.

아이는 '친모親母 계몽사상Mother Enlightenment'으로 똘똘 뭉친 현명한 부인에게서 세상 만물이 이성에 의해 창조되었다는 가르침을 받으며 자랐다. "좋은 것에서 좋은 것이 나오고, 나쁜 것에서 나쁜 것이 나온단다."

검은 눈의 귀여운 아이는 앤드루 랭Andrew Lang이었다. 랭은 열여섯 살까진 아무 걱정 없이 잘살았다. 그런데 1859년에 재앙이 닥쳤다. 찰스 다윈이라는 영국인 박물학자가 대단히 환멸스러운《종의 기원》을 출간했는데, 그 책에서 툭 튀어나온 끔찍한 계모繼母 때문에 친모 계몽사상이 전복된 것이다. 다윈은 세상 만물이 이성에 의해 창조되었다는 친모 계몽사상의 주장을 반박했다. 그 대신, 수십억

우리는 지금 문학이 필요하다

가지나 되는 임의적 돌연변이와 우연적 자연선택에 의해 생명체가 탄생했다고 설명했다. 세상의 모든 새와 벚꽃과 인간의 심장이 순전히 운에 의해 생겨났다는 것이다.

이러한 계모 요행Stepmother Luck을, 앤드루 랭을 비롯한 대다수 빅토리아 시대 사람들은 엄청난 비극으로 여겼다. '우연의 세계'에 무슨 '희망'이 있을 수 있단 말인가? 그래서 랭은 훗날 미덕이 항상 이긴다는, 동화에 대한 페로의 옛 이성주의 치유법을 처방하여 비극을 되돌리려 시도했다. 1888년, 희망을 죽이는 다윈의 책이 나온 지 29년 만에 랭은 다음과 같이 선언했다. "샤를 페로는 좋은 남자요, 좋은 아버지요, 좋은 기독교인이요, 좋은 동료였다." 그리고 다음해 《파랑 동화집The Blue Fairy Book》으로 시적 정의를 주장한 페로의 동화를 되살려냈다. 이 동화집은 신세대 독자들에게 〈빨간 모자Little Red Riding Hood〉, 〈숲속의 잠자는 미녀〉, 〈알라딘과 요술 램프Aladdin and the Wonderful Lamp〉, 〈럼펠스틸츠킨Rumpelstiltskin〉, 〈미녀와 야수Beauty and the Beast〉, 〈신데렐라, 또는 작은 유리 구두〉를 소개했다.

그 뒤로 20년 동안, 앤드루 랭은 《파랑 동화집》의 후속편으로 스물네 권의 동화집을 더 출간했다. 이 책들은 후세대에 엄청난 영향을 미쳤다. J. R. R. 톨킨, 월트 디즈니 등 수많은 이야기꾼들이 그의 책에 혹해서 권선징악적 미덕과 순수한 마음이 승리한다는 주장으로 계모 요행을 몰아냈다.

그리하여 페로의 가시는 현대 동화에까지 침투했다. 하지만 그 가시를 뽑고 스트라파롤라의 원래 치료법을 회복할 간단한 방법이 있다. 그 치료법은 엄청난 우연과 함께 시작되므로, 도느와 남작부인의 비논리적 요정들을 포용한 것처럼 다윈의 계모 요행도 포용할 수 있다. 단순히 포용하는 정도로 그치지 않고 더 확대해서 대단히 기이한 과학 동화를 탄생시킬 수도 있다. 그 속에서 당신과 나는 어떤 이성적 논리도 물리치는 기막힌 우연들 덕분에 온갖 역경을 이겨내고 삶의 놀라운 보물을 즐기게 된다. 우리가 누리는 온갖 즐거움, 미소, 키스는 모두 너무나 믿기 힘든 다윈의 반전Darwinian Twist이라 도느와 남작부인마저도 말문이 막힐 것이다.

이러한 과학적 희망을 더 많이 원할 땐, 책장에 가서 몇 가지 동화 반전으로 부정적 사고를 뒤집으면 된다. 그런 반전으로 이득을 최대한 얻으려면, 내면의 회의감을 불러내도록 특별히 고안된 동화로 시작하면 좋을 것이다. 황금 티켓을 보내주는 로알드 달Roald Dahl의《찰리와 초콜릿 공장Charlie and the Chocolate Factory》처럼, 반전에 약간의 블랙유머를 가미하여 우뇌의 부정적 왜곡을 만족시켜보라. 또는 대니 보일Danny Boyle 감독의 2008년 영화 '슬럼독 밀리어네어Slumdog Millionaire'의 정교하게 짜인 임의성처럼, 당신의 우뇌에 이성적 반론을 반박하도록 고안된 이야기를 들려주라. 또는 '뮤지컬 애니Annie: The Musical'에서 고아들이 운 좋게 새 가정으로 갈 때처럼, 고대 희극을 모방한 노래와 춤으로 당신의 우뇌를 적당히 풀어주라.

그런데도 우뇌가 계속해서 쏘아본다면, 1억 명에 달하는 풀죽은 사람들에게 행복감을 선사한 픽사Pixar의 영화 '업Up'을 감상해보라. '업'은 인생이 불운 때문에 흔들릴 수 있다고 인정하면서 시작되지만, 뒤로 갈수록 괴팍한 주인공과 함께 흥겨운 이야기가 펼쳐진다. 주인공의 주된 미덕은 '과묵하다'는 점이다. 다시 말해, 주인공의 주

우리는 지금 문학이 필요하다

된 미덕 따윈 중요하지 않다. 평범한 남자가 운 좋게 자유를 꿈꾸는 아가씨에게 선택받듯이, 우리 같은 평범한 사람도 기회의 여신에게 행복을 선물 받을 수 있다.

이러한 동화 반전은 모두 '신데렐라'의 후유증이 남지 않는다. 혹시라도 그전에 남아 있던 후유증이 있다면, 오리지널 신데렐라의 이야기로 싹 없앨 수 있다.

오리지널 신데렐라는 샤를 페로보다 수천 년 전에 이집트에서 살았다. 그녀의 이름은 로도피스Rhodopis로, '장밋빛 뺨을 한 소녀'라는 뜻이다. 로도피스는 페로의 신데렐라와 다소 다른 방식으로 예의 courtesy를 갖추었다. 연회에서 술 취한 귀족을 유혹해 몸을 파는 창녀 courtesan였던 것이다. 그 일은 쉽지 않았다. 게다가 나이를 먹을수록 더 어려워졌다. 미모가 예전 같지 않다는 이야기가 그녀의 귀에까지 들렸고, 벌이도 갈수록 줄어들었다. 로도피스는 새벽에 눈을 뜨면 자신의 운이 점점 줄어든다고 생각했다.

그러던 어느 날 뜻밖의 사건이 일어났다. 로도피스가 밖에서 목욕하는 동안 새가 날아와 옷가지 사이에서 신발 한 짝을 물고 날아갔다. 그녀의 신발은 유리 구두가 아니라 그냥 가죽 샌들이었다. 하지만 기이한 행운의 반전으로, 새가 물어간 샌들은 파라오의 무릎에 떨어졌다. 파라오는 하늘에서 뚝 떨어진 신발을 신의 계시로 여기고 신하들에게 이집트를 다 뒤져서라도 주인을 찾아서 데려오라고 명령했다. 신하들이 로도피스를 데려오자 파라오는 즉시 왕비로 맞아들였다. 로도피스는 창녀에서 클레오파트라로 변했다.

이 이야기는 스트라파롤라보다 먼저 영원한 행복을 그린 동화처럼 들릴 수 있지만, 실은 문학 동화가 아니다. 고대 그리스의 역사학자 스트라보Strabo의 《지리학Geography》에 기록된 역사이다. 다시 말해, 오리지널 신데렐라는 신화적 존재가 아니었다. 피가 통하는 실제 여자였다. 현대 학자들은 로도피스 이야기가 다 사실인지 의심하긴 하지만, 스트라보가 핵심 내용을 올바로 이해했다는 점은 의심할 여지가 없다. 행운은 하늘에서 내려온 한 쌍의 날개처럼 찾아올 수 있다.

그렇기 때문에 행운은 수없이 많은 기적을 진짜로 일궈냈다. 그렇기 때문에 행운은 수없이 많은 신데렐라를 진짜로 탄생시켰다. 그러니 하루하루 사는 게 힘들고 괴롭더라도 최악의 상황을 상정하거나 자책하지 마라. 그 대신, 이 행성에서 살아가는 수많은 생명체의 역사를 보고 기억하라. 행운은 어느 날 갑자기 하늘에서 뚝 떨어질 수 있음을.

내일의 신데렐라는 당신일 수 있음을.

우리는 지금 문학이 필요하다

상실의 아픔을
치유하라

Wonderworks

셰익스피어의 《햄릿》

———

발명품: 슬픔 해결사

8월의 어느 뜨거운 여름날, 한 아이가 죽었다.

때는 1596년, 장소는 푸르디푸른 에이번강 옆에 초벽으로 지은 작은 집이었다. 아이는 열한 살 난 햄넷이었다. 앤 해서웨이Anne Hathaway와 극작가 윌리엄 셰익스피어William Shakespeare의 아들이다.

셰익스피어는 아들의 죽음과 관련해서 한마디도 하지 않았다. 애도를 표하기는커녕 떠들썩한 웃음을 퍼뜨렸다. 《윈저의 즐거운 아낙네들The Merry Wives of Windsor》에선 존 폴스태프 경의 무모하면서도 익살스러운 행동을 그렸다. 《헛소동Much Ado About Nothing》에선 베아트리체와 베네디크의 희망에 찬 구애 활동을 그렸다.

그러다 1599년 여름의 끝자락, 햄넷이 죽은 지 3년이나 지난 뒤에야 셰익스피어는 희극 집필을 멈추고 슬픔에 젖은 비극을 쓰기 시작했다. 그게 바로 《햄릿Hamlet》이었다.

《햄릿》. 햄넷. 《햄릿》. 햄넷. 연관성이 뻔히 보이면서도 왠지 미스터리하다. 셰익스피어가 아들을 애도하고 싶었다면, 왜 아들의 실제 이름을 쓰지 않았을까? 왜 거의 같은 이름을 한 역사적 왕자를 주인공으로 삼았을까? 그리고 왜 그동안 익살스러운 희극 작품들을 내놨을까? 왜 울며 한탄하는 데 3년씩이나 기다렸을까?

모든 게 미스터리해 보이지만 사실 그 답은 3년의 공백에 있다. 그간의 공백은 《햄릿》이 자식의 죽음이라는 끔찍한 사건에서 분출된 슬픔의 원초적 표현이 아님을 드러낸다. 《햄릿》은 슬픔과 이룬 타협의 산물이요, 슬픔을 이겨낸 치유의 산물이었다. 슬픔을 이겨낸 치유. 햄넷이 죽은 후 힘겨운 나날 동안 셰익스피어가 애써 얻어낸 것이다.

슬픔을 이겨낸 치유. 《햄릿》이 우리를 도와주도록 고안된 것도 바로 이것이다.

(햄릿의 공학적 돌파구)

《햄릿》이 상실의 아픔을 다룬 최초의 연극 작품이라고 할 수는 없다. 이러한 아픔은 너무 오래된 문제라서 역사상 가장 먼저 알려진 연극, 즉 그리스 비극의 축을 형성했다.

그리스 비극은 부모, 형제자매, 자식을 잃은 캐릭터들을 중심으로 돌아갔다. 사별을 당한 캐릭터들은 각기 다른 방식으로 대응하지만, 금세 공통적인 패턴이 나타났다. 애도 방식이 음모plot의 형태를 취했던 것이다. 음모는 오랫동안 재난에 대응하는 문학의 표준 방식이었다. 뭔가가 잘못되면, 주인공은 곧바로 행동을 개시하여 전쟁을 벌이거나 괴물을 죽이는 등 상황을 바로잡고자 온갖 활동을 벌였다. 그렇다면 상실의 아픔은 어떤 활동으로 바로잡을 수 있을까? 그리스 비극의 재정적 후원자인 아테네가 권장한 답은 한탄, 화장, 헌주獻酒 같은 장례 의식에 대한 서술이었다. 하지만 그리스 비극 자체는 복수극revenge plot이라는 다소 야만적인 해결책을 내놨다.

복수극은 그리스에서 가장 오래된 비극 3부작인 아이스킬로스의 《오레스테이아》까지 거슬러 올라갈 수 있다. 기원전 458년에 쓰인 《오레스테이아》는 분개한 엄마 클리타임네스트라와 함께 문을 여는데, 그녀는 교묘한 책략으로 딸의 살인에 대한 복수를 벌인다. 살인자를 유혹해 욕조에 넣고 그물로 묶은 다음, 도끼로 머리를 내리친다. 이 복수극을 시작으로, 비극 무대에서 묘사되는 복수 음모는 점점 더 정교해졌다. 《오레스테이아》가 나오고 25년 뒤, 아테네 관객은 에우리피데스의 《메데이아Medeia》를 만나게 되었다. 야만스러운 공주 메데이아는 자신을 배신한 그리스 연인에게 마땅한 벌을 내렸다. 두 사람 사이에 낳은 아들 둘을 칼로 찔렀고, 독 묻은 결혼 선물로 그의 새 아내를 독살했으며, 마지막으로 신들에게 탈취한 용의 전차를 타고 탈출했다.

메데이아의 엄청난 복수는 음모의 끝판 왕이 될 것 같았지만 오히려 훨씬 더 놀라운 음모를 연이어 촉발시켰다. 그중에는 셰익스피어 시대에 특히 영향을 미치게 되는 음모도 포함되었다. 바로 《티에스테스Thyestes》의 음모로, 로마의 극작가 세네카Seneca가 쓴 복수극이었다. 세네카는 현실 세계에서 타의 추종을 불허하는 음모가인 네로 황제의 참모였다. 네로 황제는 기계로 작동되는 침실을 고안하여 자기 어머니를 살해하려고 획책했다. 그 기묘한 살해 도구가 실패하자 그는 훨씬 더 복잡한 장치인 접이식 요트로 그 일을 기어이 완수한다. 하지만 이 환상적인 음모도 세네카에게는 미치지 못했다. 세네카는 《메데이아》로 돌아가서 응징 청사진을 더 소름끼치게 확장시켰다. 《티에스테스》에서 복수자는 아들을 둘이 아니라 셋이나 죽였다. 아니, 죽인 것으로 그치지 않고 연회 음식으로 요리해서 아무것도 모르는 아버지에게 먹였다.

《티에스테스》가 1,500년이나 지난 엘리자베스 여왕 시대에 다시 부상하자, 관객은 놀라움과 기쁨을 감추지 못했다. 그만큼 놀랍고도 기이한 음모였기 때문이다. 런던의 극작가들은 저마다 독창적인 복수극을 고안해냈다. 희생자를 속여 독 묻은 해골에 입을 맞추게 하거나 치명적인 무대 소품을 동원하기도 했다. 희생자를 구두 징으로 짓밟거나 펄펄 끓는 가마솥에 넣거나 함정에 빠뜨리는 등 온갖 충격적인 음모가 줄을 이었다.

셰익스피어는 이 모든 복수 음모를 알고 있었다. 이십대 초반에, 그는 값싼 표를 구해서 《히에로니모가 또 미쳤다Hieronimo Is Mad Again》와 《햄릿의 비극The Tragedy of Hamlet》 같은 비극에서 펼쳐지는 복수 음모를 지켜봤다. (전자는 극작가인 토머스 키드Thomas Kyd의 작품이며, 후자도 그의 작품으로 추정된다.) 셰익스피어는 이러한 음모에 탄복하여 자신의 초기 작품에 이를 그대로 반영했다. 가장 악랄한 작품은 그가 스물다섯 번째 생일 직후 발표한 《타이터스 앤드로니커스Titus Andronicus》이다. 《티에스테스》의 복수 서사에 온갖 잔혹한 행위를 추가했는데,

우리는 지금 문학이 필요하다

가장 소름끼치는 방법은 인간 베개였다. 그래서 셰익스피어가 《햄릿》을 새로 작업한다고 발표했을 때, 런던 관객들은 그야말로 끔찍하고 기상천외한 음모를 기대했다.

하지만 놀랍게도, 그들이 막상 마주한 음모는 기대와 너무 달랐다. 오도 가도 못 하고, 옆길로 새고, 꼼짝 못 하는… 음모가 전혀 없는 것 같은 플롯이었다.

(음모가 없는 낯선《햄릿》)

《햄릿》은 글로브Globe 극장에서 초연된 연극 가운데 하나였다. 글로브 극장은 1599년에 셰익스피어가 이끌던 극단 로드 체임벌린스 맨 The Lord Chamberlain's Men과 함께 런던 남쪽 유흥가의 늪지대에 인양선 목재로 세운 개방형 야외극장이다. 《햄릿》은 초연되던 순간, 3,000명에 달하는 열성적 관객에게 대단히 분명한 음모가 펼쳐질 것처럼 보였다.

그 음모는 연극의 서막에서 덴마크 왕의 망령이 햄릿 왕자를 찾아와 다음과 같이 알리는 장면에서 시작되었다.

그렇게 나는 잠든 상태에서 아우의 손에,
목숨도, 왕관도, 왕비도 단번에 빼앗겼단다.

이 말을 듣고 관객은 바로 햄릿이 살인자인 숙부에 대한 복수를 모의할 거라고 단정했다. 다만 햄릿이 어떤 음모를 꾸밀지, 그 점이 궁금했다. 메데이아를 끌어들일까? 《티에스테스》의 한 페이지를 차용할까? 독이나 욕조 그물? 아니면 기상천외한 무기? 네로 황제마저 깜짝 놀랄 만한 살해 장치를 고안할까?

관객은 기대에 차서 목을 길게 뺐다. 그런데 햄릿은 화려한 복수를 펼치는 대신, "괴상한 기질"을 채택하겠다는 결정을 발표했다. 괴상한 기질이라고? 관객은 어리둥절했다. 흠, 실제로 햄릿은 이상할 정도로 쾌활했다. 책을 한 권 들고서 덴마크 성 주변을 어슬렁거리다 무슨 책을 읽느냐는 질문을 받자 이렇게 대답했다. "말words! 마아아아알. 말이라고?"

이 시점부터 음모는 더욱 와해되었다. 오랫동안 햄릿은 쉼 없이 지껄였다. 자신의 내적 의심에 대해 열변을 토했다. 삶에 대한 혐오감을 마구 분출했다. 그리고 참으로 어이없게도, 한 무리의 전문 배우들 앞에서 똑바로 연기하는 방법에 대해 장광설을 늘어놨다. "연극의 목표는 본성에 거울을 비추는 격이지. … 그리고 어릿광대 역을 하는 배우들이 본래 대사보다 더 많이 지껄이지 않게 하라!"

이게 햄릿의 괴상한 기질이었을까? 햄릿은 배우들에게 연기하는 법을 알려주는 걸 재미있다고 생각했을까? 아니면 햄릿은 진짜로 제정신이 아니었을까? 그건 누구도 알 수 없었다. 그러자 결국 망령이 더 이상 참지 못하고 음모를 제대로 진행시키고자 직접 나선다. "이렇게 찾아온 것은 무뎌진 네 결심을 돋우려 함이니라!"

하지만 햄릿은 또다시 사설을 늘어놓았다. 복수를 감행하는 대신, 계단통에서 만난 무고한 남자를 처치하고 아는 지인 두 명을 가볍게 속여 잔인하게 살해당하도록 한 다음, 무덤 안으로 훌쩍 뛰어들었다. "아아, 불쌍한 요릭! 그를 알고 있네. 재담이 무한한 친구였지."

그것은 어리석은 광기였다. 죄다 뒤죽박죽이었다. 다른 극작가들은 소리를 죽이고 웃었다.

《햄릿》은 비극이 아니었다. 익살극이었다. 셰익스피어 자신은 음모를 잃어버렸다.

그런데 셰익스피어의 경쟁자들한테는 충격적이게도, 연극은 엄청난 성공을 거두었다. 《헨리 5세Henry V》와 《헛소동Much Ado About Nothing》, 심지어 《로미오와 줄리엣Romeo and Juliet》보다 더 많은 앙코르 공연을 기록하며 대중의 사랑을 받았다. 《햄릿》은 관객에게 기존 복수극보다 훨씬 더 강력한 영향을 미쳤다. 아니, 그들이 여태 봤던 어떤 비극보다 더 강력한 영향을 미쳤다. 관객은 가슴 깊은 곳에서 올라오는 울음을 터뜨렸다. 그들은 회복된 것처럼, 심지어 평온해진 것처럼 보였다.

어떻게 이런 일이 가능했을까? 음모도 없는 이 플롯에 어떤 힘이 있었을까?

(음모를 멈추자 생겨난 힘)

셰익스피어의 책상에는 아들을 잃었을 때 대처하는 방법을 알려주는 책이 놓여 있었다. 《카르다노의 위안Cardano's Comfort》. 이 책은 현자들의 훌륭한 조언이 담긴 16세기 최고의 베스트셀러였다. 여기엔 이

제8장. 상실의 아픔을 치유하라

런 조언이 있었다. "여러 훌륭한 사람들이 불운 때문에 참으로 부당하게, 또 잔인하게 꺾였지만 힘겹게 이겨냈음을 기억하라."

이 조언을 달리 말하면 이렇다. 당신 자신의 죽은 아이를 기억하지 마라. 자식을 잃은 다른 남자들을 기억하라. 그리고 그들이 어떻게 참고 이겨냈는지 기억하라. 간단히 요약하면, 남자다운 극기심으로 비극에 대응하라.

셰익스피어는 이 고대의 지혜를 묵상했다. 그런 다음, 비통한 마음을 꾹꾹 눌렀다가 몇 년 뒤 《맥베스Macbeth》에서 토해 놓는다. 극의 끝부분에서, 충직한 전사인 맥더프는 로스에게 "가장 비통한 소리"를 듣게 될 거라는 경고를 받는다. 맥더프는 그게 무슨 소리인지 짐작한다. "흠, 뭔지 짐작하겠소." 그런데 짐작만 했지 준비되진 않았다. 로스가 상황을 전한다. "경의 성은 급습을 당했소. 부인과 아기들이 무참히 살해되었소." 그 말에 맥더프는 경악을 금치 못한다. "어여쁜 내 아기들이 모두? 모두 다?"

이 시점에서, 미래의 왕인 맬컴 왕자가 맥더프에게 충고하려고 끼어든다. "사내대장부답게 감내하시오." 그 말에 맥더프는 이렇게 대답한다.

그렇게 하겠습니다.
하오나 슬픔을 느끼는 것도 사나이의 도리입니다.
신에게 가장 소중한 피붙이를 어찌 잊을 수 있겠습니까.

셰익스피어의 모든 극에서 이보다 더 놀라운 순간은 없다. 맥더프는 자신의 군주에게 "슬픔을 느끼는 것도 사나이의 도리입니다"라고 말대답을 하면서 대대로 내려오는 사나이의 극기심을 던져버린다. 이런 반항적 주장이 르네상스 시대 의사들에겐 더 큰 상심을 불러온다고 여겨졌을 테지만, 현대 심리학자들에겐 치료의 서막으로 여겨진다. 그 치료는 두 부분으로 나눠져 있다.

첫 부분은 단순히 사별의 아픔을 인정하는 것이다. 인정하기만 해도 편도체의 감정 센터와 시상視床의 기억 네트워크가 작동하여 우리의 비통함을 처리하기 시작한다. 물론 처리하는 데 시간이 걸린다. 오랜 시간이 지나도 떠난 사람을 완전히 잊지는 못한다. 그래도 비통한 마음이 점차 가라앉으며 평소의 균형 잡힌 감정으로 돌아가게 된다. 이행하는 과정에서, 아픔을 인정하면 또 다른 혜택을 얻는다. '슬픔에 압도되었다고 느끼는 건 전혀 잘못된 게 아니야, 약점 잡힐 일도 아니고'라는 확신이 드는 것이다. 그러한 확신은 자존감을 높여주어, 우울증에 걸릴 위험을 낮춘다. 아울러 수치심 때문에 슬픔이 더 악화되는 것도 막아준다.

치료의 두 번째 부분은, 맥더프의 표현을 빌리면 우리에게 "가장 소중한" 사람들에 대한 행복한 기억을 곱씹는 것이다. 온갖 종류의 행복한 기억은 뇌에 도파민 형태로 쾌감을 분출하도록 자극한다. 도파민은 예전에 우리를 기쁘게 했던 좋은 일을 더 찾도록 뇌를 훈련시킨다. 옛 기억에서 즐거움을 찾는 방법이 과거 지향적인 것 같지만 실은 미래로 이끄는 동력이다. 고인과의 즐거웠던 추억을 떠올리면, 도파민이 분출되면서 고인을 긍정적으로 떠올릴 만한 일을 하게 된다. 고립된 채 슬퍼하는 게 아니라 고인이 우리에게 해줬던 고마운 일을 기억하면서 점차 기운을 차리고 힘차게 살아가게 되는 것이다.

셰익스피어가 등장하기 훨씬 전부터, 2부로 구성된 이 치료법이 장례식과 통합되어 고인을 향한 공개적 애도와 기념이 권장돼왔다. 그리스 비극의 뿌리에도 똑같은 치료법이 있는데, 그 핵심은 번잡한 삶을 잠시 멈추고 죽음의 순간을 깊이 묵상하는 것이다. 멈춰 있는 동안, 우리는 풀지 못한 이별의 감정을 인정하고 이젠 곁에 없는 사람을 추억할 수 있다.

《햄릿》은 이 고대 치료법의 치유 작용을 심화시키는 데 크게 기여한다. 셰익스피어가 멈춤을 방해했던 그리스 비극의 특징인 음모를 제거했기 때문이다. 음모는 멈춤과 정반대로 작용했다. 우리 뇌를 새로운 방향으로 급하게 전환시키면서 묵상을 방해했던 것이다. 게다가 비극이 《메데이아》에서 《티에스테스》로, 또 《히에로니모가 또 미쳤다》로 점점 더 복잡하게 꼬이면서, 주의 전환은 점점 더 심화되었다. 결국 슬픔을 처리하도록 돕는 게 아니라 오히려 정신없이 회피하는 쪽으로 우리를 몰아갔다.

《햄릿》은 주의를 흩트리는 음모 테크놀로지를 싹 제거한다. 거의 아무 일도 안 일어나는 곳에 우리를 몇 시간씩 머물게 한다. 설사 무슨 일이 일어난다 해도, 그건 햄릿의 의식적 계획에 따른 결과가 아니다. 2막에서, 궁정의 한 신하가 전문 배우들보다 "앞질러 왔다"고 말하자 햄릿은 이렇게 반응한다. "대체 그들은 어떤 배우들이지? 어째서 그들이 지방순회공연을 나왔단 말인가?" 햄릿과 상관없이 전문 배우들의 등장으로 전환이 이루어진 것이다. 3막에서, 햄릿이 휘장 뒤에 있던 폴로니어스를 우발적으로 죽일 때, 그리고 4막에서 오필리어가 정신을 놓고 물에 빠졌을 때도 플롯의 방향이 확 바뀐다. 셰익스피어 극의 대부분은 이처럼 두 종류의 감상 경험을 제공한다. 첫째, 서술적 긴장감을 서술적 초현실성으로 바꿔놓는 불상사와 그 뒤에 벌어지는 우연한 사건들이 펼쳐진다. 둘째, 햄릿이 아무런 행동도 취하지 않은 채 "그토록 훌륭하신… 그토록 사랑하셨건만… 누구보다 소중했던 사람을…"이라고 혼자 읊조리며 죽음과 죽어간 사람에 대한 묵상에 천천히 몰입하는 사이, 우리도 떠나보냈던 소중한 사람을 추억하게 된다.

이처럼 고인을 추억하는 시간 덕분에 《햄릿》은 치료 혁신을 이루었다. 그런 묵상이 감정에 미치는 영향은 즉각적이고 지속적이었다. 1604년, 앤서니 스콜로커Anthony Scoloker는 "친근한 셰익스피어 비극들" 중에서 《햄릿》이 "천박한" 사람들에게 가장 사랑받았는데, 그들은 《카르다노의 위로》에 나온 냉정한 현자들과 달리 비통과 충격을 참지 않았다고 기록했다. 그리고 60년 뒤, 셰익스피어의 다른 비극들이 죄다 검열당하거나 잊혔을 때도 《햄릿》은 다시 부활했다. 처음엔 런던 시내 목초지에 세워진 간이 무대에서 공연되었고, 다음엔 조용한 여름날 밤 옥스퍼드에서, 마지막엔 템스 강변에서 공연되었고, 매번 뜨거운 갈채를 받았다. 무대 뒤에서 배우에게 대사를 알려주던 존 다운즈John Downes는 "향후 몇 년 동안 어떤 비극도 이보다 더 큰 명성이나 돈을 벌 순 없을 것이다"라고 흥겹고도 단호하게 선언했다.

그런데 셰익스피어의 음모 없는 플롯이 입증한 바, 《햄릿》은 애도

제8장. 상실의 아픔을 치유하라

문제에만 강력한 영향을 미친 게 아니다. 상실의 아픔에서 비롯된 다른 문제, 즉 한번 터지면 멈출 수 없는 눈물도 동시에 처리한다.

(상실의 아픔에서 비롯된 다른 문제)

슬픔 속에서 잠시 멈추는 게 어렵다면, 앞으로 나아가는 건 더 어려울 수 있다.

이 문제는 고대 비극 작가들에게 잘 알려져 있었다. 《티에스테스》의 작가는 이렇게 읊조렸다. "동물의 경우, 슬픔이 격렬하지만 빨리 지나간다. 사람의 경우, 슬픔이 몇 년이고 지속될 수 있다." 그리고 이 문제는 햄릿에게도 잘 알려지게 된다. 햄릿은 맥베스와 현대 심리학자들이 조언한 대로, 슬픔을 인정한다. 그런데 햄릿은 전혀 치유된 것 같지 않다. 그를 둘러싼 모든 사람이 눈물을 흘리고 결국 회복하지만, 햄릿은 불행 속으로 좌초된다.

어떻게 그럴 수 있을까? 우리 뇌가 고인을 기억하려고 잠시 멈추면서 자연스럽게 슬픔을 떨쳐낸다고 했는데, 햄릿은 뭐가 문제인 걸까? 그의 편도체나 시상이 잘못된 걸까?

아니, 햄릿의 신경회로엔 아무런 문제도 없다. 그의 끝없는 애도는 해결되지 못한 슬픔에서 비롯된 증상이 아니다. 현대 심리학자들은 그 원인을 복합적 슬픔complicated grief에서 찾는다.

복합적 슬픔은 시간이 지나면서 저절로 해소되지 않는다. 오히려 시간이 갈수록 심해져서 우울증, 고립감, 분노 같은 정신적 장애를

우리는 지금 문학이 필요하다

유발한다. 이러한 장애 때문에 옴짝달싹 못 하게 되면서 햄릿은 고뇌에 빠지거나 이리저리 헤매거나 사람들을 마구 몰아세운다. 현실에서 흔히 그렇듯이, 셰익스피어의 극에서도 복합적 슬픔의 원인은 죄책감이다.

죄책감은 처음부터 햄릿의 양심을 옭아맨다. 연극의 서막에서, 햄릿은 아버지를 향한 애도를 멈추는 것을 잘못이라고 거듭 주장한다. 일상을 회복한 어머니에게 분노한다. "오, 맙소사! 짐승일지라도… 그보다는 오래 애도할 겁니다." 그리고 자신을 찾아온 망령에게 자신은 항상 기억할 거라고 맹세한다.

기억해 달라고?
아무렴. 내 기억의 수첩에서
보잘것없는 기록은 싹 없애버릴 것이다.
온갖 책에서 얻은 금언, 온갖 형상,
젊음과 관찰력으로 본받던 지난날의 감명까지 모두 다.
그러나 당신의 명령만은 내 기억의 수첩에 깊이 새겨둘 것이다.
비천한 잡동사니들과 뒤섞이지 않게 하겠다. 맹세코!

이 기이한 약속으로, 햄릿은 아버지에 대한 생각 외에 다른 건 싹 지우겠다고 맹세한다. 실제로 햄릿은 이 약속을 끝까지 지킨다. 아버지가 없는 세상에서 행복하게 사는 건 죄악이라고 자신을 설득하고 또 설득하면서 아버지를 향한 눈물겨운 기억에만 집착한다.

햄릿의 죄책감 반응은 극의 다른 캐릭터들을 어리둥절하게 한다.

제8장. 상실의 아픔을 치유하라

햄릿의 어머니는 그런 햄릿을 "유별나다"고 판단하고, 숙부는 "고집 스럽다"고 판단한다. 그리고 나머지 사람들은 모두 "정신이 나갔다"고 판단한다. 하지만 햄릿의 죄책감은 유별나거나 고집스럽거나 정도에서 벗어난 게 아니다. 우리도 흔히 고인에 대한 애도를 멈추고 우리 삶을 살아가는 것을 잘못이라고 느낀다. 그런 이유로, 우리는 햄릿과 마찬가지로 침울함, 분노, 고립감 등 복합적 슬픔의 여러 증상에 휘말릴 수 있다.

죄책감을 치유할 방법을 찾지 못한다면.

(죄책감의 치유)

죄책감은 복잡한 감정이다.

복잡한 사회적 기능을 반영하기라도 하듯이, 죄책감은 뇌의 전면부터 옆쪽을 돌아 정수리 뒷면에까지 걸치는 방대한 신경 네트워크에서 유발된다. 그 기능은 우리의 관계를 주의 깊게 관찰하다 틈이 벌어지면 바로 경고하는 것이다. 그런 경고를 받으면, 우리는 잘못에 대한 미안함을 느낀다. 우리의 유일한 '잘못'이 단지 상대가 자기 길을 가는 동안 우리도 우리 삶을 살아가는 것이라 할지라도 우리는 여전히 죄의식을 느낀다. 그런데 죄책감은 흔히 상대에게 사과하거나 선물을 주는 등 멀어진 거리를 좁힐 조치를 취하게 한다.

죄책감은 사람을 움직이게 하는 감정이기에 수백만 년 동안 우리가 가정과 우정과 공동체를 유지할 수 있도록 도와주었다. 그런데

우리는 지금 문학이 필요하다

사랑하는 사람의 죽음은 죄의식 체계를 교란시킨다. 이 체계가 사랑하는 사람의 물리적 부재를 감지하고 '얼른 틈을 메워야 해!'라고 경고하는 순간 교란이 시작된다. 이 시점에서 우리는 진퇴양난에 빠진다. 이 세상에 없는 사람과 어떻게 교류할 수 있단 말인가? 예전처럼 사과를 하거나 선물을 줄 수도 없는데, 우리의 마음을 어떻게 전할 수 있단 말인가?

이러한 난관을 해결하고자 조상들은 사후 선물을 고안하여 고인에게 술을 따르고 분향을 하고, 무엇보다도 성대하게 공개 추모를 거행했다. 공개 추모는 다양한 형식으로 이뤄진다. 추도문, 시, 장례 준비, 무덤, 조각상, 고인 명의로 하는 기부 등 끝이 없다. 형식이 뭐든, 고인에게 삶의 한 자리를 제공하여 고인과 연대감을 느끼고 우리의 죄의식을 더는 것이다. 그러다 보면 우리는 점차 슬픔을 이겨내고 일상으로 복귀할 수 있다.

그리하여 선조들은 일찍이 사별에 따른 죄책감을 해소할 과학적 해결책을 발견했다. 하지만 햄릿의 경우처럼, 과학적 해결책이 모든 상황에 다 통하지는 않는다. 고인을 향한 사랑이 크기 때문에 대부분의 추모가 불충분하다고 느껴진다. 그리고 생존한 수혜자와 달리, 고인은 우리가 바치는 선물에 너그러운 미소로 호응하지 못한다. 따라서 고인에게 도리를 다하고자 바친 추모의 선물은 죄책감에 불안감까지 덧붙여 이중으로 우리를 괴롭힐 수 있다. 좋은 선물이었을까? 우리가 준비한 장례식이나 추도문이 고인의 생전 업적을 충분히 기렸을까? 고인을 향한 우리의 애도가 정말로 충분했을까?

이 점에 관한 햄릿의 걱정은 곳곳에서 드러난다. 햄릿은 조문객의 진부한 검정 의상을 비웃는다. "이따위 복장은 슬픔의 겉치레일 뿐입니다." 그리고 아버지를 특별하게 추모하겠다고 자기 양심에 대고 굳게 다짐한다. 하지만 햄릿이 금세 알게 되다시피, 그 다짐은 이행하기 어렵다.

일단 아버지의 망령이 요구한 추도 선물인 복수를 하려는 순간부터 어려움에 직면한다. 복수가 적절한 추도 형식이 되려면, 고인의 생전 모습만큼 참신하고 독특해야 한다. 세네카는 《티에스테스》에서 그 점을 이렇게 설명한다.

오, 나의 상상력이여! 후대 사람들이 결코 잊지 못할, 평범함을 훌쩍 넘어선 방법을 고안해내라.

이것은 정녕 높고 까다로운 음모 기준이다. 뭇 사람들의 마음에 비문을 새겨 넣듯이, 역사에 영원히 기록될 충격적이고 독창적인 형식을 고안해야 한다. 이 야망은 쉽지 않아 보이지만, 햄릿의 "괴상한 기질"이라면 혹시 달성할 수 있지 않을까? 얼핏 기대감이 생긴다. 그전까지 한 번도 무대에 오르지 않았던 괴상한 복수 방법이 암시되기 때문이다. 《메데이아》만큼 불법적이고 《티에스테스》만큼 터무니없는.

하지만 이러한 희망은 결국 실망으로 바뀐다. 햄릿의 괴상한 기질은 독을 구입하거나 칼날을 갈거나 살인 요트를 만드는 등의 전례를 완강히 거부한다. 오히려 전통적 복수극의 "평범함을 훌쩍 넘어선 방법"을 고안한답시고 몇 시간씩 이상한 시를 읊조리고, 마주치는 아무한테나 상처를 입힐 뿐 아버지의 복수를 전혀 실행에 옮기지 못한다.

　복수극의 좌절로 햄릿은 점점 더 죄책감에 시달린다. 아버지에게 자식의 도리를 다하지 못했다고 자책하면서 내내 괴로워한다. 그러다 극이 중간에 이를 무렵, 햄릿은 아버지의 기억을 되살릴 다른 방법을 우연히 떠올린다. 바로 연극을 상연하는 것이다.

　이 문학적 형식의 추모는 원래 햄릿이 숙부의 양심을 떠보기 위한 수사 장치로서 등장하지만, 햄릿의 슬픔 속에 스며들면서 죄책감을 덜어주는 수단으로서도 잠재적 가치를 지닌다. 햄릿은 아버지를 염두에 두고 연극을 준비하면서, 고인의 전기를 대중 공연으로 펼치는 것도 고인을 추모하는 방식이 될 수 있음을 깨닫는다. 어쩌면 셰익스피어도 햄넷을 염두에 두고 《햄릿》을 쓰면서 그 점을 깨달았는지도 모른다. 아무튼 햄릿에겐 다행스럽게도, 그러한 작업은 복수극의 운명을 결정하는 예술적 요소인 독창성을 요하지 않는다. 오히려 그와 상반된 예술적 기준인 현실주의를 채택한다. 햄릿의 연극이 아버지의 삶을 세밀하게 재현하는 한, 충실한 추도문처럼 고인의 실제 모습을 보여줌으로써 고인의 독특한 본성을 칭송하고 기릴 수 있다.

　그런데 이 새로운 기억 방식은 처음엔 그럴듯해 보이지만 결국 실패로 끝나고 만다. 햄릿이 알게 되는 것처럼, 어떤 연극도 삶을 완벽하게 모방할 수 없다. 어떤 연극도 본성을 비추는 거울일 수 없다. 다른 모든 예술과 마찬가지로, 연극 역시 우리의 관심을 본성보다 더 작은 것에 얽어매면서 본성보다 더 많은 것을 형상화하고 집중하고 명확하게 보여준다. 햄릿은 배우들에게 자신이 시키는 대로만 연기하라고 강요하는 식으로 이 달갑잖은 사실을 회피하려 애쓴다. 하지만 햄릿의 세밀한 관리에도 불구하고 공연은 옆길로 새고 만다. 햄릿의 숙부는 그 공연을 자신에 대한 위협으로 해석하는 반면, 햄릿은 자신의 원고 덕분에 공연단에서 한자리를 얻었다는 식으로 얼버무린다. 따라서 햄릿의 연극은 고인의 독특한 본성을 포착하는 추도로서 작용하기보단 여느 예술과 마찬가지로 예술가가 형상화하려는 점에 중점을 둔다.

복수극도, 추도극도 모두 실패하자, 공개 추도를 위한 희망도 끝난 것처럼 보인다. 햄릿은 처음엔 독창성을 요하는 음모극 형식의 예술을 시도하다가 나중엔 정반대로 지극히 사실적인 형식의 예술을 시도한다. 결국 둘 다 실패하자, 비통한 예술가에게 더 이상의 선택권은 없어 보인다.

하지만 셰익스피어 극의 마지막 장에서, 햄릿은 세 번째 방법을 발견한다. 이 방법의 기원은 햄릿의 복수극과 추모극 둘 다 같은 결함을 안고 있다는 데서 나온다. 그 결함은 바로 아버지의 기억을 지키는 일이 햄릿에게 달려 있다는 믿음이다. 이러한 믿음은 직관적이지만 잘못된 것이다. 공개 추모는 예술가 때문에 성공하는 게 아니라 그 예술을 관람하는 대중 덕분에 성공하기 때문이다. 비석에 금이 가고 장례 화환이 다 시든 후에도 오랫동안 고인의 기억을 '생생하게' 붙잡고 있는 주체는 대중이다. 계속 기억하기 위해 과거 시대의 깨진 조각들을 모으는 주체도 대중이다. "이분은 카이사르야. 저분은 클라오파트라야."

따라서 햄릿이 추모를 제대로 거행하려면, 더 거창한 독창성이나 참신한 통제력이 아니라 고인을 기억해줄 대중이 필요하다. 햄릿은 오필리어의 장례식이 진행되는 5막에서 덴마크 기사인 레어티스를 만났을 때 비로소 믿을 만한 대중을 발견한다. 그때까지 레어티스는 햄릿만큼, 아니 아버지와 여동생 오필리어까지 한순간에 잃었으니 햄릿보다 더 많이 잃었다. 처음에 햄릿은 그런 레어티스에게 슬픈 척한다고 비난하지만, 이내 젊은 기사가 진심으로 괴로워한다는 사실을 알게 된다. "나도 그런 일을 당한 처지로 미뤄볼 때, 그의 심정을 잘 알지."

이것은 연극의 중대한 전환점이다. 아버지가 죽고 나서 처음으로 햄릿은 누군가가 자기처럼 느낄 수 있음을 인정한다. 그리고 이러한 인정은 햄릿의 행동에 중요한 변화를 일으킨다. 햄릿은 혼자서 곱씹던 죄책감을 내려놓고 친구인 호레이쇼에게 마음이 한결 편해졌다고 고백한다. "누구도 자기가 무엇을 남기고 떠나는지 모르는데, 일찍 떠나는 게 대수란 말인가?"

햄릿은 이렇게 순식간에 죄책감에서 벗어난다. 그 속도가 너무 빨라서 햄릿이 경멸하던 진부한 장례식 이야기만큼 부자연스럽게 느껴질 수 있다. 하지만 다른 사람들에 의해 반사된 우리의 슬픔을 마주한 순간, 실제로 뇌에선 순식간에 이런 반응이 일어난다. 거울처럼 반사된 모습은 우리가 슬픔 속에 홀로 있지 않음을 보여준다. 대체할 수 없는 사람을 잃은 심정을 이해해줄 폭넓은 대중이 있음을 보여준다. 그러한 이해를 통해 대중은 우리가 사별의 아픔을 이겨내도록 도와줄 뿐만 아니라 우리가 고인을 충분히 기리지 못했다는 불안감도 덜어준다.

추도의 부족함과 우리의 진의를 대중이 너그럽게 이해해주는 순

제8장. 상실의 아픔을 치유하라

간 안도감이 찾아든다. 그리고 대중이 우리의 진의를 미래의 시간과 장소로 인도하는 순간 안도감은 심화된다. 대중과 공유하는 기억이 점점 늘어나면서 죄의식도 점차 줄어들게 된다. 우리는 깨어 있는 시간을 애도하고 기억하는 데 다 바치지 않아도 된다고 생각하게 된다. 우리보다 훨씬 더 큰 인간 공동체와 함께 추도한다는 사실을 깨닫고 일상의 리듬을 되찾게 된다.

죄책감을 없앨 방법을 찾았다는 점에서 햄릿은 굉장히 운이 좋다. 똑같이 상실의 아픔을 겪는 레어티스를 만난 것은 순전히 우연이다. 뜻밖의 만남이고 우연한 깨달음의 결과인 것이다. 햄릿의 치유가 운에서 비롯되듯이, 셰익스피어의 극은 우리에게도 똑같은 행운을 안기면서 죄책감을 없애줄 수 있다.

그러기 위해 우리는 햄릿의 우연한 깨달음을 반복해야 한다. 음모를 꾸미고 앞으로 진격하다 전혀 예상치 못한 사람과 마주쳐야 한다. 우리와 똑같이 느끼는 사람. 진부하고 정형화된 추도를 똑같이 싫어하는 사람. 깊은 애통함과 더 깊은 죄책감을 공유하는 사람. 고인에게 진 사랑의 빚을 저버리는 것보다 미친 사람처럼 사납게 표현하는 게 더 낫다고 느끼는 사람.

그렇게 우연히 마주친 사람은 물론 햄릿이다. 햄릿은 우리의 레어티스이다. 햄릿은 "이 산만한 지구에서" 우리가 하는 일을 이해해줄 사람이 있음을 보여준다. 각각의 삶이 특별하듯 각각의 죽음도 전례가 없는 비극이다. 그렇게 이해해주는 사람들 덕분에, 우리는 고인을 충분히 추모할 수 없다는 죄책감에 영원토록 시달리지 않아도 된다. 우리를 돕기 위해 같은 마음을 지닌 햄릿들이 많다.

그들은 관을 함께 들고 가는 사람일 수 있다. 그들은 고인의 기억을 소중히 간직하는 사람일 수 있다.

그들은 일상의 리듬을 회복하도록 도와주는 사람일 수 있다.

('슬픔 해결사'를 직접 활용하기)

《햄릿》은 치명상을 입은 왕자가 "내 이야기를 전해다오"라고 간청하는 것으로 막을 내린다. 또다시 한 생명이 소멸에 이르렀다. 또다시 공개 추모가 필요하다.

그 추모는 호레이쇼가 맡겠다고 약속한다. "아직 자초지종을 모르는 세상 사람들에게 이런 참변이 어떻게 벌어졌는지 말하겠습니다. 당신들은 듣게 될 것입니다." 하지만 호레이쇼는 말을 마치기도 전에 무대 밖으로 사라진다. 그래서 그 과제는 결국 우리에게 맡겨진다. 우리는 햄릿을 기억할 수 있을까? 햄릿의 독특한 본성을 제대로 포착할 수 있을까?

물론 그럴 수 없다. 추도 전문가들이 수세대에 걸쳐 이 위대한 창작물의 특이성을 포착하려고 시도했지만 실패했고, 이 장_章도 시도했다가 실패했다. 그렇긴 하지만 우리의 노력이 헛되진 않았으니, 햄릿의 특별함은 사라지지 않았다. 햄릿의 개인적 특성은, 우리가 말로 다 표현할 수 없는 것을 파악하는 집단적 기억에 의해 꿋꿋이 살아남았고 앞으로도 영원히 살아 있을 것이다.

그리고 그 집단적 기억은 햄릿을 보존하면서 동시에 상실의 아픔

제8장. 상실의 아픔을 치유하라

에 대처할 셰익스피어의 발명품도 보존했다. 지금까지 살펴봤듯이, 그 발명품에는 두 가지가 결합되어 있다. 하나는 우리의 아픔을 인정하고 고인의 기억을 되새길 시간을 제공하고자 플롯의 급속한 전개를 버린 채 이리저리 표류하고 부풀리면서 이야기를 전개하는 '슬픔 방출기Grief Releaser'이다. 다른 하나는, 진부한 장례식과 정형화된 추도식에 대한 반감과 실망과 심지어 분노까지 공유하며 고인의 독특한 본성을 기리기 위해 세상의 무관심과 공허한 행동에 맞서기로 결심한 캐릭터의 '죄책감 해소기Guilt Lifter'이다.

이 두 발명품이 합쳐져 '슬픔 해결사Sorrow Resolver'로 작용한다. 셰익스피어가 처음 고안한 후 수세기 동안, 정체된 플롯과 독특하게 애도하는 캐릭터라는 슬픔 해결사의 기본 청사진은 후대 작가들 덕분에 더욱 정교해졌다. 요한 볼프강 폰 괴테Johann Wolfgang von Goethe의 《젊은 베르테르의 슬픔 The Sorrows of Young Werther》, 어니스트 헤밍웨이Ernest Hemingway의 《태양은 또다시 떠오른다 The Sun Also Rises》, 로버트 레드포드Robert Redford 감독의 영화 '보통 사람들Ordinary People', 조앤 디디온Joan Didion의 소설 《황홀한 사유의 한 해The Year of Magical Thinking》, 마리아마 바Mariama Bâ의 《이토록 긴 편지So Long a Letter》 등 다양한 작품이 나와 있다. 마음의 빗장을 걸고 꾹 참느라 힘들다면, 이러한 작품이 그 빗장을 풀고 실컷 슬퍼할 수 있게 해줄 것이다.

햄릿처럼 혼자서 다 짊어지느라 괴롭다면, 이러한 작품이 외로운 양심의 짐을 덜어주고 아픔을 치유할 더 방대한 기억을 선물해줄 것이다.

제9장

절망을
떨쳐내라

Wonderworks

존 던의 '노래'

발명품: 마음의 눈을 뜨기

Wonderworks

17세기 초, 파도바 대학 교정에서 어느 중년 교수가 천상을 알아보겠다고 마음먹었다.

당시 천상을 알아보겠다고 결심한 사람들은 대부분 선지자의 말을 숙독했다. 하지만 이 중년 교수는 조금 달랐다. 그의 이름은 갈릴레오 갈릴레이Galileo Galilei였다. 그는 진자, 온도 측정기, 나침반 등 기계 장치를 만드는 데 남다른 재주가 있었다. 그래서 성서를 연구하는 대신, 별을 보는 기계를 만들었다.

그 기계는 1미터 길이의 나무 튜브에 두 개의 특별한 렌즈가 달려 있었는데, 작은 건 오목하고 큰 건 볼록했다. 1609년에 이 '망원경'을 제작한 후, 갈릴레오는 기적을 마주하길 기대하면서 천상의 중심인 태양을 향해 조준했다.

갈릴레오가 기대한 특별한 기적은 '본질quintessence', 즉 '제5원소'였다. 제5원소는 그리스 천문학자들에게 칭송받았고 북아프리카 수도사들에게 찬미받았으며 페르시아의 연금술사들에게 숭배받았다. 지상의 네 원소들과 달리, 제5원소는 결코 변하지 않기 때문이었다. 그것은 천상의 순수한 불이었고 영적 세계의 물질이었고 하나님의 완벽한 불멸성이었다.

그런데 갈릴레오가 나무 튜브를 이용해 태양을 살펴봤을 때 본질적인 기적은 보이지 않았다. 오히려 얼룩이 보였다. 그것도 하나가 아니라 무수히 많은 얼룩이었다.

당황한 갈릴레오는 기계의 유리 렌즈를 깨끗이 닦았다. 하지만 아무리 닦아도 얼룩덜룩한 모습이 그대로 보였다. 갈릴레오는 그제야 깨달았다. 망원경이 얼룩진 게 아니라 태양이 얼룩져 있음을. 태양의 빛나는 표면이 거뭇거뭇하게 얼룩져 있음을.

참으로 이상했다. 아니, 끔찍했다. 이는 제5원소가 지상의 더러운 원소들과 마찬가지로 완벽하지 않다는 뜻이었다. 지상의 열매를 썩게 하고 인간의 심장을 멈추게 하는 물리적 부패에 별들도 똑같이 시달린다는 뜻이었다. 노골적으로 말해서, 천상이 전혀 천상답지 않다는 뜻이었다.

갈릴레오는 환상을 깨뜨린 이 얼룩을 '마키 솔라리macchie solari', 즉 태양의 흑점이라고 불렀다. 갈릴레오가 이 흑점의 존재를 알렸을 때, 세상 사람들도 갈릴레오의 첫 반응과 똑같이 눈을 깜빡이거나 비벼댔다. 갈릴레오 이전까지만 해도, 사람들은 천문학자들이 내놓는 이상한 주장을 그냥 무시할 수 있었다. 갈릴레오가 별 보는 장치를 고안하기 불과 몇 달 전, 요하네스 케플러Johannes Kepler가 《신천문학New Astronomy》의 집필을 끝냈다. 케플러는 이 책에서 지구가 태양

우리는 지금 문학이 필요하다

주위를 엄청난 속도로 공전한다는 점을 입증하려고 시도했다. 케플러는 그 사실을 어떻게든 입증하고자 복잡한 수학을 동원했다. 하지만 결국 수학이 얼마나 쓸모없는지 입증했을 뿐이다. 창밖을 힐끔 내다보기만 해도 지구가 초당 20마일이라는 미친 속도로 우주 공간을 돌지 않는다는 게 확연히 보였기 때문이다. 만약 그랬다면, 일상이 허리케인의 연속일 터였다. 빨랫줄과 시장 간판과 목초지의 양들이 죄다 회오리바람처럼 날아다닐 터였다.

아무튼 세상은 그렇게 생각했다. 하지만 사람들은 갈릴레오를 케플러만큼 쉽사리 무시할 수 없었다. 케플러와 달리 갈릴레오는 사람들에게 수학을 믿으라고 요구하지 않았기 때문이다. 오히려 자신들의 눈을 믿으라고 요구했다. 지구가 가만히 서 있음을 확인하려고 평소 사용하던, 바로 그 상식적 도구인 눈을 믿으라고 요구했다. "그냥 천상을 바라보세요. 그럼 보일 겁니다. 천상은 여러분이 이제까지 믿었던 것처럼 완벽하지 않습니다."

사람들은 진짜로 천상을 바라봤다. 망원경 없이도 달에 흠집이 있고 빛나는 별자리에 불규칙한 무늬가 있는 게 보였다. 과거엔 이런 불편한 사실이 그럴듯한 이유로 합리화되었지만, 천상의 황금 심장에 생긴 얼룩은 어떻게 설명할 것인가?

사람들은 자신 없게 머뭇거렸다. 그러는 사이에 한 시인이 2행시로 사람들의 두려움을 포착했다.

신철학New Philosophy은 모든 것을 의심하라 하네,
불의 원소는 완전히 소멸되었네.

제9장. 절망을 떨쳐내라

이 2행시를 지은 시인은 존 던John Donne이었다. 던은 런던의 브레드 스트리트에서 태어났고, 이 시를 지을 즈음엔 갈릴레오처럼 중년에 이르렀다. 그때까지 던의 삶은 그리 순탄치 않았다. 물론 시작은 좋았었다. 말솜씨가 워낙 뛰어나서 일찍이 궁정에 진출해 승승장구했다. 왕자도, 시녀도 그의 뛰어난 화술에 금세 넘어왔다. 그런데 하필 던은 왕이 신임하던 고문의 조카인 앤 모어와 사랑에 빠져 몰래 결혼했다. 그 때문에 감옥에 갇혔다. 얼마 뒤 풀려나긴 했지만 궁정에서 뜻을 펼치려던 계획은 물거품이 되었다. 살림은 쪼그라들었고 앤과의 사이에 자식은 점점 늘어났다. 콘스탄스, 존, 조지, 프랜시스, 루시, 브리짓, 메리, 니콜라스, 마가렛, 엘리자베스. 던은 열 명이나 되는 자식들과 함께 비좁은 도심 아파트에서 힘겹게 살았다. 가족을 부양할 능력이 부족해서 괴로워하다 자살을 생각하기도 했지만, 《자살론Biathanatos》을 쓰면서 마음을 바꿨다. 자식 중 하나가 죽을 병에 걸렸을 때, 던은 나머지 자식들을 더 잘 먹일 수 있겠다며 자신을 위로하기도 했다. 하지만 작은 관을 구입하면 파산하게 되리라는 걸 알고는 그 암울한 위로마저 거둬야 했다.

던은 상황이 아무리 힘들더라도 항상 밖으로 나가 하늘을 올려다보았다. 그리고 생각했다. '언젠가는 이 힘겨운 굴레를 벗어버리고 더 좋은 곳으로 올라가겠지. 언젠가는 우리의 고통이 성스러운 빛으로 다 타서 없어지겠지.'

그러던 차에 갈릴레오의 망원경이 나왔다. 던에게는 청천벽력 같은 소식이었다. 지상의 꿈이 진작 무너졌는데, 이제 천상의 꿈마저 산산조각 나고 말았다. 별들과 함께 사후세계를 누리지 못하게 된 것이다. 천상의 기적을 이루지 못하게 된 것이다.

하지만 다행스럽게도 던의 절망은 금세 해소되었다. 던이 새로운 천문학에 관한 고뇌 어린 2행시를 출간한 바로 그해에, 기적은 정말로 기적 같은 일을 이뤄냈다. 평소처럼 모든 논리 법칙을 깨뜨리고 갈릴레오의 기계들만큼이나 멋진 작품으로 다시 찾아온 것이다. 그 작품은 망원경처럼 유리와 나무로 된 장치가 아니었다. 던 자신이 직접 고안한 문학적 장치였다. 상식적으로 생각하면, 그 장치는 케플러의 수학만큼이나 불가능해 보였다. 하지만 눈으로 보면, 갈릴레오의 이중 렌즈 튜브만큼이나 설득력 있다고 드러났다. 한 번 읽으면, 별의 불꽃이 다시 타올랐다.

한 번 읽으면, 제5원소를 다시 믿게 되었다.

(던이 고안한 발명품의 기원)

갈릴레오가 별을 관찰하는 도구를 만들기 수년 전, 던은 제5원소를 물리칠 방법을 알아냈다. 그리고 자신의 에로틱한 서정시 〈떠오르는 태양The Sun Rising〉에서 그 방법을 수줍게 공개했다.

그 서정시는 연인의 품속에서 잠든 시인의 투정으로 시작되었다. 밖에서 태양이 떠오르며 침실에 따가운 햇살이 비치자 커플은 놀라서 잠이 깼다. 화가 난 시인은 눈부신 침입자를 나무랐다.

분주한 늙은 바보야, 제멋대로 구는 태양아,

너는 왜 이렇게

창문 사이로, 커튼 사이로 우리를 찾아오느냐?

태양은 이러한 비난을 들은 체도 않고 달갑지 않은 광선을 연인들의 망막에 계속 쏘아댔다. 결국 시인은 조치를 취해야겠다고 느꼈다. 그래서 몸을 일으킨 후 태양을 "가려서" 그 빛을 어둡게 하겠다고 위협했다.

태양은 시인의 위협에도 흔들리지 않고 계속 이글거렸다. 그러자 시인은 어쩔 수 없이 후속 조치를 취했다. 베개에 몸을 던지며 태양을 가려 제5원소를 어둡게 만들었다.

시인은 어떻게 이 놀라운 위업을 달성했을까? 어떻게 하늘의 영원한 왕을 물리쳤을까? 흠, 시인이 슬며시 설명하듯이, "눈 한 번 깜빡거림"으로써 그 일을 해냈다. 눈을 감아서 태양을 내쫓았던 것이다.

하지만 다음 순간, 시인은 다시 눈을 떴다. 연인을 바라보지 않고는 견딜 수 없다고 선언한 뒤, 시의 방향을 다른 곳으로 튼다. 그런데 몇 년 뒤, 던은 이 빛바랜 서정시를 서랍에서 발견했을 때 기발한 생각이 떠올랐다. 빛을 가리겠다던 자신의 호언장담에 기적 같은 힘이 담겨 있음을 깨달았던 것이다. 바로 문학적 역설의 힘이었다. 역설paradox은 산문 장르의 하나로, 얼음이 불보다 뜨겁다거나 깃털이 바위보다 빨리 떨어진다거나 밤이 낮보다 더 밝게 빛난다는 것을 '입증하기' 위해 교묘한 주장으로 논리를 뒤엎는다. 키케로Cicero의 《금욕적 역설Stoic Paradoxes》 같은 고대의 수사적 재담까지 거슬러 올라가며, 오르텐시오 란도Ortensio Lando의 《역설, 또는 변칙적 주장

Paradossi, or Claims Unorthodox》(1544) 같은 오락물로서 르네상스 시대에 다시 유행했다.

대학 시절, 던은 이성에 대한 이런 문학적 논박을 즐겨 읽었고 직접 작성하기도 했다. 그때 작성했던 원고가 던의 사후에 출판업자인 엘리자베스 퍼슬로우Elizabeth Purslowe의 손에 들어가게 되었다. 퍼슬로우가 그 원고를 《존 던의 초기 작품집John Donne's Juvenilia》이라는 이름으로 출판했을 때, 독자들은 노인이 젊은이보다 훨씬 더 창의적이라는 주장에 깜짝 놀랐다. 하긴 노인이 자기 나이의 절반밖에 안 되는 여자들과 끊임없이 사랑에 빠지는 게 사실 아닌가? 그렇게 쇠약한 애정이 키스로 화답받을 거라고 가정하는 것보다 더 큰 상상력을 발휘할 일이 뭐가 있겠는가?

던이 문학적 역설에 매료되자 대다수 친구들은 거짓을 위해 진실을 거부하는 데서 무슨 목적을 이루냐며 당혹해했다. 하지만 던은 문학적 역설을 꾀하면서 기발한 사실을 포착했다. 던이 깨달은 바, 역설은 본래의 진실을 철회하게 할 만큼 강력하거나 설득력 있지는 않았다. 역설적 비유와 수사적 술책이 아무리 교묘해도, 얼음이 차갑지 않다거나 밤이 어둡지 않다고 우리에게 납득시킬 수는 없었다. 그 대신, 역설은 반대되는 진실에도 우리 마음을 열게 할 만큼만 설득력이 있었다. 우리는 얼음이 차갑다고 계속 믿으면서도, 얼음이 뜨겁기도 하다는 점을 포용하게 되었다.

문학적 역설은 진실을 뒤집는 대신에, 진실을 두 가지로 확대했다. 그래서 우리에게 이런 식으로 생각하도록 유도했다. 밤은 어두우면서 또 밝기도 하다. 왼쪽은 왼쪽이면서 또 오른쪽이기도 하다.

던은 빛을 가리겠다던 시를 다시 읽었을 때, 자신의 호언장담이 똑같은 역설을 이뤄냈음을 깨달았다. 그 장담은 우리에게 태양이 가려졌다고 믿게 하진 않았다. 우리는 태양이 저 위에서 여전히 밝게 빛난다는 사실을 알았다. 이 본래 진실을 믿으면서도, 그 장담은 또 우리가 빛을 가렸다고 믿게 했다. 그래서 눈을 감는 순간, 태양과 그 빛이 더 이상 없다는 증거를 얻었다.

눈을 깜빡이는 순간, 우리는 동시에 상반된 방식으로 태양을 바라보는 놀라운 감흥을 발견했다. 우리에게 마치 육신의 눈과 마음의 눈으로 된 두 세트의 눈이 있는 것 같았다. 육신의 눈은 태양이 가려진다고 보았지만 마음의 눈은 태양이 여전히 밝게 빛난다고 보았다.

갈릴레오의 망원경을 사용할 때도 똑같은 역설적 감흥을 경험할 수 있다면 어떨까? 새로운 과학의 진실을 바라보면서, 또 옛 믿음의 진실도 바라볼 수 있다면? 제5원소가 부패로 얼룩져 있다고 보면서, 또 흠 없이 완전하다고 볼 수 있다면?

그렇게만 된다면 갈릴레오가 없앤 기적보다 훨씬 더 멋진 기적이 펼쳐질 것이다. 옛 기적에선, 단순히 천상은 천상이라는 것이었다. 그런 기적은 별로 놀랍지 않았다. 아니, 실은 전혀 놀랍지 않았다. '물은 물이다, 지구는 지구다'라고 말하는 것과 하등 다르지 않았다. 그저 단조롭고 명백한 사실일 뿐이었다.

새로운 기적은 완전히 다를 것이다. 새로운 기적은 진정한 경이를 보여줄 것이다. 천상은 제5원소이면서, 또 지구의 네 가지 원소이기도 할 것이다. 두 상반된 진실을 통합하면, 엉뚱한 논리가 자연

우리는 지금 문학이 필요하다

스럽게 풀리고, 두 세트의 눈을 활성화시켜 우리를 경외감으로 고양시킬 역설을 확실히 볼 수 있을 것이다.

그런데 던은 우리를 그런 식으로 느끼게 할 시를 쓸 수 있을까? 던은 갈릴레오의 렌즈를 통해 나타났으면서, 또 천사의 마음에도 나타났던 우주를 우리에게 보여줄 시를 정말로 쓸 수 있었을까?

그렇다, 던은 쓸 수 있겠다고 판단했다. 그런 시는 불가능할 것 같았지만 어쨌든 써보기로 했다.

(던의 불가능한 시)

던의 불가능한 시는 〈슬픔을 금하는 고별사A Valediction: Forbidding Mourning〉이다. 천상의 불이 소멸되었다는 2행시를 발표한 지 1년도 안 지난 1611년이나 1612년에 썼을 것으로 추정된다. 시는 다음과 같은 장면으로 시작된다.

고결한 사람이 조용히 죽어가며
자기 혼에게 가자고 속삭이는 사이,
슬퍼하던 친구들 중 누군가는
"이제 숨이 멎는다"라고 말하고 누군가는 "아니다"라고 말한다.

이러한 장면은 특별히 주목할 만하지 않다. 날마다 우리 주변에서 사람들이 세상을 떠난다. 그런데 시에서 이 장면은 주목할 만하다. 그 죽은 사람들이 살아 있기도 하기 때문이다. '고별사'는 삶의 마지막 순간이자 죽음의 첫 순간에 이른 친구의 육신을 상상하라고 요구하면서 우리를 이 역설로 인도한다. 다음 장면에서, 시는 이렇게 묻는다. 그 두 순간에 우리 친구에게 무엇이 달라졌는가?

답은 두 가지이다. 아무것도 달라지지 않았다. 그리고 모든 게 달라졌다.

첫 번째 답은 육신의 눈, 즉 태양을 보고 깜빡일 수 있는 눈에서 나온다. 그 눈으로 보면, 친구는 죽음의 첫 순간에도 똑같아 보인다. 실은 너무 똑같아서 친구가 또다시 숨을 쉴 것 같다. "누군가는 '이제 숨이 멎는다'라고 말하고 누군가는 '아니다'라고 말한다."

두 번째 답은 다른 눈, 즉 마음속의 눈에서 나온다. 그 눈은 모든 게 변했다고 본다. 지금 우리 앞에 있는 물체는 송장의 빈껍데기이다. 친구는 이제 그 안에 없다.

이런 이중적 시각의 느낌은 우리가 눈을 깜빡여서 태양을 가리던 느낌과 같다. 이것은 두 상반된 진실이 하나로 합쳐진 느낌이다. 그리고 이 이중적 시각은 시적 속임수처럼 느껴지는 한편, 우리 뇌에 관한 특정한 사실도 보여준다. 즉, 우리 뇌에 정말로 두 세트의 눈이 있으며, 그 두 세트의 눈은 불가능한 것을 볼 수 있다.

(불가능한 것을 보는 것의 과학)

우리 뇌가 보는 불가능한 것들은 신경과학자들에게 불가능한 사물

우리는 지금 문학이 필요하다

impossible object이라고 알려져 있다. 불가능한 사물은 2차원 종이엔 그려질 수 있지만 3차원 공간에선 존재할 수 없다.

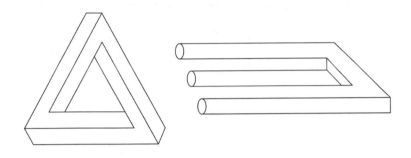

　이 두 사물은 매우 달라 보이지만, 정확히 같은 방식으로 불가능하다. 즉, 두 가능한 사물이 하나로 불가능하게 결합되어 있다. 왼쪽 사물은 왼쪽으로 돌출된 가능한 삼각형과 오른쪽으로 돌출된 가능한 삼각형이다. 오른쪽 사물은 세 갈래가 있는 가능한 포크와 두 갈래가 있는 가능한 포크이다. 불가능한 사물의 각 절반은 실재할 수 있다. 하지만 합쳐지면, 물리적 특성을 깨뜨린다.

　이와 똑같은 방식으로 물리적 특성을 깨뜨리면서, 불가능한 사물은 우리 뇌의 시각 체계에 매우 특정한 단락을 촉발한다. 시각 체계는 시각 피질과 눈이라는 두 가지 주요한 구성 요소로 이뤄져 있다. 우리 눈은 주변의 모든 사물을 스냅 촬영하는 카메라처럼 작동한다. 그리고 눈이 포착한 이미지는 카메라의 스냅사진처럼 평평하다. 디지털 스크린이나 롤필름에 있는 것처럼 2차원에 존재한다. 따라서 우리가 보는 입체형 사물의 전체 그림을 우리에게 제공하기 위해

제9장. 절망을 떨쳐내라

뇌가 눈의 2차원 스냅사진을 시각 피질의 매우 강력한 회로까지 보내면, 시각 피질은 스냅사진을 3차원 이미지로 병합한다.

3차원 세계를 2차원으로 전환했다가 다시 3차원으로 병합하는 과정은 생물학적 진화의 기적이다. 자연 속에선 모든 것이 가능한 사물이기 때문에 그 기적은 수백만 년 동안 순조롭게 진행되었다. 그런데 어느 날 인간 예술가들이 불가능한 사물을 고안했다. 그러자 기적은 훨씬 더 놀랄 만한 기적을 일으키게 되었다. 불가능한 사물이 2차원 공간에 존재할 수 있기 때문에, 우리 눈은 그 사물을 사진 찍을 수 있다. 하지만 불가능한 사물이 3차원에선 존재할 수 없기 때문에, 시각 피질은 그 사진을 완벽한 그림으로 조립할 수 없다. 그 대신, 무한 루프에 빠져 가능한 절반에서 다른 가능한 절반으로 계속 왔다 갔다 한다.

이 끝없는 순환은 우리의 시각 기억력에 연쇄 반응을 일으킨다. 시각 기억력은 보통 우리가 보는 새로운 사물을 죄다 기록하는데, 제대로 기록했는지 확인하고자 약간의 신경화학적 경이를 방출한다. '우린 지금 신기한 사물을 보고 있어'라고 뇌의 나머지 부분에 알리는 것이다. 그에 따른 경외감은 우리 뇌를 잠시 정지시켜 눈과 시각 피질에 약간의 시간을 벌어준다. 그 시간 동안 그들의 촬영과 상상적 모델링을 다시 확인하면서 기억의 질을 개선하는 것이다.

아무튼 정상적으로 작동할 때는 그렇다. 하지만 불가능한 사물이 시각 피질을 무한 루프에 빠트리면, 시각 기억력에 문제가 생긴다. 사물이 뭔지 모르기 때문에 그 사물에 대한 기록을 마칠 수가 없다. 그래서 시각 피질은 경이를 한 번만 방출하는 게 아니라 계속해서 방출하면서 우리 눈에 대고 소리친다. 계속 멈춰! 계속 쳐다봐! 이걸 제대로 기록하려면 시간이 더 필요하다고!

이렇게 연장된 시각적 경이는 뇌에서 특별한 느낌을 자아낸다. 그 느낌이 너무 특별해서 고유한 이름까지 붙었다.

바로 '사이키델릭psychedelic'이다.

(사이키델릭과 그 과학)

사이키델릭이라는 용어는 영국의 정신과의사인 험프리 포테스큐 오스먼드Humphry Fortescue Osmond가 1956년에 고안했다.

오스먼드는 2차 세계대전 동안 해군에서 정신과의사로 복무했고, 제대 후엔 LSD 약물로 촉발된 강력한 환각 증세에 관심이 많았다. 오스먼드는 이러한 환각이 정신분열증의 진전섬망증과 유사하다고 다소 성급하게 결론 내렸다. 하지만 런던 의료계에서 그의 결론을 달갑지 않게 여기자, 캐나다 남동부에 있는 서스캐처원으로 이주했다. 그가 정착한 마을엔 드넓은 목초지와 기차역, 불길한 기운마저 풍기는 거대한 벽돌 건물이 있었다. 바로 웨이번 정신병원 Weyburn Mental Hospital이었다.

웨이번에는 만성 알코올 중독으로 사회에 복귀하기 힘든 중독자들이 수백 명 수용되어 있었다. 그들은 날마다 카드놀이를 하고 냉수욕을 하고 머리에 전기경련 충격요법을 받으면서 시간을 보냈다. 하지만 어떤 방법도 알코올 중독자들을 제대로 치료하지 못했다. 그래서 오스먼드는 LSD에 관한 자신의 이론을 시험해보기로 했다. 약물로 촉발된 정신분열성 공포 때문에 중독자들이 술을 멀리하게 될 거라고 추정했다. 다소 냉정하게 느껴지는 이 가설을 시험하기 위해, 오스먼드는 1954년에서 1960년까지 서스캐처원의 알코올 중독자 2,000여 명에게 LSD를 투여했다. 다행히 치료는 효과가 있었다. 환자들 중 40퍼센트 이상이 술을 끊었다. 그런데 놀랍게도 LSD가 무서워서 술을 끊은 게 아니었다. LSD가 강렬한 정신적 경이를 촉발시켜서 알코올 중독의 기저 원인인 우울증과 불안감을 완화시켰기 때문에 술을 끊은 것이었다.

이러한 신경적 변화를 황홀하게 묘사하는 환자들의 이야기를 수없이 들은 후, 오스먼드는 LSD가 일으키는 환각에 어울리는 이름을 고민하다 '영혼의 시각soul sight'으로 결정했다. 그런데 영혼의 시각이 전문 의학 용어처럼 들리지 않아서 고대 그리스어로 바꾸었다.

psyche soul(영혼) + delos visible(보다) = psychedelic ('환각을 일으키는, 황홀경의'라는 뜻이다.)

전문 용어처럼 들리는데도 불구하고 사이키델릭은 오스먼드 생전엔 의학계의 주류로 대우받지 못했다. 더구나 미국에선 1968년에 LSD가 불법 약물로 지정되었다. 하지만 요즘엔 여러 흥미로운 과학적 발견으로 LSD의 명성이 크게 개선되었다. 가령 사이키델릭은 불가능한 사물과 똑같은 방식으로 작용한다는 사실이 밝혀졌는데, 물리적 현실에 융합될 수 없는 이미지를 시각 피질에 마구 보내서 우리 뇌를 개방된 경이의 상태로 고정시키기 때문이다.

환자 대상 실험에서, 이러한 경이가 워낙 강렬하여 불안감과 우

우리는 지금 문학이 필요하다

울증을 며칠, 심지어 몇 주 동안 줄여주는 것으로 나타났다. 하지만 안타깝게도, 단점이 없지는 않았다. LSD는 효과를 예측할 수 없어 정신질환과 공포증, 극도의 외로움, 환각의 재발 같은 부작용을 일으킬 수 있다. 따라서 심리학자들은 이런 단점을 최소화하기 위해 LSD를 '미세 용량microdoses'만 투여하고 그 효과를 연구하기 시작했다. 부작용이 전혀 없는 미세 용량을 시험 삼아 복용해보고 싶다면, 존 던의 〈고별사〉를 읽어보라.

〈고별사〉는 산송장의 이미지로 사이키델릭한 효과를 제공한다. 산송장은 두 가능한 사물(죽은 친구와 숨 쉬는 친구)이 불가능하게 하나로 합쳐져 있다. 그래서 우리 뇌는 이 불가능한 사물을 인지하면, 영혼의 시각에서 작용하는 것과 같은 신경 경로를 자극해 계속 경이를 일으키게 한다. 그런데 〈고별사〉에선 산송장만 영혼의 시각을 유발하는 게 아니다. 이 시는 그보다 훨씬 더 센 사이키델릭한 사물로 끝맺는데, 지상과 천상이 불가능하게 하나로 합쳐져 있다.

(시적 사이키델릭)

지상과 천상의 사이키델릭한 경험으로 우리를 안내하기 위해, 던은 일단 시각 피질에 제도용 컴퍼스를 상상하라고 요구한다. 컴퍼스는 뾰족한 두 다리가 거꾸로 된 V자 모양으로 단단히 묶여 있다. 그래서 한 다리를 고정시키고 다른 다리를 돌리면 완벽한 원을 그릴 수 있다.

원을 그리는 데 쓰는 이 도구는 〈고별사〉의 마지막 연에 등장한다. 이 연에서, 장기 여행을 떠나는 시인은 아내에게 한 컴퍼스의 두 다리를 자신들의 영혼으로 상상하라고 요구한다.

만약 우리 영혼이 둘이라면 똑같이 생긴
뻣뻣한 컴퍼스의 다리가 둘이듯 그렇게 둘이리라.
그대의 영혼은 고정된 다리라 움직이지 않지만
다른 다리가 움직이면 따라서 움직인다.
그대의 다리는 중심에 자리 잡고 있지만
다른 다리가 먼 곳을 배회하면
몸을 기울여 그쪽에 귀 기울이고
집으로 돌아오면 다시 꼿꼿이 선다.
그대는 나에게 그런 존재,
나는 다른 다리처럼 비스듬히 달려야 하지만
그대의 확고함이 내 원을 똑바르게 하고
내가 시작했던 곳에서 끝맺게 한다.

마지막 행인 "내가 시작했던 곳에서 끝맺게 한다."에 이를 때, 우리는 무엇을 보는가? 시인이 시작했던 "끝"은 무엇인가? 컴퍼스가 그리는 최종 형태는 무엇인가?

우리 뇌는 두 가지를 본다. 두 개의 끝을 보고, 두 개의 컴퍼스 모양을 본다. 뇌의 절반은 육신의 눈으로 본다. 그 눈은 "내 원을 똑바르게 하고"를 읽으면서 컴퍼스의 두 번째 다리가 그려낸 완벽한 원

우리는 지금 문학이 필요하다

을 본다. 뇌의 다른 절반은 마음의 눈으로 본다. 그 눈은 "내가 시작했던 곳에서 끝맺게 한다."를 읽으면서 시인이 애초에 작별을 고했던 곳으로 돌아왔다고 상상한다. 컴퍼스를 한 점으로 합쳐서 아내의 품으로 돌아왔다고 상상한다.

따라서 우리는 둥그런 원을 보면서 그 중심도 본다. 우리는 하늘의 태양이 그려낸 곡선을 보면서 또 그 중심에 있는 세상도 본다. 다시 말해서, 우리는 두 가능한 형태의 불가능한 결합을 본다. 천상과 지상이 하나로 합쳐진 우리를 본다.

('마음의 눈을 뜨기'를 직접 활용하기)

머리는 그 자체로 불가능한 사물이다. 당신의 머리는 뉴런으로 이뤄진 뇌와, 각각의 가능한 경험으로 이뤄진 마음을 결합한다. 그런데 이 둘이 어떻게 하나로 결합될까? 이 둔감한 회백질이 민감한 의식과 어떻게 융합될까?

이러한 뇌-마음 불가능성은 17세기 철학자들 사이에 처음 흥미를 불러일으켰고, 19세기 심리학자들 사이에서도 흥미를 불러일으켰다. 그러다 험프리 오스먼드가 사이키델릭 연구를 시작하던 1950년대 초, 완전히 새로운 종류의 연구자들 손으로 넘어갔다. 바로 신경해부학자들이다. 이름마저 하는 일에 걸맞은 러셀 브레인Russel Brain 박사는 영국의 신경해부학자이자 왕립의사협회 회장인데, 과학의 '냉정한 눈'이 뇌의 모든 비밀을 밝혀내더라도 마음은 시로만 설명

될 수 있을 거라고 주장했다. 나치 독일에서 망명한 하트윅 컬린벡 Hartwig Kuhlenbeck 박사 역시 신경해부학자로서, 선구적인 '뇌사' 연구를 통해 마음이 평행 차원parallel dimension에 존재한다는 놀라운 결론에 이르렀다. 그래도 가장 영향력 있는 신경해부학자로는 1981년에 노벨 생리·의학상을 수상한 미국의 로저 월콧 스페리Roger Wolcott Sperry 박사를 꼽을 수 있다.

스페리 박사는 가능한 도롱뇽을 불가능한 도롱뇽으로 바꾸는 엉뚱한 실험을 감행했다. 능숙한 수술 솜씨를 발휘하여 도롱뇽의 눈을 제거한 다음 180도 회전시켜 다시 이식한 것이다. 그 결과, 도롱뇽은 세상을 똑바로 보는 마음의 눈과 세상을 거꾸로 보는 육신의 눈을 지닌 항구적 사이키델릭 상태에 놓이게 되었다. 이 공상적인 실험에 영감을 받은 스페리는 1952년, 〈아메리칸 사이언티스트American Scientist〉지에 "마음-뇌의 문제"라는 논문을 발표했다. 이 논문에서 스페리는 마음이 뇌를 거울처럼 그대로 보여준다는 당시 통념을 부정했다. 그 대신, 마음은 사물을 보는 반면 뇌는 행동을 본다고 주장했다. 가령 마음이 '물'을 바라볼 때 뇌는 '마신다'를 바라봄으로써, 우리 머리에 이중 시각을 끊임없이 제공한다.

여기서부터 스페리의 연구는 훨씬 더 환상적으로 흘러갔다. 그는 고양이를 데려다가 뇌량(좌우 대뇌 반구를 연결하는 신경 섬유속)을 잘라서 뇌의 왼쪽과 오른쪽을 분리했다. 그 결과 놀랍게도 양쪽 뇌는 의식이 있긴 하지만 둘 다 다른 쪽을 의식하지 못했다. 그렇다면 어느 쪽 의식이 그 고양이였을까? 아무래도 양쪽 모두라고 해야겠다. 고양이는 두 다른 마음이 하나로 합쳐져 있었으니까.

스페리는 여기서 멈추지 않고 사이키델릭한 연구를 한 가지 더 진행했다. 이번엔 관심을 인간에게 돌렸고, 결국 우리도 그 고양이와 같다는 사실을 기어이 알아냈다. 인간도 오른쪽과 왼쪽으로 된 두 개의 뚜렷한 의식 영역이 있는데, 그 둘을 하나로 인식한다는 것이다. "좌반구와 우반구 모두 다른, 심지어 서로 상충되는 정신적 경험을 동시에 의식할 수 있습니다."

그러므로 우리 머리는 철학자들과 심리학자들이 알고 있는 것보다 훨씬 더 불가능하다. 깨어 있는 매 순간은 정말 순식간에 결합되면서 정신 활동의 모든 순간을 역설로 만들어버린다.

당신의 마음이 아직 이 사실을 이해하지 못한다면, 존 던의 발명품으로 마음의 눈을 뜨게 할 수 있다. 그 청사진은 18세기와 19세기 중엔 별로 사용되지 않았지만, 사물의 선명한 이미지를 강조하는 이미지스트Imagist의 시각적 시로 다시 부활했다. 윌리엄 카를로스 윌리엄스William Carlos Williams의 시 〈고백할 게 있는데 말이야This Is Just to Say〉에서 그 맛을 느껴보라.

내가 먹었어

아이스박스에

있던

자두

그거

아마 당신이

아침에 먹으려고

아껴둔 것일 텐데

용서해줘

자두는 맛있었어

참 달고

시원했어

마음의 눈은 자두가 더 이상 없다는 사실을 알면서도 육신의 눈
은 달고 시원한 맛을 느낄 수 있지 않은가?

M. C. 에셔M. C. Escher의 '상대성Relativity'과 '폭포Waterfall' 같은 역설적
그림에서, 혹은 테렌스 맬릭Terrence Malick의 사이키델릭한 영화 '씬 레
드 라인The Thin Red Line'에서도 던의 이중 시각을 발견할 수 있다. 이
영화는 죽은 사람들의 생각과 살아 있는 사람들의 시선을 섞기 위
해 여러 음성을 삽입하여, 우리의 의식을 배가시키고 경외감을 끝
없이 샘솟게 한다. 이런 신비한 예술적 경험에 마음의 눈을 열면 열
수록, 당신은 심오한 물리적 현상에 더 다가갈 것이다. 황금처럼 빛
나는 태양과 흠 없이 완벽한 제5원소를 뛰어넘는 기적에 더 다가갈
것이다.

불가능한 당신이라는 기적.

얼핏 둘로 보이는 하나.

자아수용을
달성하라

Wonderworks

조설근의《홍루몽》,
장자의〈원툰 이야기〉

———————

발명품: 나비 몰입기

서산의 그림자 아래, 기우뚱한 느릅나무 책상 앞에서 한 학생이 수치스러운 듯 고개를 푹 숙였다.

그 학생은 훗날 중국에서 가장 훌륭한 소설가로 이름을 떨치게 될, 조설근曹雪芹이었다. 하지만 18세기 초의 어느 날 오후, 어린 그가 알 수 있는 미래는 과거 시험 발표가 임박했다는 사실뿐이었다.

과거를 보러 가던 날 아침, 아버지는 그에게 이렇게 훈계했다.

"장원을 해야 한다. 그래야 비단 옷을 입고 자금성에 들어가 황제를 직접 보필할 수 있느니라."

숙부는 좀 더 온화하게 격려했었다.

"적당히 하고 오너라. 그러면 지방 염철사鹽鐵使(소금의 전매를 맡아 하던 벼슬) 자리를 얻어서 편히 살 수 있단다."

하지만 장원을 하지 못한다면? 아니, 그저 적당히 하지도 못한다면? 그러면 지금 있는 곳에서 영원히 벗어나지 못할 터였다. 베이징

제10장. 자아수용을 달성하라

서쪽의 이 볼모지에 영영 갇히게 될 터였다.

그 생각만 하면 속이 뒤틀려서, 조설근은 어떻게든 마음을 다잡고 서책에 집중하려고 애썼다. 《대학》, 《중용》, 《논어》에는 공자의 가르침이 담겨 있었다. 공자는 기원전 6세기에서 5세기에 걸친 춘추시대春秋時代 말기에 벼슬에서 물러난 후, 육십여 명의 제자들에게 지智(지혜)와 정貞(충정)과 치恥(수치) 같은 덕목을 가르쳤다.

수세기 동안 이러한 덕목은 과거 시험의 필수 과목이었다. 수백만 명의 학생이 지, 정, 치를 충실하게 암기해서 과거에 합격해야 정부 관료나 세금 징수원이나 지방 염철사 벼슬을 얻을 수 있었다. 하지만 가엾은 조설근은 그런 존경받는 무리에 끼지 못할 것 같았다. 공자의 가르침을 좀체 암기할 수 없었기 때문이다. 실제로 과거 시험 성적은 형편없었다.

그의 시험 성적을 보고 가족들은 몹시 낙담했다. 물론 가족들도 시험이 쉽다고는 생각하지 않았다. 과거 시험을 치르는 사람은 물주전자와 요강과 짚단만 있는 방에 갇혀 삼엄한 감시 속에서 며칠을 버텨야 했다. 대다수 응시자가 낙방했고, 개중엔 목숨까지 잃는 경우도 있었다. 그들의 시신은 바로 명석에 말려 고사장의 높다란 담벼락 너머로 내던져졌다. 조설근의 아버지와 숙부들은 이런 힘든 과정을 잘 알면서도 그에게 압박을 가했다. 본인들도 그런 압박을 이겨내고 과거에 합격해 황실의 날개 지붕 누각에서 높은 자리까지 올랐었기 때문이다.

하지만 조설근의 아버지와 숙부들은 결국 벼슬을 잃었고, 지금과 같은 빈곤의 수렁으로 떨어지고 말았다. 그런데도 조만간 예전에 누

우리는 지금 문학이 필요하다

리던 영화를 되찾으리라 확신했다. 집안 대대로 과거 시험에서 좋은 성적을 거두었기 때문이다. 그들은 일찍부터 조설근에게 공자를 공부하게 했고, 그가 영민한 데다 호기심도 많아 가문을 크게 일으킬 거라 믿었다.

하지만 그들의 기대는 어긋나고 말았다. 조설근은 아무리 오랫동안 앉아서 서책을 들여다봐도 머리에 남는 건 치恥뿐이었다. "수치는 의무의 뿌리니라." 공자가 노나라의 대나무 숲에서 가르쳤던 덕목이다. 그 가르침에 고개를 끄덕인 훌륭한 제자가 있었으니, 바로 맹자였다. "수치는 자연의 네 가지 싹 중 하나입니다. 수치를 모르면 인간이라 할 수 없습니다." 이 가르침은 2,000년이 지난 조설근의 시대에도 여전히 남아 있었다. 당시 중국 황제는 한 달에 두 번씩 관리를 파견해 각 고을의 백성들에게 경고했다. "윗사람을 공경하고 잘못을 부끄러워하는 것을 잊지 마라. 그들은 바른 길을 걷고 있지만 너희는 그렇지 않느니라."

황제는 조설근이 수치를 잊을까 봐 걱정할 필요가 없었다. 조설근은 다른 건 몰라도 이 가르침에선 공자의 진정한 추종자였기 때문이다. 조설근은 공부가 안 될 때마다 치恥를 느꼈다. 어머니의 실망스러운 얼굴을 볼 때도 치恥를 느꼈다. 사촌들이 가난에 허덕이는 모습을 볼 때도 치恥를 느꼈다. 하지만 안타깝게도 조설근의 수치는 공자의 제자가 가르친 대로 흘러가지 않았다. 조설근을 더 인간답게 성장하도록 유도하지 못하고 오히려 아무 쓸모도 없는 인간이라고 느끼게 했다. 그런 감정이 너무 커져서 그는 결국 자신을 포기해버렸다. 서책을 다 덮고 느릅나무 책상이 혼자서 흔들거리게 둔 채, 조설근은 서당에서 가장 어두운 곳으로 숨어들었다. 그곳에서 그를 삼켜버릴 망각의 구멍을 찾을 수 있기를 바랐다.

그런데 조설근은 구멍 대신, 빛바랜 고문서를 발견했다. 나무껍질을 삶아서 만든 종이로 제본한 것이었다. 강희제康熙帝가 1670년에 성유聖諭, 즉 임금이 직접 내린 칙령에서, 공자의 "참된 교의는 숭상하되," "이상한 가르침"을 주는 고문서는 "폐기하라"고 백성에게 엄히 지시한 후로 아마 50년도 더 넘게 그 자리에 있었을 것이다. 조설근은 황제의 칙령을 무시하고 불손하게도 고문서를 펼쳤다.

(나무껍질 종이로 엮은 고문서의 계시)

세상의 한가운데 윈툰云呑, Wonton이 살고 있었다. (윈툰은 원래 훈툰渾沌을 광동어 발음으로 적으면서 생긴 단어, '구멍이 없다'는 뜻이다. - 역자 주)

윈툰에겐 이웃이 둘 있었는데, 북쪽 황제와 남쪽 황제였다. 윈툰은 늘 그들에게 무척 친절했다. 그러던 어느 날, 두 황제는 윈툰에게 보답하기로 뜻을 모았다. "우리는 머리에 구멍이 일곱 개씩 있소. 두 개는 듣는 데 쓰고, 두 개는 보는 데, 두 개는 냄새 맡는 데, 한 개는 맛보는 데 쓰지요. 하지만 불쌍한 윈툰에겐 구멍이 하나도 없소. 그러니 우리가 구멍을 좀 내줘야 하오."

두 황제는 자신들의 계획에 흡족해하면서 송곳을 챙겼다. 그리고 날마다 윈툰의 머리에 구멍을 하나씩 뚫었다.

그런데 일곱째 날, 윈툰이 죽었다.

우리는 지금 문학이 필요하다

조설근은 이 글을 다 읽었을 때 어떤 기분이 들지 뻔히 알았다. 윗사람의 뜻을 또다시 거역하고 금지된 글을 읽었으니 치恥가 밀려들게 뻔했다.

그런데 놀랍게도, 전혀 부끄럽지 않았다. 오히려 그 반대로 치恥가 줄어들었다. 그리고 완벽한 학생이 아니라는 사실에 처음으로 마음이 편안해졌다.

원툰 이야기가 이렇게 해줬을까? 원툰 이야기가 그의 머리에 구멍을 뚫어 수치심을 빼내줬을까? 궁금해진 조설근은 고문서를 들고 자신의 기우뚱한 책상으로 돌아갔다. 그리고 전에 없이 집중해서 읽어 내려갔다. 그 안에 숨겨진 청사진을 어렴풋이 알아낼 때까지 읽고 또 읽었다.

(원툰의 청사진)

〈원툰 이야기〉는 다소 미스터리한 사상가인 장자莊者가 고안했다. 장자는 공자보다 한 세기 정도 후인 전국시대戰國時代에 살았을 것으로 추정된다. 일곱 개의 강국과 수십 개의 군소 군벌이 지금의 중국 중부와 동부를 차지하려고 다투던 시기였다. 다툼은 대단히 격렬했다. 병사들은 전례 없이 많은 인명을 살상하고자 날카로운 청동 촉이 달린 포를 쏘고 철검을 휘둘렀다. 백기白起라는 이름의 장수는 혼자서 백만 명의 목숨을 빼앗았다고 전해진다. 이러한 대량 살상은 진秦나라가 다른 국가를 모두 정벌하고 나서야 끝났다. 진나라 왕은

제10장. 자아수용을 달성하라

자신을 천상의 제왕이라는 뜻으로 황제皇帝라 선포했다.

이 시기의 폭력은 공자를 추종하는 무리에게 규탄받았다. 황제는 백성이 본래 악해서 법령과 칼날로 다스려야 한다고 생각했지만, 공자는 백성이 본래 선하며 통치자가 훌륭하게 행동하면 백성도 자발적으로 의무를 다할 거라고 가르쳤다. 공자의 제자들과 군벌들 사이에 갈등이 점점 심해졌다. 그래서 황제는 정권을 쥐게 되자 그들을 산 채로 수백 명이나 땅에 묻었다고 한다.

이런 와중에도 공자의 제자들과 군벌들이 한 가지 교리는 서로 인정하고 지지했다. 바로 중국이 한 가지 규칙 아래 통합되어야 한다는 것이었다. 공자는 그 규칙을 "우주 만물이 돌아가는 방식Way of the cosmos"이라는 뜻으로 도道라고 불렀다. 도를 지키면, 우리는 정의와 정직과 친절이라는 영원법永遠法과 함께 흐르고, 도를 어기면 치恥를 느껴 도덕적으로 우월한 사람들의 방향으로 되돌아가게 된다.

장자는 한 가지 참된 방식one true Way이라는 공자의 교리를 잘 알았다. 그리고 우리가 우주적 관행을 따르지 않고 위험한 방향으로 갈까 봐 수치를 고안했다는 공자의 뜻도 잘 알았다. 하지만 장자는 공자에게 전적으로 동의할 수 없었다. 황제의 엄격한 규율과 마찬가지로, 심리적 회초리인 치恥도 부자연스럽게 느껴졌다. 그래서 장자는 공자의 가르침과 황제의 전쟁터를 뒤로하고 중국 동부를 정처 없이 떠돌아 다녔다. 그러던 어느 따스한 오후, 장자는 연못의 비단잉어와 하늘의 참새를 멍하니 바라보다 문득 이런 깨달음을 얻었다. '잉어와 참새는 같지 않아! 그들은 각자의 방식Way이 있고, 한쪽 방식이 다른 쪽에게 좋진 않아. 잉어가 참새의 방식을 좇으려 하면 하늘 높

이 올라갈 수 없을 테고, 참새가 잉어의 방식을 따르려 하면 물에 빠져 죽을 테지.'

장자는 계속 생각했다.

'결국 인생에는 한 가지 방식만 있는 게 아니라 여러 가지 방식이 있어. 그리고 생명체마다 각자의 방식이 있어.'

장자는 이 깨달음을 세상 사람들에게 널리 알리기로 마음먹었다.

'나도 공자의 《논어》처럼 훌륭한 지혜서를 써야겠어. 그리고 내 식견을 널리널리 퍼뜨리도록 제자들을 60명 넘게 훈련시켜 나처럼 현명한 사람이 되도록 할 거야.'

하지만 다음 순간 장자는 자신이 어떤 것도 할 수 없음을 깨달았다. 만약 그가 다른 사람들에게 자신의 방식을 따르라고 가르친다면, 조금 전의 깨달음을 부정하고 공자 학파와 황제들이 저지른 실수를 되풀이하는 셈이었다.

잘못을 깨달은 장자는 연못 옆에 앉아 생각했다. 사람들이 각자의 방식을 찾도록 어떻게 안내할 수 있을까? 그들이 스스로 깨우치도록 어떻게 도와줄 수 있을까? 가르칠 수도, 안 가르칠 수도 없는 역설적인 상황이었다.

그러다 문득 해결책이 떠올랐다. 새로 가르칠teach 게 아니라 전에 배운 것의 오류를 깨닫게 하면unteach 될 터였다. 공자가 수립한 한 가지 방식the one Way을 해체하고 사람들의 마음을 자유롭게 하면 그들은 각자의 흐름을 회복할 터였다.

장자는 잘못된 교육을 되돌리기 위해 다시 황제 앞으로, 공자 앞으로 돌아왔다. 기원전 2000년의 황화 계곡으로 먼 길을 되돌아왔

제10장. 자아수용을 달성하라

다. 그곳은 상商 왕조의 불점占술사들이 거북의 등껍질에 음과 양이라는 서로 연결된 단어를 새겨 놓았던 곳이다. 음陰은 어두운 '밤'을 뜻했고 양陽은 해가 비치는 '낮'을 뜻했다. 이 둘은 합쳐져서 자연의 더 큰 이원성을 상징했다. 밤이 환한 낮과 쌍을 이루듯, 세상 만물도 상반되는 것과 연결되었다. 여름은 겨울과 연결되고, 매끄러운 것은 거친 것과 연결되며, 깨어남은 꿈과 연결되었다.

공자의 추종자들은 각각의 결합에서 한쪽이 다른 쪽보다 더 우위에 있다고 설명했다. 가령 여름이 겨울보다 더 우월하고, 매끄러운 것이 거친 것보다 더 우월했다. 하지만 장자는 그것을 바꾸려고 했다. 음과 양 둘 다 똑같이 좋다고 설명하려고 했다. 여름은 무당벌레에게 좋고, 겨울은 스라소니에게 좋았다. 매끄러운 것은 오동나무 껍질에 좋고, 거친 것은 느릅나무 껍질에 좋았다. 사람들이 이런 이원성을 알고 나면, 공자가 내세운 절대적 하나the One는 무너지고 수많은 개별적 방식이 열릴 터였다.

다음 순간, 장자는 다시 멈칫했다. 백성에게 올바로 생각하는 법을 가르치려 했던 황제의 실수에 또다시 말려들었던 것이다. 그가 진정으로 절대적 하나를 반대하려면, 음과 양을 가르치러 다닐 수 없었다. 그저 사람들이 기존에 배웠던 음과 양의 오류를 스스로 깨닫게 하는 수밖에 없었다.

이미 배운 내용을 되돌릴 생각을 하니, 장자는 머리가 아팠다. 너무 철학적으로 사색하니까 오히려 더 생각이 안 되는 것 같았다. 정신 활동을 싹 멈추고 평소처럼 즉흥적인 방식으로 돌아가야 했다. 그래서 장자는 의식을 차단하고 느긋한 마음으로 붓을 들었다.

우리는 지금 문학이 필요하다

[장자가 쓴 글]

장자는 그 붓으로 〈원툰 이야기〉를 썼다. 이 이야기는 음과 양의 규칙을 가르치지 않는다. 실은 어떤 규칙도 가르치지 않는다. 하지만 원툰의 끔찍한 최후로 우리 뇌를 깜짝 놀라게 한다. 원툰이 황제들과 다르다는 이유로 죽을 이유는 없다고 느끼게 한다.

결국, 장자가 미리 계획하진 않았지만 이 이야기는 음과 양의 오류를 스스로 깨닫게 한다. 황제가 강요하는 절대적 하나에 대한 우리의 믿음을 해체한다.

그런데 장자는 〈원툰 이야기〉를 쓰고 나서 붓을 내려놓지 않았다. 다른 글을 또 썼다. 왜? 그 이유는 장자 자신도 몰랐다. 그저 아무 생각 없이 자신의 흐름을 따라갔다. 하지만 우리는 여기서 잠시 멈추고 생각해보자. 〈원툰 이야기〉에는 허점이 있다. 우리가 너무 놀라서 두 황제에게 비난의 화살을 돌리기 때문이다. 원툰은 자기 방식대로 괜찮았다고 생각하는 데서 그치지 않고 두 황제는 나쁜 사람들이었다고 생각하게 된다. 그렇게 생각하는 순간, 우리는 다시 절대적 하나의 사고방식으로 돌아가게 된다. 어떤 길은 나쁘고 어떤 길은 좋다고 또다시 믿게 된다.

그래서 장자는 다음과 같은 이야기로 〈원툰 이야기〉의 허점을 바로잡았다.

나, 장자는 어느 날 나비가 되어 훨훨 날아다니는 꿈을 꾸었다. 기분 좋게 날다 보니 내가 장자인 줄도 몰랐다. 그런데 눈을 뜨니, 나는 다시 나 자신,

진짜 장자로 돌아왔다. 그렇다면 장자가 나비로 변하는 꿈을 꾸었을까? 아니면 나비가 장자로 변하는 꿈을 꾸었을까? 나는 모르겠다. 하지만 장자와 나비 사이엔 분명한 차이가 있으니, 이를 일러 만물의 변화라고 한다.

이것은 '나비의 꿈Dream of the Butterfly', 즉 〈호접몽胡蝶夢〉이다. 〈윈툰 이야기〉와 달리, 이 이야기에는 악한으로 볼 만한 캐릭터가 없다. 그 대신, 다르지만 똑같이 긍정적인 두 가지 삶을 경험하게 한다. 우리는 나비 꿈을 꾸는 장자이기도 하고, 장자 꿈을 꾸는 나비이기도 하다. 둘 다 즐겁고 행복한 경험이다. 우리가 어떤 것에서 다른 것으로 변한다고 해서, 그 변화가 진보나 퇴보는 아니다. 여름의 딱정벌레에서 겨울의 스라소니로 바뀌듯, 우리는 삶의 양면을 인정하고 고마워해야 한다.

당신이 지금 장자의 이야기를 의식적으로 되새기고 있다면, 아마 다음과 같은 의문을 품었을 것이다. 〈호접몽〉이 〈윈툰 이야기〉보다 이원성을 더 완벽하게 설명한다면, 장자는 왜 앞으로 돌아가서 〈윈툰 이야기〉를 지우지 않았을까? 흠, 좋은 질문이다. 〈호접몽〉은 〈윈툰 이야기〉보다 음과 양을 더 완벽하게 설명하긴 하지만, 그렇다고 해서 〈윈툰 이야기〉보다 더 낫다고 할 수는 없다. 이야기마다 각자의 방식way이 있기 때문이다.

윈툰 이야기는 파장이 좁고 강렬하다. 절대적 하나에 대한 우리의 믿음을 힘차게 무너뜨린다.

호접몽은 파장이 넓고 부드럽다. 우리 마음에 이원성을 받아들이라고 살살 꼬드긴다.

장자가 〈호접몽〉만 썼다면, 절대적 하나에 대한 집착을 깨뜨릴 만큼 강하지 않았을 것이다. 장자가 〈윈툰 이야기〉만 썼다면, 이원성을 자연스럽게 받아들이도록 촉구하지 못했을 것이다. 따라서 장자는 두 이야기를 써서 우리 뇌에 매끄러운 것과 거친 것을, 여름과 겨울을 제시했다. 이런 식으로 음과 양을 들려줌으로써, 장자는 우리 뇌에 또 다른 점도 알려주었다. 그것은 바로 어린 조설근이 나무껍질 고문서에서 발견했던 자아수용self-acceptance이다.

(자아수용과 그 신경과학)

어린 조설근이 발견했듯이, 자아수용은 수치심에 의해 무너진다.

수치심은 '도덕적' 감정 중 하나이며, 다른 주요한 감정으로는 죄책감과 자부심이 있다. 죄책감과 자부심은 딱히 도덕과 결부되지 않는다. 보편적인 옳고 그름에서 나오지 않고 우리 뇌에서 나오며, 인간의 삶만큼이나 다양하고 거칠다. 하지만 현대 심리학자들은 수치심과 죄책감과 자부심이 공동체의 윤리 규범을 강화한다는 이유로 죄다 도덕과 결부시킨다. 수치심과 죄책감은 공동체가 나쁘게 여기는 일을 못하게 하는 반면, 자부심은 공동체가 좋게 여기는 일을 하도록 격려한다.

제10장. 자아수용을 달성하라

자부심은 철학자와 신학자들에게 자주 비난을 받았다. 특히 집단 자부심은 오랫동안 성차별, 무법주의hooliganism, 국수주의 같은 파괴적 행동을 조장했다. 하지만 현대 심리학 연구에 따르면, 독특한 생각이나 관심사, 특이한 재주 같은 개인적 특성에 대한 자부심은 우리의 기분을 개선하고 회복력을 높이며, 심지어 더 협력적인 사람이 되게 한다. 자신의 존재 방식에 자신감이 붙으면서 다른 방식을 위협으로 여기는 성향이 줄고 타인의 다른 측면을 소중히 여기게 되는 것이다.

반면, 수치심은 거의 언제나 해롭다. 낮은 자존감, 약물 남용, 우울증, 불안, 서툰 인간관계 등에 영향을 미칠 수 있는데, 죄다 수치심의 사악한 신경 메커니즘에서 비롯된다. 이는 죄책감보다 더 깊숙한 곳에서 우리 뇌를 좀먹는다. 죄책감이 우리의 외부 행동을 스스로 의식하게 하는 데 반해, 수치심은 우리의 본성을 의식하게 한다. 그래서 수치심은 거짓말과 부정행위 같은 교정 가능한 행동을 진심으로 뉘우치도록 촉구하는 게 아니라, 우리 자신의 항구적 모습에 혐오감을 느끼게 한다. '나는 못생겼어. 나는 멍청해, 나는 쓸모없어.'

따라서 자기 자신을 나쁘게 생각할 거라면, 수치심보단 죄책감을 느끼는 게 차라리 낫다. 인간은 그간의 생명활동을 통해서 그 사실을 용케 체득한 것 같다. 우리 뇌에서 죄책감이 더 최근에 진화한 것으로 보이기 때문이다. 수치심은 조만간 편도선과 사랑니 같은 흔적 기관으로 축소될지도 모른다. 아울러 다른 흔적 기관처럼 수술로 제거할 수는 없지만 수치심의 신경 기원, 즉 내면의 문화 규범 목록을 겨냥하면 자기파괴적 효과를 최소한도로 줄일 수는 있다.

우리는 지금 문학이 필요하다

이 목록은 뇌의 내측전두이랑medial frontal gyrus 같은 정보 저장 영역에 내재되어 있는데, 워낙 강하게 박혀 있어서 싹 지울 수는 없다. 우리 뇌가 적어도 몇 가지 문화 규범은 있어야 한다고 느끼기 때문이다. 그런데 이러한 규범을 삭제할 수는 없다 하더라도 수치심을 다른 식으로 최소화할 수는 있다. 우리의 내면 목록을 더 확장해서 사회적으로 용인되는 행동의 구성 범위를 늘리면 된다. 확장을 위한 간단하면서도 친사회적인 방법은, 우리와 다르게 행동하는 사람들과 폭넓게 어울리는 것이다. 어울리는 사람들의 규범이 다양하면 할수록, 우리 뇌는 자기 방식으로 존재하는 것을 더 편하게 느끼게 된다.

〈호접몽〉도 이와 같은 방식으로 수치심을 덜어줄 수 있다. 장자의 삶에서 나비의 삶으로 우리를 전환시켜 서로 다른 방식을 경험하게 함으로써, 내면의 규범 목록은 늘려주고 자기판단self-dudgment은 줄여준다. 그런 이유로, 어린 조설근을 괴롭히던 치恥를 덜어주었던 것이다.

어린 조설근이 이 치유책을 찾아낸 것은 다행스러운 일이었지만, 그 효과는 뇌의 작용에 의해 제한된다. 우리 뇌는 나비에 관한 짧은 이야기 하나를 읽었다고 유해한 수치심을 홀홀 털어내지 못한다. 완전한 자아수용을 달성하려면, 내측전두이랑이 다양한 규범을 흡수하도록 꽤 오랫동안 문학 작품에 몰입해야 한다. 장자는 훗날《장자》로 알려지게 될 책에 수십 편의 이야기를 남겨 이런 확장된 문학적 경험을 제공한다. 하지만 장자의 이야기는 조설근이 서당의 다른 구석에서 발견하게 될 훨씬 더 강력한 나비 몰입 테크놀로지가 개발되기 수세기 전에 완성되었다.

당시에 조설근이 발견한 테크놀로지는 너무 특이하고 생소해서 아무도 뭐라고 불러야 할지 몰랐다. 시도 아니고, 경극도 아니었다. 청 황실의 유학자들이 찬양하던 고대의 예술 작품도 아니었다. 그래서 조설근이 죽고 수년이 지난 뒤에도, 이 테크놀로지는 단순히 새롭고 신기한 것novelty을 뜻하는 '노블novel'로 불렸을 뿐, 이름이 없었다.

그러다 결국 '노블'이라는 이름으로 불리게 되었다.

(중국 소설Chinese Novel의 테크놀로지)

중국 소설은 유럽보다 수세기 앞선, 1300년대에 고안되었다.

중국 소설을 처음 고안했다고 알려진 사람은 극작가 나관중羅貫中이다. 나관중은 반전설적 인물로, 자신을 '바다의 한량'이라고 불렀다. 쿠빌라이 칸Kublai Khan의 황금 제국 말기, 혹은 백만 대군을 자랑하는 명明 왕조 초기, 나관중은 한량 기질을 버리고 《삼국지연의》(그냥 《삼국지》라고도 함)를 썼다. 이 신비한 역사 소설은 촉한, 조위, 동오 등 삼국의 설립에 얽힌 방대한 내용을 다룬다. 그리고 나관중이 《삼국지》를 완성하던 때와 거의 비슷한 시기에, 다른 작가(나관중의 스승이나 어쩌면 나관중 자신)가 중국의 두 번째 고전 소설 《수호전》을 완성했다. 《수호전》은 범법자 무리가 죄를 뉘우치고 조정에 귀순하여 반란군을 정벌한다는 내용을 다룬다.

우리는 지금 문학이 필요하다

어린 조설근은 《삼국지》와 《수호전》을 읽었다. 어찌나 몰두해서 읽었던지, 〈호접몽〉보다 마음의 변화를 훨씬 더 강하게 느꼈다. 그러한 변화는 주로 두 가지 문학 발명품 때문에 유발되었다. 첫 번째는 '비밀 공개자'였는데, 이는 사랑의 감정을 유발하고 문학적 낭만을 위한 토대를 형성한다. (이 청사진에 대한 자세한 내용은 제2장을 참고하라.) 두 번째는 '공감 발생기'였는데, 이는 연민을 자극하고 문학적 비극을 위한 토대를 형성한다. (자세한 내용은 제3장을 참고하라.) 이 두 청사진은 조설근의 뇌에 《삼국지》와 《수호전》의 여러 캐릭터를 아끼도록 촉구했다. 특히 《수호전》에 가미된 외설적 요소에 관심을 끌게 했다.

조설근은 이 외설적 요소가 미치는 감정적 파장에 충격을 받았다. 그리고 그 요소가 두 고전 소설에선 덜 긍정적인 감정인 수치심을 유발하기 위해 동원되었다는 점에 주목했다. 《삼국지》와 《수호전》은 전적으로 질서와 혼란 간의 갈등에 의존했고, 둘 다 그들의 문학 테크놀로지를 사용하여 혼란의 방식보다 질서의 방식을 더 따르도록 촉구했다. 그리하여 음보다 양을 고양시키고 우리 뇌에 절대적 하나를 심어주었다.

조설근은 《삼국지》와 《수호전》의 문학 테크놀로지들의 용도를 변경하기로 마음먹었다. 그래서 영웅이나 악한 대신 각자의 방식을 따르는 복잡한 인물을 수십 명 등장시켜 음양이 조화를 이루는 《홍루몽》을 완성했다. 조설근은 다양한 방식에 우리 마음을 열게 하려고 수백 가지 비밀 공개자와 공감 발생기를 동원했다. 등장인물들의 다양한 삶의 스타일을 향한 관심과 애정으로 우리 마음을 채워주었다.

제10장. 자아수용을 달성하라

이러한 문학적 혁신 덕분에, 우리는 방대한 우주적 공동체에 합류한다는 느낌을 받는다. 《홍루몽》의 여러 캐릭터로 우리 내면의 규범 목록을 부드럽게 확장시켜, 다양한 인간 군상을 만나고, 그 결과 우리 자신으로 살아가는 데 더 편안하게 느낀다.

조설근은 장자와 중국 고전 소설가들의 문학 테크놀로지의 용도를 변경한 다음, 한 단계 더 발전시켜 수치심을 낮추는 방식을 두 가지 더 고안했다. 첫 번째는 '세상의 꿈Dream of the World'이었다.

(세상의 꿈)

'붉은 누각의 꿈'이라는 뜻의 《홍루몽》. '나비의 꿈'이라는 뜻의 〈호접몽〉. 왠지 비슷하게 들리지 않는가? 조설근이 자기 소설을 장자의 짧은 우화처럼 구성한 다음, 거대한 반전만 하나 가미하기 때문이다. 즉 한 캐릭터가 다른 캐릭터를 꿈꾸는 게 아니라, 조설근은 한 세상이 다른 세상을 꿈꾸는 식으로 그려낸다.

첫 번째 세상은 청 왕조를 배경으로 한다. 두 번째 세상은 환상의 나라Land of Illusion를 배경으로 한다. 그렇다면 어느 세상이 꿈이고, 어느 세상이 꿈을 꾸는 자인가? 흠, 그야 물론 둘 다이다. 소설의 첫 장에서 청나라의 한 사내가 환상의 나라에 대한 꿈을 꾼다. 그 꿈에서 신령한 물건이 청나라의 한 사내로 태어나 꿈꾸던 삶의 여정을 떠난다. 이어지는 장에서도 여러 캐릭터가 다른 세상에서 깨어난다.

두 세상은 각자의 뚜렷한 방식에서 진짜로 느껴진다. 환상의 나

우리는 지금 문학이 필요하다

라는 청나라 주민들의 모든 비밀을 간직하고 있다. 그래서 진짜로 진짜이다. 그리고 청 왕조는 온갖 환상들이 눈물을 흘리고 사랑을 느끼는 곳이다. 그래서 역시나 진짜로 진짜이다.

이 두 세상은 우리를 다른 존재로 깨어나는 경험에 빠져들게 한다. 우리는 한 세상의 꿈꾸는 자에서 다른 세상의 꿈꾸는 자로 왔다 갔다 한다. 둘은 서로 다르지만 똑같이 진실하다. 둘 다 음과 양의 오류를 스스로 깨닫게 한다.

그리고 이 과정을 계속 진행하기 위해 소설은 두 번째 발명품, 즉 '등변 삼각관계Equilateral Love Triangle'를 소개한다.

(두 마음이 가는 방식)

등변 삼각관계는 특별한 유형의 삼각관계이다.

일반적인 삼각관계에선, 한 소년이 두 소녀와 사랑에 빠지지만 둘 중 한 소녀만 그에게 맞는 짝이다. 다른 소녀는 맞는 것 같지만, 실은 소년이 아직 철들지 않아서 그렇다.

등변 삼각관계에선, 한 소년이 두 소녀와 사랑에 빠지는데 이번 엔 둘 다 그에게 맞는 짝이다. 한 소녀는 그의 음이고 다른 소녀는 그의 양이다.

(등변 삼각관계가 꼭 한 소년과 두 소녀로 이루어질 필요는 없다. 소년과 소녀의 어떤 조합으로 이루어져도 상관없다. 심지어 소년과 소녀로 특정되지 않는 캐릭터여도 상관없다. 다만 조설근의 등변 삼각관계에선 한 소년과 두 소녀가 등장하므로, 우

리는 편의상 그 모델을 활용한다.)

《홍루몽》에서 소년은 보옥이다. 보옥은 벼슬길에 오르기 위해 공자의 가르침을 공부해야 한다. 하지만 하라는 공부 대신 '윈툰 이야기'를 몰래 읽는다. 그런 이야기를 읽은 탓인지, 보옥은 자연스레 이중적인 성향을 지녀서 여자 옷을 좋아한다.

등변 삼각관계의 두 소녀는 보옥과 사촌지간인 보채와 대옥이다. 보채는 현명하고 얌전하며 마음씨가 너그럽고 옷도 수수하게 입는다. 반면에 대옥은 재치 있고 음악에 재능이 있으며 소유욕이 아주 강하다. 두 소녀는 정반대 성격이지만 똑같이 보옥을 사랑한다. (실은 보옥이라는 이름은 두 소녀의 이름에서 한 자씩 따온 것이다.)

그런데 소설은 우리에게 그와 똑같은 사랑을 느끼라고 권한다. 누구나 각자의 방식이 있기에, 우리 중 상당수는 처음엔 보채나 대옥 중 한 사람에게 더 끌릴 것이다. 하지만 두 소녀에게 똑같은 애정을 주게 하려고, 《홍루몽》은 비밀 공개자와 공감 발생기를 활용해 두 소녀의 은밀한 고백과 무언의 슬픔을 전하면서 상반된 두 영혼을 향한 애정과 연민으로 우리 마음을 가득 채운다.

그래서 우리는 삼각관계를 멀찍이서 관찰하는 게 아니라 그 관계에 동참해서 음양의 로맨스를 몸소 느낀다.

('나비 몰입기'를 직접 활용하기)

당신의 방식을 찾으려면, 즉흥적인 흐름에 몸을 맡겨야 한다. 우리

우리는 지금 문학이 필요하다

가 이 장에서 살펴본 방식대로《홍루몽》을 읽을 필요는 없다. 등변 삼각관계나 세상의 꿈에 대해서 숙고할 필요도 없다. 그냥 아무 생각 없이 즐기면 된다. 사랑과 공감과 이따금 나오는 에로틱한 반전에 몰입하면 된다.

《홍루몽》을 다 읽은 다음엔, 수치심을 낮춰서 자아수용을 증진시킬 다른 작품을 더 읽어보라. 등변 삼각 사랑은 1942년에 제작된 영화 '카사블랑카Casablanca', 밀란 쿤데라Milan Kundera의 소설《참을 수 없는 존재의 가벼움The Unbearable Lightness of Being》(1984), 나이지리아 작가 치마만다 은고치 아디치에Chimamanda Ngozi Adichie의《아메리카나Americanah》(2013)에서 찾아볼 수 있다. 세상의 꿈은 랠프 엘리슨Ralph Ellison의 소설《보이지 않는 인간Invisible Man》(1952), 필립 K. 딕Philip K. Dick에게 영감을 받아 제작된 영화 '토탈 리콜Total Recall'(1990), 데이비드 미첼David Mitchell의 소설《클라우드 아틀라스Cloud Atlas》(2004), 자코반 도마엘Jaco Van Dormael의 영화 '미스터 노바디Mr. Nobody'(2009)에서 찾아볼 수 있다. 또 당신이 속한 사회와 반대되는 규범을 지닌 사회에서 벌어지는 비극적 로맨스에 푹 빠져본다면, 당신에게 부족한 음이나 양을 언제든 보충할 수 있다.

자, 어느 하나에 집착하지 말고 나비처럼 훨훨 날아라. 그리고 밤과 낮으로 된 이 세상을 떠나 다른 꿈에서 깨어나라.

제10장. 자아수용을 달성하라

실연의 아픔을
물리쳐라

Wonderworks

제인 오스틴,
헨리 필딩

발명품: 밸런타인 갑옷

스티븐턴 마켓 아케이드의 너도밤나무 지붕 아래, 그녀의 청록색 리본이 촛불에 반짝거렸다. 스물한 살의 제인은 장갑 낀 손으로, 더블린의 트리니티 대학을 갓 졸업한 톰 르프로이의 팔을 살짝 잡았다. 신나는 바이올린 연주가 시작되자 제인과 톰은 춤을 추기 시작했다.

제인은 톰의 여러 가지가 마음에 들었지만 특히 책에 대한 취향이 제일 좋았다. 둘 다 코믹 소설인 《톰 존스Tom Jones》를 무척 좋아했다. 톰은 그 소설을 워낙 좋아해서 소설의 주인공처럼 차려입었다. 제인은 아예 소설가가 되기로 결심했다.

그런데 톰과 제인은 만난 지 몇 주 뒤부터 더 이상 춤을 추지 않았다. 제인은 카산드라 언니에게 다음과 같은 편지를 보냈다. "톰 르프로이에게 이별을 고해야 할 날이 다가와. 우울한 생각을 하면서 편지를 쓰려니 눈물이 앞을 가려."

제인이 정말로 눈물을 흘렸을까? 아니면 애써 웃으면서 실연의 아픔 따윈 벌써 털어냈을까? 카산드라로선 알아차리기 어려웠다. 제인은 사랑 문제에 다소 아이러니하게 구는 방식이 있었다. 그 방식은 제인이 어디선가 익힌 실연 해독제였다. 카산드라는 그곳이 어디인지 몰랐다.

하지만 제인 자신은 어디인지 정확히 알았다. 바로 《톰 존스》였다. 그런데 이 해독제는 세상에 나오기까지 멀고 험난한 여정을 거쳐야 했다. 남쪽 바다를 건너 카스티야의 바야돌리드라는 지중해 마을까지 거슬러 가야 했기 때문이다. 듣자 하니, 그 마을엔 성매매 업소를 겸한다는 벽돌 건물이 있었다. 그곳에서 스페인 해병 출신의 퇴역 군인이자 비리 혐의로 불명예 퇴직한 전직 세금 징수관인 미겔 데 세르반테스Miguel de Cervantes가 낡아빠진 펜촉에 잉크를 묻히고 《돈키호테Don Quixote》의 첫 부분을 써 내려갔다. (돈키호테Don Quixote는 '키호테'라는 이름의 귀족, '키호테 나리', '키호테 공' 정도의 뜻이다. - 역자 주)

(돈키호테, 힘차게 길을 나서다)

세르반테스는 1604년에 《돈키호테》 초고를 집필할 때, 문학 로맨스 literary romance가 야기하는 괴로움을 없애겠다는 뚜렷한 목적이 있었다.

문학 로맨스는 2,400년을 거슬러 올라가 호머의 《오디세이》에서 그 기원을 찾을 수 있다. 《오디세이》는 한 인간에게 바치는 12,000 행짜리 장편 서사시인데, 주인공은 신들을 속이고 죽은 자들과 이야기를 나누고 술과 고기로 끊임없이 잔치를 벌이며 역사상 가장 멋진 음악을 즐기고 님프의 품에서 7년을 보내고도 모자라 아름다운 마녀의 침실에서 1년을 더 보낸 다음에야, 정절을 지키며 기다려준 꽃다운 아내에게 돌아온다.

이 소원 성취 연대기는 단지 오디세우스가 자신의 욕망을 이루는 여정을 보여주는 데 그치지 않는다. 우리 뇌를 살살 꾀어서 우리의 욕망도 그렇게 이룰 수 있다고 믿게 한다. 그러한 유혹은 '전능한 마음' 테크놀로지에 의해 이루어진다(제1장을 참고하라). 이 테크놀로지는 우리가 바라는 것을 우주도 똑같이 바란다는 인간중심적 사고를 연상시킨다. 우리가 사랑하는 것을, 하늘도 사랑한다. 우리가 갈망하는 것을, 별들도 우리를 위해 갈망한다. 그래서 우리가 《오디세이》를 읽을 때, 우리 뉴런은 내면의 갈망이 외부의 물리 법칙에 뿌리를 두고 있다고 느낀다. 새벽에 태양이 솟아오르듯, 우리가 갈망하는 대상들도 흙에서 피어나 우리가 원하는 것들로 우리 마음을 채워준다.

이런 만족스러운 경험 덕분에, 문학 로맨스는 고대 그리스에서 인기를 누렸고 중세 유럽에선 훨씬 더 큰 인기를 누렸다. 11세기 프랑스의 《롤랑의 노래La Chanson de Roland》를 시작으로, 12세기 스페인의 《엘 칸타르 데 미오 시드El Cantar de Mio Cid》, 13세기 독일의 《빌레할름 Willehalm》, 14세기 카스티야의 《아마디스 데 가울라Amadís de Gaula》, 15세기 영국의 《아서 왕의 죽음Le Morte d'Arthur》, 16세기 이탈리아의 《광란의 오를란도Orlando Furioso》에 이르기까지 다양한 작품이 나왔다. 로맨스 작가들은 시대에 맞춰 오디세우스를 탐구적인 아서 왕이나 충직한 아마디스, 늠름한 오를란도 경, 기발한 엘 시드 같은 봉건 기사로 변모시켰다. 그들은 용을 물리치고 처녀들을 구하고 흥겨운 만찬을 열고 보물을 약탈하고 하늘 문을 활짝 열어젖혔다. 그런데 그 모든 게 끔찍한 재앙이었다.

그 재앙은 《돈키호테》에 차례대로 기록되어 있다. 소설의 주인공은 문학 로맨스에 빠져든다. 전능한 마음에 푹 빠지다 못해 정신까지 살짝 이상해진다. 그는 창밖을 내다보다 기이한 공상에 빠져서 엘 시드처럼 멋진 기사가 되기로 마음먹는다. 그리하여 이 엉뚱한 기사 지망생은 책을 다 제쳐둔 채, 라만차 지방의 아가씨들을 구하러 힘차게 길을 나선다.

이러한 용기 어린 결단은 결국 끔찍한 육체적 고통으로 돌아온다. 이 스페인 사내는 고달픈 여정 동안 사자에게 물리고 순례자들에게 몽둥이찜질을 당하고 풍차에 부딪친다. 수없이 넘어지면서 뼛속까지 멍들게 된다. 하지만 다행히 독자인 우리는 세르반테스의 로맨스 재설계 덕분에 비슷한 운명에서 벗어나게 된다. 세르반테스가 전능한 마음을 해체하고 색다른 서술 테크놀로지로 우리를 안내하기 때문이다.

그리하여 우리의 멋진 모험가는 길을 떠나면서 다음과 같이 중얼거렸다. "언젠가 내 유명한 행적이 진실한 역사로 밝혀지면, 이를 기록할 현자가 첫 새벽에 출정하는 내 모습을 이렇게 묘사하지 않으리라고 누가 의심할 수 있겠는가? '불그레한 아폴론이 광막한 대지에 금빛 실 같은 아름다운 머리카락을 펼치자마자, 그리고 질투 어린 남편의 부드러운 침대를 박차고 나온 장밋빛 여명이 라만차의 지평선 위로 떠올라 감미롭게 노래하는 작은 새들에게 인사를 건네자마자, 깃털 이불을 빠져나온 라만차의 이름난 기사 돈키호테는 명마 로시난테를 타고 유서 깊은 몬티엘 평야를 걷기 시작했다.'" 실제로 그는 몬티엘 평야를 가로질러 갔다.

이것은 우리가 제4장에서 찾아낸 발명품인 아이러니이다. "불그레한 아폴론이 광막한 대지에 금빛 실 같은 아름다운 머리카락을 펼치자마자"라는 식으로 상상의 나래를 펼치면서도 상황의 실체적 진실("실제로 그는 몬티엘 평야를 가로질러 갔다")을 보여줌으로써, 세르반테스 소설의 아이러니한 스타일은 우리를 키호테의 망상에서 벗어나게 하여 전지전능한 입장에서 바라보게 한다.

《돈키호테》는 세상에 나오자마자 인기를 얻었다. 금세 스페인을 넘어 이탈리아, 독일, 영국, 프랑스, 네덜란드, 포르투갈 등에서 번역 출간되었다. 그 후로 수십 년 동안, 배에 실려 페루로 보내지고, 낙타에 태워져 사하라를 건너며, 보스턴의 사악한 서적상들에게 해적질을 당하게 된다. 5억 권이라는 믿을 수 없는 판매고를 올리며, 성경 다음으로 가장 인기 있는 책으로 꼽히게 된다.

《돈키호테》는 널리 사랑받은 만큼 치유 효과도 풍부하게 발휘했다. 이 아이러니의 약효는 17세기 동안 중세 기사도 정신의 마법을 풀어 르네 데카르트René Descartes의 방법론적 이성과 아이작 뉴턴 경Sir Isaac Newton의 《프린키피아Principia》에 길을 열어주었다. "우리 현대인들은 신비한 힘forces을 묵살하고 자연을 수학 법칙으로 되돌리려고 애써왔습니다."

마침내 전능한 마음에서 비롯된 망상이 사라졌다. 계몽주의자들의 명쾌한 시선이 암흑시대의 마법적 사고를 기어이 물리쳤다.

아니, 물리친 것 같았다. 그런데 얼마 안 가서 세상은 다시 예전으로 돌아가고 말았다. 데카르트는 마법이 사실은 과학이라고 결론 내렸다. "공감과 반감의 오묘한 힘은 무의식적 원인에서 기인된다고 할 수 있습니다." 뉴턴은 미적분을 잊고 연금술사들과 합세하여 철학자의 돌을 좇았다. "이것은 ☉과 선명한 황금의 영역이다." (☉은 뉴턴이 연금술을 연구하면서 사용한 기호 중 하나이다. - 역자 주)

결국 얼마 지나지 않아서 문학 로맨스의 광기가 다시 분출했다. 게다가 전보다 훨씬 더 격렬했다.

(광기가 되살아나다)

광기는 1740년 11월에 공식적으로 되살아났다. 런던에서 인쇄소를 운영하던 새뮤얼 리처드슨Samuel Richardson이 첫 소설 《파멜라Pamela》를 출간한 것이다. 저자의 보수적 성향에도 불구하고 《파멜라》는 주목할 만한 문학적 혁신을 이뤄냈다. (순결한 미덕 하나로 섹스광인 주인의 마음을 사로잡는 하녀) 파멜라 앤드루스의 은밀한 편지와 일기장을 취해서 225,000단어로 된 서간체 소설로 확장한 것이다. 그리하여 《파멜라》는 서사시 규모의 방대한 서정시로 거듭났는데, 그 길이가 《오디세이》를 능가했다. 또는 과학적으로 표현하자면, 《파멜라》는 사랑을 유발하는 문학 발명품인 '비밀 공개자'를 확대하여 독창적인 형태

우리는 지금 문학이 필요하다

로 전능한 마음을 완성했다. 은밀한 공개와 소원 성취를 새롭게 조합하여, 세상이 단지 추파를 던지는 애인감으로 바글거리는 한 편의 소네트sonnet임을 우리 뇌에 확실히 심어주었다.

처음엔 이 로맨틱한 열정이 그렇게 나빠 보이지 않았다. 오히려 흥겹고 희망적이고, 심지어 고무적인 것처럼 보였다. 하지만 얼마 안 가서 파멜라가 새로운 종種의 돈키호테를 야기한다는 사실이 드러났다. 이 새로운 키호테들(don은 남자를, dona는 여자를 가리키는데, Quixote라고만 써서 남녀를 통칭했다. -역자 주)에게, 남자는 모두 멋진 구혼자였고, 여자는 모두 참한 신붓감이었으며, 깨어 있는 시간은 모두 행복한 결혼생활에 대한 소환장이었다.

그러다 보니, 새로운 키호테들은 원전의 돈키호테보다 더 괴로운 운명을 맞게 되었다. 원전의 돈키호테는 그저 몸에 멍이 들었지만 새로운 키호테들은 마음에 멍이 들었다. 그들은 사랑을 향해 돌진하고 또 돌진하다가 실은 세상이 배우자감으로 가득 차지 않았다는 충격적 현실에 부딪혔다. 세상은 오히려 욕정에 사로잡힌 사기꾼과 공손한 무관심과 짝사랑으로 넘쳐났다. 새로운 키호테들은 너무 성급하게 입술을 들이대다 거듭 퇴짜를 맞았다. 그들의 꿈은 눈물로 막을 내렸다.

이러한 상황은 어떻게든 바로잡혀야 했다. 실연의 아픔을 유발하는《파멜라》의 헛소리는 치료제로 가라앉혀야 했다. 다행히 런던에 유능한 치료사가 살고 있었다. 새뮤얼 리처드슨의 인쇄소에서 멀지 않은 곳에 사는 문학 치료사literary doctor였는데, 그에게 헛소리를 치료할 처방전이 있었다.

그 치료사는 코니 키버Conny Keyber라는 가명으로 행세했다. 그의 본명은 헨리 필딩Henry Fielding이었다.

(치료사, 세상을 구하러 나서다)

헨리 필딩은 다재다능한 사람이었다. 희곡을 쓰다가 변호사로 전업했다가 신문 편집일도 했다. 그 와중에 자식을 열 명이나 두었다.

무엇보다도 필딩은 《돈키호테》의 열렬한 독자였다. 극작가로 활동하던 스물두 살 때는 《영국의 돈키호테Don Quixote in England》라는 희곡을 완성했다. 나중에 소설을 쓰겠다고 마음을 돌렸을 때, 필딩은 "돈키호테의 작가 세르반테스를 모방하여 씀"이라는 부제까지 달았다.

그래서 필딩은 《파멜라》를 접한 순간, 바로 과도한 로맨스가 문제라고 진단했다. 《파멜라》가 은밀한 내용을 시시콜콜 공개하면서 어리석은 감정과 실연의 아픔을 유발한다고 판단했기 때문이다. 물론 필딩은 치유책을 알고 있었다. 바로 아이러니였다. 아이러니는 기사도 정신에 빠져 있던 《돈키호테》의 독자들을 구해냈고, 이젠 사랑에 빠져 허우적거리는 《파멜라》의 독자들도 구할 수 있을 터였다. 그리하여 《파멜라》가 세상에 나온 지 겨우 6개월 만인 1741년 4월, 필딩은 아이러니한 패러디를 출간했다. 제목은 자연히 《샤멜라Shamela》였다.

《샤멜라》는 7개월 만에 두 번째 판을 인쇄했으니, 어느 정도 성공을 거두었다. 하지만 《파멜라》만큼 대단한 인기를 끌지는 못했

우리는 지금 문학이 필요하다

다. 필딩으로선 무척 실망스러웠다. 아이러니의 치유 효과가 제대로 먹히지 못한 탓에, 대중은 계속 로맨스 소설에서 헤어나지 못했다. 《XXX 백작 부인의 모험The Adventures of the Countess of XXX》, 《페루 여인의 편지Letters from a Peruvian Woman》, 그리고 가장 역겨운 《패니 힐: 한 매춘부의 회고록Fanny Hill, or Memoirs of a Woman of Pleasure》이 연이어 출시됐다. "그녀의 음란한 손길에 내 몸의 모든 부위가 열리고 노출되었다. 그 손길은 너울거리는 불길처럼 나를 훑으며 얼었던 내 몸을 뜨겁게 달궈주었다."

한편, 이 뜨거운 광기를 선동한 새뮤얼 리처드슨은 잘못을 뉘우치기는커녕 자신의 로맨스 테크놀로지를 더 갈고닦았다. 급기야 그 청사진에 새로운 회로까지 추가했다. 결국 1748년에 실로 놀라운 창작물을 들고 자신의 공방에서 나왔다. 그 창작물은 《클라리사, 한 젊은 여인의 일생Clarissa, or, the History of a Young Lady》이었다.

《클라리사》는 방대한 소설이었다. 단어 수가 백만에 육박했고, 처음부터 끝까지 은밀한 고백으로 넘쳐났다.

심장이 자꾸 벅차올라. 너무 벅차서 내 임무가 위태로워질 지경이야. 그걸 너한테 떠넘기지 않으려면 아무래도 펜을 내려놔야 할 것 같아. 그럴 수만 있다면… 그래, 난 펜을 내려놓을 거야!

하지만 펜은 내려지지 않았다. 쓰고, 쓰고 또 써서 결국 500통의 편지를 완성하고 난 뒤에야 내려졌다. 서사시보다 더 방대한 규모로 은밀한 공개가 이뤄졌다. 그야말로 연애시의 거상巨像이었다.

아니나 다를까. 독자들은 그나마 남아 있던 이성마저 잃어버렸다. 《클라리사》의 연애담에 매료된 새로운 키호테 군단이 유럽 전역으로 퍼져 나갔다. 심지어 당대 가장 이성적인 사람들조차 그 마수에서 벗어나지 못했다. 백과사전을 공동 편집한 드니 디드로Denis Diderot는 어떤 경우에도 이 소설과 헤어지지 않겠다고 선언했다. 소중한 친구들에게 음식이 필요하고 자식들에게 수업료가 필요하면, 서재에 있는 책을 죄다 팔아서 충당하더라도 《클라리사》만큼은 내놓지 않겠노라고 했다.

필딩은 당장 조치를 취해야 한다고 판단했다. 《샤멜라》의 단순한 아이러니보다 더 효과적인 치유책을 마련해야 했다. 이런 열풍을 가라앉히려면 치료사로서 그 어느 때보다 과감하게 나서야 했다.

그래서 필딩은 처방을 써 내려갈 첨필尖筆을 챙겨 약제실로 들어갔다. 그리고 치유책 마련이라는 영웅적 사명을 띠고 《톰 존스》를 완성했다.

(《톰 존스》의 약효)

《톰 존스》도 《샤멜라》처럼 가짜 로맨스mock romance였다.

하지만 《톰 존스》는 가짜 로맨스로 그치지 않고, 젊은 커플이 우여곡절 끝에 결혼식을 올리는 재미있고 훈훈한 이야기라는 점에서 진짜 로맨스이기도 했다.

로맨스 소설을 끔찍하게 싫어했던 헨리 필딩이 왜 이런 감성적인 사랑 이야기를 썼을까? 나이를 먹으면서 그의 기지가 약해졌을까? 양심의 가책 따위는 내던지고 시류에 편승해 돈을 벌고 싶었을까?

전혀 그렇지 않다. 필딩은 예전보다 약아졌기 때문에 《톰 존스》를 사랑 이야기로 구성했다. 《샤멜라》가 그의 의도대로 먹히지 않자, 그는 아이러니만으론 대중을 치유할 수 없겠다고 판단했다. 대중은 마음의 안정을 위해 환상이 다 깨지길 바라지 않았다. 그들에겐 약간의 온기와 약간의 희망과 약간의 기쁨이 필요했다. 간단히 말해서, 약간의 로맨스가 필요했다.

필딩은 이 사실을 깨닫고 대중에게 살짝 실망했다. 그러다 문득 어여쁜 샬럿 크래덕과의 결혼생활이 떠올랐다. 그리고 어쩌면 더 어여쁜 메리 다니엘과의 두 번째 결혼생활도 떠올랐다. 행복했던 시절을 회상하다 보니, 문득 로맨스에는 두 종류가 있다는 생각이 들었다. 좋은 로맨스와 나쁜 로맨스. 나쁜 로맨스는 우리를 헛된 망상에 빠져들게 하지만, 좋은 로맨스는 우리 영혼을 기분 좋게 고양시켰다.

그렇다면 좋은 로맨스의 차분한 행복감을 전달하는 소설을 어떻게 쓸 수 있을까? 결혼생활에서 얻은 건전한 행복감을 문학적 형태로 어떻게 옮길 수 있을까? 그런 소설은 세상 어느 서가에도 꽂혀 있지 않았기에, 필딩은 《톰 존스》에서 전능한 마음("삼촌과 조카의 만남보다 더 다정하거나 더 감동적인 장면을 상상하기란 불가능하다")과 가벼운 풍자적 서술("존스는 블리필의 방으로 올라갔다. 다른 구경꾼이라면 별로 동정하지 않았을 상황이었지만 존스는 그의 딱한 처지를 안타까워했다")을 번갈아 구사하는 새로운 청사진을 고안했다.

제11장. 실연의 아픔을 물리쳐라

그 결과, 《톰 존스》는 은밀한 공개와 의사擬似서사시적 아이러니가 결합되어 《파멜라》와 《돈키호테》가 번갈아 등장하면서 우리 마음을 고양시키는 동시에 자제시켰다.

감성적 측면과 아이러니한 측면을 결합시킨 필딩의 과감한 시도는 엄청난 성공으로 돌아왔다. 《톰 존스》는 《샤멜라》를 크게 능가하여 베스트셀러 반열에 올랐고, 세계 최고의 도서관 서가마다 한자리씩 차지하게 되었다. 애덤 스미스Adam Smith는 경제학 교본인 《국부론The Wealth of Nations》을 쓰기 전에 《톰 존스》의 페이지를 넘겼다. 토머스 제퍼슨Thomas Jefferson은 독립 선언서에서 자명한 진리의 초안을 작성하기 전에 《톰 존스》의 단락을 뒤적거렸다. 에드워드 기번Edward Gibbon은 방대한 분량의 《로마제국 쇠망사 The Decline and Fall of the Roman Empire》를 집필하기 전에 《톰 존스》의 우스꽝스러운 연애담을 읽었다. 그리고 얼마 후, 또 다른 독자가 이 소설을 책꽂이에서 뽑아들었다. 스미스와 제퍼슨과 기번보다 더 통찰력 있는 독자였다. 적어도 문학적인 면에선 그랬다.

그 독자는 런던에서 남서쪽으로 110킬로미터쯤 떨어진 스티븐턴주에 살았다. 나무 울타리와 들장미 정원이 멋스러운 집이었다. 그녀의 어머니 카산드라 리Cassandra Leigh는 재치 있는 여성으로, 왕족이나 다름없는 삼촌인 테오필루스를 만나러 옥스퍼드 대학 학장실까지 홀로 찾아갔다. 아버지 조지 오스틴George Austen은 성공회의 교구 목사였고, 아버지의 여동생 필라델피아는 배우자를 찾으려고 인도까지 머나먼 여정을 감행했다.

1776년, 그 독자는 오크나무가 병풍처럼 둘러선 조용한 교구 교

우리는 지금 문학이 필요하다

회에서 카산드라와 조지 부부의 일곱 번째 자식으로 태어났다. 그리고 제인이라는 평범한 이름으로 세례를 받았다.

(제인 오스틴, 《톰 존스》를 진단하다)

제인 오스틴은 《톰 존스》를 읽고 깊은 감동을 받았다. 읽으면 읽을수록 감동은 더욱 깊어졌다. 제인 오스틴은 그 소설이 문학적 돌파구를 마련했다고 생각했다. 헨리 필딩이 상상했던 대로, 그의 기발한 청사진은 로맨스를 억제하되 죽이진 않았다.

제인 오스틴은 필딩의 업적을 곰곰 생각하다 또 다른 돌파구를 열 수 있겠다는 생각이 들었다. 《톰 존스》는 의심할 여지도 없이 성공했지만, 《파멜라》와 《클라리사》만큼 방대하게 청중의 마음을 사로잡진 못했다. 이 두 소설은 경이적인 판매 부수를 자랑하며 다양한 복제품을 유발했다. 사라 스콧Sarah Scott의 《코넬리아의 일생The History of Cornelia》(1750), 프랜시스 셰리던Frances Sheridan의 《시드니 비덜프 양의 회고록Memoirs of Miss Sidney Bidulph》(1761), 프랜시스 브룩Frances Brooke의 《에밀리 몬터규의 일생The History of Emily Montague》(1770), 샬럿 터너 스미스Charlotte Turner Smith의 《대저택의 고아, 에멀린Emmeline, the Orphan of the Castle》(1788), 메리 로빈슨Mary Robinson의 《안젤리나: 편지 시리즈의 소설Angelina: A Novel in a Series of Letters》(1796) 같은 작품이 줄줄이 출시됐다. 게다가 리처드슨의 소설은 그 파급력이 영국 해안선을 훨씬 넘어갔다. 독일에선 설교에 인용되었고, 스페인에선 변호사들에게 분

제11장. 실연의 아픔을 물리쳐라

석되었다. 오스트리아에선 오페라로 거듭났고, 미국에선 장래 영부인들의 연애편지에 모방되었다.

　그렇다면 《톰 존스》의 약발은 왜 이런 수준에까지 도달하지 못했을까? 왜 그 정도로 대중적 환대를 받진 못했을까? 제인 오스틴은 처음엔 선뜻 대답하지 못했지만 숙고를 거듭하다 보니 그 답이 서서히 떠올랐다. 감성적 서술과 아이러니한 서술을 번갈아 구사하는 필딩의 전략은 절반의 로맨스와 절반의 치유책을 내놓았다. 그런 이유로 《톰 존스》는 《클라리사》의 절반만큼 인기를 얻었고, 돈키호테식 사랑의 절반만큼 치유했다. 《클라리사》와 같은 수의 독자를 확보하고 그 독자들을 완벽하게 치유하려면, 《톰 존스》처럼 반반으로 가선 안 될 것이다. 모든 페이지가 완전히 로맨틱하면서 완전히 아이러니해야 할 것이다.

　그런 건 물론 불가능했다. 소설은 소네트를 사용하거나 풍자를 사용할 수 있다. 또는 《톰 존스》처럼 그 둘을 번갈아 사용할 수 있다. 하지만 독자에게 사랑을 불러일으키는 동시에 미몽에서 깨어나게 하는 문장을 제공할 수는 없다.

　그런데 제인 오스틴은 그렇게 할 수 있다고 봤다. 새로운 테크놀로지만 있으면 못할 것도 없다고 봤다. 실은 새로운 테크놀로지도 아니었다. 이전 세대의 풍자 작가들과 필딩에게 이미 알려져 있었지만 그 잠재력을 미처 드러내지 못했던 낡은 테크놀로지였다. 오스틴이 그 힘을 파악하기 전까진 너무 무시되어 정식 명칭조차 없었다. 하지만 오스틴이 이 테크놀로지를 구사하고 몇 년 지나면서 변화가 감지되었다. 오랫동안 방치됐던 이 테크놀로지는 자유 간접 화법free indirect discourse이라는 근사한 학문적 명칭을 얻게 되었다.

(자유 간접 화법)

자유 간접 화법은 제인 오스틴보다 거의 2,000년 전에 고안되었다.

이를 고안한 사람들은 고대 풍자 작가들이었다. 그들은 아이러니와 자아공개를 결합하기 위한 문학 메커니즘을 원했다. 호라티우스 Horatius의 첫 번째 풍자에서 그 원형을 찾아볼 수 있는데, 로마의 황금기를 황금보다 못하다고 비꼬고 있다.

왜 아무도 더 이상 행복하지 못한가? "오, 운 좋은 장사꾼 같으니!" 병사가 신음을 내뱉는다. 그의 튼튼했던 팔다리는 전투의 상흔으로 성한 곳이 없다. 그러자 폭풍우에 시달린 무역상이 한숨을 내쉬며 반박한다. "오, 차라리 전투에 나갔더라면! 분주한 시간이 지나면, 죽음이든 영광이든 모든 게 결판날 텐데!"

이 짧은 구절은 딱히 특별해 보이지 않을 수 있지만, 실제론 놀라운 말솜씨를 드러낸다. 여기엔 풍자가의 목소리, 군인의 목소리, 장사꾼의 목소리 등 세 가지 독립된 목소리가 담겨 있다. 그런데 이 세 목소리가 모두 풍자가에 의해 전달된다. 그는 군인과 장사꾼의 목소리를 흉내 내어 복화술을 구사한다.

이게 왜 중요한가? 흠, 풍자가는 항상 말을 하고 또 항상 아이러니하기 때문에, 이 구절의 모든 단어는 아이러니하다. 그런데 풍자가가 무역상과 군인의 내적 감정을 앵무새처럼 흉내 내기 때문에, 이 구절은 두 캐릭터의 마음도 힐끔 보여준다. 그 결과, 끊임없는 아이러니와 폭발된 내면의 감정을 교묘하게 결합시킨다.

호라티우스가 이 구절에서 구사한 방법은 상당히 미숙하다. 사실 이 단계에선 자유 간접 화법이라고 부르기도 어렵다. 그 전조前兆에 해당하는 이중 목소리라고 할 수 있겠다. 하지만 호라티우스는 이 테크닉을 계속 다듬어 후기 풍자에선 자유 간접 화법을 자유자재로 구사한다. 그 영향을 받아 영문학의 태동기에 제프리 초서Geoffrey Chaucer는 14세기 이야기 모음집인 《캔터베리 이야기The Canterbury Tales》에서 이 테크닉을 활용했다.

《캔터베리 이야기》는 독실한 순례자 무리를 우리에게 소개하면서 시작되는데, 그중엔 딱히 종교적이지 않아 보이는 사람이 있다.

한 수도사가 있었다. 건장한 몸으로
말을 타고 사냥하는 걸 좋아했다.

호라티우스의 풍자시처럼, 2행으로 된 이 짧은 구절에도 아이러니가 듬뿍 스며 있다. 어쨌거나 사냥은 수도사에게 용인된 활동이 아니다. 흔히 기도와 육체노동, 성서 읽기 따위가 권장될 뿐, 매를 기르거나 붉은 여우를 쫓거나 수사슴에게 화살을 날리는 행위는 그들의 활동 목록에 포함되지 않는다. 《캔터베리 이야기》는 수도사 업무에 대한 관심 부족을 교묘하게 정당화하려고 아이러니한 풍자를

우리는 지금 문학이 필요하다

이어간다.

> 그가 왜 밤새 머리를 싸매고
> 틀에 박힌 설교집을 들여다봐야 하는가?
> 아우구스티누스 성인이 말한 대로 손을 바삐 놀리어
> 힘들게 노동한들 무슨 의미가 있는가?
> 그것으로 세상을 섬길 수 있다는 말인가?
> 노동은 아우구스티누스에게 맡기면 될 것이다!
> 그래서 그는 말에 올라 힘차게 달렸다.

이야기가 재미있게 흘러가다 갑자기 뭔가 아주 놀라운 일이 벌어진다. 끝에서 두 번째 줄, "노동은 아우구스티누스에게 맡기면 될 것이다!"에 이르면 당신도 그 뭔가를 감지할 수 있다. 우리는 여기서 열심히 일하는 성 아우구스티누스를 비웃는 수도사의 목소리를 들을 수 있다. '노동이 세상에 무슨 도움을 주었나? 나처럼 신나게 사냥하는 것이나 별반 다를 게 없지 않은가!'

그렇다면 우리는 수도사의 목소리를 어떻게 들을까? 사실, 수도사는 한 마디도 내뱉지 않는다. 대화 인용구도 없다. 말하는 사람은 서술자뿐이다.

그 답은 바로, 초서가 자유 간접 화법을 사용한다는 데 있다. 호라티우스의 첫 번째 풍자와 달리, 자유 간접 화법에서는 흉내 내는 캐릭터의 목소리에 인용 부호를 붙이지 않는다. 그냥 서술자가 캐릭터의 내면을 자유롭게 오간다. 그 덕분에 초서는 우리에게 수도사의

제11장. 실연의 아픔을 물리쳐라

내적 감정을 내비치면서도 서술자의 아이러니한 목소리를 온전히 유지한다.

참으로 놀라운 테크닉이다. 자유 간접 화법은 문학사에서 가장 탁월한 발명품 가운데 하나이다. 끊임없는 아이러니로 수도사의 엉뚱한 행동에 웃음 짓게 하고, 자아공개로 수도사의 패기 어린 불복종을 친근한 눈으로 바라보게 한다. 이러한 이중 의식을 통해, 우리 뇌는 수도사의 풍자적 외면과 감정적 내면을 동시에 느낀다. 그리고 《캔터베리 이야기》에선 잠깐 나오다 멈추지만, 이러한 외면과 내면의 신경 교차는 놀라운 문학적 가능성을 열어준다. 캐릭터들에게 따뜻한 관심을 갖게 하는 아이러니한 로맨스, 다시 말해서, 우리 마음을 진정으로 감동시키는 풍자적 사랑 이야기가 가능해진 것이다.

호라티우스와 초서는 이 놀라운 가능성을 미처 파악하지 못했다. 그 뒤로 거의 2,000년 동안, 자유 간접 화법에 이따금 손을 댔던 여러 풍자 작가들에서도 이러한 가능성을 파악했다는 징조는 보이지 않는다.

그런데 제인 오스틴에게선 그 징조가 엿보였다.

(제인 오스틴, 자유 간접 화법을 구사하다)

1811년, 새로운 소설이 나타났다. 표지에 "여류 작가"라고만 적혀 있을 뿐, 책은 익명으로 출간되었다. 그래도 판매가 꾸준히 이뤄져 2년 만에 첫 인쇄본 750부가 모두 팔렸다. 그래서 2쇄 주문이 들어갔다.

우리는 지금 문학이 필요하다

소설의 제목은 《이성과 감성Sense and Sensibility》이었다. 그리고 익명의 작가는 제인 오스틴이었다.

오스틴은 10대 후반에 《이성과 감성》의 초고를 작성하기 시작했다. 당시엔 새뮤얼 리처드슨의 서간체 로맨스를 모방하여, 엘리너와 메리앤이라는 대시우드가家 자매 사이에 오가는 편지로 소설을 구성했다. 하지만 《이성과 감성》이 서점에 출시됐을 땐 《파멜라》나 《클라리사》처럼 읽히지 않았다. 오히려 다음과 같이 읽혔다.

친모 재산의 나머지 절반이 넘어오는 데다, 현재 수입에 해마다 4,000이 더 들어온다는 전망에 [존 대시우드의] 마음이 훈훈해지면서 너그럽게 베풀자는 생각이 들었다. '그래, 3,000파운드를 [누이들한테] 주자. 그야말로 통 크게 쓰는 거지! 그 정도면 누이들이 편안한 생활을 하고도 남을 거야. 3,000파운드라! 약간의 불편을 감수하고도 상당한 재산을 아낄 수 있잖아.' 그는 이 문제를 하루 종일 생각했다. 몇 날 며칠을 계속 생각했지만 무를 마음이 없었다.

호라티우스와 초서의 풍자처럼, 이 구절도 아둔한 캐릭터를 조롱하기 위해 자유 간접 화법을 구사한다. 여기서 아둔한 캐릭터는 존 대시우드이고, (작은따옴표가 붙은) 그의 생각은 자신의 '관대함'에 다소 지나친 흐뭇함을 드러내고 있다.

존 대시우드를 이런 식으로 비꼬면서, 오스틴은 로맨스 소설에 자유 간접 화법을 효율적으로 사용한 최초의 작가가 되었다. 그 뒤로도 혁신을 거듭하여, 자유 간접 화법을 더 부드럽게 다룰 수 있게

제11장. 실연의 아픔을 물리쳐라

되었다. 오스틴은 캐릭터를 우스꽝스럽게 희화하는 게 아니라 캐릭터 스스로 속내를 고백하는 것처럼 느끼게 했다. 《이성과 감성》이 나온 지 5년 만인 1816년, 오스틴은 《에마Emma》를 출간하는데, 그 서두는 이렇게 시작된다.

슬픔이 찾아왔다. 은근한 슬픔이랄까. 그렇다고 마음이 상할 만한 일은 전혀 아니다. '테일러 선생이 결혼했으니까.' 그 소식이 제일 먼저 슬픔으로 다가온 이유는 그녀를 잃게 되었기 때문이다.

작은따옴표로 묶인 자유 간접 화법은 에마 우드하우스의 내면 목소리이다. 에마의 머릿속에 있는 의식이다. 이 부분은 살짝 멜로드라마 같은 어조로 읽을 수 있을 것이다. 그렇지만 존 대시우드의 내면 감정처럼 우스꽝스럽게 느껴지진 않는다. 《에마》는 이런 미묘한 감정을 계속해서 슬쩍슬쩍 내비친다.

그런데 채 2분도 지나지 않아서 에마는 헤리엇을 발견했다. 의존하고 따라 하려는 헤리엇의 습성이 그녀를 에마가 가는 길로 오게 했으며, 이제 얼마 안 가면 그들이 에마를 따라잡을 판이었다. '그러면 안 되지.' 에마는 즉시 발걸음을 멈추었다.

에마의 속내가 은근히 드러나는 장면은 수없이 나온다. 에마의 속내를 알면 알수록, 우리 뇌는 이전의 문학 작품에서 미처 느끼지 못했던 것을 경험하게 된다.

우리는 지금 문학이 필요하다

(오스틴 소설의 신경과학)

제인 오스틴 이전까지는 어떤 소설도 아이러니와 사랑을 동시에 느끼게 하지 못했다. 기껏해야 《톰 존스》처럼 아이러니한 분리와 감상적 로맨스를 번갈아 느끼게 했을 뿐이다.

하지만 제인 오스틴이 알아낸 것처럼, 우리는 아이러니와 사랑을 동시에 온전히 경험할 수 있다. 아이러니와 사랑이 우리 뇌의 다른 부분에 존재하기 때문이다. 아이러니는 외피질의 관점 수용 회로에서 일어나는 반면(서론과 제4장 참고), 사랑은 편도체의 감정 영역에서 피어난다. 그래서 피질과 편도체를 각기 다른 서술적 대상에 집중하게 함으로써, 풍자적 관점과 낭만적 기분의 신경 혼합을 일으킬 수 있다.

제인 오스틴이 《에마》에서 한 게 바로 이러한 신경적 관심의 분할이다. 오스틴의 아이러니한 서술자는 한 가지 서술 대상인 이야기 세계에 뇌의 관점 수용 회로를 집중시킨다. 반면, 그녀의 자유 간접 화법은 두 번째 서술 대상인 에마에게 뇌의 감정 영역을 집중시킨다.

이 방정식의 전반부, 즉 이야기 세계에 대한 아이러니한 집중은 전능한 마음 효과를 정반대로 뒤집는다. 전능한 마음은 우리 뇌를 꼬드겨서 하늘과 나무가 인간 정서와 함께 고동친다고 느끼게 하지만, 오스틴의 아이러니는 세상의 미몽을 무력화시켜 물리 법칙을 데카르트의 논리와 뉴턴의 미적분으로 축소시킨다.

이 방정식의 후반부, 즉 캐릭터에 대한 감성적 집중은 우리 마음

제11장. 실연의 아픔을 물리쳐라

(더 정확히 말하면 편도체)을 한 개인에 대한 사랑으로 휘젓는다. 우리는 파멜라와 오디세우스 등 로맨스의 여러 주인공을 좋아하는 것처럼 에마 역시 좋아한다.

피질과 편도체의 결합은 우리를 더 큰 세상에서 분리시키면서도 친밀한 인간적 연결을 경험하게 한다. 다시 말해서, 우리 자신의 욕망을 현실의 법칙으로 오인하도록 속이지 않으면서 다른 사람들에게 마음을 열게 한다.

이런 신경 이중성은 대단히 유익하다. 사랑(기쁨, 에너지, 삶의 열정)의 심리적 혜택을 우리에게 제공하면서 낭만적 키호테들이 겪은 실연의 아픔을 막아준다. 우리가 신중하게 배려하도록 돕는다.

그런데 오스틴을 읽고 얻게 되는 신경 효과는 이게 다가 아니다. 심리학자들이 최근에 발견했듯이, 《에마》의 자유 간접 화법은《파멜라》와는 아주 다른 종류의 사랑을 키워준다. 리처드슨의 사랑 테크놀로지는 파멜라를 그저 우리 감정의 연장선으로 느끼게 하지만, 오스틴의 서술 스타일은 에마가 우리와 다른 것을 다른 식으로 사랑한다는 점을 인식하게 한다. 다시 말해서, 오스틴의 소설은 다른 사람들을 우리 자신의 한 버전version으로 받아들이라고 권하지 않는다. 그 대신, 은밀한 공개와 아이러니한 분리의 세련된 통합을 통해 각자 고유한 니즈와 욕망이 있음을 인정하며 동시에 그들을 포용하라고 촉구한다. 그리하여 우리가 《이성과 감성》,《오만과 편견》,《에마》를 읽을 때, 우리의 신경 회로는 다른 사람들을 우리가 원하는 방식이 아니라 본래 모습 그대로 사랑하도록 유도된다.

에마 자신이 궁극적으로 발견하는 더 관대한 사랑도 마찬가지이다. 에마는 애초에 낭만적인 키호테이다. 자신의 감정이 세상 모든 전능한 마음을 반영한다고 확신하기에, 친구인 헤리엇 스미스의 연애사에 사사건건 참견한다. 헤리엇이 로버트 마틴과 결혼하고 싶어 하지만, 에마 눈엔 로버트 마틴이 대단히 부적합한 남편감이다. 마음을 감동시키지 못하는 마틴보다 엘톤 씨가 훨씬 낫다. 그래서 에마는 로버트 마틴을 쫓아내고 헤리엇과 엘톤을 맺어주려고 고심한다.

하지만 에마의 기대와 달리, 두 사람은 결혼식 종을 울리지 못한다. 헤리엇과 엘톤의 로맨스가 깨지자, 에마는 헤리엇이 나이틀리 씨와 맺어져야만 행복할 거라고 추정한다. 나이틀리 씨는 사실 에마 자신이 마음에 두고 있는 남자였다. 그가 에마에게 적합하다면, 다른 모두에게 적합하지 않겠는가?

그런데 소설이 끝나갈 무렵, 헤리엇은 마침내 자신이 가장 갈망하는 남자가 로버트 마틴이라고 털어놓는다. 이러한 고백에 에마는 무척 혼란스러워하지만, 결국 자신이 바라지 않는 남자를 헤리엇이 바란다는 사실을 간접적으로 받아들이게 된다.

[에마]는 헤리엇과 단둘이 한 시간 정도 보낼 기회가 생기자마자, '정말 이해할 수는 없지만!' 로버트 마틴이 나이틀리 씨를 싹 밀어내고 행복한 미래에 대한 헤리엇의 마음을 몽땅 차지했다는 사실에 완전히 만족하게 되었다.

에마는 헤리엇의 취향을 "이해할 수 없다"면서도 온전히 받아들이고, 또 그런 헤리엇을 좋아한다. 그리고 오스틴의 스타일은 에마를 향해 우리도 똑같이 느끼게 한다. 우리라면 결코 하지 않을 일을 에마가 감행할 때조차 그녀를 좋아하게 한다.

이런 식의 배려는 오스틴 소설이 우리의 신경 회로에 주는 선물이다. 그것도 아주 멋진 선물이다. 이 선물은 우리의 관계를 개선하고, 상대방이 우리의 갈망과 완벽하게 일치하길 기대하는 데서 나오는 갈등과 분노를 없애준다. 아울러 진정한 사랑에 한 발 더 다가가게 한다고도 할 수 있다. 자기중심적 환상을 버리고 다른 마음을 포용하는 것, 그게 바로 진정한 사랑 아니겠는가?

(실연의 아픔을 막아줄 '밸런타인 갑옷'을 직접 활용하기)

좀 더 순수한 로맨스를 원한다면, 어느 도서관에든 가서 새뮤얼 리처드슨을 따라한 작가들의 작품만 모아 놓은 책장을 찾아보라. 그중에서 단연 으뜸은 샬럿 브론테Charlotte Brontë의 1847년 소설 《제인 에어Jane Eyre》를 꼽을 수 있다. 이 소설은 리처드슨의 테크놀로지를 두 가지 방식으로 교묘하게 업데이트한다. 첫째, 《제인 에어》는 파멜라의 허황된 실시간 편지 목록을 회고적 '자서전'이라는 좀 더 그럴듯한 허구로 대체한다. 둘째, 《제인 에어》는 로맨스를 억제하려는 리처드슨의 노력을 뒤집는다. 리처드슨은 《클라리사》를 비극으로 구성하고 《파멜라》를 욕망에 대한 하나님 목소리의 설교로 끝맺지만, 브론테는 아무런 판단도 내리지 않고 열린 결말로 끝맺는다. 그런데 이런 업데이트 이면에는 맥박을 고동치게 하는 리처드슨의 원래 청사진이 깔려 있다. 바로 서사적 길이의 자아공개이다. 게다가 《파멜

우리는 지금 문학이 필요하다

라》와《제인 에어》가 너무 흡사해서 브론테가 아예 대놓고 표절한
게 아닌가 싶다. 둘 다 하녀가 주인의 사생아를 돌보고 집시 점쟁이
가 결혼에 대한 조언을 해준다. 그리고 둘 다 훗날 주인이 아프다는
소식을 듣고 하녀가 돌아온다.

수많은 현대 로맨스 소설에서도 리처드슨의 테크놀로지를 엿볼
수 있다. 앤 패챗Ann Patchett의《벨칸토Bel Canto》, 오드리 니페네거Audrey
Niffenegger의《시간 여행자의 아내The Time Traveler's Wife》, 니콜 크라우스
Nicole Krauss의《사랑의 역사The History of Love》, 안드레 애치먼André Aciman
의《콜 미 바이 유어 네임Call Me by Your Name》등이 있다. 아무 열정도
없이 하루하루 살아간다면, 방대한 문학적 고백으로 가슴을 다시 설
레게 할 수 있다.

반대로, 돈키호테처럼 막무가내로 몽상에 빠져 괴롭다면 오스틴
에게서 치유책을 구할 수 있다.《오만과 편견》의 첫 문장("누가 봐도 당
연한 이치다")을 읽으며 서술자의 다소 풍자적인 어조를 느껴보라. 그
런 다음, 그 느낌을 간직한 채 엘리자베스 베넷과 다아시의 자아공
개를 모두 읽어보라. 그러면 당신은 그들이 무정한 세상에 존재한다
는 점을 받아들이면서도 그들의 마음을 아끼게 될 것이다.

혹시라도 오스틴 팬이 아니라면 (또는 오스틴의 작품을 여러 번 읽어서
새로운 이야기로 그런 감정을 느끼고 싶다면), 오스틴 스타일을 구사하면서
더 분별 있고 더 관대한 연애를 부추기는 현대 소설도 많이 있다. 이
언 매큐언Ian McEwan의《아동법The Children's Act》이나 제프리 유제니디스
Jeffrey Eugenides의《결혼이라는 소설The Marriage Plot》을 읽어보라. 아니면
애니 프루Annie Proulx 원작의 영화 '브로크백 마운틴Brokeback Mountain'을

감상하라.

그들의 자유 간접성free indirectness은 로맨스에서 더 현명해지고 더 친절해지도록 당신을 도와줄 것이다. 자, 다음번에 당신의 톰 르프로이(제인 오스틴의 전 연인)와 춤출 때는 마음을 안전하게 지켜라. 그리고 그 마음이 참되게 사랑하도록 하라.

삶에 활력을
불어넣어라

Wonderworks

메리 셸리의 《프랑켄슈타인》, 현대의 메타 호러

발명품: 스트레스 전환기

우리는 지금 문학이 필요하다

프랑켄슈타인 박사는 맥박을 빨리 뛰게 할 방법을 원했다. 그래서 "무덤의 축축한 바닥을 더듬고," "납골당에서 뼈를 수집했다." 그러다 마침내 "그것이 거칠게 숨을 쉬었다. 경련을 일으키듯 사지가 흔들렸다."

살아났다! 진짜로 살아났다!

(프랑켄슈타인 박사의 발명품)

1816년 5월, 십대인 메리 고드윈 울스턴크래프트Mary Wollstonecraft Godwin(훗날 메리 셸리)는 연인과 함께 갓난 아들을 데리고 제네바 호숫가로 여행을 떠났다. 그들이 머물기로 한 멋진 별장에는 영국의 신비주의 거장(바이런 경)과 그에게 고용된 몽유병 전문가(바이런의 주치의)가 살고 있었다.

그해 여름은 내내 흐렸다. 멀리 탐보라 화산의 대분화로 화산재
가 사방에 날리는 바람에 6월에도 서리가 낄 정도로 지구 전체가 음
습했다. 그러던 어느 날 오후, 저녁 그림자가 화산재와 섞여 대기도
기분도 우중충해질 무렵, 셸리와 일행은 셔터가 내려진 서재로 하나
둘 모였다. 그들은 거미줄로 덮인 책꽂이에서 등골이 오싹해질 만한
책을 발견했다. 독일의 유령 이야기를 모은 프랑스 선집《판타스마
고리아나Fantasmagoriana》였다. 그들은 가죽으로 된 책장을 넘기며 독
일에서 떠돌던 온갖 기괴한 이야기를 읽어 내려갔다. 죽은 자의 머
리를 파헤치는 남자. 키스로 아이들을 살해하는 가족의 초상화. 신
랑을 사냥하는 죽음의 신부. 밤 9시에 죽을 거라고 경고하는 유령을
만난 젊은 여성, 똑딱, 똑딱, 똑딱.

셸리는 훗날 이런 이야기가 "소름끼치는 공포를 일깨우고… 심장
박동을 더 빨라지게 했다"고 회상했다. 활력을 되찾은 그녀와 친구
들은 각자 무서운 이야기를 하나씩 고안하기로 결정했다. 몽유병 전
문가는 해골 눈을 한 염탐꾼의 엽기적인 무용담을 지어냈다. 신비주
의 거장은 흡혈귀를 소재로 최초의 문학적 뱀파이어를 지어냈다.

그렇다면 셸리는? 흠, 셸리는 아무것도 지어내지 못했다. 마음속
의 창작 피스톤이 제대로 점화되지 않아, 초자연적 괴물 대신 엉뚱
한 과학자를 상상하는 데 그쳤기 때문이다. 셸리는 창피해서 입을
다물어버렸다. 그런데 입술은 굳게 닫았지만 마음속에 떠오른 과학
자에 대한 상상은 지울 수 없었다. 며칠 후, 셸리는 그 과학자가 "강
력한 엔진"을 만들고자 애쓰는 환상에 사로잡혔다. "나는 공포에 질

려 눈을 떴다. …공포의 전율이 온몸을 관통했다."

그것은 여느 유령 이야기만큼이나 섬뜩했다. 하지만 그 "오싹한 전율"은 《판타스마고리아나》이야기와 달랐다. 전혀 다른 공포였다.

(전혀 다른 공포)

무서운 이야기는 허구적 위협으로 우리 뇌에 실감나는 투쟁-도피 반응을 일으킨다. 아드레날린으로 맥박을 고동치게 하고, 기분 좋은 엔도르핀을 척수에 흘려보내는 식으로 우리에게 생리적 흥분제를 투여한다.

하지만 무서운 이야기가 다 똑같은 흥분을 제공하지는 않는다. 어떤 것은 활력을 불어넣는 좋은 흥분을 제공하지만, 어떤 것은 건강을 해칠 수 있는 나쁜 흥분을 제공한다.

두 가지 흥분 간의 차이는 뇌의 시상하부부터 뇌하수체를 지나 신장의 부신 피질까지 뻗어 있는 묘한 해부학적 구조에서 그 원인을 찾을 수 있다. 이 구조를 HPA축hypothalamus-pituitary glands-adrenal cortex axis 이라고 부르는데, HPA축의 주요 기능 가운데 각성을 유발하는 호르몬인 코르티솔을 조절하는 역할이 있다. 혈중 코르티솔 수치는 우리가 밤에 자는 동안 HPA축에 의해 떨어졌다가 아침에 눈을 뜨면 다시 상승한다. 그리고 잠자리에서 일어나 30분쯤 지나면 최대치에 도달한다.

아침에 이러한 코르티솔 상승은 우리 몸에서 나오는 천연 커피와

제12장. 삶에 활력을 불어넣어라

같아서, 하루를 활기차게 보낼 에너지와 집중력을 제공한다. 그런데 우리가 겁을 먹으면 커피 분사기가 과열되면서 HPA축이 코르티솔을 필요 이상 분출한다. 과도한 코르티솔은 뇌에서 여분의 카페인처럼 작용하여 우리에게 더 많은 에너지와 집중력을 제공한다. 우리는 어떤 귀신이 쫓아와도 멀찍이 달아나거나 기선을 제압할 수 있다.

이러한 코르티솔 돌풍은 우리를 궁지에서 벗어나게 해줄 수 있지만, 잠재적 대가가 따른다. 상승된 코르티솔 수치는 단기적으론 우리에게 혜택을 주지만 장기적으론 건강을 해칠 수 있다. 불면증과 탈진의 원인이 될 수 있고, 불안과 우울증에 기여할 수 있으며, 당뇨병과 심장마비, 뇌졸중의 확률을 높일 수 있다.

코르티솔의 이러한 부정적 효과는 20세기 중반에 대단히 진취적인 한스 셀리에Hans Selye 박사 덕분에 알려지게 되었다. 셀리에는 헝가리의 코마롬이라는 중세 유적 도시에서 성장했다. 그리고 프라하에서 의학 공부를 하던 1920년대, 셀리에는 환자들 중 일부가 특별한 신체적 원인 없이 만성 질환에 시달린다는 사실에 주목했다. 1936년 여름, 그는 몬트리올의 생화학 실험실로 자리를 옮긴 후, '척수 쇼크' 등 '다양한 유해 자극으로 생긴 증후군'을 경고하는 논문을 〈네이처〉지에 발표했다. 그의 발견을 알기 쉽게 요약하면, 사람들은 "스트레스" 때문에 병에 걸리거나 심지어 죽을 수도 있다는 것이다.

셀리에가 스트레스의 위험성을 파악한 후, 의사들은 혈중 코르티솔 농도를 높일 만한 일을 죄다 피하라고 권고하기 시작했다. 고압적인 환경을 멀리하고 유령 이야기를 더 이상 읽지 마라! 그런데 셀리에가 기이한 해부학 연구를 계속하여 HPA축의 신경화학적 미스터리를 더 깊이 파헤친 결과, 스트레스가 늘 해로운 것은 아니었다. 셀리에는 1974년 출간한 《고통 없는 스트레스Stress Without Distress》에서 스트레스를 두 종류로 분리했다. 부정적 결과를 낳는 나쁜 스트레스는 "디스트레스distress"라고 부르고, 긍정적 결과를 낳는 좋은 스트레스는 "유스트레스eustress"라고 불렀다.

나쁜 스트레스와 마찬가지로, 좋은 스트레스도 HPA축에서 코르티솔을 분비하게 한다. 그런데 나쁜 스트레스와 달리, 좋은 스트레스는 불면증, 불안, 뇌졸중, 당뇨병과 아무런 관련이 없다. 오히려 좋은 스트레스는 우리에게 여분의 코르티솔 혜택을 제공하여 에너지와 집중력을 높여준다. 게다가 부작용도 없다. (다만 탈진으로 쓰러질 순 있다. 추가적인 뇌 활동을 공짜로 얻을 순 없는 모양이다.)

좋은 스트레스는 믿기 어려울 만큼 유익하며, 연구하면 할수록 긍정적 효과가 더 드러난다. 여러 심리학 연구에서, 좋은 스트레스와 나쁜 스트레스 간의 근본적 차이는 그 스트레스가 자발적이냐 아니냐에 대한 뇌의 인식에서 비롯된다고 밝혀졌다. 뒤통수치는 사기꾼, 폭군 같은 상사, 의료 위기 등으로 촉발된 비자발적 스트레스는 나쁘다. 하지만 새로운 분야에 진출하거나 첫 데이트를 나가거나 꿈을 이루고자 모든 걸 투자하는 등 자발적 스트레스는 좋다. 따라서 좋은 스트레스의 활기찬 쾌감을 원한다면, 그냥 새로운 도전을 감행하면 된다. 더 나아가, 나쁜 스트레스를 싹 없앨 수도 있다. 우리는 그저 나쁜 스트레스를 포용하겠다고 선택하면 된다. 승진 탈락, 데이트 거절, 심지어 암 진단을 개인적으로 성장할 기회로 보겠다고 결심하면, 디스트레스가 유스트레스로 바뀌어 불면과 불안 대신 활

제12장. 삶에 활력을 불어넣어라

력과 집중력을 얻게 된다.

물론 이런 식의 인식 전환이 쉽지는 않다. 하지만 메리 셸리가 발견했듯이, 문학이 도와줄 수 있다.

(첫 번째 발견)

그 사실을 메리 셸리보다 먼저 발견한 사람이 있었다.

그 사람이 누구인지 꼬집어 말할 순 없지만, 제인 오스틴과 같은 시대에 살았을 것으로 보인다. 제인 오스틴은 셸리보다 7년 전인 1811년에 첫 소설을 출간했다. 오스틴은 어느 후덥지근한 오후 집안에 머물다 세계 최초의 고딕 소설인《오트란토 성The Castle of Otranto》을 펼쳐 들었다. 호레이스 월폴Horace Walpole이 1764년에 쓴 괴기, 공포 소설이었다. 오스틴은 곧 대단히 기이한 결혼식 이야기에 푹 빠져들었다. 이야기 속에서, 예식 준비가 착착 진행되고 있었다. 신부는 베일을 썼고 하객들은 예배당에서 기대에 찬 눈으로 예식이 시작되길 기다렸다. 연회도 성대하게 준비되었다. 그런데 신랑이 예배당 쪽으로 걸어오다 갑자기 하늘에서 떨어진 거대한 투구에 깔렸다. 깜짝 놀란 웨이터는 음료를 엎질렀고 하인은 비명을 내질렀다. "오! 투구다! 투구다!"

오싹한 전율을 느끼도록 작성된 이야기였고, 실제로 오스틴과 동시대 사람들 중 상당수는 그렇게 느꼈다. 스코틀랜드의 소설가 월터 스콧Walter Scott은 통찰력이 워낙 뛰어나서 사라진 왕실 보석을 추적하

우리는 지금 문학이 필요하다

라는 의뢰를 받기도 했는데, 그런 스콧이 1811년에 《오트란토 성》
의 공포를 묘사하면서, 낡은 초상화에 그려진 눈이 느긋하게 걸어가
는 당신을 흘겨보는 것처럼 느껴질 때와 같은 "기이한 공포"를 자아
낸다고 했다.

　하지만 오스틴은 그런 오싹한 전율을 느끼지 않았다. 오히려 "오!
투구다! 투구다!"를 읽으면서 웃음을 멈출 수 없었다. 오스틴의 반응
이 월터 경에겐 이상해 보였을지 모르지만, 엄청난 소동이 벌어졌을
때 사람들이 미소를 짓거나 심지어 깔깔 웃는 경우가 드물진 않다.
생일 케이크 촛불이 우연히 장식용 주름종이 줄에 옮겨 붙거나 애완
견이 흥분해서 운 나쁜 손님을 난폭하게 공격하거나 카니발 축제에
서 관광객이 휴대폰을 쳐다보다 죽마를 타는 사람들과 부딪혀 난장
판을 만드는 장면을 보고서 깜짝 놀라거나 당황하는 대신에 억지로
웃음을 참거나 대놓고 킬킬거리는 사람이 꼭 있기 마련이다.

　당신이 그렇게 숨죽여 웃는 사람이라면 (혹은 지금 그런 사람과 같이
산다면), 걱정하지 마라. 정신병의 징후는 아니니까. 실은 신경학적으
로 지극히 정상이다. 이상해 보이긴 하지만, 사실 공포감과 유쾌감
은 정신적 기원이 같다. 둘 다 뇌가 기이한 것을 지각했을 때 나오는
반응이다.

　그런 이유로, 영어 단어 'funny'는 중의적 의미가 있다. 우리를 웃
게 하는 익살맞은 느낌을 나타낼 수도 있고, 머리끝이 쭈뼛쭈뼛 설
정도로 소름끼치는 기이한 느낌을 나타낼 수도 있다. 둘 다 우리 뇌
가 기이한 것을 지각하고 위협 탐지 네트워크를 가동할 때 시작된
다. 제6장에서 살펴봤던 이 네트워크는 주변 환경에서 일체의 변칙

제12장. 삶에 활력을 불어넣어라

을 탐지하도록 정밀하게 조정된다. 어떤 변칙을 포착하면, 위협 탐지 네트워크는 전두 피질의 의사결정 기관에 경고를 보낸다. 여기 뭔가 기이한 게 있어! 그러면 전두 피질은 바로 그 기이한 것을 분석하여 위험할 수도 있는지, 확실히 위험한지, 위험하지 않은지 결정한다. '위험할 수도 있다'고 판단하면 우리 뇌는 일단 멈추고 서서히 조여드는 불안을 경험한다. '확실히 위험하다'고 판단하면, 우리 뇌는 겁을 먹고 당장 도망치라고 말한다. '위험하지 않다'고 판단하면, 우리 뇌는 깔깔 웃는다.

앞의 두 반응은 무서운 이야기로 촉발된다. 무서운 이야기는, 가령 죽은 사람이 말하거나 중세 투구가 하늘에서 떨어지거나 여기저기서 끌어모은 팔다리로 사람 형상을 만드는 등의 이상한 변칙을 소개하고, 그 변칙이 우리에게 잠재적으로 위험하거나 확실히 위험하다고 느끼게 한다. 위험이 불확실할수록 공포는 더 오래 지속되고, 위험이 확실할수록 공포는 더 강하게 다가온다. 따라서 무서운 이야기는 오랫동안 정신적 불안감을 유발하거나 또는 격렬한 충격을 유발할 수 있다.

기이한 것에 대한 세 번째 신경 반응은 전혀 다른 문학 장르로 촉발된다. 바로 코미디(희극)이다. 코미디는 이상한 캐릭터나 별난 계략을 소개한 다음, 그들의 무해함을 드러내 우리를 깔깔거리게 한다. 그런데 이것은 그 자체로 기이한 것 같다. 우리 뇌는 왜 이상하지만 위협적이지 않은 것들을 보고 킥킥 웃도록 설정되었을까? 생물학적으로 답하자면, 뇌의 유머 반응은 위협 탐지 네트워크에 의해 유발된 스트레스를 뒤집는 방식으로 진화한 것 같다. (제4장에서 살펴봤듯이) 웃음의 생리적 기능 중 하나는 코르티솔 수치를 낮추는 것이다. 그래서 HPA축이 실수로 혈중 코르티솔 농도를 높일 때 웃음이 그 실수를 씻어 내릴 수 있다.

공포와 유머의 신경 기원이 같다 보니, '토마토 공격대Attack of the Killer Tomatoes'나 '이블 데드 2Evil Dead II' 같은 기발한 공포 영화가 다수 출시되었다. 이런 영화는 심각한 유령 이야기를 소비할 때 제인 오스틴이 보였던 것과 같은 반응을 유발할 수 있다. 나쁜 스트레스가 지나치게 높아지면, 우리는 《슬리피 할로우의 전설The Legend of Sleepy Hollow》이나 《힐 하우스의 유령The Haunting of Hill House》 같은 기이한 작품을 보면서 낄낄 웃을 수 있다. 전혀 해롭지 않은 기이함 덕분에, 스트레스 반응이 웃음으로 바뀌면서 불면증과 불안의 위험을 날려 버릴 수 있다.

그런데 오스틴보다 몇 년 뒤, 메리 셸리는 우리가 공포 소설에 대한 반응으로 훨씬 더 강력한 전환을 이룰 수 있다는 사실을 발견했다. 그 전환은 체내에 분출된 코르티솔을 제거하지 않는다. 오히려 그대로 유지해 뭔가 좋은 것으로 바꾼다.

(더 강력한 발견)

메리 셸리의 발견을 위한 씨앗은 혈중 코르티솔 때문에 잠 못 이루던 밤에 심어졌다. 깨어 있던 셸리의 뇌에 과학자의 환영이 어른거렸다. 그 순간, 셸리는 그의 과학이 《판타스마고리아나》의 초자연적 요소와 다른 느낌을 준다고 생각했다. 초자연적 요소는 신과 같은 더 거대한 힘에 의해 부과된다고 느껴졌지만, 과학은 인간이 자발적으로 만든 것처럼 느껴졌다. 그 과학자는 자신의 엔진을 만들고 생명의 비밀을 엿보겠다고 선택했다.

그런데 셸리가 나중에 판단하기론, 이 선택했다는 느낌이 실은 망상이었다. 과학자는 실제로 욕망이나 운명destiny 같은 더 큰 힘에 의해 자신의 비운을 좇도록 강요받았던 것이다. 하지만 무서운 이야기의 생리학적 영향에 관한 한, 삶의 근원적 현실이 아니라 그 현실에 대한 뇌의 인식이 중요하다. 그리고 셸리의 오밤중 환영이 그녀에게 보여주었듯, 과학은 우리에게 전지전능한 힘, 불멸, 부활 등 뭐든 다 성취할 수 있다고 믿게 함으로써 우리 뇌를 흥분시킨다.

그리하여 2년 후인 1818년, 셸리는 오밤중에 봤던 환영을 확대하여 《프랑켄슈타인: 또는 현대의 프로메테우스Frankenstein; or, the Modern Prometheus》를 출간하기로 결정했을 때, 서두에서 독자들에게 북극으로 떠나는 과학 탐사를 상상하도록 유도했다.

영원한 빛의 나라에서 무엇인들 기대하지 못하겠습니까? 그곳에서 나는 나침반 바늘을 끌어당기는 경이로운 힘을 발견할 수도 있고, 하늘의 수많은 별을 가깝게 관측할 수도 있으며, ⋯ 이러한 생각이 저를 유혹합니다. 이만하면 위험이나 죽음에 대한 두려움을 극복하는 데 충분하지요.

이것은 과학에 대한 프로메테우스의 꿈이다. 그 꿈은 우리가 운명을 설계하는 신이 될 수 있다고 믿게 하기 때문에, 과학 탐사에서

우리는 지금 문학이 필요하다

우리를 기다리는 "위험"은 건강을 위협하는 불안의 출처가 아니다. 오히려 긍정적인 유스트레스의 출처이다. "죽음"이 우리 자신의 자유로운 선택이라고 상상함으로써, 우리는 더 활기차게 살아 있음을 느끼게 된다.

이런 활력 넘치는 기분을 더 자세히 서술하기 위해, 셸리는《프랑켄슈타인》의 나머지 부분을 고딕 소설로 구성한다. 한 엽기 과학자 mad scientist의 반전으로, 그녀는 초기 고딕 소설의 나쁜 스트레스를 유발하는 청사진을 전환하여 좋은 스트레스를 유발하게 한다.

초기 고딕 소설은 이야기에 몰두하게 하거나 아예 이야기 속으로 휘말려들게 하면서 나쁜 스트레스를 유발했다. 이러한 심리적 경험은《오트란토 성》의 서문에서 의도적으로 유도되었다. 번역자는 서문에서 "어느 고대 가톨릭 가정의 서재에서" 낙하하는 투구 이야기를 우연히 접했다고 설명한다. 물론 그런 서재는 존재하지 않았다. 번역자와 서재는 이야기의 실제 작가인 호레이스 월폴이 꾸며낸 것이었다. 그런데도 서문에서 다른 사람인 척하는 이야기 서술은 현실 세계에서 제대로 먹힌다. 뒤에 이어지는 내용이 우리 뇌에 더 실감 나게 다가오면서 몰입감을 높여주기 때문이다.

이러한 몰입감은 서문의 두 가지 특징에 의해 유발된다. 첫째, 번역자는 낙하하는 투구 이야기가 "명백한 허구"라고 설명하면서도 다음과 같은 말을 덧붙인다.

나는 이 이야기가 진실에 근거를 두었다고 믿지 않을 수 없다. 무대는 의심할 여지도 없이 진짜 어느 성이다. 작가가 의도치 않게 여러 번 특정 부분을 그대로 묘사한 것 같다.

이것은 기발한 문학적 속임수이다. 우리의 회의론을 미리 무장 해제시켜 의심을 멈추고 이야기 속으로 더 깊이 빠져들게 한다. 터무니없는 겉모습 속에 숨겨진 진짜 진실을 찾도록 유도하는 것이다.

우리의 몰입도는 서문의 두 번째 특징으로 더 높아진다. 바로 '이야기 속 이야기' 구조이다. (제24장에서 몇 가지 예를 살펴볼) 이 고대 문학 장치는, 한 이야기 속의 캐릭터가 다른 이야기를 들려주면서 우리 뇌를 두 번째 허구 영역으로 이동시킨다. 이러한 이동은 (서론에서 살펴본) 확장의 하위 유형이며, 여느 확장과 마찬가지로 이 확장도 뇌에서 '자아 영역self zone'의 활성화를 감소시켜 우리의 의식과 허구 간의 신경 경계를 허문다. 그리하여 《오트란토 성》에서, 가짜 번역자의 이야기가 "번역된" 소설의 '이야기 속 이야기'로 확장될 때, 손에 들린 책과 우리의 자의식 간 거리가 약화되어 공포에 더 몰입하게 된다.

월폴 이후, 이러한 공포-몰입 청사진은 여러 고딕 소설에 의해 더 확대되었다. 앤 래드클리프Ann Radcliffe의 《우돌포의 비밀The Mysteries of Udolpho》(1794), 매슈 그레고리 루이스Matthew Gregory Lewis의 《수사The Monk》(1796), E. T. A. 호프만E. T. A. Hoffmann의 《악마의 묘약The Devil's Elixirs》(1815) 등은 이야기 세계와 우리 마음 간의 경계를 흐리게 해서 우리를 이야기 속으로 휘말려들게 한다. 그리하여 《오트란토 성》이 나오고 수십 년 동안, 무서운 이야기는 우리 뇌를 무기력한 공포에 더 깊이 빠뜨려 익사시키고 질식시켰다. 그런데 1818년, 메리 셸리

우리는 지금 문학이 필요하다

의 《프랑켄슈타인》이 그 청사진을 뒤집었다. 공포에 대한 몰입을 자의식의 순간으로 방해하면서 자유 의지를 되살린 것이다.

(《프랑켄슈타인》, 공포-몰입 청사진을 뒤집다)

메리 셸리의 청사진 뒤집기에서 가장 야심찬 요소는 그녀가 월폴의 '이야기 속 이야기'를 확 뒤집었다는 점이다. 월폴의 《오트란토 성》은 서문을 활용해 우리를 이야기 속으로 풍덩 빠뜨릴 뿐, 우리를 다시 건져내기 위해 번역자의 최종 메모를 첨부하지 않는다. 반면 셸리는 '이야기 속 이야기'에 두 개의 출구가 포함되도록 《프랑켄슈타인》을 설계한다.

첫 번째 출구는 소설의 두 번째 권 끝에 나온다. 그때까지 우리는 프랑켄슈타인 박사가 만든 괴물의 심리에 빠져 있다.

"그런 아름다운 창조물이 부여할 수 있는 기쁨을 온전히 빼앗겼다고 생각하니, 나는 다시 분노가 치밀었습니다. …그러다 문득 이런 의문이 들더군요. 내가 그 순간 탄식과 괴로움 속에서 내 감정을 분출하는 대신, 인류에게 돌진하지 않았더라면 어땠을까? 그리고 그들을 파괴하려고 시도하다 차라리 소멸했더라면 어땠을까?"

여기서 괴물은 극심한 공포에 사로잡혀 있다가 갑자기 사색적인 거리를 둔다. "그러다 문득 이런 의문이 들더군요." 그런데 잠시 후,

제12장. 삶에 활력을 불어넣어라

서술자는 우리에게도 똑같이 그런 사색적인 거리를 제공한다. 괴물의 '이야기 속 이야기'가 끝나자 우리를 프랑켄슈타인 박사의 바깥 이야기로 빼낸다. "괴물은 이야기를 마치더니 내게로 시선을 고정했다."

이러한 빼내기는 프랑켄슈타인의 바깥 시선으로 우리를 돌려보낼 뿐만 아니라 우리에게 강렬한 자의식의 순간을 촉발시키기도 한다. "내게로 시선을 고정했다." 이 세 마디는 "제4의 벽(무대와 관객 사이를 떼어놓는 보이지 않는 공간)"을 무너뜨리고, 마치 괴물이 텔레비전 화면 너머로 우리를 노려보는 듯한 느낌을 준다. 그 순간, 우리 뇌의 자아 영역이 황급히 활성화되면서 '이야기 속 이야기' 확장의 신경 효과가 사라진다. 우리는 결국 책에 몰입하는 대신 우리 자신의 분리된 존재를 갑자기 자각하게 된다.

《프랑켄슈타인》의 두 번째 '이야기 속 이야기' 출구에서도 이러한 이중 단절이 반복된다. 소설의 마지막 세 번째 권 끝에서, 우리는 프랑켄슈타인 박사의 이야기에서 빠져나와 북극 탐험가의 바깥 서술로 돌아온다. 그 순간 처음 접하는 문장은 바로 탐험가가 자기 누이에게 단호하게 묻는 문장이다. "누님은 이 이상하고 소름 끼치는 이야기를 다 읽었습니다. 그런데 마가렛 누님, 공포로 피가 엉겨 붙는 것 같지 않습니까? 내 피는 지금도 다 엉겨 붙는 것 같습니다."

이번에도 우리의 몰입은 이중으로 끝난다. 첫째, 우리는 프랑켄슈타인의 서술이 "이야기"임을 인지하게 된다. 둘째, "공포" 감정을 자의적으로 분석하도록 요구받으면서 자아 영역과 허구 간의 거리를 다시 활성화하게 된다.

이러한 이중 파열을 통해, 셸리는 초기 고딕 소설의 깊은 몰입감을 분리된 자아 인식이라는 반대되는 신경 경험으로 대체한다. 다시 말해서, 셸리는 우리가 요즘 메타 호러meta-horror라고 부르는 장르를 고안한다. 메타 호러는 우리가 피할 수 없는 공포에 휘말리는 것을 뒤집는다. 그래서 공포는 단지 우리가 소비하겠다고 선택한, 또 앞으로도 계속 소비하겠다고 선택할 수 있는 허구일 뿐이라고 우리 뇌가 의식하게 한다.

이런 선택의 느낌은 진짜일 수도 있지만, 어쩌면 인간의 또 다른 환상일지도 모른다. 뭐가 됐든, 우리 뇌에 미치는 심리적 영향은 크다. 그 느낌은 프랑켄슈타인 박사의 괴기한 악몽에 대한 우리의 신경 인식을 바꿈으로써《프랑켄슈타인》의 첫 페이지에서 탐험가를 전율시킨 자발적 발견을 우리도 똑같이 경험하게 한다. 탐험가와 마찬가지로, 우리는 "위험과 죽음"이 우리를 쫓는다고 느끼지 않는다. 오히려 우리가 그것들을 쫓는 것처럼 느낀다. 그리하여 메리 셸리의 메타-서술 발명품은 아드레날린으로 맥박을 고동치게 하고 코티솔로 눈을 이글거리게 하여, 우리의 스트레스를 나쁜 괴물에서 착한 괴물로 전환시킨다.

('스트레스 전환기'를 직접 활용하기)

《프랑켄슈타인》끝부분에서, 북극 탐험가의 배가 얼음에 갇히게 된다. 그러자 선원들은 폭동을 일으켜 원정을 그만두고 돌아가자고 요구한다. 그때 돌연 프랑켄슈타인 박사가 배의 화물칸에서 힘겹게 몸을 일으킨다.

박사는 괴물의 온갖 압박과 강탈로 심신이 망가져 곧 죽을 운명이다. 그런데도 잠시나마 눈에 예전의 불꽃이 다시 일어난다. 박사는 폭동을 일으킨 선원들을 향해 소리친다.

"당신들은 이것을 영광스러운 탐험이라고 부르지 않았습니까? 도대체 무엇 때문에 영광스러웠습니까? 남쪽 바다처럼 잔잔하고 매끄러웠기 때문이 아니라 위험과 공포가 가득했기 때문입니다. 새로운 일이 닥칠 때마다 불굴의 용기를 발휘해야 했기 때문입니다. 위험과 죽음이 에워쌀 때마다 당신들이 용감하게 극복해야 했기 때문입니다."

이 연설로, 프랑켄슈타인 박사는 선원들 스스로 위험과 죽음에 직면하겠다고 선택했음을 상기시킨다. 게다가 그 선택은 선원들의 삶에 활력을 불어넣고 혼을 일깨우며 마음을 들뜨게 했다는 점에서, 참으로 유익한 선택이었다.

이제 또 다른 선택의 순간이 도래했다. 선원들은 원정을 포기하기로 결정하고 마음을 평온하게 되돌릴 수 있다. 아니면 또 다른 위험을 감수하기로 결정하고 고동치는 맥박으로 살아 있음을 느낄 수 있다.

당신이라면 어떤 선택을 하겠는가? 후퇴하는 선원이 되겠는가? 아니면 제2의 프랑켄슈타인이 되어 돌진하겠는가? 배를 돌리고 죽음에서 벗어나 따뜻한 항구로 돌아가겠는가? 아니면 괴물을 쫓아

우리는 지금 문학이 필요하다

시커먼 북극 끝까지 가겠는가?

후자를 선택한다면, 당신은 기분 좋은 유스트레스를 얻을 것이다. 그런 좋은 기분을 더 느끼고 싶을 때마다, 메리 셸리의 메타-호러 청사진을 활용하여 앞에 놓인 공포와 자의식 간에 거리를 두는 현대의 공포물을 찾아볼 수 있다. 이러한 거리는 킥킥거리게 하는 유혹이 아니다. 전혀 우스꽝스럽거나 엉뚱하거나 아이러니하지도 않다. 그것은 공포가 허구이며 우리가 그 허구를 보겠다고 의식적으로 결정했음을 덤덤하게 상기시켜준다. 우리는 언제든 책을 덮거나 화면을 끄고 공포가 없는 현실로 돌아갈 수 있다.

고전적인 메타 호러 활력소를 원한다면, 1983년 영화 '환상 특급: 트와일라잇 존The Twilight Zone'의 에필로그를 보라. 좀 더 최근에 나온 심장 충전기를 원한다면, 드루 고다드Drew Goddard 감독의 영화 '캐빈 인 더 우즈The Cabin in the Woods'를 감상하라. 좀 더 잔인한 메타 호러를 원한다면 미카엘 하네케Michael Haneke 감독의 영화 '퍼니 게임Funny Games'을 찾아보라. 좀 더 스릴 넘치는 메타 호러를 원한다면, '스크림Scream'을 찾아보라. 또는 당신이 좋아하는 공포 소설을 하나씩 살펴보면서 가벼운 신경적 분리를 야기하는 작품을 직접 찾아보라. 그런 다음, 죽음과 위험과 악몽에 정면으로 마주하겠다고 선택함으로써 당신의 스트레스를 건전한 에너지로 전환하라.

그리고 살아 있음을 느껴라.

살아 있다!

제 **13** 장

온갖 미스터리를
해결하라

Wonderworks

프랜시스 베이컨,
에드거 앨런 포

발명품: 가상 과학자

고대에는 빛을 창조한 하나님의 미스터리, 노아의 방주 미스터리, 갈릴리 바다를 걷는 목수 아들의 미스터리가 두루 쓰였다.

이러한 성서 속 미스터리가 주일 예배당에서 큰 소리로 낭독될 때, 신도들은 몹시 궁금했다. 그런 일이 어떻게 일어날 수 있었을까? 하지만 아무리 궁금해도 답을 얻지 못했다. 미스터리는 원래 추측해낼 수 없는 영역이었다. 미스터리는 똑똑한 체하는 마음을 꺾고 신앙의 미덕에 영혼을 개방하면서 모든 이성에 도전했다.

로마 제국 쇠퇴기에 신앙심을 높이는 성서의 수수께끼는 새로운 문학 장르를 촉발시켰다. 바로 신비극mystery play이다. 신비극은 수많은 기적으로 관객을 놀라게 했다. 홍해가 갈라지고 하늘에서 만나가 떨어지고 아흔 살의 사라가 임신을 하고 요나가 고래 뱃속에서 탈출하고 다니엘이 사자 굴에서 살아 나오고 나사로가 죽은 자들 가운데서 일어났다. 이러한 기적극은 중세 유럽에서 가장 인기 있는 오락

제13장. 온갖 미스터리를 해결하라

거리였다. 반*직업적인 배우들이 길고 헐거운 옷을 두룬 모세와 무화과 잎사귀만 걸친 이브와 가시 면류관을 쓴 예수로 분장해 스페인 동부의 엘체부터 잉글랜드의 요크에 이르기까지 수많은 도시에서 공연을 펼쳤다. 셰익스피어도 어렸을 때 그런 연극을 보면서 훗날 놀라운 미스터리를 쓰도록 영감을 받았는지도 모른다. 햄릿의 유령과 클레오파트라의 매력과 프로스페로의 마법이 어쩌면 그때 싹텄는지도 모른다.

미스터리는 시간이 지나면서 점점 더 확대되었다. 그러다 셰익스피어가 떠나고 2세기가 지났을 무렵, 한 이야기꾼은 다음과 같은 의문을 품었다. 미스터리가 풀린 문학 작품을 써보면 어떨까? 참으로 엉뚱한 아이디어였다. 너무 엉뚱해서 이전에 어떤 작가도 그런 생각을 품었다는 증거가 없었다. 하지만 그 이야기꾼은 워낙 자유로운 사상가여서 어떻게든 시도해 보기로 마음먹었다. 그는 미스터리에 맞닥뜨린 두 탐정을 상상했다. 그리고 펜에 잉크를 묻히고 그 뒤로 어떤 일이 펼쳐지는지 써 내려갔다.

그렇게 한참 쓰다가 갑자기 펜을 멈추었다. 훨씬 더 흥미로운 아이디어가 떠올랐기 때문이다. 단순히 탐정이 나오는 스토리보다 더 나아가면 어떨까? 탐정을 훈련시키는 스토리를 쓰면 어떨까?

독자에게 자신의 미스터리를 직접 해결하는 법을 가르치는 미스터리를 쓰면 어떨까?

(미스터리 해결사)

셰익스피어가 죽고 4년도 채 지나지 않아서 미스터리 해결 청사진이 런던에 도착했다. 1620년, 프랜시스 베이컨 경Sir Francis Bacon이 라틴어로 쓴 방대한 원고를 블랙프라이어스에 있는 왕실 출판업자 존 빌John Bill에게 보냈던 것이다. 베이컨은 영국의 대법관이었는데, 빈틈없으면서도 유연한 윤리 의식으로 그 자리까지 올랐다. 베이컨이 가장 좋아하는 철학자는 마키아벨리였다. 그런데 대법관에 오른 지 1년 만에 베이컨은 "두 번 돈을 받았다"는 이유로 법복을 벗어야 했다. 뇌물을 받았다는 점을 에둘러 표현한 죄명이었다.

베이컨은 세속적인 사람이라 성직자를 믿지 않았고, 풀 수 없는 미스터리에 대한 그들의 설명도 믿지 않았다. 기적의 중요성을 일축하면서 예수가 마술사라기보다는 사회 개혁가라고 주장했다. 그리고 자연의 원자 메커니즘에 매달렸던 중세 미신의 베일을 벗기기 위해, 틈만 나면 총명한 탐정들의 출판물을 읽었다. 그가 즐겨 읽은 탐정들 중에는 하늘의 미스터리를 풀어낸 갈릴레오, 땅 밑 세상의 미스터리를 풀어낸 윌리엄 길버트William Gilbert, 심장의 미스터리를 풀어낸 윌리엄 하비William Harvey 등 천문학자와 물리학자와 해부학자가 많았다.

그들은 어떻게 이러한 미스터리를 풀어냈을까? 베이컨은 그 답을 알아내려고 고함베리에 있는 자신의 웅장한 저택에 칩거했다. 도리아 양식의 멋진 기둥들 사이에 자리 잡은 베이컨은 탐정들의 이단적인 작품을 읽느라 몇 시간씩 꼼짝하지 않았다. 갈릴레오의

《갈릴레오가 들려주는 별 이야기The Starry Messenger》, 길버트의 《자석과 자기체에 대하여, 위대한 자석인 지구를 포함하여On the Magnet and Bodies Magnetic, Including That Great Magnet, the Earth》, 하비의 1616년 럼리 강좌 Lumleian Lectures(왕립의사회의 지원금으로 운영되는 강좌)인 《완벽한 해부학의 서막Prelude to a Complete Anatomy》 등을 읽고 또 읽었다. 그러다 마침내 베이컨은 그 답을 알아냈고, 방대한 분량의 원고로 정리하여 존 빌에게 보냈다. 원고는 《대혁신The Great Instauration》이라는 제목으로 1620년에 출간되었다. 그리고 그가 알아낸 답은 거창한 제목이 붙은 두 번째 권 《노붐 오르가눔 스키엔티아룸Novum Organum Scientiarum》(The New Logic of Sciences, 즉 학문의 새로운 논리 혹은 신논리학이라는 뜻)에 담겨 있었다.

제목에서 알 수 있듯이, 베이컨의 답은 과학의 '낡은' 논리를 회의적 시각으로 바라보는 데서 시작되었다. 이 낡은 논리는 연역법으로, 일반적 지식을 이용해 개별적 사례에 관한 결론을 도출하는 추리 방법이다. 가령 영국 북부에 사는 크고 검은 새들만 까마귀라는 일반적 지식을 얻었다고 가정해보자. 어느 토요일 리버풀에서 기분 좋게 산책하다 크고 검은 새를 한 마리 마주치면, 당신은 즉시 이렇게 추론할 것이다. '저 새는 틀림없이 까마귀야!'

이러한 연역 과정은 11세기 이탈리아의 볼로냐 대학교부터 17세기 핀란드의 투르쿠 대학교에 이르기까지 중세 유럽 전역의 학생들에게 줄곧 주입되었다. 학생들은 성서와 아리스토텔레스의 《형이상학Metaphysics》 같은 일부 공인된 교과서를 암기하는 것으로 배움을 시작했다. 그런 다음 교과서에서 얻은 일반적 지식을 개별 질문에 적용했다. 달은 왜 있을까? 돌이 든 양동이는 공기가 든 양동이보다 얼마나 빨리 떨어질까? 바늘 끝에 몇 명의 천사가 올라설 수 있을까?(당시 카톨릭교회에서 신비주의 사상을 토대로 이런 엉뚱하고도 불가해한 문제를 놓고 논쟁을 일삼았다. -역자 주) 그 답은 연역 추론으로 구할 수 있었다. 만약 답을 구할 수 없다면? 음, 그건 하나님이 그 답을 알려줄 의도가 없다는 뜻이었다.

수세기 동안 이것은 완전히 만족스러운 시스템인 것 같았다. 거의 모든 것을 설명해주면서도 하나님의 신성神性에 대한 경외심을 불러일으킬 미스터리는 남겨놓았다. 그런데 베이컨의 급진적인 책이 나오기 수십 년 전, 그 시스템이 탐정들에 의해 크게 흔들렸다. 탐정들은 망원경과 해부용 메스 등 당시 대학에서 접하지 못했던 여러 장치를 사용해 기존 논리와는 아주 다른 답을 찾아냈다. 가령 달은 한 개만 있지 않고 목성 주위에도 있다. 돌이 든 양동이와 공기가 든 양동이는 똑같은 속도로 떨어진다. 바늘 끝에 있는 저 작은 것들은 사실 천사와 전혀 상관없는 벌레들이다.

이러한 답은 그 자체로도 충분히 놀라웠지만, 훨씬 더 놀라운 사건의 서막일 뿐이었다. 탐정들이 이 답을 근거로, 중세 학교에서 수세대에 걸쳐 가르쳤던 일반적 지식에 반론을 제기했기 때문이다. 첫째, 탐정들은 《형이상학》을 속임수라고 비웃으며 아리스토텔레스에게 도전했다. 거기서 멈추지 않고 감히 성서에도 도전을 제기했다. 성서는 지구가 움직이지 않는다는 점을 분명히 밝혔다.

세계도 견고히 서서 흔들리지 아니하도다.　　　　　-시편 93장 1절

제13장. 온갖 미스터리를 해결하라

온 땅이여, 그Him 앞에서 떨지어다. 세계도 굳게 서고 흔들리지 못하도다.

- 역대기 상 16장 30절

하지만 성서의 권위는 탐정들을 전혀 흔들지 못했다. 탐정들은 오히려 망원경을 흔들며 이렇게 선언했다. "테람 모빌렘, 솔렘 베로 인 메디오 우니베시 임모빌렘 콘스티튜잇terram mobilem, Solem vero in medio universi immobilem constituit", 즉 "지구는 움직인다. 반면 우주의 중심에 가만히 서 있는 것은 바로 태양이다."

대학 교수들은 당연히 소스라치게 놀랐다. 하늘을 쳐다보는 이상한 튜브를 근거로 성서에 도전한다고? 그야말로 미친 짓이었다.

하지만 그것은 미친 짓이 아니었다. 프랜시스 베이컨에 따르면, 완전히 타당한 논리였다. 아울러 새로운 논리였다.

(탐정들의 새로운 논리)

베이컨은 그 새로운 논리를 귀납법이라고 주장했다.

귀납법은 연역법과 정반대였다. 연역법이 일반적 지식을 이용해 개별 사례에 대한 결론을 도출하는데 반해, 귀납법은 개별 사례를 이용해 일반적 지식에 대한 결론을 유도해냈다. 가령 어느 토요일에 리버풀에서 즐겁게 산책하다 배가 하얀 물새를 백 마리 발견했는데, 그 백 마리가 죄다 가마우지였다고 가정해보자. 그 백 마리의 개별 사례를 근거로, 당신은 일반적 지식을 하나 상정할 것이다. "잉글랜드 북부에서 배가 하얀 물새는 모두 가마우지이다." 잘했다! 당신은 방금 귀납 추론을 해냈다.

엄밀히 말하면, 귀납법은 '새로운' 논리가 아니었다. 아리스토텔레스 본인도 사용했고, 대학 교수들도 수세기 동안 알고 있었다. 그렇긴 해도 귀납법은 중세 교육 시스템에서 늘 부수적 요소로 취급받았다. 아리스토텔레스의 《형이상학》과 성서의 일반적 지식을 확인하는 방법이지, 새로운 지식을 도출하는 방법이 아니었다. 수백 년, 심지어 수천 년 동안 용인되었던 위대한 철학적 진리를 전복하는 방법은 더더구나 아니었다.

그런데 베이컨이 여기에 이의를 제기하고 나섰다. 그는 연역법이 아니라 귀납법이 배움의 토대라고 주장했다. 그리고 귀납법에 의해 일반적 진리로 새롭게 전환될 수 있는 개별 정보를 수집할 더 강력한 장치를 개발하라고 촉구했다. 이러한 연구 혁명을 촉진하고자 베이컨은 직접 《새로운 아틀란티스New Atlantis》를 지어냈다. 그가 상상한 미래지향적 유토피아에선, 탐정들이 새로운 논리를 활용해 나병을 치료하고 폐수를 재생해 맛 좋은 와인으로 바꾸고 눈을 현혹시키는 망원望遠 장치를 개발하는 등 다양한 방법으로 성서의 기적에 맞섰다. 베이컨은 이러한 허구적 이야기 안에 (제6장에서 살펴본) 경계심 유발기 테크놀로지를 슬쩍 집어넣고는 독자에게 낡은 진리에 의문을 제기하고 새로운 진리를 직접 찾으라고 촉구했다.

베이컨이 떠나고 34년이 흐른 1660년, 의문을 제기한 십여 명의 독자가 물리·수학 실험 학습을 촉진하는 대학을 설립했다. 이곳은 훗날 영국 왕립 학회English Royal Society로 알려지게 되며, 아이작 뉴턴

제13장. 온갖 미스터리를 해결하라

과 로버트 보일, 로버트 훅 등을 회원으로 두고서 새로운 물리학, 새로운 화학, 새로운 의학, 새로운 생물학을 담은 책을 차례로 발표했다. 19세기 초까지, 베이컨의 귀납적 방법은 증기선과 기관차의 발명에 영감을 주었다. 이런 강력한 기계들이 영국 제국으로 퍼지면서 탐정들도 그 뒤를 따라갔다. 그들은 북아메리카의 식물과 남아시아의 향수, 중앙아프리카의 판암plate rocks을 연구했다.《새로운 아틀란티스》의 허구적 유토피아처럼, 그들은 세상의 가장 미세한 틈을 염탐하고 우주에 관한 방대한 이론을 새롭게 지어냈다.

그러던 어느 날 탐정들은 심각한 문제가 있음을 깨달았다. 베이컨이 틀렸던 것이다.

(베이컨의 오류)

베이컨의 실수는 18세기에 들어서면서 탐정들에게 알려지기 시작했다. 그러다 1820년대에 이르러선 더 이상 무시할 수 없게 되었다.

그 실수는 바로 귀납법이 탐정들을 진리로 이끌 수 없다는 점이었다. 논리 법칙에 따르면, 귀납을 통해 진리에 이르려면 개별 사례를 모두 연구하는 수밖에 없었다. 단순히 많은 사례가 아니다. 대부분 사례도 아니고, 모든 사례여야 했다. 따라서 가마우지에 대한 진실에 도달하려면, 개별 가마우지를 전부 다 연구해야 했다. 원자에 대한 진실에 도달하려면, 개별 원자를 전부 다 연구해야 했다. 그런데 인간적으로 그렇게 할 방법은 없었다. 아무리 부지런하더라도 잉글랜드 북부에서 배가 하얀 물새를 모두 조사할 수 있는 사람은 없었다. 하물며 현미경으로나 보이는 분자를 모두 조사할 수 있는 사람은 더더욱 없었다. 오로지 전지전능한 존재만 그토록 방대한 관찰을 할 수 있었다. 오로지 하나님만 귀납에 필요한 무한대의 눈을 가질 수 있었다.

따라서 귀납법이 일반적 지식에 이르는 유일한 길이라면, 탐정들을 위한 길은 전혀 없는 셈이었다. 자연에 다시 베일이 드리워졌고 미스터리가 다시 고개를 들었다.

하지만 경이로운 논리력 덕분에, 탐정들은 다시 기를 펼 수 있게 되었다. 영국의 천문학자 존 허셜John Herschel이 1830년에 《자연 철학 연구에 관한 예비 담론A Preliminary Discourse on the Study of Natural Philosophy》을 출간했다. 부담스러운 제목에도 불구하고 금세 베스트셀러가 되었다. 마리아 에지워스Maria Edgeworth 같은 유명 소설가의 상상력을 사로잡고, 젊은 찰스 다윈의 "뜨거운 열정"에 불을 지폈다. 이 책의 여러 놀라운 점 중에서 가장 놀라운 점은 베이컨의 오류에 대한 해결책이었다. 허셜이 설명했듯이, 우리 같은 미약한 인간이 "특정 사실을 굉장히 많이" 수집하여 한 체계one system의 일부로 만든 다음 "시행하기 전에 사실을 예측하는 데" 쓴다면, 우주의 일반적 진실에 도달할 가능성이 있었다.

이 말("시행하기 전에 사실을 예측하다")은 센세이션을 일으켰다. 베이컨이 전적으로 옳기도 하고 틀리기도 하다고 암시했기 때문이다. 어떻게 그럴 수 있었을까? 흠, 허셜의 설명에 따르면, 탐정들의 방법은 두 단계를 따랐다. 첫 번째 단계에서, 탐정들은 "특정 사실"을 충분

제13장. 온갖 미스터리를 해결하라

히 수집해 자연의 일반적 "체계"(즉, 이론)를 가정했다. 두 번째 단계에서, 탐정들은 이 이론을 이용해 새로운 사실을 "예측했다." 따라서 첫 단계는 개략적인 귀납 추론으로, 베이컨이 강조했던 기본 테크닉이었다. 하지만 두 번째 단계는 확실히 귀납 추론이 아니었다. 일반적 이론을 해석하여 개별 사례에 관한 가설을 도출하는 것으로, 베이컨이 거부한 중세 시대 관행인 연역이었다.

허셜은 베이컨의 방식을 수정하면서 낡은 논리를 새 논리와 결합했다. 귀납과 연역이 어떻게 "시행"을 통해 예측을 테스트해서 일반적 진리를 확립하는 방법으로 결합될 수 있는지 보여주었다. 그 방법은 귀납, 연역, 실험 순으로 진행되었다. 쉽게 말해서, 사실을 수집하고 예측하고 그 예측이 맞는지 테스트하는 식이었다.

이 방법은 일종의 혁명이었다. 하지만 허셜은 겸손하게도 자신이 고안한 게 아니라 탐정들이 줄곧 사용했던 방법이라고 설명했다.

그게 사실이라면 금성이 때때로 달처럼 뿔 모양으로 보여야 한다는 이유로, 코페르니쿠스의 학설은 반대에 부딪혔다. 이에 대해 그(케플러)는 (코페르니쿠스의) 결론을 인정했고, 아울러 우리가 실제 모양을 볼 수 있다면 그렇게 보일 거라고 단언하는 식으로 답변했다. 망원경이 이러한 예측을 확인시켜주었을 때, 그리고 철학자와 그의 반대자들 모두 동의하는 모양으로 그 행성을 보여주었을 때, 그 적용이 모든 사람에게 어떤 충격을 줄지 상상하기는 쉽다.

그리하여 탐정 혁명이 시작되었다. 한 탐정이 금성의 뿔 모양을 예측했고, 그 예측은 실험으로 확인되었다.

허셜이 《예비 담론》을 출간한 지 3년 만인 1833년, 그의 친구 윌리엄 휴얼William Whewell은 탐정들을 지칭하고자 과학자scientist라는 단어를 만들어냈다. 그 뒤로 탐정 혁명은 과학적 혁명이 되었고, 허셜의 예측 후 테스트하는 방법은 과학적 방법이 되었다. 미스터리의 캄캄한 밤이 물러나고 새로운 해답의 시대가 밝아왔다.

하지만 혁명은 아직 완성되지 않았다. 허셜이 과학적 방법을 알아냈으니, 이젠 호기심 넘치는 세상 사람들에게 널리 퍼뜨리고 미스터리를 파헤치는 눈으로 세상을 바라보라고 가르쳐야 했다. 그런데 베이컨이 《새로운 아틀란티스》를 집필하면서 깨달았던 것처럼, 가르침을 제공할 가장 효과적인 방법은 교과서가 아니라 소설이었다. 결국 《새로운 아틀란티스》의 개정판이 나와야 했다. 그 개정판은 귀납을 넘어 과학으로 뛰어들도록 독자를 훈련시킬 수 있어야 했다.

(새로워진 《새로운 아틀란티스》)

1841년 필라델피아에서, 군법회의에 회부되고 대학에서 쫓겨났던 에드거 앨런 포Edgar Allan Poe는 허셜의 친구이자 만화경 발명가인 데이비드 브루스터David Brewster가 쓴 책에서 과학적 방법을 발견했다. 《자연 마법에 관한 편지Letters on Natural Magic》라는 제목의 책이었는데, 미스터리를 해결하는 안내서라고 홍보됐다. "직접 조사하지도 않은 행동을 경이나 미스터리라고 칭함으로써, 많은 사람이 무지를 철학적 통찰도 없는 사과로 때운다고 생각하면 참으로 통탄스럽다."

포는 미몽을 깨트리는 이 글을 접했을 무렵 자기 나름대로 탐색하던 게 있었다. 〈뉴욕 스펙테이터New York Spectator〉와 〈데일리 내셔널 인텔리전서Daily National Intelligencer〉 같은 싸구려 신문을 훑어보다가 형가리의 체스 로봇이라는 이상한 기사를 접했던 것이다. 그 로봇은 '메커니컬 터크Mechanical Turk'로 알려졌고, 벤저민 프랭클린부터 나폴레옹 보나파르트까지 대결하는 족족 이기면서 세상을 현혹했다. 포는 그 기사를 읽고 무척 궁금했다. 로봇이 어떻게 작동했을까? 이 기적 같은 성과의 이면에 어떤 공학적 비밀이 숨겨져 있을까?

브루스터의 《자연 마법에 관한 편지》가 해답을 약속했기에, 포는 얼른 표지를 열었다. 그리고 내용을 대충 훑어보다 브루스터가 과학적 방법을 이용해 메커니컬 터크의 비밀을 풀어낸 단락을 발견했다. 그 단락은 두 가지 일반적 이론을 도출하기 위해 귀납법을 안내하는 식으로 시작되었다. "터크의 작동방식을 고려한다면, 체스 게임은 상자 안에 갇힌 사람이 하거나 또는 진행자 자신이 하는 게 분명해 보였다."

그 단락은 두 번째 이론("진행자 자신이 한다")을 이용해 몇 가지 연역적 예측을 내놨다. 하지만 이러한 예측을 테스트했다가 다 실패하자 두 번째 이론이 틀렸다고 인정했다. 결국 첫 번째 이론("체스 게임은 상자 안에 갇힌 사람이 한다")만 남았다. 그런데 첫 번째 이론은 온갖 이성에 어긋났다. "아무리 작은 난쟁이도 그 안에 들어갈 수 없었기 때문이었다." 하지만 테스트에 들어갔더니 결국 사실로 드러났다. "로봇" 안에 작은 남자가 진짜로 있었다.

우리는 지금 문학이 필요하다

미스터리가 해결되었다. 메커니컬 터크는 태엽장치로 돌아가는 천재가 아니었다. 속임수였다.

포는 그 내용에 푹 빠져들었다. 단순히 브루스터가 과학적 방법을 사용했기 때문만은 아니었다. 브루스터의 책이 귀납적 관찰과 연역적 예측을 통해 독자를 단계별로 안내함으로써, 과학적 방법을 제대로 가르쳐주었기 때문이다. 그것은 마치 "사람에게 물고기를 주면 하루를 먹게 하지만, 물고기 낚는 법을 알려주면 평생 먹게 한다"는 우화의 최신 버전 같았다. 브루스터는 우리에게 한 끼의 과학을 대접한 게 아니라, 과학자가 되어 해답을 향한 욕구를 영원히 채울 수 있도록 훈련시켰던 것이다.

이것은 주목할 만한 성과였다. 포는 브루스터의 책을 꼼꼼히 읽으면서 과학적 방법을 훨씬 더 설득력 있는 방식으로 가르칠 수 있음을 깨달았다. 이 방식은 독자에게 훨씬 더 강력한 미스터리를 제시하는 것이다. 메커니컬 터크는 분명히 괜찮은 퍼즐이었다. 하지만 포는 이미 더 좋은 퍼즐을 상상할 수 있었다. 그 퍼즐에는 너무 불가능해서 초자연적으로 보이는 사건들이 포함될 것이다. 가령 마음이 다 읽히고, 살인자가 폐쇄된 방에서 사라지고, 시체가 갈가리 찢길 것이다.

이러한 사건을 목격하면 우리는 이렇게 생각할 것이다. '분명히 딴 세상 생명체가 저질렀을 거야. 이건 분명히 악마의 소행일 거야.' 그런데 그때 어느 뛰어난 탐정이 현장에 성큼성큼 걸어와 과학자처럼 미스터리를 풀어내어 어느 마술사보다 더 강력한 방법을 우리에게 보여줄 것이다.

제13장. 온갖 미스터리를 해결하라

포는 떠오른 영감이 사라지기 전에 책상으로 달려갔다. 그리고 묵직한 펄프지에 대고 '모르그가의 살인The Murders in the Rue Morgue'이라는 제목의 이야기를 황급히 써 내려갔다.

(포의 새로운 청사진)

〈모르그가의 살인〉에는 대단히 특이한 서문이 나온다. 체커와 체스 게임에 대한 "마구잡이… 관찰"로 시작해놓고, 미스터리를 해결하는 "방법"으로 우리 뇌를 훈련시키는 데는 체커 게임이 훨씬 뛰어나다고 말한다. 그러다 금세 휘스트 게임(2인 1조가 되어 하는 카드 게임)으로 화제를 바꿔서, 성공적인 휘스트 플레이어는 "조용히 수많은 관찰과 추론을 한다"고 주장한다.

서문에서 우리에게 왜 이런 이야기를 들려줄까? 흥미를 끄는 미스터리와 뛰어난 탐정은 어디에 있는가? 우리는 왜 게임에 관한 마구잡이 이야기를 읽고 있을까?

그야말로 수수께끼다. 자, 그럼 탐정들의 방법을 이용해서 수수께끼를 풀어보자. 포는 우리 뇌가 더 과학적으로 생각하도록 유도하는 은밀한 훈련 장치로서 서문의 마구잡이식 서술을 활용한 것으로 보인다. 이 추측을 테스트하기 위해, 뇌에 관한 여러 사실이 이 사례를 뒷받침하는지 확인할 신경과학으로 훌쩍 들어가보자.

우리는 지금 문학이 필요하다

(배움의 과학)

우리 뇌는 실패하는 예측을 하면서 배운다. 실패는 예상치 못한 부정적 피드백으로 뇌에 충격을 주면서 뉴런한테 더 많은 정보를 서둘러 수집해 다른 예측을 내놓으라고 촉구한다. 다시 말해서, 개략적인 귀납 후에 연역을 하라고 촉구한다.

이것은 데이비드 브루스터가 발견한 교육학적 비밀이었다. 그가 쓴 《자연 마법에 관한 편지》는 단순히 귀납 추론 후에 연역 추론을 하면 된다고 안내하지 않는다. 오히려 잘못된 가설("체스 게임은 진행자 자신이 하는 게 분명하다")을 세우라고 촉구한다. 그 가설은 결국 틀렸다고 드러난다. 가설의 오류가 밝혀지면, 뇌는 앞선 귀납과 연역을 수정하는 식으로 반응하고, 좀 더 종합적인 증거를 찾아 더 철저한 예측을 고안해낸다. 바로 그 순간, 우리 뇌는 과학자처럼 배우게 된다.

가설의 오류를 밝히는 테크닉은 뇌를 과학적으로 만드는 데 매우 효과적이다. 너무 효과적이라 브루스터 교육학의 다른 요소, 즉 귀납하고 연역하는 방법에 대한 설명 없이도 작동할 수 있다. 현대 과학자들이 밝혀냈듯이, 우리 뇌가 탐정 노릇하는 방법을 선천적으로 알고 있기 때문이다. 그 방법은 애초에 우리의 회백질 속에 내장되어 있는 것이다.

시각 피질을 연구하는 안과 연구자들이 그 사실을 최근에 밝혀냈다. 시각 피질에는 보려는 것을 끊임없이 예상하는 신경회로가 있어서, 우리는 보기 전에 바깥세상을 예상한다. 이러한 예상을 못한다면, 우리는 떨리는 마음으로 몇 걸음 뗄 때마다 멈추고 전방 지형을 다 둘러볼 때까지 기다려야 할 것이다. 하지만 예상을 하면, 우리가 그렇게 될 거라고 예상하는 세상을 순조롭게 만날 수 있다.

시각 피질의 선견지명은 놀라울 정도로 정확하지만 완벽하진 않다. 미래를 잘못 추측해서 실패하는 예측을 내놓기도 한다. 그렇게 되면, 시각 피질은 예상치 못한 데이터를 조사하기 위해 잠시 느려지고, 그 시간 동안 데이터를 분석해 우리가 다시 성큼 나아갈 수 있도록 새로운 예측을 내놓는다. 우리 뇌는 의식적으로 생각하지 않고서도 과학적 방법을 사용한다. 그냥 알아서 귀납하고 연역하고 시행한다. 그 시행이 실패하면 다시 귀납하고 더 철저하게 연역한다.

이것은 메커니컬 터크보다 더 놀라운 경이이다. 우리 뇌는 자동화된 과학자처럼 코페르니쿠스가 금성의 뿔을 예측하는 데 사용했던 능동적 예상 방법을 똑같이 사용한다. 하지만 시각 피질의 신경학적 기적은 신경학적 미스터리도 제기한다. 우리 뇌가 천부적 과학자라면, 왜 굳이 과학을 발명해야 했을까? 왜 우리 종種은 오래전에 망원경을 만들지 않았을까?

그 이유는 시각 피질의 자동화된 회로가 배움의 좁은 부분만 책임지기 때문이다. 배움의 나머지 부분은 다른 신경 영역에서 이뤄지는데, 그중 상당 부분이 에고ego(대상 세계와 구별된 인식·행위의 주체로서 자아. 체험 내용이 변해도 동일성을 지속하여, 작용·반응·체험·사고·의욕의 작용을 하는 의식의 통일체.−역자 주)라고 알려진 반反과학적 실체와 연결되어 있다. 에고는 오만하지만 연약하다. 입지가 불안한 황제처럼 실수를 저질렀다고 인정하는 걸 싫어한다. 그래서 우리의 에고는 높은 단상에 거만하게 앉아 과학적 방법의 중요한 부분, 즉 초기 가설이 틀렸

우리는 지금 문학이 필요하다

다고 인정하는 것을 걸핏하면 회피한다.

에고가 반과학적 술책으로 동원하는 가장 뻔뻔한 기법은 잘못된 가설과 일치하도록 사실을 왜곡하는 것이다. 이는 확증 편향 confirmation bias으로 알려진 신경학적 결함으로, 에고는 원래의 추측을 뒷받침하고자 데이터를 취사선택하고 전체적으로 조작한다. 또 에고는 두 가지 다른 방식으로도 타고난 과학적 방법을 자꾸 방해한다.

첫째, 에고는 과학적 방법의 어려움에 겁을 집어먹는다. 물론 예상치 못한 데이터를 일관되게 새로운 현실 모델로 바꾸는 게 쉽진 않다. 대단히 엄격하게 창의성과 융통성을 발휘하며 온갖 증거를 종합해서 참신한 이론을 도출해야 한다. 에고는 그런 막중한 과제 앞에서 자꾸 멈칫거린다. 과학에 실패하고 싶지 않기 때문에 예견되는 오류를 무시한 채 마치 아무것도 잘못되지 않은 척한다.

둘째, 에고는 마술적 사고에 몰두한다. 마술적 사고는 형이하학적 결과를 형이상학적 원인 탓으로 돌린다. 가령 운명이나 업보, 하나님의 뜻, 운, 우주적 아이러니, 별의 힘, 심지어 저주받은 양말을 들먹인다. 이러한 원인은 물질 영역 밖에 존재하기 때문에 과학적 실험으로 테스트할 수 없다. 에고에게는 그야말로 반가운 소리이다. 마술적 사고를 테스트할 수 없다면, 결국 틀렸다고 밝혀질 리도 없다. 결국 우리의 에고는 잘못이 입증될 수 없다는 사실에 편히 쉴 수 있다.

마술적 사고, 지적 불안정, 확증 편향은 모두 과학적 발견을 가로막는 강력한 장벽이다. 이러한 장벽이 코페르니쿠스 이전 세대 천문학자들의 눈을 가렸다. 하지만 21세기 연구자들이 발견했듯이, 이

제13장. 온갖 미스터리를 해결하라

세 가지 장벽은 간단하면서도 교묘한 교수법으로 무너뜨릴 수 있다. 바로 우리 뇌를 외부 환경으로 옮기는 것이다. 그 환경은 집에서 멀리 떨어진 자연보호구역이 될 수도 있고 컴퓨터 시뮬레이션으로 조성된 화성이 될 수도 있다. 에고가 우리의 건강과 사회적 지위와 물질적 성공을 자신과 직접 결부시키지 않는 공간이면 어디든 괜찮다. 그런 환경에서라면 에고는 예측 실패를 개인적으로 받아들일 가능성이 적다. 자연보호구역이나 화성에 관한 추측이 틀렸다고 살짝 분개할 순 있지만, 애초에 그 추측에 열정을 쏟지 않았다. 자신의 명성이나 행복과 무관한 것들에 크게 신경 써서 뭐 하겠는가? 그리하여 행복한 상태의 무관심 속에서, 에고는 데이터를 조작하거나 정신적으로 위협받거나 마술적 생각에 빠지지 않게 된다. 그리고 뇌의 나머지 부분은 실패한 가설을 털어버리고 과감하게 새로운 가설을 세우게 된다.

에고를 달래는 이 방법은 대학생과 고등학생, 중학생, 심지어 초등학생의 과학적 역량을 향상시키는 데 대단히 효과적이라고 입증되었다. 학생들을 데리고 숲이나 가상공간, 또는 에고가 자유롭게 돌아다닐 만한 곳으로 현장학습을 떠나면, 학생들은 예측 실패를 인정할 가능성이 매우 크고, 새로운 예측을 내놓고 그 예측을 물리적으로 테스트할 가능성도 높아진다. 일상생활의 압박에서 벗어났기 때문에, 유전자에 각인된 과학적 방법을 더 잘 실천하게 된다.

포가 쓴 〈모르그가의 살인〉 서문도 그와 똑같은 교육적 돌파구를 이뤄냈다. 이 서문은 위험도가 낮은 영역으로 우리를 이동시키면서 시작된다. 체스와 체커와 휘스트는 모두 "사소한 일"이다. 진짜 일다

우리는 지금 문학이 필요하다

운 일은 아니라 여흥으로 즐기는 게임이다. 게임에서 잘못된 결론을 도출했다고 에고가 왜 위협을 느끼겠는가? 우리의 에고를 이런 식으로 안심시킨 후, 서문은 우리에게 잘못된 결론을 도출하도록 이끈다. 일단 체커가 분석 능력을 높인다고 칭찬함으로써 다음과 같이 추측하도록 유도한다. '이 글은 나한테 체커를 더 많이 하라고 격려할 속셈인가 보다.' 그런데 서문은 돌연 휘스트의 가치를 칭찬하면서 우리의 예측이 틀렸다고 밝힌다. 그리하여 우리 뇌에 낡은 가설을 버리고 '휘스트를 하면 더 기민해질 거야'라는 새로운 가설을 세우라고 촉구한다.

우리 뇌에 이러한 과학적 학습 경험을 맛보인 후, 포는 서문에서 벗어나 훨씬 더 교육적인 환경, 즉 19세기 파리에서 벌어지는 이야기 세계로 우리를 안내한다. 이 배경은 멀리 떨어진 공간이라 체커보드나 휘스트 테이블만큼 에고에 위협을 주진 않는다. 게다가 과학적 방법을 연마하는 데 체커나 휘스트보다 더 효과적이다. 그런 게임과 달리, 19세기 파리는 게임의 온갖 룰을 임의로 구성하지 않는다. 실제 세계의 물리적 법칙을 따르는 가상현실이다. 허구적이면서도 사실에 기반을 둔 환경이며, 우리는 그 안에서 귀납-연역 회로를 연마하고 '가상 과학자' 역할을 하면서 실제 과학을 배울 수 있다.

포는 우리가 그 역할을 잘 수행하도록 돕기 위해, 우리를 자신의 가상 과학 실험실로 안내하자마자 우리 뇌가 예측 실수를 저지르도록 유도한다.

제13장. 온갖 미스터리를 해결하라

(우리가 저지른 실수)

우리의 실수는 세계 최초의 문학적 탐정인 오귀스트 뒤팽Auguste Dupin을 만나면서 시작된다.

뒤팽은 "미신"의 "환상적 어둠" 속에서 닥치는 대로 책을 읽는 "로맨스"의 산물로 우리에게 소개된다. 다시 말해, 뒤팽은 제12장에서 다뤘던 문학 장르인 고딕 소설에 흠뻑 빠진 젊은이다. 자기 뇌를 유령과 뱀파이어에 관한 허구로 가득 채워서, 결국 "병적으로" 될 지경에 이르고 어둠의 존재가 된 것처럼 행동하는 캐릭터이다.

물론 뒤팽의 뇌는 어둠의 존재가 될 수 없다. 우리는 유령과 뱀파이어가 헛된 공상에 지나지 않다는 걸 알고 있다. 뒤팽과 달리, 우리는 문고판 문학에 정신줄을 놓지 않는다. 우리는 계몽된 과학 탐정이다!

하지만 우리의 자신만만한 예측은 금세 빗나간다. 뒤팽은 진짜 어둠의 존재처럼 우리 마음을 훤히 읽어낸다. 뒤팽과 함께 오밤중에 산책할 때 뒤팽의 독심술 마법이 펼쳐진다. 우리는 15분 동안 그에게 전혀 말을 걸지 않지만, 어쩐 일인지 뒤팽은 우리가 무슨 생각을 하는지 알고 있다. 그것도 아주 구체적으로 알고 있다. 우리는 산책길에 한 구두 수선공을 생각하고 있었다. 뒤팽은 그 점뿐만 아니라 그가 구두 수선 일을 팽개치고 연극에 미쳐 크레비용Crébillon의 1714년 비극 〈크세르세스Xerxes〉에서 파리의 폭군 역에 도전했던 사람이라는 점까지 다 알고 있다.

뒤팽은 도대체 어떻게 우리 마음을 세부 사항까지 정확하게 꿰뚫

우리는 지금 문학이 필요하다

고 있을까? 무슨 초인적 능력이 있을까? 진짜로 유령이나 뱀파이어가 아닐까?

아니, 뒤팽은 전혀 그런 존재가 아니다. 우리 마음은 이번에도 잘못된 결론에 이르렀다. 사실 뒤팽은 성공적인 휘스트 플레이어와 같은 과학적 방법을 활용해 우리 마음을 읽어냈다. 그리고 그 사실을 입증하기 위해, 차분한 설명으로 결국 우리가 "다 이해할 수 있게" 해준다. 뒤팽은 우리가 거리의 포장석을 내려다보는 모습을 봤을 때, 그 돌이 우리에게 특정한 별을 생각나게 할 거라는 가설을 세웠다. 그런데 잠시 후, 실제로 우리는 그 별을 보려고 하늘로 고개를 돌리면서 그가 우리 뇌의 숨겨진 논리를 파악했음을 드러냈다. '예측한 후 테스트하는predict-then-test' 방법을 통해, 뒤팽은 우리가 하는 정신 활동의 일반적 규칙을 알아냈다.

한편, 〈모르그가의 살인〉은 뒤팽에 관한 우리 자신의 예측을 방해함으로써 똑같은 방법으로 우리를 훈련시켰다. 물론 우리는 뒤팽만큼 과학에 능통하지 않다. 그가 우리의 움직임을 예측하는 것처럼 우리는 아직 그를 예측할 수 없다. 하지만 그 점은 곧 바뀔 수도 있다. 〈모르그가의 살인〉이 이제 우리가 풀어야 할 마지막 미스터리를 제공할 테니까. 그 미스터리는 너무나 절묘해서 성서의 고대 기적에 가까울 정도이다.

그렇다면 우리는 관찰하고 예측하고 수정하고, 다시 예측할 수 있을까? 뒤팽보다 앞서서 미스터리를 풀 수 있을까?

제13장. 온갖 미스터리를 해결하라

(최종 미스터리의 해결)

최종 미스터리를 여기서 설명한다면 〈모르그가의 살인〉에 누가 될 것이다. 포의 독창적 발명품에서 이득을 얻으려면, 그 미스터리를 직접 풀어야 한다. 당신이 알아낸 사실을 기초로 예측하고, 그 예측이 틀렸을 때 다시 예측하는 과정을 거쳐야 한다.

〈모르그가의 살인〉을 다 읽고 나서 가상 과학자 역할을 더 해보고 싶다면, 포가 제시한 "허구적 환경에 관한 예측을 방해하는" 발명품이 담긴 다른 작품을 읽어보라. 아서 코난 도일Arthur Conan Doyle의 《셜록 홈스》 스토리, 애거사 크리스티Agatha Christie의 범죄 소설 등 온갖 탐정 스토리가 도서관 책장을 가득 메우고 있다. 아울러 베이컨이 《새로운 아틀란티스》에서 예측한 미래의 망원 장치에서도 포의 독창적 발명품을 찾아볼 수 있다. '드라그넷Dragnet', '로앤오더 성범죄 전담반Law & Order', '베로니카 마스Veronica Mars', '하우스House' 등 범죄 심리와 범죄 현장과 질병의 미스터리를 다루는 드라마도 수십 편이나 있다.

포 덕분에, 세상은 우리의 반反과학적 에고를 감금하도록 도와줄 가상의 탐정 스토리로 넘쳐난다. 이 모든 스토리는 똑같은 미스터리 소탕 방법으로 해결할 수 있다. 즉, 가까이에 있는 데이터를 수집한 다음 추측하고 테스트하라.

테스트가 실패하면, 더 철저하게 수집하고 추측하라.

우리는 지금 문학이 필요하다

제 **14**장

더 나은 자신으로
성장하라

Wonderworks

프레더릭 더글러스,
성 아우구스티누스,
장 자크 루소

────

발명품: 갈수록 진화하는 삶

우리는 지금 문학이 필요하다

Wonderworks

1854년 7월 4일, 미국의 78주년 독립기념일이었다. 대다수 사람들이 불꽃놀이를 펼치며 독립을 기념했다. 노예 해방론자인 윌리엄 로이드 개리슨William Lloyd Garrison도 똑같이 불꽃을 피웠지만 분위기는 사뭇 달랐다. 보스턴 서쪽의 피크닉 숲에서, 그는 거꾸로 꽂힌 성조기 밑에서 미국 헌법을 높이 치켜들었다. 그리고 노예를 지지하는 조약이라고 비난하면서 양피지로 된 문서에 성냥불을 갖다 댔다.

"그러니 죽음과 맺은 이 조약을 폐기하라! 지옥과 맺은 이 협정을 폐기하라!" 백인인 개리슨은 미국의 건국 문서가 불타는 모습을 보면서 소리쳤다. "그리고 모든 사람이 아멘을 외치게 하라!"

그의 오랜 친구인 프레더릭 더글러스Frederick Douglass는 개리슨의 불꽃 쇼를 실망스러운 눈으로 쳐다봤다. 노예 제도의 참상을 부정해서가 아니었다. 더글러스 본인도 그러한 참상 속에서 태어나고 자랐다. 메릴랜드주 이스턴 베이의 모래흙 농장에서 태어났는데, 그곳에

제14장. 더 나은 자신으로 성장하라

선 헌법 제1조의 명령에 따라 노예를 백인의 "5분의 3"으로 취급했다. 그렇다고 더글러스가 자유를 기념하는 미국의 위선을 부정하는 것도 아니었다. 불과 2년 전 뉴욕의 '자유 도시' 로체스터에서, 그는 코린티안 홀 단상에 올라가 이렇게 외쳤다. "노예에게 7월 4일은 무엇입니까?"

그런데 더글러스가 그 질문을 제기했을 때, 스스로 내놓은 답변은 헌법을 불태워 없애자는 게 아니었다. 오히려 그는 이렇게 선언했다. "헌법은 찬란한 자유 문서입니다. 헌법 전문을 읽고 그 목적을 생각해보십시오. 그 안에 노예 제도가 있습니까? 그게 성전 출입구에 있습니까? 내부에 있습니까? 그건 어디에도 없습니다."

더글러스는 이 찬란한 문서를 내치지 말라고 촉구했다. 그 대신 바꾸라고, 제1조를 바꾸라고 촉구했다. 그 문서가 지금껏 주창해왔던 "자유"의 영토로 미국을 바꾸라고 촉구했다.

하지만 이러한 비전이 개리슨에겐 너무 혁명적으로 보였다. 노예 제도의 원죄로 더럽혀진 미국이 어떻게 개혁될 수 있겠는가? 하지만 더글러스에겐 미국이 변할 수 있다고 믿을 만한 이유가 있었다. 그 자신이 변했기 때문이다. 그것도 아주 철저하게 변했기 때문이다. 불과 얼마 전까지만 해도, 그는 개리슨과 마찬가지로 헌법을 지옥과 맺은 협정이라고 주장했다.

그리고 불태워 없애야 한다고 주장했다.

우리는 지금 문학이 필요하다

(더글러스의 원래 견해)

자유를 찾아 증기선을 타려고 메릴랜드 농장을 탈출한 지 7년 만인 1845년, 더글러스는 헌법을 불로 소각해야 한다고 주장했다. 당시, 그는 자서전을 써보라는 개리슨의 권유를 받고 《미국 노예 프레더릭 더글러스의 인생 이야기 Narrative of the Life of Frederick Douglass, An American Slave》를 막 출간했다. 이 자서전은 노예가 쓴 노예 이야기로 홍보되었고, 이후 비슷한 형식의 자서전이 줄을 이으면서 19세기 전반부에 흥행 장르로 자리 잡았다.

《도망 노예 윌리엄 그라임스가 직접 쓴 인생 이야기 Life of William Grimes, the Runaway Slave. Written by Himself》

《미국 노예 모세 로퍼의 탈출과 모험 이야기 A Narrative of the Adventures and Escape of Moses Roper, from American Slavery》

《사슬과 자유: 유색인간이지만 아직 살아 있는 피터 휠러의 삶과 모험; 사슬 속에선 노예, 바다에선 선원, 십자가에선 죄인 Chains and Freedom: Or, The Life and Adventures of Peter Wheeler, a Colored Man Yet Living; A Slave in Chains, a Sailor on the Deep, and a Sinner at the Cross》

《런스포드 레인, N.C., 롤리에서 유색 피부로 태어났다는 이유로 추방당해 힘겹게 유년기를 보낸 후 자신과 가족을 노예 신분에서 해방시킨 과정을 들려주다The Narrative of Lunsford Lane, Formerly of Raleigh, N.C., Embracing an Account of His Early Life, the Redemption by Purchase of Himself and Family from Slavery, and His Banishment from the Place of His Birth for the Crime of Wearing a Colored Skin》

이런 이야기의 인기는 2부로 구성된 문학 청사진에서 비롯되었다. 첫째, 노예 제도의 참상을 고발한다. 둘째, 노예 소유자의 도덕적 결함을 고발한다. 청사진의 첫 번째 부분은 노예들에게 공감을 불러일으켰다.

어린 소년에게는 견디기 어려웠다. ··· 내 가슴은 슬픔으로 거의 찢어질 것 같았다. ··· 나는 노예로 태어났고, 그 옛날 욥처럼 내가 태어난 날을 몇 번이나 저주했다.

청사진의 두 번째 부분은 노예 소유자들을 향한 분노와 경멸을 불러일으켰다.

그녀는 내가 거의 서 있지도 못할 만큼 때리곤 했다. ··· 그들은 내가 거의 아무 감정도 느끼지 못할 만큼 채찍질했다. ··· 주인은 악마로 변해서 나와 사람들이 거의 죽을 만큼 학대했다.

이러한 자서전은 격렬한 감정을 불러일으켰기에 독자의 마음을 바꾸는 데 활용될 수도 있었다. 하지만 그러지 못했다. 오히려 그 반

우리는 지금 문학이 필요하다

대로 활용되어, 독자의 기존 신념을 확고히 다져놓았다. 노예 이야기가 애초에 노예제 폐지론자들에게 읽히도록 의도되었기 때문이다. 그런데 폐지론자들은 노예 이야기를 읽기 전에도 이미 노예 제도가 잘못이라는 데 동의했다.

그렇다면 노예 이야기의 목적은 무엇이었을까? 다 아는 사람들을 왜 또 가르치려 했을까? 개리슨은 그 답을 "도의적 권고"라고 설명했다. 도의적 권고는 사회 개혁이 인간의 언행에서 나오지 않고 오로지 하나님에게서만 나온다는 경건한 전제에서 비롯되었다. 그래서 하나님의 전능함에 노골적으로 항변하면서도, 악에 맞서는 우리의 책임을 면제하진 않았다. 오히려 우리의 믿음을 시험하면서 세상의 사악함을 헤쳐 나가라고 요구했다. 그 시험 중 가장 약한 것은 성난 무신론자들이 우리에게 노골적으로 가하는 폭력이었다. 그 옛날 성서의 순교자들처럼, 우리는 사랑하는 이들이 고문당하고 불타 죽는 동안 굳건하게 서 있도록 강요당할 수 있었다. 시험에는 그런 노골적 공격만 있는 게 아니었다. 신앙은 더 미묘하고 더 흔한 방식으로 도전받을 수도 있었다. 개리슨은 그러한 신앙의 타락을 경고했다. 가령 타락한 자들이 우리를 자기네 사회로 유인할 때 타락의 뿌리가 내려진다. 그 뿌리는 기독교인의 친절한 마음씨를 자양분 삼아 점점 자란다. 우리는 하나님의 신성한 계명이 결코 누그러질 수 없다는 사실을 잊은 채 자비롭게도 죄인을 용서한다. 그래서 그들과 상점이나 공원에서 스스럼없이 어울리고, 그들의 법에 따라 살며 그들에게 세금을 내고 그들 방식에 점점 더 동화되어 간다. 그러다가 끝내 그들의 지옥살이에 우리 영혼까지 넘겨주게 된다.

제14장. 더 나은 자신으로 성장하라

이렇게 서서히 진행되는 변절을 막으려고 폐지론자들은 노예 이야기를 읽어야 했다. 노예 이야기는 흔들리는 사람들을 단단히 붙잡고 악과 타협할 수 없다는 점을 상기시켜주었다. 지상의 악마를 물리치려면, 우리는 노예 소유자들이나 미국 헌법과 멀찍이 떨어져 있어야 했다. 더 나아가, 심판의 날에 하나님이 친히 내려와 악을 태워 없앨 때까지 인내하며 기다리라는 천사들과도 거리를 둬야 했다.

윌리엄 로이드 개리슨은 보스턴 남부에 있는 사무실에서 매주 이와 같은 타협하지 않는 미덕을 촉구했다. 그는 "노예 제도와 타협하지 마라!"면서 〈해방자Liberator〉라는 폐지론자 주간 신문을 발행했다. 더글러스도 그의 신문을 구독했고, 《인생 이야기》에서 이 타협하지 않는 미덕을 강력히 지지했다.

> 노예 소유주에 대한 통렬한 비난, 노예 제도에 대한 충실한 폭로, 그 제도의 지지자들에 대한 강력한 공격 등 신문이 내 형제들에게 보인 동정과 지지는 한 번도 느껴본 적 없는 전율을 영혼 깊숙이 느끼게 했습니다.

불굴의 노예 이야기처럼, 개리슨의 신문은 노예들에 대한 연민과 노예 소유주들에 대한 경멸을 고취시키며 불의에 대항하는 정의로운 마음을 강화해주었다. 그래서 더글러스는 《인생 이야기》에서 개리슨의 설교를 실어 지지를 표했다. 그리고 개리슨은 더글러스의 책에 서문을 써서 화답하며, "노예 제도와 타협하지 마라! 노예 소유주들과 연합하지 마라!"는 훈계를 또다시 반복했다.

개리슨은 이러한 말을 실천에 옮기다 급기야 헌법에 불까지 붙였

우리는 지금 문학이 필요하다

다. 그런데 그 일이 있기 몇 년 전부터 더글러스가 변하기 시작했다. 그러한 변화에 도의적 권고론자들 사이에서 심각한 우려가 제기되었다.

(더글러스의 전향)

더글러스는 도의적 권고를 다른 시각으로 보는 폐지론자들과 대화를 나누면서 마음의 변화를 느꼈다. 그러한 대화는 여성의 투표권 거부라는 또 다른 헌법적 불의를 바로잡기 위한 노력의 일환으로 이뤄졌다.

미국 여성들은 오랫동안 이러한 불의에 반발했다. 1756년, 매사추세츠주 옥스브릿지의 한 미망인은 사망한 남편의 대리인으로 투표할 수 있게 해달라고 마을 원로들을 설득했다. 1776년, 뉴저지주에선 여성 유권자를 빗댄 '페티코트 유권자들Petticoat Electors'이 땅을 소유할 정도로 부유한 여성들에겐 참정권을 달라고 주 의회를 설득했다. 하지만 그러한 승리는 드물었고 또 오래 지속되지도 못했다. 더글러스가 살던 시대까지도 여성들은 여전히 참정권을 얻지 못했다. 온갖 장애물 때문에 막히고 또 막혔는데, 그중 하나가 도의적 권고였다.

도의적 권고는 세속적인 타협을 잘못이라고 가르쳤기에 투표를 포함한 정치 참여를 규탄했다. 투표는 불완전한 정당들 중에서 선택하는 행위이므로, 진정한 미덕을 차악lesser evil의 선택으로 바꾸는

제14장. 더 나은 자신으로 성장하라

것이었다. 그런 선택은 도의적 권고론자들에게 온갖 형태의 윤리적 협상과 마찬가지로 타락으로 여겨졌다. 그래서 19세기 초, 정의를 신봉하는 수백만 여성 노예제 폐지론자들은 여성이 투표함에 의해 더럽혀지지 않았음을 자랑스러워했다. 그들에게 투표 행위는 덜 나쁜 사회로 한 발 다가가는 게 아니라 지옥으로 떨어지는 출발점이었다.

하지만 더글러스가 《인생 이야기》를 출간한 직후인 1840년대 말에서 1850년도 초, 점점 더 많은 미국 여성이 그 문제에 대한 관점을 바꾸기 시작했다. 그들은 민주주의에 참여하고 싶어 했고, 실질적 변화를 이끌어내고 싶어 했다. 1852년에 한 여성 개혁가는 이렇게 단언했다. "도의적 권고는 도의적 헛소리이다. 지금은 실용주의 시대이다."

다른 여성들도 그 말에 고개를 끄덕였다. 지금은 도의적 권고라는 이상주의를 더 "실용주의적" 개혁 전략으로 바꿔야 할 때였다. 천사 같은 행동을 버리고 투표소에서 남자들과 합류해야 할 때였다.

이러한 페미니스트 개혁가들의 목소리가 더글러스의 마음을 움직였다. 1847년, 그는 개리슨의 〈해방자〉와 결별하고 뉴욕시 로체스터에서 〈북극성North Star〉이라는 신문을 창간했다. 신문을 발행하는 과정에서 의견이 다른 사람들과 많은 대화를 나누게 되었다. "대중 신문을 발행하다 보니 폐지론자들 사이에서 의견이 다른 사람들도 많이 만나게 되었습니다."

개리슨과 달리, 더글러스는 의견이 다른 사람을 오염원으로 보지 않았다. 오히려 상호 교환을 위한 기회요, 더 나아가 상호 변화의 기회로 바라봤다. 그리하여 더글러스는 변하기 시작했다. 자신이 그렇게 변하면서, 자신의 동료 시민과 국가와 헌법 등 다른 것들도 변화시키고 싶었다.

하지만 더글러스는 이러한 것들을 바꾸기 전에 먼저 할 일이 있음을 깨달았다. 바로 자신의 인생 이야기부터 바꿔야 했다.

(더글러스, 두 번째 자서전을 쓰다)

1850년대 초, 프레더릭 더글러스가 자서전을 쓴 지 10년도 안 지난 시점이었다. 하지만 그는 자서전을 다시 써야 한다고 판단했다.

첫 자서전《인생 이야기》는 독자들의 변화를 막도록 의도된 문학 테크놀로지로 가득 차 있었다. 도의적 권고가 내세우던 공감과 경멸을 부추김으로써, 사람들의 마음을 제자리에 고정시키려 애썼다. 더글러스는 이제 노선을 바꾸고 싶었다. 자신이 폐지론자들 사이에서 다른 의견을 접하고 건전하게 변했던 것처럼, 다른 사람들도 건전하게 변화시켜줄 문학 테크놀로지를 세상에 내놓고 싶었다.

하지만 더글러스는 그러한 변화를 가져올 테크놀로지가 뭔지 몰랐다. 그래서 뉴욕 서부의 도서관들을 샅샅이 뒤지며, 이전의 자서전들이 개인적 성장을 촉진하려고 사용했던 청사진을 구했다. 그러한 자기계발 과정에서, 더글러스는 놀라운 사실을 발견했다. 역사적으로 대단히 주목할 만한 자서전들은 개인적 성장을 위해 한 가지 청사진만 활용한 게 아니었다. 전혀 다른 두 가지 청사진을 활용했다.

첫 번째 청사진은 4세기로 거슬러 올라갔다. 성 아우구스티누스가 《고백록Confessions》을 쓰려고 북아프리카 해안을 떠나 고대 성벽으로 둘러싸인 히포 항구로 갔던 때가 바로 그 무렵이었다. 아우구스티누스의 《고백록》은 역사상 첫 자서전은 아니지만 서구 기독교 사회에선 워낙 전설적인 작품이라 흔히 첫 작품으로 칭송받고 있다. 그전까지 일기 작가들diarists은 단순히 자기 삶에 대한 사실을 기록했을 뿐이지만, 아우구스티누스는 자서전의 독특한 문학적 힘을 드러냈다.

그 힘은 젊은 아우구스티누스 자신이 변했던 것과 같은 방식으로 수많은 독자를 변화시켰다. 10대와 20대 시절, 아우구스티누스는 불량한 친구들과 어울려 과일을 훔치고 극장에 드나들고 혼외정사를 일삼았다. 그러던 어느 날, "책을 펴서 읽어라"라는 신비한 외침을 들었다. 깜짝 놀란 아우구스티누스는 그 말에 순종하고 가장 가까이에 있는 책을 집어 들었다. 성경이었다. 그는 우연히 펼친 부분을 읽어 내려갔다. "단정히 행하고 방탕하거나 술 취하지 말며 음란하거나 호색하지 말며 다투거나 시기하지 마라. 오직 주 예수 그리스도를 받들고 육신의 정욕을 마음에서 버려라."

이 말씀이 아우구스티누스를 변화시켰다. 《고백록》을 읽으면 우리 안에서 비슷한 변화를 촉구하도록 고안된 문학 테크놀로지를 접할 수 있다. 그 테크놀로지는 바로 셀프 아이러니였다. (앞서 제4장에서 살펴봤듯이) 8세기 전에 아테네 철학자 플라톤이 일반 아이러니에 신경적 반전을 가미하면서 고안한 것이었다. 일반 아이러니는 다른 사람이 모르는 진실이 있음을 의식하게 한다. 셀프 아이러니는 우리의 자아self가 모르는 진실이 있음을 의식하게 한다. 그래서 셀프 아이러니는 전두 피질의 관점 회로를 뒤집어, 전능한 관점에서 우리의 무지를 깨우친다.

아우구스티누스는 플라톤을 존경했다. 《고백록》에서 그는 "플라톤 학파의 특정한 책들"을 자기에게 인도해준 하나님께 감사드린다. 그리고 자서전 전반에서 플라톤의 셀프 아이러니를 거침없이 활용해 우리의 세속적 상태에 대한 경멸을 부추긴다. "내 육신은 타오르는 욕정을 발산했다. … 나는 육신에 갇혀 십육 년을 보냈다. … 오, 무지한 육신이여!" 엄격하게 말하면, 아우구스티누스는 이러한 문학 스타일이 개인적 변화의 출처라고 주장하지 않았다. 오로지 하나님만 변화를 일으킬 수 있다고 믿었다. 그런데도 《고백록》을 쓴 이유는, 하나님이 책을 통해 뜻을 펼칠 수 있다고 생각했기 때문이다. 실제로 《고백록》을 펼쳐든 수많은 독자가 아우구스티누스의 독실한 신앙에 감화된 걸 보면, 셀프 아이러니는 확실히 마음을 변화시키는 강력한 힘이 있었다.

더글러스도 그 힘을 느꼈다. 그리고 아우구스티누스의 청사진을 자서전 개정판에 편입하는 게 현명한 처사임을 알았다. 그는 삶을 변화시키는 셀프 아이러니의 힘을 인정하는 한편으로, 두 번째 청사진의 힘도 높이 평가했다.

그런데 두 번째 청사진은 첫 번째와 정반대로 작용했다.

(두 번째 청사진)

자서전을 위한 두 번째 청사진은 1760년대에 장 자크 루소_{Jean-Jacques} Rousseau가 프랑스 알프스 기슭의 한 강변 농가에서 처음 시작했다.

루소는 자신의 자서전에 《고백록》이라는 제목을 붙였다. 아우구 스티누스의 작품에 경의를 표하기 위해서가 아니라, 자기 작품으로 그것을 완전히 지우고 싶었기 때문이다.

이러한 야심에 따라 루소는 아우구스티누스와 완전히 반대로 나 갔다. 아우구스티누스는 우리가 하나님에 의해서만 구원받을 수 있 다고 주장한 반면, 루소는 우리가 스스로를 구원할 수 있다고 주장 했다. 아우구스티누스는 성경의 은총을 옹호한 반면, 루소는 자연의 은총을 옹호했다. 아우구스티누스는 마음의 갈망을 죄악의 고리로 간주한 반면, 루소는 그것을 구원의 사다리라고 주장했다.

그래서 루소는 아우구스티누스의 아이러니한 자기혐오를 아주 다른 문학적 청사진인 은밀한 자아공개로 대체했다. (이 청사진을 더 자 세히 살펴보려면 제2장을 참고하라.) 루소는 《고백록》 서두에서 유년시절 의 잘못을 시시콜콜 털어놓는다. "나는 말이 많았고 식탐도 있었고 가끔 거짓말도 했다." 또 로맨스 소설에 탐닉했다는 점도 인정한다. "나는 멈출 수 없어서 밤새 읽곤 했다."

이러한 자아공개는 독자의 뇌에 어린 루소를 향한 애정을 불러일 으킨다. 우리는 그가 사탕을 훔쳤다고 지옥에 꺼지라고 비난하지 않 는다. 오히려 그의 정직한 본성을 칭찬한다. 루소의 말에 따르면, 그 러한 본성은 인간의 보편적 조건이기에, 우리 자신의 본성을 향한

우리는 지금 문학이 필요하다

애정도 느끼게 한다. 그러한 자기애를 두고 아우구스티누스는 현실에 안주한다고 비난했지만, 루소는 이번에도 그 반대로 생각했다. 도토리의 본성은 참나무로 자라는 게 아니었던가? 그리고 알의 본성은 독수리로 자라는 게 아니었던가? 그러니 타고난 잠재력을 다 발휘하도록 성장하려면, 우리의 본성을 거부할 게 아니라 육신의 갈망과 본능을 받아들여, 로맨스에 빠진 소년을 친절한 어른으로 변화시키는 욕구를 채워줘야 마땅했다.

더글러스는 루소의 《고백록》에 깊은 감동을 받았다. 루소와 마찬가지로, 더글러스도 사람들이 설사 성경을 전혀 읽지 않았더라도 선천적으로 좋은 면이 있다고 믿었다. 그리고 루소와 마찬가지로, 그도 본성에 따라 성장한다고 느꼈다.

더글러스는 루소가 아우구스티누스와 문학적으로 정반대 입장이라는 점도 알았다. 두 가지 버전의 《고백록》은 상충되는 엔진이라 개인적 변화의 경쟁 메커니즘들 가운데 선택을 강요했다. 변화를 위해선 루소의 자기애 테크놀로지가 더 나은 청사진이었을까? 아니면 아우구스티누스의 자기비판 테크놀로지가 더 나은 청사진이었을까? 우리는 본성의 좋은 면을 수용해서 더 성장했을까? 아니면 단점을 비꼬듯 지적해서 더 성장했을까?

참으로 어려운 선택이었다. 결국 더글러스는 어떤 자서전 작가도 안 해본 일을 감행했다. 아우구스티누스와 루소 중에서 어느 하나만 선택하지 않았다.

그는 둘 다 선택했다.

제14장. 더 나은 자신으로 성장하라

(더글러스가 내린 선택의 기원)

더글러스가 내린 선택의 기원은 그가 열두 살 때쯤으로 거슬러 올라갈 수 있다. 당시에 그의 소유주였던 소피아 올드Sophia Auld 여사가 그의 운명을 가를 결정을 내렸기 때문이다.

소피아 올드는 매우 독실한 여성이라 더글러스가 성경을 공부하길 바랐다. 그래서 그에게 알파벳을 가르치기로 마음먹었다. 그런데 남편이 노예에게 읽기를 가르치면 법에 저촉된다며 반대하고 나섰다. 하지만 후대를 위해서 천만다행히, 남편의 반대는 때를 놓치고 말았다. 더글러스는 이미 독학을 해도 될 만큼 글자를 익혔다. 그리고 열세 살 때는 "당시 매우 인기 있던 교재인《미국의 웅변가The Columbian Orator》를 구입할 돈"도 몰래 모았다.

《미국의 웅변가》는 정말로 인기가 많았다. 뉴욕과 뉴잉글랜드 전역의 수백 개 학교에서 교재로 활용됐고, 기저에 깔린 교육적 가치 덕분에 지금도 인기를 누리고 있다. 《미국의 웅변가》는 수사학 교과서였는데, 기원전 2세기 북아프리카 노예 푸블리우스 테렌티우스 아페르Publius Terentius Afer부터 16세기 영국 학생인 윌리엄 셰익스피어, 훗날 미국의 16대 대통령이 되는 에이브러햄 링컨에 이르기까지 여러 세대 학생들을 가르치는 데 애용되던 교수법을 기반으로 했다.

현대 신경과학자들이 나중에 발견했듯이, 그 교수법은 우리에게 대중 연설이라는 수사학 기술을 가르치는 것으로 그치지 않고 인지적 유연성을 키워 개인적 성장을 지원할 수도 있다. 인지적 유연성은 한 사고방식에서 다른 사고방식으로 전환하는 역량인데, 그 역량은 수사학 교재에 의해 두 가지 신경 경로로 공급된다.

첫 번째 경로는 우리의 정신 행동 모델mental action models과 관련된다. 그러한 행동 모델은 우리가 새로운 것을 배울 때마다 뇌에 의해 기록된다. 가령 우리가 왼쪽으로 도는 걸 처음 배울 때, 우리의 뉴런은 '왼쪽으로 돌 때는 발을 이렇게 돌려야 해'라고 기억한다. 그래서 다음에 왼쪽으로 돌 때는 뇌가 발의 회전을 새로 고안하지 않는다. 이미 만들어진 행동 루프에 신호를 보내 넘어지지 않게 도는 법을 발가락에 알려준다.

결정적으로, 우리 뇌는 이러한 행동 모델을 저장할 수만 있는 게 아니다. 변연계 기억 회로의 도움을 받아 특정 맥락에 맞춰 이러한 행동 모델들을 연결할 수도 있다. 그렇게 연결할 수 없으면, 우리 머리엔 '발을 항상 이런 식으로 돌려!'라는 식의 일반적인 모델만 있을 것이다. 하지만 연결할 수 있어서 '이곳에선 발을 왼쪽으로 돌리고, 저곳에선 발을 오른쪽으로 돌려야 해'라는 식으로 기억할 수 있다. 그리하여 뇌 자료실은 맥락과 연결된 행동 모델들을 이용해 우리가 한곳에서 빙빙 돌지 않고 다양한 인생 항로를 순항하도록 돕는다.

좌우 행보에 대한 자료를 저장하는 뇌의 능력은 수사학 교재 저자들에게도 알려졌다. 저자들이 변연계의 역할까지 알아차리진 않았지만, 대중 연설과 관련된 문제에서 "항상 왼쪽으로 가!"라는 식의 일반적 규칙이 없다는 정도는 알았다. 청중은 모두 독특해서 각자에게 맞는 연설이 다 달랐다. 따라서 수사학 교재는 학생들에게 보편적으로 효과적인 웅변 법칙을 주입하기보단 역사적으로 방대한 목록의 수사학 모델들을 제공함으로써 창의성을 키워주려고 애썼다.

제14장. 더 나은 자신으로 성장하라

16세기 교육 심리학자인 후안 루이스 비베스Juan Luis Vives는 자신의 《교육론On Education》에서 이렇게 주장했다. "수사학적 모델의 수가 많을수록, 각 모델들 사이의 유사성이 적을수록, 학생은 더 성장한다." 《미국의 웅변가》에선 그 말을 이렇게 설명했다. "저자는 시스템보다 다양성을 선호해왔다."

이러한 다양성은 학생들의 기억 은행에 다양한 소통 모델을 제공함으로써 인지적 유연성을 키웠고, 또 앞으로 접하게 될 다른 모델에 마음을 열게 함으로써 미래의 유연성도 키웠다. 그래서 어린 프레더릭 더글러스가 푼돈을 모아 산 교재의 페이지를 넘겼을 때, 여든 개가 넘는 연설문이 그를 반갑게 맞아주었다.

"스톡브리지 모히칸 인디언 족장의 1775년 매사추세츠주 의회 연설문"
"로마 집정관 카시우스의 연설문"
"새뮤얼 밀러 목사의 노예 해방 연설문"

이러한 연설문은 더글러스의 정신적 유연성을 키워주고 뇌를 계속해서 확장하라고 촉구했다.

수사학 교재가 인지적 유연성을 강화한 두 번째 신경 경로는, 앞에서도 논의했던 셀프 아이러니였다. 셀프 아이러니의 날카로운 시선은 《미국의 웅변가》의 '경계하고, 경계하고, 또 경계하라'는 자성적 조언으로 빛을 발한다.

상대와 극단적 상황으로 치닫지 않도록 늘 경계해야 한다. … 터무니없는

우리는 지금 문학이 필요하다

주장을 내놓지 않도록 경계해야 한다. … 하지만 앞서 언급했던 것처럼 여기서도 크게 경계해야 한다.

셀프 아이러니 회로를 더 활성화하기 위해, 《미국의 웅변가》에는 윌리엄 피트William Pitt의 연설문도 몇 개 포함되어 있다. 18세기 영국의 상원의원인 피트는 우리 뇌를 자극하는 일련의 수사 기법을 제시했다.

내가 미국인이라면, 그런데 내가 영국인이기 때문에 내 나라에 외국 군대가 남아 있는 한, 나는 결코 무기를 내려놓지 않을 것입니다. … 스포츠맨의 관점에서 말하자면, 당신에게 어떤 잘못이 있을 땐 그 잘못을 바로잡고 다시 도전해야 합니다.

피트는 영국의 청중에게 자신들을 미국인으로 생각하라고 말한다. 자신의 관점을 내려놓고 다른 사람의 관점에서 바라보고, 자기에게 "잘못"이 있을 수 있다는 점을 의식하라고 촉구한다. 그리고 "다시 도전하면" 목표를 초과달성할 수 있다는 희망을 심어준다.

윌리엄 피트의 셀프 아이러니를 유발하는 연설은 더글러스가 이미 알고 있었다. 실은 《미국의 웅변가》에 실린 온갖 연설 중에서 그가 가장 좋아하는 연설이었다. "나는 그의 연설을 읽고 또 읽었습니다. 읽을 때마다 흥미도 높아졌고요."

피트의 연설을 반복해서 읽은 덕분에, 훗날 더글러스는 셀프 아이러니를 유발하는 대중 연설을 자유롭게 구사할 수 있었다. 인디애

제14장. 더 나은 자신으로 성장하라

나주부터 멀리 아일랜드까지 그가 연설하는 곳마다 수백 명의 인파가 몰려들었다. 더글러스는 몰려든 청중이 쓴웃음을 짓도록 유도했다. 조지 러핀George Ruffin은 해방 노예로서 자력으로 하버드 로스쿨까지 마친 인물인데, 그런 더글러스를 보고 이렇게 논평했다.

> 더글러스는 유머가 넘친다. 때로는 너무나 천연덕스럽다. … 그의 입술이 살짝 씰룩거리는가 싶다가 크게 비틀리면 청중의 얼굴에도 저항할 수 없는 미소가 번진다.

더글러스는 자기비하식 유머로 관객에게 자신의 상황을 약간 아이러니하게 바라보도록 격려하면서, 그들의 마음을 바깥으로 돌려 인지적 유연성을 길러주었다.

그런 식으로 《미국의 웅변가》는 어린 더글러스가 타인의 마음을 이해하도록 도와주었다. 그리고 더글러스가 30대 후반에 이르렀을 때 훨씬 더 크게 성장할 수 있도록 길을 열어주었다. 역사적으로 다양한 모델을 포용하는 수사학 교재를 따른 덕분에, 그는 아우구스티누스와 루소를 결합할 수 있었다.

(성장 공식의 결합)

아우구스티누스와 루소는 각각 《미국의 웅변가》에서 성장을 촉진하는 청사진의 양쪽 절반을 차지했다. 역사적 행동 모델의 폭넓은 목록인 전반부는 과거의 다양한 행동을 소중히 대하는 루소의 감성으로 구현되었다. 현시점의 잘못을 의식하는 후반부는 현재의 결점을 향한 아우구스티누스의 아이러니한 태도로 구현되었다. 따라서 루소의 과거형 자기애를 아우구스티누스의 현재형 셀프 아이러니와 짜 맞추면, (그리고 양쪽《고백록》의 일부 요소, 가령 아우구스티누스의 과거형 셀프 아이러니 중에서《미국의 웅변가》의 수사적 청사진과 충돌되는 부분을 제거하면,) 긍정적 변화를 두 배로 키워줄 자서전 스타일을 기획하여 우리 뇌가 현재의 단점을 인식하면서도 이전 삶의 다양한 경험을 포용하도록 촉구할 수 있을 것이다.

프레더릭 더글러스는 1855년에 두 번째 자서전《나의 속박과 나의 자유My Bondage and My Freedom》를 출간할 때 바로 이 짜 맞추기mix and match 전략을 구사한다. 즉, 루소의 목소리로 시작하면서 자신이 "이교도" 소년기에 어떻게 "낯선" 행동 모델로 가득한 목록을 따르게 되었는지 설명한다.

온갖 속박에서 해방된 노예 소년은 삶과 행동에서 진정한 소년이 될 수 있습니다. 소년다운 본성이 제시하는 대로 뭐든 다 할 수 있습니다. 말과 개, 돼지와 헛간의 닭 등 온갖 동물을 흉내 내면서 별난 행동을 해도 자신의 품위를 손상시키거나 어떠한 비난도 받지 않습니다. 소년은 미친 듯이 날뜁니다. … 아프리카의 야자수 아래에서 뛰노는 여느 이교도 소년만큼이나 행복하게.

그러다가 마지막 장에서 아우구스티누스의 현재형 셀프 아이러

제14장. 더 나은 자신으로 성장하라

니 테크닉으로 선회하여, 현재 한계를 씁쓸하게 인정한다.

이 책의 범위와 고찰은 모두 내 경험에서 나오는 것이기에, 나는 해방된 소
년이 아니라 노예 소년으로 살아온 이야기를 들려줄 수밖에 없습니다. …
내 자신의 미천한 출신을 결코 잊지 못합니다.

그리고 마침내 《나의 속박과 나의 자유》는 개인적 성장의 두 가
지 원천을 지렛대 삼아 심오한 변화를 이뤄낸다.

나는 투표를 자제하는 행위가 노예 제도를 폐지하기 위한 합법적이고 강
력한 수단의 행사를 거부하는 것이라고 확신하게 되었습니다. 아울러 미
국의 헌법은 노예 제도를 찬성한다는 조항을 전혀 담고 있지 않을 뿐만 아
니라, 오히려 자구字句와 정신에서 노예 제도를 반대한다는 것도 확신하게
되었습니다. … 내 의견은 이렇게 급진적 변화를 맞이했습니다.

이러한 "급진적 변화"는 곧 윌리엄 로이드 개리슨의 도의적 권고
에 대한 거부였고, 투표가 미국을 더 나은 나라로 성장시킬 수 있다
는 믿음을 지키기 위한 것이었다. 그의 개정된 자서전을 처음부터
끝까지 읽고 나면, 우리 마음에도 비슷한 변화가 확고해진다고 느낄
것이다. 그의 혼합형 자서전은 현재 처지를 인식하면서도 무한한 가
능성에 마음을 열라고 촉구함으로써 우리를 더 나은 사람으로 성장
시킬 수 있다.

우리는 지금 문학이 필요하다

('갈수록 진화하는 삶'을 직접 활용하기)

세 번째 자서전인《프레더릭 더글러스의 생애와 시대The Life and Times of Frederick Douglass》(1882)에서, 더글러스는 헌법 수정과 관련해 다음과 같이 기록했다.

미국 그랜트 대통령은 특유의 배짱과 정의에 대한 명확한 인식을 바탕으로 헌법 개정을 신속히 권고했습니다. 개정 헌법에 의해, 유색인 남성은 이제 완전한 시민권을 부여받아 미국 공화국에서 투표권을 행사할 권리와 투표로 선출될 권리가 있습니다.

여기선 더글러스의 성장을 위한 전반부, 즉 과거형의 역사애가 언급된다. 그런데 바로 뒤에 성장을 위한 후반부가 언급되는데, 현재형으로 선회하여 자신이 아끼는 헌법이 여성을 동등하게 대하지 못한다는 점을 비판한다.

정부에 참여할 권리를 부정하면, 여성을 비하하고 엄청난 불의를 영속시킬 뿐만 아니라 세계 정부를 위한 도덕적, 지적 역량의 절반을 부정하고 못 쓰게 하는 것입니다.

더글러스는 이 "엄청난 불의"가 전복되는 걸 보지 못했다. 하지만 1920년에 미국 여성들이 마침내 투표권을 얻은 후, 여성 참정권 운동가인 메리 처치 테렐Mary Church Terrell은 72년 전에 여성의 권리 획득을 위해 개최된 세네카 폴스 여성 인권 대회Seneca Falls Women's Rights Convention에서 있었던 일을 똑똑히 기억했다. 당시 "선거권에 대한 신성한 권리를 확보하는 것이 이 나라 여성들의 의무다"라는 결의안을 누구도 감히 지지하지 못했다. 결의안이 무산될 지경에 이르렀는데도 회의 참석자들은 입을 꾹 다물고 앉아만 있었다. 그런데 "프레더릭 더글러스가 유일하게 용기를 내서 결의안을 재청했다. … 그때 프레더릭 더글러스가 나서지 않았더라면, 여성 참정권은 얼마나 더 지연되었을지 아무도 모른다."

더글러스가 당신을 위해 똑같이 해주길 바란다면, 더글러스가 당신의 긍정적 변화를 위한 속도를 확 높여주길 바란다면, 그의 과거형 자기애와 현재형 셀프 아이러니라는 독특한 스타일을 채택한 현대의 자서전을 하나 골라보라. 1965년에 사후 출간된 《말콤 X의 자서전The Autobiography of Malcolm X》은 어떤가? 말콤은 소년 시절의 본성에 대한 흥겨운 기억으로 이야기를 시작한다.

나는 완두콩 재배를 특히 좋아했다. 완두콩이 식탁에 오르면 정말 뿌듯했다. 어린 새싹이 올라오면 나는 밭에 나가서 손으로 잡초를 뽑곤 했다. 밭이랑을 손으로 더듬으며 벌레와 곤충을 잡아서 땅에 묻었다. 때로는 일을 다 마치고 밭고랑에 드러누워 파란 하늘을 쳐다봤다. 그리고 흘러가는 구름을 보면서 온갖 생각에 젖곤 했다.

그러다 마지막 장에 이르러선 자신의 현재 모습을 아이러니한 시선으로 바라본다.

우리는 지금 문학이 필요하다

객관적인 독자라면, 내가 "백인은 악마다"라는 말을 들었을 때, 그리고 그 간의 내 경험을 돌아봤을 때, 내가 어째서 긍정적으로 반응할 수밖에 없었 는지, 그리고 향후 12년 동안 그 표현을 흑인들에게 전파하는 데 전념할 수밖에 없었는지 이해할 거라고 생각한다.

또는 미셸 오바마_{Michelle Obama}의 2018년 회고록 《비커밍_{Becoming}》 은 어떤가? 《비커밍》은 더글러스의 2부로 구성된 청사진을 다음과 같이 멋지게 요약한다.

당신의 진정한 목소리로 당신의 독특한 이야기를 들려주는 데서 힘이 생 깁니다. 그리고 타인의 이야기에 기꺼이 귀를 기울이는 데서 은총이 생깁 니다. 그러면서 나와 당신은 우리가 됩니다.

또는 어린 프레더릭 더글러스와 같은 접근 방식을 취할 수도 있 다. 역사, 회고록, 자서전을 폭넓게 읽고 과거의 독특한 삶을 소중히 여기면서 당신의 현재 모습을 약간 아이러니한 관점에서 바라보면 된다. 그렇게 하면 과거를 기념하고 미래의 변화를 받아들일 기회가 날마다 생길 것이다.

하루하루를 당신의 독립기념일로 삼게 될 것이다.

제14장. 더 나은 자신으로 성장하라

제 **15** 장

실패를 딛고
일어서라

Wonderworks

조지 엘리엇의《미들마치》

발명품: 범사에 감사하는 마음

1848년은 혁명을 위한 해인 것 같았다.

봄의 새싹이 돋아나자 유럽 전역에서 수백만에 달하는 감자 농부와 공장 노동자가 들고 일어났다. 구두 수선공과 건설 노동자, 페인트공과 굴뚝 청소부, 호밀 재배꾼과 도자기공이 뒤따라 합류했다. 팔레르모와 파리에서, 비엔나와 뮌헨에서, 밀라노와 베니스에서, 부다와 페스트에서, 트란실바니아와 로마에서, 리에주와 티퍼레리 남부에서, 사람들은 민주주의와 언론의 자유를 보장하라고 요구했다. 더 많은 식량을 달라고, 인간애를 베풀라고 요구했다. 빈민가 거리마다 바리케이드가 쳐졌다. 경찰 수비대는 포위되었고 궁궐은 습격당했다. 옛 군부 귀족들은 위태롭게 비틀거렸고, 새로운 자유의 시대가 밝아왔다.

하지만 여름과 겨울이 지나면서 혁명 세력은 점점 힘을 잃어갔다. 결국 반란군의 내부 분열과 정부의 포도탄에 지휘부가 무너졌

제15장. 실패를 딛고 일어서라

다. 혁명을 선동한 사람들은 교수형에 처해지거나 시장통에서 총살되거나 창문도 없는 감옥에서 교살되었다. 프랑스의 무정부주의 사상가 피에르 조제프 프루동Pierre-Joseph Proudhon은 이렇게 탄식했다. "우리는 말 한마디 못 하고 손을 놓은 채 뿔뿔이 흩어지게 되었다. 우리는 패배를, 그리고 굴욕을 맛보았다!"

그 굴욕은 결국 엄청난 타격을 입혔다. 대다수 혁명가는 뒤이은 탄압에서 목숨을 건지긴 했지만 패배감에 휩싸여 잔뜩 움츠러들었다. 그들이 고대하던 자유는 한참 후퇴하고 말았다. 프라하에서는 빈디슈그레츠 대공의 총검에 계엄령이 선포되었다. 독일 연방에서는 민주주의 클럽이 폐지되고 억압적인 연방의회가 복귀했다. 러시아에서는 니콜라이 1세가 검열의 나사를 너무 단단히 조이는 바람에 황실의 검열을 거치고 나면 출간할 내용이 거의 안 남았다.

그리하여 1848년은 "전환에 실패한 전환점의 해"가 되었다.

영국 웨스트미들랜즈의 비교적 조용한 동네에서 훗날 조지 엘리엇George Eliot이라는 필명으로 더 유명해질, 스물아홉 살의 메리 앤 에반스Mary Ann Evans가 그 실패한 혁명을 바라보며 생각에 잠겼다. 엘리엇은 혁명가들에게 전적으로 동의하진 않았다. 그들이 중구난방으로 발표하는 성명서는 모순된 사상으로 가득했다. 그렇다 해도 개혁을 향한 그들의 열망은 높이 살 만했다. 그들과 마찬가지로, 엘리엇은 유럽의 "수백만에 달하는 굶주린 영혼과 육신"이 인간적 비극이라고 생각했다. 그리고 그들과 마찬가지로, 엘리엇은 왕과 왕비가 "동물원 같은 정원"에서 살게 될 날을 꿈꾸었다. 그곳에선 그들의 오만함이 한낱 수선화와 붉은 제독나비red admiral butterfly처럼 평화롭게

우리는 지금 문학이 필요하다

전시될 수 있을 터였다.

그래서 조지 엘리엇은 1848년의 희망이 실패로 끝나고 움츠러드는 모습을 보며 참으로 실망스러웠다. 엘리엇은 실패에 대한 좀 더 생산적인 대응이 필요하다고 생각했다. 굴욕을 뒤로하고 다시 시도할 방법이 필요하다고 생각했다.

실패에 대응할 더 나은 방법을 찾는 데 수많은 시행착오가 있었지만, 엘리엇은 기어이 그 방법을 찾아냈다.

(실패를 치유할 첫 번째 시도)

혁명이 실패로 끝나고 18년이 흐른 뒤, 조지 엘리엇은 다섯 번째 소설 《급진주의자 펠릭스 홀트Felix Holt, the Radical》를 출간했다. 제목에서 알 수 있듯이, 이 소설은 많은 땅을 소유한 영국 귀족 계급에 대한 급진적 봉기를 다룬다. 하지만 소설의 중심에는 한 편지로 촉발된 개인적 갈등이 더 크게 자리 잡고 있다. 급진주의자들 중에는 부의 불평등을 개혁하고자 애쓰는 목사도 있었다. 그런데 어느 날 이 목사에게 편지가 한 통 건네진다. 편지에는 목사의 수양딸이 엄청난 재산을 물려받을 비밀 상속녀라는 이야기가 적혀 있다.

그리하여 우리는 다음과 같이 증서의 요약본을 보내드립니다. … 모리스 크리스티안 바이클리프의 유일하고 합법적인 자녀이며, … 최저 연 5,000에서 6,000에 달하는 재산을 소유하게…

제15장. 실패를 딛고 일어서라

목사는 편지를 읽고 너무 흥분해서 아무 말도 못 한다. 자기 딸이 채플 야드의 작은 집을 떠나 실크 소파 쿠션과 멋진 잔디밭과 거만한 기사들의 세계에서 노니는 모습을 상상한다. 하지만 다음 순간, 자신의 경박한 생각에 가슴을 후비는 듯한 아픔을 느낀다. 게으르고 타락한 부자들의 손아귀에 소중한 자식을 빼앗길까 봐, 그는 서재로 들어가서 "쉬지 않고 기도"에 전념한다.

목사가 위기의 순간에 기도를 드리는 행위는 딱히 주목할 만한 일이 아니다. 하지만 이 목사가 기도하는 방식은 특별히 주목할 만하다. 그의 "쉬지 않고" 드리는 기도가 성경에서 가장 놀라운 구절 중 하나인 "쉬지 말고 기도하라. 범사에 감사하라"(데살로니가 전서 5: 17, 18)에 영감을 받았기 때문이다.

〈데살로니가 전서〉에 나오는 이 짧은 구절은 목사의 말문을 막히게 했던 편지보다 훨씬 더 놀랍다. 이 구절은 하나님에게 범사에 감사하라고 지시함으로써, 성공과 풍요에만 감사를 표할 게 아니라 실패와 고난에도 감사를 표하라고 지시한다.

아니, 왜? 원하는 것을 얻지도 못했는데 왜 우리가 감사를 표하겠는가? 《급진주의자 펠릭스 홀트》에서 목사는 실패도 하나님의 뜻이며 하나님은 항상 선하시다는 식으로 설명한다. 하지만 〈데살로니가 전서〉에 심오한 지혜가 담겼다고 생각하기 위해 굳이 빅토리아 시대 목사가 될 필요는 없다. 현대의 신경과학도 좌절한 순간에 감사하라는 성경의 조언이 타당하다는 추가적 정당성을 제시한다. 감사는 우리 뇌가 실망과 고난을 딛고 일어서도록 돕는다는 것이다.

심리학자들이 감사의 회복 효과를 밝혀낸 지는 10여 년밖에 안

우리는 지금 문학이 필요하다

됐다. 그전엔 그런 효과가 있으리라고 생각지도 못했기 때문이다. 하나님에 대한 감사는 우리의 실패에 분명한 치유책을 제공하지 않는다. 해결의 실마리를 제공하지도 않는다. 우리에게 용기를 내라거나 자기 연민을 실천하라고 촉구하지도 않는다. 사실, 자기 주도적인 행동을 아무것도 권하지 않는다. 오히려 우리 눈을 밖으로, 다른 사람에게로 돌리게 한다.

그런데 심리학자들이 발견했듯이, 시선을 밖으로 돌리는 데서 실패와 불운에 대한 감사의 치유력이 생겨난다. 실패와 불운은 반추反芻라고 알려진 신경 과정을 유발해 정신적 고통을 야기한다. 삶의 부정적 측면을 끊임없이 되새기게 하기 때문이다. 따라서 고통을 멈추게 할 최고의 방법은 우리 자신에 관한 생각을 멈추는 것이다. 우리가 멈추면 (배외측 전전두피질dorsolateral prefrontal cortex의 강력한 걱정 회로 같이) 반추를 부추기는 자기성찰적 뇌 부위가 점차 이완된다. 그렇게 되면 불운은 더 이상 불안감과 자기혐오와 절망의 출처가 아니다. 차분히 생각하면서 통찰력을 얻게 되거나 아니면 점진적으로 잊히는 또 하나의 사건으로 치부된다.

시선을 돌리면 반추가 중단되기 때문에, 어떤 식으로 시선을 돌려도 도움이 된다. 그런데 심리학자들은 감사의 행동이 특히 효과적이라는 사실을 알아냈다. 감사는 중학생이 낮은 시험 성적에서 회복하도록 돕고, 어른이 암 진단에서 감정을 추스르도록 도왔다. 또 괴롭힘을 당하는 십대 사이에서 자살 충동을 줄여주고, 우울증 발생률을 낮춰주며, 추방된 시리아 난민의 회복력을 키워주었다.

이러한 치유 효과가 최근에야 심리학자들의 관심을 끌었지만, 그

제15장. 실패를 딛고 일어서라

기원은 오래전으로 거슬러 올라간다. 너무 오래돼서 감사의 생물학적 기원은 침팬지, 심지어 꼬리감는원숭이에게까지 거슬러 올라갈수 있다. 이는 수천만 년 전 유인원 뇌에서 진화했음을 암시한다. 그리고 감사의 치유 혜택은 인간 문명에서도 오래전에 발견되었다. 우리 조상들은 현대 역사학자들이 파악할 수도 없는 먼 과거에 감사의 가치를 배웠고, 또 표현하는 방법도 고안했다. 고대 노르웨이어에선 þ.okk, 산스크리트어에선 dhanyavaadaha, 히브리어에선 todah 등으로 나타냈다. 그리고 나중엔 더 발전시켜, 감사의 치유 효과를 취한 다음 문학을 이용해 그 효과를 인위적으로 높였다.

인위적 촉진제는 세계에서 가장 오래됐다고 알려진 문학 텍스트 〈케쉬 사원 찬가〉에서 찾아볼 수 있다. "세상의 어머니인 닌투드Nintud보다 더 훌륭한 어머니가 있었나?" 그리고 〈데살로니가 전서〉보다 먼저 쓰인 성서에서도 찾아볼 수 있다.

여호와께 감사하라. 지혜로 하늘을 지으신 이에게 감사하라. … 땅을 물 위에 펴신 이에게 감사하라.

두 텍스트는 똑같은 청사진을 활용하고 있다. 즉 닌투드나 성서속의 하나님 같은 창조자에게 감사를 표한다. 그러한 감사 표현은한 가지 선행에 대한 자연스러운 생물학적 감사를 취한 다음, 우리가 보는 모든 것에 대한 영적 감사로 확장된다. 여느 문학적 확장과마찬가지로, 이 확장도 우리 뇌에 경이를 고취한다. (그 이유는 서론에서 확인해보라.) 그리고 경이는 우리 자신을 덜 의식하게 하기 때문에,

우리는 지금 문학이 필요하다

결국 감사의 치유적 시선 돌리기 효과를 증폭시킨다. 감사의 타인 사랑을 자기소멸로 강화함으로써, 반추로 인한 자기성찰적 괴롭힘을 한결 덜어준다.

경이와 감사의 결합 효과는 과학적으로도 확인되었다. 21세기 실험 연구를 통해, 그 둘의 결합이 하나님에 대한 감사의 치유 효과를 상당히 높이는 것으로 밝혀진 것이다. 그게 바로 〈데살로니가 전서〉에서 전하는 치유법이다. 〈데살로니가 전서〉의 출처는 불확실하지만, 사도 바울이 서기 50년경에 썼다고 추정된다. 당시는 기독교 신자들이 엄청난 고난을 겪던 시기였다. 그들은 기근에 시달렸고, 태어났던 유대인 공동체에서 추방되었으며, 그들의 지도자들이 끔찍하게 죽는 모습을 목격했다. 그래서 그들은 다시 돌아오겠다던 구세주의 약속이 실현되길 고대하며 하늘을 쳐다봤다. 몇 날이 몇 달로 늘어나더니 결국 몇 년이 흘렀다. 급기야 충실한 신도들 사이에서 동요가 일어나기 시작했다. '예수님이 정말로 돌아올까? 내가 엉뚱한 메시아에게 인생을 바친 게 아닐까? 내가 끔찍한 실수를 저질렀을까?'

그들의 불안과 초조를 달래주기 위해, 〈데살로니가 전서〉는 "범사에 감사하라"는 치유제를 내놓았다. 이 치유제는 초기 기독교의 궁지에 몰린 혁명가들이 이전의 역경을 잊고 계속 정진하도록 도와주었다. 그리하여 훗날 그들이 공들인 복음은 결국 세계만방에 퍼지게 되었다.

〈데살로니가 전서〉가 강력한 치유 효과를 입증하긴 했지만, 문학의 감사 테크놀로지에서 마지막 돌파구는 아니었다. 〈데살로니가 전서〉가 나오고 90세대가 흐른 후, 성경의 치유 작용은 일단의 혁명가들 덕분에 다시 개선될 기회를 맞았다.

혁명가들 중에 조지 엘리엇이 있었다.

(감사 테크놀로지를 개선하기)

조지 엘리엇은 〈데살로니가 전서〉를 여전히 납득하지 못했다. 그녀의 소설 《급진주의자 펠릭스 홀트》에서, "쉬지 않고" 드리는 기도는 목사의 정신적 아픔을 달래지 못한다. 그의 반추는 결국 저녁 식사 종이 울리고서야 끝난다.

〈데살로니가 전서〉에 가볍게 날린 이 잽jab은 인간의 감정에 대한 엘리엇의 신조, 즉 "사랑은 감사를 배제한다"를 반영했다. 사랑은 동등한 사람들 간에 주고받는 진정한 애정이지만, 감사는 전능한 하나님에게 천한 인간이 바치는 비굴한 인사였다. 엘리엇은 이러한 불평등이 감사의 진정성을 훼손한다고 생각했다. 따라서 우리가 하나님에게 감사할 때, 순수한 감사의 마음뿐만 아니라 순종적 두려움과 의무감도 들어 있다.

과학적 견지에서 보면, 감사에 대한 엘리엇의 말은 일리가 있다. 감사의 치유력은 의존성이나 열등감에 의해 약화된다. 이러한 감정은 우리 뇌의 부정적 시선을 자신에게 되돌려서 걱정 회로를 다시 자극하고, 우리를 반추의 자기 괴롭힘으로 끌고 들어간다. 따라서 인간의 심리 측면에서, 〈데살로니가 전서〉는 애초에 창조주가 감사의 자연스러운 혜택을 확대하면서 동시에 감소시키는 결함을 안고

우리는 지금 문학이 필요하다

있다. 하나님 자신과 마찬가지로, 〈데살로니가 전서〉는 베풀고 다시 거두어 간다.

〈케쉬 사원 찬가〉부터 조지 엘리엇 시대까지 수천 년 동안, 이러한 결함은 도저히 돌이킬 수 없을 것 같았다. 창조주 신, 또는 신의 엄청난 능력이라는 바로 그 특징이 경이의 감사 증대와 열등감의 감사 감소를 동시에 유발하기 때문에, 전자의 혜택을 후자의 단점과 분리할 뚜렷한 방법이 없었다. 감사의 최대 혜택은 그렇게 약화될 수밖에 없는 것처럼 보였다.

그런데 19세기 중반에 이르러 그 결함이 해결되었다. 해결사는 바이에른의 목초지에서 은거하던 문화 인류학자 루트비히 포이어바흐Ludwig Feuerbach였다. 포이어바흐는 아내 베르타에게 생계를 맡기고 집필 활동에 전념했다. 그러다 1841년에 〈기독교의 본질The Essence of Christianity〉이라는 지극히 상투적인 제목의 두 권짜리 논문을 발표하면서, 기독교의 본질은 그리스도가 아니라고 주장했다. 포이어바흐에 따르면, 그리스도는 그저 평범한 사람이었다. 그리스도의 기적들, 가령 오병이어의 기적, 물 위를 걷는 기적, 심지어 사흘째 되는 날의 부활까지 죄다 갈릴리의 마태와 안티오크의 누가 등 복음주의자들이 지어낸 문학적 허구였다.

그런데 이런 주장은 처음이 아니었다. 포이어바흐의 친구이자 튀빙겐 대학교에서 신학을 가르치던 다피트 슈트라우스David Strauss가 6년 전 《예수의 생애The Life of Jesus》라는 제목의 도발적인 책에서 이미 똑같은 주장을 내놓았다. 하지만 포이어바흐는 슈트라우스보다 훨씬 더 나갔다. 그리스도의 생애가 허구라는 주장에 더해 하나님 자

제15장. 실패를 딛고 일어서라

체가 허구라고 주장했다.

이 주장이 종교를 전면적으로 부정하는 것 같지만, 분별 있는 독자는 그렇지 않다는 걸 알았다. 사실 포이어바흐는 인본주의humanism라고 알려지게 될 새로운 신앙을 세웠던 것이다. 인본주의는, 하나님이 문학적 신화라는 점은 인정했다. 하지만 하나님의 신성한 미덕(즉, 방대한 사랑과 방대한 친절과 방대한 창조성) 역시 신화라는 점은 부정했다. 그러한 미덕은 우리 인간 종種 안에 실제로 존재했다. 포이어바흐가 창세기를 뒤죽박죽 고쳐서 설명했던 것처럼, 아담과 이브는 오래전에 자신들의 형상대로 하나님을 빚어냈다. 골리앗처럼 엄청난 인간신Human God을 창조했던 것이다. 후세대의 인간들도 그 꾸며낸 신을 계속 숭배하면서, 자신들에게 합당한 공을 돌리는 대신에 가짜왕에게 고개를 조아렸다. "기독교 숭배자들은… 하나님에겐 거듭해서 감사를 표하지만, 인간에게는 전혀 감사를 표하지 않는다."

조지 엘리엇은 포이어바흐가 전통 종교를 이런 식으로 뒤집어엎자 깜짝 놀랐다. 실은 너무 놀라서 독일어로 쓰인 포이어바흐의 책을 읽는 데 그치지 않고 영어로 번역까지 했다. 1854년, 그녀의 번역본은 젊은 의사이자 편집자인 존 채프먼John Chapman에 의해 스트랜드가街 142번지의 하숙집에서 출간되었다. 그곳을 시작으로, 인간성을 향한 포이어바흐의 감사 교리가 런던 전역으로 퍼져 나가며 독자들을 격려했다.

그러므로 당신을 굶주림의 고통에서 벗어나게 해주는 빵 조각마다, 마음을 북돋워주는 포도주 한 모금마다, 당신에게 이 은혜로운 선물을 베푸시

우리는 지금 문학이 필요하다

는 하나님을 생각하라, 인간을 생각하라!

이러한 주장이 담긴 《기독교의 본질》은 정신의학의 크나큰 돌파구였다. 인류의 방대한 선물에 경이를 불어넣음으로써, 〈데살로니가 전서〉의 감사 확대를 보존하는 동시에 창조주 신의 감사 감소를 제거해버렸다. 실패와 고난을 치유하기 위해 성경보다 훨씬 더 강력한 치유제를 제공한 것이다.

그러나 포이어바흐의 돌파구는 엘리엇이 희망했던 혁명적 효과를 거두지 못했다. 오히려 인간성을 하나님으로 보는 비정통적 교리를 두고 여기저기서 맹렬한 비난이 쏟아졌다. 가톨릭교회는 그것을 개신교 개혁의 합리주의적 소산이라고 비난했다. 개신교 개혁가는 그것을 무신론으로의 전락이라고 비난했다. 막스 슈티르너Max Stirner 와 칼 마르크스Karl Marx 같은 무신론자는 충분히 무신론적이지 못하다고 비난했다. 그리하여 유럽 전역에서 인간성을 숭배하는 교회는 단 한 군데도 생기지 않았다.

두 번째 혁명도 실패로 돌아가자 엘리엇은 고민에 빠졌다. 포이어바흐의 치유 혁신을 퍼뜨릴 다른 방법이 없을까? 인본주의 교리를 영어로 옮기는 것에서 한 발 더 나아가, 이데올로기적 내용으로 움츠러든 독자들 마음에 그 치유 혜택을 옮겨줄 수 있을까?

엘리엇은 할 수 있다고 확신했다. 포이어바흐 자신이 이미 한 가지 방법을 제시했기 때문이다. 그 방법은 바로 문학이었다. 문학은 〈케쉬 사원 찬가〉를 비롯해 온갖 독창적인 노래와 이야기를 고안해서 창조자 신들에게 감사를 표하도록 격려했다. 그러니 문학은 인간성에 감사를 표하도록 격려할 새로운 작품을 고안할 수도 있을 것이다. 새로운 작품은 인간의 더 큰 선함에 대한 경이로 우리의 자연스러운 감사를 확대할 수 있을 것이다. 게다가 신학적인 논문 대신 허구적인 이야기를 활용하기 때문에, 우리의 종교적 믿음을 바꿀 필요가 없다. 우리가 〈데살로니가 전서〉의 작가처럼 하나님을 독실하게 믿든, 아니면 칼 마르크스처럼 무신론자든, 인본주의 문학은 실현 가능한 과학적 치유제로 우리의 웰빙을 증진시킬 수 있을 것이다.

이런 생각으로 흥분한 조지 엘리엇은 바로 실천에 옮기는 데 필요한 문학 테크놀로지를 찾으러 서재에 들어갔다. 그런데 널찍한 책장을 다 훑어본 후 달갑지 않은 현실에 직면했다. 인본주의를 퍼뜨릴 테크놀로지가 없었던 것이다. 엘리엇이 소유한 가장 최신 책들마저 정확히 그 반대 회로로 채워져 있었다.

(현대 문학의 반대 회로)

엘리엇의 서재에서 최신 문학 테크놀로지는 소설이었다. 그리고 소설 자체에서 가장 인기 있는 최신 장르는 현대 로맨스와 현대 비극이었다.

이 두 장르는 인간 경험의 충만함을 둘로 나누어 담아내려는 의도였다. 가령 희망과 욕망은 로맨스의 범위에 들어갔고, 의심과 두려움은 비극의 범위에 들어갔다. 하지만 엘리엇이 보기엔, 우리의 심리 전체를 포괄하려는 노력에도 불구하고 현대 소설은 마음의 본

우리는 지금 문학이 필요하다

질적 기능 중 하나인 감사에 별다른 관심을 두지 않았다. 로맨스와 비극이 타인에 대한 건전한 인식을 키워주는 대신 우리 자신을 숭배하도록 길들였기 때문이다.

엘리엇은 1856년 〈웨스트민스터 리뷰Westminster Review〉라는 잡지에서 현대 로맨스를 진단했는데, 전형적인 로맨스 주인공의 만연한 자존감을 다음과 같이 풍자적으로 묘사했다. "그녀는 탁월한 목소리에 뛰어난 지성을 보유했으며, 옷매무새도 완벽하고 신앙심도 남달리 깊었다. 그녀의 춤사위는 요정처럼 아름다웠고, 성경 말씀도 참으로 낭랑하게 읊었다."

현대 로맨스가 독자를 자아도취에 빠뜨렸다면, 현대 비극은 더 심각했다. 1830년대로 돌아가, 프랑스 작가 오노레 드 발자크Honoré de Balzac는 《고리오 영감 Le Père Goriot》에서 현대 로맨스의 대안을 제시하겠다고 장담했다. "보라! 이 비극은 허구도 아니고 로맨스도 아니다." 하지만 《고리오 영감》의 현대 비극은 현대 로맨스의 자기중심주의를 무너뜨린 게 아니라 오히려 더 심화시켰다. 타이틀 캐릭터인 고리오 영감의 장례식에서 절정에 달했다. 고리오 영감은 두 딸의 행복을 위해 제분업으로 모은 재산을 다 써버렸다. 그런데 딸들은 너무 자기중심적이라 아버지의 장례식에 참석하지도 않았다. 게다가 장례식을 거행하는 목사조차 받은 비용에 해당하는 짧은 기도문만 낭독하고 현장을 황급히 빠져나갔다. 장례식장엔 이제 젊은 유진 라스티냐크 혼자 남아 서글픈 눈물을 흘렸다. 하지만 라스티냐크는 그 눈물과 함께 마지막 남은 순수함도 흘려버렸다. 묘지에서 벗어나자, 그는 파리의 달콤한 쾌락 쪽으로 눈을 돌리며 외쳤다. "아 누 드,

매트넝!À nous deux, maintenant!(이제부턴 파리와 나의 대결이야!)" 대결의 승자가 되기로 결심한 라스티냐크는 고리오 영감의 딸을 시작으로 상류층에 오르기 위해 도시로 출발했다.

조지 엘리엇은 이 장면을 읽고 몹시 괴로웠다. 1859년 10월 25일자 일기에 "혐오스럽다"는 말까지 적었다. 이 장면은 대단히 강력한 영웅들조차 연약하다는 점을 강조했던 고대 비극의 모델을 저버리고, 강자에 대한 찬양과 약자에 대한 경멸을 부추겼다. 유진 라스티냐크의 과장된 냉소주의는 교묘한 삶의 방식으로 칭송한 반면, 고리오 영감의 너그러운 사랑은 감성적인 어리석음으로 경멸했다.

엘리엇은《고리오 영감》을 책장에 다시 꽂으며 옆에 있는 수백 권의 책들을 훑어보았다. 그러다 문득 현대 문학의 자기중심주의가 현대 비극과 현대 로맨스보다 훨씬 더 확대되어 소설 자체의 회로 속으로 침투했음을 깨달았다. 연극과 구술시 등 초기의 대중 문학과 달리, 소설은 낯선 사람들과 함께 모여서 소비하는 장르가 아니었다. 오히려 고립된 채 각자의 상상력 속에 몰입하는 장르였다. 그 몰입된 고독감 속에서, 우리는 모든 것을 자급자족하므로 타인에게 감사할 필요가 없었다. 도대체 누구에게 고마움을 표한단 말인가? 창조주 신이 고독한 왕좌에서 삶의 웅장한 이야기를 관찰하듯, 소설의 독자인 우리는 이야기가 전개되는 모습을 홀로 감상했다.

따라서 엘리엇이 인본주의 치유제를 독자에게 처방하고 싶으면, 당대 소설의 이기주의를 개혁하는 정도로는 부족했다. 소설의 전체 테크놀로지를 뒤엎어, 으스대는 냉담함을 겸손한 단란함으로 바꿔야 했다.

엘리엇은 1848년의 개혁 정신을 되살려 자신의 혁명을 다시 시작해야 했다.

(조지 엘리엇의 혁명)

엘리엇은 쉰 살에 휴대용 필기대를 장만했다. 그리고 런던 리전트 파크에 있는 2층짜리 널찍한 집의 거실에 자리 잡고, 훗날 《미들마치Middlemarch》라고 알려지게 될 새로운 소설의 초고를 쓰기 시작했다.

《미들마치》는 실패담을 들려준다. 비범한 능력을 제대로 발휘하지 못한 개인들의 삶을 숙고하는 식으로 이야기를 시작한다. 그 개인들은 "명성을 드높일 서사적 삶을 찾아내지 못했다. 고귀한 정신은 있지만 그런 정신을 발휘할 기회가 없어서 실수투성이 삶을 살아갔다."

이어지는 장에서 《미들마치》는 그런 "실수투성이" 삶의 예를 하나 소개한다. 그녀는 너무나 실패해서 완전히 잊혔고 "하찮은 존재로 생을 마친 여성의 창시자"로 존재할 뿐이다. 이러한 캐릭터는 고리오 영감과 매우 흡사하게 들린다. 실제로도 그렇다. 그녀 역시 사랑스럽고 관대하며, 찾아오는 이도 없는 무덤 속으로 사라진다. 그렇긴 하지만 그녀는 고리오 영감과 매우 다르게 우리를 감동시킨다. 그녀의 익숙한 캐릭터가 또 다른 스토리 요소인 서술자에 대한 혁신과 짝을 이루기 때문이다.

《고리오 영감》의 서술자는 1인칭 복수형인 "우리"로 이야기를 시작했다. "우리는 모두 다른 사람들에게 미치는 우리의 힘을 느끼고 싶어 하지 않는가?" 하지만 이 서술자는 금세 이 포괄적인 "우리" 목소리를 저버리고 냉담해진다. 너무 냉담해져서 고리오 영감의 장례식에선 싹 사라져 버린다.

《미들마치》의 서술자는 그와 반대 궤적을 그린다. 저 높은 곳에서 거만한 태도로 시작하지만, 우리가 타인의 고통에 대한 유진 라스티냐크의 경멸에 말려들 무렵부턴 하늘에서 내려와 부드럽게 속삭인다.

> 짐 진 자들을 불쌍히 여겨라. 이 종잡을 수 없는 비애가
> 당신과 나에게도 찾아올 수 있으니.

이 표현은 《미들마치》의 제73장에 나온다. 이 서술에서 핵심은 현대 비극의 자기중심주의를 고대 비극의 공동체적 "비애"로 대체한다. 그리고 우리가 그 공동체로 들어가도록 돕기 위해, "당신과 나you and me(영어에서 you는 당신, 당신들, 너, 너희, 여러분 등 단수와 복수를 모두 나타낼 수 있다)"라는 독특한 서술 스타일을 구사한다.

"당신과 나"는 문학에서 좀체 나오지 않는데, 그럴 만한 이유가 있다. "우리"라는 더 짧고 고상한 말로 나타낼 수 있기 때문이다. 《미들마치》의 저자는 "우리에게도 찾아올 수 있으니"라고 말할 수 있었고, 그렇게 말해도 똑같은 의미를 전달할 수 있었다. 그런데 "당신과 나"는 문학에선 흔하게 사용되지 않지만, 일상에선 실용적인 용도로 쓰인다. 타인과 유대를 맺도록 돕기 때문이다. 이미 유대를 맺고

우리는 지금 문학이 필요하다

있다고 여겨지는 "우리"와 달리, "당신과 나"는 물리적 연결이 새로 생겨난다는 느낌을 준다. 우리가 아직 친밀한 관계로 맺어 있지 않을 경우, 그 느낌은 우리의 의식을 새로운 연합체로 묶어준다. 우리가 이미 친밀한 관계로 맺어 있을 경우, 그 느낌은 결속력을 새롭게 다져준다. 그래선지 "너(당신)와 나"는 아이들 대화에서 가장 빈번하게 등장하는 것 같다. 어릴 때, 우리는 또래 집단에서 우리의 입지를 계속 협상하며 새로운 친구를 사귀고 새로운 연대감을 형성한다. 그 과정에서 함께한다는 특별한 느낌을 받는다. 함께한다는 느낌은 저절로 생기거나 억지로 가장할 수 없다. 관련 당사자들이 합의했다는 점을 강조해야 한다.

"당신과 나/너와 나"가 아이들의 일상에서 그리고 어른들이 유대를 맺는 상황에서 널리 쓰이기 때문에, 문학 캐릭터들의 대화에서도 불쑥불쑥 튀어나온다. 하지만 서술자의 서술에서는 좀체 나오지 않는다. 설사 나오더라도 1인칭 화자일 경우에나 등장한다. 《미들마치》 이전까지 알려진 모든 문학 작품에서, 전지적 3인칭 서술자가 "당신과 나"를 입에 올린 적은 한 번도 없다. 그러한 서술자는 〈케쉬 사원 찬가〉와 성서에서 하나님 목소리God Voice의 문학적 후손들이다. (이 청사진에 대해서는 제1장을 참고하라.) 따라서 그들은 우리 수준에서 함께한다는 느낌을 주려고 애쓰는 동등한 존재가 아니다. 그들은 우리를 경외감과 두려움으로 겸손하게 만드는 우월한 존재이다.

《미들마치》의 첫 문장도 위풍당당한 하나님 목소리로 시작된다. 서술자는 "인류의 역사"니 "세월"이니 하는 말로 세상일을 다 아는 것처럼 떠벌린다. 하지만 서술자가 "당신과 나"의 목소리로 선회하는 순간, 그녀는 앞서 보였던 성서의 우월성을 버린다. 서술자 자신인 '나'와 독자를 칭하는 '당신'을 결합함으로써, 다른 사람이 우리와 함께한다는 느낌을 부여해 홀로 읽는 게 아니라 함께 읽는다는 신경 경험을 주입한다.

이 3인칭의 서술적 통합은 소설에서뿐만 아니라 영성靈性에서도 혁명적인 일이었다. 성경의 전체 구절을 통틀어 "당신과 나"는 한 장면에서만 나온다. 〈데살로니가 전서〉를 쓴 사도 바울이 고독의 순간에 이렇게 읊조린다. "내가 너희를 간절히 보고자 함은… 내가 너희와 함께 있어 너희와 나의 공통된 믿음으로 서로 위로를 받으려 함이라."

우리는 여기서 또 하나의 놀라운 성경 구절을 마주한다. 위로를 받기 위해 하나님을 곧장 바라보는 대신, 독실한 저자는 "공통된" 인간성에 감사를 표한다. 그런데 이 구절이 놀랍기는 하지만 두 가지 중요한 측면에서 여전히 관습적이다. 첫째, "너희와 나"가 1인칭 서술자에 의해 언급된다("내가 너희를 간절히 보고자 함은"). 둘째, "너희와 나"가 곧바로 하나님에 대한 감사로 선회한다.

이 복음은 모든 믿는 자에게 구원을 주시는 하나님의 능력이라. … 너희 모든 이방인들아, 주님을 찬양하여라. 너희 모든 백성들아, 주님을 찬송하여라.

이 두 가지 관습적 측면은 《미들마치》에 의해 산산조각 난다. 소설의 마지막 문장에서, 만물을 꿰뚫어보는 서술자는 또다시 "당신과 나"의 목소리로 돌아간다. 그리고 천상의 주님을 찬양하는 〈데살로

우리는 지금 문학이 필요하다

니가 전서〉를 따르는 대신, "당신과 나"의 목소리는 시공간을 가로질러 확장해서 망각된 인간성에 감사를 표한다.

세상의 선이 점점 늘어나는 것은, 부분적으로 역사에 기록되지 않는 행동 덕분이다. 그리고 당신과 내가 생각보다 나쁘지 않은 이유의 절반쯤은, 남의 눈에 띄지 않는 데서 충실하게 살다가 찾아오는 이도 없는 무덤에 잠든 사람들이 적지 않기 때문이다.

이것은 문학적 경험으로 빚어진 포이어바흐의 인본주의이다. "당신과 나"는 하나님 목소리를 높은 곳에서 끌어내려 그 전능함이 우리 중 하나에게 있다고 밝힌다. 그리고 이러한 폭로는 우리 뇌에 동등한 연대 의식을 불어넣는 동시에, "남의 눈에 띄지 않는 데서 충실하게 살다간 사람들"에 대한 폭넓은 감사를 촉구한다. 그 결과, 우리는 경외감에 휩싸여 자아를 잊을 정도로 감사를 느끼는 동시에 세상 모든 사람을 향한 사랑으로 마음이 풍요로워진다.

이러한 이중적 충만함 속에서 우리는 우리에게 닥친 실망스러운 일을 싹 잊는다. 그리고 과거를 곱씹는 반추의 고통에서 벗어나 저 너머의 가능성을 바라본다.

('범사에 감사하는 마음'을 직접 활용하기)

1930년대, 대공황이 닥치면서 미국의 실업률은 거의 25퍼센트나 치숫았고, 출산율은 거의 그만큼 떨어졌다. 패배감과 자기회의가 사방에 깔려 있었다.

케이트 스미스Kate Smith의 1938년 노래 'God Bless America(신이여 미국을 축복하소서)'가 사방에서 흘러 나왔다. 이 노래는 종교적인 감사의 노래였기에 그 시대 분위기와 잘 어울렀다. 음울한 자기성찰로 가라앉은 마음을 고양시키고, 창조주 신을 향한 감사로 치유의 손길을 부어했다.

그런데 그 노래를 지겨워한 남자가 있었다. 우디 거스리Woody Guthrie였다. 조지 엘리엇과 마찬가지로, 거스리는 저 높은 곳의 하나님과 자유로운 감사 표현 사이에 충돌을 느꼈다. 조지 엘리엇과 마찬가지로, 거스리는 인본주의에서 그 충돌에 대한 해결책을 찾았다. 훗날 그는 포이어바흐의 신앙에 대한 개인적 소회를 이렇게 설명했다.

하나님은 사랑이다. … 이 한마디는 종교뿐만 아니라 내 안의 여러 미신적 두려움과 증오까지 순식간에 종말을 맞게 했다.

사랑은 이것을 경이로 바꾼다. 헤아릴 수도 없이 많은 삶의 형태와 모양과 패턴으로, 삶의 모든 시기와 단계에서, … 그리고 우리 눈앞에서 평범하게 스쳐 지나는 모든 인간의 움직임과 행동과 생각을 통해 똑같이 평범한 방식으로.

이 인본주의적 신념에 영감을 받은 거스리는 1940년에 'God Bless America'를 다시 쓰기로 마음먹었다. 저 높은 곳의 하나님을

우리는 지금 문학이 필요하다

"평범하게 스쳐 지나는 모든 인간"으로 대체함으로써, 그것을 'This Land Is Your Land(이 땅은 당신의 땅)'이라는 제목의 복종 없는 감사찬가로 바꾸었다.

캘리포니아에서 뉴욕 아일랜드까지
이 땅은 당신과 나를 위해서 만들어졌습니다.

"당신과 나"를 위해서. 사랑은 당신과 나를 위해서 이 땅을 만들었다.

영혼 깊숙이 감사 치유를 받고 싶을 땐 서재에서 아무 책이나 집어 들어라. 조지 엘리엇의 놀라운 발명품 덕분에, 당신이 읽은 어떤 소설에도 그러한 치유 효과가 들어 있다. 당신이 할 일은 그저 잠시 멈추고, 그 소설이 완성되기까지의 순간을 떠올리면 된다. 그리고 소설을 창작하도록 도와준 수많은 사랑의 행위를 생각하라.

소설가에게 빵을 제공하고자 시간을 바친 사람들을 생각하라. 그녀가 공부했던 교실을 지은 사람들을 생각하라. 그녀에게 종이와 펜과 잉크를 제공하고자 고생한 낯선 사람들을 생각하라. 그녀가 결코 만나지 못할 숱한 사람들을 생각하라.

그런 다음, 혼란과 자기회의에 맞서 끊임없이 썼다 지우길 반복하면서 기어이 마지막 빛나는 단어까지 완성해낸 그녀를 생각하라.

결코 만나지 못할 독자를 위해.

당신과 나를 위해.

제15장. 실패를 딛고 일어서라

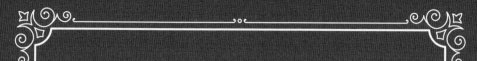

제 16 장

머리를
맑게 하라

Wonderworks

《라쇼몽》, 줄리어스 시저

발명품: 다시 살펴보기

1913년 1월의 어느 쾌적한 날, 도쿄 히비야 공원의 호수 건너편에서 일본국 정부 각료들이 북유럽풍 디자인의 임시 목조 건물로 들어가 새로운 왕을 기다렸다. 전 왕인 메이지 대제가 교토에 묻히면서 근대화를 확립한 반세기 통치가 막을 내렸다. 그동안 아시오산 봉우리에 구리 광산이 뚫렸고, 사무라이 딸들이 비단 짜는 기계 앞에 앉아 일했으며, 증기로 움직이는 차들이 오카야마 성을 드나들었다. 그리고 12인치 포를 장착한 세계 최강의 전함 미카사 호가 쓰시마 해전에서 러시아 해군을 무찔렀다.

목조 건물 밖에서 2기통 엔진 소리가 쿠르릉 소리를 내면서 새 왕의 도착을 알렸다. 그는 긴장한 당번병들의 호위를 받으며 제국 정부 쪽으로 걸어갔다. 손에는 미리 준비한 연설문이 들려 있었다. 그는 세심한 손길로 연설문을 돌돌 말기 시작했다. 다 말고 나서는 망원경처럼 눈에 대고 사람들을 쳐다봤다. 처음엔 가쓰라 다로 수상의

제16장. 머리를 맑게 하라

가슴에서 반짝이는 훈장을 살폈다. 그런 다음, 종이 망원경을 이리 저리 돌리면서 다른 장성들을 살폈다

그 뒤에 무슨 일이 일어났는지 궁금한가? 더 알려주기 전에 먼저 한 가지 묻겠다. 당신은 1월의 어느 쾌적한 날에 대해 방금 읽은 내용을 믿었는가? 제국 정부가 히비야 공원 건너편의 이상한 목조 건물에 들어섰다는 얘기를 믿었는가? 또는 새 왕이 연설문을 말아서 망원경처럼 썼다는 얘기를 믿었는가?

그렇다. 당신은 다 믿었다. 하지만 이젠 더 이상 믿지 않을지도 모르겠다. 아니면 내 이야기가 사실인지 의심이 들기 시작했을지도 모르겠다. 그래도 어찌됐든 처음엔 다 믿었다.

왜? 당신은 왜 믿었는가? 처음 읽었을 땐 내 말을 왜 의심하지 않았는가?

당신은 내 이야기의 특별한 요소 때문에 믿었다고 생각할 수 있다. 어쩌면 당신의 잘 속는 성향을 노려서 내가 은밀한 문학 발명품을 사용했다고 생각할 수도 있다. 하지만 그런 건 전혀 없다. 내가 들려준 이야기에 특별한 점은 없다. 그런데도 당신이 믿었던 이유는 간단하다. 당신이 읽은 새로운 것들을 전부 믿도록 당신의 뇌가 진화됐기 때문이다.

당신은 뇌에 관한 이 생물학적 사실을 받아들이기 어려울 것이다. 내가 방금 당신을 의심하게 했으니 그럴 수 있다. 하지만 내 말을 믿어도 좋다. 20세기 초 일본의 역사 기록을 아무거나 펼쳐도 일왕 요시히토가 연설문을 말아서 망원경처럼 사용했다는 이야기가 나온다. 그러니까 나는 이야기를 거짓으로 꾸미지 않았다. 나는 그

저 대다수 사람들이 믿고, 나 역시 처음 들었을 때 순순히 믿었던 내용을 그대로 들려줬을 뿐이다. 그럼 이젠 우리 뇌가 왜 그 이야기를 믿었는지 설명한 후, 당신을 의심하게 하려고 내가 뭘 했는지 설명할 것이다.

여기선 그게 진짜 문학 발명품이기 때문이다.

(우리가 잘 속는 신경학적 이유)

5억 년도 더 전인 에디아카라기Ediacaran Era에 질소가 희박한 여울 속 벌레 비슷한 동물들에서 뇌가 처음 진화했을 때, 그 목적은 주변 세계에 관한 감각 정보를 처리하는 것이었다. 뇌는 빛이나 먹이를 감지하여 몸에 지시를 내렸다. 저 빛을 향해 헤엄쳐! 빨리, 저 먹이를 먹어!

다시 말해서, 뇌는 여과 장치 없이 출현했다. 빛이나 먹이가 진짜인지 의심하지 않았다. 처음 인식한 그대로 모두 신뢰했다.

이 시스템은 미숙하긴 했지만 효과적이었다. 어쨌든 뇌에 도달하는 감각 데이터가 대부분 믿을 만했다. 빛이 존재했고, 먹이도 존재했다. 실은 이 미숙한 시스템이 너무 효과적이라 오늘날에도 그대로 사용하는 동물이 많다. 전 세계에 퍼져 있는 벌레는 자신들의 감각을 전혀 의심하지 않는데도 여전히 건재하다. 그들의 뇌는 망막이 보는 것을 순순히 받아들인다.

그렇지만 결국 더 복잡한 뇌가 출현했다. 복잡한 뇌는 의심하는

제16장. 머리를 맑게 하라

것이 이로울 수 있음을 알아냈다. 아이러니하게도, 그런 의심이 다른 복잡한 뇌로부터 살아남는 비결이었다. 복잡한 뇌는 목표물을 속이려고 웅크리고 위장하는 등 정교한 허구를 구사했다. 시간이 지나면서 복잡한 뇌는 자신이 본 것을 회의적으로 평가하여 믿을지 말지 판단하는 역량을 발달시켰다.

그런데 복잡한 뇌는 판단을 내릴 수 있는 새로운 신경 회로를 개발했으면서도 자체 배선을 싹 바꾸진 않았다. 고대의 벌레 조상들에게서 물려받은 낡은 신경 하드웨어에 새로운 신경 회로를 덧댔을 뿐이다. 다시 말해, 뇌는 계속해서 자신이 본 것을 전부 받아들인 다음, 진위 여부를 차후에 판단했다.

우리 뇌는 계속해서 이런 식으로 작동한다. 무엇을 믿을지 결정하기보단 무엇을 안 믿을지 결정한다. 믿음 체계 속으로 받아들이기 전에 새로운 아이디어를 모두 검사해 '참'이라는 꼬리표를 붙이는 게 아니다. 믿음 체계 속으로 새로운 아이디어를 다 받아들인 다음, 그 믿음 체계를 샅샅이 살피면서 소급적으로 '거짓' 꼬리표를 붙인다.

이런 고식적인 방법이 꼭 나쁜 건 아니다. 갑자기 일어나는 상황에 더 빠르게 반응하게 하고, 우리 마음을 계속해서 열어놓게 한다. 하지만 다른 생물학적인 것들과 마찬가지로, 이 방법에도 단점이 있다. 그중 하나는 우리가 첫인상에 편향되기 쉽다는 점이다. 우리는 생각 없이 받아들이고, 나중에 그 마음을 바꾸기 위해 노력해야 한다. 다른 단점으로는, 우리가 피곤하거나 당황하면 쉽게 속는다는 점이다. 안 믿으려면 노력이 필요하기 때문에, 우리는 스트레스 상황에선 더 잘 속는다. 그래서 강력한 정권이나 약탈적인 기업은 우리가 잠을 설쳤을 때 온갖 이미지로 우리 뇌를 세뇌한다.

우리 뇌는 그렇게 세뇌된 내용으로 가득하다. 정치인과 기업인, 언론인 등 온갖 이기적인 이용자들이 우리의 잘 속는 성향과 (점점 더 심해지는 현대적 탈진 상태를) 악용하여 우리 머릿속에 슬며시 주입하는 온갖 잘못된 이야기를 당신과 나는 다 믿는다.

하지만 그렇게 세뇌된 내용이 우리 머릿속에 영원히 머물진 않는다. 문학이 그것을 씻어낼 발명품을 고안해냈기 때문이다.

(세뇌된 뇌를 씻어낼 발명품의 기원)

이 발명품의 가장 초기 버전은, 셰익스피어가 쓴 《줄리어스 시저의 비극The Tragedy of Julius Caesar》에서 멋지게 묘사된 고대 수사적 속임수이다.

《줄리어스 시저》에서는 극의 타이틀 캐릭터를 암살한 한 로마 장수의 이야기를 들려준다. 무대 위에서 암살이 이뤄질 때, 우리는 그게 공공의 이익에 부합되는 조치임을 의심하지 않는다. 암살이 집정관인 브루투스 마르쿠스 유니우스에 의해 촉발된 데다가, 가장 숭고한 의도에서 그렇게 했다고 브루투스의 적들마저 인정한다.

그런데 시저의 장례식 날, 시저의 친구인 마크 안토니우스는 로마 사람들에게 다음과 같이 연설한다.

고귀한 브루투스가

시저는 야심을 품었다고 말했습니다.

만약 그렇다면, 중대한 잘못이고

시저는 그 값을 통렬하게 치렀습니다.

여기, 브루투스와 그 일행의 허락하에-

브루투스는 명예로운 분이니까.

그들도 다 명예로운 분들이니까.

나는 시저의 장례식에 말하러 왔습니다.

그는 내 친구였고, 나한테 충실하고 공정했습니다.

하지만 브루투스는 그가 야심을 품었다고 말합니다.

그리고 브루투스는 명예로운 분입니다.

시저는 많은 포로를 로마로 잡아 왔고,

그 몸값은 국가의 재정을 채웠습니다.

이것이 시저의 야심인 것 같습니까?

가난한 자들이 울부짖을 때 시저는 울었습니다.

야심은 더 독한 성분으로 만들어져야 합니다.

하지만 브루투스는 그가 야심을 품었다고 말합니다.

그리고 브루투스는 명예로운 분입니다.

안토니우스는 거듭해서 "브루투스는 명예로운 분입니다"라는 말을 반복한다. 그가 반복할 때마다 우리는 속으로 반문하게 된다. '브루투스가 정말로 그렇게 명예로운 분인가?'

안토니우스의 반복이 이런 의문을 선동하는 이유는 단순하다. 뇌의 자의식을 건드려 데자뷔를 일으키려는 것이다. 그런 자의식 상태

우리는 지금 문학이 필요하다

에서 뇌는 애초의 수동적 관찰 경험에서 벗어나 적극적으로 브루투스가 명예로운 분이라는 내재화된 믿음을 두 번, 세 번, 네 번씩 돌아보게 된다. 그리고 뇌가 돌아보고 검토하고 재검토하고 재재검토할 때, 우리는 이 믿음에 참 꼬리표를 붙일지 거짓 꼬리표를 붙일지 결정하고 다시 결정하고 또다시 결정해야 한다. 그리하여 처음에 아무 저항 없이 머릿속에 들어왔던 믿음은 반복된 의식적 판단의 대상이 된다.

안토니우스는 자의식적 성찰을 촉구하고자 같은 표현을 반복 사용했다. 이는 단순한 신경-문학적 속임수지만, 많은 관객에게 브루투스에 대한 이전 믿음을 회의적으로 다시 살펴보게 하는 효과가 있다. 그런 관객들 중에 동경 제국대학에 다니는 학생이 한 명 있었다.

그 학생은 아쿠타가와 류노스케芥川龍之介였다. 아쿠타가와는 제국대학에서 영국의 유명한 일본학 연구자 바질 홀 체임벌린Basil Hall Chamberlain 같은 교수의 수업을 들었다. 체임벌린은 옛 일왕이 사망한 1912년에 '부시도(무사도武士道)'라는 사무라이 규범을 다음과 같이 비판했다.

부시도는 일이십 년 전까지만 해도 알려지지 않았다! 이 단어는 1900년 전까진 현지어 사전이나 외국어 사전에 등재되지도 않았다. … 그에 대한 설명은 주로 외국인에게 보여주려는 용도일 뿐, 완전히 날조된 것이다.

그래서 젊은 아쿠타가와는 《줄리어스 시저》를 읽었을 때, 안토니우스의 관객이 브루투스에게 했던 것과 체임벌린 교수가 부시도에

했던 것을 했다. 즉, 잠시 멈추고 다시 살펴봤다.

(훨씬 더 명료하게 바라보기)

새 왕이 제국 정부를 방문하고 2년이 흐른 1915년, 아쿠타가와가 다시 살펴본 결과는 《라쇼몽》(나생문羅生門)이라는 단편 소설로 나타났다.

《라쇼몽》은 동경 제국대학 내 낡은 활판 인쇄기로 인쇄되었다. 그리고 기발한 첫 문장으로 학내 독자들의 눈길을 사로잡았다. "그날 밤, 한 하인이 나생문 밑에 쪼그려 앉아 비가 그치길 기다렸다."

이 문장은 《곤자쿠모노가타리슈》(금석물어집今昔物語集) 등 중세 일본의 설화집에 대한 경의를 나타낸다. 이러한 설화집은 나생문을 신비한 영혼들이 평범한 사람들에게 정체를 드러내는 장소로 묘사했다. 그런데 이 이야기의 다음 단락에서는 그런 영혼이 등장하지 않는다. 그 대신 이야기의 서술자가 직접 등장한다. 그리고 이 서술자는 우리를 신비한 영역으로 끌고 가지 않는다. 오히려 자신이 앞에 했던 발언을 다시 살펴보게 한다.

나는 조금 전에 하인이 "비가 그치길 기다렸다"고 썼지만, 사실 하인은 기다리지 않았다. 며칠 전 주인에게 쫓겨난 탓에 딱히 갈 데가 없었다. 그래서 하인이 "비가 그치길 기다렸다"라고 쓰기보다는, "한 하인이 나생문 밑에 쪼그려 앉아 갈 곳 없이 어찌할 바를 모르고 있었다"라고 쓰는 편이 나았으리라.

우리는 지금 문학이 필요하다

이 놀라운 구절에서, 서술자는 자신이 틀렸다고 실토한다. 하인 은 서술자가 애초에 말했던 것을 하고 있던 게 아니었다. 실제 상황 이 완전히 달랐기에, 서술자는 첫 문장으로 돌아가 다시 써야 했다.

이것이 바로 '다시 살펴보기Second Look'이다. 이는 셰익스피어의 마 크 안토니우스가 과장해서 사용했던 서술 테크닉이다. 이번엔 이야 기 속의 한 캐릭터가 사용하는 게 아니라 이야기 전체와 관련된 서 술자가 사용한다. 이 테크닉은 우리가 읽기 시작한 이후 알게 된 모 든 내용을 자의식적으로 검토하게 한다. 그리고 뇌가 자기검토self- review를 진행할 때, 우리는 소외疏外, alienation라고 알려진 정신 상태를 경험한다.

소외는 앞서 제6장에서 살펴본 파라노이아와 신경학적으로 정반 대이다. 파라노이아에 의해 우리는 이야기를 통해 우리를 안내하는 서술적 목소리를 신뢰하지 않게 된다. 그런데 소외 상태에선 그러한 불신도 느끼지 않게 된다. 우리 뇌는 《라쇼몽》의 시작 부분에서도 서술자를 믿고, 그가 내용을 바로잡으려고 끼어들 때도 믿는다. 우 리 뇌가 의문을 품는 대상은 오히려 자기 자신이다. 뇌는 서술자의 첫 번째 진술을 아무 생각 없이 받아들였다고 인지한 후, 고민하기 시작한다. 내가 다른 잘못된 데이터도 무작정 받아들이진 않았을까?

이런 고민으로 활성화되는 뇌 영역은 파라노이아로 활성화되는 영역과 다르다. 파라노이아는 위협 탐지 시스템에서 발생하는데, 워 낙 오래된 시스템이라 쥐와 개도 경험한다. 하지만 소외는 전두피질 의 최첨단 자기성찰 회로에서 발생하며, 이 회로는 인간과 일부 가 까운 영장류에서만 발견되는 신경 영역이다. 이 자기성찰 회로는 외부 위협을 경계하라고 하지 않는다. 오히려 우리 뇌의 내재된 믿음을 샅샅이 훑으면서 그런 위협이 잠재적으로 거짓일 수 있다는 꼬리표를 붙인다.

이런 정밀한 자기조사는 다소 불편하게 느껴질 수 있다. 뇌가 실수에 취약하다고 생각하는 걸 좋아하지 않기 때문이다. (그 이유는 제13장을 참고하라.) 그리고 정밀한 자기조사는 뇌의 더 새로운 회로에서 일어나기 때문에, 주로 타인을 의심하는 파라노이아보다 신경적으로 더 취약하다. 그래서 소외를 계속 유지하도록 돕기 위해, 《라쇼몽》은 우리에게 또 다른 '다시 살펴보기'를 제공한다. 그 장면은 하인이 문 안으로 슬며시 들어갈 때 시작된다. 하인은 그곳에서 한 노파가 가발을 만들어 팔려고 시신에서 머리털을 훔치는 모습을 발견한다. 하인이 깜짝 놀라서 꾸짖자 노파는 이렇게 반박한다.

> "하긴 그려. 죽은 사람의 머리털을 뽑는 건 나쁜 짓이겠지. 그렇지만 여기 있는 시체들은 죄다 그리 당해도 싼 인간들이야. 지금 내가 머리털을 뽑았던 년만 해도 그래. 그년은 뱀을 토막 내서 동궁호위대에게 생선이라고 팔러 다녔거든. 난 그게 나쁜 짓이라고 생각하지 않아. 그렇게라도 하지 않으면 굶어 죽었을 테니, 그년도 어쩔 수 없었겠지. 그리고 나도 어쩔 수 없다는 걸 그년도 알겠지. 내가 제 머리털을 훔치는 이유를 잘 알겠지."

이 웅변적인 자기방어와 함께, 노파는 삶에 대한 철두철미한 윤리의식이 있음을 드러낸다. 20세기 초 일본에서 가장 유명한 소설가인 나쓰메 소세키夏目漱石가 고취한 윤리의식과 같은 것이다. 《라쇼

우리는 지금 문학이 필요하다

몽》보다 10년 정도 앞서서, 소세키는 옛 일본 설화의 심령주의를 비판적 시각으로 바라봤다. 그래서 행복의 기회를 높이려면 일단 물질적 본성을 인정해야 하고, 서로의 물질적 니즈를 지원하는 사회를 형성하는 데 헌신해야 한다고 제안했다.

이런 관대한 자연주의는 부시도나 중세의 마술적 사고에서 벗어난 세계로, 요즘 같은 현대 세계에 필요한 윤리이다. 그런데《라쇼몽》은 우리를 다시 살펴보게 한다. 노파가 이야기를 마치자 하인은 그녀에게 동의한다. 자신이 그 말에 전적으로 동의한다고 밝히면서 이렇게 말한다. "그렇다면 당신은 내가 당신 옷을 훔쳐야 하는 이유도 알겠지. 나도 어쩔 수 없거든. 이렇게라도 하지 않으면 굶어 죽을 판이니까." 다음 순간, 하인은 억지로 노파의 옷을 벗겨 의기양양하게 어둠 속으로 사라진다.

이는 충격적인 순간이면서, 또 반복되는 순간이다. 안토니우스가 "브루투스는 명예로운 분입니다"라는 우리의 믿음을 반복해서 말할 때처럼, 하인은 환상을 깨트리는 노파의 자연주의를 되풀이한다. "어쩔 수 없거든. … 어쩔 수 없다니까." 이는 또 우리 뇌의 자기검토를 자극한다. 내가 왜 노파의 믿음을 아무 생각 없이 받아들였을까? 그 때문에 그녀가 벌겨 벗겨진 채 시체들 사이에 버려지게 될 걸 왜 못 봤을까?

이러한 자기검토 속에서 우리는 새로운 깊이의 자기성찰적 의문을 경험한다. 그 깊이는 서술자가 멋들어진 첫 문장을 수정할 때보다 훨씬 더 깊다. 그때는 우리 뇌가 어떻게 중세의 낡은 환상에 속아 넘어갔는지 궁금해하는 정도였다. 하지만 이제는 현대 물질주의를 그대로 받아들이는 게 타당한지 의문을 품게 된다. 그러면서 우리 뇌는 자신에게 묻는다. 내 머리에 믿을 만한 게 있나? 내가 진실이라고 믿는 게 진짜 진실일까?

('다시 살펴보기'를 직접 활용하기)

아쿠타가와가 자살로 생을 마감한 지 23년 만인 1950년, 《라쇼몽》은 구로사와 아키라 감독에 의해 '라쇼몽Rashomon'이라는 영화로 제작되었다.

어쩌면 영화 제목을 보고 당신은 으레 그렇겠거니 짐작했을 것이다. 하지만 구로사와의 '라쇼몽'은 아쿠타가와의 다른 단편 소설《덤불 속In a Grove》에 그 뿌리를 두고 있다.

'라쇼몽'은 《라쇼몽》과 출발점이 다르긴 하지만, 그 단편 소설의 심층 구조를 서술적 틀로 차용한다. 영화는 아쿠타가와의 하인을 평민으로, 아쿠타가와의 노파를 나무꾼으로 바꾼 다음, 나무꾼에게 한 사무라이의 죽음에 대한 이야기를 들려주게 한다. 나무꾼이 이야기를 마친 후, 영화는 사무라이의 죽음을 전혀 다른 시각에서 다시 들려준다. 그런 다음에도 서로 상반되는 이야기를 두 번이나 더 들려준다.

이러한 스토리텔링 기법은 흔히 구로사와의 서술에, 혹은 현실 자체에 불신을 일으키려는 장치로 오해받아 왔다. 하지만 아쿠타가와의 원래 단편 소설과 마찬가지로, 구로사와 영화의 효과는 파라노

우리는 지금 문학이 필요하다

이아가 아니라 소외이다. 영화가 진행되면서, 구로사와의 서술은 점점 덜 신뢰하게 되기는커녕 다 그럴듯하게 들린다. 사무라이의 죽음에 관한 각각의 각색된 이야기는 우리 눈으로 목격되는 순간 사실로 인식되고, 기억 속에 있던 이전 이야기를 다시 살펴보게 하고 또 다시 살펴보게 한다. 그러다 마침내, 영화는 아쿠타가와의 결론으로 돌아간다. 즉 평민/하인이 나무꾼/노파 앞에서 절도를 저지르고, 이 장면은 다시 더 큰 인간 본성에 관한 나무꾼/노파의 거짓말을 왜 믿었냐고 우리 뇌에 의문을 품게 한다. 이것은 결국 우리가 영화 제목에서 기대했던 환상을 깨트리는 결말이며, 아쿠타가와의 궁극적인 '다시 살펴보기'이다.

그런데 구로사와는 마지막 이야기를 하나 더 고안해 우리에게 또다시 살펴보라고 촉구한다. 나무꾼이 아량을 베풀어 곤궁에 처한 아기를 입양하면서 나생문에 비가 멈추고 희망의 태양이 솟는다. 이 예상치 못한 해피 엔딩은 우리 뇌에 충격을 안긴다. 그 충격이 너무 심해서, 도쿄의 영화 비평가 치요타 시미주는 한때 엔딩이 "잘못됐다"면서 구로사와를 비난하기도 했다.

하지만 엔딩은 잘못되지 않았다. 오히려 아쿠타가와의 이전 결말에서 세부 사항을 바꿔 더 심오한 혁신, 즉 '다시 살펴보기'를 유도한다. 이 두 번째 다시 살펴보기에서, '라쇼몽'이 포스트모던한 회의론에 뛰어들었다는 애초의 확신은, 영화가 전근대적 감상주의의 부활을 꾀했다는 새로운 확신으로 도전받는다. 그리고 우리 뇌가 두 가지 상반된 확신을 못 미덥게 쳐다볼 때, 우리는 머릿속에 있던 기존 콘텐츠에서 멀어지게 된다. 그렇게 소외되는 과정에서 우리는 믿을 수 없는 것을 믿었다는 사실을 깨닫게 된다.

이 소외된 느낌은 파라노이아보다 지속 시간이 짧다. 그래서 우리는 간혹 치요타 시미주처럼, 자신에게 의문을 제기하는 대신 타인을 비난하는 쪽으로 빠진다. 이 부분에서 당신은 틀렸다! 하지만 파라노이아를 위해 소외를 거부하면, 우리 자신의 생각을 검토할 기회를 놓치게 된다. 그래서 검토할 기회를 더 많이 갖도록 돕기 위해, 아쿠타가와 이후의 작가들은 서술적 반복과 수정과 재수정을 활용해 자기성찰의 데자뷔 순간을 고취하는 문학 작품을 끊임없이 내놓았다. 제임스 조이스James Joyce의 《젊은 예술가의 초상A Portrait of the Artist as a Young Man》, 넬라 라슨Nella Larsen의 《패싱Passing》, 베르톨트 브레히트Bertolt Brecht의 《억척 어멈과 그 자식들Mother Courage and Her Children》, 치누아 아체베Chinua Achebe의 《모든 것이 산산이 부서지다Things Fall Apart》, 커트 보니것Kurt Vonnegut의 《제5도살장Slaughterhouse-Five》, 필립 로스Philip Roth의 《포트노이의 불평Portnoy's Complaint》, 아마 아타 아이두Ama Ata Aidoo의 《우리 자매 킬조이Our Sister Killjoy》, 티모시 모Timothy Mo의 《용기의 과잉The Redundancy of Courage》, 존 맥스웰 쿠체J. M. Coetzee의 《추락Disgrace》 등 다양한 작품이 있다.

혹시라도 남의 아이디어를 원하지 않는다면, 소외를 느끼게 하는 책으로 당신의 머리를 맑게 해보라. 보는 것마다 다 믿게 마련이지만, 당신은 허구의 망원경을 눈에 대고 다시 살펴볼 수 있다.

우리는 지금 문학이 필요하다

제 **17** 장

마음의 평화를
찾아라

Wonderworks

버지니아 울프, 마르셀 프루스트, 제임스 조이스

발명품: 의식의 강둑

Wonderworks

1922년 런던.

1차 세계대전이 끝났다. 유럽 전역을 뒤흔들던 총성이 잠잠해졌다. 킬링필드엔 다시 사과나무와 밀이 심어졌다. 하지만 버지니아 울프_{Virginia Woolf}는 여전히 평화를 찾을 수 없었다. 호가스 하우스에 있는 붉은 벽돌 방에서 그녀는 자꾸만 환각에 시달렸다. "이 멋진 12월의 밤들은 … 어린 시절의 충격을 자꾸만 상기시킨다." 그리고 블룸스베리의 회색 포장도로를 걷다가도 걷잡을 수 없는 기분에 휩싸였다. "근 2주 동안 우울한 기분에서 벗어나지 못하겠다. … 요즘엔 이런 감정이 너무 자주 찾아온다."

울프는 이러한 사실을 일기장에 털어놓았다. 남편한테는 알리지 않는 게 나을 테니까. 남편이 알면, 당장 의사를 만나라고 할 테니까. 하지만 울프는 의사를 몹시 싫어했다. "폭군처럼 위압적이고" 돌처럼 차가웠던 의사에 대해서 울프는 이런 말까지 했다. "진짜로, 의

제17장. 마음의 평화를 찾아라

사는 남편보다 더 나쁘다."

문제의 의사는 울프의 아버지와 친구였던 조지 새비지George Savage 였다. 새비지는 당대 가장 저명한 정신과 의사였고, 《정신과학 저널 Journal of Mental Science》을 공동 설립했다. 〈베니티 페어Vanity Fair〉지에 인물평이 실렸고, 왕에게 기사 작위까지 받았다.

조지 새비지 경은 울프를 처음 검진했을 때, 즉석에서 정신적 동요의 원인을 전형적인 '신경과민'이라고 진단했다. 의사가 보기에 신경과민은 여성에게 흔한 질병이었다. 신경계가 예민해서 지나치게 흥분하기 쉬운 데다, 울프가 고집했던 "책으로만 배우는 쓸모없는 지식"이 문제라고 했다.

만약… 여자애가 집에서 독학하도록 허용되면, 독학의 위험과 사회적 마찰의 부재로 정신이상을 일으킬 수 있다. 그렇기 때문에 불완전한 교육의 결과가 더 약한 성性에게 자주 나타나게 된다.

읽기. 쓰기. 생각하기. 이 세 가지는 "더 약한 성"에게 위험한 활동이었다. 조지 새비지가 볼 때, 버지니아 울프의 문제는 끊임없는 지적 활동에서 비롯된 게 틀림없었다. 울프는 문학으로 신경을 곤두서게 했고 소설을 쓰느라 뇌를 지나치게 흥분시켰다. 새비지 박사는 울프가 편하게 쉬면 아무 문제도 없을 거라고 확신했다. 그래서 울프에게 침대에 가만히 누워 있고, 책을 가까이 하면 절대로 안 된다는 처방을 내렸다. "너는 이것을 읽으면 안 된다. … 글을 써서도 안 되고. 그냥 가만히 누워서 우유만 마시도록 해라."

그래서 울프는 날마다 가만히 누워서 지내야 했다. 하지만 아무리 쉬어도 환각과 걷잡을 수 없는 감정은 사라지지 않았다. 결국 울프는 조지 새비지에게서 벗어나 새로운 치료법을 스스로 고안하겠다고 마음먹었다.

(새로운 치료법을 향한 울프의 첫 걸음)

1924년 5월의 어느 따사로운 일요일 저녁, 버지니아 울프는 케임브리지 이단자 협회Cambridge Heretics Society를 상대로 현대 심리학에서 진행 중인 과학적 혁명에 관해 강연했다.

울프는 원래부터 '허구 속 캐릭터'를 혁신하는 방법으로 그러한 혁명에 관심이 있었다. 그러다 케임브리지의 또 다른 이단자이자 탁월한 논리학자인 버트런드 러셀Bertrand Russell과 최근에 나눴던 대화로 그 혁명에 더 관심을 두게 되었다. 러셀은 케임브리지 대학에서 가장 뛰어난 단과대학인 트리니티에서 가르쳤다. 하지만 1916년, 1차 세계대전이 한창일 때 평화주의 운동에 가담했다는 이유로 쫓겨났다.

전쟁이 끝난 후, 울프와 러셀은 서로 아는 친구들을 통해 친분을 쌓았다. 두 평화주의자는 저녁 식사를 함께하면서 '시대정신時代精神'에 대한 이야기를 나누었다. 울프는 러셀의 탁월한 지성과 다소 마른 체격이 상당히 대조된다고 생각했다.

그의 빛나고 활기찬 정신은 다소 작고 허술한 차에 부착된 것 같다. 번득이는 열기구 위에 있는 것처럼. … 그는 턱이 빈약해 보인다. … 그런데도 나는 그의 머릿속을 들여다보고 싶다.

그 당시 러셀의 머릿속에 흐르던 활기찬 빛들 중에 울프의 관심을 끌 수밖에 없는 것이 하나 있었다. 바로 그것이 현대 정신의학에 새로운 바람을 불어넣었기 때문이다. 현대 정신의학은 18세기 영국인 의사 윌리엄 베티William Battie 덕분에 출현했다. 베티는 당시 런던의 정신병원에서 시행되던 두 가지 치료법을 접하고 기겁했다. 첫 번째 치료법은, 냄새가 고약한 방에 환자를 가두고 족쇄를 채운 다음 날마다 쓰레기 같은 음식을 주고 이따금 신부가 방문하는 것이었다. 두 번째 치료법에선, 정맥의 일부분을 잘라내거나 헬레보어hellebore(백합과 식물)와 안티몬antimony(합금을 만드는 데 흔히 쓰이는 금속 원소)에서 추출한 구토 유발 성분을 환자에게 먹였다. 환자는 피를 흘리고 구토와 설사를 하다가 결국 탈수와 쇼크로 쓰러졌다.

이러한 '치료법'은 정신병이 악령이나 체액 불균형 때문에 발생한다는 오랜 의학적 믿음에서 나왔다. 의사들은 고대부터 네 가지 체액(피, 소변, 정액, 타액)을 우울증, 조증, 기타 정신질환의 원인으로 지목했다. 악령은 환자를 가둬놓고 신이 방문해주길 바라는 식으로 치료될 수 있었고, 체액 불균형은 민간요법이나 구토성 독소를 이용해 체액을 억지로 빼내는 식으로 치료될 수 있었다.

베티는 1758년에 〈광기에 관한 논문A Treatise on Madness〉에서 이처럼 시대에 뒤떨어진 의술을 맹렬히 비난했다. 정신질환의 진짜 원인은 신령스러운 귀신이나 근거 없는 액체가 아니라, 인간의 뇌를 구성하

우리는 지금 문학이 필요하다

는 신경 때문이라고 주장했다. 따라서 광기를 치료하려면 이 신경을 치료할 필요가 있는데, 소량의 포도주나 광천수 또는 헤나 꽃 같은 순한 마약을 처방하거나, 아니면 그냥 환자의 신경이 진정되도록 가만히 기다리는 방법도 좋다고 제안했다.

베티의 '신경 이론'은 많은 정신 질환자를 개선시켰다. 치료 불능으로 낙인찍혀 시커먼 구덩이에 갇혀 있던 환자들에게 희망을 주었다. 출혈과 엉터리 약물도 없애주었다. 하지만 울프가 발견했듯이, 베티의 혁신적 프로그램에는 추악한 결점이 있었다. 신경의 물리적 치료를 강조하다 보니, 환자의 머리에는 신경계 말고도 뭐가 더 있다는 사실을 놓치고 말았다. 희망, 고통, 사랑, 기억, 두려움도 있다는 사실을, 즉 정신mind이 있다는 사실을 인지하지 못했다.

신경 이론이 정신을 놓쳤다는 말은 곧, 의사physician가 정신질환자의 정신psyche을 무시하고 몸body만 돌봤다는 뜻이다. 정신의학Psychiatry은 그 이름의 뿌리를 망각했고, 그러한 망각 속에서 19세기 후반의 수십 년 동안 휴식 요법rest cure을 강조했다. 휴식 요법은 말그대로 환자를 무기력한 살덩이로 축소시켰다. 그래서 몸에만 버터와 우유를 끝없이 공급하며 온갖 간호를 제공한 반면, 정신은 침묵 속에 꽁꽁 묶어버렸다. 그 결과는 인간성의 소멸로 이어질 수밖에 없었다. 이전의 가학적인 정신의학은 적어도 환자에게 정신이, 심지어 영혼도 있다고 인정했다. 하지만 새롭고 더 친절한 정신의학은 별 쓸데없는 처방만 내놓고 정작 중요한 부분을 놓쳐버렸다. 그들에게 뇌는 신경을 담고 있는 통이고 정신은 그저 본능을 거드는 존재일 뿐이었다.

그래선지 휴식 치료를 옹호하던 사일러스 위어 미첼Silas Weir Mitchell
은 1908년에 미국의 최고 의학 저널에 다음과 같은 말을 툭 던졌다.
"몸을 치료하면 그럭저럭 정신도 치료되는 걸 알 수 있다." 그처럼
훌륭한 의사도 "그럭저럭"이 정신과 치료에 타당한지 전혀 생각하
지 못했다. 사일러스 위어 미첼에게, 환자의 자유 의지는 싹 무시해
도 되는 것이었다.

1887년, 미첼이 미국인 작가 샬럿 퍼킨스 길먼Charlotte Perkins Gilman
에게 휴식 요법을 적용했을 때, 이런 임상적 태도의 충격적 효과가
적나라하게 드러났다. 미첼은 작가에게 단호히 경고했다. "살아 숨
쉬는 동안 펜이나 붓이나 연필을 절대로, 절대로 만지지 마세요." 하
지만 이 처방은 길먼을 낫게 하지 못했다. 오히려 "정신적 고통"을
심화시켜 끝내 길먼은 정신줄을 놓을 지경에 이르렀다. "난 누더기
로 인형을 만들어 문고리에 걸어놓고 놀았다. … 때로는 머리를 좌
우로 흔들며 멍하니 앉아 있곤 했다." 울프의 경험도 이와 크게 다르
지 않았다. 울프는 남편에게 이렇게 토로했다. "거대한 암퇘지마냥
쟁반에 머리를 얹은 채 꼼짝 못 하게 하니, 참으로 통탄스러워요."

울프의 남편은 그녀의 불평을 듣고 한숨을 내쉬었다. 그는 그녀
를 억지로 쉬게 할 마음이 없었다. 그녀에게 어떤 것도 강요하고 싶
지 않았다. 하지만 달리 뭘 할 수 있겠는가? 울프의 신경은 확실히
지나치게 흥분하고 불안해서 차분히 가라앉힐 필요가 있었다. 가만
히 쉬는 게 유일한 해결책이었다.

하지만 울프가 버트런드 러셀에게 들었다시피, 다른 해결책이 있
었다. 사일러스 위어 미첼이 샬럿 퍼킨스 길먼에게 휴식 요법을 부

우리는 지금 문학이 필요하다

과하기 10년도 더 전에 고안된 해결책이었다. 미첼 자신도 호기심만 있었다면 알았을 것이다. 하지만 사일러스 위어 미첼은 그런 호기심이 없었다. 다행히 윌리엄 제임스William James는 있었다.

(윌리엄 제임스와 신경의 문제)

윌리엄 제임스는 1842년 번잡한 뉴욕시의 한 호텔에서 태어났고, 어렸을 때부터 인간 정신의 방대한 다양성에 매료되었다. 동생인 헨리 제임스도 형처럼 인간 심리에 관심이 많아 《나사의 회전The Turn of the Screw》 같은 독특한 심리 소설을 썼다. (이 청사진을 자세히 보려면 제24장을 참고하라.) 하지만 윌리엄 제임스는 인간 심리의 다양성에 관심이 있다는 이유만으로 휴식 치유법에 대한 대안을 고안하진 않았다. 다른, 훨씬 더 개인적인 이유가 있었다. 제임스 자신이 오랫동안 정신적인 문제로 시달렸던 것이다.

제임스는 20대부터 우울증을 경험했고 간혹 자살 충동도 느꼈다. 도움을 청하려고 정신과 의사를 찾아갔다가, 의학 용어로 '신경 쇠약'이라는 진단을 들었다. 제임스에게 처방된 치료는 휴식 치료법의 남성 버전인 육체 운동이었다. 몸은 바삐 움직이고 정신은 푹 쉬게 하라. 의사는 학업도 중단하라고 권했다. 아마존에 가라. 유럽에 가라. 신선한 공기를 마시고 신체에 자극을 주라. 정신을 어지럽히는 어려운 책을 그만 읽어라.

제임스는 의사의 권고를 따르려고 노력했다. 그래서 의학 공부를 미루고 여행을 떠났다. 하지만 책 읽기는 멈추지 않았다. 1870년 4월엔 프랑스 철학자 샤를 르누비에Charles Renouvier의 기발한 철학 에세이를 읽다가 자신의 정신의학적 혁신을 위한 영감을 얻었다. "르누비에가 쓴 두 번째 《시론》의 첫 부분을 읽었는데, '다른 생각을 할 수 있을 때 선택했기 때문에 그 생각을 유지하는 것'이라는 자유 의지에 대한 정의가 담겨 있었다."

제임스는 이 "자유 의지에 대한 정의"를 읽는 순간 기분이 나아졌다. 자신의 정신적 자유를 믿게 되자 신경 쇠약 증상이 한결 가벼워졌다. 그래서 제임스는 이러한 정신 과정을 계속 유지해서 증상을 완전히 제거할 수 있는지 알아보기로 결심했다. "내 자유 의지에 따른 첫 행동은 자유 의지를 믿는 것이어야 한다. 올해 말까지 나는 자발적으로 … 그것에 호의적인 책을 읽으면서 도덕적 자유의 기분을 함양할 것이다."

이러한 다짐에서, 제임스는 윌리엄 베티와 사일러스 위어 미첼의 낡은 정신의학을 확 뒤집었다. 낡은 정신의학은 기계적이고 결정론적이었다. 우리의 정신생활을 주치의의 외부 힘에 전적으로 맡긴 채, 우리 스스로 정신의 내부 힘을 이용해 회복에 참여할 기회를 차단했다.

제임스는 스스로 회복할 기회를 잡기로 마음먹었다. 일단 그의 정신이 건전한 선택을 함으로써 스스로 치료할 수 있는지 알아보기로 했다. 그러한 선택을 장려하기 위해, 제임스는 자유 의지에 대한 믿음에 '호의적인' 책들로 자신의 서재를 채워 나갔다. 의사의 경고와 달리, 책은 정신 건강을 위협하지 않았다. 오히려 치료의 일부였다.

그리하여 제임스는 자가 치료를 시작했다. 일단 휴식 요법을 중단했다. 그리고 긍정적인 책 읽기를 자가 처방했다.

(제임스, 새로운 치료약을 개발하다)

제임스의 신약을 의심의 눈초리로 바라볼 이유는 많았다. 무엇보다도 그의 신약은 과학적이라기보다는 신비롭게 보였다.

제임스의 치료법은 과학 실험에 기초를 두지 않았다. 자유 의지라는 개념도 마찬가지였다. 신경은 그나마 측정 가능한 전하電荷를 지닌 물리적 물체인 데 반해, 자유 의지는 유령이나 영혼처럼 감지할 수 없는 허황된 존재였다. 결국 자유 의지는 의사가 아니라 성직자의 소관이었다. 그렇지 않으면, 의학은 정신질환을 악령이 씌었다고 인지했던 앞선 세대들의 신학적 미신으로 되돌아갈 수밖에 없었다.

제임스는 이러한 경고에 동의했다. 자유 의지가 과학이 아닌 형이상학의 범위에 속한다는 데도 동의했다. 심리학자와 정신과 의사에게 자유 의지의 신비를 탐구할 실험 도구나 의료 도구가 없다는 점에도 동의했다.

그렇다 해도 제임스는 자신의 새로운 치료법이 과학적이라고 확신했다. 그의 치료법은 어차피 자유 의지 자체에 의존하지 않았다. 자유 의지에 대한 믿음에 의존했다. 그리고 그 믿음을 경험적으로 확인할 수 있었다. 환자에게 자유 의지가 있냐고 물어보기만 하면 됐다. 게다가 믿음의 효과를 과학적으로 평가할 수도 있었다. 자유

제17장. 마음의 평화를 찾아라

의지를 믿는 환자에게서 신경 쇠약 증상이 완화됐다면, 자유 의지의 사실 여부와 상관없이 그 믿음의 힘이 사실임을 보여줄 것이다.

제임스는 일단 자신을 상대로 새로운 치료법을 실험할 수 있었다. 자신의 정신력에 대한 믿음을 채택하고 정신 건강이 개선되는지 확인할 수 있었다. 실제로 그는 그렇게 했다. 자신의 자유 의지에 "우호적인" 책을 꾸준히 읽었고, 우울한 기분이 점차 사라지는 걸 느꼈다. 1872년엔 완전히 사라져서 '정신병soul sickness'에서 벗어났다고 선언했다. 그는 자신이 고안한 치료법을 믿고 진로까지 바꾸었다. 베티와 미첼의 낡은 정신병원 연수를 뒤로하고, 하버드 대학 교수진에 합류하여 현대 심리학의 새로운 분야를 구축하는 데 기여했다.

제임스는 저술 활동으로 정신 혁명을 고취했는데, 그중에 하나가 《심리학의 원리The Principles of Psychology》였다. 1890년에 출간된 이 획기적 작품에서, 그는 우리 정신이 특정한 논리적 결정을 내릴 때 "노력했다는 느낌"을 경험한다고 언급했다. 그게 자유 의지를 느꼈다는 말이었을까? 그야 알 수 없지만, 그 느낌은 정신이 적어도 자신의 자유 의지를 믿었다는 점을 시사했다. 6년 후, 제임스는 격려라도 하듯이 《믿으려는 의지The Will to Believe》라는 제목의 책을 또 출간했다. 이 작품에서, 그는 믿음의 힘을 경험적으로 시험하려면 일단 그 믿음을 믿어야 한다고 지적했다. 다시 말해서, 우리가 스스로 치료할 수 있는지보고 싶으면 일단 믿고 시도해야 한다. 자가 치유의 힘을 믿겠다고 굳게 다짐하고 긍정적인 생각으로 다시 건강해지려고 애써야 한다.

20세기 들어서서 첫 10년 동안, 정신 건강에 대한 이 강력한 접근법은 미국에서 뜨거운 반응을 얻었다. 유럽에서는 제임스의 주장에 대한 관심이 더 느리게 증가했지만, 그가 죽고 나서는 분위기가 확 바뀌었다. 제임스가 떠난 지 11년이 지난 1921년, 영국의 저명한 철학자 중 한 명이 《정신 분석The Analysis of Mind》이라는 제목의 짧은 책을 출판했다. 저자는 이 책의 마지막 장에서 자유 의지에 대한 제임스의 심리적 정의에 무심코 동의했다.

제임스는 자신의 《심리학의 원리》 제26장에서, 자발적인 행동의 유일한 특징은 수행될 움직임에 대한 생각을 포함하는 것이라고 주장한다. … 나는 이러한 견해의 정확성을 의심할 이유가 없다고 본다.

이 구절을 쓴 저명한 철학자는 버지니아 울프가 "머릿속"을 들여다보고 싶어 했던, 마흔아홉 살의 버트런드 러셀이었다.

(울프, 윌리엄 제임스를 공개 지지하다)

버트런드 러셀이 《정신 분석》을 출간한 바로 그해에 조지 새비지가 사망했다.

일흔여덟 살이었던 새비지는 부와 명성을 다 거머쥔 상태에서 세상을 하직했다. 〈영국 의학 저널British Medical Journal〉은 장문의 부고에서, 새비지 박사는 떠났을지 모르지만 그의 작품은 영원히 살아남을 거라고 했다. "그의 논문 〈광기와 관련된 신경증Insanity and Allied Neuroses〉은 학생들과 실무자들에게 마땅히 인기를 끌 만했고, 벌써

네 번째 판이 나왔다."

조지 새비지의 죽음은 울프에게 안도감을 주었어야 마땅하지만, 울프에게는 안타깝게도 〈영국 의학 저널〉이 옳았다. 그는 떠났지만 그의 영향력은 계속 살아남았다. 울프를 어리석은 조직 덩어리로 보던 새비지의 견해는 그녀의 우울감을 치아 세균에 따른 증상으로 진단하도록 이끌었다. 그래서 울프는 의자에 묶인 채 문제가 되는 치아를 뽑혔다. 하지만 치과 의사의 예상과 달리, 치료는 실패했다. 울프는 1922년 6월 11일자 일기에 참담한 심경을 이렇게 토로했다. "치아 세 개를 허무하게 잃고 말았다."

울프의 감정 기복은 남은 평생 그녀를 괴롭힐 터였다. 윌리엄 제임스와 달리, 울프는 자신의 정신병을 가라앉힐 심오한 비밀을 발견했다고 느끼지 못했다. 치과 치료 후, 여름을 네 번이나 더 보냈지만 그녀의 일기엔 여전히 우울감이 깊게 배어 있었다. "죄다 시시하다. 재미도 없고 의미도 없고. … 삶의 즐거움이라곤 하나도 없다."

그렇긴 하지만 1922년부터 1926년까지 4년에 걸쳐서, 울프는 새로운 돌파구를 찾게 되었다. 고통받는 다른 영혼들에게 평온을 제공할 새로운 문학 스타일을 고안했던 것이다. 윌리엄 제임스의 믿음 중 두 가지를 받아들였기 때문에 가능한 일이었다.

하나는 정신 건강이 우호적인 책으로 개선될 수 있다는 믿음이었다. 1926년 여름, 울프는 약간의 정신적 자극으로 건강이 호전되었다고 느꼈다. "몸이 좀 피곤하지만 뇌가 살짝 돌아가는 게 느껴졌다. 뭔가 보이기 시작했다. 한두 가지 계획을 세웠다." 그 계획 중에는 책장에 있는 시집을 읽는 것도 포함되었다. "브리지스Robert Seymour

우리는 지금 문학이 필요하다

Bridges와 단테를 읽을 것. 이해하려고 애쓰지 말고 그냥 즐겁게 읽을 것." 울프는 이제 조지 새비지가 틀렸다고 확신했다. 독서는 정신적 고통의 원인이 아니었다. 오히려 치료제였다.

울프가 제임스와 공유했던 또 다른 믿음은 외견상 더 모호했다. 하지만 그 믿음은 얼마 안 가서 문학의 치유력에 혁명을 일으키게 된다.

바로 '의식의 흐름'에 대한 믿음이었다.

(의식의 흐름)

1884년 1월, 윌리엄 제임스는 마흔한 살에 여전히 철학과 조교수 처지였다. 하지만 곧 승진할 기회가 찾아왔다. 대학에서도, 세상 사람들의 관심에서도.

국제 심리학 저널인 〈마인드Mind〉에 발표한 논문이 학계의 주목을 끌었기 때문이다. 그 논문은 영국의 위대한 심리학자들이 연구 대상을 심하게 훼손했다는 놀라운 주장으로 포문을 열었다. 그들이 인간 심리의 특별한 본질, 즉 의식으로 알려진 신비한 영적 경험을 가져다가 멋대로 "조각조각 다져 놨다chopped [it] up in bits"는 주장이었다.

영국의 위대한 심리학자들은 이를 결코 인정하지 않았지만, 그들이 의식을 아이디어 "사슬chain"이나 "일련의a train of" 생각으로 묘사했던 점은 분명했다. 이러한 은유는 여러 심리학 저널과 교재에 두루 나타나는데, 그들은 의식이 선로에 늘어선 열차처럼 별개의 덩어리로 덜커덩거리며 움직인다고 제안했다. 하지만 제임스가 관찰한 바

제17장. 마음의 평화를 찾아라

에 따르면, 의식은 완전히 다른 것이었다.

의식은 사슬이나 열차처럼 이어져 있지 않고 유유히 흐른다. '강물river'이
나 '흐름stream'이라는 은유로 묘사하는 게 더 자연스럽다. 그러므로 앞으로
는 사고의 흐름, 의식의 흐름 또는 주관적 삶의 흐름이라고 부르도록 하자.

제임스가 이렇게 선포하자, 영국의 위대한 심리학자들은 머리를
긁적였다. 한낱 조교수가 도대체 뭐라고 하는 거지? 의식을 "열차"로
부르든 "흐름"으로 부르든, 그게 왜 중요하지?

그건 대단히 중요했다. 제임스가 지적했듯이, 의식이 물처럼 흐
르지 않으면, 갖가지 아이디어는 우리를 대혼란에 빠트릴 것이다.
어떤 생각이 불쑥 떠올랐다가 홀연히 사라져버리면, 그 생각이 우리
의 의식 속으로 왜 왔는지 또는 어디로 가는지 전혀 알 수 없다. 모
든 정신적 경험은 단절된 덜컹거림으로 구성되거나, 제임스가 나중
에 명명한 대로 '신경 쇼크nervous shocks'로 구성될 것이다. 전쟁터 참호
속에 있는 병사처럼, 우리는 아무 논리도 없이 펑펑 터지는 빛과 소
리에 정신을 차릴 수 없을 것이다.

이는 우리 뇌가 제대로 작동하는 방식이 아니었다. 우리 뇌는 좋
은 책이나 일상사에 집중하면 차분하고 부드럽게 작동했다. 전쟁터
의 참호와 정반대로 무척 평화로웠다.

그런 평화로운 느낌에서, 우리는 의식이 단절된 아이디어뿐만 아
니라 각 아이디어 간의 연결도 포함한다는 점을 알 수 있다. 이 부드
러운 연결부는 아이디어의 기원과 목적을 전달하여, 각 아이디어가

우리는 지금 문학이 필요하다

우리의 인식 속으로 왜 들어왔는지, 그리고 우리를 어디로 이끌어 갈지 이해하도록 도와주었다. 제임스는 그 과정을 시적으로 멋지게 표현했다.

마음속의 모든 뚜렷한 이미지는 그 주변으로 흐르는 자유로운 물에 깊이 스며들고 물들여진다. 가깝고 먼 관계에 따라 우리에게 왜 다가왔는지에 대한 아련한 울림과 어디로 이끌지에 대한 어슴푸레한 느낌을 남기며 흘러간다. 그 이미지의 의미와 가치는 모두 이 후광이나 반그늘에 남아 있다.

이것은 정신을 바라보는 놀랍고도 새로운 방식이었다. 하지만 제임스가 독창적으로 개발한 방식은 아니었다. 문학 작가들 사이에선 익히 알려진 방식이었다.

문학 작가들? 영국의 심리학자들은 더 세게 머리를 긁적거렸다. 문학 작가들이 인간의 의식에 대해 뭘 안다는 거지? 그런데 이번에도 제임스가 옳았다. 작가는 마음속에 있는 것을 공유하고자 펜을 들었다. 다시 말해서, 의식의 일부를 전달하고자 글을 썼다. 그들은 뚝뚝 끊어진 문장으론 일련의 아이디어를 원활하게 전달할 수 없음을 오래전부터 알고 있었다. 한 아이디어에서 다른 아이디어로의 전이轉移 과정이 필요했다. 그러한 전이는 여러 가지 방식으로 이뤄질 수 있지만, 기본적 수준에선 "그리고"와 "그러나" 같은 접속사 형태로 나타났다. 제임스가 주목했듯이, 이러한 접속사는 각 아이디어의 "관계"를 수립했다.

따라서 작가들은 제임스보다 수천 년 전부터 의식의 흐름이 중요

제17장. 마음의 평화를 찾아라

하다는 점을 알고 있었다. 조만간 그들은 흐름에 대한 제임스의 믿음을 채택하여 새로운 종류의 소설에 접목함으로써 한 단계 더 도약하게 될 것이다.

(의식의 흐름 기법을 사용한 소설)

1917년, 도로시 리처드슨Dorothy Richardson의 소설 《벌집Honeycomb》은 열아홉 살짜리 가정교사 미리암 핸더슨Miriam Henderson의 마음을 다음과 같이 표현하여 문학계를 놀라게 했다.

> 떠들썩한 진짜 봄이 채 오기도 전에 봄의 환영이 희미한 색상으로 먼저 다가온다. … 쳐다보고 잊어버릴 수 있는 것, 겨울로 돌아갔다가 다시 보이고 또 보이고, 파릇한 새싹이 나왔을 때 금세 기억할 수 있는 것, 그리고 가을에 떠올릴 수 있는 것. … 봄. 봄이 온다. 어쩌면 봄은 일 년 내내 오고 있었다.

이 소설이 이전의 영문학과 너무 달랐기에 문학 평론지 〈새터데이 리뷰Saturday Review of Literature〉는 즉시 신경 쇠약의 한 예라고 진단했다. 작가는 확실히 허약한 신경을 지녔고, 글쓰기로 신경을 지나치게 흥분시켰다. 침대에 꼼짝 않고 누워 쉴 필요가 있었다.

그런데 5개월 뒤, 정기 간행물인 〈에고이스트Egoist〉에 전혀 다른 평론이 실렸다. 시인이자 여성 참정권자이자 야전 의무대Ambulance Corps의 자원봉사자인 메이 싱클레어May Sinclair는 《벌집》을 읽고 다음

우리는 지금 문학이 필요하다

과 같이 비평했다.

극적인 사건도, 상황도, 정해진 장면도 없다. 아무 일도 일어나지 않는다. 단지 계속되는 삶이 있을 뿐이다. 미리암 핸더슨의 의식이 계속 흐르고 있다. 미리암의 의식의 흐름인 삶과 그녀를 동일시함으로써, 리처드슨 양은 현실에 다가가려고 필사적으로 노력하는 어느 소설가들보다 먼저 그 현실에 가까이 다가가는 효과를 거둔다.

결국 리처드슨은 정신적으로 쇠약한 상태가 아니었다. 오히려 그 반대였다. 제대로 작동하는 정신을 갖는 게 어떤 느낌인지 누구보다 '먼저' 전달한 영국 작가였다. 그녀는 우리 내면의 '의식의 흐름'을 포착하는 새로운 문학 테크놀로지를 개발했다.

1919년, 울프는 리처드슨의 다음 소설인 《터널The tunnel》의 비평을 썼다. 그런데 그 평가가 썩 좋지는 않았다. "감흥과 인상, 아이디어, 감정이 서술자의 의식에서 벗어난다. 우리가 희망했던 깊이까지 그 빛을 비추지 못한 채 별 상관도 없이, 의심도 없이 흘러간다." 그렇긴 하지만 울프는 리처드슨이 구사한 의식의 흐름 스타일엔 흥미를 느꼈다. 그리고 3년 뒤, 리처드슨의 스타일이 마르셀 프루스트Marcel Proust의 1913년 소설 《잃어버린 시간을 찾아서À la Recherche du Temps Perdu》에 영감을 받았다는 걸 알고 더 큰 흥미를 느꼈다.

그 소설에서, 프루스트는 마들렌 스펀지케이크를 입에 넣었다. 그리고…

제17장. 마음의 평화를 찾아라

문득 기억이 하나 떠올랐다. 이 맛은, 콩브레에서 일요일 아침에 먹었던 작은 마들렌 맛이었다. (그날은 미사 전에 나가지 않았기 때문에 콩브레에 있었다.) 이모her에게 아침 인사를 하러 들어갔는데, 레오니 이모가 마들렌을 보리수꽃 차에 적신 후 내게 권했다. 작은 마들렌의 모습을 보기만 하고 맛보기 전에는 그 기억이 떠오르지 않았다. 아마도 제빵사의 선반에 놓인 마들렌을 자주 접하다 보니, 먹어 보기 전엔 그 이미지가 콩브레 시절을 떠나 좀 더 최근의 다른 이미지와 유대를 맺었기 때문인 것 같다.

… 점점 더 기억의 흐름 속으로 빠져들었다.

프루스트의 《잃어버린 시간을 찾아서》는 울프를 놀라게 했으며, 그녀가 다른 작품에서 느끼지 못했던 차분함을 선사했다. 그 스타일은 의식의 흐름 속으로 그녀를 끌어당김으로써, 그녀의 신경을 살살 달래서 심리적 평온으로 이끌었다. 윌리엄 제임스가 "자유로운 물"로 묘사했던 건강한 정신 상태였다.

휴식 요법에선 전혀 느껴보지 못했던 편안한 기분을 맛본 후, 울프는 자신의 소설에서도 이런 기분을 제공하고 싶었다. 프루스트처럼 쓰고 싶었다. 독자들의 마음을 잔잔한 평온함으로 채워주고 싶었다. 그러다 문득 자신이 더 많은 일을 할 수 있음을 깨달았다. 프루스트의 스타일 혁신을 취해 그 치유 효과를 높인다면, 훨씬 더 깊은 마음의 평화를 제공할 수 있을 터였다.

울프는 1922년 여름에 읽은 두 번째 의식의 흐름 소설 덕분에 이런 깨달음을 얻었다. 그 소설은 바로 제임스 조이스James Joyce의 《율리시스Ulysses》였다. 사실 울프는 이 소설을 전혀 즐기지 못했기에 불

우리는 지금 문학이 필요하다

평을 쏟아냈다.

오, 조이스는 정말 지루하다! 프루스트에게 푹 빠져들 때처럼 기대했는데, 프루스트와는 비교도 안 된다. 아무래도 조이스는 천재성을 제대로 드러내지 못한 부류인가 보다. 그들의 신음을 무시하거나 침묵시킬 수는 없지만 다 발산시키려면 상당한 고통이 필요할 것 같다.

《율리시스》가 울프를 이렇게 실망시켰다면, 그녀는 책장을 넘기면서 도대체 뭘 배울 수 있었을까? 《잃어버린 시간을 찾아서》의 평화를 심화시킬 방법을 어떻게 알아낼 수 있었을까?
　조이스와 프루스트를 자세히 비교하면서 알아보도록 하자.

(조이스와 프루스트의 스타일 차이)

《율리시스》에서 주요 캐릭터의 생각은 다음과 같이 흘러간다.

눈에 보이는 것들의 피할 수 없는 양상: 적어도 그 이상은 아닐지라도, 내 눈을 통해 생각했다. 내가 여기 읽어내려고 하는 만물의 징후들, 어란魚卵과 해초, 다가오는 조수潮水, 저 녹슨 구두. 코딱지 초록빛, 청은靑銀, 녹錄빛: 채색된 기호들. 투명한 것의 한계. 그러나 그는 덧붙여 말한다: 몸체에서도. 그러자 그는 채색된 몸체들 이전에 그들 몸체를 알았다. 어떻게? 그의 두상頭狀을 그 몸체들에 들이받음으로써 확실히. 느긋하게 해요. 그는

제17장. 마음의 평화를 찾아라

대머리였으며 백만장자였다. 마에스트로 디 콜로르 케 산노maestro di color che sanno(현인들의 스승인 그). 형태가 있는 투명한 것의 한계. 왜 형태가 있는 걸까? 투명, 불투명. 만일 네가 다섯 개의 손가락을 통과할 수 있다면 그것은 대문大門이고, 그렇지 않으면 문門이다. 너의 눈을 감고 보라.

《율리시스》 3장의 이 인용문은 프루스트의 "마들렌" 인용문과 길이가 똑같다. 하지만 우리 뇌는 이 부분을 읽는 데 시간이 더 오래 걸린다. 실은 너무 오래 걸려서 금세 포기하고 뜻도 모른 채 대충 훑고 넘어간다. 뜬금없이 "녹슨 구두"가 왜 나오지? 누가 "대머리" 백만장자라는 거야? 그리고 이 대머리 백만장자가 이탈리아 인용구와 무슨 상관이 있지?

이러한 질문은 간단한 이유로 우리의 읽기를 방해한다. 《율리시스》에는 윌리엄 제임스가 아이디어들 간의 관계라고 언급했던 것이 없기 때문이다. 마음속에 떠오른 생각들을 제시만 할 뿐, 그 관계는 우리에게 알아서 풀라고 한다.

녹슨 구두는 틀림없이 "해초"와 함께 해변으로 밀려왔을 것이다.

백만장자는 보석으로 치장한 철학자 아리스토텔레스가 틀림없다. 그는 우리가 그들의 "색"을 인지하기 전에 "몸"의 실체를 인지한다고 주장했다.

이탈리아 인용구는 단테의 말이 틀림없다. 단테는 자신의 시에서 지옥으로 내려가 아리스토텔레스를 만났다.

이런 관계를 추론해내느라 울프는 《율리시스》를 읽으면서 "상당한 고통"을 느꼈다. 《율리시스》는 아이디어 사이에 연결이 부족해서 의식이 물 흐르듯 자연스럽게 이어지지 않는다. 덜커덩거리며 지나가는 열차처럼 또는 (윌리엄 제임스의 표현대로) 신경 "쇼크"처럼 단속적으로 다가온다. 조이스가 짧은 문장으로 멈춤과 시작을 끊임없이 반복하기 때문이다.

프루스트의 스타일은 그 반대이다. 50단어 이상의 긴 문장도 매끄럽게 흘러간다. 그리고 아이디어 간의 관계도 신중하게 이어져 있다. 기술적 수준에서, 이러한 관계는 서술적 지시 대상referents에서 나온다. 《율리시스》는 지시 대상에 대한 언급이 유난히 부족하다. 제3장의 인용문에서, 지시 대상이 아리스토텔레스라는 점을 알려주지 않은 채 그를 제시한다. 단테의 《신곡 지옥편》에서 인용했음을 언급하지 않은 채 이탈리아 인용구를 제시한다. 그리고 더블린의 샌디마운트 해변임을 언급하지 않은 채 어란과 해초와 녹슨 구두를 제시한다. 반면, 《잃어버린 시간을 찾아서》는 지시 대상을 세심하게 알려준다. 프루스트는 "그녀"를 소개할 때, 그 단어 다음에 "그녀"가 "로니 이모"임을 설명한다. 그의 기억을 소개할 때는 콩브레에서 일요일 아침에 있었던 기억임을 설명한다. 그리고 보리수꽃 차와 제빵사에 대한 아이디어를 소개할 때는 마들렌 스펀지케이크라는 단일한 출처를 다시 언급한다. 그 케이크는 "맛"과 "모습"에 대한 기억을 유발한다. 그 맛은 다시 로리 이모의 보리수꽃 차에 대한 기억을 자극하고, 그 모습은 다시 제빵사의 선반에 대한 이미지를 자극한다.

따라서 캐릭터의 생각을 단절된 점처럼 제공하는 조이스와 달리

프루스트는 그 점을 잇는다. 그래서 서사적 길이의 문장과 지시 대상은 흐르는 물처럼 자연스럽게 이어진다. 이렇게 유동적인 의식은 프루스트의 스타일에 치유적 효과를 선사한다. 자유롭게 흐르는 정신의 흐름에 우리 뇌를 푹 잠기게 해 우리 자신의 신경 쇼크를 살살 달래준다.

하지만 울프가 깨달았듯이, 프루스트의 스타일에도 중요한 단점이 있다. 우리 뇌의 "자유로운 물"에 대한 경험을 한 가지 정신에만 국한시킨다는 것이다. 즉, 프루스트의 개인적 의식의 흐름에만 우리를 붙잡아놔서 정신적 자유에 대한 경험을 제한한다.

조이스의 소설은 이러한 제약에서 벗어난다. 《율리시스》는 《잃어버린 시간을 찾아서》처럼 자전적 1인칭 스타일을 채택하는 대신, 여러 캐릭터를 드나드는 3인칭 스타일을 사용한다. 그 덕에 《율리시스》는 여러 정신들 사이를 왔다 갔다 한다. 제3장 마지막 부분에서도 빛바랜 장화의 정신에서 나와 다른 캐릭터의 정신 흐름으로 훌쩍 뛰어든다.

볼란드의 빵 배달차가 우리 일상의 빵을 접시로 운반해주지만 아내는 어제의 바삭바삭하고 따끈한 파이를 더 좋아하지. 젊은 기분이 난다는 거야. 동방東方의 어느 곳: 이른 아침: 새벽에 출발한다. 해를 정면에 안고 여행을 하면, 하루 동안에 그 행진이 끝난다. 그것을 영원히 계속하면 이론적으로 하루 이상 걸리지 않는다. 해변을 따라 걸어간다, 미지의 나라, 어떤 도시 대문에 당도한다, 거기 보초가, 그도 역시 늙은 병사, 늙은 트위디의 커다란 콧수염을 하고, 기다란 종류의 창槍에 몸을 기대고 있다. 울퉁불퉁한

우리는 지금 문학이 필요하다

거리를 배회한다. 터번 두른 얼굴들이 지나간다.

　이 두 번째 아이디어의 흐름도 첫 번째처럼 뚝뚝 끊어진다. 문장도 똑같이 짧고 지시 대상도 똑같이 누락되었다. 그런데도 일종의 계시처럼 울프를 강타했다. 프루스트의 유동적인 흐름과 조이스의 복합적인 정신을 결합한다면 윌리엄 제임스의 정신적 혁신 두 가지를 결합하게 될 것이다. 신경 흐름의 차분한 상태를 정신적 자유의 치유적 경험과 결합한다면,《잃어버린 시간을 찾아서》보다 훨씬 더 깊은 정신적 평화를 유도하게 될 것이다.

　그리하여 1923년 6월, 울프는 노트를 펼치고 소설을 써 내려가기 시작했다. 2년 뒤에 출간하게 될《댈러웨이 부인Mrs. Dalloway》의 첫 단추가 끼워졌다.

(버지니아 울프와 의식의 흐름)

《댈러웨이 부인》은 1923년 6월의 어느 하루에 벌어진 일을 소개한다. 그날 하루 동안 소설의 타이틀 캐릭터인 클라리사 댈러웨이는 파티에 쓸 꽃을 사고 딸을 걱정하고 옛 연인인 피터 월시를 만나 참전 용사인 셉티머스 스미스가 자살했다는 이야기를 듣는다. 결국 울프의 소설도《벌집》과《잃어버린 시간을 찾아서》와《율리시스》처럼 "지속되는 삶에 대한 이야기"이다. 하지만 다른 소설과 달리,《댈러웨이 부인》은 그러한 일상을 울프의 독특한 치유적 스타일로 제시한다. 첫 페이지에서, 클라리사 댈러웨이가 열린 문으로 나가 아침 공기를 들이마시는 순간부터 그 느낌이 전해진다.

날이 어쩜 이렇게 화창하지! 풀쩍 뛰어들고 싶네! 부어턴에 살던 시절, 지금도 그 소리가 들리는 것 같은 삐걱대는 프랑스식 창문을 활짝 열어젖히고 바깥 공기를 들이마시면, 항상 상쾌한 기분을 느꼈었다. 얼마나 상쾌하고 차분했던가. 지금보다 더 조용했던 그 시절의 아침 공기는 철썩이는 파도처럼, 파도가 입 맞추는 물결처럼 서늘하고 차가웠지만 (열여덟 살 처녀에게는) 엄숙하게 느껴졌었다. 열린 창가에 서 있으면 뭔가 엄청난 일이 일어날 것만 같았다. 꽃들이며 나무를 휘감고 조용히 피어오르는 연기, 하늘 높이 치솟았다가 곤두박질치는 떼까마귀를 보고 서 있는데, 피터 월시가 이렇게 말했었지. "채소밭 사이에서 명상 중인가요?" 아니, "나는 꽃양배추보다 사람이 더 좋습니다"라고 했던가? 어느 날 그녀가 테라스에 나가 아침 식사를 하고 있을 때 그는 틀림없이 그렇게 말했었다. 피터 월시. 그는 조만간 인도에서 돌아온다고 했다. 6월? 7월? 편지가 하도 지루해서 언제 온다고 했는지는 잊어버렸다. 그래도 그가 했던 말은 기억났다. 그의 눈과 주머니칼, 미소, 화난 모습, 그 밖의 많은 것은 기억에서 싹 사라졌는데, 이상하기도 하지! 양배추 운운하던 그 말은 기억나다니.

그녀는 연석에서 몸을 약간 곧추세우고 더트널사社의 화물차가 지나가길 기다렸다. 스크로프 퍼비스는 그런 그녀를 보면서 참 매력적인 여자라고 생각했다(하지만 그녀에 대해서는 웨스트민스터에 사는 이웃 정도로만 알고 있었다). 그녀는 오십이 넘은 데다 병까지 앓은 뒤론 더욱 창백해졌지만, 어딘지 모르게 경쾌하고 생기 넘치는 청록색 어치 같았다. 횃대에 앉은 새처럼

우리는 지금 문학이 필요하다

꼿꼿하게 서서, 퍼비스 쪽으론 쳐다보지도 않은 채 길을 건너길 기다리고 있었다.

첫 단락에서, 프루스트의 기술적 영향이 도처에 보인다.

프루스트와 마찬가지로, 울프는 긴 문장을 사용한다. 거의 백 단어에 가깝게 뻗어나간 문장도 있다.

프루스트와 마찬가지로, 울프는 지시 대상을 확실히 밝힌다. 어떤 기억을 소개하자마자 "열여덟 처녀"의 기억이라고 그 감정적 기원을 밝히고, "그는 틀림없이 그렇게 말했었다"라고 하자마자 그가 "피터 월시"임을 명확히 밝힌다. 프루스트가 그녀를 "로니 이모"라고 명확히 밝혔던 것과 같은 식이다.

프루스트와 마찬가지로, 울프는 모든 아이디어를 하나의 출처에 회부한다. 휘감고 피어오르는 연기, 양배추, 테라스, 인도, 편지, 눈, 주머니칼, 화난 모습, 아침 식사, 미소 등 모든 것이 피터를 지칭한다. 프루스트의 정신적 연상이 모두 마들렌 스펀지케이크를 지칭하던 것과 같은 식이다.

하지만 울프는 프루스트의 스타일만 고집하지 않는다. 조이스의 스타일도 곁들인다. 두 번째 단락에서, 울프는 조이스처럼 다른 사람의 정신으로 홀쩍 뛰어들어, 클라리사의 의식의 흐름을 떠나 스크로프 퍼비스의 흐름으로 들어간다.

스크로프 퍼비스는 그런 그녀를 보면서 참 매력적인 여자라고 생각했다 (하지만 그녀에 대해서는 웨스트민스터에 사는 이웃 정도로만 알고 있었다). 그녀

제17장. 마음의 평화를 찾아라

는 오십이 넘은 데다 병까지 앓은 뒤론 더욱 창백해졌지만, 어딘지 모르게 경쾌하고 생기 넘치는 청록색 어치 같았다.

이렇게 다른 의식 속으로 뛰어듦으로써, 울프는 조이스식의 복합적인 정신 흐름으로 프루스트의 유동적 스타일을 더 풍성하게 만든다. 이런 독특한 스타일을 계속 반복하면서 그 효과를 강화한다.《댈러웨이 부인》의 이어지는 페이지에서, 울프는 클라리사의 흐름에서 스크로프의 흐름으로, 셉티머스 스미스의 흐름으로, 셉티머스의 아내 루크레지아의 흐름으로 계속해서 왔다 갔다 한다. 조이스가《율리시스》에서 했던 것보다 훨씬 더 분주히 뛰어다니면서 더 많은 흐름을 창조한다.

이렇게 자주, 이렇게 넓게 뛰어다님으로써, 울프는 "하늘 아래에서 활개치고 다니는" 기분을 자아내고 싶어 했다. 윌리엄 제임스와 마찬가지로, 울프는 독자인 우리가 "자유"를 경험하는 정신적 혜택을 실컷 누리길 바랐다. 그리고 실제로 그렇게 하는 데 성공했다. 현대 신경과학이 밝혀냈듯이,《댈러웨이 부인》은 실제로 심리적 느긋함을 불러일으켜 울프 자신이 간구하던 치유적 평화를 제공한다.

(울프가 구사한 스타일의 신경과학)

21세기 정신과 의사들은 울프가 조울증을 앓았다고 추정했다. 정말 그랬을까? 우리로서는 확실히 알 수 없다. 울프 개인의 정신, 즉 그

우리는 지금 문학이 필요하다

녀의 고유한 의식의 흐름이 1941년 3월에 그녀의 죽음과 함께 사라졌기에, 오늘날의 정신의학으로는 도저히 닿을 수 없다.

울프의 정신은 사라졌지만 그녀의 일기에 묘사된 증상은 우리 자신의 정신 흐름 속에 남아 있다. 불현듯 떠오르는 기억, 비정상적으로 높아진 활기, 불안한 기대, 반복되는 죽음에 대한 생각, 악몽, 빌미가 있으면 유발되는 강하고 지속적인 괴로움, 과도한 걱정 등은 미국 정신의학회American Psychiatric Association의 "정신 질환의 진단과 통계적 매뉴얼" 페이지에 고스란히 올라가 있다.

이러한 증상은 흔히 심리학자들 사이에서 고양된 '인지적 반응성cognitive reactivity'의 사례로 언급된다. 다소 투박한 용어지만 의미는 정확히 전달된다. 우리 정신이 인지적 흐름의 물결에 예민하게 반응한다는 뜻이다. 어떤 기억은 우리를 공포에 몰아넣고, 어떤 모습은 우리를 우울감에 빠트리며 어떤 아이디어는 우리를 생각의 소용돌이 속으로 밀어 넣는다.

고양된 인지적 반응성은 조증, 우울증, 외상 후 스트레스, 복합적 애도complicated grief 등 여러 정신 질환의 특징일 수 있다. (이러한 증상에 대해 더 알고 싶으면 서론과 제8장을 참고하라.) 또 스트레스, 피로, 과도한 자극 등 일상 생활의 여러 조건에서 초래된 결과일 수도 있다. 누구나 한 번쯤은 인지적 반응성의 불쾌한 파장을 경험하기 마련이다. 예상치 못한 모습에 동요하거나 어떤 기억을 떠올리고 슬픔에 잠기거나 자꾸만 떠오르는 생각에 밤잠을 설치기도 한다. 그런 불쾌감이 저절로 사라지기도 하지만, 때로는 지속되고 더 심화되어 정신을 어지럽히고 평화를 깨뜨리기도 한다.

우리의 회복을 돕기 위해, 현대 정신과의사들은 다양한 실용적 치료법을 찾아냈다. 마음챙김mindfulness이 가장 널리 알려진 치료법이지만, 덜 알려진 이름의 치료법도 많다. 가령 인지적 탈융합cognitive defusion, 인지적 거리두기cognitive distancing, 탈중심화decentering, 분리detachment, 메타인지적 인식metacognitive awareness, 메타인지적 모드metacognitive mode, 맥락으로서 자기self as context, 자기 거리두기 관점self-distanced perspective. 이러한 치유적 접근법은 중요한 부분에선 다르지만, 한 가지 공통점이 있다. 다 자기 생각을 관찰하듯이 의식에서 살짝 떨어져 있다고 느끼게 한다. 그래서 우리는 온갖 기분과 기억과 인상의 강물에 떠밀리는 대신, 강둑에 서서 우리의 정신적 파도가 넘실거리며 흐르는 모습을 지켜본다.

이러한 심리적 거리감은 대뇌피질 중앙선 구조cortical midline structures, CMS와 섬 피질insular cortex 등 감정과 기억 처리 영역에서 뇌 활동을 감소시킨다. 그러한 감소는 인지적 반응성을 낮추어 우울증, 조증, 범불안 장애, 외상 후 스트레스 증상까지 완화시킨다. 최근의 한 임상 연구에서, 정신질환자들에게 심리치료를 한 다음 가슴 아픈 영화를 관람하게 했다. 환자들은 매우 슬펐다고 보고했지만 그들의 뇌는 물리적으로 감정을 덜 표현했다. 결국 그들은 깊은 슬픔을 의식하긴 했지만 실제로 느끼진 않았던 것이다.

울프의 스타일도 똑같은 치유 효과를 제공한다. 우리를 캐릭터의 의식 속으로 넘나들게 하면서 우리 뇌를 더 큰 의식, 즉 소설 자체의 3인칭 관점에 서서히 맞춰 놓는다. 그 관점은 클라리사, 스크로프, 셉티머스 등 여러 캐릭터의 정신을 드나들면서, 우리가 그들의 내면 감정을 안팎에서 경험할 수 있게 한다. 감정적 지각과 인지적 분리의 결합은, 고양된 인지적 반응성에 대한 현대의 정신과 치료와 흡사하다. 우리의 의식을 정신적 흐름으로 채우지만 CMS와 섬 피질의 신경 활동을 감소시킴으로써, 그 흐름과 떨어져 있는 상태에서도 감정적 격류를 경험할 수 있게 한다.

이와 같은 치유적 상태에서 우리는 충격을 받거나 우리 자신에게 절망하지 않고서도 클라리사의 "기쁨 쇼크"와 셉티머스의 절박한 자살 충동을 의식할 수 있다. 해안가에 차분하게 있으면서도 강의 가장 깊은 물살을 알 수 있다.

('의식의 강둑'을 직접 활용하기)

《댈러웨이 부인》은 낡은 치료를 거부하면서 새로운 치료를 시작한다.

소설에서 낡은 치료는 정신과 의사인 홈스 박사에 의해 행해진다. 홈스 박사는 셉티머스의 포탄 쇼크shell shock(끔찍한 전쟁을 겪은 군인들에게 나타나는 전쟁 신경증의 한 형태)를 검진한 후 즉시 신경 질환의 한 사례라고 진단한다. "두통, 불면증, 두려움, 꿈은 다 신경 질환의 증상일 뿐 다른 건 없습니다.' 홈스 박사가 말했다." 그래서 홈스 박사는 조지 새비지가 울프에게 했던 것과 똑같은 처방을 내린다. "침대에 누워 쉬고, 사람들과 어울리지 말고 혼자서 조용히 쉬세요. 친구도 멀리하고 책도 읽지 마세요."

군 정신의학military psychiatry에 대한 이 묘사는 소설적 상상이 아니

제17장. 마음의 평화를 찾아라

었다. 포탄 쇼크에 대한 침대 휴식 처방은 사일러스 위어 미첼에게 까지 거슬러 올라갔다. 미첼은 미국 남북전쟁 당시 의사로 복무하면서 군인들이 전투 때문에 심하게 동요하는 모습을 목격했다. 미첼은 훗날 그런 군인들이 '히스테리증'를 일으키는 '신경 상처'에 시달렸다고 주장했다. 히스테리증은 자궁을 뜻하는 고대 그리스어 히스테라_{hystera}에서 유래된 의학 용어이다. 사일러스 위어 미첼의 관점에서 전투 외상에 시달리는 남자는 자궁이 있는 거나 다름없었다. 그런 남자는 "더 약한 성"만큼 연약하고 예민하며 지나치게 감정적이 되기 때문에, 치료법은 한 가지밖에 없었다. 책을 너무 많이 읽는 여자처럼, 침대에 누워 푹 쉬어야 했다.

《댈러웨이 부인》에서, 이 치료법은 셉티머스에게 해만 끼쳤던 것으로 드러난다. 울프가 1904년 새비지에게 처음 치료받고 나서 시도했던 것처럼, 셉티머스도 창문으로 뛰어내려 죽는다. 따라서 새비지의 휴식 요법에 대한 대안을 제공하고자, 소설은 울프의 의식의 흐름 스타일로 우리를 이끈다. 그 스타일은 뒤로 가면서 우리를 점점 더 평안하게 해준다. 그러다 마침내 클라리사의 옛 연인 피터에게 두근거리며 다가가 다음과 같은 말로 끝을 맺는다.

> "내가 갈게요." 피터는 그렇게 말해놓고 한동안 그냥 앉아 있었다. 이 두려움은 뭐지? 이 황홀감은 뭐지? 피터는 속으로 생각했다. 나를 이렇게 놀랍도록 흥분시키는 게 도대체 뭐지?
>
> 그건 클라리사야, 그가 말했다_{It is Clarissa, he said.}
>
> 거기에 그녀가 있었던 것이다_{For there she was.}

우리는 지금 문학이 필요하다

잠시 동안 우리는 피터의 정신 속에 머문다. 이 두려움은 뭐지? 이 황홀감은 뭐지? 그런데 시제가 바뀌면서, 우리는 피터의 내부인 '현재 시제(is)'에서 소설의 외부인 '과거 시제(was)'로 옮겨간다. 그 외부 관점에서, 우리는 거리를 약간 두고 피터의 의식을 관찰한다. 신경의 동요에 흔들리지 않으면서도 그 떨림을 인지하는 것이다. 그래서 소설의 마지막 줄에서 피터가 클라리사를 보았을 때("그녀가 거기에 있었던 것이다"), 우리 마음은 피터의 '두려움'이나 '황홀감'으로 흔들리지 않는다. 오히려 더 평화로워진다.

마음의 평화를 더 얻고 싶다면, 당신은 다양한 현대 소설에서 울프와 프루스트의 혁신을 찾아볼 수 있다. 공상과학 미스터리를 좋아한다면, 콜슨 화이트헤드Colson Whitehead의 《직관주의자The Intuitionist》를 읽어보라. 신경외과 의사의 정신을 파헤치고 싶다면, 이안 매큐언Ian McEwan의 《토요일Saturday》을 읽어보라. 60년대 스타일의 환각성 파라노이아에 푹 빠지고 싶다면, 토머스 핀천Thomas Pynchon의 《제49호 품목의 경매The Crying of Lot 49》를 읽어보라. 러브 스토리를 좋아한다면, 조조 모예스Jojo Moyes의 《미 비포 유Me Before You》를 읽어보라.

당신에게 가장 우호적으로 보이는 소설이라면 뭐든 상관없다. 자, 책장을 넘기면서 강물이 세차게 흐를 때 당신의 혼란스러운 신경이 차분해지는 것을 느껴보라.

창의성을
길러라

Wonderworks

《곰돌이 푸》,
《이상한 나라의 앨리스》

———

발명품: 무질서한 엉터리 시인

우리는 지금 문학이 필요하다

Wonderworks

1689년 어느 우중충한 겨울날, 상상력의 불꽃이 다 꺼져버렸다.

영국의 철학자 존 로크John Locke가 《인간 이해에 관한 에세이An Essay Concerning Human Understanding》를 출간했기 때문이다. 이 책은 에세이라는 수수한 제목과 달리 대단히 야심적인 내용이었다. 총 4권에 거의 400페이지 분량으로, 인간을 비롯한 삼라만상에 대해 이젠 이해할 수 없을 것 같다고 여겨졌던 난해한 주제를 두루 탐구했다. 본유적 원리Innate speculative principles, 공간 개념의 단순한 모드, 아이들과 멍청이들의 생각 등.

이런 난해한 문제들을 깊이 있게 분석한 덕분에, 에세이는 곧바로 베스트셀러가 되었다. 런던 전역의 커피숍에서 읽혔고, 독일의 베슬라와 터키의 콘스탄티노플에 있는 고등법원에서 논의되었다. 자바섬과 자메이카, 바티칸 궁전과 버지니아주, 바하마와 뱅골만, 심지어 뉴욕의 미개척 오지에까지 퍼져 나갔다. 그리고 어디에든 인

제18장. 창의성을 길러라

간 정신이라는 가장 고상한 주제를 놓고 심오한 대화를 촉발시켰다. 에세이의 핵심 주장은 정신이 백지 상태로 태어난다는 것이었다. 우리는 머릿속이 텅 빈 캔버스 상태로 세상에 나왔다. 그래서 그 캔버스에는 뭐든, 그야말로 뭐든 그려질 수 있었다. 그 속에선 너무나 허무맹랑하고 기이하고 불가능할 것 같은 환상이 다 펼쳐질 수 있었다.

이런 생각에 로크는 질겁했다. 건전한 정신엔 오직 한 가지, 이성만 담겨야 한다고 믿었기 때문이다. 이성은 냉정한 도덕성과 자제력과 근면성을 길러주었다. 그런 게 없다면, 인생은 "결점"과 "실수"와 "광기"로 점철될 터였다. 따라서 로크는 그런 부조리가 초기 백지 상태의 정신에 깃들지 않도록 《인간 이해에 관한 에세이》를 활용해 "어린아이들을 교육시킬" 새로운 방법을 장려했다. 과거엔 아이들이 '도깨비와 요정'에 관한 창의적 이야기를 들으며 자랐다. 하지만 더 이상 아니다. 미래엔 "자연스러운 대응"을 갖춘 '관념 연합association of ideas'만 훈련받게 될 것이다. 다시 말해, 아이들은 물리 법칙을 배우게 될 것이다. 요람에서 학교까지, 얼음은 차갑고 불은 뜨거우며 돈으로는 물건을 살 수 있지만 꿈으로는 살 수 없다는 이야기를 듣게 될 것이다.

이런 합리적 교육 프로그램이 18세기 영국, 프랑스, 독일, 네덜란드, 스위스, 미국의 교사들 수백 명에게 채택되었다. 그런데 로크의 직접적인 영향보다 그의 개혁이 예고한 광범위한 추세가 훨씬 더 중요했다. 로크 이전엔, 아동 교육은 자발적이고 즉흥적이어서 상상력을 발휘할 자유로운 공간과 시간이 많았다. 로크 이후론, 아동 교육

우리는 지금 문학이 필요하다

은 점점 더 엄격해지고 형식적이고 진지해졌다. 아이들은 책상에 줄지어 앉아 계산과 문법에 관한 규칙을 암기했다. 노는 시간엔 규칙을 갖춘 조직적 게임과 스포츠를 해야 한다고 배웠다. 학교 밖에서 보내는 시간에도 학습을 이어가도록 숙제를 할당받았다. 그리하여 각국의 학교에서, 한가한 공상은 실용적인 처세술과 논리적 결정, 신중한 장래 설계로 대체되었다.

그러한 시도는 모두 매우 합리적이었다. 아니, 합리적인 것처럼 보였다. 20세기 후반에 과학자들이 놀라운 사실을 발견했기 때문이다. 공상은 위협이나 결점이 아니었다. 시간을 낭비하는 방종도 아니었다. 공상은 정신 건강에 유익한 활동이었다.

(발견)

그것은 뜻밖의 발견이었다. 너무 뜻밖이라 발견이라고 하기도 어려웠다.

1990년대 중반에 벌어졌던 일이다. 당시 과학자들이 양전자 방출 단층 촬영술positron emission tomography, PET이라는 획기적인 뇌 검사기를 발명했다. PET 스캐너는 도넛 모양의 윙윙 돌아가는 전자 장치 허브로, 방사성 불소-18을 이용해 인간의 뇌에서 포도당 소비량을 측량했다. 특정한 신경 부위에서 소비되는 포도당이 많을수록, 그 부위의 생각 활동이 활발하게 일어난다는 뜻이었다.

이 새로운 장치가 세인트루이스 소재 워싱턴 대학교 의과 대학에 설치되었다. 과학자들은 미세조정을 위해 한 젊은 여성을 장치에 눕힌 다음, "긴장을 풀고 아무 생각도 하지 마세요"라고 지시했다. 젊은 여성은 고개를 끄덕였지만 그녀의 뇌는 포도당 소비를 멈추지 않았다. 뇌의 일부분은 거듭해서 생각하고, 생각하고, 또 생각했다.

과학자들은 눈살을 찌푸리며 지시를 반복했다. 긴장 푸세요. 생각을 멈추고, 느긋하게 쉬세요.

"네, 긴장 풀고 있어요." 젊은 여자가 흥겹게 대답했다. "이 커다란 기계에 누워 있으니까 기분이 좋은데요. 행성 터널에 있는 것처럼 정신이 붕 뜨는걸요."

과학자들은 결국 젊은 여성에게 뭔가 문제가 있다고 판단하고, 대상을 점잖은 노신사로 바꿨다. 그런데 놀랍게도 똑같은 상황이 벌어졌다. 노신사는 긴장을 풀었다고 주장했지만, 그의 뇌 부위는 계속해서 생각하고, 생각하고, 또 생각했다. 과학자들은 그 뇌 부위를 바라보면서 점점 더 놀라워했다. (인간의 뇌를 고해상도 3D 디지털 모델로 구현한)《빅 브레인 아틀라스The Big Brain Atlas》나《기능적 신경해부학 Functional Neuroanatomy》등 어느 임상 교과서에도 실리지 않은 부위였기 때문이다. 지금까지 발견되지 않은 이 신경 네트워크는 뇌 앞쪽에서 뻗어나가 위쪽, 뒤쪽, 아래쪽, 양 옆쪽까지 이어졌다.

이 엄청난 네트워크는 무엇일까? 과학자들은 감을 잡지 못했다. 그에 관한 온갖 터무니없는 가설과 독창적인 아이디어를 떠올리긴 했지만, 너무 엉뚱하다는 핀잔을 들을까 봐 누구도 입 밖에 내지 못했다. 결국 미 공군 군의관 출신인 마커스 라이클Marcus E. Raichle 박사의 조언에 따라, 그들은 자신들의 발견에 '디폴트 모드 네트워크

우리는 지금 문학이 필요하다

default mode network'라는 교묘한 이름을 붙였다. 그 네트워크를 뇌의 디폴트 모드, 즉 기본 모드라고 추정했던 것이다. 그 네트워크는 뇌가 아무 일에도 관여하지 않을 때 활성화되었고, 뇌의 자유 시간을 이용해 뭔가 신비로운 활동을 수행했다.

그런데 이후에 밝혀진 바와 같이, 그 활동은 딱히 신비롭지 않다. 우리가 쉴 때 흔히 하는 일을 한다. 그게 뭐냐고?

노는 것이다.

(정신 놀이의 과학)

정신 놀이는 일종의 아나키anarchy(무정부 혹은 무질서 상태)이다.

아나키는 혼돈, 폭력, 문명의 종말 등 나쁜 의미를 함축하고 있다. 하지만 아나키는 단지 지휘하는 사람이 없다는 뜻이다. 누구나 자유롭게 규칙을 만들 수 있고, 또 원한다면 중간에 그 규칙을 바꿀수도 있다.

아이들은 그렇게 논다. 아이들 게임은 흔히 체계가 없는 것 같지만 그들도 규칙을 따른다. 그 규칙은 권위적인 출처가 없고 언제든 바뀔 수 있다. 우리 뇌도 딱 그렇게 논다. 일할 때는 엄격한 하향식 규정이 정신 작용을 지배한다. 하지만 놀 때는 감정과 기억 등 여러 신경 물질이 자유롭게 상향식으로 이동하면서 사고의 무질서한 흐름을 촉발한다.

이런 무질서한 정신 놀이에 대한 과학적 용어는 심리적 방황mind

wandering(잡생각)이다. 심리적 방황이 전적으로 임의적이지는 않다. 순수한 임의성은 달성하기 힘들며, 자연에선 어떤 것도 그런 상태에 이르기 어렵다. 그렇다 해도 심리적 방황은 주사위나 복권 기계의 임의성을 띨 수 있다. 뇌의 여러 아이디어는 마구 부딪치고 뒤섞이면서, 주 논리master logic 없이 서로 연합한다.

심리적 방황이 주는 혜택은 헤아릴 수 없이 많다. 창의성을 기를 수 있고, 오랫동안 괴롭히던 문제에 대한 참신한 해결책을 떠올릴 수 있다. 게다가 그 자체로 재미있어서, 행복감을 높이고 삶을 더 흥겹게 살아갈 수 있게 한다. 그래서 가장 근엄하고 진지한 과학자들조차 요즘엔 심리적으로 방황할 시간을 내라고 권한다. 독창적인 꿈을 꿀 시간, 삶의 지루함을 흥겹게 날려버릴 시간을 어떻게든 마련하라고 권한다.

우리 정신은 흔히 그러한 방황을 즉흥적으로 수행한다. 어떤 일에도 집중하지 않을 때, 정신은 표류하기 시작해 기억을 더듬거나 새로운 계획을 구상한다. 따라서 심리적 방황을 부추기려면, 기본적으로 긴장을 풀면 된다. 업무에 대한 생각을 싹 떨쳐버려라. 바깥 세계에 관심이 가지 않도록 눈을 감아라. 긴장을 풀어라. 생각을 멈추고 느긋하게 쉬어라.

그렇게 했는데도 정신이 전혀 방황하지 않았다고 해서 걱정하지 마라. 당신만 그런 게 아니다. 조상들이 즐겨 사용하던 간단한 절차가 우리 시대와 나이엔 충분하지 않을 수 있다. 어렸을 때부터 교육적 완구와 실용적 취미로 시간을 많이 보냈을수록, 우리 뇌에는 특정한 생각의 홈이 더 많이 파인다. 생각이 방황할 때조차 익숙한 길

우리는 지금 문학이 필요하다

을 따라가니 판에 박힌 생활에 갇히게 된다.

그렇더라도 안달하지 마라. 당신은 아이처럼 되는 것의 정신적 혜택을 여전히 누릴 수 있다. 과학자들이 발견했듯이, 우리 내면의 임의성을 발휘하고 디폴트 모드 네트워크를 활성화시켜 깊게 팬 정신적 고랑에서 벗어날 방법이 있다. 그 방법이 워낙 효과적이라 우리는 타고난 심리적 방황 능력을 회복할 수 있다. 아니, 그 능력을 더 향상시켜 어떤 인간 정신도 그만큼 방황하지 못했다 싶을 정도로 방황하도록 영감을 얻을 수 있다.

이 심리적 방황 촉진제는 예술적 즉흥 공연artistic improvisation, 간단히 '임프라브improv'라고 알려져 있다. 즉흥 연주, 즉흥시, 즉흥 연기 등 즉흥적으로 완성할 수 있는 형태를 모두 포함하지만, 과학자들이 가장 많이 연구하는 형태는 즉흥 연주musical improv이다. 클래식 플루티스트, 프리스타일 래퍼, 재즈 피아니스트는 독창적인 리듬과 가사로 흥을 돋우고자 즉흥 연주를 펼친다. 과학자들이 즉흥 연주자들을 뇌 스캐너로 검사했더니, 즉흥 연주는 두 가지 신경 네트워크와 연계된다는 사실이 드러났다. 예상한 대로, 하나는 디폴트 모드 네트워크이다. 그런데 다른 하나는 놀랍게도, 내측 전전두피질medial prefrontal cortex 같은 권위자를 포함하는 규칙 준수 네트워크rule-following network이다.

이 두 신경 네트워크 간의 상호 작용은, 부분적으로 정신적 규제에 대한 심리적 방황의 느슨한 영향 때문이다. 하지만 그 반대 방향의 영향 때문이기도 하다. 즉, 잘 훈련받은 뇌 영역이 음악적 구조의 발판을 제공함으로써 즉흥 연주를 촉진하는 것이다. 이러한 발판은

제18장. 창의성을 길러라

가볍고 유연하다. 그래서 아이들 게임의 무질서한 규칙처럼, 시간이 지나면서 변할 수 있다. 하지만 역시나 아이들의 규칙처럼, 그 발판은 일련의 생성적 제약generative constraints에 정신을 집중해 창의성을 촉진한다.

즉흥성과 구조 간의 상호 작용을 경험하기 위해, 우리는 수년간 훈련을 거쳐 플루티스트와 래퍼와 피아니스트가 되면 된다. 아니면 지름길을 취해 문학을 읽어도 된다. 우리 뇌에 즉흥 연주를 들려주도록 고안된 특별한 문학이 있다.

그 문학은 동요nursery rhyme(자장가라고도 함)라고 불린다.

(동요의 즉흥 연주)

동요는 주목할 만한 발명품이다. 그 기원을 확실히 추적할 수는 없지만 존 로크보다 훨씬 더 이전으로 거슬러 올라가리라고 본다. 다른 형태의 구전 문학처럼, 동요의 가장 초창기는 역사 속에 묻혀버렸다. 로크가 떠나고 90년쯤 지난 18세기 말에야 초창기 동요가《마더 구스의 노래Mother Goose's Melody》같은 노래책으로 출간되었다. 자유를 꿈꾸는 판화가 토머스 뷰익Thomas Bewick의 삽화를 화려하게 곁들인 이 동요집은 영국과 미국에서 금세 베스트셀러가 되었다.

우리가 동요에 주목하는 이유는 동요가 정신 놀이를 장려하기 때문이다. 대다수 초기 형태의 아동 문학은 그 반대를 위해 고안되었다. 부모에게 너무 멀리 떨어지면 못된 늑대에게 잡아먹힐 거라는

우리는 지금 문학이 필요하다

식의 이야기로 우리를 겁주려는 의도였다. 옳고 그름에 대한 어른들의 생각을 우리에게 각인시키려는 의도였다. 그래야 우리가 착하게 행동하고 말도 잘 들을 테니까.

반면에 동요는 이런 일을 했다.

Hey diddle diddle,

이봐 디들 디들

The Cat and the Fiddle,

고양이와 피들,

The Cow jump'd over the Moon;

소가 달까지 점프하네;

The little dog laugh'd to see such Craft,

강아지가 그 묘기를 보고 까르르 웃네,

And the Fork ran away with the Spoon.

그래서 포크가 스푼과 함께 달아났네.

디들은 무엇일까? 고양이가 왜 피들(바이올린)을 들고 있을까? 소는 어떻게 우주까지 뛰어올랐을까? 그리고 스푼은 어디로 갈 작정일까?

우리 뇌로는 알 수 없다. 하지만 혼란에 빠지거나 알아내려고 기를 쓰지 않는다. 우리 뇌는 그런 허튼소리 아래 음악적 패턴을 느끼기에 계속 고개를 끄덕인다. 디들diddle은 피들fiddle과 운이 맞고 크래프트craft는 래프트laugh'd와 운이 맞는다. 또 문moon은 스푼spoon과 운이 맞고, 전체 내용은 당김음 운율 박자syncopated metrical beat로 묶여 있다.

이러한 노래 구조 때문에 〈헤이 디들 디들〉은 이성의 제약을 느슨하게 풀고서 스푼이 달아나고 소가 돌아다니는 공간으로 우리 뇌를 들어가게 한다. 그리고 우리 뇌를 그 공간으로 안내함으로써, 동요는 즉흥 연주의 규칙, 즉 "좋아, 그래서Yes, And"의 규칙을 우리의 신경 회로에 소개한다. 그 규칙은 이렇게 작동한다. 우리는 임의적 연합random association을 접할 때, "싫어no"라거나 "하지만but"이라고 말하지 않는다. 무조건 "좋아, 그래서"라고 말한다.

'좋아'는 임의적 연합을 수용한다. '그래서'는 그 연합을 확장한다. 따라서 자의적이거나 심지어 터무니없는 것 같은 아이디어도 차단하지 않는다. 오히려 권장한다. 이 모든 것이 "좋아, 그래서"를 아주 특이한 종류의 규칙으로 만든다. 일반적인 규칙과 달리, 이 규칙은 옳거나 그름 혹은 "시키는 대로 해"를 조장하지 않는다. 오히려 아나키, 즉 무질서한 상태를 조장한다.

"좋아, 그래서"는 따르기 쉬운 규칙 같지만, 전혀 그렇지 않다. (보다시피, 나도 방금 어겼다.) 이 규칙이 "싫어"와 "하지만"이라고 말하려는 뇌의 타고난 성향에 어긋나기 때문이다. "싫어"와 "하지만"이 더 안전하다. 이는 삶의 속도를 늦추고 일상을 익숙하게 유지해준다. 그래서 "싫어"와 "하지만"은 두려움을 관장하는 뇌 영역에 의해 자기보존의 근원으로 여겨진다.

두려움 영역의 보수적인 "싫어, 하지만"을 피하려면, 우리는 연습하고, 연습하고, 또 연습해서 낯선 지형으로 "좋아, 그래서"라며 뛰어들어야 한다. 〈헤이 디들 디들〉은 뇌가 그렇게 하도록 돕는다. 운

우리는 지금 문학이 필요하다

율과 리듬은 "싫어"와 "하지만"을 정지시켜, 두려움 영역이 안전하다고 느끼게 할 정도로 충분한 구조를 제공한다. 그 결과, 뇌의 나머지 영역은 미지의 세계로 담대하게 들어가 신나게 뛰놀 수 있다.

이제 그 신나는 놀이의 끝에 이르렀으니, 〈헤이 디들 디들〉을 되돌아보면서 이것이 단어와 이미지와 대상을 연합시키는 것 이상으로 우리를 안내하는지 알아보도록 하자. 이 동요는 우리에게 소가 뛰어오르고 강아지가 웃고 스푼이 달아나는 사건들을 연합시키게 했다. 그리고 이러한 사건 연합은 무척, 굉장히, 엄청나게, 흥미진진하다. 왜냐하면 우리 뇌가 이 사건 저 사건으로 "좋아, 그래서"를 연발하며 뛰어들 수 있다면, 우리의 정신은 새로운 오후 계획과 한밤의 음모와 내일을 확 바꿔줄 새로운 책략으로 방황할 수 있기 때문이다.

그런데 〈헤이 디들 디들〉은 우리를 그렇게 멀리까지 방황하도록 이끌지는 못한다. 하지만 19세기 영국에서, 동요에 자극을 받아 그렇게 멀리까지 이끌어주는 아동 문학이 싹트기 시작했다.

(새로운 종류의 아동 문학)

19세기 영국은 아이들이 살기에 썩 즐거운 곳이 아니었다. 가난한 집 아이는 다섯 살도 안 돼 일을 시작해야 했기에, 석탄 공장, 직물 공장, 가스 공장, 조선소 등으로 보내졌다. 하루 열 시간 이상 노동을 금한다는 허술한 국회법이 아이를 보호하는 유일한 수단이었다.

부유한 집 아이는 육체노동에 시달리진 않았지만 딱히 더 즐겁지도 않았다. 빅토리아 시대의 두 가지 원칙인 이성과 도덕성을 기르도록 엄격한 훈련을 받아야 했다. 대단히 신중하게 처신하고 하나님의 계명을 철저히 지키라는 가르침을 깊이 새겨야 했다.

어느 쪽이 됐든, 상상력을 발휘할 여지는 별로 없었다. 그래서 1846년, 화가이자 시인이자 피아니스트인 에드워드 리어Edward Lear는 《난센스 그림책The Book of Nonsense》이라는 리머릭limerick, 즉 오행희시五行戱詩 선집으로 구속을 완화하려고 노력했다. 1871년엔 훨씬 더 완화해서, 오행희시의 운율 제약을 벗어나 대단히 창의적인 아동시를 완성했다.

> The Owl and the Pussy-cat went to sea
>
> 올빼미와 고양이가 바다에 나갔다
>
> In a beautiful pea-green boat,
>
> 아름다운 연두색 보트를 타고,
>
> They took some honey, and plenty of money,
>
> 그들은 약간의 꿀과 많은 돈을 챙겨갔다
>
> Wrapped up in a five-pound note. . . .
>
> 5파운드짜리 지폐에 싸서,
>
> They dined on mince, and slices of quince,
>
> 그들은 저민 고기와 얇게 썬 마르멜루를 먹었다

우리는 지금 문학이 필요하다

Which they ate with a runcible spoon;

세 가닥 스푼으로 찍어 먹었다;

And hand in hand, on the edge of the sand,

그리고 모래사장 끝에서 손에 손을 잡고

They danced by the light of the moon,

그들은 달빛을 받으며 춤을 추었다,

The moon,

달,

The moon,

달,

They danced by the light of the moon.

그들은 달빛을 받으며 춤을 추었다.

　　이 시는 〈올빼미와 고양이The Owl and the Pussy-cat〉이다. 〈헤이 디들 디들〉처럼 이 시도 리듬과 운율의 음악적 구조를 지닌 일련의 "좋아, 그래서"로 이뤄져 있다. 거기에 더 복잡한 플롯을 제시하여 〈헤이 디들 디들〉보다 더 멀리 나아간다. 그 플롯은 두 동물이 꿀과 마르멜루 과일을 먹고 달빛이 비치는 해변에서 춤추는 이야기를 들려주며, 우리를 미지의 서술 속으로 즉흥 비행을 떠나게 한다.

　　이러한 비행은 빅토리아 시대 독자들을 즐겁게 했다. 특히 한 독자에겐 다음과 같은 의문을 품게 했다. "좋아, 그래서"를 훨씬 더 확장할 수 있을까? 플롯을 더, 더, 더 길게 연장할 수 있을까?

(루이스 캐럴의 "좋아, 그래서" 스토리)

1865년, 루이스 캐럴Lewis Carroll이 《이상한 나라의 앨리스Alice's Adventures in Wonderland》를 출간했다. 대단히 기발한 이 책은 캐럴이 친구의 열 살짜리 딸을 위해 지은 것이었다. 〈올빼미와 고양이〉처럼, 음악적 특성이 있고 그 나름의 "좋아, 그래서" 노래도 담겨 있다.

"조금만 더 빨리 걸을래?" 대구가 달팽이에게 말했다.
"바로 뒤에 돌고래가 있는데, 내 꼬리를 밟고 있어.
가재와 거북이가 얼마나 빨리 가는지 좀 봐!
다들 자갈 해변에서 기다리고 있어. 너도 가서 춤추지 않을래?"

"Will you walk a little faster?" said a whiting to a snail,
"There's a porpoise close behind us, and he's treading on my tail.
See how eagerly the lobsters and the turtles all advance!
They are waiting on the shingle—will you come and join the dance?"

그런데 〈올빼미와 고양이〉, 〈헤이 디들 디들〉과 달리, 루이스 캐럴의 소설은 비음악적인 플롯도 상당히 많이 담겨 있다. 그러한 확장은 운율을 전혀 고려하지 않는다. 앨리스라는 이름의 소녀가 조끼 입은 토끼를 따라 구멍에 들어가면 참으로 이상한 세상이 나온다. 그곳에선 케이크를 먹으면 엄청나게 커지고, 애벌레가 물담배를 피우며, 여왕이 플라밍고로 크로켓 경기를 펼친다.

이러한 연합은 뇌의 서술적 즉흥 연주 솜씨를 엄청난 길이로 확장시키고, 더 나아가 온갖 의문까지 제기한다. 구조가 뭘까? 이 모든 무질서 상태가 어떻게 유지되는 걸까? 음악과 운율과 리듬이 다 사라졌는데, 뇌의 두려움 영역이 어째서 중단시키거나 눈살을 찌푸리지 않는 걸까?

이유는 간단하다. 루이스 캐럴이 〈헤이 디들 디들〉의 음악적 구조musical structure를 서술적 구조narrative structure로 대체했기 때문이다. 그 서술적 구조는 바로 캐릭터이다. 구체적으로 말하면 앨리스라는 캐릭터이다. 동요의 듣기 좋은 음률처럼, 앨리스의 감정과 개성이 스토리 전체에서 일관성을 유지한다. 그리고 모든 구조의 원천처럼 앨리스는 "싫어"라고 말함으로써 한계를 제공한다. 모험을 시작하기도 전에 "싫어, 물어봐도 소용없어"라고 말하고, 끝날 때도 다시 "싫어"라고 말한다. "안 다물 거야! 너흰 그냥 카드에 불과하잖아!"

《이상한 나라의 앨리스》는 앨리스처럼 구조적인 캐릭터가 확장된 "좋아, 그래서" 서술을 창조하는 데 사용될 수 있음을 드러냄으로써, 아동 문학의 심리적 방황 가능성을 활짝 열었다. 동요는 이제 확장을 거듭해서 단편과 장편 소설의 새로운 앞날을 개척할 수 있게 되었다. 안정적인 캐릭터만 있다면, 우리 뇌는 어디로든 즉흥적 모험을 떠날 수 있게 되었다.

그러한 모험은 우리의 즉흥성을 촉진할 수많은 혁신을 이뤄낼 것이다. 그중에서 가장 기본적이고 중요한 혁신은 자그마한 곰 인형이 이뤄낼 것이다.

그 안에서 우리는 즉흥성 촉진제와 꿀벌 몇 마리를 만나게 된다

그 자그마한 곰 인형은 A. A. 밀른A. A. Milne의 동요 〈곰 인형Teddy Bear〉에서 출발했다. 이 동요는 1924년 2월 〈펀치Punch〉 잡지에 실렸다.

곰은, 아무리 노력해도,

운동하지 않으니 통통하게 자란다.

이 통통한 곰은 바로 우리가 아는 곰돌이 푸였다. 곰돌이 푸는 금세 자신의 유치한 노래를 짓기 시작했다.

Isn't it funny

곰이 꿀을 좋아하다니!

How a bear likes honey?

우습지 않니?

Buzz! Buzz! Buzz!

윙! 윙! 윙!

I wonder why he does?

난 곰이 왜 꿀을 좋아하는지 궁금해.

《이상한 나라의 앨리스》와 마찬가지로, 이 음악적 순간은 더 큰 플롯에 섞여 들어간다. 곰돌이 푸는 꿀벌처럼 윙윙거리며 우리 뇌를

우리는 지금 문학이 필요하다

"좋아, 그래서" 모험으로 이끌어, 족제비 우즐을 사냥하고 늦은 생일 선물을 전달하며 아기 캥거루들과 즐겁게 뛰놀도록 이끈다. 하지만 곰돌이 푸는 앨리스와 중요한 점에서 다르다. 일관성도 없고 싫다는 말도 안 한다. 그야말로 엉뚱한 캐릭터이다.

그렇다면 《곰돌이 푸Winnie-the-Pooh》의 이런 발랄한 구조는 어디에서 왔을까? 리듬과 운율의 서술적 대체물은 무엇일까? 흠, 그 대체물은 바로 이야기가 펼쳐지는 세계이다. 《곰돌이 푸》의 세계는 심리적 방황을 펼치는 꿈의 세계가 아니다. 크리스토퍼 로빈의 세계이다. 그리고 크리스토퍼 로빈은 분별 있는 소년이다. 크리스토퍼 로빈의 세계에선 북쪽으로 걸어가면 미친 모자 장수Mad Hatters의 땅에 도달하지 않는다. 북극에 도달한다.

다시 말해서, 《곰돌이 푸》의 문학적 청사진은 《이상한 나라의 앨리스》와 정반대이다. 《이상한 나라의 앨리스》에선 분별 있는 캐릭터가 무질서한 이야기 세계로 모험을 떠난다. 반면 《곰돌이 푸》에선, 무분별한 캐릭터가 합리적인 이야기 세계로 모험을 떠난다.

이러한 혁신은 "좋아, 그래서"에 대한 심리적 장벽인 위기감을 제거한다. 루이스 캐럴은 《이상한 나라의 앨리스》에서 불안정한 규칙이 지배하는 곳에 우리를 빠뜨려 그러한 위기감을 안긴다. 우리보다 더 큰 사물이 갑자기 돌변해서 위협적으로 나오면 경계심이 생긴다. 가령 하트 여왕이 규칙을 멋대로 바꾸는 바람에 놀이의 즐거움보다는 법적 변동성의 불길한 결과가 초래된다.

하지만 A. A. 밀른의 발명품은 전혀 다른 신경 경험을 유발한다. 《곰돌이 푸》는 우리를 불안한 무법천지로 빠뜨리지 않는다. 오히려

제18장. 창의성을 길러라

뇌에서 가장 경계하는 부분마저 긴장을 풀 수 있는 아늑하고 일관된 장소로 우리를 초대한다. 그래서 심리적으로 방황하는 곰과 함께 "좋아, 그래서"를 연발하게 한다.

곰돌이의 첫 번째 모험은 이렇게 시작된다. "그 안에서 우리는 곰돌이 푸와 꿀벌을 몇 마리 만나게 된다." 푸가 나무 꼭대기를 올려다보다 꿀로 가득한 벌집을 발견하면서 모험이 시작되는 것이다. 곰이라면 누구나 꿀이 맛있다는 걸 안다. 그래서 곰돌이 푸는 꿀을 따려고 과감하게 나무를 타고 올라간다. 하지만 중간에 가지가 부러지면서 바닥으로 쿵! 하고 떨어진다. 그 와중에 푸는 이런 생각을 한다. '난 크리스토퍼 로빈이 풍선 같은 걸 갖고 있는지 궁금해.'

그야말로 뜬금없는 생각이다. 웬 풍선? 그리고 왜 크리스토퍼 로빈이 풍선을 갖고 있다는 걸까? 푸의 뇌에는 답이 없다. 신빙성 없는 오만가지 아이디어만 넘칠 뿐이다. 그래서 우리는 푸의 아이디어에 "싫어, 하지만"이라고 답하고 싶을지도 모른다. 푸에게 좀 더 신중한 아이디어를 떠올리라고 제안할지도 모른다. 가령 나무에 오를 사다리를 갖고 오라거나 다른 벌통을 찾아보라고 할 수 있다. 아니면, 존로크의 교육적 소논문에서 방법을 알아보라고 권할 수 있다.

하지만 푸의 뇌는 이런 조언이 들어갈 자리가 남아 있지 않다. 그저 "좋아, 그래서"로 가득 차서, 당장 크리스토퍼 로빈을 찾으러 뒤뚱뒤뚱 걸어가라고 촉구한다.

알고 보니, 크리스토퍼 로빈은 진짜로 풍선을 갖고 있다. 하지만 그는 분별 있는 소년이라 풍선을 타고 나무에 올라가겠다는 푸의 계획에 문제가 있다고 지적한다. 설사 벌들이 풍선에 주목하지 않더라

우리는 지금 문학이 필요하다

도, 꿀을 노리고 풍선에 매달린 푸를 금세 알아차릴 거라고 말한다.

푸가 이 합리적인 조언을 듣고 계획을 접을까? ("싫어"라고 대답할 거라는 생각이 뇌리를 스치지만, 우리가 여기서 다루는 즉흥적인 흐름을 깨뜨릴까 싶어 그냥 모르는 척하고 넘어가도록 하자. 좋아, 그래서 어떻게 됐는데?)

풍선에 매달린 그를 벌들이 알아차릴 거라는 크리스토퍼 로빈의 지적에 '좋다'고 동의하면서, 푸는 다른 아이디어를 떠올리고 첫 번째 '그래서'를 덧붙인다. "진흙 속에서 뒹굴고 검은 비구름으로 변장하면 어떨까?"

이 "좋아, 그래서"는 제대로 작동하지 않는다. 벌들이 푸의 변장을 눈치채고 기상 현상으로 받아들이지 않기 때문이다. 그런데도 푸는 멈추지 않는다. "좋아, 그래서" 아이디어를 두 가지 더 짜낸다. 첫 번째는 크리스토퍼 로빈에게 우산을 가져오라는 것이다. 그러면 벌들이 구름으로 변장한 푸를 비로 가득 차 있다고 생각할 테니까. 그리고 두 번째는 노래를 불러서 자신의 구름을 즉흥적으로 위장하는 것이다.

How sweet to be a Cloud	파란 풍선을 타고 떠 있는
Floating in the Blue	구름이 되는 건 참 즐거워
Every little cloud	작은 구름은 모두
Always sings aloud.	항상 큰소리로 노래해.

푸의 즉흥 공연은 장난기 가득한 사건으로 우리의 혼을 쏙 뽑는다. 통통한 곰이 비구름으로 변장해서 풍선에 매달려 엉터리 노래를

제18장. 창의성을 길러라

부르는 동안 소년이 그 밑에서 우산을 받치고 있는 모습이 순식간에 펼쳐진다.

물론 《이상한 나라의 앨리스》처럼 여기서도 사건은 마구잡이로 흘러간다. 그런데 푸는 황당한 상상력에 오싹한 위기감을 느끼게 하는 대신, 우리 뇌의 두려움 영역마저 깔깔 웃게 한다.

('무질서한 엉터리 시인'을 직접 활용하기)

로크의 《인간 이해에 관한 에세이》가 나오고 250년이 흐른 뒤, 아동 교육에 또 다른 혁명이 일어났다. 이번엔 세계를 두루 떠도는 저널리스트 존 허시John Hersey가 촉발한 혁명이었다. 허시는 1954년 〈라이프Life〉지에, 미국 학교의 모든 교과서가 "지나치게 정중하고 부자연스럽게 깔끔한 소년, 소녀"로 가득하다고 비판하는 기사를 발표했다. 허시는 기사에서 신랄한 목소리로 물었다. 학생들의 정신적 "연합을 좁히기보단 풍부하게 넓히도록" 규칙을 파괴하는 산만한 교과서는 어디에 있는가? 아이들의 상상력을 길러줄 교과서는 어디에 있는가?

허시의 기사는 닥터 수스Dr. Seuss로 널리 알려진, 시어도어 수스 가이젤Theodor Seuss Geisel에게도 전해졌다. 닥터 수스는 《내가 동물원을 운영한다면If I Ran the Zoo》 등 재미있는 동화를 발표해 돈과 명성을 얻었다. 그런데 기사를 접한 닥터 수스가 아이들의 상상력을 더 자극할 교과서를 집필하는 데 흥미를 느꼈을까? 느꼈다면, 닥터 수스는 몇 가지 엄격한 규칙을 따라야 했다. 400단어로 된 목록을 받아서 그 목록에 담긴 단어로만 책을 지어야 한다. 새로운 단어를 추가해도 안 되고, 있는 단어들을 새롭게 조합해도 안 된다. 하지만 목록에 있는 단어로는 완전히 자유롭게 창작할 수 있다. 아무리 우스꽝스럽거나 기발하거나 무질서한 것이라도 뭐든 꿈꿀 수 있다. 그런 조건이 닥터 수스에게 괜찮았을까?

물론 괜찮았다. 닥터 수스는 그 조건을 흔쾌히 받아들였고, 즉흥적으로 다음과 같은 시를 지었다.

Something went bump!	뭔가 부딪혔어, 쿵!
How that bump made us jump!	쿵 소리에 우리는 뛰어 올랐어, 펄쩍!
We looked!	쳐다봤더니!
. . . And we saw him!	… 그가 있었어!
The Cat in the Hat!	모자 쓴 고양이!

곰돌이 푸처럼, 모자 쓴 고양이도 규칙과 질서의 이야기 세계에선 극단적인 말썽꾼이다. 그리고 〈올빼미와 고양이〉, 〈헤이 디들 디들〉처럼, 그의 이야기도 동요이다. 자, 그의 이야기가 당신의 정신을 얼마나 멀리까지 방황하게 할 수 있을지 상상해보라.

그리고 그런 교육 혁명을 더 이루고 싶을 때마다, A. A. 밀른이 고안한, 즉흥적 캐릭터가 논리적인 이야기 세계를 마구 휘젓고 다니는 작품을 찾아보라. 가령 아스트리드 린드그렌Astrid Lindgren의 《말괄량이 삐삐Pippi Longstocking》(1945), 레오 리오니Leo Lionni의 《프레드릭

제18장. 창의성을 길러라

Frederick》(1967), 웨스 앤더슨Wes Anderson의 《보틀 로켓Bottle Rocket》 (1996) 등을 꼽을 수 있다. 장광설을 늘어놓는 이 학문적 에세이를 잠시 덮고, 어렸을 때 읽었던 책을 꺼내서 그동안 눌려 있던 창의성과 재미를 한껏 펼쳐보라.

얼른 좋다고 말하라.

"좋아, 그래서."

제 **19**장

구원의 자물쇠를 풀어라

Wonderworks

《앵무새 죽이기》,
셰익스피어의 독백 돌파구

발명품: 인간성 연결기

Wonderworks

1958년 2월 8일, 일리노이주 엘진시의 형제 교회Church of the Brethren 에서 매주 발행하는 2색色신문 〈가스펠 메신저Gospel Messenger〉에 기사 가 하나 실렸다. "기나긴 밤을 지나서"라는 제목의 기사는 증오를 사 랑으로 정복할 수 있다는 놀라운 주장을 펼쳤다. 증오가 아무리 잔 인해도, 증오의 제국이 아무리 강력해도, 친절로 다 극복할 수 있다 고 했다.

형제단The Brethren은 오래전부터 그런 놀라운 주장을 수용해왔다. 200년 전, 그들은 18세기에 필라델피아 독일 마을로 망명한 알렉산 더 맥Alexander Mack에게 동조함으로써 전 세계 기독교도를 몹시 놀라 게 했다. 당시 맥은 성경의 핵심을 예수의 역설적인 산상설교山上說敎 에 집약시켰다. "심령이 가난한 자는 복이 있나니 천국이 저희 것이 라." 하지만 그런 형제단조차 그 기사는 받아들이기 어려웠다. 기사 에서 그토록 단호하게 주장하듯, "인종 간 관계의 극심한 위기"를 어떻게 사랑으로 해결할 수 있겠는가?

백인 시민위원회White Citizens' Councils 같은 인종차별주의 '반동분자 reactionary elements'나 큐 클럭스 클랜Ku Klux Klan 같은 호전적 우월주의자를 어떻게 "친선과 이해"로 이길 수 있겠는가?

기사를 작성한 사람은 마틴 루터 킹 주니어Martin Luther King Jr.라는 이름의 스물아홉 살 난 침례교 목사였다. 그는 형제단의 의심을 가라앉히고자 멋진 인용구를 제시했다. "도덕적 세계의 호弧는 길고 길지만 결국 정의를 향해 휜다." 〈가스펠 메신저〉의 독자들에게 증오를 자선으로 극복할 수 있다고 믿게 하는 데 이만한 인용구가 없었다. 게다가 이 인용구는 그 자체로 길고 긴 호를 갖고 있었다. 영국 르네상스 시대 가장 혁명적인 드라마에서 뻗어 나가 마틴 루터 킹 시대 가장 확장적인 소설에까지 미칠 뿐만 아니라…

…그 모두를 넘어 정의와 사랑과 구원을 향해서 휘었으니 말이다.

(인용구의 기원)

그 인용구는 19세기 초 매사추세츠주 북동부 출신의 시어도어 파커 Theodore Parker 목사가 처음 했던 말이다. 노예제 폐지론자인 파커는 자급자족으로 근근이 먹고살던 농가에서 태어났다. 그의 부모는 너무 가난해서 물만 떠놓고 결혼식을 올렸고, 나무를 깎아서 접시로 썼다. 역병이 돌아도 병원에 갈 돈이 없으니, 열두 자식 중 절반이 콜레라와 장티푸스와 결핵으로 사망했다.

우리는 지금 문학이 필요하다

파커는 훗날 그 시기를 '눈물의 골짜기'로 기억했다. 하지만 그때의 고난이 그의 환상을 깨뜨리진 못했다. 그는 어렸을 때부터 호기심과 학구열이 높았다. 감자를 캐고 돌담을 쌓고 할머니에게 오후 간식을 차려드리는 등 농장 일을 서둘러 마친 후, 책을 들고 양봉장으로 달려갔다. 그리고 혼자서 호머의 《오디세이》, 플루타르코스Ploutarchos의 《영웅전Lives》, 워런 콜번Warren Colburn의 《대수학Albebra》, 찰스 롤린Charles Rollin의 《고대사Ancient History》, 제디디아 모르스Jedidiah Morse의 《지리가 쉬워졌다Geography Made Easy》 등을 읽었다.

파커는 독학으로 자주적 사고방식을 길렀다. 10대 후반에 설교자로 변신했을 때, 남들이 안 가는 길로 방향을 틀어 성경의 기적을 부인하고 예수의 역사적 진실에 의혹을 제기했다. 이런 비정통적 시도는 정통 침례교와 감리교, 복음주의 성직자들에게 엄청난 비판을 불러일으켰다. 그들은 유니테리언 교회(삼위일체론을 부정하고 그리스도의 신성을 부정하는 기독교 교회)의 목사직에서 파커를 영구히 제명했다. 유니테리언 교회는 원래 비인습적 믿음에 관대하기로 유명했다. 이 교파의 신도들은 예수의 처녀 탄생설에 의문을 제기하기도 했다. 하지만 그들조차도 파커의 의혹을 지지할 순 없었다. 파커가 합리적인 의혹 제기를 넘어 아예 신앙을 저버리려 한다고 봤기 때문이다.

하지만 유니테리언 교파가 파커를 오해한 것이었다. 파커는 회의적이긴 했지만 믿음을 다 저버리진 않았다. 특히 정의에 대한 절대적 확신만은 확고했다. 그러한 확신 덕분에 파커는 교회가 아니더라도 설교를 계속할 힘을 얻었다. 그래서 시장 공터와 도심의 번잡한 거리, 공회당에서 목소리를 높였다. 노예제도를 폐지하고 여성에게

제19장. 구원의 자물쇠를 풀어라

평등을 부여하며 빈곤을 근절하자고 호소했다.

파커의 강력한 설교는 청중을 사로잡았다. 그는 진실을 전하러 온 성경의 또 다른 예언자, 제2의 세례 요한 같았다. 그런데 청중은 그와 직접 얘기한 후, 그의 강력한 믿음이 문학에서 비롯되었다는 사실을 발견했다. 그 문학적 출처는 바로 초월주의transcendentalism로 알려진 학구적인 영적 운동이었다.

초월주의는 1836년 9월 8일로 거슬러 올라갔다. 당시 유니테리언파의 불량한 목사 세 명과 서른세 살 난 시인이 매사추세츠주 캠브리지의 "과수원과 정원과 유원지"에서 만나면서 시작되었다. 그들은 새로운 클럽이 새로운 교회보다 더 낫다고 판단했다. 회의적인 사람들, 의심을 품은 사람들, 자유롭게 의심을 제기하는 사람들에겐 새로운 클럽이 더 솔깃할 것 같았다. 어쨌든 세상엔 이미 교회가 넘쳐났다.

그 클럽에서 가장 활발하게 활동한 사람은 서른세 살 난 시인 랄프 왈도 에머슨Ralph Waldo Emerson이었다. 에머슨은 벽돌 굴뚝이 우뚝 솟은 하버드 신학대학원에 다니면서 목사가 되려 했지만 단념했다. 조직화된 기독교에 애증이 엇갈렸기 때문이다. 하지만 파커와 마찬가지로 에머슨도 자기 나름의 영적 믿음을 굳게 지켰다. 그 믿음 중 두 가지는 초월주의의 토대가 되었다.

에머슨이 일기에 기록한 바, 첫 번째 믿음은 "사인私人의 무한성"이었다. 에머슨의 표현은 시적이지만 의미는 간단했다. 우주는 인간 영혼으로 이루어져 있으며, 우리 안의 좋은 것들, 즉 사랑과 희망, 자선과 기쁨은 모두 우리를 둘러싼 우주와 공유된다는 것이었다.

우리는 지금 문학이 필요하다

두 번째 믿음은, 우리가 직감을 통해 이 보편적 인간 영혼을 발견할 수 있다는 것이었다. 직감은 이성이나 감정과 다른 일종의 육감이다. 이성과 달리, 직감은 논리의 법칙에 얽매이지 않기에 회의론에 취약하지 않았다. 그리고 감정과 달리 직감은 마음에서 비롯되지 않기에 유혹되거나 호도되지 않았다.

이 두 가지 기본 믿음을 바탕으로 초월주의는 인문주의를 확대했다. 제15장에서 탐색했던 영적 신앙인 인문주의는 지상의 모든 인간을 이어주는 영혼과 우리를 연결한다. 초월주의는 그 영혼을 더 확장해서 나무와 별과 은하계의 모든 것을 포함한다.

초월주의는 주로 임마누엘 칸트Immanuel Kant, 요한 고트프리트 헤르더Johann Gottfried Herder 등 18세기와 19세기 초 독일의 이상주의자들과 낭만주의자들의 글에 기반을 두었다. 하지만 에머슨이 보기에, 이러한 철학적 글은 직감의 힘에 접근하는 가장 효과적인 방법이 아니었다. 철학은 결국 이성의 산물이었기 때문이다. 그래서 에머슨은 서가로 가서 문학 작품을 하나 집어 들었다.

그 작품은 셰익스피어의 《햄릿》이었다.

(에머슨과 《햄릿》)

《햄릿》은 에머슨에게 놀라운 직감을 촉발시켰다. 에머슨은 페이지를 넘기면서 모든 존재를 더 큰 영혼으로 묶어주는 '살아 있는 햄릿'을 지각하게 되었다.

이제, 문학과 철학과 사고는 셰익스피어화 되었다. 그의 정신은 우리가 당장엔 보지 못하는 영역에 걸쳐 있다.

에머슨의 표현은 이번에도 시적이었다. 그렇지만 이번에도 의미는 간단했다. 우리는 모두 햄릿이고, 햄릿은 어디에나 있다는 것이다.

이 직감은 당시에 쉽게 받아들여지지 않았고, 수세대가 지난 이후에도 여전히, 아니 그때보다 더 기이하게 들릴 뿐이다. 누가 뭐래도 우리는 햄릿이 아니기 때문이다. 햄릿은 중세 스칸디나비아의 왕자로, 유령과 대화하고 어머니를 냉혹하게 비난하며 뛰어난 언변으로 장광설을 늘어놓고 무심코 살인을 저지르며 죽어가면서 "남은 건 침묵뿐이로다"라는 엉뚱한 농담을 던진 사람이다. 다시 말해서, 햄릿의 문화는 동떨어져 있고 행동은 당황스러우며 유머는 기이하고 인생사는 특이하다.

그런데 보편적 햄릿다움에 대한 에머슨의 믿음이 명백히 반사실적으로 보이지만, 그 믿음은 잘못되지 않았다. 사리에 맞지 않은 것 같지만, 셰익스피어의 연극은 우리가 진정 햄릿임을 수많은 사람에게 확신시켰다. 그 연극에 주목할 만한 문학적 돌파구가 담겨 있기 때문에 가능한 일이었다.

그 돌파구는 셰익스피어가 두 가지 오래된 연극 장치, 즉 독백과 대화에서 새롭게 고안해 낸 것이었다. 독백monologue에선 한 캐릭터가 자신의 개인적 감정을 표현한다. 대화dialogue에선 두 캐릭터가 이야기를 주고받는다. 이 두 장치는 고대 극작가들이 고안했고, 기원전 5세기 아테네에서 16세기 르네상스 유럽에 이르기까지 2,000년 동안 캐릭터들이 말할 수 있는 유일한 방법인 것 같았다. 하지만 셰익스피어는 거기에 의문을 품었다. 한 캐릭터가 자기 자신과 대화를 나누면 어떨까? 한 캐릭터가 무대에 올라 두 가지 내적 관점을 드러내면 어떨까? 대화와 독백을 합쳐서 대화 같은 독백을 읊으면 어떨까?

그 캐릭터는 "이대로 살 것인가To be"라고 한 가지 감정을 표현한다. 그런 다음, "아니면 죽을 것인가Or not to be"라고 반대 감정을 표현한다. 그리고 거기서부터 입씨름을 이어간다.

그것이 문제로다.
가혹한 운명의 돌팔매와 화살을
마음속으로 견뎌내는 것이 더 고귀한가?
아니면 무기를 들고 곤경의 바다에 맞서,
끝을 내는 것이 더 고귀한가?

이 말을 혼자 주고받는 캐릭터는 햄릿이다. 햄릿이 고안한 대화 같은 독백은 혼잣말soliloquy로, 캐릭터의 내적 갈등을 말로 극화한 것이다.* 햄릿은 이 새로운 화법으로 자신의 내적 갈등을 우리 모두와 공유한다. 햄릿은 과연 아버지의 살인을 잊고 천벌이 내려지길 경건하게 빌어야 할까? 아니면 과감하게 복수를 감행하고 명예롭게 죽

---

*   'monologue'는 그리스어에서 유래한 단어로, 한 사람이 청중이나 다른 캐릭터에게 혼자 하는 긴 얘기나 연설 따위를 말한다. 'soliloquy'는 라틴어에서 유래한 단어로, 표면적으로 청중이나 다른 캐릭터가 들으라고 하는 얘기가 아니라 혼자 지껄이는 말에 가깝다. 쉽게 말해, 한 캐릭터가 혼자 하는 대사라는 공통점이 있지만, 모놀로그는 다른 캐릭터 들을 수 있는 독백이고, 솔리로키는 다른 캐릭터가 들을 수 없는 독백, 즉 혼잣말이다. -역자주

어야 할까?

첫 번째를 실행하면 독실한 사람이 되겠지만, 어쩌면 죽음을 회피하는 겁쟁이가 될 수도 있다. 두 번째를 실행하면 용감한 사람이 되겠지만, 어쩌면 하나님을 저버리고 지옥으로 떨어지는 바보가 될 수도 있다.

그렇다면 어느 쪽이 더 나을까? 존재하지 않을 수도 있는 하늘의 정의를 믿을 것인가? 아니면 죄악이 될 수도 있는 세속적 정의를 위해 싸울 것인가? 이대로 살 것인가, 아니면 죽을 것인가?

이는 놀라운 신경 효과를 지닌 놀라운 질문들이다. 이러한 질문은 우리 뇌에 '내가 그 질문을 하는 캐릭터야. 내가 햄릿이야'라고 느끼게 한다.

(햄릿의 신경과학)

우리가 왜 햄릿과 동일시하는지 이해하려면, 먼저 더 기본적인 질문부터 따져봐야 한다. 즉, 우리는 왜 우리 자신과 동일시하는가?

이건 또 무슨 소리지? 우리는 항상, 그리고 자동으로 우리 자신과 동일시하지 않나? 천만에! 전혀 그렇지 않다. 우리 자신과 동일시하려면 우리는 자기인식(또는 신경과학자들이 쓰는 용어로 메타인지 metacognition(상위 인지))을 경험해야 한다. 우리는 세상과 분리된, 별개의 독립체로서 우리 자신을 인식해야 한다.

그런데 우리 뇌는 대체로 그런 자기인식을 하지 않는다. 그냥 삶

우리는 지금 문학이 필요하다

의 흐름에 따라 흘러간다. 자기를 별로 의식하지 않은 채 행동하거나 (반응하면서), 바깥 세계의 모습에 이끌려가거나 내적 사고의 흐름에 이끌려간다. 따라서 우리 뇌는 '보고 있는 사람은 바로 나야'라고 생각하지 않고 그냥 바라본다. 그리고 우리 뇌는 '내가 방금 나를 생각했어. 바로 나, 나 말이야'라고 생각하지 않고 그냥 생각한다.

그래야 더 효율적으로 살아갈 수 있다. 우리가 매 순간 자기인식을 한다면, 우리는 더 느리게 행동하고 생각할 것이다. 신경 에너지도 더 많이 소비할 것이다. 따라서 깨어 있는 동안에도 우리 뇌는 기본적으로 자신을 인식하지 않도록 설정되어 있다.

뇌가 이런 기본 설정을 벗어나 자기인식을 하려면, 두 가지 중 하나가 일어나야 한다. 첫째, 우리가 자기인식을 하겠다고 선택하면 된다. 우리는 지금 당장 자신에 관해 생각을 시작하라고 뇌에 지시할 수 있다. 그러면 뇌가 생각을 시작할 것이다. (이게 실제로 선택인지 아닌지를 놓고 과학자들 간에 의견이 분분하다. 그 선택은 자기인식의 다른 출처에서 일어난 것일 수도 있다.)

둘째, 우리는 현출성 네트워크salience network로 알려진 뇌 부위에 의해 자기인식을 할 수 있다. 현출성 네트워크는 뇌의 내부 갈등을 모니터한다. 그러한 내부 갈등에는 편도체의 감정과 복측피개영역ventral tegmental area의 계획 간의 충돌이 포함될 수 있다. 또는 해마의 장기기억과 시각피질의 현재 지각 간의 충돌이 포함될 수도 있다. 심지어 중측두회middle temporal gyrus의 독서 몰입과 '우리는 지금 당장 자신에 관해 생각을 시작하라고 뇌에 지시할 수 있다' 같은 몰입 방해물 간의 충돌이 포함될 수도 있다. 하지만 이유가 뭐든, 이러한 갈등

제19장. 구원의 자물쇠를 풀어라

은 현출성 네트워크한테 내측 전전두피질medial prefrontal cortex을 향해 경고를 날리라고 촉구한다. '이봐! 넌 지금 너 자신과 싸우고 있어! 너의 어느 부분이 옳은지 얼른 가려내!'

이러한 경고는 우리가 삶의 연속된 흐름undivided flow of life의 일부가 아님을 상기해주면서 자기인식을 일깨운다. 우리는 각자의 욕구와 니즈를 지닌 별개의 독립체이다. 그런데 우리의 감정이나 계획, 기억이나 인식을 믿는 게 나은지 판단함으로써 내적 갈등을 해결하지 않으면, 그러한 욕구와 니즈가 위태로워질 수 있다. 생물학적으로 말하자면, 자기인식은 곧 자기보존의 수단이다. 우리에게 자아가 있음을 인식하게 함으로써 좀 더 일관성 있게 행동하도록 삶의 흐름에서 물러나 그 자아를 보호할 수 있게 하는 것이다.

고대로부터 내려온 이 신경 과정이 햄릿의 최첨단 화법인 독백soliloquy(이하에서 독백은 모두 soliloquy를 가리킴)에 의해 해킹 공격을 당했다. 그 해킹은 "이대로 살 것인가, 아니면 죽을 것인가?"라는 문제를 제기하면서 시작된다. 그 문제는 또 우리 뇌에 들어와 내적 갈등을 유발한다. 갈등의 한쪽엔 원시적 정의 네트워크primeval justice network가 있다. 앞서 제3장에서 보았듯이, 이 네트워크는 '그래, 우리는 불의를 처벌하기 위해 우리 자신을 희생해야 해'라고 매우 강하게 느낀다. 갈등의 다른 쪽엔 전두 뇌frontal brain의 큰 그림 네트워크big-picture network가 있는데, 이 네트워크는 정반대로 '안 돼, 안 돼, 안 돼. 성급하게 복수하면 상황이 더 악화돼 모두에게 안 좋아'라고 느낀다. 양쪽 싸움은 다른 신경 독립체로 점점 번져 나간다. 가령 고인에 대한 죄책감, 죽음에 대한 두려움, 하늘이 정의를 내려줄 거라는 희망, 하늘이 정말 존재하는지에 대한 의문, 희생하려는 용기, 살인에 대한 양심의 가책을 느끼면서 내적 갈등이 심화된다.

뇌가 다 다르기 때문에 이 다른 신경 독립체들 간의 충돌은 보편적인 형태를 띠지 않는다. 누구는 죄책감과 의심 사이에서 더 갈등할 것이고, 누구는 용기와 양심 사이에서 더 갈등할 것이다. 하지만 '무엇이 옳은가?'라는 햄릿의 질문이 대단히 복잡하고 어려운 문제를 제기하기 때문에, 다들 어떤 식으로든 신경 갈등을 느낄 것이다. 그리고 그 갈등 때문에 현출성 네트워크가 자극받게 될 것이다.

이러한 자극은 그 자체로 전혀 놀랍지 않으며, 전통적으로 연극이 유발하는 효과이다. 역사상 첫 연극이 상연됐던 무대로 거슬러 올라가더라도, 옳고 그름에 대한 어려운 질문이 제기되었음을 알 수 있다. 《오레스테이아》에서 아들이 자기 어머니를 죽여 아버지의 복수를 하는 게 옳았을까? 《안티고네》에서 우리가 동료 시민을 사랑하는 것보다 가족을 더 사랑하는 게 옳았을까?

이런 식의 연극적 난제가 오래되긴 했지만, 《햄릿》은 여전히 새롭고 혁신적인 방식으로 우리 뇌와 소통한다. 《오레스테이아》와 《안티고네》 같은 이전 연극은 캐릭터들 간의 갈등으로 현출성 네트워크를 촉발시켰다. 한 캐릭터가 "이대로 살 것인가"라고 말하면 다른 캐릭터가 "죽을 것인가"라고 말했다. 결국 우리는 캐릭터들이 경험하지 않는 내적 갈등을 경험했다.

《햄릿》은 근본적으로 다르다. 독백을 사용해 단일 캐릭터 안에서 벌어지는 갈등으로 우리 뇌를 자극한다. 그러한 자극이 우리에게 자기인식을 촉구하면, 우리는 햄릿의 문제를 자각하게 된다. 이렇게

제19장. 구원의 자물쇠를 풀어라

내측 전전두피질의 심안心眼이 우리 자신을 햄릿의 내적 갈등과 동일시하는 순간, 돌연 자기동일시self-identification가 이루어진다.

이는 논리적으론 불가능하다. 우리가 어떻게 다른 사람의 자아와 동일시될 수 있겠는가? 하지만 뇌의 배선 때문에 심리적으론 가능하다. 그 배선은 현출성 네트워크에 들어오는 어떠한 내적 갈등도 자각하게 한다. 그래서 "이대로 살 것인가, 아니면 죽을 것인가"라는 내적 갈등이 들어오면, 우리는 햄릿의 자기인식을 경험하게 된다.

이런 자기인식이 의식의 입구에서 일어나기 때문에, 우리가 '내가 햄릿이야!'라고 대놓고 말하진 않더라도 우리 뇌는 언뜻 그러한 동일시를 경험한다. 에머슨이 직감이라고 묘사했듯이, 그 이유를 꼭 설명할 수는 없지만 사실로 인식하는 것이다. 우리가 셰익스피어의 원래 관객과 똑같이 햄릿의 갈등을 인식하진 못한다 하더라도, 또 우리가 그 갈등을 우리 나름의 방식으로 해결한다 하더라도, "이대로 살 것인가 아니면 죽을 것인가" 사이에서 고뇌하는 경험은 우리가 어느 정도 셰익스피어의 왕자인 것처럼 느끼게 한다.

이러한 자기인식 해킹은 놀라운 혁신이며, 현대 문학의 가장 독특한 특징을 유발한다. 《햄릿》 이전까지 우리는 아킬레우스와 안티고네를 가여워했다. 그런데 《햄릿》 이후로, 우리는 제인 에어와 홀덴 콜필드(《호밀밭의 파수꾼》의 주인공)와 동일시한다. 독백의 신경력에 이끌려 캐릭터를 동정하는 데 그치지 않고 그 캐릭터가 된다.

그 뒤로 수많은 작가가 셰익스피어의 혁신적 돌파구를 따라했다. 그들은 따라하는 데 그치지 않고 그들 나름의 돌파구를 추가하기도 했다.

(새로운 돌파구)

셰익스피어가 떠나고 21년이 흐른 뒤, 서리가 잔뜩 내린 어느 날 밤 매부리코로 유명한 프랑스의 전설적 배우 몽도리Montdory가 테니스 코트를 개조한 마레 극장에 들어섰다. 그는 피에르 코르네유Pierre Corneille 원작의 새로운 연극 《시드The Cid》에서 주인공 로드리고를 연기했다. 연극의 첫 막 끝부분에서, 그는 긴 독백을 읊으며 아버지가 요구하는 명예와 약혼자가 요구하는 사랑 사이에서 내적 갈등을 해결하고자 고심했다.

아버지인가 아니면 약혼자인가? 사랑인가 아니면 명예인가?
의무의 가혹한 속박인가 아니면 마음의 달콤한 압박인가?
행복을 포기할 것인가 아니면 이름을 더럽힐 것인가?
하나는 비통하고, 다른 하나는 상상할 수도 없구나.

이 대사가 11세기 스페인 기사의 목소리로 17세기 프랑스 관객들 앞에서 전달되었다. 입장료를 내고 들어온 방직공과 시계공과 목재상은 그 목소리에 빠져들었다. 스페인 기사와 관객 간에는 뚜렷한 공통점이 없었다. 그런데도 극장을 찾은 근대 초기의 상인들은 무대의 중세 귀족과 자신을 동일시했다. 어찌나 강력하게 동일시했는지, 그중 상당수는 다음날 밤에도 연극을 보려고 또 입장료를 지불했다. 그리고 몽도리가 독백을 시작했을 때, 그들도 객석에서 일어나 배우와 함께 대사를 읊어 나갔다. "아버지인가 아니면 약혼자인가?

사랑인가 아니면 명예인가? 의무의 가혹한 속박인가 아니면 마음의 달콤한 압박인가?"

관객은 정말로 극중 캐릭터가 되었다. 그들의 삶은 그의 삶과 융합되었다.

이는 전례가 없는 일이었다. 시 당국은 갑자기 불안한 기운을 느꼈다. 《시드》가 사회 혁명을 일으킬까 걱정한 나머지, 국왕의 최측근인 리슐리에 추기경은 연극이 위험할 만큼 새롭다면서dangerous novelty 검열을 가했다. 극작가는 억울했지만 어쩔 수 없었다. 그 뒤로 17세기의 남은 기간 동안 극장에서 새로운 독백은 등장하지 못했다.

하지만 《시드》의 독백은 이미 셰익스피어의 발명품이 《햄릿》보다 더 위대하다는 사실을 보여주었다. 물론 《시드》의 독백은 다른 스타일로 쓰였고 다른 배경으로 무대에 올려졌다. 그리고 "이대로 살 것인가 아니면 죽을 것인가" 대신, "사랑인가 아니면 명예인가" 식의 다른 심리적 대화로 표현되었다. 하지만 그 독백은 여전히 동일시를 촉발하며, 셰익스피어의 발명품이 새로운 장르와 새로운 캐릭터와 새로운 내적 갈등으로 전이될 수 있음을 보여주었다.

이 돌파구를 통해, 독백은 더욱 유연해졌다. 그리고 얼마 지나지 않아 또 다른 돌파구가 나오면서 독백은 더 강력해진다.

(소설의 독백)

그 돌파구는 노블novel(소설)로 알려지게 되었다.

우리는 지금 문학이 필요하다

"이전에 볼 수 없던 새로운, 기발한"이라는 원래 뜻에서 알 수 있듯이, 노블 즉 소설은 딱히 분류할 범주가 없었다. 소설의 결정적 특징은 생소함, 실험성, 낡은 규칙의 파기에 있었다. 따라서 18세기와 19세기에 걸쳐 소설 작가들은 혁신을 거듭했다. 그러한 혁신 중 하나는 《햄릿》과 《시드》의 청사진을 새로운 독백으로 완성하는 것이었다.

대니얼 디포Daniel Defoe가 쓴 《로빈슨 크루소Robinson Crusoe》(1719)의 독백에서, 크루소는 모험에 대한 갈망과 그냥 정착해서 열심히 일하고 평범하게 삶을 즐기려는 열망 사이에서 이러지도 저러지도 못 했다.

요한 볼프강 폰 괴테Johann Wolfgang von Goethe가 쓴 《젊은 베르테르의 슬픔 The Sorrows of Young Werther》(1774)의 독백에서, 베르테르는 샤로테를 향한 사랑과 샤로테의 약혼자를 향한 존경 사이에서 이러지도 저러지도 못 했다.

마크 트웨인Mark Twain이 쓴 《허클베리 핀의 모험Adventures of Huckleberry Finn》(1884)의 독백에서, 허크는 천사처럼 행동해서 자기 자신을 구하려는 바람과 거짓말과 속임수와 도둑질을 감행해서 친구인 짐을 구하려는 욕구 사이에서 이러지도 저러지도 못 했다.

햄릿과 시드의 독백처럼, 이러한 상충된 내적 대화는 '무엇이 옳은가?'라는 심오한 질문을 제기하며 현출성 네트워크를 자극한다. 게다가 거기서 멈추지 않고 더 나아가, 무대 위의 독백보다 훨씬 더 강한 느낌의 동일시를 유발한다.

더 강화된 동일시는 단순한 신경계 기원에서 비롯된다. 우리가

제19장. 구원의 자물쇠를 풀어라

연극을 볼 때, 뇌는 우리 몸과 캐릭터 간에 물리적 분리를 의식한다. 그래서 '내가 햄릿이야'라고 생각하면서 동시에 '햄릿이 저 무대에 서 있어'라고 생각한다. 그런데 소설의 활자화된 독백을 읽을 때, 뇌는 동일시를 방해하는 이 두 번째 생각을 하지 않는다. 활자에는 육체화된 배우가 없기 때문에, 우리는 '캐릭터가 저 무대에 서 있어'라는 속삭임을 경험하지 않은 채 캐릭터의 내적 갈등으로 들어갈 수 있다. 그래서 우리 뇌는 '내가 로빈슨 크루소야. 내가 젊은 베르테르야. 내가 허클베리 핀이야'라는 생각만 한다.

소설은 이렇게 우연히 독백을 개선했다. 소설 작가들은 《햄릿》에 새로운 문학적 메커니즘을 고안해 넣지 않았다. 오히려 무대와 배우를 제거했다. 이러한 독백 혁신은 전혀 의도하지 않았지만 심오한 효과를 거두었다. 소설은 독백의 동일시 효과를 방해하는 물리적 요소를 제거함으로써, 빼기를 통해 더하기를 구현해냈다.

더 적은 것에서 더 많은 것을 얻어낸 소설의 메커니즘은, 우리가 햄릿의 독백을 관람하지 않고 읽으면 더 강화된 동일시를 경험할 수 있음을 암시한다. 그런 일이 실제로도 벌어진다. 1811년, 영국 동인도 회사의 회계사 찰스 램Charles Lamb은 그런 현상을 이렇게 기록했다. "연극을 자주 보러가는 사람이 Mr. K라는 배우와 그의 목소리에서 햄릿의 생각을 분리해내기란 참으로 어렵다." 무대에서 《햄릿》을 본다는 말은 곧 햄릿을 연기하는 Mr. 존 필립 킴블을 본다는 뜻이다. 하지만 활자화된 셰익스피어의 희곡을 펼쳐 들면, 완전히 다른 신경 경험을 하게 된다. 램은 그 경험도 기록에 남겼다. "희곡을 읽을 때, 우리는 캐릭터를 보는 게 아니라 바로 그 캐릭터가 된다. 우리는 그 캐릭터의 정신 속으로 들어가게 된다."

에머슨도 그런 현상에 대해 친구인 에드윈 위플Edwin Whipple에게 이렇게 말했다.

자네도 셰익스피어의 배우에게 넋을 잃을 수 있는 행복한 인간들 중 하나로군. 나는 이제 그의 연극 공연을 보러 극장에 갈 때마다 시인에게 넋을 잃는다네. … 배우와 극장과 모든 것은 사라지고….

에드윈 위플과 마찬가지로, 우리 중 대다수는 배우와 극장을 정신에서 제거할 능력이 없다. 그래도 소설 덕분에, 우리는 여전히 에머슨과 똑같이 경험할 수 있다. 《로빈슨 크루소》와 《허클베리 핀의 모험》 페이지에서, 우리는 Mr. K나 몽도리의 무대 연기보다 더 강력하게 작동하는 독백을 찾을 수 있으며, 애쓰지 않고도 문학 캐릭터와 우리를 동일시할 수 있다.

그런데 20세기 중엽, 한 소설가가 독백을 훨씬 더 강력하게 만드는 방법을 또 발견했다.

(혁신)

1960년, 필라델피아 소재 의학 교재 출판사인 J. B. 리핀콧에서 서른네 살 난 로스쿨 중퇴자이자 전직 항공사 매표원인 넬 하퍼 리Nelle Harper Lee의 첫 소설을 출간했다.

《앵무새 죽이기To Kill a Mockingbird》였다. 특별할 것 없는 작가의 첫 소설은 뜻밖에 센세이션을 일으켰다. 작가에게 퓰리처상을 안겼고 4천만 부가 팔렸으며 미국 전역에서 고등학교 문학 강좌의 주요 과목으로 자리 잡았다. 그런데 이 모든 센세이션의 뿌리에는 독백 혁신이 깔려 있었다.

《로빈슨 크루소》, 《젊은 베르테르의 슬픔》, 《허클베리 핀의 모험》처럼 리의 소설도 이럴까 저럴까 고민하는 1인칭 화자의 목소리로 시작한다. 앨라배마주 메이콤에 사는 여섯 살 난 스콧 핀치가 내는 목소리이다. 햄릿과 마찬가지로, 핀치도 두 가지 마음으로 고민한다. 아버지가 당부한 대로 반 친구인 세실의 인종차별적 조롱을 무시해야 할까? 아니면 자신이 겁쟁이가 아님을 세실에게 당당히 보여줘야 할까?

이러한 독백은 햄릿의 "이대로 살 것인가"만큼 극적으로 강력하진 않다. 하지만 무엇이 옳은가? 하는 심오한 질문을 똑같이 제기하면서, 우리 뇌에 스콧과의 직감적인 동일시를 촉구한다. 우리는 여섯 살 아이도 아니고 메이콤 출신도 아니며 세실에게 놀림 받지도 않는다. 그런데도 스콧의 내적 갈등은 우리의 현출성 네트워크를 자극해, 그녀가 우리인 것처럼 느끼게 한다.

리는 대화 같은 내적 독백이라는 셰익스피어의 옛 장치에서 먼지를 털어낸 뒤, 자신의 혁신을 추가한다. 스콧한테 다른 캐릭터들이 독백하는 내용을 관찰하게 한 것이다. 스콧이 다른 캐릭터들과 동일시하는 순간, 스콧을 통해 우리 뇌도 그들과 동일시하게 된다.

우리가 스콧을 통해 동일시하는 캐릭터들 중에 가장 주목할 만한

우리는 지금 문학이 필요하다

인물은 스콧의 아버지 애티커스와 스콧의 은둔형 이웃 레들리이다. 애티커스의 독백적 투쟁은 고향에 대한 애정과 고향 사람들의 인종 편견에 대한 공포이다. 그는 자신의 내적 투쟁에 대해 스콧에게 이렇게 말한다.

우리는 친구들과 싸우는 거란다. 하지만 명심해라. 상황이 아무리 나빠지더라도, 그들은 여전히 우리 친구들이고 이곳은 우리 고향이라는 점을.

레들리의 내적 투쟁은 더 원초적이지만 거창한 웅변이 아닌 묵묵한 행동으로 표출된다. 그는 어린아이처럼 호기심과 두려움 사이에서, 그리고 세상과 연결되고픈 마음과 집 밖에 나가고 싶지 않은 마음 사이에서 오락가락했다.

애티커스와 레들리의 내적 갈등은 확연히 다르지만, 우리는 스콧의 독백을 통해 그들의 독백을 지켜보면서 그들과 동일시하게 된다. 스콧은 마침내 이렇게 말한다.

아버지가 옳았다. 한번은 아버지가 어떤 사람을 제대로 알려면 그 사람 입장이 돼 봐야 한다고 말했다. 레들리의 현관에 서 있기만 했는데도 그 말이 무슨 뜻인지 충분히 알 것 같았다.

이 놀라운 순간, 스콧은 두 사람과 동일시하게 되었음을 깨닫는다. 그녀는 레들리의 "입장"에 서 있을 때, 아버지가 옳았다며 아버지의 눈을 통해 바라본다. 그녀의 내측 전전두피질은 지금 하나의 정신에서 두 가지 정신을 경험하고 있다.

한편, 우리의 내측 전전두피질은 정신을 훨씬 더 확장하는 상태에 도달한다. 스콧이 애티커스와 레들리에게 동일시될 때 우리 뇌는 스콧에게 동일시된다. 다시 말해, 우리 뇌는 지금 하나의 정신에서 세 가지 정신을 경험하고 있다.

이는 《햄릿》이 제공한 동일시를 몇 배나 확대하면서, 에머슨이 말한 더 큰 영혼으로 우리를 묶어준다. 모든 경계를 넘고, 넘고, 또 넘는 초월적인 직감을 우리에게 제공한다.

('인간성 연결기'를 직접 활용하기)

리의 발명품은 강력한 신경 효과를 지닌다. (제1장에서 살펴본) 전능한 마음처럼, 우리의 인간성이 사방으로 뻗어 나가는 것을 느끼게 한다. 그런데 이런 경험을 전능한 마음은 신경화학적 온기로 전하는 반면, 리의 독백 속 독백은 육감六感처럼 느껴지는 피질적 도약으로 전한다. 따라서 우리가 초월적 인간에게서 보는 것은 육욕적 욕망이 아니라 의식의 더 고상한 요소들, 즉 더 높은 의미와 영원한 진리와 보편적 정의이다.

포괄적 가치인 이 직감은 평시엔 목적을, 비상시엔 힘을 우리 뇌에 제공할 수 있다. 아울러 마틴 루터 킹 목사가 설교했던 것, 즉 사랑으로 증오에 대응하라고 우리 뇌에 촉구할 수도 있다. 우리 뇌가 그들과 동일시하면 그들을 사랑하기가 더 쉬워질 테니까. 우리는 생

우리는 지금 문학이 필요하다

물학적 두려움이나 자존심, 분노를 극복하지 않아도 된다. 단지 실제로 우리인 다른 사람들에게 사랑을 베풀기만 하면 된다.

그렇게 사랑을 베풀 때 마지막 경이가 일어난다. 현대 심리학자들이 알아냈듯이, 관대한 행동보다 우리의 행복감을 더 확실하게, 더 깊게, 더 지속적으로 높여주는 것은 없다. 그래서 우리는 다른 사람들에게 사랑을 베풀면서 우리 자신을 진정으로 받아들인다. 시어도어 파커와 초월주의자들처럼 우리는 더 큰 인간 영혼과 연결된다.

그런 영혼에 대한 믿음을 잃었다면, 책장에 가서 독백을 찾아보라.《햄릿》이후, 세상은 다양한 종류의 독백으로 더 풍요로워졌다. 당신과 전혀 닮지 않은 캐릭터에게 동일시를 느낀다면, 아마도 대화 같은 독백 청사진이 있을 것이다. (애티커스처럼) 말로 표출되었든, (레들리처럼) 상충된 행동을 통해 미묘하게 전달되었든 간에 말이다.

세상의 독백이 당신에게 직감을 충분히 제공하지 않는다면, 독백 속 독백이라는 리의 더 강력한 발명품을 찾아보라. 햄릿의 원조 발명품처럼, 리의 발명품도 다양한 변종이 있다. 마릴린 프렌치Marilyn French의《여자들의 방The Women's Room》(1977) 같은 3인칭 변종이 있다. 수 타운센드Sue Townsend의《에이드리언 몰의 비밀 일기, 13살 9개월 The Secret Diary of Adrian Mole, Aged 13¾》(1982) 같은 코믹 변종도 있다. 로버트 제임스 월러Robert James Waller의《매디슨 카운티의 다리The Bridges of Madison County》(1992) 같은 로맨스 변종도 있다. 픽사Pixar의 첫 번째 '토이 스토리' 같은 영화판 변종도 있다.

종류는 다르지만 그 안에는 모두 똑같은 문학 테크놀로지가 깔려 있다. "이대로 살 것인가, 아니면 죽을 것인가." 이 테크놀로지는 당신의 뇌를 그녀와 그에게, 그리고 우리 모두에게 연결하도록 촉구하면서, 당신을 향해 인간성의 기다란 호를 휘게 한다.

제 20 장

미래를
쇄신하라

Wonderworks

가브리엘 가르시아 마르케스의《백년의 고독》,
프란츠 카프카의《변신》

발명품: 혁명 재발견

1959년, 콜롬비아에 변화가 찾아왔다. 그해에 반란 농민들이 안데스 산맥 오지로 탈출해 마르케탈리아 공화국Marquetalia Republic을 세웠기 때문이다.

공화국은 폭우와 폭설이 빈번한 열대림에서 경이롭게 자유와 정의를 구현해나갔다. 그들은 주민 수가 수백 명에 불과할 정도로 적었지만 대담한 확장 계획을 세웠다. 금권金權과 칙령 중심의 낡은 체계를 없애고 유토피아를 건설하려고 했다.

그런데 1964년 늦은 봄, 유토피아는 돌연 막을 내렸다. 콜롬비아 정부가 미군 휴이 헬기의 지원을 받아 16,000명의 군인을 하늘에서 우수수 떨어뜨렸다. 매복 공격을 받은 반군은 공화국을 포기할 수밖에 없었다. 그들은 마체테 칼과 화염병을 챙겨 고지대로 도망갔다. 그리고 그곳에서 콜롬비아 혁명군을 결성하여, 이후 60년 동안 게릴라 활동으로 글로벌 자본주의에 맞서 점점 더 폭력적으로 저항했다. 정부 각료를 납치하고 커피 농장주를 갈취했으며, 여덟 살 아이에게 칼라슈니코프 소총을 들고 싸우도록 훈련시켰다. 하지만 혁명군은 결국 갈가리 찢기며 비참한 최후를 맞았다.

그런데 공화국의 비통한 결말에도 불구하고, 변화를 향한 염원은 북서쪽으로 한참 떨어진 허름한 마을에까지 번져 나갔다. 그곳에 또 다른 콜롬비아 반군인 가브리엘 가르시아 마르케스Gabriel García Márquez 가 있었다. 마르케스는 세상을 바꾸려던 공화국의 야망을 높이 사면서도 처음부터 파멸을 점쳤다. 공화국 이전에도 과거와 단절하고 콜롬비아 역사를 처음부터 다시 쓰겠다는 시도가 여러 차례 있었다. 1854년엔 호세 마리아 멜로 장군이 쿠데타를 일으켰고, 1899년엔 급진 자유당이 천일전쟁을 일으켰다. 1953년엔 구스타보 로자 피닐라 장군이 또다시 쿠데타를 일으켰다. 그때마다 콜롬비아 국민은 완전히 새로운 생활 방식을 약속받았다. 그리고 그때마다 대학살과 빈곤과 혼란에 시달렸다.

그래서 가브리엘 가르시아 마르케스는 실패한 변화의 역사를 되짚어 보면서 다른 방식의 혁명을 시도하기로 마음먹었다. 과거에서 탈출하는 대신, 과거로 돌아가 새롭게 되짚어보기로 했다.

(새로운 세상의 시작)

1965년 7월, 마르케탈리아 공화국이 사라진 지 1년이 조금 지난 시점이었다. 마르케스는 갑작스러운 기억으로 완전히 달라졌다.

우리는 지금 문학이 필요하다

불현듯, 할머니의 방식으로 이야기를 전해야 한다는 생각이 뇌리를 스쳤다. 소년이 아버지에게 이끌려 얼음을 발견하러 간 오후부터 시작해야겠다.

1967년 출간된 소설 《백년의 고독Cien Años de Soledad》 첫 줄은 이렇게 "불현듯" 떠올랐다. "오랜 세월이 흐른 뒤, 총살형 집행 대원들 앞에 선 아우렐리아노 부엔디아 대령은 아버지에게 이끌려 얼음을 발견하러 갔던 오래전 오후를 떠올렸다."

이 놀라운 첫 문장은 전 세계 수백만 독자들을 홀려 마르케스에게 노벨 문학상을 선사하도록 돕는다. 이 첫 문장의 비범함은 "얼음을 발견하러"에서 절정에 달한다. 이 두 단어는 아무 감정도 실리지 않은 단순한 사실이지만 우리 뇌를 혼란에 빠트린다. 얼음을 발견한다고? 그게 어떻게 가능하지? 얼음은 이미 세상이 다 알고 있는 것 아닌가?

답은 간단하다. 아우렐리아노 부엔디아 대령과 그의 아버지는 실제로 얼음을 발견하지 않았다. 재발견했다. 우리가 구아바를 처음 맛보거나 마르케탈리아 공화국에 대해 처음 배울 때, 우리는 다른 사람들이 발견했던 것을 재발견하는 것이다. 실은 《백년의 고독》을 읽기 시작할 때 우리가 하는 것도 마찬가지이다. 대령이 얼음 재발견을 기억하는 그 순간, 우리는 그 재발견을 또 재발견한다. 우리는 대령이 이미 아는 것을 처음으로 배운다.

이러한 재발견 경험은 《백년의 고독》 도입부에서 몇 번이고 반복된다. 첫째, 우리는 대령의 아버지가 세상을 어떻게 재발견했는지 재발견한다. "세상이 생긴 지 얼마 안 돼 아직 이름이 없는 게 많

았기 때문에 그것들을 지칭하려면 일일이 가리켜야 했다." 그러면서
더 많은 재발견이 뒤따른다.

해마다 3월이면 누더기 차림의 집시 가족이 마을 어귀에 천막을 쳐놓고는
나팔을 불고 북을 쳐대면서 요란하게 새로운 발명품을 선전하곤 했다. 그
들이 처음 가져온 물건은 자석이었다.

자석은 너무나 오래된 발명품이라 기원전 2세기 한나라의 무역
상들에게도 알려져 있었다. 그런데도 대령의 아버지에겐 진기한 '새
발명품'이다. 진기한 물건에 대한 그의 재발견은 망원경과 아스트롤
라베astrolabe(고대 천문 관측의), 나침반과 육분의六分儀로 계속 이어진다.
이 오래된 항해 용품들은 대령의 아버지에겐 새로운 물건이다. 그는
이 물건으로 또 다른 놀라운 재발견을 이뤄낸다. "지구는 둥글다, 마
치 오렌지처럼." 그때까지 대령의 아버지는 평평한 지구에서 살았
다. 하지만 뒤늦게 우리의 둥그런 세상을 재발견한다.
　《백년의 고독》은 왜 우리에게 온갖 재발견을 보여주는 것일까?
왜 구세계를 신세계로 묘사하고 또 묘사하는 것일까? 이 모든 것은
마르케스가 할머니의 이야기 방식을 재발견했던 그 "불현듯"으로
거슬러 올라간다. 그 순간 그의 뇌에서 특별한 일이 일어났기 때문
이다.

우리는 지금 문학이 필요하다

(재발견의 과학)

우리 뇌는 재학습으로 알려진 묘기를 부릴 수 있다.

재학습은 우리의 망각 능력을 활용하는데, 망각이 꼭 학습과 반대되는 신경은 아니다. 학습은 신경이 새로운 시냅스 연결을 확장할 때 일어나고, 망각은 그 연결이 약해질 때 일어난다. 그런데 이상하게도, 뇌는 학습한 것을 한꺼번에 망각하지 않고 시차를 두고 망각한다. 최초의 시냅스 연결은 몇 분 만에 쪼그라드는 반면, 마지막 연결은 오랜 인생 교훈에 들러붙어 몇 년 동안 유지될 수 있다.

뉴런은 왜 이런 식으로 작동할까? 왜 기억하겠다고 혹은 잊겠다고 선택하지 않는 걸까? 뉴런은 왜 미래에 중요하겠다고 생각한 기억을 온전히 간직하지 않는 걸까? 또는 별로 중요하지 않겠다고 생각하는 기억을 왜 싹 지우지 않는 걸까? 우리 뇌는 왜 반쯤 사라진 페이지로 이뤄진 책들을 그대로 유지하는 걸까?

이 미스터리에 대한 답은 없다. 우리 뇌는 자연선택을 통해 마구잡이로 생겨났기 때문에 그 답을 알 수 없다. 하지만 망각의 신경 방식 이면에 딱히 무슨 원리는 없더라도 그 나름의 장점은 있다. 모든 걸 다 망각하지 않음으로써 우리는 시간을 아낄 수 있다. 자전거 타기를 처음 배울 때보다 다시 배울 때 더 빨리 익힌다. 재학습은 또 다른 장점이 있다. 두 번째 시도에선 다른 식으로 배울 수 있다. 재학습 상황에서 뉴런은 전에 남아 있던 연결과 공존하게 될 새로운 연결을 통해, 이전 학습과 새 학습을 혼합한다. 그 과정에서 때로는 참신한 돌파구가 열린다. 예전 뇌가 알던 방식과 다르게 자전거 타는 방법을 고안해내는 것이다.

결국 망각했다가 다시 배우면서, 우리는 과거의 지혜에 현재의 참신한 관점을 추가할 특별한 발견 기회를 얻는다. 애초에 배운 적이 없었다면, 우리를 이끌어줄 현재 관점밖에 없을 것이다. 또 망각하지 않았다면, 우리는 역사를 끝없이 반복할 것이다.

이러한 재학습 과정은 우리 삶을 풍요롭게 해준다. 지금 바로 맛보고 싶다면, 책장에 가서 몇 년 전에 읽었던 소설을 한 권 뽑아보라. 페이지를 넘기다 보면, 몇 가지 떠오르는 사항과 이전에 미처 파악하지 못했던 새로운 사항이 뒤섞여 향수와 깨달음을 맛볼 것이다. 아울러 소설novel의 어원답게 새로운 느낌을 받을 것이다.

이런 재학습은 개별적으로만 이뤄지는 게 아니라 집단적으로도 이뤄진다. 그래서 다 함께 세상을 바꿀 수도 있다.

(함께 다시 배우기)

각 세대는 이전 세대의 노하우를 다시 배워야 한다. 인류학자들은 이런 사회적 과정이 뇌의 재학습과 비슷하다는 점을 발견했다. 각 세대는 이전 세대의 안내를 받아 기존 노하우를 더 빨리 습득한다. 아울러 독창적인 발견을 이뤄낼 만한 새로운 관점을 추가하기도 한다.

16세기 폴란드 북부 마을에 살았던 니콜라우스 코페르니쿠스 Nicolaus Copernicus도 아스트롤라베와 육분의를 이용해 그런 독창적인 발견을 이뤄냈다. 그는 대령의 아버지가 《백년의 고독》에서 재발견

우리는 지금 문학이 필요하다

할 때 사용한 것과 똑같은 천문 도구를 이용해 밤마다 별자리의 위치를 연구했다. 그런데 별자리 위치는 이미 300년 전에 아랍 천문학자들이 연구해서 《알폰신 테이블The Alfonsine Tables》이라는 커다란 책에 다 기록해두었다. 코페르니쿠스는 이 책을 참고로 자신의 아스트롤라베와 육분의를 들고 별자리를 다시 관측했다. 그러다 생각지도 못한 깨달음을 얻었다. 아랍 천문학자들의 생각과 달리, 지구는 우주의 중심이 아니었다. 오히려 태양 주위를 돌고 있었다.

이는 참으로 놀라운 통찰이었다. 너무 놀라워서 코페르니쿠스는 20년 넘게 기다렸다가 인생 말년에 가서야 이렇게 발표했다. "지구가 우주의 중심에 가만히 놓여 있다고 철석같이 믿는 사람들에게, 내가 만약 그 반대로 지구가 움직인다고 주장하면 얼마나 이상하게 들릴지 나는 알고 있었다."

코페르니쿠스의 발견은 어떤 새로운 증거에 근거하지 않았기 때문에 더 이상하게 들렸을 것이다. 별자리는 아랍 천문학자들이 수세기 전에 관측했던 것과 똑같았다. 유일하게 다른 거라고는 코페르니쿠스의 관점이었다. 수세기 동안 천문학은 지구가 움직이지 않고 가만히 있다는 고정관념에 사로잡혀 있었다. 그런데 코페르니쿠스는 낡은 별자리표를 재학습함으로써 우리를 새로운 세상으로 안내했다.

빙글빙글 도는 세상으로.

(《백년의 고독》에서 이뤄진 코페르니쿠스적 재발견)

《백년의 고독》은 가브리엘 가르시아 마르케스의 코페르니쿠스적 재발견에서 비롯되었다. "할머니의 방식으로 이야기를 전해야 한다는 생각이 뇌리를 스쳤다."

마르케스는 할머니가 옛날이야기를 들려주던 방식을 재학습함으로써, 이전과 전혀 다른 이야기를 들려주게 되었다. 그리고 그 이야기는 코페르니쿠스적 재발견으로 가득 차 있다. 대령의 어머니 우르슬라가 마콘도 마을 밖으로 여행을 떠나는 이야기만 해도 그렇다. 이 여정을 떠나기 위해, 우르슬라는 남편의 이전 발자취를 따라간다. 그런데 남편과 달리, 그녀는 빈손으로 돌아오지 않는다. 익숙하지만 왠지 낯선 사람들을 잔뜩 데리고 돌아온다.

> 그들은 이틀쯤 가면 나오는 늪지대 건너편에서 왔다. 달마다 우편물이 도착하고 편리한 생활 도구에 익숙한 마을에서 온 사람들이었다.

코페르니쿠스와 마찬가지로, 우르슬라도 옛 길을 따라 옛 장소로 갔다가 새로운 세상을 발견했다.

이는 마르케스 소설에서 가장 희망적인 순간이다. 그 뒤로 재발견 분위기가 서서히 사라진다. 캐릭터들은 과거를 점점 잊어버리고, 뒤이은 세대는 역사를 재학습하는 대신에 단순히 반복한다. 《백년의 고독》 속 캐릭터들은 돌고 돌다가 결국 어디에도 이르지 못하지만, 소설 자체는 우르슬라의 혁신 청사진을 우리에게 가르쳐줌으로써 계속 변하고 있다.

그 가르침은 또 다른 발자취 추적에서 비롯된 문학 발명품이 제공한다. 우르슬라처럼 발자취를 쫓아가다 마주친 문학 발명품은 시적 언어가 일반 언어와 같지 않다는 사실을 우리에게 알려준다. 즉 일반 언어는 "파란 꽃"이라고 하지만, 시적 언어는 "꽃, 파란"이라고 한다.

시적 언어는 왜 이렇게 작동할까? 단어를 왜 엉뚱한 자리에 배열할까? 시인들 역시 뇌처럼 마구잡이식 진화에 이끌린 탓인지 아무런 설명도 해주지 않는다. 그런데 2세기 전, 영국의 시인이자 평론가 새뮤얼 테일러 콜리지Samuel Taylor Coleridge는 아편에 취한 채 완성한 《문학 평전Biographia Literaria》(1817)에서, 시적 언어가 "재창조"를 위해 일상적인 말을 재배열한다는 가설을 제기했다. 시인이 단순히 "파란 꽃"이라고 적었다면, 우리는 금세 과거로 돌아가 예전에 봤던 모든 파란 꽃과 그 꽃을 혼합했을 것이다. 그런데 시인이 "꽃, 파란"이라고 적었기 때문에, 우리 눈은 그 꽃을 본래 빛으로 바라보며 진심으로 그 아름다움을 즐기게 된다.

심리학자들은 그 후 콜리지의 가설이 옳았음을 확인했다. 시적 표현은 도파민 분출로 뇌를 느려지게 해서 기존 기억과 새로운 정신적 관점이 섞이게 한다. 이러한 혼합은 이전의 독서 습관을 깨뜨린다. 그래서 우리가 지루할 정도로 평범하게 여겼던 것들을 낯설게 만들고, 새로운 세부사항과 새로운 주안점과 새로운 발견 기회를 포착하도록 영감을 불어넣는다.

재학습을 위한 이런 시적 자극은 《백년의 고독》 곳곳에서 찾아볼 수 있다. 소설 첫 페이지부터 예상치 못한 문구가 터져 나온다. "강줄기, 속이 훤히 비치는", "돌들, 선사 시대 알처럼 희고 거대한", "참새 발처럼 생긴 손", "지혜로운 연금술사들", "못과 나사들의 몸부림"….

그런데 이 낡은 발명품은 《백년의 고독》에서 재발견되는 것으로 그치지 않는다. 더 새롭게 혁신된다.

(《백년의 고독》이 이룬 혁신)

가브리엘 가르시아 마르케스보다 한 세대 전, 호르헤 루이스 보르헤스Jorge Luis Borges라는 이름의 아르헨티나 단편 작가가 프란츠 카프카Franz Kafka의 1915년 소설 《변신The Metamorphosis》을 다시 읽었다. 보르헤스는 카프카가 시적 언어라는 옛 발명품을 취해 시적 서술로 재발명했다는 점에 주목했다. 시적 서술은 낡은 규칙을 비틀면서 시적 언어를 따라갔다. 그런데 시적 언어가 문법 규칙을 비튼 데 반해, 시적 서술은 이야기 규칙을 비틀었다.

카프카가 비튼 이야기 규칙은 너무나 단순했다. 젊은 청년이 가족과 한집에 사는 익숙한 이야기를 취한 다음, 그 젊은이를 거대한 벌레로 바꾼 것이다. "파란 꽃"을 "꽃, 파란"으로 재배열하던 때와 마찬가지로, 인간을 벌레로 재배열하면서 어떤 설명도 제공하지 않는다. 그 목적은 논리적으로 새로운 서술 법칙을 수립하는 게 아니다. 우리를 놀래어서 낡은 법칙을 재고하게 하는 것이다. 《변신》에서 말

우리는 지금 문학이 필요하다

하는 낡은 법칙은 가족의 사랑이다. 과거에 우리는 도덕적 우화와 감상적 소설 등을 통해 가족의 사랑은 사심 없이 관대하다고 배웠다. 그런데《변신》에서, 곤충으로 변한 청년이 부모에게 거부당하고 방에 칩거한 채 죽음을 맞이하는 순간, 우리는 가족의 사랑이 대단히 조건적일 수 있음을 다시 배운다.

호르헤 루이스 보르헤스는 카프카의 초현실주의 발명품을 재발견하고 20년 후, 이 발명품을 이용해 다음과 같은 시적 서술을 십여 편 완성했다.

〈아스테리온의 집The House of Asterión〉에선, 한 남자가 문 없는 회랑으로 된 집을 탈출할 수 없다고 미친 듯이 소리치다가 … 결국 자신이 다이달로스의 미궁에 갇힌, 완전히 멀쩡한 미노타우로스임을 밝힌다.

〈피에르 메나르, '돈키호테'의 저자Pierre Menard, author of Quixote〉에선, 한 학자가 《돈키호테》에 푹 빠지다 못해 결국 그 작가가 되어 한 글자씩 다시 쓴다.

〈바벨의 도서관The Bibliotheca of Babe〉에선, 책으로 가득한 도서관이 나오는데, 거기엔 타자기의 가능한 모든 배열이 들어 있어서 헛소리를 끝없이 쏟아내는 책뿐만 아니라 하나님의 비밀을 다 까발리는 책도 있다는 흥미로운 전망을 내놓는다.

《변신》과 마찬가지로, 이러한 서술은 익숙한 스토리를 새롭게 볼 수 있도록 그 스토리의 한 요소를 재배열한다. 미노타우로스의 전설은 미노타우로스의 관점에서 전달하는 식으로 재배열된다. 기사도 로맨스에 도취된 남자에 관한 고전 소설은 기사도 로맨스와 고전 소설을 맞바꾸는 식으로 재배열된다. 바벨의 성경 이야기는 고대 언어와 현대 문서를 교환하는 식으로 재배열된다. 우리가 이런 옛 플롯을 다시 볼 때, 독창적인 가능성이 부상한다. 우리는 미로를 벗어나고, 같은 페이지를 다시 쓰는 일도 멈춘다. 우리는 헛소리로 가득한 책들을 책장에 놓아둔다.

그리고 "불현듯" 앞으로 펼쳐질 새로운 서술을 경험한다.

(《백년의 고독》, 보르헤스를 재발견하다)

〈아스테리온의 집〉은 850단어도 안 되는 짧은 스토리이다. 《변신》은 19,000단어 정도의 중편 소설이다. 《백년의 고독》은 144,000단어가 넘는 서사시이다.

이 서사시적 길이는 시인들의 옛 발견을 또다시 재발견하려는 가브리엘 가르시아 마르케스의 야심을 단적으로 보여준다. 처음에 시인들은 단어 바꾸기rewording를 발견했다. 다음으로 카프카와 보르헤스는 세상 바꾸기reworlding를 발견했다. 마르케스는 여기서 더 나아간다. 그는 시적 언어와 시적 서술이라는 옛 발명품을 이용해 시적 역사poetic history라는 새로운 발명품을 고안해낸다. 우리의 집단적 기억을 재배열하여, 우리가 어디서 왔고 또 어디로 달리 갈 수 있는지 재학습하도록 돕는다.

이러한 재배열은 《백년의 고독》 첫 문장에서 시작해 첫 장 전체로 점점 번져, 연속적인 "환각 경험"으로 우리를 몰아넣는다. 그러한 경험을 통해 우리는 "상상력을 극한까지" 펼치면서, 다른 사람들 눈에 보이지 않게 된다는 집시의 물약과 돼지 꼬리를 한 소년과 날아다니는 카펫을 목격하게 된다. 그러면서 우리 뇌는 도파민에 취해 붕 뜨게 된다.

기분이 붕 뜨기 시작하면, 《백년의 고독》은 우리 뇌를 활발한 재발견 속으로 밀어 넣고, 대령의 아버지와 함께 메마른 땅에 있는 스페인 갤리선을 찾아 헤매게 한다. 이는 분명히 또 다른 환각 경험이다. 그런데.

여러 해가 지나 이 지역에 정기 우편 도로가 생겼을 때, 아우렐리아노 부엔디아 대령은 그곳을 다시 찾아갔다. 그런데 양귀비꽃이 만발한 들판 한가운데 타다 남은 선체가 여태 남아 있었다. 갤리선이 어떻게 육지 한가운데 있을 수 있느냐고 못 미더워하던 그는, 그제야 아버지 얘기가 상상의 산물이 아니라는 것을 깨달았다.

대령이 아버지의 원래 발견을 재발견할 때, 우리는 잠시 멈추고 그것을 새로운 눈으로 바라보게 된다. 잠시 멈춘 동안, 우리는 중력의 옛 법칙을 다시 숙고하면서 전에는 불가능할 것 같았던 항해에 마음을 연다.

우거진 정글을 jungle green 지나 오렌지 세상으로 나아가는 항해에.

('혁명 재발견'을 직접 활용하기)

가브리엘 가르시아 마르케스가 나오기 훨씬 전에도 작가들은 우리에게 새로운 세상을 상상하라고 촉구했다. 기원전 360년, 플라톤은 신화적 공간인 아틀란티스를 묘사했다. 421년, 중국의 은둔 시인 도연명은 《도화원기》라는 목가적 이상향을 묘사했다. 1888년, 매사추세츠주의 저널리스트 에드워드 벨라미Edward Bellamy는 《뒤를 돌아보면서Looking Backward》라는 소설로 유토피아적 공상과학 소설에 대한 열풍을 불러일으켰다.

하지만 이러한 작품과 그 아류작은 한 가지 중요한 측면에서 《백년의 고독》과 다르다. 그것들은 과거를 재발견하라고 촉구하지 않는다. 오히려 삭제하라고 촉구한다. 때로는 삭제가 눈에 보이게 이뤄진다. 아마겟돈이 발생해, 지진이나 역병이나 핵폭탄으로 구세계를 확 쓸어버린다. 때로는 삭제가 은밀하게 이뤄진다. 이야기가 시간을 훌쩍 건너뛰어서 전개되거나 전혀 낯선 땅으로 이동해서 전개되어, 기존 세계의 얼룩에서 벗어나 새로운 공동체를 꽃피운다. 뭐가 됐든, 작가들은 마르케탈리아 공화국과 같은 급진적 청사진을 따른다. 그들은 기존 사회 질서를 싹 없애고 원점에서 재부팅하려고 한다.

반면에 가브리엘 가르시아 마르케스의 혁신은 과거를 함께 가져간다. 《백년의 고독》에서 그는 1854년 호세 마리아 멜로 장군의 쿠데타부터 1953년 구스타보 로자 피닐라 장군의 쿠데타까지 콜롬비아의 힘겨웠던 한 세기를 시적으로 다시 들려준다. 그 역사를 재학습하도록 안내함으로써, 아틀란티스에서 마르케탈리아까지 실패로 끝난 유토피아의 비극적 사이클을 깨뜨린다. 그의 발명품은 낡은 뿌리를 새로운 가지와 섞음으로써, 우리의 미래를 유기적으로 쇄신한다.

《백년의 고독》이 나오고 수십 년 동안, 마르케스의 창작품은 수많은 작가에게 재발견되었다. 토니 모리슨Toni Morrison의 《빌러비드 Beloved》, 무라카미 하루키의 《양을 쫓는 모험A Wild Sheep Chase》, 라우라 에스키벨Laura Esquivel의 《달콤 쌉싸름한 초콜릿Like Water for Chocolate》, 기예르모 델 토로Guillermo del Toro 감독의 '판의 미로Pan's Labyrinth', 알폰소 쿠아론Alfonso Cuaron 감독의 '로마Roma' 등 다양한 책과 영화가 출시되었다. 그러므로 지난날의 실수를 자꾸 되풀이하는 삶에 갇혔다고 느낀다면, 당신의 마음에 시적 역사history poetic를 공급해보라.

당신이 알던 백년을 다시 보라.

그리고 새로운 혁명을 꿈꾸도록 하라.

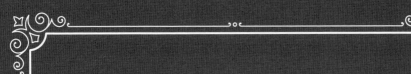

제 21 장

더 현명하게
결정하라

Wonderworks

어슐러 르 귄의 《어둠의 왼손》,
토머스 모어의 《유토피아》,
조너선 스위프트의 《걸리버 여행기》

───────

발명품: 이중 이방인

1948년 가을, 뉴욕 맨해튼에서 로스앤젤레스 웨스트우드까지 대학생이라면 누구나 앨프리드 L. 크로버Alfred L. Kroeber의 《인류학 Anthropology》을 반드시 읽어야 했다. 그런데 그해 가을엔 신학기 의식이 조금 다르게 치러졌다. '동시 발명Simultaneous Inventions'이라는 새로운 요소를 포함하도록 고전이 개정되었기 때문이다.

망원경　얀센, 리퍼세이, 메티우스, 1608년

증기선　주프루아, 럼지, 피치, 시밍턴, 1783~1788년

전신　모르스, 스타인힐, 휘트스톤, 쿡, 1837년

사진　다게르와 니에프스, 탤벗, 1839년

외과 마취　잭슨, 리스턴, 모튼, 로빈슨, 1846년

전화　벨, 그레이, 1876년

축음기　크로스, 에디슨, 1877년

제21장. 더 현명하게 결정하라

망원경, 카메라, 전화기 등 여러 장치가 두 곳, 세 곳, 심지어 네 곳에서 동시에 발명되었다. 하지만 이를 발명한 사람들은 서로 전혀 몰랐다. 그들은 세상을 바꾸는 동일한 청사진에 독자적으로 모여들었다.

동시 발명 목록은 학생들에게 깊은 인상을 남겼다. 워낙 깊어서 교재의 다른 내용이 대부분 폐기되고 저자마저 사망한 후에도 그 목록은 계속 인쇄되었다. 그리고 한 학생에겐 특히 강한 인상을 남겼는데, 바로 저자의 딸인 어슐러였다.

어슐러 크로버Ursula Kroeber도 목록이 출간될 때 대학생이었다. 하지만 어슐러는 아버지가 교과서 개정 작업을 하던 몇 년 전부터 목록을 이미 알고 있었다. 당시, 캘리포니아 버클리에 있는 집에서 아버지는 그게 단순한 목록이 아니라 그 자체로 특별한 목적이 있는 발명품이라고 설명했다. 그 목적은 바로 정신적 편향에서 독자들을 해방시키는 것이었다. 어슐러의 아버지는 그 편향을 "역사의 위대한 인간 이론"이라고 불렀다. 오늘날, 현대 심리학자들은 흔히 '기본적 귀인 오류fundamental attribution error'라고 부른다. 우리 뇌가 개인의 실패와 성공을 판단할 때 개인적 요인은 과대평가하면서 더 큰 상황적 요인은 과소평가하는 경향을 말한다.

어슐러는 아버지의 발명품에 무척 매료되었다. 그런데 그 청사진을 곰곰 들여다보다 문득 이상한 점을 발견했다. 그것이 낡은 편견을 없애긴 했지만 그 과정에서 새로운 편견을 조장했던 것이다. 그 목록은 망원경, 카메라, 전화기 같은 발명품에 외부 환경의 중요성을 강조함으로써, 아버지의 인류학 연구에서 핵심 가정, 즉 개인은

우리는 지금 문학이 필요하다

그 문화에 의해 형성된다는 점을 옹호했다. 다시 말해서, 현대 인류학의 이기적 편향self-serving bias을 고착시켰다.

어슐러는 이 점에 주목했을 때 다음과 같은 사항이 궁금했다. 아버지의 공학적 위업은 애초에 별 가망이 없는 걸까? 우리는 실제론 자기중심적 편향egocentric bias, 확증 편향confirmation bias, 맹점 편향blind-spot bias 등 온갖 정신적 문제에 사로잡혀 있으면서 속으론 점점 더 객관적으로 되어 간다고 생각하도록 운명 지어졌을까? 아니면 아버지의 발명품에서 결점을 고치는 게 가능할까? 잘못된 판단을 내리기 전으로 돌아가서, 편향의 원인을 제거하고 뇌를 원래의 중립 상태로 되돌릴 방법이 있을까?

궁금증을 해결하고자, 어슐러는 그 원래 상태를 알아보기로 마음 먹었다. 그래서 아버지의 교재를 내려놓고 유서 깊은 래드클리프 대학 도서관으로 향했다. 어슐러는 높다란 창문에서 비쳐드는 햇빛을 받으며 퀴퀴한 냄새가 나는 책장을 죽 훑었다. 그리고 세계에서 가장 오래된 인류학 문헌을 한 아름 뽑아 들었다.

어슐러는 그 속에서 편향을 깨부술 특별한 종류의 문학을 기어이 발견했다.

(편향을 깨부술 문학)

가장 오래됐다고 알려진 인류학 문헌은 주로 고대와 중세의 여행 기록들이다. 가령 이집트 할례의식에 대한 헤로도토스Herodotos의 기원전 4세기 자료. 중국 남송 시대 탑에 그려진 시인 범성대范成大의 12세기 지형도. 페르시아강의 과일, 잔지바르의 절인 고추, 옛 무굴 제국의 씨앗 먹는 마법사에 대한 이븐 바투타Ibn Battuta의 14세기 안내서 등. 이러한 여행기에는 다른 문화를 목격한 사람들의 진술이 나오는데, 인간의 삶을 보편적으로 만드는 것에 대한 추정이 뒤섞여 있다.

그러다 16세기 초, 영국 왕실 고문이던 30대의 토머스 모어Thomas More는 '가짜 여행기를 써 보면 어떨까?'라는 생각에 사로잡혔다. 사기나 속임수가 아니라 문학 작품으로서 가짜 여행기를 써 보고 싶어 했다. 친구들은 엉뚱한 생각이라고 타박했지만, 모어는 전혀 엉뚱하지 않은 목적을 염두에 두고 있었다. 가짜 여행기를 활용해서 여행의 진정한 장점 중 하나인 편향 깨기를 더 효과적으로 전하고 싶었던 것이다.

모어는 외교 여행을 다니면서 여행이 편향을 깨는 데 좋다는 사실을 일찌감치 깨달았다. 돌탑으로 유명한 칼레, 향신료가 풍부한 브루제 등 유럽 여러 지역을 관찰하는 과정에서 자국 중심의 선입견을 버리고 인간 문화에 대한 폭넓은 시각을 형성했기 때문이다. 현대에 들어와서, 모어의 관찰은 글로벌 신경과학자들 덕분에 더 확대되었다. 신경과학자들은 여행이 뇌의 전측대상피질anterior cingulate cortex, ACC을 자극해 진짜로 편향을 깨뜨릴 수 있음을 알아냈다. ACC는 발톱 모양의 오류 감지기로, 우리의 정신적 기대치를 추적하다 그 기대가 제대로 충족되지 못하면 경보를 발령한다. 경보가 발령되면 우리는 어색함을 느끼고 멈칫한다. 이러한 경보는 부정확한 사전

평가에 따라 입과 팔다리를 함부로 놀리지 못하게 예방하고, 더 정확한 의견을 도출하는 데 필요한 새로운 데이터를 스캔할 시간을 제공한다.

우리는 낯선 영역을 방문할 때 늘 어색함을 느낀다. 그 영역에선 어떤 것도 우리 기대에 부합하지 않는다. 음식, 지리, 날씨 등 모든 게 낯설고 놀랍다. 따라서 ACC가 계속 작동하면서, 반사적 행동을 멈추게 하고 주변 환경을 더 면밀히 관찰하라고 촉구한다. 정보를 수집하는 이런 긴장된 상태는 불편하고 또 당황스럽기도 하지만, 심리적 보상을 풍성하게 제공할 수 있다. 뇌가 여행을 통해 경이로운 배움의 기회를 얻기 때문이다. '와, 저런 게 있었다니, 미처 몰랐어!' 여행을 통한 ACC의 경보 발령은 다소 덜 알려져 있지만 똑같이 놀라운 보상을 한 가지 더 제공한다. 그 보상은 펠로폰네소스반도 서쪽에 살던 한 그리스인이 23세기 전에 처음으로 발견했다.

그는 엘리스Elis 출신의 피론Pyrrhon이었다. 피론은 청년 시절 동쪽으로 수천 마일을 여행했다. 걷기도 하고 노새나 뗏목을 타기도 하면서 흑해를 지나고 프리지아 사막을 가로질렀다. 그리고 메소포타미아의 비옥한 초승달 지대까지 두루 다니면서, 페르시아 제국 아케메네스 왕조의 조로아스터교 마기Magi(승려)도 만나고 갠지스강 계곡의 벌거벗은 수도자도 만났다. 외국인들과의 만남은 피론의 ACC를 촉발시켰고, 그가 "판단"이라고 언급한 정신 활동을 유보시켰다. 정신 활동이 유보되는 동안, 피론은 참으로 놀라운 평온을 경험했다. 그래서 판단을 완전히 그리고 영원히 유보할 수 있다면, 아타락시아 ataraxia, 즉 정신의 완전한 평정 상태에 이를 수 있겠다고 생각했다.

제21장. 더 현명하게 결정하라

피론은 아타락시아에 이르는 게 무척 힘들다고 인정했다. 현대 신경과학에선 아예 불가능하다고 여겨왔다. 아침에 일어나려면 (또는 그냥 누워 있으려고 해도), 뇌는 의식적으로든 반사적으로든 판단을 내려야 한다. 그렇긴 하지만 21세기 과학자들은 피론이 부분적으론 옳았음을 발견했다. 즉 여행이 판단을 어느 정도 유보할 수 있게 한다는 것이다.

일단, 과학은 우리가 타인에 대한 판단을 포함해 여러 가지 판단을 영구히 유보할 수 있다는 사실을 밝혀냈다. 우리 뇌는 물론 끊임없이 판단을 내린다. 거리에서 낯선 사람을 보고 판단을 내린다. 잡지에 나오는 유명인사를 보고도 판단을 내린다. 집과 사무실과 레스토랑에서 가족과 동료와 친구를 보고도 판단을 내린다. 이러한 판단은 즉각적으로 뉴런을 흥분시킨다. 미량의 마약을 복용한 것처럼 감정적 우월감에 취하는 것이다. 하지만 장기적으로 보면, 우리를 불안에 빠트리고 호기심과 행복감을 떨어뜨린다. 따라서 판단을 유보하면 장기적으로 정신적 웰빙을 개선할 수 있다.

과학은 우리가 타인에 대한 판단을 무한정 유보할 순 없다 하더라도, 최대한 오래 그 판단을 유보해서 얻는 이익이 여전히 있음을 밝혀냈다. 판단을 유보하는 시간이 길어질수록 판단의 정확성이 높아지기 때문이다. 더 나은 의사결정을 내리는 메커니즘을 수십 년간 연구한 결과, 연구자들은 더 오랜 시간과 더 많은 정보가 핵심이라는 귀한 사실을 알아냈다. 다시 말해서, 최후의 순간까지 유보할수록 정확한 판단을 내릴 가능성이 크다는 것이다.

여행은 우리가 그렇게 하도록 돕는다. 여행은 음식과 풍경뿐만

우리는 지금 문학이 필요하다

아니라 사람에 대한 기대치에도 도전을 제기한다. 피론이 만났던 마기와 수도자처럼, 우리가 여행 중에 만나는 사람들은 우리의 앞선 정신 모형mental models과 원활하게 일치하지 않는다. 그들의 의상과 관습과 언어는 우리의 기억 장치에 있는 것과 다르다. 따라서 그것들은 ACC를 자극해 신속한 판단을 지연시켜서, 정신적 웰빙은 물론이요 우리가 최종적으로 내릴 판단의 정확성도 개선한다. 뇌에 미치는 ACC의 지연 효과는 심지어 여행이 끝난 후에도 지속된다. 심리학자들이 알아낸 바, 우리가 멀리 떨어진 문화에 깊이 몰입하면 할수록, 집에 돌아온 뒤에도 뇌는 타인에 대한 판단을 더 지연한다.

여행에 편향 깨기 효과가 있기 때문에, 여행기에도 그런 효과가 있을 거라고 기대하기 쉽다. 실제로 헤로도토스와 범성대와 이른 바 투타의 여행기는 인류학적 기대를 좌절시키는 이국땅에 뇌를 몰두하게 함으로써, 우리의 ACC를 자극하도록 기획된 것 같다. 하지만 토머스 모어가 16세기 초에 깨달았듯이, 전통적인 여행기는 여행의 편향 깨기를 제대로 흉내 내지 못했다. 편견을 억제하기는커녕 오히려 더 고착시킬 때가 많았다.

(전통적 여행 서술의 문제점)

헤로도토스, 범성대, 이반 바투타의 여행 서술은 매우 달라 보인다. 각자 전혀 다른 지역으로 우리를 인도하고, 독특한 관점으로 가득 차 있다.

그러한 사막에는 여우보다 크고 말보다 빠른 개미들이 살고 있다.

구당협瞿塘峽(중국 3대 협곡 중 제1협곡으로 길이가 8km에 달함)은 급류가 하얗게 부서지며 빠르게 불어날 땐 올라갈 수 없다고 하는데, 나는 그런 통념이 의심스럽다.

타브리즈의 샤이흐Shaykh(이슬람 사회에서 장로나 노인을 가리키는 말)를 만났을 때, 나는 그의 화려한 염소 털 망토가 무척이나 탐났다.

그런데 서술 내용은 이렇게 다양하지만 서술 형식은 똑같다. 헤로도토스, 범성대, 이반 바투타의 여행기는 모두 자기만 믿고 따라오라는 저자 한 사람의 목소리로 진행된다. 실제 여행에서 안내를 맡길 만한 경험 많은 가이드 같다. 이런 스타일의 글은 우리 뇌를 자동조종 모드로 설정한다. 예상치 못한 사람들을 만나게 되더라도 사회적 신호인 해설자가 옆에서 든든하게 받쳐주기 때문에 우리는 당황할 필요 없이 해설자의 설명을 편안하게 따라가기만 하면 된다.

여행기의 이런 자동모드 기능이 본질적으로 나쁜 건 아니다. 실은 물리적 여행보다 경이를 촉진시키는 장점도 있다. 자의식을 안전한 곳에 보관해둔 채, 뇌는 입을 떡 벌리고 바깥세상의 다양성을 한껏 음미할 수 있다. 하지만 여행기의 자동모드 경험은 편향을 깨뜨리는 측면에선 실제 여행보다 효과가 확실히 떨어진다. 전통적인 여행 서술로는 우리의 ACC가 좀체 동요하지 않는다. 설사 서술자가 제시하는 내용에 놀란다 하더라도, 우리 뇌는 이미 뭘 해야 하는지 알고 있다. 그냥 계속 읽으면 되는 것이다. 잠시 멈춰서 우리의 편향을 신뢰할 수 없다고 표시하고 실행 계획을 다시 수립할 필요가 전혀 없다.

토머스 모어는 그 점을 바꾸기로 결심했다. 그래서 전통적인 여행기 형식을 버렸다. 어설프게나마 실제로 집을 나서는 것처럼 느껴지는 새로운 스타일의 여행기를 고안해냈다.

(토머스 모어의 새로운 여행 스타일)

1516년, 토머스 모어는《최상의 사회 형태 그리고 유토피아라는 새로운 섬에 관한, 재미있으면서 건전한 책A Book of Solid Gold, as Healthy as It Is Fun, About the Best Kind of Society and the New Island of Utopia》이라는 허구적 여행기를 출간했다.

유토피아Utopia라는 "새로운 섬"은 어느 지도에서도 찾을 수 없었다. 그 이름은 토머스 모어가 고대 그리스어에서 만들어낸 말로, '어디에도 없음'을 뜻했다. 존재하지 않는데도 불구하고 유토피아는 초기 독자들 사이에서 센세이션을 일으켰다. 대부분 학자들이었는데, 어느 곳에서나 학자들은 과잉확신 편향overconfidence bias에 시달렸다. 그래서 그들은 뭘 생각해야 하는지 아는 데 익숙했다. 하지만 자신들의 생각이 유토피아의 여러 모순에 배치된다는 사실에 금세 당황했다.

유토피아는 모든 재산이 균등하게 분배되므로 기아나 빈곤이 없다. 하지

제21장. 더 현명하게 결정하라

만 이런 평등주의 정신에도 불구하고 유토피아 사람들은 모두 노예를 소유했다.

유토피아는 닭을 무한정 부화시키는 부란기 등 놀라운 기술이 있었다. 하지만 이상하게도, 해상 항법을 위한 기본적 도구는 부족했다.

유토피아는 기독교 유럽보다 더 기독교적인 것 같았다. 유토피아 주민들은 예수 자신처럼 정직하고 소박한 삶을 포용하고자 재산을 버렸다. 그런데 똑같은 사람들이 너무나 비기독교적인 관심사인 안락사와 심지어 이혼까지 지지했다.

일반적으로, 여행기에서 그러한 모순은 별로 당황스럽지 않을 것이다. 저자가 고정 가이드 역할을 하면서 스토리가 흘러가고 독자는 다 읽은 후에 더 고민하지 않고 일상으로 돌아갈 것이다. 그런데 모어의 책은 평범한 여행 서술 형식으로 쓰이지 않았다. 고정 가이드 역할을 하는 저자가 한 명이 아니라 두 명이었다. 게다가 그 두 저자가 서로 의견이 달랐다.

주요 저자는 토머스 모어이거나 적어도 모어의 허구적 대리인이었다. 그 "토머스 모어"는 플랑드르(벨기에, 네덜란드 남부, 프랑스 북부에 걸친 중세의 나라)와 각 나라의 여러 항구를 여행했던 이야기를 전달하면서 서술을 시작한다. 그런데 그 항구에서, 그는 두 번째 저자인 라파엘 히틀로다에우스Raphael Hythlodaeus를 만난다. 히틀로다에우스는 대서양을 건너 유토피아로 가는 항해에 대한 이야기를 들려준다. 그

우리는 지금 문학이 필요하다

의 관점에서, 유토피아는 유럽의 여러 사회보다 훨씬 더 나은 이상적인 사회이다. 하지만 "토머스 모어"는 거기에 동의하지 않으며, 유토피아의 여러 사항이 터무니없다고 반박한다.

그렇다면 유토피아에 대한 누구의 주장이 옳을까? 히틀로다에우스? 아니면 "토머스 모어"? 책은 답을 제공하지 않는다. "최상의 사회 형태 그리고 유토피아라는 새로운 섬에 관한About the Best Kind of Society and the New Island of Utopia"이라는 제목으로 양쪽 입장을 모두 취하면서 시작하는데, 전략적으로 "그리고"를 배치하여 "최상의 사회 형태"와 "유토피아"가 같은 곳인지 여부를 우리한테 자유롭게 판단하라고 한다. 게다가 이러한 모호성을 책이 끝날 때까지 유지한다. "토머스 모어"는 유럽 중심주의 탓에 유토피아를 편향된 눈으로 봤을 수 있다고 인정하며, 유토피아의 일부 사항을 영국에 도입하고 싶다고 말한다. 일부 사항이 공용 식당을 말하는 것일까? 아니면 범죄자를 위한 황금 족쇄를 말하는 것일까? 여섯 시간 노동, 아니면 복장 규정? 무신론자에 대한 관용, 아니면 자유 운동에 대한 금지? "토머스 모어"는 아무 말도 하지 않는다. 다만 그 주제에 대해 더 이야기하겠다는 계획을 발표하고 서술을 서둘러 멈춰버린다.

《유토피아》에서 결단을 못 내린 이중 저자는 우리 뇌에 알아서 결정하라고 요구한다. '유토피아에 대한 누구의 판단을 따를 것인가? 히틀로다에우스의 판단, 아니면 "토머스 모어"의 판단?' 일반적으로, 그러한 질문은 우리 뇌에서 순식간에 결정을 끌어내기 마련이다. 뇌가 수백만 년 동안 자연선택의 순간적 판단과 결정에 길들여졌기 때문이다. 완벽한 답변을 도출하려고 미적거리다 먹이를 놓치거나 심지어 스스로 먹이가 되는 것보다는 최대한 빨리 적절한 답을 도출하는 게 낫기 때문이다. 신속한 판단을 내리라는 생물학적 압박 때문에 애당초 편견이 존재하는 것이다. 편견은 신속한 결론에 도달하는 방법이다. 깊이 성찰하느라 다른 동물 무리에게 밀려날 수밖에 없는 자연 상태에서 너무 오래 멈추지 않게 해주는 것이다. 뇌 입장에서, 편견은 게으른 고정 관념이 아니다. 내일을 맞이할 가능성을 높이는 합리적 지름길이다.

그런데 모어의 책을 만나면서 갑자기 지름길의 필요성이 없어진다. 유토피아가 허구적으로 없는 장소이기 때문에, 서술자의 사회적 신호를 따를지 여부를 결정할 즉각적인 압박이 없다. 우리는 히틀로다에우스와 "토머스 모어"의 유토피아에 대한 판단을 몇 분, 몇 시간, 며칠, 심지어 영원히 중지할 수 있다. 우리는 《유토피아》가 그 제목과 두 명의 저자 구조에서 하는 것을 할 수 있다. 적어도 모어의 책에 관한 한, 펠로폰네소스반도 서쪽에 살던 피론처럼 판단을 영원히 유보한 채 중립 지대에 머물 수 있다.

그런데 이제 곧 밝혀지겠지만, 우리 중 대다수는 《유토피아》를 읽을 때 그렇게 하지 못한다. 그 대신, 우리 뇌는 모어의 영리한 발명품을 기각하고 판단을 강요한다.

(우리 뇌는 판단을 강요하고, 응분의 대가를 치른다)

우리는 다음과 같은 점에서 토머스 모어의 발명품이 제대로 작동하

우리는 지금 문학이 필요하다

지 않았음을 알 수 있다. 일단 "유토피아"라는 단어는 '어디에도 없다'라는 원래 의미를 유지하지 못했다. 가치 판단이 전혀 포함되지 않은 이 단어는 오히려 '최상의 사회'와 동의어가 되었다. 토머스 모어의 원래 독자들이 《유토피아》의 진정한 저자가 히틀로다에우스 한 사람뿐이라고 결정했기 때문이다. 그들은 "토머스 모어"를 그저 풍자적 존재로 치부하여, 《유토피아》의 독특한 두 저자 구조를 기존의 한 저자 여행기로 압축했다. 그런 다음, 책 표지를 닫고 흔쾌히 평소의 판단 습관을 이어나갔다.

《유토피아》에 대한 이런 반응은 당신이 인간 뇌에 기대하는 바와 똑같다. 인간 뇌는 한 가지 허구 때문에 편견의 가치에 대해 수백만 년 동안 쌓아온 경험을 폐물처럼 버리지 않는다. 그 허구가 아무리 교묘하게 조작되었더라도 인간 뇌는 그런 음모를 대뜸 물리치고, 적절히 생존할 수 있도록 판단을 유보하지 않을 것이다. 그렇긴 하지만 인간 생물학에 대한 모어의 용감한 도전은 완전히 헛되진 않았다. 인간 뇌 중 일부는 모어의 발명품을 주목할 만큼 개방되어 있었다. 그리고 2세기 후, 그러한 뇌 중 하나가 돌파구를 마련했다.

그 돌파구는 1726년 출간된, 조너선 스위프트Jonathan Swift의 《걸리버 여행기Gulliver's Travels》였다. 책의 부제는 '세계의 여러 외딴 나라로의 여행'이었다. 모어의 유토피아 허구와 마찬가지로, 《걸리버 여행기》도 가짜 여행 서술이었다. 하지만 《유토피아》와 달리, 스위프트의 가짜 여행 서술은 두 저자로 구성되지 않았다. 그 대신 다른 문학적 혁신을 제공했다. 기존 여행기의 한 명뿐인 믿을 만한 서술자를 믿을 수 없는 서술자로 바꿨다.

제21장. 더 현명하게 결정하라

그 믿을 수 없는 서술자는 바로 외과의사 레무엘 걸리버였다. 당신이 1726년도의 눈치 빠른 독자라면 '걸리버Gulliver'가 잘 속아 넘어간다는 뜻의 '걸리블gullible'에서 파생됐음을 간파했을지 모르지만, 어쨌든 걸리버를 믿었을 것이다. 대니얼 디포Daniel Defoe의 《로빈슨 크루소Robinson Crusoe》라는 허구적 여행기를 읽던 7년 전에도 속았으니 말이다. 《로빈슨 크루소》의 첫 페이지부터 당신은 명목상의 서술자가 상상에 빠지기 쉬운 미숙하고 불완전한 사람임을 간파했다. 그런데도 당신은 로빈슨을 믿었고, 그는 당신을 실망시키지 않았다. 기나긴 여정 동안, 그는 예수님을 영접했고, 식인종에게 문명인 이름을 부여했으며, 대규모 농장을 두 곳이나 일궈냈다. 그 농장에서 옥수수, 보리, 버터, 치즈, 심지어 건포도까지 재배했다. 그리하여 당신은 동료 유럽인의 프로테스탄트(신교도) 산업에 대한 온갖 우월주의 편향을 흥겹게 확인할 수 있었다.

따라서 저자가 그와 정반대 서술자를 내세워, 당신을 편안한 문화적 선입견에서 점점 더 멀어지게 하다가 결국 완전히 길을 잃게 하는 소설을 쓰리라고 의심할 이유가 없었다. 하지만 걸리버는 정말로 그렇게 한다. 걸리버는 여행 중에 온갖 모험을 감행한다. 그런데 모험을 감행할 때마다 같은 일이 벌어진다. 즉, 기이한 사람들을 만나 손쉽게 감동받는다. 그는 릴리푸트의 작달막한 사람들을 보고 쉽사리 감동받는다. 브로브딩낙의 엄청난 거인들을 만나서도 금세 감동받는다. 그리고 라퓨타의 하늘 섬에서 얼빠진 과학자들을 만나서도 깜빡 넘어간다.

이러한 모험 패턴은 걸리버가 후이늠의 나라에 도착하는 마지막

우리는 지금 문학이 필요하다

4부에서 절정에 달한다. 후이늠은 사람이 아니라 말馬이다. 그런데도 걸리버는 그들을 존경한다. 후이늠은 평범한 말이 아니다. 거짓말을 안 하고 여자를 남자와 동등하게 대하며 절제와 훈련과 청결의 미덕을 소중히 여기는, 대단히 이성적인 말이니 걸리버가 어찌 존경하지 않을 수 있겠는가!

걸리버에게 이곳은 유토피아나 다름없다. 다만 이곳에도 한 가지 흠이 있는데, 야후로 알려진 가축이다. 이 동물 종은 너무나 어리석고 비열하고 비겁해서, 후이늠이 말살하겠다고 결정했을 때 걸리버도 흔쾌히 동의한다. 그런데 한 가지 걸리는 점이 있다면, 걸리버 자신이 야후이다. 그러니까 야후는 인간을 가리키는 말이다. 후이늠을 우상화함으로써, 걸리버는 자기 종족을 혐오하게 되는 예기치 못한 모순에 휘말리게 된다.

인류에 대한 걸리버의 혐오는 독자인 우리에게 묘한 신경 경험을 야기한다. 우리는 걸리버에게 동의해야 하는 걸까? 걸리버처럼 우리 자신을 혐오해야 하는 걸까? 소설 막바지로 갈수록 이러한 신경 경험은 점점 더 심해진다. 걸리버는 우생학 프로그램의 일환으로 후이늠에게 추방당해, 야후로 들끓는 영국으로 돌아가게 된다. 아내가 집에서 그를 반갑게 맞으며 포옹하자, 걸리버는 "거의 한 시간 동안 기절해 버린다." 걸리버가 무덤덤하게 설명한 대로, 그는 "수년 동안 그 혐오스러운 동물의 손길에 익숙하지 않았다."

아내를 "혐오스러운 동물"이라고 한 걸리버의 선언은 우리 뇌를 뒤흔든다. 우리의 ACC가 인간 학살에 대한 걸리버의 열정엔 동요되지 않았더라도, 이 말엔 동요된다. 그런데 ACC의 동요는 여기서 그

제21장. 더 현명하게 결정하라

치지 않고 더 심화된다. 걸리버는 자식들의 "냄새"를 맡지 않으려고 담배와 라벤더를 코에 갖다 댄다. 그런 다음, 달려 나가서 말을 한 쌍 구입해 "하루에 적어도 네 시간씩" 그 말들과 수다를 떤다.

이런 식의 정신 나간 결론으로 《걸리버 여행기》는 모어가 고안한 가짜 여행기 청사진의 편향 깨기를 업그레이드한다. 모어의 청사진에서, 우리 뇌는 두 서술자를 제시받고 어느 서술자가 나은지 결정하도록 요청받았다. 그 선택은 쉽지 않았지만 어쨌든 단순한 선택이었다. 우리 뇌는 진화 과정에서 어려운 선택을 내리도록 길들여졌기 때문에 어쨌든 선택했다.

《걸리버 여행기》는 더 교활하고, 또 심리적으로 더 강력한 음모를 꾸민다. 우리에게 어려운 선택권을 주는 대신, 손쉽게 서술자를 신뢰하도록 유인한다. 그런데 이 선택은 잘못된 것으로 판명난다. 이러한 오류는 자체의 성급한 추진력으로 우리의 속성 판단 신경 트랜지스터를 망가뜨린다. 그 결과 《걸리버 여행기》 막판에 우리 뇌는 '두 서술자 중 누가 더 신뢰할 만한가?'를 차분히 숙고하지 않는다. 그 대신, 걸리버가 말들과 대화를 나누고 콧구멍에 꽃가루를 쑤셔 넣는 모습을 보면서, 당황하여 합선을 일으킨다. '도대체 뭐지?'

스위프트의 소설은 우리를 이 정신적 멈춤 상태에 가둬놓고 출구를 알려주지 않는다. 걸리버를 대신할 서술자도 없다. 여행 가이드가 정신병에 빠져든 상태에서 우리 뇌가 의지할 만한 "토머스 모어"나 히틀로다에우스가 없는 것이다. 따라서 우리 뇌는 그 멈춤 상태에 갇힌 채, 《걸리버 여행기》가 제공하지 않은 탈출 레버를 찾으려고 발버둥 친다.

이것은 판단 유보를 위한 강력한 문학적 청사진이었다. 워낙 강력해서, 스위프트의 독자들을 아타락시아의 평온 상태 문턱까지 다가가게 했다. 그러다 돌연 판단을 내리게 했다. 독자들은 《걸리버 여행기》가 《유토피아》와 반대된다고 결론 내렸다. 《유토피아》는 획일적으로 이상주의적이었던 반면, 《걸리버 여행기》는 획일적으로 풍자적이었다. 스위프트의 소설은 후이늠과 야후에 빗대어 우리의 치명적 어리석음 두 가지, 즉 비정한 합리성과 무분별한 열정을 비꼬았다. 그렇다면 스위프트 책의 목적은 우리가 걸리버처럼 쉽게 속아 넘어가거나 또 성급하게 판단하지 못하게 하려는 게 아니었다. 오히려 우리에게 세상 모든 사람을 순간적으로 그리고 일제히 판단하도록 촉구해 모든 인류를 비웃게 하려는 것이었다.

이러한 합의는 스위프트의 영리한 혁신을 해체시켰다. 수백만 년에 걸친 진화적 편향이 또다시 문학적 공학을 이겼다. 그런데 《걸리버 여행기》는 비록 패배하긴 했지만 실패하진 않았다. 모어의 원래 편향 깨기 청사진을 증폭시킬 수 있음을 입증해냈다. 그렇다면 그 청사진을 증폭시킬 방법이 또 있었을지도 모른다.

어쩌면 우리의 판단을 더 오래 멈추게 할 방법이 있었을지도 모른다.

(우리의 판단을 더 오래 멈추게 할 방법)

1968년, 어슐러 르 귄Ursula Le Guin이 《어둠의 왼손The Left Hand of Darkness》

제21장. 더 현명하게 결정하라

을 발표했다.

어슐러 르 귄은 어슐러 크로버의 결혼 후 이름으로, 이 장 서두에서 언급했던 교수의 딸이다. 그리고 《유토피아》, 《걸리버 여행기》와 마찬가지로, 《어둠의 왼손》도 허구적 여행기이다. 이번 여행은 대략 3,000년 후 미래에 벌어지는 일인데, 우리를 지구에서 게센이라는 행성까지 안내한다. 게센은 인간 같지만 딱히 인간은 아닌 사람들이 사는 행성이다.

게센 사람들과의 만남은 겐리 아이Genly Ai의 서술을 통해 이뤄진다. 겐리 아이는 게센인들의 생리학에 대한 상세한 조사 보고서를 작성하고 게센의 창조 신화를 번역하며 심지어 한 게센인의 일기 내용까지 발췌해 전달한다. 하지만 이러한 과학적, 사회학적, 개인적 연구에도 불구하고, 겐리 아이는 걸리버처럼 쉽게 속아 넘어간다. 게센인들을 몹시 오판하여 계속해서 엉뚱한 예측을 내놓는다. 그리하여 우리는 또다시 서술자에 의해 다른 문화를 잘못 판단하도록 유혹당하고, 결국 기대가 어긋나면서 ACC를 활성화시킨다. 그러다 마침내 《어둠의 왼손》은 《걸리버 여행기》의 마지막 부분에서 차용한 장면을 제시한다. 그 장면에서 겐리 아이는 게센 문화에 대한 오랜 몰입을 끝내고 자기와 같은 사람들과 재회한다.

내가 익히 알고 있었는데도, 그들은 남자든 여자든 다 이상해 보였다. 그들의 목소리는 너무 깊고 날카롭게 들렸다. 그들은 거대하고 이상한 동물 무리 같았다.

나는 가까스로 통제력을 유지했다. … 하지만 우리가 궁전에 도착했을 때,

나는 즉시 내 방으로 들어가야 했다.

걸리버가 자신의 "동물" 아내에게 흠칫 놀라 서둘러 마구간으로 달아났던 것과 마찬가지로, 겐리 아이도 "동물" 같은 자기 종에 대한 혐오감을 이기지 못하고 다른 방으로 달아나버린다.

그런데 《어둠의 왼손》은 《걸리버 여행기》보다 한 단계 더 나아간다. 겐리 아이는 인류에게서 황급히 벗어나 게센 친구네를 방문한다. 그 집에서 평범한 게센 아이를 만나는데, 남녀 양성을 지닌 형제의 근친상간으로 태어난 아이다. 그런데 이런 식의 성교를 떠올린 순간, 겐리 아이는 "묘한 기분"에 휩싸인다. 인간에게 느꼈던 혐오감을 게센족에게도 똑같이 느낀 것이다.

이 서술적 반전으로, 어슐러 르 귄은 《걸리버 여행기》의 혁신을 배가시킨다. 마치 걸리버가 아내를 보고 놀라 기절했다가 마구간에서 말들을 보고 또다시 기절하는 식으로 끝난 것 같다. 이런 식의 이중 기절은 ACC 멈춤을 두 번 유도하고, 또 우리 뇌가 《걸리버 여행기》에서 억지로 만들었던 출구도 제거한다. 그 출구는 서술자를 신뢰하겠다는 우리의 결정을 뒤집는 것이었다. 우리는 걸리버에게서 화들짝 벗어남으로써, 그의 충격적 행동에서 탈출할 수 있었다. 그리고 '걸리버는 미쳤어. 후이늠은 미쳤어. 다들 미쳤어. 정말 미쳤어'라고 뇌가 신속하게 결정하는 데 필요한 역설적 관점을 얻었다.

하지만 《어둠의 왼손》에서 서술자는 인간에 대한 혐오를 유발했다가 다시 게센의 성생활에 대한 혐오를 유발한다. 이 두 번째 혐오는 서술자가 반쯤은 우리와 같음을 드러낸다. 그도 남녀 양성의 근

제21장. 더 현명하게 결정하라

친상간이 이상하다고 느낀 것이다. 따라서 《어둠의 왼손》은 《걸리버 여행기》의 독자들처럼 서술자의 궤도에서 황급히 벗어나게 하지 않고 우리의 판단을 유보시켜 반은 혐오하고 반은 동의하는 상태로 유도한다.

'겐리 아이는 미쳤어. 아니, 그는 제정신이야. 그는 너무 이상해. 아니, 나와 똑같아.'

우리의 판단은 이런 식으로 끊임없이 왔다 갔다 한다.

('이중 이방인'을 직접 활용하기)

1911년 8월 마지막 날, 앨프리드 L. 크로버는 샌프란시스코 인류학 박물관 연구실에서 말털 브러시로 유물의 먼지를 세심하게 털고 있다가 뜻밖의 전화를 받았다. 캘리포니아 북부의 치코라는 마을에서 걸려온 전화였다. 그 마을에서 며칠 전 한 남자가 거리를 배회하다 붙잡혔는데, 손으로 만든 특이한 스목(넉넉하고 기다란 셔츠)을 입고 아무도 알아들을 수 없는 말을 횡설수설한다는 내용이었다. 그런데 붙잡힌 남자는 의외로 차분하고 총명했다. 결국 치코 사람들은 딜레마에 빠졌다. 범죄자가 아닌 사람을 가둘 수도 없고, 그렇다고 이상한 말을 중얼거리며 떠도는 사람을 그냥 방치할 수도 없었다. 그래서 혹시 이 인류학적 곤경을 해결할 만한 사람이 박물관에 있는지 문의했던 것이다.

크로버는 당시 젊은 교수였다. 동시 발명 목록을 내놓기 거의 40

우리는 지금 문학이 필요하다

년 전이었다. 그렇긴 하지만 그는 캘리포니아에서 인간 언어학 분야에선 최고 전문가였고 남들이 알아듣지 못하는 말을 곧잘 해독해냈다. 그래서 용감하게 대답했다. "예, 예, 제가 도울 수 있을 것 같습니다."

그 남자는 쉰 살이며, 야히족의 마지막 생존자로 밝혀졌다. 야히족은 한때 시에라 협곡에서 열매를 채집하고 메추라기를 사냥하며 살았다. 그런데 캘리포니아 골드러시가 일어난 1860년대 말, 이주민들에게 모두 학살당하고 한 사람만 생존했던 것이다.

외로운 생존자는 크로버에게 자신을 소개하지 않았다. 야히족 사람은 스스로 소개하지 않고 친척이 대신 소개해주는 게 전통이었다. 그런데 생존자에겐 친척이 없었기 때문에 그의 이름은 크로버와 박물관 직원에게 미스터리로 남았다. 그들은 그를 이시Ishi라고 불렀는데, 야히어로 '남자'를 뜻했다.

이시는 5년 동안 박물관에 머물며 다른 이들에게 속한 인류학적 유물 속에서 살았다. 그리고 친절하긴 하지만 그의 진짜 이름이 아닌 이름으로 부르는 낯선 사람들과 이야기를 나눴다. 그는 끝없는 경계 지대에서 정처 없이 떠도는 신세였다.

그것은 자의식을 불러일으키는 낯선 상황이었다. 하지만 이시는 기이할 정도로 침착했다. 훗날 앨프리드 L. 크로버는 이렇게 말했다. "그는 내가 아는 사람 중 가장 차분한 사람입니다. 그가 자기연민이나 비통한 기색 없이 세상사에 달관한 사람 같았다는 뜻입니다."

그게 혹시 수세기 전 펠로폰네소스반도 서쪽에 살던 피론이 찾던 치유적 상태였을까? 이시의 영속적인 경계 상태가 그의 뇌를 궁극적 평정 상태인 아타락시아로 이끌었을까? 아니면 진실은 그와 전혀 달랐을까? 크로버가 이시를 오해하고, 제대로 알지도 못하면서 멋대로 추측했던 것일까? 아니면 우리가 이시와 크로버 둘 다 오해했을까? 오래된 편견에, 심지어 과학자들이 아직 진단하지 못한 새로운 편견에 빠져들었을까?

어쩌면 지금 당장은 단정하지 않는 게 최선일 것이다. 어쩌면. 어쩌면. 어쩌면.

그 "어쩌면"을 더 많이 음미하고 싶다면, 현대의 다른 여행기에서 어슐러 르 귄의 편향 깨기 청사진을 더 만날 수 있다. 가령 폴 서루Paul Theroux의 《유라시아 횡단 기행The Great Railway Bazaar: By Train Through Asia》(1975), 마르잔 사트라피Marjane Satrapi의 《페르세폴리스 2: 다시 페르세폴리스로Persepolis 2: The Story of a Return》(2000) 등을 찾아보라. 또는 한 단계 더 나아가, 공상과학 소설에서 새로운 서술 테크놀로지가 우리 기대치를 어떻게 조작할 수 있는지 알아보고 싶다면, '바이오쇼크Bioshock'(2007)라는 비디오 게임을 해보라.

완전 자율주행 모드로 얼른 출발하라. 그리고 당신의 ACC를 화들짝 놀라게 하라.

판단을 유보하라. 어쩌면 영원히.

우리는 지금 문학이 필요하다

자신을
믿어라

Wonderworks

마야 안젤루의
《새장에 갇힌 새가 왜 노래하는지 나는 아네》

———

발명품: 자기가치 확인

출산은 그렇게 힘들지 않았고, 아들은 그녀 차지가 되었다. 오클랜드의 울적함을 날려준 금쪽같은 자식이었다.

하지만 간호사들이 떠나자 곧바로 하늘이 노래졌다. 이젠 어떡하지? 그녀는 아이를 키워본 적이 없었다. 이제 겨우 열일곱 살이었으니까. 한밤중인데도 잠이 오지 않았다. 두려움에 떨고 있는데 어둠 속에서 한 목소리가 들렸다.

"옳은 일을 할 때는 생각할 필요가 없는 거야. 네가 하려는 일이 옳다면 생
   각하지 않고서도 저절로 하게 되니까."

그 소리에 마음이 가라앉은 그녀는 눈을 감았다. 그리고 새벽에 눈을 떴을 때 아무 생각도 안 하고 옳은 일을 했다. 아들을 품에 안고 기쁜 마음으로 새날을 맞이했다.

어린 엄마는 마야 안젤루Maya Angelou였다. 그녀의 불안한 마음을 달래준 목소리는 어머니 비비안이었다. 캘리포니아 오클랜드에서 태어난 아기가 행복하게 성장했을 때, 마야 안젤루는 어머니의 목소리가 자기에게 준 선물을 우리에게도 선사하기로 마음먹었다. 그 선물은 바로 자기 자신을 신뢰하는 것이었다.

(자기 신뢰의 기원)

그 선물은 5,000년 전 아프리카에서 시작되었다. 나일강의 질척한 강둑에 뛰어난 기술자들이 사는 왕조가 있었다. 기술자들은 10만 곳에 달하는 렌즈콩 밭에 물을 대려고 복잡한 운하를 팠다. 또 몇 톤에 달하는 석회암 블록을 기자Giza의 피라미드 정상까지 끌어 올렸다. 그리고 마침내 야자잎 지붕 아래 움푹 들어간 작업대에서, 얇은 갈대 붓으로 《프타호텝의 지혜The Wisdom of Ptahhotep》를 만들어냈다.

《프타호텝의 지혜》는 엄청나게 오래된 문학 작품이다. 얼마나 오래됐는지 정확히 확인할 길이 없다. 산문 스타일로 봐서는 백관white-crown의 여왕 케네메트네페르헤드예트Khenemetneferhedjet의 이집트 12왕조 시대인 기원전 20세기에 지어졌을 것으로 추정된다. 하지만 제목으로 봐서는 그보다 수세기 전, 왕실 제사장인 프타호텝이 멤피스 공동묘지에 제5왕조의 석회암 무덤 건축을 감독하던 시절로 거슬러 올라갈 것으로 추정된다.

《프타호텝의 지혜》가 얼마나 오래되었든, 지금까지 남아 있다는 사실이 참으로 놀라울 따름이다. 이 지혜서는 부서지기 쉬운 파피루스 종이에 기록된 가장 오래된 문학 작품이다. 그보다 오래된 작품은 돌이나 점토판에 새겨져 보존되고 있다. 다시 말해서, 그보다 오래된 작품들은 그 내용이 새겨진 재료의 강도 덕분에 오랜 세월을 견뎌냈다. 하지만 《프타호텝의 지혜》는 그 말의 힘 덕분에 기나긴 세월을 견뎌냈다.

내 말의 힘은 그 진실에 달려 있다.
그 가치 때문에
내 말은 사람들의 입과 정신 속에 계속 살아 있다.

그 가치 때문에 필경사들은 수세대에 걸쳐 낡은 두루마리가 썩기 전에 새 두루마리에 베껴 적고 또 베껴 적었다. 실제로 프타호텝도 자신은 단지 광물 잉크로 처음 기록했을 뿐, 그 말이 자신의 원본 파피루스보다 더 오래됐다고 주장했다. 어쩌면 운하를 파기 전이나 피라미드를 꿈꾸기 전 인류가 처음 생겨난 시절까지 거슬러 올라갈지도 모른다.

《프타호텝의 지혜》는 왜 이토록 오랫동안 가치를 유지했을까? 단단한 돌처럼 오래간다는 것을 어떻게 입증했을까? 그 가르침 속에 어떤 은밀한 테크놀로지가 숨어 있기에, 다른 지혜서들이 세월과 함께 수없이 사라질 때도 우리 정신 속에 계속 살아 있을까?

그 답은 다음과 같다.

제22장. 자신을 믿어라

살아 있는 한, 네 마음 가는 대로 하라.

다른 걸 쫓느라 한순간도 낭비하지 마라.

네 마음 가는 대로 하라. 네 마음 가는 대로 하라.

당신은 이 말에서 힘을 느낄 수 있는가? 이 말이 만들어낸 공학적 돌파구를 느낄 수 있는가?

(지혜의 공학)

우리는 지혜로운 말을 한 귀로 흘려버린다. 아무리 현명한 조언이라 해도 우리 뇌는 흔히 무시해버린다.

왜? 우리 뇌는 왜 연장자의 지혜를 받아들이지 않을까? 우리는 왜 앞선 세대가 힘들게 얻은 인생 교훈을 기꺼이 포용하지 않을까?

그 이유는 연장자의 지혜가 우리의 자기自己, self(사고, 감정, 의지, 체험, 행위 등 여러 작용을 주관하며 통일하는 주체를 말함. -역자 주)를 위협하기 때문이다. 어느 영리한 어머니가 오래전에 그 사실을 알아냈는데, 과학이 최근에야 확인해주었다. 우리의 자기는 강하고 독립적이라고 믿고 싶어 한다. 실제로, 자기는 강하고 독립적이라고 믿어야 한다. 그렇지 않으면 우리는 세상의 모진 풍파에 압도되어 용기를 잃고 다 포기할 것이다. 감정적으로 금세 무너지지 않으려면 어릴 때 고집이 세야 한다. 삶의 시련에 맞서 나가려면 자기 신뢰self-belief가 필요하다.

우리는 지금 문학이 필요하다

이렇게 꼭 필요한 자기 신뢰가 현명한 조언 때문에 약화된다. 조언 내용이 뭐든, 그 기본 메시지는 항상 같다. '당신은 생각하는 것만큼 많이 알지 못한다.' 따라서 어른들은 지혜의 열매를 나눠줄 때, 우리 뇌에 불가능한 선택지를 제시한다. 그 지혜를 무시하고 절망에 빠져라. 아니면 귀담아 듣고서 용감하게 나아가는 데 필요한 자기 신뢰를 약화시켜라. 어느 쪽을 선택하든 우리는 지고 만다.

그런데 오래전 그 어머니가 세 번째 선택지를 발견했다. 그 선택지는 자기 신뢰를 키워줄 계몽된 조언이 담긴 방법이었다. 그 방법은 아이의 뇌에 이렇게 말한다. '네가 하는 일은 정말 창의적이야. 그걸 이렇게 해보면 훨씬 더 잘 될지도 몰라.' 이런 식의 조언은 자기에 대한 내적 신념을 지지하면서 외적 행동을 더 나은 방향으로 이끈다. '나는 네가 독창적인 방식으로 하고 싶어 한다는 걸 존중해. 그러니까 접근 방식을 살짝 바꿔서 그 뜻을 이뤄보도록 하자.'

신경과학자들은 이런 조언 방법을 자기 확인self-affirmation이라고 부른다. 그런데 이 용어는 오해의 소지가 있어서, 우리가 우리 자신을 지지하는 것처럼 들리게 한다. 하지만 자기 확인은 자신을 지지하는 타인의 진술도 포함한다. 그래서 오해를 피하기 위해 자기 확인 대신 '자기가치 확인affirmation of our self'이라고 부른다.

자기를 확인할 가장 효과적인 방법은 우리의 가치를 칭찬하는 것이다. 우리에겐 창의성, 가족, 재미, 노력, 건강, 상냥함, 공정성, 지성, 사랑, 대담성 등 온갖 다양한 가치가 있을 수 있다. 그 가치가 무엇이든, 자기의 핵심에 자리 잡고 있다. 그런 가치를 칭찬받으면 뇌에서 두 영역이 동시에 활성화된다. 하나는 두정 영역parietal zone으로,

제22장. 자신을 믿어라

자기에 대한 정신적 표현과 관련된 곳이다. 다른 하나는 복측선조 영역ventral striatum zone으로, 대상에 대한 평가와 관련된 곳이다. 따라서 "나는 당신의 상냥함을 존경한다", "사람들이 당신의 노력을 기억할 것이다", "당신이 옳다. 사랑보다 더 중요한 것은 없다" 같은 자기가 치 확인은 뇌에 우리의 자기를 황금처럼 소중히 여기라고 격려한다.

심리학자들이 알아낸 바, 자기를 소중히 여기는 태도는 뇌가 신중한 조언을 더 잘 수용하도록 해준다. 일반적으로 의사나 간호사에게 조언을 들으면, 우리 뇌는 공손히 고개를 끄덕이면서도 기존 방식을 수정할 조치를 좀체 취하지 않는다. 그런데 똑같은 의료 전문가가 가령 "당신이 몇 년 더 곁에 머물면 당신 가족이 얼마나 행복할지 생각해보세요"라는 식으로 우리의 핵심 가치 중 하나를 확인하면서 그런 조언을 건네면, 우리 뇌는 당장 운동을 시작하고 담배를 끊고 야채를 더 먹는 등 기존 방식을 수정할 가능성이 대단히 크다. 여러 연구에서 알려진 바, 그런 건전한 변화는 수개월, 심지어 수년 동안 지속될 수 있다.

프타호텝이 수천 년 전에 알아낸 신경 비밀은 바로 이것이었다. "네 마음 가는 대로 하라. 네 마음 가는 대로 하라." 이러한 자기가치 확인 덕분에 고대 이집트인들은 프타호텝의 가르침에 귀를 기울였다. 그리고 굶주린 사람에게 곡식을 나눠주고 이웃을 용서하며 악어처럼 뽐내기를 삼갔다. 그러한 조언은 의심할 여지없이 매우 건전했다. 하지만 프타호텝이 "네 중심이 옳고 진실하다"라는 속삭임을 덧붙이지 않았더라면, 그의 지혜는 그토록 오랜 세월을 견디지 못했을 것이다.

우리는 지금 문학이 필요하다

프타호텝의 지혜는 시작에 불과했다. 그 뒤로 문학은 자기가치 확인을 훨씬 더 강력하게 펼쳐나갔다.

(지혜의 다음 발명품)

당신은 다음 내용에서 돌파구를 느낄 수 있다.

> 새벽마다 당신 자신에게 말하라. "나는 오늘 이기적이고 계략적이고 약탈적인 사람들을 만날 것이다. 하지만 나는 선량함과 그 선량함의 미덕을 안다. 그걸 알기 때문에 어떤 것도 나를 해칠 수 없다. 그러므로 나에게 추한 짓을 행하는 자들을 사랑할 것이다."

이 표현은 《마르쿠스 아우렐리우스의 명상록The Meditations of Marcus Aurelius》에 나오는 내용이다. 팍스 로마나Pax Romana(고대 로마 제국 지배하의 평화) 시대의 마지막 황제가 2세기에 저술한 《명상록》은 10세기 카에사레아의 대주교인 아레타스Arethas of Caesarea부터 21세기 미 해병대 장군인 제임스 매티스James Mattis까지 수많은 독자가 가장 현명한 정신적 길잡이로 삼았다.

《명상록》은 프타호텝의 2부로 구성된 청사진을 따른다. 첫째, "너그럽고 강인하라" 같은 확실한 조언을 제시한다. 둘째, "당신은 선량함을 안다" 같은 자기가치 확인과 혼합한다. 그런 다음 《명상록》은 돌파구를 한 가지 추가하는데, 이는 자기에게 자기가치 확인을 말하도록 촉구하는 것이다. "새벽마다 당신 자신에게 말하라. '나는 선량함을 안다.'" 이렇게 소리 내어 말함으로써, 우리는 우리 자신의 목소리로 우리의 핵심 가치를 확인한다. 또는 다소 투박한 과학적 어투로 표현하자면, 자기가치 자기 확인self-self-affirmation을 수행한다.

자기가치 자기 확인은 자기가치 확인보다 훨씬 더 강력하다. 심리학자들이 힘겨워하는 중학생들에게 개인의 가치가 왜 중요한지를 주제로 15분 동안 에세이를 쓰게 했더니, 그들의 수학, 영어, 사회과학 시험 점수가 평균 5점씩 향상되었다. 이 간단한 자기가치 자기 확인 실험을 통해, D와 F를 받던 학생 수도 절반으로 줄었다. 게다가 그 촉진 효과가 수년간 지속되었다.

신경과학이 나오기 훨씬 전, 심지어 마르쿠스 아우렐리우스가 《명상록》을 발표하기 훨씬 전, 문학 저자들은 이러한 자기가치 자기 확인의 장점을 알아냈다. 이 신경강장제의 힌트는 기원전 1950년 이집트 중왕국Middle Kingdom의 〈충신의 교리Loyalist Teaching〉에서도 찾아볼 수 있다. 이 교리는 우리가 자신에게 조언하는 것처럼 느끼게 하고자 '1인칭 우리'를 앞세운다. "우리는 일을 하면서 살아간다. 일하지 않으면 가난이 찾아온다."

물론 우리는 이런 부지런한 조언을 고안한 적이 없다. 그저 어른들의 말을 앵무새처럼 따라했을 뿐이다. 그렇다 해도 〈충신의 교리〉는 문학적으로 영리한 책략이다. 문학이 자기가치 자기 확인의 길을 따라갈 수 있는 것처럼 보이기 때문이다. 그렇지만 문학은 결국 외부의 목소리이다. 우리가 진정한 자기가치 자기 확인을 원한다면, 독서로 얻을 순 없을 것이다. 그 중학생들처럼 우리가 펜을 들고 직

우리는 지금 문학이 필요하다

접 써야 할 것이다.

아무튼 수천 년 동안 그런 것 같았다.

(마야 안젤루의 발견)

아들을 낳고 4년 뒤, 마야 안젤루는 다소 암울한 깨달음을 얻었다.

문득 언젠가는 죽어야 한다는 생각이 들더군요. 영원히 살지 못한다는 걸

깨닫자, 너무 두려운 나머지 한동안 신경 쇠약에 걸릴 뻔했어요.

이렇게 "두려운" 상태에서 마야 안젤루는 잠을 이룰 수 없었다. 인생의 마지막을 곰곰 생각하면서, 그날이 한 달 후에 올지, 일주일 후에 올지, 심지어 내일 올지 궁금했다. 그러다 또 문득 깨달았다. 설사 내일 당장 죽음이 온다 해도, 오늘을 별것 아닌 날nothing로 만들지 못한다는 사실을. 오히려 오늘을 가장 중요한 날everything로 만든다는 사실을.

모든 순간이 소중합니다. 그날이 마지막 순간일지 모르니, 별것 아닌 날로

만들지 말고 가장 중요한 날로 만들기 위해 모든 장비를 동원하세요. 나는

항상 그 점을 의식합니다. 그게 나를 아주 이상하고도 진지한 방식으로 존

재하게 해줍니다.

현재를 소중히 여기겠다는 이 기본적 다짐은 프타호텝의 고대 지혜서에서도 찾아볼 수 있다.

여자가 그 순간을 한껏 즐긴다 하더라도 그녀를 내치지 마라. 그냥 인생을 즐기게 하라. 즐거움은 수심愁心의 징조이니까.

그렇긴 하지만 마야 안젤루가 현재를 소중히 여겼던 그 "이상하고도 진지한" 방식에는 근본적인 독창성이 있었다. 그녀가 "존재한다"는 말을 사용했다는 점에서 엿볼 수 있는 독창성이다. 마야 안젤루가 죽을 수밖에 없는 운명과 씨름하던 바로 그 순간, 프랑스에서 장 폴 사르트르와 시몬 드 보부아르 등 일단의 20세기 중반 작가들이 고대의 온갖 지혜에 대한 대안으로서 그 용어를 널리 알렸다.

고대인은 항상 지혜의 뿌리를 신이나 이성 같은 보편적인 것에 두었다. 심지어 프타호텝의 "네 마음 가는 대로 하라"는 말도 인간의 마음heart이 우주의 절대선絕對善인 '마아트Maat'에서 이식되었다는 믿음에 기초를 두었다. 하지만 실존을 주장한 프랑스 작가들은 그런 믿음이 없었다. 안젤루가 출산한 지 몇 달 뒤인 1945년 10월 29일, 사르트르는 자신을 "실존주의자"라고 선언하면서 마아트니 하나님이니 하는 존재를 다 부정했다. "우리는 아무 이유 없이 태어나 충돌을 겪다가 결국 죽는다."

이것은 죽을 운명을 깨달았던 마야 안젤루의 비전만큼, 어쩌면 그보다 더 암울한 결론이었다. 그런데 사르트르는 사물의 더 큰 이치에 대한 믿음을 버리긴 했지만 절망에 굴복하진 않았다. 오히려

우리는 지금 문학이 필요하다

자신의 자기自己라는 존재에서 엄청난 희망을 찾았다.

> 절망 속에서 진정한 낙관론이 싹튼다: 좋은 일이 우리에게 저절로 오지 않
> 음을 아는 낙관론, 그리고 사람들에게 좋은 일을 안기기 위해 우리 자신에
> 게만 의지해야 하는 즐거움.

이렇게 자기 스스로 일군 "즐거움"이 바로 삶의 의미였다. 그리고 우리가 삶에서 가진 것이라고는 지금, 바로 지금뿐이기에, 사르트르에게는 심장이 뛰는 매 순간이 절박한 도전이었다. "나는 매 순간을 움켜쥐고 철저히 빨아먹는다."

사르트르의 존재론은 마야 안젤루 자신의 인생 경험에 부합했다. 비이성과 우연한 충돌이 가득했던 인생이었고, 또 지금의 즐거움을 붙잡을 기회가 가득했던 인생이었다. 안젤루는 열여섯 살에 임신했을 때 그 기회를 붙잡았다. 그리스 선원 출신의 전기 기술자와 결혼했을 때도 그 기회를 붙잡았다. 샌프란시스코의 퍼플 어니언이라는 나이트클럽에서 칼립소(카리브해 지역의 음악)에 맞춰 춤출 때도 그 기회를 붙잡았다. 그리고 1960년 마틴 루터 킹을 만나 '자유를 위한 카바레Cabaret for Freedom'를 조직했을 때도 그 기회를 붙잡았다. 그 모든 일은 아무 계획도 없이 우연히 벌어졌다. 그리고 너무나 즐겁게 이루어졌다.

그리고 마야 안젤루는 실존주의를 발견한 후, 또 다른 우연한 충돌을 경험했다. 이번엔 새로운 종류의 예술이었다.

제22장. 자신을 믿어라

(이상하고도 진지한 실존주의 예술)

실존주의자들은 부조리극으로 알려지게 될 연극 스타일을 창조
했다.

　미국에서 부조리극의 가장 유명한 사례는 프랑스 실존주의자 장
주네Jean Genet의 1959년작 《검둥이들, 광대 쇼Les Nègres, clownerie》를 번
역, 공연한 작품이었다. 연극은 일단의 흑인이 백인 살해 범죄를 재
연하는 장면으로 시작되었다. 배우들이 재연을 마치고 배심원들을
바라봤을 때, 하얗게 분칠한 흑인 배심원들은 그들에게 사형을 선고
했다.

　이 기괴한 공연은 뉴욕시에서 대성공을 거두었다. '검둥이들'은
1961년 5월 4일 개봉된 후, 1,400회 이상 공연되면서 지난 10년간
가장 롱런한 브로드웨이 연극이 되었다. 마야 안젤루는 그 내용을
익히 알았다. 연극을 관람했기 때문이 아니라 직접 출연했기 때문
이다.

　그녀는 하얗게 분칠한 배심원 중에서 화이트 퀸을 맡아 이런 대
사를 읊었다.

> 나는 나 자신을 파멸로, 영원한 파멸로 조각하고 있어. 나를 파멸시키는 것
> 은 시간이나 피로가 아니야. 나를 빚는 것은 바로 죽음이야.

분명히 의미심장한 말이긴 한데, 정확하게 무슨 의미였을까? 파
멸이 어떻게 조각될 수 있을까? 바스러지는 몸이 어떻게 영원히 지

우리는 지금 문학이 필요하다

속될까? 화이트 퀸은 자신이 조각한다고 주장하다가 왜 돌연 죽음이 조각칼을 쥐고 있다고 선언했을까?

연극은 아무런 답도 제공하지 않았다. 결국 그 답은 우리 관객에게서 나와야 한다. "이게 바로 화이트 퀸이 나한테 들려주려 한 의미이다"라고 우리 스스로 선언해야 한다. 그 선언과 함께, 우리는 우리 자신의 중요한 순간을 창조하고 실존주의자가 된다.

또는 과학적으로 표현하자면, '검둥이들'은 우리에게 자기가치 자기 확인에 참여하도록 격려한다. 도발적이지만 일관성 없는 그 연극은 우리를 의미의 혼돈 속으로 밀어 넣고 우리의 핵심 가치에서 안정을 찾으라고 촉구한다. 그 가치가 만약 가족이라면, '그 화이트 퀸은 내 여동생과 비슷해'라고 생각할 수 있다. 그 가치가 만약 정의라면, '화이트 퀸에게 벌어진 일은 당연히 공평해'라고 생각할 수 있다. 그 가치가 만약 대담성이라면, '난 화이트 퀸이 뭘 하려는지 도통 모르겠지만, 이 극작가가 위험을 무릅쓰긴 했어'라고 생각할 수 있다.

이런 식의 신경 반응을 유발함으로써, '검둥이들'은 결국 문학이 진짜로 우리를 자기가치 자기 확인으로 이끌 수 있음을 보여준다. 그렇게 하기 위해, 문학은 단지 서술에서 핵심 가치를 제거하는 반反직관적 조치를 취하기만 하면 된다. 보편적 진리를 제공하는《프타호텝의 지혜》와《마르쿠스 아우렐리우스의 명상록》을 아무 생각 없이 따르는 대신, 보편적 진리 체계의 일부를 제거하고 그 빈칸에 자신의 개인적 믿음을 적극적으로 채워 넣게 해야 한다.

1961년 뉴욕의 무더운 여름날, 이 실존주의 문학 돌파구는 마야 안젤루에게 심오한 영감을 주었다. 그녀는 밤마다 화이트 퀸으로 무대에 오르면서, 관객들에게 미치는 자기가치 확인 효과가 똑같지 않다는 점을 알게 되었다. 전혀 이해하지 못하는 관객도 많았고, 안젤루 자신의 실존주의 이전 경험인 '신경 쇠약'으로 방향을 틀어 희망 없는 절망을 찾는 관객도 있었다.

이런 엇갈린 반응이 나오는 이유는 분명했다. '검둥이들'은 우리에게 한 가지 믿음을 주장하라고 촉구하지 않았다. 오히려 온갖 믿음을 주장하라고 강요했다. 어떤 안정된 의미가 없는 서술 속으로 우리를 빠뜨림으로써, 우리에게 사적 진실private truth이라는 완전히 새로운 은하계를 상상하라고 요구했다. 그 엄청난 도전에 즉각적으로 대처할 수 없으면, 우리는 혼란이나 낭패감에 휩싸이게 되었다.

이런 상황에서 마야 안젤루는 다음과 같은 궁금증이 생겼다. 자기가치를 더 확인하는 실존주의 입문서를 완성한다면 어떨까? 하나님도 없고 마아트도 없고 이성도 없는 무한한 심연으로 우리를 곧장 내던지는 대신에, 얕은 곳에서 허우적거릴 기회를 우리에게 준다면 어떨까? 부조리극이 자기가치 확인을 조장하도록 사용했던 문학 테크놀로지를 취한 다음, 거기에 안정적인 손steadying hand을 결합한다면 어떨까?

엄청난 변화를 가져올 아이디어였지만, 아무래도 도달할 수 없을 것 같았다. '안정적인 손'을 제공하는 실존주의 문학 작품이 어떻게 있을 수 있겠는가? 실존주의는 그런 외부 안내자가 존재하지 않는다는 게 핵심 아닌가? 마야 안젤루는 처음엔 이 난제에 대한 답이 없었다. 하지만 향후 몇 년 사이 자기에게 맞는 답을 도출하게 될 터였다. 안정적인 손은 그녀가 몇 년에 걸쳐서 매 순간 부딪힌 즐거운

우리는 지금 문학이 필요하다

충돌에서 얻은 지혜일 수 있다. 다시 말해서, 한 개인의 실존적 삶의 지혜이다.

　마야 안젤루는 개인적으로 도출한 이 답변을 염두에 두고서 런던 호텔에 투숙한 후, 벽에 걸린 예술품을 다 떼어냈다. 그런 다음 가방에서 성경과 유의어 사전, 카드 한 벌, "달지 않은 셰리주"를 꺼냈다. 그리고 리갈 패드(줄 쳐진 황색 용지철)를 들고 침대에 앉아 회고록을 쓰기 시작했다.

(실존적 프타호텝)

마야 안젤루는 1969년 회고록《새장에 갇힌 새가 왜 노래하는지 나는 아네I Know Why the Caged Bird Sings》의 프롤로그에서, 아는 것보다 모르는 것을 더 의식하는 순간으로 우리를 몰아넣는다.

> "왜 나를 쳐다보시나요?
> 머물려고 찾아오지 않았는데……."
> 다음 구절은 잊었다기보단 굳이 기억할 마음이 들지 않았다. 그보다 중요한 일들이 많았으니까.
> "왜 나를 쳐다보시나요?
> 머물려고 찾아오지 않았는데……."

우리가 잠시 후 알게 되듯이, 어린 마야 안젤루는 비슷한 곤경에

처하게 된다. 부활절 주일 예배에서 시를 낭송하다 마구 헤매는 중이다. 그런데 우리가 무슨 상황인지 알아차릴 새도 없이, 회고록의 서술자는 돌연 "라벤더 태피터" 드레스에 관한 이야기로 우리를 끌어당긴다.

엄마가 끝단에 주름 장식을 덧대고 허리에 귀여운 주름을 잡는 걸 지켜볼 때만 해도, 일단 그 옷을 입으면 영화배우처럼 보일 줄 알았다. (재질이 실크였기 때문에 끔찍한 색상을 벌충해주었다.) 나는 귀여운 백인 소녀처럼 보일 터였다. 이 세상에서 정상적인 것이라고 누구나 꿈꾸는 그런 백인 소녀 말이다.

아무튼 일단 그 드레스는 할리우드에서도 통할 만큼 무척 "귀엽다." 하지만 서술자는 드레스의 "끔찍한 색상"을 거론하며 자기 말을 방해한다. 그리고 인종적 편견을 비판하는 잽을 한 방 날린 후, 오락가락하는 어조를 더 전하다. 그러다 마침내 태피터 드레스 차림의 마야는 터질 것 같은 방광을 안고 교회 밖으로 도망친다.

나는 어떻게든 참고 조여서 다시 넣고 나오지 않으려 애썼지만, 교회 현관에 이르러선 그냥 나오게 둬야 한다는 걸 알았다. 그렇게 하지 않으면 그게 내 머리까지 치솟아 올라서 가련한 내 머리통이 땅에 떨어진 수박처럼 박살나 그 안에 든 뇌와 침과 혀와 눈알까지 사방으로 굴러다니게 될 것만 같았다. 결국 나는 마당으로 달려가면서 그만 그것을 내보내고 말았다. 나는 오줌을 질질 흘리고 엉엉 울면서 뒤쪽에 있는 교회 화장실이 아니라 우리 집을 향해 달렸다. 이 일로 회초리를 맞을 게 틀림없었다. 심술궂은 아이들은 나를 놀려댈 새로운 빌미를 얻게 될 터였다. 그런데도 나는 웃었다. 달콤한 해방감 때문이기도 했지만, 그보다 더 기뻤던 건 바보 같은 교회에서 벗어났을 뿐만 아니라 머리가 박살나서 죽지는 않으리라는 걸 알았기 때문이다.

첫 문장에선 최대한 덤덤하게 시작했다가 다음 문장에선 방향을 홱 틀어 기괴하게 나간다. "뇌와 침과 혀와 눈알까지 사방으로 굴러다니게 될 것만 같았다." 마야는 이내 오줌을 질질 흘리며 엉엉 운다. 그런데 웃기도 한다. "바보 같은" 교회에서 벗어났기 때문에 나오는 웃음이다. 아울러 오줌으로 꽉 찬 머리가 수박처럼 박살나지 않았기 때문에 나오는 웃음이다. 서술자의 목소리는 우리를 기괴함에서 비극으로, 익살로, 걱정으로, 우스꽝스러운 승리감으로 숨 가쁘게 몰아간다.

이 장면의 변덕스러운 어조는 마야 안젤루가 실존주의 예술에서 차용한 테크닉이다. '검둥이들' 공연처럼, 안젤루의 프롤로그는 슬픔과 냉소, 익살과 엄숙, 희망과 반反영웅주의 등 상반된 분위기로 무질서하게 옮겨가면서 서술적 전환을 감행한다. 그러면서 우리 독자에게 인생의 더 큰 이치에 함께 대응하자고 촉구한다. 그런데 '검둥이들'과 달리, 안젤루의 프롤로그는 이 벅찬 실존주의 과제를 우리 스스로 감당하라고 떠넘기지 않는다. 교회에서 오줌 싼 에피소드 직후에 "안정적인 손"을 내민다.

제22장. 자신을 믿어라

남부의 흑인 여자아이에게 성장한다는 것이 고통스럽다면, 그 아이가 배척된다는 느낌을 의식하는 것은 목구멍을 위협하는 면도날의 녹이다. 그것은 불필요한 모욕이다.

여기선 서술자의 목소리가 극적으로 바뀐다. 앞서 부활절 예배 장면에서 줄곧 썼던 1인칭 "나"가 3인칭의 "남부의 흑인 여자아이", "그 아이", "목구멍", "그것"으로 대체된다. 프타호텝과 마르쿠스 아우렐리우스의 3인칭처럼, 이 3인칭도 우리 개개인의 목소리보다 더 크게 느껴진다. 그래서 회고록의 오락가락하는 어조 속에서도 우리를 안정시킨다. 하지만 이 목소리 역시 중요한 측면에서 고대 성현들의 목소리와 다르다. 그들의 목소리는 어제와 내일의 영원한 노하우로 가득하지만, 이 목소리는 "고통스럽다is painful", "녹이다is the rust", "불필요한 모욕이다is an unnecessary insult"처럼 죄다 현재 시제이다.

이렇게 현재 시제로 말함으로써, 안젤루의 3인칭 목소리는 오로지 지금 이 순간에만 존재하는 실존적 지혜를 전한다. 그래서 우리를 지속적으로 제한하지 않고 잠시 안정시켜준다. 태곳적부터 미리 정해진 일이나 미래에 펼쳐질 일을 말하지 않는다. 그저 어둠 속에서 들렸던 어머니의 목소리처럼, "네가 하려는 일이 옳다면 생각하지 않고서도 저절로 하게 되니까"라고 다정하게 응원한다. 그런 응원은 앞으로 마주할 모든 지금이라는 순간에 스스로 대처해 나가는 힘이 되어준다.

1인칭의 불안정한 과거 서술과 3인칭의 확고한 현재 서술을 교차하는 문학적 방법은 마야 안젤루의 발명품이다. 그녀는 이것을《새

우리는 지금 문학이 필요하다

장에 갇힌 새가 왜 우는지 나는 아네》 전반에서 계속 사용한다.

미국의 성인 흑인 여성이 만만치 않은 인물로 부각되면, 흔히 놀라움과 혐오감, 심지어 호전성에 직면하게 된다. 그 점은 생존자들이 쟁취한 투쟁의 필연적 결과로 받아들여지는 경우가 거의 없지만, 열렬한 수용까진 아니더라도 마땅히 존중받아야 한다.

이러한 이중 실존주의 스타일에서, 전지적 현재 끼워 넣기는 과거 시제로의 어조 전환을 통해 우리를 들뜨게 하고, 자기가치 확인을 적소에 배치해 자기가치 자기 확인을 지원한다.

또는 좀 더 쉽게 말하자면, 안젤루는 자신이 힘겹게 얻은 삶의 지혜를 동원해서 우리가 우리 나름의 지혜를 얻도록 한다. 따라서 '검둥이들'과 마찬가지로, 안젤루의 회고록은 우리에게 "이상하고도 진지한" 방식으로의 실존적 여정을 제공한다. 하지만 '검둥이들'과 달리 별것 아닌 일에서 우주적 의미를 찾으라고 강요하지 않는다. 그 대신 각자의 진실을 주장하도록 돕기 위해 안젤루의 인생 사례를 동원함으로써, 우리에게 선택할 자유를 부여한다.

('자기가치 확인'을 직접 활용하기)

심리학자들은 자기가치 자기 확인에 대한 연구를 시작했을 때, 우리가 우리 자신을 인정하면 할수록 우쭐한 자기만족에 빠져서 힘겹게

제22장. 자신을 믿어라

얻은 지혜의 반대쪽, 즉 행복한 무지에 도달할 거라고 걱정했다.

이러한 우려는 사실 무근으로 밝혀졌다. 심리학자들이 알아낸 바, 우리는 자기가치를 확인했을 때 외적 행동을 바꾸려는 내적 의지가 커진다. 결국 자기가치 자기 확인은 개인적 변화를 이끌 강력한 도구로 작용한다. 새로운 일을 시도할 호기심과 용기를 북돋워주고, 우리의 마음을 더 열어서 새로운 도전을 기꺼이 감행하게 한다. 아울러 학습 의욕을 고취해서 평생 성장하도록 이끌어준다.

《새장에 갇힌 새가 왜 노래하는지 나는 아네》와 후속 작품들에서 당신은 자신을 인정함으로써 얻을 수 있는 온갖 혜택을 확인할 수 있다. 《내 이름으로 함께 모여라Gather Together in My Name》(1974), 《크리스마스처럼 즐겁게 노래하고 춤추고 어울려라Singin' and Swingin' and Gettin' Merry Like Christmas》(1976), 《여자의 마음The Heart of a Woman》(1981), 《하나님의 아이들은 모두 여행용 신발이 필요해All God's Children Need Traveling Shoes》(1986), 《천국까지 울려 퍼지는 노래A Song Flung Up to Heaven》(2002), 《엄마, 나 그리고 엄마Mom & Me & Mom》(2013) 등 마야 안젤루의 다른 작품을 찾아보라. 마야 안젤루는 작품마다 수백 페이지에 걸쳐서 변신을 거듭한다. 장학금으로 학교를 다니고 샌프란시스코 역사상 처음으로 흑인 여성 케이블카 차장이 되고 셰익스피어를 독학하고 시를 쓰고 앨범을 녹음하고 오페라 가수로 무대에 서고 여러 언어를 배우고 인권 운동을 위한 기금을 조성하고 라디오 가나Radio Ghana에 출연하고 영화를 감독하고 대학에서 학생들을 가르치고 토니상 후보에 오르고 심지어 카이로에서 발행되는 〈아랍 옵저버Arab Observer〉지를 편집하려고 프타호텝의 나라에 가기도 한다.

우리는 지금 문학이 필요하다

이 모든 활동이 의미하는 바는, 당신의 가치를 인정하고 소중히 여기면 당신의 가장 눈부신 자기를 완성할 수 있다는 것이다. 그 자기를 더 많이 원한다면, 안젤루의 실존적 발명품을 당신의 버전으로 만들어보는 건 어떤가? 일단 호텔방에 투숙하고 벽에서 예술품을 다 떼어내라. 그런 다음 자기무가치self-worthlessness에 대한 가장 오래된 기억을 끄집어내서 기록한 후, 살면서 터득한 지혜를 현재 시제로 중간 중간 끼워 넣도록 하라.

당신의 가치를 인정하라. 그리고 지금 이 순간을 최대한 활용하라.

제22장. 자신을 믿어라

제 23 장

얼었던 마음을
녹여라

Wonderworks

앨리슨 벡델, 에우리피데스, 사뮈엘 베케트, T. S. 엘리엇

발명품: 임상적 기쁨

우리는 지금 문학이 필요하다

고대 그리스인들은 많은 미스터리를 남겼는데, 그중에서 에우리피데스의 비극보다 더 미스터리한 것은 없다.

에우리피데스는 아이스킬로스와 소포클레스에 이어 아테네의 3대 비극 작가로 꼽혔다. 그런데 아이스킬로스와 소포클레스가 《아가멤논》, 《오이디푸스》, 《안티고네》 같은 고전 비극을 써서 유명해진 데 반해, 에우리피데스는 웃음과 기쁨으로 관객을 놀라게 하는 코믹 요소를 비극에 가미해서 명성을 얻었다. 그 덕에, 《알케스티스 Alcestis》, 《타우리안족 속의 이피게니아Iphigenia Among the Taurians》, 《이온 Ion》, 《헬렌Helen》 등 슬프면서도 즐겁고 숙명적이면서도 희망적인 특이한 작품이 탄생했다.

이런 '희비극tragicomedy'은 아테네의 연례 연극 축제인 시티 디오니시아City Dionysia에서 우승했을 것 같지 않다. 실제로, 《알케스티스》를 제외한 어떤 작품도 고대 비잔틴 제국의 학교장들에게 위대한 비극

제23장. 얼었던 마음을 녹여라

작품으로 "엄선되어" 고대 문학을 공부하는 학생들 사이에서 부지런히 분석되지 않았다. 그런데도 운 좋게 지금까지 살아남았다. 역사의 암울한 시대를 살아가던, 에우리피데스의 한 열성적 애호가가 90여 편이나 되는 작품을 알파벳 순서대로 열 개씩 묶어 옮겨 쓸 만큼 인내심과 손힘을 지녔던 덕분이다. 그 묶음 중 하나가 도서관 화제와 펠로폰네소스 전쟁과 관리 소홀 속에서 극적으로 살아남았다. 반면에, 아이스킬로스와 소포클레스의 작품 200여 편은 거의 다 파괴되었다.

아무튼 에우리피데스의 희비극은 당대에도 별난 작품으로 여겨졌고, 후대에 다시 등장했을 때도 호기심 어린 의문을 제기했다. 이 극의 목적은 도대체 무엇일까? 다들 알다시피, 비극의 목적은 우리 마음에서 슬픔을 몰아내는 것이다. 그리고 희극의 목적은 우리 영혼에 다시 생기를 불어넣는 것이다. 하지만 그 중간의 어정쩡한 상태로 우리를 몰아넣어서 좋을 게 뭐가 있을까?

용감한 학자들이 최선을 다해서 그 이유를 설명했다.

에우리피데스는 진정한 비극이 가능하다고 믿지 않은 회의론자였다.

에우리피데스는 공포와 유머가 정신을 얼마나 흐리는지 인지한 심리적 현실주의자였다.

에우리피데스는 가장 심오한 비극적 아이러니, 즉 고통이 터무니없음을 알아차린 포스트모더니스트였다.

그러나 이런 고상한 이론은 관객의 호응을 크게 얻지 못했다. 그래서 수세기가 흐르도록 에우리피데스의 발명품은 계속 별난 작품으로 남아 있었다. 전통적 비극이 중세 설교와 르네상스 시대 드라마, 현대 소설에 편입되어 각광받는 와중에 희비극은 어쩌다 한 번 찾는 틈새 장르 신세를 벗어나지 못했다. 17세기 초, 셰익스피어는 《리어왕King Lear》으로 한 번 시도했다가 너무 어리둥절한 반응을 보고 1681년에 이를 로맨틱 코미디로 다시 썼다. 20세기 중엽, 전위주의자 사뮈엘 베케트Samuel Beckett는 그 형식을 다시 부활시켰지만, 수백만에 달하는 관객에게 '도대체 고도가 누구지? 우린 왜 여기 앉아서 세 시간이나 기다렸지?'라는 당황스러운 의문을 품게 했을 뿐이다.

희비극이 뭘 했든 대다수 사람들은 제대로 이해하지 못했다. 그런데 21세기에 들어서면서 분위기가 바뀌었다. 미국 만화가인 앨리슨 벡델Alison Bechdel이 그 미스터리를 풀어냈기 때문이다.

(희비극 미스터리에 대한 벡델의 해결책)

벡델은 몸소 겪은 미스터리한 난관에서 해결의 실마리를 찾았다. 그 난관은 그녀가 펜실베이니아 중심부의 쇠락한 마을인 비치 크리크로 급히 돌아오던 날, 어렴풋이 떠오르기 시작했다. 아버지가 난데없이 자살하는 바람에 벡델은 제일 좋은 정장을 차려입고 장례식장에 들어섰다. 벡델은 엄숙하게 서 있는 동생들을 뒤로하고 아버지의 시신을 바라봤다. 그런데 아무런 느낌도 들지 않았다. 슬픔이나 분노, 충격이나 죄책감, 심지어 안도감도 느껴지지 않았다. 식구들이 흐느끼는 모습을 지켜보면서 그녀는 혼잣말을 중얼거렸다. "왜 슬픔으로 까무러친 사람을 깨우는 약만 있고 그 반대 약은 없는 걸까. 정신을 차리게 하기보단 비탄에 빠져 기절시키는 각성제smelling salts가 있으면 좋겠다." 참 묘하고도 음울한 생각이었다. 벡델은 자신의 일부분이 작동을 멈췄음을 알았다. 감정이 얼어붙어 그저 멍한 기분이었던 것이다.

이런 무감각이 너무 낯설었기 때문에, 벡델은 장례식장에서 성장했던 특이한 어린 시절을 탓했다. "우리는 학교에서 돌아왔을 때, 희미한 불빛 속에서 관 뚜껑을 여는 모습을 자주 목격했다." 하지만 사실 벡델의 증상은 훨씬 더 흔한 어린 시절의 경험, 즉 만성적 학대에서 비롯되었다. 수백만 명의 미국 아이들과 마찬가지로, 그녀도 정서적 방치와 신체적 위해로 고통받았다. 아버지는 그녀를 위협하고 통제하고 모욕하고 때리기까지 했다. 만성적 학대로 시달린 수많은 피해자와 마찬가지로, 벡델도 무감각해지는 식으로 대처했다. 감정을 차단하자 두려움과 외로움에서 벗어날 수 있었지만, 성인이 돼서도 무뎌진 감정 상태에 갇혀 살아야 했다.

벡델을 비롯한 수백만 생존자들에게 참으로 안타깝게도, 이런 증상을 치료할 의학적 방법은 없었다. 의사들이 도우려고 시도하다 상황을 더 악화시켰을 뿐이다.

(의사들, 무감각을 잘못 치료하다)

21세기 의사들은 무감각을 치료하려다 의도치 않은 실수를 저질렀다. 무감각을 만성적 외상에서 비롯되었다고 진단했던 것이다. 그 결과, 정신과 의사들은 무감각을 외상 후 스트레스 장애posttraumatic stress disorder, PTSD 증상으로 오인하여 PTSD의 표준 치료법인 노출 치료법exposure therapy을 추천했다.

노출 치료법은 1950년대 초 케이프타운 대학의 심리학자인 제임스 G. 테일러James G. Taylor가 공포증과 불안증 치료제로 고안했다. 그 뒤로 수십 년 동안 저명한 행동 정신과 의사인 제임스 월프James Wolpe가 그 치료법을 보완해서 '전쟁 노이로제'로 시달리는 참전용사들을 치료하는 데 이용했다. 요즘엔 임상적으로 다양한 변종을 널리 활용하고 있다. 가령 장시간 노출, 실제 상황 노출in vivo exposure, 가상현실, 홍수법flooding(불안을 일으키는 자극에 반복적으로 노출시켜 불안을 제거함), 체계적 둔감법systematic desensitization, 내파법implosive therapy(현실보다 과장된 형태로 불안을 유발시켜 불안 반응을 감소시킴), 상상적 노출법imaginal exposure 등이 있다.

이러한 변종은 기본적으로 같은 치료 접근법을 공유한다. 즉, 트라우마 기억을 유발하는 물체와 이미지와 이야기에 환자를 "노출시킨다." 세균 공포증이 있는 환자들은 제임스 테일러의 손에 이끌려 더러운 방으로 들어갔다. 일부 퇴역 군인들은 해외에서 시가전을 치르고 돌아온 뒤 저격수가 창밖에서 노리는 것 같은 기분에 시달렸다. 그들은 제임스 월프의 조언으로 대낮에 뉴욕 거리에서 활보하는

제23장. 얼었던 마음을 녹여라

모습을 상상했다.

그런 치료 방법은 치료라기보다는 고문처럼 보일 수 있지만, 환자들이 물리적으로 안전하고 심리적으로 지원받을 수 있는 통제된 환경에서 노출되기 때문에 여러 트라우마 생존자들에게 도움을 줬다는 기록이 있다. 벡델 자신도 처음엔 그 방법을 자기 나름대로 활용했다.

아버지가 떠나고 수년 동안, 부모님에 대한 이야기가 화제로 나오면 나는 덤덤한 어조로 그 사건을 꺼내곤 했다. … "우리 아버지는 돌아가셨어. 달려오는 트럭에 뛰어들었지." … 그러면서 나를 외면했던 비탄의 기운을 상대방에게 감지하려 애썼다.

하지만 테일러와 월프의 환자들과 달리, 벡델은 이러한 노출에서 안도감을 얻지 못했다. 그녀의 무감각은 전혀 완화되지 않았다. 그러다 테일러와 월프가 세상을 떠난 2000년대 초, 정신과 의사들이 그 이유를 알아냈다. PTSD는 한 종류가 아니라 두 종류가 있었다.

좀 더 흔한 종류는 감정의 과잉 각성hyperarousal으로 특징지어지며, 주체할 수 없는 슬픔, 공황 발작, 외상성 회상 등으로 나타난다. 다른 종류는 이보단 덜 흔하지만 그렇다고 드물지도 않아서, PTSD 사례 셋 중 하나를 차지한다. 증상은 전통적인 PTSD와 정반대로, 감정 과다가 아니라 감정 과소underactive로 나타난다. 다시 말해, 무감각해지는 것이다.

증상이 너무 달라서 두 유형의 PTSD는 관련성이 전혀 없어 보일

우리는 지금 문학이 필요하다

수 있다. 하지만 둘 다 뇌의 같은 부분, 즉 변연계에서 그 기원을 찾을 수 있다. 변연계는 두려움과 기쁨 등 삶의 위협과 기회에 대한 본능적 반응의 출처이다. 일반적으로, 그런 강력한 반응은 전전두엽 피질의 감정 '제동'으로 억제되어, 공포감이나 황홀감에 매몰되지 않고서 변연계의 감정적 경고와 흥분을 드러내게 한다. 하지만 감정 제동이 만성 스트레스에 시달리면, 브레이크가 제대로 작동하지 못한다. 그러다 제동력을 다 잃게 되면, 전통적인 PTSD의 걷잡을 수 없는 증상이 나타난다. 그런데 브레이크가 단단히 잠겨 있을 수도 있다. 그렇게 되면, 전전두엽 피질이 변연계를 선제적으로 단속하여 감정 출처를 억누른다. 그리하여 우리 뇌는 폭발적인 두려움이나 기쁨을 경험하는 대신, 아무것도 느끼지 못한다. 그냥 기계처럼 묵묵히 작동할 뿐이다.

이런 기계적 무감각 상태를 해리解離, dissociation('분열'이라고도 함)라고 한다. 뇌는 자신에게서 떨어져 나와 독자적으로 느낄 수 있다. 해리에는 다양한 하위 유형이 있는데, 이인증depersonalization(자신이 낯설게 느껴지거나 자신과 분리된 느낌을 경험하는 것)과 비현실감derealization이 가장 흔하다. 이인증의 경우, 생각과 기억이 비현실적으로 느껴진다. 마치 우리 마음속에 있는 유령 같다. 비현실감의 경우, 외부 세계가 비현실적으로 보여 마치 꿈속에서 표류하는 것 같다.

이인증과 비현실감은 만성적 아동 학대의 흔한 증상이지만, 성인기에 생겨날 수도 있다. 역기능 관계나 적대적 업무 환경에 시달린 성인, 혹은 병원이나 교도소, 전쟁터에서 장시간 보낸 성인은 점진적으로 감정을 상실할 수 있다. 정신과 의사들이 추정한 바로는, 전

제23장. 얼었던 마음을 녹여라

세계적으로 1억 5천만 명 이상이 만성적 무감각으로 고통받고 있으며 그보다 많은 수가 살면서 어느 시점에 단기적 변종을 경험한다고 한다.

해리는 전통적인 PTSD와 정반대되는 신경 메커니즘에서 비롯되기 때문에 같은 방식으론 치료할 수 없다. 그렇게 했다간 증상이 더 악화될 수 있다. 감정 제동을 더 강하게 하도록 돕는 치료법은, 안 그래도 너무 강하게 제동하고 있을 땐 전혀 도움이 안 되기 때문이다.

그런 이유로 벡델은 노출 치료법을 시도했을 때 안도감을 전혀 얻지 못했다. 그래서 임상 정신과 의사들은 2000년대 초에 두 번째 유형의 PTSD를 발견했을 때 새로운 치료법을 강구했다.

그런데 알고 보니, 그 치료법은 이미 24세기 전 에우리피데스가 개척했던 것이었다.

(에우리피데스의 선구적 치료법)

에우리피데스 이전까지만 해도 무대 비극은 고대 문학 버전의 노출 치료법을 활용했다. 아이스킬로스의 《테베 공략 7장군Seven Against Thebes》과 소포클레스의 《아이아스Ajax》 같은 고전 비극은 안전한 물리적 공간에서 전쟁과 아동 학대, 자살 등 여러 트라우마 사건에 우리를 노출시킨다. 우리는 사랑하는 사람들과 동료 트라우마 생존자들의 지원을 받아 뇌의 감정 제동을 강화할 수 있다. (이 치료법을 더 자세히 알고 싶으면 서론을 참고하라.)

하지만 그와 반대되는 문제, 즉 해리를 일으키는 과도한 제동을 치료하려면, 문학은 노출 치료법과 정반대 방식을 제공해야 한다. 그게 바로 에우리피데스의 희비극이 하는 일이다.

에우리피데스의 가장 초기작이자 역사적으로 가장 인기 있는 희비극은 《알케스티스》이다. 이 작품은 주인공의 장례식 장면으로 시작되는데, 아폴론이 죽음의 신에게서 알케스티스를 되찾겠다고 나서자 애도가 금세 보류된다. 신의 개입으로 분위기가 비극에서 행복으로 전환되는가 싶더니, 돌연 플롯이 다시 반전된다. 죽음의 신이 아폴론을 "빈말의 신"이라고 비웃으며 알케스티스를 재빨리 데려가 버린다.

그렇다면 아폴론은 약속을 지킬 것인가, 아니면 정말로 "빈말의 신"임을 입증할 것인가? 알케스티스는 구출될 것인가, 아니면 결국 비운을 피할 수 없을 것인가? 장례식장에 온 사람들은 누구도 알 수 없다. 그러자 한 하인이 "알케스티스는 살기도 하고 죽기도 했다"라고 울부짖으며 궁전을 마구 뛰어다닌다.

그런데 다음 순간, 반신반인半神半人으로 추앙받는 헤라클레스가 뜬금없이 나타나면서 분위기가 아주 이상하게 흘러간다. 그는 장례식이 열리는 줄도 모르고, 알케스티스의 아이들은 슬퍼하는 와중에 흥겹게 웃으며 술을 들이켠다. 이 기이한 부조화 앞에서 우리 뇌는 감정적 딜레마에 빠진다. 헤라클레스의 부적절한 행동이 희극적인가, 아니면 비극적인가? 어색하게 웃기는 것인가, 아니면 언짢게 방해하는 것인가? 어느 쪽인지 말하기 어렵다. 결국 우리는 자의식이 고조된 상태에서 잠시 멈춘 다음, 무대 위 캐릭터들을 살피고 우리 자신의 감정적 반응을 점검하면서 우리가 어떤 기분이어야 하는지, 왜 그런 기분이어야 하는지 궁리한다.

이러한 감정의 분리된 분석은 아테네 관객들이 비극에서 기대했던 바가 아니었다. 하지만 이것은 2형 PTSD의 무감각을 치료하기 위한 첫 단계이다. 그러한 무감각을 완화하려면 일단 감정 제동부터 완화해야 한다. 정신과 의사들이 최근에 알아낸 바, 다음과 같은 두 단계 치료법이 효과적이다.

첫 번째 단계에서, 우리는 감정을 경험하는 사람들의 사진을 본 다음 그 감정이 무엇이고 무슨 역할을 하는지 설명해야 한다. "이것은 애통입니다. 애통은 트라우마를 처리하도록 돕습니다. 이것은 두려움입니다. 두려움은 사람을 위험에서 안전하게 지키도록 돕습니다. 이것은 기쁨입니다. 기쁨은 사람들이 삶을 축하하도록 돕습니다."

이 절차는 우리를 일종의 정신과 의사로 만들어, 감정을 분석하고 진단하게 한다. 임상적 분석이 감정을 억제하는 뇌 부위인 전전두엽 피질에서 일어나기 때문에, 과도한 감정 제동을 진정하는 신경 효과가 있다. 전전두엽 피질은 안전한 거리에서, 감정이 우리 존재를 위협하는 이질적 요소가 아니라 우리가 이해할 수 있는 요소임을 배운다.

두 번째 단계에서, 우리는 사랑과 감사, 경외감 등 긍정적 감정을 자극하는 활동에 참여한다. 이 절차는 뇌에 유쾌한 기분을 일으켜 감정이 본질적으로 나쁘지 않다는 점을 확인시킨다. 긍정적 감정은 뉴런이 직접 경험할 수 있는 심리적 혜택을 제공한다.

《알케스티스》도 이와 똑같은 두 단계 치료법을 제공한다. 첫 번째 단계인 임상적 분석은 희비극적 어조에 의해 유발되는데, 이 희비극적 어조는 우리 뇌에 다음과 같은 의문을 제기한다. '내가 뭘 느끼고 있지? 그리고 왜 그렇게 느끼는 거지?' 변연계에 원초적 감정을 자극하는 고전 비극과 달리, 에우리피데스의 희비극은 전전두엽 피질에 메타기분meta-feeling을 일으켜, 잠긴 브레이크를 뛰어넘어 뒤쪽의 얼어붙은 신경회로를 느슨하게 한다.

두 번째 단계인 긍정적 감정은 극의 해피 엔딩에 의해 유발되는데, 이 해피 엔딩은 헤라클레스가 장례식 분위기를 훼손한다는 사실을 알려준 하인 덕분에 흥분을 떨쳐내면서 시작된다. 몹시 당황한 헤라클레스는 알케스티스를 지옥에서 구출하겠다고 나선다. 이로써 장례식은 흥겨운 무대 상봉으로 바뀌고, 전전두엽 피질의 회로가 해빙되어 우리의 감정 제동이 부드럽게 풀린다.

에우리피데스가 이러한 치료법을 의도적으로 고안했는지는 분명하지 않다. 진짜 의도적으로 고안했다면, 그리스 비극의 역사적 진화에 엄청나게 기여했다고 볼 수 있다. 아이스클로스와 소포클레스가 1형 PTSD에 대한 대중적 치료법을 고안한 뒤, 에우리피데스는 2형 PTSD로 고통받는 생존자들에게 관심을 집중했다. 에우리피데스가 희비극을 고안했을 때 무슨 생각을 했든, 후세대는 이 새로운 테크놀로지의 목적을 제대로 파악하지 못했던 것 같다. 고대 후기와 르네상스, 근대화의 여명기까지 수세기 동안, 에우리피데스의 희비극은 전혀 주목받지 못했다. 희비극을 칭찬했던 학자들조차 그 의학적 효과를 전혀 파악하지 못했다.

제23장. 얼었던 마음을 녹여라

그러다 20세기 중반에 이르러서야 《알케스티스》의 치유적 힘에 관심이 쏠리기 시작했다. 1949년, 마침내 에우리피데스의 혁신이 소생되었다. 그것도 한꺼번에 두 작품에서.

(1949년 에우리피데스)

왜 1949년인가?

그 이유는 분명하지 않다. 다만 2차 세계대전의 참상으로 수백만 명이 외상 후 스트레스에 시달리면서 제임스 G. 테일러와 제임스 월프의 치유 혁신을 부추겼고, 전통적인 문학 비극에 대한 요구가 강하게 일어났던 것으로 보인다. 1949년 2월, 로렌스 올리비에와 비비안 리, 그리고 런던의 올드 빅 극단Old Vic Theatre Company이 소포클레스의 《안티고네》를 무대에 올리며 대중적 부활을 꾀했다. 그해 말, 아서 밀러Arthur Miller의 《세일즈맨의 죽음Death of a Salesman》이 브로드웨이에서 토니상을 수상했다.

트라우마에 대한 이 고전적 치료법과 함께 좀 더 호기심을 불러일으키는 작품도 두 편 출시되었다. T. S. 엘리엇T. S. Eliot의 《칵테일 파티The Cocktail Party》와 베케트의 《고도를 기다리며》가 1949년 초에 완성되었다. 두 연극이 너무 달라서 관객은 에우리피데스에 공통된 뿌리를 두었으리라고 짐작하지 못했다. 하지만 두 작품은 뿌리가 같았다. 1951년, 엘리엇은 다음과 같이 밝혔다. "지인들 중 누구도 … 내 이야기의 출처가 에우리피데스의 《알케스티스》라는 점을 알아채지

우리는 지금 문학이 필요하다

못했다. 그래서 그들을 납득시키느라 장황하게 설명해야 했다."

그 "장황한 설명"은 엘리엇의 《시와 시인에 관하여On Poetry and Poets》에서 찾아볼 수 있다. 여기서 간략하게 설명하자면, 엘리엇은 죽은 아내의 초자연적 부활을 생기 없는 결혼생활의 좀 더 현실적 부활로 대체하여 에우리피데스를 현대적 감성에 맞게 업데이트했다. 한편, 베케트는 에우리피데스의 발명품을 좀 더 노골적으로 차용했다. 《고도를 기다리며》의 부제를 "2막으로 된 희비극"이라고 붙였던 것이다.

그런데 이 두 현대 극작가는 에우리피데스의 옛 희비극 테크놀로지를 활용하면서 전혀 다른 방향으로 극을 전개시켰다.

베케트는 에우리피데스의 발명품 중 두 번째 단계를 버리고 첫 번째 단계, 즉 감정의 메타 분석에만 집중했다. 알케스티스와 마찬가지로, 《고도를 기다리며》의 캐릭터들은 삶과 죽음의 중간지대에 존재하며, 불안하면서도 즐거워 보이는 방식으로 트라우마에 대해 들려준다. "어떤 이는 더 이상 웃지도 않아." … "그냥 다 같이 목을 매는 게 어때?" … "즉시 목을 매자!"

엘리엇은 그와 정반대로 나갔다. 에우리피데스의 발명품 중 첫 번째 단계를 약화시키고 두 번째 단계, 즉 긍정적 감정으로의 선회를 강조했다. 부부의 이혼을 회복된 결혼으로 바꿈으로써, 《칵테일 파티》는 비극을 해피 엔딩으로 뒤집는다.

에우리피데스의 두 반쪽짜리 버전은 관객들에게 깊은 인상을 남

제23장. 얼었던 마음을 녹여라

졌다. 《칵테일 파티》는 브로드웨이에서 400회 이상 공연되었고, 1950년엔 토니상을 수상했다. 《고도를 기다리며》는 전위적 센세이션을 일으켰다. 하지만 에우리피데스의 치료법을 둘로 가름으로써, 두 연극은 그의 치료법이 온전히 제공될 수 없다고 은연중에 암시했다. 현대 사회에서 우리는 《칵테일 파티》처럼 그럴싸한 해피 엔딩으로 끝나는 사실적인 연극을 만날 수 있다. 또는 《고도를 기다리며》의 영원한 기다림처럼 끝나지 않는 현실에서 해리성 단절을 경험할 수 있다. 하지만 에우리피데스 시절로 돌아가 해리성 단절과 그럴싸한 해피 엔딩을 둘 다 누릴 수는 없다. 진짜로 죽었다가 우리를 연옥에서 구하려고 마지막 순간에 나타나는 데우스 엑스 마키나, 즉 우리를 구하러 돌아오는 고도 같은 캐릭터를 만날 수는 없다.

그런데 벡델이 둘 다 누릴 수 있게 해주었다.

(치료법을 제대로 완성하기)

2006년, 앨리슨 벡델은 《펀 홈: 가족 희비극Fun Home: A Family Tragicomic》이라는 그래픽 회고록을 출간했다.

《펀 홈》은 부제에 걸맞게 시작부터 비행기 놀이를 하면서 이카루스가 하늘에서 추락하는 신화적 죽음에 대한 명상을 배치한다. 이어지는 장에서도 희비극적 장치가 줄기차게 등장한다. 벡델의 아버지가 선샤인 빵 배달 트럭에 치여 죽었다는 사실을 공개할 때는 공포와 익살이 공존하는 것 같은 초현실적 순간이 엿보인다. 장례식 직

우리는 지금 문학이 필요하다

후, 아버지가 진흙 밭에 빠졌던 재미난 일화를 떠올리다 "이번엔 진흙 밭에 영원히 빠졌다"고 벡델이 냉소적으로 말할 때는 삶과 죽음의 풍자적 병치가 엿보인다. 아버지가 갑자기 아이들을 때리거나 아내를 못된 년이라고 부를 때는 사전 경고도 없이 왔다가 해결책도 없이 지나가는 충격이 엿보인다.

벡델은 이처럼 《알케스티스》의 장치를 이용해 우리 뇌에서 해리 현상을 촉발한 후, 자신의 실제 이야기와 유명한 문학 걸작들 사이에 아이러니한 유사점을 끌어냄으로써 해리를 치료해나간다. 일례로, 벡델 캐릭터가 오스카 와일드Oscar Wilde의 희곡 《진지함의 중요성 The Importance of Being Earnest》에서 "나는 부모님 두 분 다 잃었어"라는 대사를 읽을 때, 벡델은 실제 삶에서 그런 비극을 견디고 있다. 그에 따른 메타 문학적 요소는 책에 나오는 캐릭터들과 분리된 채 분석하도록 우리 뇌를 유도한다. 환자를 임상적으로 분석하고 진단하는 정신과 의사처럼, 우리는 벡델의 아버지가 동성애 성향을 억누르다 자식들을 학대하게 되었다고 분석한다. 우리는 그의 자기혐오를 진단하고, 자살의 윤곽을 그려본다.

감정에 좌우되지 않는 이런 분석 작업은 무감각 치료의 첫 번째 부분에 해당한다. 《고도를 기다리며》의 메타기분을 흉내 내면서, 우리 뇌의 감정 제동을 서서히 늦춘다. 이런 식의 치료가 《펀 홈》의 마지막 장까지 계속 이어진다. 결국 벡델은 놀라운 반전으로 우리에게 해피 엔딩을 선사한다.

제23장. 얼었던 마음을 녹여라

〔 행복한 반전 〕

비극을 행복으로 반전시키기 위해, 《펀 홈》은 에우리피데스의 서술 청사진, 즉 잃어버린 영혼을 되찾는 죽음의 여정을 재현한다. 그런데 벡델은 이 고대 신화를 현대적 감성에 맞추기 위해 T. S. 엘리엇을 따라 그 여정을 대단히 사실적으로 보이게 한다. 그녀가 그려낸 죽음의 여정은 지하세계로 직접 내려가는 게 아니라, 지옥 같았던 과거로 돌아가는 회상의 형태를 취한다.

그 여정을 통해서 벡델은 아버지의 비극적 파멸이 결국 자신을 구원했다는 놀라운 아이러니를 알아낸다. 부분적으로, 그 아이러니는 "가정된" 사실을 드러낸다. "아버지가 젊은 시절에 '커밍아웃' 했더라면, 아버지가 엄마를 만나 결혼하지 않았더라면, … 나는 어떻게 됐을까?" 하지만 더 깊이 들어가면, 아버지는 동성애를 숨긴 자신을 혐오하면서 게이라고 떳떳이 밝힌 벡델에게 감탄한다. 아버지의 감탄은 벡델의 자신감을 부추겨, 벡델에게 아버지의 잃어버린 자식을 품는 것 같은 기분을 느끼게 한다. 이러한 기분은 다시 회고록의 마지막 장면을 기분 좋게 반전시킨다.

이 장면은 우리 뇌에 두 가지 행복한 감정, 즉 경이와 감사를 선사한다. (각각의 청사진을 더 자세히 살펴보려면, 서론과 제15장을 참고하라.) 경이는 정신을 혼미케 하는 확장에서 나온다. 좌절한 이카루스-작가인 벡델의 아버지가 비극적으로 바다에 뛰어든다. … 그곳에서 그는 자신이 이루지 못한 작가의 꿈을 실현하게 될 다이달로스-자식을 희극적으로 붙잡는다. 한편, 감사는 벡델의 영웅적 관대함에서 나온

우리는 지금 문학이 필요하다

하지만 입장이 묘하게 뒤바뀌고 더러는 얽히고 설킨 우리의 이야기 안에서 아버지는 내가 뛰어들 때 날 잡아주려고 거기에 있었다.

다. 벡델은 아버지에게 감사를 표하면서 우리에게도 그에게 감사를 표하라고 권한다.

그에 따른 감정의 칵테일은 우리를 치료의 두 번째 단계로 이끈다. 긍정적 감정에 뇌를 폭 잠기게 해서, 전전두엽 피질한테 변연계에 대한 제동을 늦추도록 촉구하여 무감각을 좋은 기분으로 살살 달래주는 것이다.

('임상적 기쁨'을 직접 활용하기)

1997년, 고고학자들이 아테네에서 서쪽으로 16킬로미터쯤 떨어진 살라미스섬을 탐색하다 남쪽의 한 동굴에서 자그마한 토기를 발견했다. 토기는 그리스 비극의 마지막 시대까지 거슬러 올라갈 만큼 굉장히 오래된 것이었다. 게다가 표면에 에우리피데스라는 이름이 새겨져 있었다.

《알케스티스》를 저술한 바로 그 에우리피데스와 같은 사람일 수 있을까? 정말 그렇다면 고대 역사가인 필로코루스Philochorus의 기록, 즉 에우리피데스가 어느 섬의 동굴에서 외롭게 희비극을 썼다는 전설을 확인할 수 있을 것이다. 그 기록에 따르면, 에우리피데스는 아테네 사람들이 자신의 연극적 혁신을 거부하자 분노한 나머지 동굴에 칩거했다고 한다. 그는 해마다 디오니소스 축제에서 새로운 문학적 장치를 가미한 놀라운 작품을 초연했다. 하지만 우승 왕관을 수십 번씩 받은 아이스클로스나 소포클레스와 달리, 에우리피데스는 자신의 작품이 관객에게 번번이 외면당하는 모습을 지켜봐야 했다. 결국 그는 다 포기하고 아티카를 떠나 북부의 야생지대에서 사망했다.

하지만 에우리피데스의 인생은 불행한 결말로 막을 내리지 않았다. 그 동굴에서 선명한 글자의 대본이 발견되면서 놀라운 반전이 일어났기 때문이다. 대본엔 《주신 바커스의 시녀들The Bacchae》이라는 제목이 붙어 있었다. 그 작품은 나중에 디오니소스 축제에서 공연되었고, 결국 에우리피데스에게 우승 왕관을 선사했다. 알케스티

우리는 지금 문학이 필요하다

스와 마찬가지로, 에우리피데스도 무덤 너머에서 돌아왔다. 외딴섬의 동굴로 이탈했던 그의 비극은 마침내 행복한 결말로 선회하게 되었다.

그런 선회를 직접 맛보고 싶다면, 벡델의 청사진을 이용해 무감각에 대한 당신만의 문학적 치료법을 고안해보라. 일단 해피 엔딩으로 끝나는 스토리를 하나 골라보라. 회고록이나 만화책, 소설, 영화 등 아무 장르나 상관없다. 그런 다음, 그 스토리를 임상적으로 읽어보라. 당신이 정신과 의사라고 가정하고 캐릭터들을 꼼꼼하게 분석하라. 부정적 감정을 다 기록한 다음 그 기원을 추측해보라. 긍정적 감정을 다 관찰한 다음 그 장점을 기록해두라. 결말에 도달하면, 의사다운 소견을 종합하여 정서적 행복감을 포용하라.

당장 행복한 기분이 들지 않더라도, 희비극 치료를 포기하지 마라. 문학 캐릭터들의 기분을 분석하면 할수록, 문학의 유쾌한 피날레에 마음을 열면 열수록, 내면의 감정 제동이 점점 더 느슨해질 것이다.

얼었던 마음을 살살 녹여서 그 안에 갇힌 기쁨을 되살리게 될 것이다.

제23장. 얼었던 마음을 녹여라

제 **24**장

꿈을
펼쳐라

Wonderworks

티나 페이의 '30록',
기분이 좋아지는 환상적 마법

———

발명품: 소원 성취

마드리드 남쪽, 금방이라도 무너질 듯한 성에서 한 남자의 소원이 먼지처럼 작아졌다.

알론소 키하노Alonso Quixano라는 오십대의 스페인 신사가 품었던 소원이었다. 허구에 푹 빠졌던 신사는 당시 존재하던 모든 모험책을 구입하려고 집을 저당 잡히고 푸성귀로 연명했다. 키하노는 하루 종일 (그리고 잠이 안 올 때는 밤새도록) 목판 인쇄된 소중한 책의 페이지를 넘기며 용과 마법사와 환상적 생명체에 빠져들곤 했다. 그러던 어느 화창한 오후, 환상이 진짜로 실현되었다. 키하노는 총구멍이 숭숭 뚫린 흉벽胸壁 너머로 마른 평원을 가로질러 가는 발소리를 들었다. 쿵쿵쿵! '아니, 저건! 거인들이 내는 발소리잖아!' 그 순간, 키하노는 서재를 뛰쳐나가 주방으로 달려갔다. 질그릇 옆에 손으로 주조한 갑옷이 한 벌 놓여 있었다. 키하노는 얼른 갑옷을 걸치고 마구간으로 날듯이 뛰어갔다. 마구간에는 용맹한 눈빛을 말 한 마리와 종자가 있었다. 종자가 그에게 고개를 조아리며 번뜩이는 창을 내밀었다. "이 무기를 챙기십시오. 나의 선량한 기사, 돈키호테 님."

오랜 세월 동안 키하노는 선량한 기사 돈키호테로 세상에 알려졌다. 말을 타고 다니며 괴물과 싸우고 약자를 지켜주었다. 그러던 어느 날, 어느 목사에게서 자신이 이 모든 걸 상상했다는 소리를 듣게 되었다. 늠름한 준마는 늙어빠진 말이었고, 젊은 종자는 중년의 바보였으며, 그가 맞서 싸운 거대한 적은 농사짓는 데 쓰는 풍차였다는 것이다. 환상에서 깨어난 키하노는 행복한 영웅주의에 빠졌던 시절을 후회하고, 자신을 미몽으로 이끌었던 책을 몽땅 치워버렸다. 그리고 삐걱거리는 침대에 누워 맑은 정신으로 눈을 감았다.

소원을 잃어가는 이 여정은 미겔 데 세르반테스의 17세기 소설 《라 만차의 기발한 기사 돈키호테The Ingenious Knight, Don Quixote of La Mancha》에 자세히 나온다. 이 작품은 현재 여러 현명한 학자들에게 역사상 가장 훌륭한 소설로 평가되고 있다. 그런 현명한 학자들과 마찬가지로, 당신도 환상에서 깨어난 알론소 키하노를 칭찬할 수 있다. 당신도 책을 다 포기하고 침대에 누워 죽을 수 있다.

혹시라도 그러고 싶지 않다면, 당신은 《돈키호테》의 테크놀로지를 이용해 그 반대로 할 수도 있다. 즉 당신의 환상을 실현할 수 있다.

〔《돈키호테》의 테크놀로지〕

우리가 알론소 키하노처럼 환상과 현실을 혼동하는 실수를 반복하

지 않도록, 세르반테스는 《돈키호테》에 기발한 문학 테크놀로지를
주입한다. 바로 '이야기 속 이야기Story in the Story'이다.

'이야기 속 이야기'는 세르반테스의 발명품이 아니다. 문학의 초
창기부터 존재했다. 그런데 세르반테스 이전까지만 해도 이 서술 장
치는 항상 우리를 하나의 이야기 세계에서 다른 이야기 세계로 이동
시키는 데 사용되었다.

고대 이집트의 《웨스트카 파피루스Westcar Papyrus》는 '이야기 속 이야기'를
이용해, 우리를 파라호의 쿠푸 궁정에서 제5왕조의 신비한 미래로 이동시
킨다.

산스크리트어로 쓰인 《마하바라타Mahābhārata》는 '이야기 속 이야기'를 이
용해, 우리를 향기로운 아소카 우림에서 쿠루 왕국 내 불의 사원으로 이동
시킨다.

그런데 세르반테스의 혁신은 이동 자체에 역점을 둔다. 우리를
다른 서술 지형으로 부드럽게 안내하는 대신, '이야기 속 이야기'를
달리 조작해서 우리의 초점을 이동 순간에 계속 맞추게 한다. 그리
하여 우리가 두 현실 간의 경계선을 의식하게 하고, 우리 뇌가 '한 현
실이 더 사실적인가? 다른 현실이 더 허구적인가'라는 의문을 품게
한다.

세르반테스가 이룬 혁신의 가장 극적인 사례는 《돈키호테》 2편
에 나온다. 2편은 1편이 베스트셀러가 되고 10년 지난 1615년에 출

간되는데, 이러한 실제 출간 역사가 서두에 고스란히 나와 있다. 키호테는 자신의 모험을 다룬 1편이 근처 서점에서 팔린다는 이야기를 듣고 깜짝 놀란다. 하지만 세르반테스의 첫 책에서 자신에 대한 이야기를 읽었다는 사람들과 계속 마주치면서 곧 그게 사실임을 알게 된다.

이 점은 키호테뿐만 아니라 우리에게도 무척 놀랍다. 소설 속 캐릭터가 그 소설이 출판된 세상에서 활보하고 다닌다. 다시 말해서, 허구적 캐릭터가 실제 세계를 활보하고 다닌다. 그렇다면 키호테는 진짜인가? 아니면 현실 세계가 허구인가? 우리 뇌는 두 가능성 사이에서 오락가락하며 메타텍스트meta-text 퍼즐을 푸느라 진땀을 흘린다.

그런데 퍼즐이 풀리기는커녕 점점 더 꼬인다. 키호테는 이리저리 돌아다니면서 1편 독자들이 그의 이야기를 더 듣고 싶은 나머지 가짜 속편을 구입한다는 이야기를 듣게 된다. 키호테에겐 터무니없는 이야기처럼 들리지만, 위작은 실제로 존재했다. 1614년, 세르반테스가 정식 2편을 인쇄소에 넘기기 1년 전, 가짜 2편이 알론소 페르난데스 데 아베야네다Alonso Fernández de Avellaneda라는 필명으로 출간되었던 것이다.

이 가짜 속편은 1615년 진짜 속편의 서문에서 허구적 세르반테스에게 호된 공격을 받는다. 그리고 돈키호테 자신도 가짜 속편을 우연히 발견하고 격노한다. 그는 성난 목소리로 가상의 종자에게 "좋은 책일수록 진실하다"라고 충고한다.

키호테는 그 익명 작품이 허구임을 폭로하기로 다짐하고, 가짜

우리는 지금 문학이 필요하다

속편의 플롯에서 의식적으로 멀어지겠다고 결정한다. 가짜 속편의 플롯에서, 돈키호테는 진짜 1편 말미에서 암시했던 대로 동쪽의 사라고사_{Zaragoza}라는 성당 마을로 여행을 떠났다. 하지만 이제 진짜 속편의 돈키호테는 바르셀로나로 떠날 것이다. 그가 바르셀로나에 나타나면 사람들은 다른 돈키호테가 가짜임을 두 눈으로 확인하게 될 것이다.

이는 역사상 가장 복잡하게 뒤얽힌 문학적 난제 가운데 하나이다. 가공의 캐릭터가 진짜 허구를 통해 현실 세계에 자신을 드러냄으로써 가짜 허구의 그릇됨을 밝혀낸 것이다.

그 난제가 복잡하긴 하지만 우리 뇌에 하는 일은 아주 간단하다.

(《돈키호테》를 읽을 때 우리 뇌에서 벌어지는 일)

인간은 막 태어나면 돈키호테와 같아서 환상과 현실을 구분할 수 없다. 하지만 몇 년 지나면 그 둘을 분리하기 시작한다. 아이들은 세 살만 돼도 "용은 진짜가 아니야!"라고 주장한다. 그리고 네 살이 되면, 가짜와 진짜를 구분하는 일에 열성을 보인다.

그렇다고 네 살 아이들이 항상 그 둘을 정확하게 구별한다는 뜻은 아니다. 아직도 괴물이 침대 밑에 숨어 있고, 어딜 가나 가상 친구들이 따라온다. 하지만 이 점은 우리 어른들도 마찬가지다. 우리도 미신을 믿고 마술적인 생각을 떠올린다. 다만 우리는 환상과 현실 사이에 분명한 선이 있음을 안다. 그 선을 항상 정확하게 지키지는 못한다 해도 일단 그 선의 존재는 확실히 알고 있다.

이 선에 대한 인식은 세상에 대한 뇌의 정신 모형mental model 덕에 가능하다. 그 모형은 시간이 지남에 따라 성장할 수 있을 만큼 탄력적이라 삶의 변화에 대한 이해력을 넓혀나간다. 아울러 한 가지 환경 규칙에서 다른 환경 규칙으로 전환할 수 있도록 국지적 변종도 포용할 수 있다. 하지만 우리에게 안정적인 활동 기반을 제공하기 위해, 유연성을 한없이 발휘하진 않는다. 가령 초록색 태양이나 다리가 열 개 달린 고양이, 말하는 눈 등 우리가 본 것이 기존 모형에 완전히 모순될 때는, 앞서 제20장에서 배웠던 오류 감지기인 뇌의 ACC(전측대상피질)에 경고를 보내라고 촉구한다. '이봐! 우린 지금 환각을 보고 있어!'

ACC는 이 경고를 보낸 후, 뇌의 의사결정 부위에 뒷일을 맡기고 느긋하게 쉬기 마련이다. 그러지 않으면 우리는 마법에 관한 소설이나 다른 환상적인 것들을 즐길 수 없다. 오류 감지기가 끊임없이 '저건 가짜야! 저건 가짜야! 저건 가짜야!'라고 소리치는 통에 뇌가 도저히 몰두할 수 없기 때문이다. 그런데 ACC가 보통 한 번의 경고 후에 조용해지긴 하지만, 판타지 소설 중에 어떤 변종은 계속해서 동요를 일으키게 한다. 그 변종은 바로 형편없게 짜인 판타지 소설이다. 형편없게 짜인 판타지 소설은 내부의 스토리 규칙을 끊임없이 깨뜨린다. 캐릭터는 변덕스럽게 행동하고 마법 주문은 자체의 주술 법칙을 위반한다. 이런 모순이 발생할 때마다 오류 감지기는 번번이 '이런 일은 일어날 수 없어!'라고 외친다. 결국 우리는 상상력이 형편없다고 비난하면서 그 책을 팽개쳐버린다.

《돈키호테》를 읽을 때도 ACC가 이런 식으로 끊임없이 외쳐댄다. 서투른 판타지 소설처럼,《돈키호테》도 이야기 세계의 규칙을 계속 깨뜨린다. 허구적인 것들이 사실적인 장소에 자꾸 나타나고 사실적인 것들이 허구적인 장소에 자꾸 나타난다. 하지만 ACC가 우리에게 계속 소리치면서 환상에 몰입하려는 우리의 경험을 자꾸 방해하는데도, 뇌의 의사결정 부위는 '이 소설은 형편없지 않아. 학자들이 옳았어. 사실은 굉장히 영리한 작품이야!'라고 판단한다. 그러한 판단 덕분에, ACC가 위반 사항을 계속 경고하는데도 우리는 책을 팽개치지 않는다.《돈키호테》가 현실과 환상을 구분하는 선을 반복해서 상기시켜 사실과 허구의 구분에 대한 인식을 높여주기 때문이다.

이렇게 높아진 인식은 미겔 데 세르반테스가 조제한 신경적 묘약이다. 이 묘약의 목적은 우리가 가엾은 알론소 키하노처럼 되지 않도록 돕는 것이다. 책 내용을 그대로 믿으면 위험하다는 것마저 책에서 배운 학자들이《돈키호테》를 높게 평가하는 것도 이 때문이다.

하지만 돈키호테처럼 되지 않게 하는 것이《돈키호테》의 문학 테크놀로지가 할 수 있는 유일한 일은 아니다. 우리를 돈키호테처럼 되지 않도록 돕는 일 외에, 우리를 더 성공적인 버전의 돈키호테로, 꿈을 실현한 돈키호테로 변화시킬 수도 있다.

(더 성공적인 돈키호테)

꿈을 이루려면, 우리는 진실과 환상을 가르는 선을 제대로 인식해야 한다. 그 선을 인식하지 못하면, 우리는 돈키호테처럼 환상이 이미 사실이라고 믿고 착각 속에서 헛되이 돌진하다 냉엄한 현실에 부딪혀 상처투성이가 될 것이다. 그 선을 온전히 인식한다면, 우리는 반反사실적 사고counterfactual thinking라고 알려진 꿈 실현 기술에 몰두할 수 있다.

반사실적 사고는 그 이름이 암시하듯 사실에 어긋나는 사고이다. 이러한 사고를 수행하기 위해, 뇌는 몇 가지 사실이 수정된 대안적 세계를 상상한 다음, 사고 실험을 통해 그러한 수정이 어떤 식으로 드러나는지 확인한다. 좋게 드러나면, 뇌는 그 사고 실험을 멈추고 현실세계로 돌아와 똑같은 수정을 진짜로 수행하게 된다.

반사실적 사고는 우리 뇌의 타고난 능력이지만, 연습을 통해 더 키울 수 있다. 연습하려면, 우리는 한 번에 하나씩 우리 세계의 작은 부분을 조정하는 데 집중해야 한다. 우리 취향에 맞춰 삶을 극단적으로 다시 상상하는 대신, 더 쉽게 저 너머의 삶으로 내보낼 수 있는 그럴싸한 꿈을 구상하는 방법을 익히게 된다.

과학자들이 알아낸 바, 이런 연습을 용이하게 해줄 문학 테크놀로지가 있다. 그 테크놀로지는 '이야기 속 이야기'에서 파생되었고, 두 파트로 구성되어 있다. 첫 번째는 '코믹 윙크Comic Wink'로 알려진 고대 발명품이다.

(코믹 윙크와 그 고대 기원)

희극은 반사실적 사고를 연습하는 수단으로서 아테네에서 시작되었다. 우리가 고전 문학을 더 소비한다면 어떻게 될까? 또는 여자들이 정부를 운영한다면 삶이 어떻게 될까? 이러한 사고 실험의 첫 번째는 기원전 405년 《개구리The Frogs》라는 희극에서 행해지는데, 신이 당시에 존경받던 작가를 죽음에서 되살려낸다는 내용이다. 두 번째는 기원전 411년 《리시스트라타Lysistrata》라는 희극에서 행해지는데, 그리스 여성들이 전쟁을 끝내려고 들고 일어선다는 내용이다. 두 고대 희극은 삶의 다른 방식에 우리 마음을 열게 한다. 그 다른 방식이 흔히 위협적이기 때문에 두 희극은 농담과 익살스러운 몸짓으로 우리를 안심시키려 애쓴다. '이런 반사실적 사고는 그냥 재미로 해보는 거니까 어떻게 되나 웃으면서 지켜보면 됩니다.'

민주주의가 원래 새로운 사상에 대한 개방성에 의존하기 때문에, 희극이 조장한 반사실적 사고는 아테네 민주주의에 중요했다. 그런데 그 새로운 사상이 다소 진지하지 않은 형식으로 제시된다 하더라도, 민주주의에 뜻을 둔 사람들이 흔쾌히 즐기기엔 불안한 요소가 남아 있었다. 그래서 그들의 마음을 열기 위해, 극작가들은 강력한 현실 유예 장치인 '코믹 윙크'를 고안했다.

코믹 윙크는 배우가 제4의 벽을 허물고 우리에게 "이런 건 전혀 사실이 아니다"라고 안심시키는 순간을 모두 일컫는다. 코믹 윙크는 말없이 쳐다보는 식으로 간단할 수도 있고, 자기 이름을 딴 로마 희극에서 슈도루스Pseudolus라는 노예 캐릭터가 다음과 같이 장황하게

제24장. 꿈을 펼쳐라

떠드는 이야기일 수도 있다.

나도 알아요, 알아. 여러분은 나를 별 볼일 없는 사기꾼이라고 생각하겠지만, 장담하건대, 내가 하는 온갖 불가능해 보이는 약속은 다 실현될 겁니다. 그렇지 않으면 이게 무슨 코미디겠습니까?

이와 같은 코믹 윙크는 우리 뇌를 다음과 같이 안심시킨다. 걱정 마세요! 연극은 그게 다 가짜라는 걸 알고 있어요. 그러니까 윙크를 한 거죠! 사실은 우리에게 고전 문학을 더 소비하게 하거나 여성을 책임자로 세우려는 게 아니에요. 그냥 껄껄 웃자고 하는 쇼라고요. 일단 뇌가 이렇게 안심하면, 우리는 연극의 대체 현실 속으로 빠져든다. 그리고 우리와 다른 세계를 탐험하고 우리가 실제로 그렇게 했을 때 어떻게 될지 상상해본다.

《리시스트라타》와 《슈도루스》 시대 이래로, 코믹 윙크는 마음을 확장하는 희극의 필수 요소로 자리 잡았다. 1950년대 시트콤 '아이 러브 루시I Love Lucy'라는 미국의 현대극에도 편입되었다. 이 시트콤은 가령, 여자들이 직업을 갖는다면? 인종 간 결혼을 허용한다면? 같은 온갖 종류의 대안적 가능성을 장난기 가득한 연극적 구도 안에서 조심스럽게 제기했다.

코믹 윙크는 인간의 뇌에 다른 사고방식을 받아들이도록 하는 데 효과적임을 입증하긴 했지만, 이는 현대 작가들이 '이야기 속 이야기'에서 얻어낸 꿈 실현 테크놀로지의 전반부에 불과하다.

후반부는 '리얼리티 변환기Reality Shifter'라고 알려진 발명품이다.

우리는 지금 문학이 필요하다

(꿈을 실현하다, 파트 2)

리얼리티 변환기도 고대의 희극 무대에 그 기원을 두고 있지만, 이번엔 그리스와 로마의 신희극New Comedy이라는 과장되지만 믿을 만한 세계로 거슬러 올라간다. 리얼리티 변환기라는 이름이 암시하듯, 이 발명품의 힘은 환상을 실제처럼 보이게 하는 것이다. 하지만 돈키호테의 서재에 놓인 책과 달리, 리얼리티 변환기는 환상과 현실 사이의 선을 완전히 없애지 않는다. 그 대신, 살짝 옮겨 놓는다.

그러기 위해서 리얼리티 변환기는 코믹 윙크의 '이야기 속 이야기' 메커니즘을 뒤바꾼다. 코믹 윙크는 환상의 나라에서 시작해 제4의 벽을 허물고 그 너머 현실로 나간다. 리얼리티 변환기는 실제 세계에서 시작해 현실의 경계선을 살그머니 끌어당기고 환상 속으로 들어간다.

《돈키호테》2편을 읽으면서 우리는 이처럼 경계선을 끌어당기는 경험을 하게 된다. 구체적으로 살펴보면, 2편은 일단 돈키호테의 모험이 책으로 출간되는 실제 세계에서 시작한다. 그러다 그가 그 책을 급히 훑어보는 '현실 세계'로 우리를 밀어 넣는다. 그런데《돈키호테》이후, 리얼리티 변환기 청사진은 세르반테스를 모방한 여러 작가들에 의해 더 수정되고 확장되었다. 그러다 결국 새로운 소설 장르인 현대 판타지의 토대가 되었다.

현대 판타지도 전통 판타지처럼 우리 뇌에 비현실적인 것을 상상하도록 부추긴다. 그런데 전통 판타지가 현실을 마구 수정하고 주문을 쏟아내면서 우리의 뉴런을 현혹하는 반면, 현대 판타지는 한

결 절제되어 있다. 실제 세계를 있는 그대로 받아들인 다음, 진짜처럼 보일 것 같은 환상적 요소를 한두 가지 가미한다. 엄청난 상상력을 동원해서 현실 도피를 꾀하는 대신, 현대 판타지는 가벼운 상상적 요소로 현실을 풍요롭게 해주고, 우리에게 실제로 존재할 것 같은 세계를 숙고하도록 권한다.

이 새로운 판타지 장르는 19세기에 E. T. A. 호프만E. T. A. Hoffmann의 《샌드맨The Sandman》(1816)('잠귀신'이라는 뜻, 아이들 눈에 모래를 뿌려 졸리게 한다는 데서 유래함) 같은 작품들로 자리를 잡기 시작했다. 이 단편은 일련의 사실적 편지에서 자신이 어렸을 때 흉악한 연금술사의 실험을 목격했다고 주장하는 젊은이의 이야기로 시작된다. 그 편지들은 호프만과 그의 동시대인들이 사는 세계를 배경으로 한다. 그래서 우리는 이렇게 생각한다. '그래, 누구나 그럴 수 있어. 어렸을 땐 다들 연금술사 같은 엉뚱한 것들을 상상하니까.'

그런데 편지가 다 끝나자 서술자가 등장하더니, 젊은이가 서신 왕래를 끝낸 후에 그 연금술사를 다시 보게 되었다고 말한다. 연금술사를 뒤쫓아 간 젊은이는 그가 이번엔 태엽을 감아 작동하는 소녀 인형을 개발했음을 발견했다. 그런데 소녀 인형이 어찌나 정교한지 실제 사람처럼 보였다.

이 스토리는 이제 리얼리티 변환기로 우리 뇌를 사로잡는다. 우리는 젊은이의 편지라는 실제 세계에서 한 가지 반사실적 수정, 즉 숨겨진 태엽 심장이 달린 소녀가 있는 '현실 세계' 속으로 미끄러져 들어간다. 그래서 우리가 이야기를 내려놓고 우리 자신의 '현실'로 돌아올 때, 우리 뇌는 다음과 같은 의문을 품게 된다. '내 주변에 있

우리는 지금 문학이 필요하다

는 사람들 중 일부는 정교한 기계가 아닐까? 너무 감쪽같아 보여서 그들을 인간이라고 생각하는 게 아닐까?'

(코믹 윙크와 리얼리티 변환기를 결합시킨 효과)

코믹 윙크와 리얼리티 변환기는 반사실적 사고의 두 가지 분리된 행동으로 우리 뇌를 안내한다.

코믹 윙크는 우리를 가상세계로 안내해서 현실을 수정해 어떻게 되나 볼 수 있게 한다. 리얼리티 변환기는 가상세계의 수정을 실제 세계로 가져가게 해서 우리가 실제로 사용해볼 수 있게 한다. 따라서 반사실적 사고의 완전한 행동으로 우리 뇌를 실어 나르려면, 문학은 그저 이 두 발명품을 결합하면 된다. 즉, 윙크와 현실 변환 사이에서 오락가락하는 '이야기 속 이야기'를 제시하면 된다.

20세기 들어서, 마르크스 브러더스Marx Brothers가 주연한 영화 '풋볼 대소동Horse Feathers'(원래 '허튼소리'라는 뜻), 디즈니의 '메리 포핀스Mary Poppins', 조스 웨던Joss Whedon 감독의 '뱀파이어 해결사, 버피Buffy the Vampire Slayer' 등 환상적인 코믹 작품들이 그 일을 해냈다. 이러한 작품은 '만약에?'를 부추겨서 우리 뇌를 움직이게 했다. 그러다 21세기 초 어느 날, 코미디 작가 티나 페이Tina Fey는 한술 더 떠서 다음과 같은 의문을 품었다. 만약에 내가 더 나간다면? 만약에 내가 현실과 환상의 세계를 극단까지 몰고 가서 코믹 윙크와 리얼리티 변환기를 극대화한다면?

이러한 반사실적 가정what-if의 결과, 2006년부터 2013년까지 NBC 방송국에서 방영된 텔레비전 시트콤 '30록Rock'(록펠러 플라자 거리 30번지로, GE 빌딩의 주소이다. NBC 스튜디오가 이 건물에 있다. - 역자 주)이 탄생했다. 실제 세계의 느낌을 극대화하고자, '30록'은 사운드스테이지에 카메라 세 대가 대기하던 낡은 시트콤 방식을 버리고 카메라 한 대로 실제 뉴욕 거리를 자유롭게 누비고 다닌다. 아울러 환상 세계의 상상력을 극대화하고자, '이야기 속 이야기'를 스케치 코미디sketch-comedy(촌극) 무대로 구성하여 끝없는 사고 실험에 활용할 대단히 유연한 대체 현실을 제공한다.

'30록'은 일단 두 세계를 구축한 다음, 코믹 윙크를 사용해 우리를 판타지 속으로 쉽게 밀어 넣고 또 리얼리티 변환기를 사용해 판타지와 현실의 경계로 슬쩍 밀어 넣는 식으로, 우리를 그 두 세계 사이에서 오락가락하게 한다. 파일럿 에피소드의 오프닝 장면부터 이러한 이중 액션이 나온다. 주인공 리즈 레몬이 뉴욕의 핫도그 카트 앞에 줄을 서 있다. 그런데 한 참을성 없는 얼간이가 새치기를 하려고 하자 리즈는 신용카드를 꺼내 핫도그를 죄다 사버린다.

그 즉시, 우리의 ACC가 발동한다. 저 상황에서 실제로 신용카드를 꺼내는 사람은 아무도 없어! 저건 그냥 사람들이 품는 환상일 뿐이야! 우리 뇌는 이러한 경고를 듣고 리모컨을 집어 들면서 생각한다. '진짜 뉴욕인 척하지만 사실은 아닌, 허술하게 짜인 허구를 보겠다고 귀중한 시간을 낭비하고 싶지 않아.'

하지만 채널을 바꾸기도 전에 우리 뇌는 코믹 윙크 덕에 마음을 놓는다. 메타극적 뮤지컬 음악이 흐르는 가운데 리즈 레몬이 활기차게 걸어가면서 5번가 주민들에게 달갑지 않은 핫도그를 나눠주기 때문이다. '30록'은 이러한 코믹 윙크로 우리를 안심시킨다. 신용카드 장면은 터무니없는 짓이었죠. 이 텔레비전 코미디는 현실에서 살짝 벗어난 환상이라니까요. 결국 우리 뇌는 쇼의 제작자들이 뭘 하는지 안다고 설득당한 채, ACC의 경고를 잊고 환상으로 들어가는 선을 넘는다.

뇌가 선을 넘는 순간, 리얼리티 변환기가 반갑게 맞아준다. 리얼리티 변환기는 '30록'의 메인 카메라가 스케치 코미디를 찍고 있는 2번 카메라에 초점을 맞출 때 시작된다. 카메라가 다른 카메라를 찍는 순간은 환상과 현실의 경계선을 살짝 옮기면서 우리 뇌에 이렇게 암시한다. '메인 카메라의 세계가 2번 카메라의 세계보다 더 사실적이다.' 이 시점에서, 메인 카메라는 뒤로 물러나며 우리에게 케네스 엘렌 파셀을 소개한다.

케네스 엘렌 파셀이 누구냐고? 흠, 그는 NBC 방송국의 실제 본부인 록펠러 플라자 30번지의 안내원이다. 그렇다면 케네스 엘렌 파셀도 실제로 존재하는 인물인가? 우리 뇌에는 확실히 실제 인물처럼 보인다. 어쨌든 메인 카메라에 찍혔으니까. 하지만 케네스 엘렌 파셀은 진짜가 아니다. 현시대에 존재할 준비가 덜 된 코믹한 캐릭터이다. 본인의 말을 빌면.

"흠, 선생님은 점심 휴식에서 돌아온 쇼핑몰 산타처럼 말씀하시네요."

"나는 뜨거운 음료는 일체 마시지 않습니다. 그건 악마의 온도거든요."

제24장. 꿈을 펼쳐라

"난 이제 어떻게 되는 거야?"

케네스 엘렌 파셀은 2번 카메라의 스케치 코미디 풍자만큼 과장되진 않지만, 우리 뇌의 현실감을 환상 속으로 1도 정도 밀어 넣는다.

코믹 윙크와 리얼리티 변환기의 결합은, 우리의 주인공이 새로운 상사 잭 도나기를 만나는 다음 장면에서도 계속 이어진다. 그런데 잭 도나기는 등장부터 너무 우스꽝스러워 전혀 실재할 것 같지 않다. 벽을 뻥 차고 들어온 그는 옛 상사가 "죽었다"고 소리치면서 우리의 ACC를 자극한다. 이건 진짜 NBC가 아니야. 거짓이야, 거짓. 다 거짓이야. 하지만 '30록'은 다시 한 번 일련의 메타극적 코믹 윙크로 우리 뇌를 진정시킨다. 이 코믹 윙크는 잭 도나기가 '이야기 속 이야기'에서 GE의 트라이벡션 오븐을 홍보하는 장면으로 막을 내린다.

GE 트라이벡션 오븐은 기존 오븐보다 다섯 배나 빨리 완벽하게 요리해 내지. 세 가지 열 종류로, 칠면조를 이십삼 분 만에 완성할 수 있다니까.

도나기는 카메라를 거의 정면으로 쳐다보면서 "칠면조"를 또박또박 발음한다. 그런 다음, 자신을 "동부 연안의 TV와 전자레인지 프로그램 편성을 맡은 신임 부사장"이라고 풍자적으로 소개한다.

이러한 코믹 윙크는 우리 뇌의 의사결정 부위에 ACC를 안심시키라고 촉구한다. 괜찮아. 이 텔레비전 쇼는 우리를 속이려는 게 아니야. 그냥 웃기려는 거야. 결국, 이번에도 우리는 환상 속으로 빠져든

우리는 지금 문학이 필요하다

다. 이 시점에서, 우리는 또 다른 리얼리티 변환기에 부딪힌다. 주인공 리즈 레몬이 누워서 이렇게 설명한다. "이런 스트레스 꿈을 꿀 때는, 꿈속에서 잠이 들면 그 꿈에서 깨어나게 돼." 하지만 그녀는 깨어나지 못하고 스트레스 꿈은 계속 이어진다. 주인공이 진짜이고, 그 주인공이 지금 꿈속에 있기 때문에, 꿈속의 모든 것도 진짜인 것 같다. 그래서 우리는 이런 의문을 품게 된다. '잭 도나기가 실제로 존재할 수 있을까? NBC의 지배 지분을 보유한 GE가 가전 임원을 보내서 NBC 쇼를 오븐 광고로 변질시키는 게 가능할까?'

물론 가능하다. 아직까진 그러지 않았더라도 얼마든지 그럴 수 있다. 적어도 우리 뇌에는 그럴 수 있을 것 같다. 우리가 지금 반사실적 사고를 시작했기 때문이다. 우리는 사실을 유보하고 변환해서 상상적인 가능성을 탐색하고 있다.

이 모든 멈춤과 리얼리티 이동은 엄청난 정신 운동이며, 이 운동은 우리 자신의 꿈을 실현하는 데 도움이 되기 때문에 매우 유익하다.

(꿈을 실현하는 과학)

꿈을 실현하려면, 우리 뇌는 두 가지가 필요하다. 첫째, 꿈을 이루기 위해 노력하겠다는 의지가 필요하다. 둘째, 환상을 현실로 바꿀 수 있는 계획이 필요하다.

뇌는 반사실적 사고를 연습함으로써 이 두 가지를 얻는다. 설사 반사실적 사고가 특정한 꿈과 아무 관련이 없을 때도 그렇다.

제24장. 꿈을 펼쳐라

어떻게 그럴 수 있을까? 일단, 신경과학자는 온갖 종류의 반사실적 사고가 현실을 바꾸는 게 가능하다고 우리 뇌가 믿게끔 한다는 점을 보여주었다. 그리고 그 믿음은 결과적으로 꿈을 이루고자 노력하겠다는 의지를 키워준다.

물론 믿음만으로는 꿈을 실현하는 데 충분하지 않다. 가엾은 알론소 키하노의 운명을 기억해보라. 그래서 과학자들은 반사실적 사고 훈련이 환상을 현실로 바꿀 참신한 상상력을 키워줄 수 있다는 점도 보여주었다. 한 기발한 실험에서, 과학자들은 사람들에게 세 가지 물건, 즉 양초 한 개와 압정 한 상자, 성냥 한 묶음을 제시했다.

그런 다음 과학자들은 이렇게 물었다. "탁자에 촛농을 떨어뜨리지 않도록 불 켜진 초를 코르크 벽에 고정시킬 수 있습니까?"

첫 번째 시도에서, 사람들은 대부분 이 퍼즐을 못 푼다. 한 번에 푸는 사람이 10퍼센트도 안 된다. 그런데 티나 페이의 발명품을 활

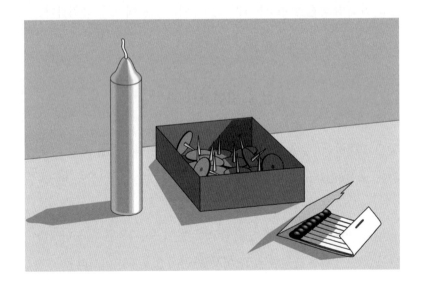

우리는 지금 문학이 필요하다

용하면, 퍼즐을 풀게 될 공산이 크다. 실제로, 과학자들은 약간의 반사실적 뇌 훈련으로 촛불 문제를 풀 가능성이 약 900퍼센트나 증가된다는 점을 발견했다. 상상해보라. '30록'을 보는 데 몇 십 분만 할애하면, 당신은 탁자에 촛농을 떨어뜨리지 않겠다는 꿈을 실현할 가능성이 극적으로 높아진다. (지금 당장 볼 수 없더라도 꿈을 포기하진 마라. 저자 본인은 '30록'을 수십 번이나 시청하고 반사실적 사고의 달인이 된지라, 양초 문제의 해답을 곧 공개할 것이다.)

따라서 '30록'은 반사실적 사고의 두 단계를 통해 우리 뇌를 이끌면서, 세상을 바꿀 능력에 대한 우리의 믿음을 증가시킨다. 아울러 변화를 실현하는 데 필요한 우리의 문제해결력도 향상시킨다. '30록'은 우리에게 의지를 주고 방법도 제시한다.

('소원 성취'를 직접 활용하기)

'30록'의 첫 에피소드는 코믹 윙크와 리얼리티 변환기를 한 개씩만 내놓지 않는다. 우리에게 몇 번이고 반복해서 내놓다가 에피소드의 마지막 장면에선 좌우 연타를 날린다. 이 장면은 고양이를 좋아하는 척 행세하는 여자의 촌극으로 시작한 후, 돌연 메인 카메라가 트레이시 조던에게 초점을 맞춘다.

트레이시 조던은 별 볼일 없는 코미디 배우로, 어렸을 땐 위탁가정에서 방치되었고 커서도 꿈만 많지 가진 게 없었다. '30록'의 TV사운드스테이지에 도착할 때도, 트레이시 조던은 꿈 외엔 가진 게 없다. 대본도 없고 미리 짜인 코믹 루틴도 없고 계획도 전혀 없다. 그가 가진 거라고는 "현실" 스튜디오의 관객을 환호하게 하겠다는 환상뿐이다.

그런데 놀랍게도, 그 환상이 실현된다. 트레이시 조던은 관객에게 "사랑해요, 트레이시!"라고 소리치라고 주문한다. 그러자 관객이 실제로 그렇게 소리친다. 그들은 트레이시가 뭘 하든 뜨겁게 호응한다. 그가 셔츠를 벗고 팔을 흔들고 복부를 비틀자 열광한다.

이런 일이 정말로 일어날 수 있을까? 위탁가정에서 힘겹게 살던 소년이 황금 시간대 TV쇼에 진출해서, 자신의 본모습을 숨김없이 보여줌으로써 세상 사람들의 사랑을 받는 게 정말로 가능할까? 우리 뇌는 가능하다고 생각한다. '그래, 그럴 수 있어.' 꿈이란 원래 그런 것이다. 윙크와 변환으로 뭐든 실현할 수 있다.

그 꿈을 더 실현하고 싶다면, 당신의 뇌가 반사실적 사고를 하게 하라. 일단 스티븐 손드하임Steven Sondheim이 만든 뮤지컬 '포럼 가는 길에 생긴 웃긴 일A Funny Thing Happened on the Way to the Forum'이나 멜 브룩스Mel Brooks 감독의 영화 '불타는 안장Blazing Saddles' 같은 고전 코믹 윙크로 가볍게 흥을 돋우라. 그런 다음, 에드거 앨런 포Edgar Allan Poe의 《검은 고양이The Black Cat》나 헨리 제임스Henry James의 《나사의 회전Turn of the Screw》 같은 리얼리티 변환기를 음미하라. 소원 성취기의 전반부와 후반부를 각각 접한 다음엔, '30록'의 에피소드 130개를 모두 보거나 아니면 '미란다Miranda', '화끈한 전 여친My Crazy Ex-Girlfriend', '브로드 시티Broad City' 같은 메타코믹 모던 TV쇼에 푹 빠져서 그 둘을 결합하라.

우리는 지금 문학이 필요하다

그러면 당신도 반사실적 사고의 달인이 될 것이다. 그리하여 세
상의 모든 양초 문제를 다 풀 수 있을 것이다.

선량한 기사 알론소 키하노가 풀 것 같은 방식으로.

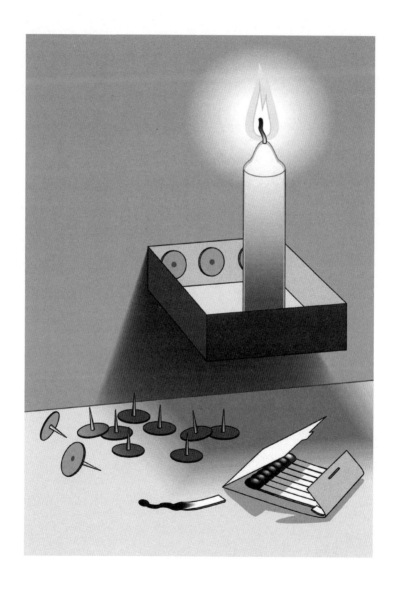

제24장. 꿈을 펼쳐라

제 25 장

외로움을
달래라

Wonderworks

엘레나 페란테의《나의 눈부신 친구》,
마리오 푸조의《대부》

———

발명품: 유년기 오페라

Wonderworks

이탈리아 나폴리의 구도심, 까만 자갈이 깔린 거리에 분홍색 벽을 한 박물관이 세워져 있다. 박물관 정면엔 야자수가 늘어서 있다. 안으로 들어가면, 한때 이탈리아 왕들의 기병대가 거처하던 커다란 홀에 존재하지 않았던 어느 작가의 대리석 조각상이 있다.

존재하지 않았던 작가의 이름은 오르페우스Orpheus였다. 그는 흑해와 발칸반도 사이의 스텝 지대를 떠돌던 고대 인도·유럽어족 유목민들의 상상 속에 존재했다. 그리고 그 먼 시절, 그는 지독한 외로움으로 전설이 되었다.

그의 전설은 다음과 같다. 오르페우스는 참나무 님프인 에우리디케와 사랑에 빠졌다. 그런데 결혼식이 열리던 날, 에우리디케가 독사에 물려 죽는 바람에 오르페우스는 영원한 짝과 영영 이별하게 되었다. 이별의 아픔을 노래한 그의 애가는 신들의 눈시울까지 적셨다. 사나운 맹수도 울고 숲도 울었다. 심지어 하늘에 떠 있는 태양마

제25장. 외로움을 달래라

저 슬퍼했다. 수천 년 동안, 세상은 오르페우스를 위해 계속 흐느꼈다. 그의 전설은 고대 시와 르네상스 시대 오페라에 계속 등장했다. 그리고 분홍색 벽을 한 현대의 박물관에서도, 안내원은 조각상의 비극적 스토리를 충실하게 들려준다. "이 조각상은 오르페우스가 사랑하는 아내를 마지막으로 보는 장면입니다. 그녀는 지하 세계로 미끄러지면서 그를 영원한 외로움 속으로 빠뜨리죠."

그러던 어느 날 나폴리에서 외로움이 치유되었다. 이 치유제는 박물관의 야자수에서 5킬로미터도 채 떨어지지 않은 빈민가의 한 여성에게서 나왔다. 그녀의 이름은 엘레나 페란테Elena Ferrante였다. 십대 시절, 페란테는 가리발디 고등학교의 빛바랜 리놀륨 교실에서 오르페우스의 전설을 들었다. 알고 보니, 오르페우스와 그녀는 공통점이 많았다. 일단, 그녀 역시 존재하지 않는 작가였다. '엘레나 페란테'는 필명이었고, 작가 본인은 속삭임과 신화 뒤에 숨는 걸 선호했다.

하지만 그것이 엘레나 페란테가 오르페우스와 공유했던 가장 중요한 공통점은 아니었다. 그들의 가장 깊고도 심오한 연결은, 둘 다 음악의 힘을 깨달았다는 점이다. 오르페우스는 그 힘을 이용해 사람들의 마음을 외로움으로 아프게 했다.

엘레나 페란테는 그 힘을 이용해 치유제를 고안했다.

(음악의 힘)

고대 그리스의 숲속 빈터에서, 오르페우스는 시에 멜로디를 붙여 노래해서 짐승과 신의 눈물을 자아냈다. 세계 최초의 뮤지컬 문학이 탄생한 것이다. "오, 신화가 만들어낸 오르페우스, 노래의 아버지요, 아폴론이 내린 하프의 아들이여." 그 후로 수세기에 걸쳐 그리스가 로마에 정복되고 로마가 스스로 멸망하면서, 오르페우스의 황홀한 곡조는 신화 속으로 사라졌고 다시는 인간의 귀를 달콤하게 녹이지 못했다. 하지만 오르페우스의 근원적 발명품은 영원히 사라지지 않았다. 이탈리아 르네상스의 황혼기에 다시 발견되었다.

르네상스가 저물어 가던 그 시절, 플로렌스는 유명한 테너 겸 건반 연주자였던 야코포 페리Jacopo Peri에게 문을 열었다. 그런데 페리는 본명보다 일 자제리노Il Zazzerino(금발 머리)라는 별명으로 불리는 걸 더 좋아했다. 17세기 초, 일 자제리노는 지역의 한 시인과 협력하여 '에우리디케L'Euridice'를 썼다. 오르페우스가 소울 메이트인 에우리디케를 위해 노래한 비극적 애가에 관한 극이었다. 그 비극적 애가에서 영감을 얻은 자제리노는 자신의 극에 음악을 한껏 주입했다. 하프시코드와 류트 같은 현악기가 막간에 리토르넬로를 연주했고, 오르페우스로 분한 배우가 무대에 올라 소리 높여 아리아를 불렀다. "죽음이 빛을 가렸기에, 나는 지금 지옥의 그림자 속에서 춥고 외롭게 지내노라."

플로렌스 사람들은 그 아리아 소리에 가슴이 미어졌다. 그 아픔이 워낙 커서 자제리노의 관객들은 그가 본래 오르페우스마저 능가했다고 선언했다. 그는 심금을 울리는 새로운 장르의 뮤지컬 문학을 고안했는데, 달리 부를 만한 명칭이 없어서 단순히 "작품the Work"으로 불리게 된다.

제25장. 외로움을 달래라

'작품'을 뜻하는 이탈리아어가 바로 '오페라opera'이다.

(오페라의 혁신)

'에우리디케'는 현존하는 가장 오래된 오페라이다. 그런데 오래되기만 한 게 아니라 혁신적이기도 하다.

오페라를 혁신적이라고 하는 이유는 단순히 음악과 연극을 혼합했기 때문이 아니다. 오페라가 그 둘을 혼합한 방식 때문이다. 오페라 이전에도, 음악과 연극은 고대 무대극과 르네상스 가면극에 의해 한데 어우러졌다. 그래서 그리스 비극의 합창곡과 셰익스피어의 야외극인 〈한여름 밤의 꿈A Midsummer Night's Dream〉 같은 선율적 서사를 만들어냈다. 하지만 이러한 작품들에서, 음악은 연극 공연과 일치해서 돌아갔다. 가령 음울한 플루트 선율이 캐릭터의 애통함을 불러오거나 격렬한 합창이 커플의 행복을 중단시키는 등, 음악은 한 가지 공통된 음을 강조하고자 주요 플롯과 뜻을 같이했다.

오페라의 혁신은 두 번째 음을 추가하는 것이었다. 한목소리로 노래하는 합창단 대신, 일 자제리노는 캐릭터들이 아리아와 합창으로 대립되는 화음을 내도록 작곡했다. 그의 음악은 단일한 곡조로 흐르지 않고 서로 부딪히는 두 곡조로 울려 퍼졌다.

이러한 불협화음 덕분에 일 자제리노는 뮤지컬 드라마에서 전례 없는 일을 할 수 있었다. 즉 음악을 이용해 스토리를 전달했던 것이다. 스토리는 갈등 속에서 드러나는데, 캐릭터들 간의 갈등이나 한 캐릭터 내 갈등이 플롯을 이끌어가는 동력이다. 그래서 음악적 갈등을 조성함으로써, 일 자제리노는 심벌즈의 굉음을 선동하다 부드러운 하프시코드로 마무리 짓는 음악적 스토리를 고안할 수 있었다. 불안이나 동요에서 하모니harmony(화성. 주파수가 다른 2개 이상의 음들이 동시에 날 때 그 음들 사이에 맺어지는 관계를 말함. 협화음과 불협화음으로 나뉨)로 가는 짧은 청각적 여정으로 드라마의 전체적 서술을 풍요롭게 했다.

스토리 안에서 이런 뮤지컬 스토리가 뭐 그리 특별했을까? 그들의 청각적 서술이 극의 전체 플롯에 무엇을 더할 수 있었을까? 일 자제리노는 뭐라고 꼬집어 말할 수 없었다. 하지만 몇 년 뒤, 이탈리아의 다른 작곡가가 그 답을 알아냈다.

(스토리 안에서 뮤지컬 스토리의 힘)

일 자제리노는 너무 소심했다. 그렇게 생각한 사람은 17세기 초 플로렌스의 또 다른 음악가 클라우디오 몬테베르디Claudio Monteverdi였다. 몬테베르디는 활발한 정신의 소유자였고 현악기 연주에 뛰어난 재주가 있었다. '에우리디케'를 들으면서 그 충돌 음들이 귀에 익숙하다고 생각했다.

실제로, 그 충돌 음들은 (오르간 연주자 조세포 차를리노, 모피 장사꾼 출신의 마드리갈(성악곡) 작곡가 조반니 피에르루이지 다 팔레스트리나 등) 앞선 세대의 이탈리아 음악가들에 의해 용인할 만한 불협화음으로 표준화되었다. 거슬리긴 하지만 지나치진 않다는 것이다. 그래서 관객은 '에 우리디케'를 들을 때 그런 충돌 음들을 다 인지했고, 얼마나 지속되 다가 표준 하모니로 돌아설지도 정확히 알았다.

이런 낡은 접근법은 일 자제리노가 이룬 혁신의 힘을 약화시켰 다. 이는 결말을 미리 알려준 소설처럼, 음악의 극적 긴장감을 약화 시켜 음향 스토리텔링sonic storytelling의 긴장감과 놀라움을 떨어뜨렸 다. 그래서 클라우디오 몬테베르디는 일 자제리노의 혁신을 취한 다 음, 거기에 다른 혁신을 추가하기로 마음먹었다. 독창적 울림으로 관객을 놀라게 하고, 그 쨍쨍거리는 울림을 일 자제리노가 시도했던 것보다 훨씬 더 늘리기로 마음먹었다.

이런 대담한 결심을 염두에 두고서, 몬테베르디는 오르페우스에 관한 새로운 오페라를 썼다. '오르페오L'Orfeo'라는 제목의 이 오페라 가 1606년 초연되었을 때, 관객은 움찔움찔 놀랐다. 생소한 음악적 충돌과 이상하게 안 맞는 가락, 유리처럼 산산이 부서지는 아리아가 그들의 고막을 뚫고 밀려들었다. 불협화음이 계속 이어지자 관객은 결국 하모니가 싹 무시되었다고 생각하기 시작했다. 플루트의 달콤 한 해결 화음은 사라지고 소리에 대한 공포만 생길 것 같았다.

몬테베르디가 지나치다 못해 음악을 소음으로 망친 것 같았다. 그런데 어느 순간 참으로 놀라운 일이 벌어졌다. 관객들이 더 이상 움찔하지 않고 미소를 짓기 시작했다. 그들은 몬테베르디의 쨍쨍거 리는 오페라가 마음에 들었다. 더 나아가, 몬테베르디의 쨍쨍거리는 오페라에 유대감을 느꼈다. 전에 없이 그 이야기와 끈끈하게 연결된 다고 느꼈다. 몬테베르디는 오페라의 돌파구를 찾아냈고, 과학적 돌

우리는 지금 문학이 필요하다

파구 또한 찾아냈던 것이다.

(몬테베르디가 찾아낸 음악적 방법의 과학)

몬테베르디가 알아냈듯이, 음악은 우리 뇌와 친구가 될 수 있다. 음악적 하모니를 이루는 기분 좋은 소리가 뇌의 미상핵caudate nucleus을 자극해서 측좌핵nucleus accumbens에 있는 도파민 뉴런을 발사하면, 신경화학적 감미료가 분출되면서 우리 뇌는 음악과 친구가 된다. 그 감미료는 기본적으로 니코틴, 헤로인, 코카인과 맛이 같다. 그렇기 때문에 우리는 좋아하는 노래에 푹 빠져들게 된다. 음악이 멈추면 친구와 이별한 듯 아쉬워하고, 음악이 다시 우리 귀를 간질이면 덜 외롭게 느낀다.

음악의 친근감은 일찍이 선사시대에 발견되었다. 동물 뼈로 만든 피리는 적어도 4만 년 전으로 거슬러 올라가며, 그보다 더 오래전 초기 인류는 새소리에 매료되었다. 이러한 음악이 외로운 마음에 선사하는 위로가 워낙 컸기에, 고대 작곡가들은 고독의 아픔을 영원히 떨쳐버릴 유쾌한 하모니를 찾아내려고 애썼다.

지금이야 다 알고 있지만, 음악적 만병통치약을 찾으려는 고대인들의 연구는 생물학적 결함을 안고 있었다. 우리 뇌는 똑같은 하모니를 점점 더 많이 들려준다고 도파민 감미료를 점점 더 많이 분비하진 않는다. 오히려 지루해하면서 감미료 분비를 멈춰버린다. 우리 뇌가 수억 년간 온갖 변화에 길들여져 만족할 줄 모르는 탐구

제25장. 외로움을 달래라

자로 진화해서 늘 "또 다른 좋은 것"을 추구하기 때문이다. 일단 원하는 것을 손에 넣으면, 우리 뇌는 그것을 예전만큼 원하지 않는다. 그렇기 때문에 디저트는 첫입 먹을 때가 제일 맛있는 것이다. 그렇기 때문에 똑같은 하모니가 계속 연주되면 점점 더 지루하게 들리는 것이다.

작곡가들은 반복된 하모니의 지루함을 금세 알아차렸다. 그래서 몬테베르디 이전에 수천 년 동안, 그들은 새로운 하모니를 찾는 데 집중했다. 고대 세계부터 중세를 지나 르네상스 초기에 이르기까지, 작곡가들은 우리 뇌와 친해질 만한 참신한 가락을 발명하면서 즐겁게 들리는 코드의 범위를 계속 넓혀 나갔다. 그들의 온갖 노력이 창의적이긴 했지만, 그들은 음악의 결합력을 키울 진짜 신경학적 비결을 놓쳤다. 그 비결은 참신한 하모니에 대한 뇌의 욕구를 만족시키는 게 아니라, 만족감을 지연시키는 것이다. 즉 우리 뇌를 기다리게 하는 것이다.

뇌는 원하는 것을 기다려야 할 땐 또 다른 좋은 것을 찾으려고 애쓰지 않는다. 그 대신, 우리의 미상핵은 도파민 뉴런을 더 많이 준비하고, 보류된 것에 대한 열망을 더 크게 키운다. 음악적 불협화음으로 하모니가 지연될 때 우리가 느끼는 것도 바로 이런 열망이다. 음악적 불협화음이 계속될수록 지연된 하모니에 대한 열망은 점점 더 커진다. 하지만 음악은 계속 보류하면서 새로운 불협화음을 제시해 도파민 뉴런을 더 많이 촉발하도록 준비시킨다. 그러다 마침내 하모니가 도래해 준비된 뉴런이 일제히 발화하면, 우리 뇌는 도파민 황홀경에 빠지고 우리는 그 음악과 끈끈하게 맺어지게 된다.

우리는 지금 문학이 필요하다

물론 이러한 결합 기술에도 한계가 있다. 어떤 음악적 울림은 너무 거칠어서 귀를 틀어막게 된다. 어떤 불협화음은 너무 오래 지속되어 더 이상 음악으로 인식되지 않게 된다. 그리고 우리 뇌는 저마다 타고난 허용 범위가 다르다. 펑크 기타리스트한테는 순하게 들리는 울림이 고전 바이올리니스트한테는 견디기 어려울 수도 있다. 하지만 일반적으론, 신경 한계를 자극하는 음악은 우리가 예상했던 것보다 더 많은 음향 긴장을 공급해서 결과적으로 더 많은 성과를 안겨준다. 고대하던 하모니가 도래한 순간, 화끈한 도파민 분출로 우리 뇌를 흠뻑 적신다.

몬테베르디는 그 점을 간파했다. 신경 불안과 지연으로 음악과 우리의 연결이 강화된다는 사실을 깨달았다. 그런 이유로, 그는 자신의 오르페우스에게 "슬픔 뒤에 오는 사랑이 더 달콤하게 느껴진다"라고 노래하게 했다. 그런 이유로 '오르페오'에서 생소한 트롬본 충돌을 유발하고 류트 하모니를 지연시켜 관객의 마음을 흔들고, 불협화음을 통해 그들의 사랑을 얻어냈다.

몬테베르디는 이 오페라 혁신을 제2작법second method이라고 불렀다. 그리고 '오르페오'의 성공에 힘입어, 제2작법도 그 나름의 앙코르를 즐겼다. 쨍쨍거리는 음악적 울림을 통해 유대감을 조성하는 테크닉이 후대 오페라 작곡가들 사이에 널리 퍼지면서, 19세기에 주세페 베르디Giuseppe Verdi의 '리골레토Rigoletto'(1851)와 리하르트 바그너Richard Wagner의 '트리스탄과 이졸데Tristan und Isolde'(1865) 같은 음향 긴장을 유발하는 걸작이 탄생했다.

그런데 몬테베르디의 제2작법으로 탄생한 획기적 작품은 베르디와 바그너의 오페라만이 아니었다. 젊은 베르디가 첫 푸가와 카논을 작곡하던 시절인 1840년대 중반, 제2작법은 문학적 돌파구에 영감을 불어넣어 얼핏 불가능할 것 같은 위업을 달성하게 했다. 그 덕에, 오페라의 유대감을 무대에서 인쇄된 페이지로 옮겨 고독한 마음에 음악 같은 위로를 선사할 수 있었다.

그 정도의 돌파구라면 발명가들을 명예롭게 했을 거라 생각하겠지만, 안타깝게도 그렇지 못했다. 오히려 그들을 불명예스럽게 했다.

(불명예에 이르는 길)

돌파구를 찾았다고 알려진 첫 번째 작가는 서른다섯 날 난 영국인 토머스 페켓 프레스트Thomas Peckett Prest였다.

프레스트는 십대 시절 성악 교육을 받았다. 이탈리아의 훌륭한 오페라 극장까지 진출하진 못했지만, 런던 이스트엔드의 싸구려 술집에서 밥벌이를 할 순 있었다. 그는 다른 가수 한두 명과 함께 임시 무대에 올라 베네치아와 밀라노 궁정에서 울려 퍼지던 것과 같은 복잡한 아리아와 듀엣, 앙상블을 목청껏 불렀다.

지저분한 술집에서 술에 취해 지내던 시절, 프레스트는 몬테베르디의 혁신을 차용한 오페라를 수십 곡이나 익혔다. 자정이 지나도록 노래하지 않을 때는 푼돈이라도 더 벌고 싶은 마음에 그 오페라 곡들과 자신이 직접 작곡한 곡들을 써서《영국의 포켓 보컬리스트The British Pocket Vocalist》와《가수의 페니 매거진The Singer's Penny Magazine》같은

우리는 지금 문학이 필요하다

소책자에 연재했다.

그런 싸구려 노래책penny songbooks은 이익이 별로 안 남았다. 하지만 프레스트는 곧 이익이 좀 더 나는 출판물을 알게 되었다. 그런 출판물의 이름은 싸구려 정기 간행물이라는 뜻의 《페니 피리아디컬penny periodical》이었지만, 흔히 《페니 드레드풀penny dreadful》로 더 많이 알려졌다. (페니 드레드풀은 소책자 한 권당 몇 페니에 불과한 싼 가격penny과 괴기스러운 내용dreadfuls 때문에 붙여진 이름이다. 대중의 취향에 맞게 자극적이고 잔혹하며 외설적이고 퇴폐적인 이야기를 주로 다뤘다. - 역자 주)

《페니 드레드풀》은 거리의 부랑아, 석탄 운반꾼, 쥐잡이꾼, 행상인 등 빅토리아 시대 가난하고 못 배운 사람들을 대상으로 장편 로맨스물, 초자연적 공포물, 진짜 범죄물을 매주 한 회분씩 제공했다. 이러한 연재물은 금세 누렇게 변하고 바스러지는 싸구려 종이에 인쇄되었지만, 뒤이어 나온 《기묘한 이야기Weird Tales》 같은 펄프 매거진pulp magazine(갱지를 사용한 대중 잡지), 《배트맨Batman》 같은 만화책, '소프라노스The Sopranos' 같은 케이블 TV 시리즈의 선구자였다.

초기 오페라가 전통극의 품위를 떨어뜨린다고 비난받았듯이, 페니 드레드풀도 전통 문학의 품위를 훼손한다고 비난받았다. 전통 문학은 《오디세이》, 《안토니우스와 클레오파트라Antony and Cleopatra》, 《오만과 편견》을 낳았다. 《페니 드레드풀》은 《뱀파이어 바니Varney the Vampire》, 《악명 높은 절도범의 모험Adventures of a Notorious Burglar》, 《푸른 난쟁이The Blue Dwarf》를 부화했다. 하지만 《페니 드레드풀》도 그 나름의 문학적 미덕을 갖추고 있었다. (제12장에서 살펴본) 프랑켄슈타인 박사의 연구실처럼, 주류에서 벗어나면 아무리 별난 실험을 해도 누가 뭐라 하지 않는다. 그리고 그런 실험들 가운데 하나는 훗날 전 세계 거의 모든 책장에 한자리를 차지하게 된다.

그 실험은 토머스 페켓 프레스트가 오페라를 분해해서 몬테베르디의 불협화음 청사진을 오려내 허구에 접목시키면서 시작되었다.

(허구에 담긴 오페라)

1845년, 토머스 페켓 프레스트와 그의 공동 저자인 제임스 말콤 라이더James Malcolm Ryder는 〈뱀파이어 바니Varney the Vampire〉의 첫 회를 완성했다.

〈뱀파이어 바니〉는 현재 영국 문학에서 가장 초기 뱀파이어 스토리 중 하나로 유명하다. 존 윌리엄 폴로도리John William Polodori의 1819년 단편《뱀파이어The Vampyre》같은 작품들과 함께《드라큘라Dracula》, 《트와일라잇Twilight》, 《올바른 사람을 들여보내라Let the Right One In》(국내에서 "렛 미 인"으로 개봉되었음. 아무나 함부로 들이지 말라는 뜻)를 위한 시장을 조성하는 데 일조했다.

그런데 〈뱀파이어 바니〉는 단지 뱀파이어 허구에 대한 현대적 열풍만 일으켰던 게 아니다. 그들은 창간호에서 프레스트의 오페라 훈련을 취한 뒤 다음과 같이 멋지게 완성시켰다.

전혀 예측할 수 없을 만큼 갑자기, 듣는 이의 가슴에 섬뜩한 공포를 불러일
으킬 만큼 괴상한 소리를 내면서, 그는 앙상한 두 손으로 여자의 긴 머리채

우리는 지금 문학이 필요하다

를 휘어잡아 침대로 끌고 갔다. 그러자 여자가 비명을 질렀다. 하늘은 그녀에게 비명 지를 힘을 부여했다. 날카로운 비명이 연달아 터져 나왔다. 시트와 커버가 침대 옆에 떨어져 쌓였다. 그녀의 비단결 같은 머리채가 다시 휙 당겨졌다. 영혼의 고통으로 아름다운 곡선의 팔다리가 벌벌 떨렸다. 유리처럼 반짝이는 그의 섬뜩한 눈빛이 천사 같은 그녀의 몸을 훑으며 추악한 만족감을, 흉측한 신성모독을 발산했다. 그는 그녀의 머리를 침대 모서리로 끌고 갔다. 여전히 손아귀에 움켜쥔 기다란 머리채로 그녀의 머리를 뒤로 휙 젖혔다. 그러더니 몸을 숙이고 송곳니로 그녀의 목을 와락 깨물었다. 피가 한 줄기 솟구치는가 싶더니, 피를 빠는 소름끼치는 소리가 뒤따랐다. 소녀는 기절했고, 뱀파이어는 소름끼치는 식사를 즐겼다!

이 짧은 단락은 몬테베르디가 고안한 제2작법의 혁신을 모두 활용한다. 사악한 생명체가 천사 같은 여자의 머리칼을 "갑자기" 움켜쥐면서 "예측할 수 없는" 불협화음이 일어난다. 뱀파이어의 탐욕스러운 소리가 희생자의 끔찍한 비명과 부딪치면서 쨍쨍 울린다. 그리고 몬테베르디의 콘치타토concitato(격양양식), 즉 단일음의 "격양된" 반복마저 나타난다. 한 음을 계속 사용하면서 강조와 속도를 높이듯, "날카로운 비명이 연달아 터져 나왔다." 뱀파이어의 사악한 외침과 천상의 거룩한 울음이 쨍쨍 부딪히면서 우리의 귀를 거슬리게 하고 마음을 불안하게 한다. 그러다 마침내 갈등이 끝나는 순간, 오싹한 해결 화음이 도래한다. "소녀는 기절했고, 뱀파이어는 소름끼치는 식사를 즐겼다!"

몬테베르디의 뮤지컬 기법의 용도를 변경하자 독자의 뇌에 미치는 파장이 엄청났다. 뇌의 미상핵이 한껏 흥분되었다가 길고 달콤한 도파민 분출로 보상된 것이다. 그 결과, 대중적 스토리텔링의 돌파구가 열렸다. 이전에 대량 제작되었던 허구는 경이, 호기심, 공감, 서스펜스로 관객을 사로잡았다. (이에 대한 청사진은 서론, 제3장과 제5장을 참고하라.) 하지만 〈뱀파이어 바니〉는 완전히 새로운 심리적 방식으로 독자를 붙잡았다. 바로 독자와 친구처럼 끈끈한 관계를 맺었다. 독자는 손에 들린 허구penny fiction와 유대를 맺음으로써, 〈뱀파이어 바니〉를 그들의 좋은 말벗처럼 느꼈다.

이런 가벼운 우정은 점차 훨씬 더 돈독한 관계로 발전하게 되었다. 〈뱀파이어 바니〉의 작가들이 몬테베르디의 제2작법에 그들만의 무시무시한 혁신을 추가했기 때문이다.

(《페니 드레드풀》의 혁신)

《페니 드레드풀》의 발행자들은 우리가 〈뱀파이어 바니〉의 같은 장章을 평생 친구마냥 읽고 또 읽기를 바라지 않았다. 그들은 우리가 매주 가판대로 달려가 몇 푼 안 되는 돈을 내고서 최신호를 사고 또 사기를 바랐다. 그래서 우리가 〈뱀파이어 바니〉의 다음 연재물을 손꼽아 기다리게 하려고, 작가들은 몬테베르디의 제2작법을 각색해 '부분 도파민'이라는 기발한 문학적 발명품을 고안했다.

제2작법과 마찬가지로, 부분 도파민도 불협화음과 충돌로 우리의 신경 회로를 불안하게 한다. 하지만 제2작법과 달리, 부분 도파민은 그 긴장을 완벽한 하모니로 해결하지 않는다. 긴장을 일부분만 해결하여 신경화학적 분출을 절반만 하게 하고, 뇌에서 발화할 준비가 된 나머지 도파민을 계속 갈망하게 한다.

이런 교묘한 발명품은 우리와 허구 간의 유대 강도를 높인다. 우리는 읽고 있는 내용과 연결됐다고 느끼면서도 더 강하게 연결되고 싶어 한다. 새로운 친구와 더 멀리 모험을 떠나고 싶어 한다.

토머스 페켓 프레스트와 제임스 말콤 라이더가 〈뱀파이어 바니〉를 내놓고 1년 뒤에 출시한 〈플리트 가의 악마 이발사The Demon Barber of Fleet Street〉('스위니 토드: 어느 잔혹한 이발사 이야기'로 상영되었음) 첫 회에서, 그 유대가 어떤 식으로 맺어지는지 살펴보자. 첫 회 끝부분에서, 악마 이발사 스위니 토드는 그랜트 씨라는 이름의 손님에게 면도할 준비를 하고 있다. 그런데 토드의 젊은 조수인 토비아스 래그가 무심코 지난번에 면도를 받던 손님이 개만 남겨두고 흔적도 없이 사라졌다는 말을 흘린다. 그 순간.

토드가 말했다. "잠깐 실례하겠습니다. 그랜트 씨. 이봐, 토비아스, 뒤쪽 응접실에서 잠시 도와줬으면 하네."

토비아스는 아무런 의심도 없이 토드를 따라 응접실로 향했다. 그런데 두 사람이 응접실에 들어서고 문이 닫히자마자, 이발사가 성난 호랑이처럼 그에게 달려들었다. 이발사는 토비아스의 멱살을 잡더니 벽에 대고 머리를 몇 번이고 부딪쳤다. 그랜트 씨는 아마 목수가 무슨 작업이라도 하는가 보다 생각했을 것이다. 이발사는 토비아스의 머리를 한 움큼 쥐어뜯고 나서 몸을 비틀어 발로 뻥 차버렸다. 어찌나 세게 찼던지, 토비아스는 응접실

제25장. 외로움을 달래라

구석 쪽으로 날아가 널브러졌다. 이발사는 토비아스가 자신의 역할이 뭔지 스스로 생각하도록 남겨 둔 채 말없이 응접실을 나가 밖에서 빗장을 걸었다.

이발사는 그랜트 씨에게 돌아와 기다리게 해서 미안하다고 사과했다. "새로운 견습생에게 할 일이 뭔지 좀 가르쳐야 했거든요. 잠시 공부 좀 하라고 남겨두고 왔습니다. 젊은 친구들을 빨리빨리 가르치려니 쉽지 않습니다."

"아!" 그랜트 씨가 한숨을 쉬면서 말했다. "젊은 친구들을 제대로 단속하기가 얼마나 어려운지 나도 아네. 나야 젊은 계집도 없고 자식도 없지만, 누이한테 아들이 하나 있다네. 아주 잘생긴데다 앞뒤 안 가리고 덤비는 거친 녀석이지. 나를 아주 쏙 빼닮았어. 그 녀석을 변호사로 키우려 했지만 뜻대로 안 되더군. 녀석이 나를 떠난 지도 벌써 2년이 넘었군. 그래도 마크에게 좋은 점이 몇 가지 있지."

"마크라고요, 손님! 방금 마크라고 하셨습니까?"

"그래, 그 녀석 이름이 마크 인제스트리야. 걔가 장차 뭐가 되는지 누가 알겠나."

"아!" 스위니 토드는 짧은 탄성을 내뱉으며 그랜트 씨의 턱에 거품을 계속 발랐다.

이는 그야말로 절묘한 불협화음이다. 스위니 토드는 응접실로 태연하게 걸어 들어가서 사전 경고도 안 하고 "아무런 의심도 없는" 조수를 잔인하게 공격한다. 목을 조르고 머리를 벽에 대고 마구 부딪치고 발로 뻥 차서 날려버린다. 이 놀라운 불협화음은 우리의 미상핵을 한껏 흥분시킨다. 그러다 잠시 후 토드가 그랜트 씨에게 점잖

우리는 지금 문학이 필요하다

게 사과하면서 하모니가 회복되면, 우리는 소량의 도파민 쾌감을 맛본다.

우리는 그 신경화학적 감미료를 즐기긴 하지만 뇌 안에 준비된 분량을 다 맛보진 못한다. 토드의 응접실 공격으로 촉발된 긴장감이 완전히 해소되지 않았기 때문이다. 토드는 젊은 조수에게 구타를 멈추긴 했지만, 느닷없는 공격성을 드러냈다. 게다가 그랜트 씨의 목에 면도날을 댈 때, 다시 난폭해질 이유가 생겼다.

그랜트 씨가 마크 인제스트리를 언급했기 때문이다. 스위니 토드에게 앞서 의뢰했던 사람의 친구가 바로 마크 인제스트리다. 조수가 무심코 언급했다는 이유로 구타당했던 그 의뢰인의 친구였던 것이다. 이는 우리에게 또 다른 궁금증을 야기한다. 스위니 토드가 또다시 사납게 흥분할까? 손에 들린 면도칼로 뭔가 끔찍한 짓을 저지르지 않을까?

(《페니 드레드풀》의 다음 연재물)

스위니 토드가 흥분시킨 나머지 도파민을 즐기기 위해서, 독자들은 다음 호를 구입해야 했다. 그래서 그들은 진짜로 구입했다. 그 뒤로도 계속 구입했다. 니코틴에 중독되듯이, 부분 도파민에 중독된 독자들은 몇 년씩이나 계속해서 다음 호를 찾았다. 실제로, 부분 도파민은 너무나 강력해서 《페니 드레드풀》이 사라진 후에도 독자들을 계속 돌아오게 했다.

《페니 드레드풀》은 20세기 초에 인쇄 부수가 한계에 다다랐다. 하지만 명맥이 끊기기 전에 다른 값싼 연재 잡지들이 속속 등장했다. 이 새로운 물결을 총괄하여 펄프 픽션pulp fiction(갱지에 인쇄한 싸구려 통속 소설)이라고 불렀다. 펄프 픽션은 《페니 드레드풀》의 기본 내용을 확대하여 새로운 장르의 모험물과 공포물과 범죄물을 추가했다. 《스릴 넘치는 경이로운 이야기Thrilling Wonder Stories》, 《통쾌한 탐정Spicy Detective》, 《검정 마스크Black Mask》 같은 잡지는 모두 부분 도파민이라는 핵심 발명품을 유지했다. 그래서 〈뱀파이어 바니〉가 한 세기 전에 했던 것처럼, 펄프 픽션의 정기 간행물도 갑작스런 불협화음으로 우리 뇌를 동요시켰다가 절반의 하모니로 감칠나게 했다.

유대감을 형성하는 이런 청사진 덕분에 펄프 픽션은 엄청난 인기를 끌었다. 1930년대와 40년대 동안, 월간 총 발행 부수가 수백만 부에 달했다. 그리고 제2차 세계대전 이후 수년간, 펄프 픽션은 영역을 더 크게 넓혔다. 문학적 그늘에서 벗어나 소설과 융합되면서 주류로 편입되었고, 미국의 공공 도서관과 중산층 가정에 확고한 자리를 차지하게 되었다.

이렇게 주류에 편입되기 위해, 펄프 픽션은 거친 면을 어느 정도 덜어내야 했다. 일관성 없는 내용, 경직된 캐릭터, 사실 같지 않은 플롯 대신, 아무리 오싹한 내용이라도 그럴 듯하게 느껴지도록 세련되게 전달해야 했다. 물론 겉으론 전보다 다듬어지긴 했지만 속으론 독자들의 마음을 여전히 거칠게 자극했다. 《페니 드레드풀》처럼 불협화음으로 독자들을 여전히 깜짝 놀라게 했다.

거칠면서도 세련된 스타일의 펄피 노블pulpy novel(선정적인 통속 소설)

이 하나둘 나오기 시작했다. 1969년, 마리오 푸조Mario Puzo의 《대부
The Godfather》는 독자들의 마음을 완전히 사로잡아 몬테베르디의 오페
라보다 더 큰 인기를 끌었다. 2년 넘게 8초에 한 권씩 팔려 나갔고,
1971년까지 미국에서 일곱 집 중 한 집꼴로 비치되어 있었다.

이런 놀라운 성공은 푸조가 《대부》 첫 장에서 부분 도파민을 능
숙하게 사용했기 때문이다. 첫 장은 기초 작업으로 조화로운 해결을
약속하며 시작된다. 이민자인 아메리고 보나세라는 딸이 폭행을 당
하자 피해를 바로잡기 위해 뉴욕시 법정에 들어섰다.

아메리고 보나세라는 뉴욕 형사법정 3호에 앉아 정의가 내려지길 기다렸
다. 자기 딸을 겁탈하려다 안 되자 잔인하게 구타했던 남자들에게 법적으
로 복수하고자 했다.

하지만 정의를 내리는 대신, 또는 보나세라의 동요를 해결하는
대신, 소설의 첫 장은 요란하게 반복되는 감정적 불협화음의 전초전
으로 변한다.

모든 게 잘못되었다.
짐승 같은 놈들. 짐승 같은 놈들.
그의 아리따운 딸은 부러진 턱뼈를 철사로 고정한 채 병원에 누워 있는데,
이 짐승 같은 놈들은 석방된다고?
통제력을 잃은 보나세라는 통로 쪽으로 몸을 내밀고 쉰 목소리로 외쳤다.
"내가 흐느낀 만큼 네 놈들도 흐느낄 것이다. 네 자식들이 나를 흐느끼게

제25장. 외로움을 달래라

한 만큼 내가 너희도 흐느끼게 할 것이다."

그 순간, 총을 사서 두 청년을 죽이는 광경이 그의 뇌리를 번뜩 스쳐갔다.

잘못 짝지어진 음표들처럼, 보나세라의 불안한 마음과 난폭한 대중의 함성이 독자의 마음을 휘저어 격한 불협화음을 일으킨다. 이는 부분 도파민의 첫 번째 재료이다. 이 장은 두 번째 재료인 부분 해결 화음을 추가하면서 끝난다.

보나세라는 아직 상황 파악을 못한 아내에게 돌아서서 설명했다. "그들은 우리를 웃음거리로 만들었어." 그는 잠시 뜸을 들이다가 다시 결단을 내렸다. 어떤 대가를 치르게 되더라도 두렵지 않았다. "정의를 위해서, 우린 돈 콜레오네에게 무릎을 꿇어야 해."

보나세라의 이러한 결단은 우리에게 약간의 도파민 감미료를 선사한다. 이 장의 어수선한 감정을 조화로운 마무리 음으로 해결한다. 결국엔 정의가 실현될 거라고 우리에게 확신시켜 준다.

하지만 보나세라의 정의가 아직 실현되지 않았기 때문에 이 순간의 하모니는 완전하지 않다. 정의는 보나세라가 돈 콜레오네에게 "대가"를 치러야만 실현될 것이다. 그때까지 우리의 불안한 기분은 계속 이어질 것이다. 그래서 우리 뇌에 준비된 신경화학물질이 완전히 분출되게 하려면, 우리는 보나세라를 따라 다음 장으로 들어가야 한다. 거기서 돈 콜레오네 덕분에 완전한 하모니가 회복될 것이다. 거기서 우리는 새로운 절친을 만나게 될 것이다.

우리는 지금 문학이 필요하다

《대부》는 이러한 오프닝으로 오페라를 시작한다. 몬테베르디의 '오르페오'와 마찬가지로, 《대부》도 음악의 친구 사귀는 테크놀로지를 끌어들여 책장 넘기기 바쁘게 우정을 쌓으며 우리의 외로운 시간을 날려준다. 그런데 잠시 후, 우리는 책장을 더 빨리 넘기고 싶어질 것이다. 엘레나 페란테의 눈부신 장치가 기다리고 있기 때문이다.

하지만 더 나아가기 전에, 일단 당신의 마음을 괴롭히는 의구심을 짚고 넘어가도록 하겠다. 우리는 왜 돈 콜레오네와 절친이 되고 싶어 할까? 그 우정이 우리에게 유익할까? 다른 친구를 사귀거나 아니면 그냥 혼자 지내는 게 낫지 않을까?

아주 신중한 의구심이다. 현실에서는 당연히 갱단과 어울리지 않는 게 상책이다. 하지만 허구에서는 아니다. 허구에선 돈 콜레오네와 맺는 우정이 우리 뇌에 유익하다.

(《대부》로 우리의 건강을 개선하기)

《대부》와 친해지면, 일단 외로움을 물리칠 수 있다.

외로움은 불면과 슬픔과 짜증을 유발하여 삶의 질을 떨어뜨린다. 외로움은 불쾌할 뿐만 아니라 위험하기도 하다. 특히 만성 외로움은 우리의 HPA축을 방해하는데, HPA축은 (앞서 제11장에서 살펴봤듯이) 카페인과 유사하게 작용하는 호르몬인 코르티솔의 혈중 농도를 조절한다. 해가 떠오르면 HPA축이 코르티솔을 급상승시켜 우리를 각성시키고, 해가 지면 코르티솔을 떨어뜨려 잠을 잘 수 있게 한다. 그런데 우리가 만성 외로움에 시달리면, HPA축이 제대로 작동하지 못한다. 코르티솔을 올리고 내리는 대신, 약간 높은 수준에서 일정하게 유지해 우리를 밤이고 낮이고 살짝 긴장된 상태로 머물게 한다.

이렇게 일정한 수준을 유지하는 생물학적 이유는 우리 인간이 사회적 동물이기 때문이다. 우리는 생존하려면 더 큰 집단에 소속되어 있는 게 유리하다. 그 집단은 낮엔 노동을 통해 우리를 지원하고 밤엔 은신처를 통해 우리를 보호한다. 그래서 우리 뇌는 집단에서 멀리 떨어져 있다고 느끼면, 긴장을 다 풀지 않는 식으로 자신을 지키려 애쓴다. 즉, 혈류에 일정한 속도로 코르티솔을 분비해 우리를 계속 각성된 상태로 머물게 하는 것이다.

그런 각성 상태는 외로운 조상들이 사회로 복귀하는 길을 찾을 때까지 목숨을 부지하도록 도왔을 것이다. 하지만 요즘 시대엔 금세 해를 끼칠 수 있다. 각성 상태는 깊이 잠들지 못하게 해서 불안과 우울증, 판단력 저하, 실수를 유발하는 데 기여한다. 혈압을 높여서 심장마비와 뇌졸중을 일으킬 가능성도 커진다. 아울러 복잡한 생리적 경로를 통해 2형 당뇨병과 죽상동맥경화증atherosclerosis, 신경퇴행neurodegeneration의 위험성도 높일 수 있다. 실제로, 지속적인 각성 상태는 워낙 해로워 조기 사망률을 약 30퍼센트까지 높인다고 한다.

30퍼센트라니, 정말 겁나는 수치이다. 이는 외로움이 담배를 한 달에 두 보루씩 태우는 것만큼 건강에 해롭다는 뜻이다.

하지만 다행히 이러한 고독의 위험한 효과를 문학으로 낮출 수 있다. 고독의 위험성은 중대한 사실이고 문학은 하찮은 허구인데도 그렇다. 앞서 제11장에서 살펴봤듯이, HPA축의 활동이 현실에 대한

우리는 지금 문학이 필요하다

우리의 인식에 영향을 받기 때문이다. HPA축에 중요한 것은 우리를 둘러싼 객관적 진실이 아니다. 중요한 것은 타인과의 거리에 대한 주관적 느낌이다. 그렇기 때문에 우리는 북적이는 파티에 참가하거나 번잡한 도시에 살면서도 극심한 외로움을 느낄 수 있다.

그런데 책과 연결되면, 혼자라는 기분을 덜 수 있다. 우리 옆에 아무도 없다 해도, 서술자의 목소리나 캐릭터들의 삶에 감정적으로 연결되면 우리 뇌는 친한 사람과 함께 있다고 느껴 비정상적 코르티솔 분비에 기여하는 심리적 괴로움을 한결 덜어낸다. 특히 펄프 픽션을 읽으면, 문학과 맺는 유대감의 혜택을 좀 더 쉽게 얻을 수 있다. 전세계 도서관에 빽빽하게 꽂힌 모험 소설과 탐정 소설, 로맨스 소설은 부분 도파민을 교묘하게 사용해 우리 뇌와 연결되고, 현실의 친구들이 문을 노크할 때까지 우리를 어떻게든 살아 있게 해준다.

그 노크를 기다리고, 기다리고, 또 기다려도 들리지 않는 것 같더라도, 희망을 버리지 마라. 펄프 픽션이 당신의 건강을 어찌나 염려하는지, 그 노크를 더 빨리 듣도록 도와줄 수 있다.

그렇다. 부분 도파민은 종이로 된 친구만 한없이 공급하는 게 아니라 진짜 살아 숨 쉬는 인간 친구로 당신의 삶을 풍요롭게 할 수도 있다.

(문학의 친구를 사귀는 힘)

신경과학자들이 친구를 사귀도록 돕는 뇌 부분을 알아냈다. 바로 배

제25장. 외로움을 달래라

측 봉선핵dorsal raphe nucleus인데, 뇌간 중앙에 자리 잡은 브로콜리 모양의 부위로 미상핵 바로 아래에 있다.

배측 봉선핵은 단기간의 외로움으로 준비되는 도파민 뉴런 집단을 포함하고 있다. 그렇게 준비된 뉴런은 우리가 사람들을 만나면 바로 발화되어, 그들과 선뜻 어울리면서 고독을 떨쳐내도록 격려한다.

이렇게만 얘기하면 배측 봉선핵을 제대로 설명했다고 할 수 없다. 친구를 사귀도록 돕는 배측 봉선핵의 뉴런은 준비된 상태로 영원히 기다리지 않는다. 우리의 고립이 며칠이나 몇 주 동안 지속되면, 발화하려던 기세가 꺾여버린다. 그러면 우리 뇌는 고립된 채 위축되고 사교성도 다시 떨어진다. 따라서 배측 봉선핵의 친구 사귀는 힘을 최대한 활용하려면, 도파민 뉴런을 준비시킨 후 금세 다시 준비시켜야 한다. 너무 오랫동안 고독하게 지내서 그게 정상인 것처럼 느껴지면, 배측 봉선핵에 약간의 충격을 가해 동면에 들어간 뉴런을 깨워야 한다.

부분 도파민이 그렇게 할 수 있다. 부분 도파민은 우리를 스토리와 유대 맺게 한 다음 그 유대가 돈독해지기 전에 스토리를 방해함으로써, 친구 사귀는 뉴런을 준비시킨 후 금세 다시 준비시킨다. 이러한 2단계 과정은 우리가 '24'나 '오렌지색이 새로운 검정이다Orange Is the New Black'(이제부턴 오렌지색이 대세라는 뜻. 여기서 오렌지색은 여주인공을 말함), '플리백Fleabag'(싸구려 여관 혹은 더러운 몰골의 사람이라는 뜻) 같은 TV 시리즈의 한 에피소드를 본 후에 갑작스런 외로움을 느끼게 한다. 그리고 그 외로움은 나머지 에피소드를 밤새 몰아보도록 유도할 수도 있지만, 좀 더 사교적이 되도록 우리를 격려할 수도 있다. 뇌는

우리는 지금 문학이 필요하다

우리가 마주치는 사람과 더 활발하게 소통하도록 보상할 준비가 되어 있다. 대화를 시작하면 기분이 좋아질 것이고, 그러면 두 사람 사이에 가벼운 유대가 형성될 것이다.

그런 대화를 시작하기 위해선, 우리는 TV 쇼를 함께 보는 파티에 참석할 시간만 내면 된다. 참석자들과 모르는 사이라 해도, 너무 오랫동안 은둔자처럼 살아서 배측 봉선핵이 깊은 잠에 빠졌다 해도, 화끈한 TV 쇼는 우리를 사람들과 더 어울리고 싶게 할 수 있다. 패배주의적 뉴런을 다시 준비시켜, TV가 꺼지자마자 새로운 친구와 수다를 떨도록 유인할 수 있다.

간혹 부분 도파민은 우리에게 새로 친구를 사귀는 것보다 훨씬 더 어려운 일을 해내게 할 수 있다. 즉, 세상에서 제일 고약하고 까탈스럽고 도저히 이해하기 힘든 사람들과 소통할 수 있게 한다. 그게 누구냐고?

참으로 괴팍한 삼촌일 수도 있고 우리에게 너무 냉담한 자식들일 수도 있다. 누가 됐든, '홈랜드Homeland'나 '기묘한 이야기Stranger Things' 같은 TV 드라마를 함께 본 후엔 다들 오랜 친구처럼 수다를 떨게 될 것이다.

그게 바로 부분 도파민의 힘이다. 부분 도파민은 새로운 우정을 쌓게 할 수도 있고, 한집에 살지만 너무나 낯선 사람들과 더 친해지게 할 수도 있다. 부분 도파민이 당신에게 아직 그 힘을 발휘하지 않았더라도 문학을 포기하지 마라. 당신이 외로움을 정복하도록 도울 수 있는 다른 문학 발명품이 있다.

그 발명품은 '오르페오'보다 더 강력하다. 〈뱀파이어 바니〉보다도 더 강력하고, 심지어 《대부》의 돈 콜레오네보다 더 강력하다.

('유년기 오페라'의 발명)

어쩌면 당신은 일부 펄프 픽션을 시험 삼아 보고서 뭔가 부족하다고 생각했을지 모른다. 실제 범죄와 뱀파이어, 슈퍼히어로가 사실을 지나치게 왜곡하거나 단순히 당신 취향에 안 맞는다고 느꼈을 수 있다. 어쩌면 당신은 그것을 괴짜 같은 지인을 대하듯 가볍게 즐겼을지도 모른다. 어쨌든 깊은 우정을 나눈 친구라고 생각하진 않았다.

그렇다면 이제 엘레나 페란테가 나설 차례다. 그녀는 펄프 픽션의 온갖 심리적 혜택을 제공하면서도 더 사실적이고 감정적으로 풍부하게 느껴지는 문학 발명품을 고안했다. 그 발명품은 〈뱀파이어 바니〉부터 《배트맨》, 《대부》에 이르기까지 《페니 드레드풀》과 펄프 픽션의 기본적 오페라 테크닉을 똑같이 사용한다. 하지만 거기에 혁신을 하나 더 추가한다. 그 오페라를 아이의 시선에서 우리에게 제시한다.

대단찮은 혁신 같지만, 사실은 펄프 픽션에서 아직 손대지 못한 엄청난 잠재력을 새롭게 선보인 것이다. 오페라와 마찬가지로, 펄프 픽션은 성인의 삶에 초점을 맞춘다. 아니, 오페라보다 훨씬 더 성인용이다. 목차만 힐끔 봐도 여실히 드러난다. '시체는 현찰로 지불한다!The Corpse Pays Cash!', '인간 로켓 살인자들!The Human Rocket Murders!', '어떤 곡선미는 위험하다!Some Curves Are Dangerous!', '흡혈귀의 애인!Mistress of the

우리는 지금 문학이 필요하다

Blood Drinkers!'

돈, 폭력, 욕정, 부패. 이는 펄프 픽션이 뇌의 우정 회로를 자극하고자 사용하는 성인용 재료이다. 그런데 가장 끈끈한 우정은 대체로 성인기에 시작되지 않는다. 그보다 한참 전인 어렸을 때 시작된다.

엘레나 페란테는 2011년 출간한 《나의 눈부신 친구My Brilliant Friend》에서 유년기에 맺은 우정의 힘을 연대기로 보여준다. 엘레나와 릴라의 오랜 우정은 1950년대 나폴리에서 시작된다. 훗날 엘레나는 그때의 강렬함을 떠올리면서 이렇게 중얼거린다.

아이들은 어제의 의미를 모른다. 그저께의 의미도, 심지어 내일의 의미도 모른다. 모든 게 지금 이 순간이다. 이 거리, 이 문간. … 이 환한 낮, 이 깜깜한 밤.

다시 말해서, 어렸을 때는 눈앞에 보이는 것만 안다. 그래서 유년기 우정은 우리를 완전히 소모시킬 수 있다. 성인 로맨스의 열정을 다 품을 수 있으며, 경이와 호기심과 질투 등 다양한 감정에 휘둘릴 수 있다.

이런 압도적 경험을 포착하기 위해, 《나의 눈부신 친구》는 엘레나와 릴라의 관계를 펄프 픽션 시리즈처럼 다룬다. "집에 돌아갈 시간이었지만, 우리는 서로 한마디도 나누지 않고 누가 더 용기 있는 아이인지 입증하는 놀이에 열중했다." 엘레나와 릴라는 〈짜릿한 미스터리Spicy Mystery〉나 〈공포 이야기Terror Tales〉 같은 연재물처럼 서로의 마음을 동요시킨다. 반쯤 분비된 도파민에 잠긴 채 둘은 평생 이어갈 끈끈한 유대를 형성한다. 연인과 가족은 멀어져도 둘의 관계는 끊어지지 않는다.

그런데 《나의 눈부신 친구》는 단지 엘레나와 릴라의 유대를 보여주는 것으로 그치지 않는다. 우리를 안으로 끌어들여 그 힘을 직접 경험하게 한다.

두 소녀가 서로에게 하는 것처럼, 소설은 우리의 감정을 동요시켜서 어린 시절 몰려다니던 무리의 일원이 된 것처럼 느끼게 한다.

(무리의 일원이 되다)

페란테의 소설은 우리를 엘레나와 릴라처럼 끈끈한 우정 속으로 끌어들이기 위해 간단한 방법을 동원한다. 아이의 관점에서 펄프 픽션의 불협화음을 보여주는 것이다. 펄프 픽션의 불협화음은 평소처럼 도파민 뉴런을 준비시킨다. 한편, 유년기 관점은 불협화음의 강도와 감정 범위를 증가시켜, 소설에 대한 우리의 도파민 유대감을 더 깊고 끈끈하게 만든다.

그게 어떤 식으로 진행되는지 소설의 첫 장에서 살펴보자. 다섯 살 난 엘레나는 "식인 괴물"의 은신처로 향하는 계단을 올라간다. 한 계단씩 올라갈 때마다, 그녀의 마음은 어린아이다운 상상으로 몹시 불안하다.

닭 가슴을 가를 때 쓰는 기다란 칼.

기름이 펄펄 끓는 팬에 나를 집어넣은 다음, 그의 자식들이 먹어치울 것이다.

그러다 돌연 감정의 급격한 반전으로 첫 장을 끝맺는다.

네 번째 계단에서 릴라가 뜻밖의 행동을 했다. 멈춰 서서 나를 기다리더니, 내가 도착하자 손을 내밀었던 것이다. 이 몸짓이 모든 걸 바꿔놓았다. 영원히.

공포 분위기가 순식간에 가라앉는다. 우리의 심장은 위에서 도사리는 펄프 픽션의 식인 괴물에 대한 공포로 더 이상 쿵쾅거리지 않는다. 하지만 감정적 평온함을 느낄 만큼 공포가 싹 해결되진 않는다. 오히려 미해결된 감정의 또 다른 강렬한 순간으로 대체된다. 바로 릴라가 내민 손으로 촉발된 경이이다. 스위니 토드의 응접실 폭행 사건처럼, 릴라의 몸짓도 "뜻밖의 행동"이다. 그리고 그 폭행처럼, 릴라의 몸짓도 불확실한 미래를 열어준다. "이 몸짓이 모든 걸 바꿔놓았다. 영원히."

엘레나와 릴라 사이엔 모든 게 바뀌었다. 그런데 정확히 어떻게 바뀌었을까? 영원히 바뀐 그들의 새로운 미래는 무엇일까? 지금으로선 알 수 없다. 우리가 아는 거라고는, 이 장의 결말에서 갑자기 돌출된 다른 감정에 의해 기존의 흥분된 감정이 해결됐다는 것이다. 우리 뇌는 공포에서 하모니로 돌아서면서 도파민 분출을 얻긴 하지만, 엘레나와 릴라의 새로운 단합이라는 미해결된 화음에 의해 더 많은 도파민 뉴런이 발화할 준비를 마쳤다고 느낀다.

기존의 흥분된 감정을 다른 감정으로 해결하는 테크닉을 통해,

제25장. 외로움을 달래라

페란테의 소설은 엘레나와 릴라가 서로 유대를 맺는 바로 그 순간 우리 뇌와 유대를 맺는다. 그리고 그들이 우정을 쌓아가는 다음 페이지로 우리를 얼른 따라가게 한다. 그 우정을 더 깊고 넓게 다지기 위해, 이어지는 장도 똑같은 테크닉을 사용한다. 일단, 이 장은 릴라의 몸짓에 대한 느낌을 우리라는 공동체 느낌으로 확장한다.

> 우리는 놀았다. … 우리는 그 장소를 좋아했다. … 우리는 명백하게 동의하지 않고 선택했다. … 우리는 그 빗장을 좋아했다. … 우리는 돌에 비쳐드는 빛을 신뢰하지 않았다. … 우리는 어두운 구석을 상상했다. … 우리는 모든 것을 탓했다.

이 '우리' 유대감이 엘레나의 두려움을 하모니 음으로 해결하려는 찰나, 이 장도 갑작스러운 불협화음으로 끝난다.

> 릴라는 나한테 그런 두려움이 있다는 걸 알았다. 내 인형이 큰 소리로 그렇게 말했다. 그런데 우리가 따로 의논하지 않고 그냥 표정과 몸짓만으로 인형을 처음으로 교환하던 날, 릴라는 내 인형을 손에 넣자마자 빗장 사이로 밀어 넣어 어둠 속으로 떨어지게 했다.

릴라는 또다시 엘레나에게 '도전했다.' 엘레나의 소중한 인형을 어둠 속으로 밀어 넣으면서 엘레나의 마음을, 그리고 우리의 마음을 크게 동요시킨다.

이 테크닉은《나의 눈부신 친구》에서 계속 반복된다. 우리는 감

우리는 지금 문학이 필요하다

정적 하모니로 다가가다 장이 끝날 무렵 매번 새로운 감정적 동요로 화들짝 놀란다. 몬테베르디 오페라의 격양된 화음처럼, 각 장은 점점 빠르고 요란한 콘치탄토concitato('격양하여, 흥분하여'라는 뜻의 음악 용어)로 다가온다. 소설의 앞부분인 '유년기'에서, 처음엔 1,000단어마다 새로운 장이 나오지만 점차 500단어마다 나올 정도로 빨라진다. 이런 식으로 하모니를 이룰 듯하다가 새롭게 동요된 감정이 뒤따르는 패턴이 이어진다. 그리고 이러한 감정은 희망, 경이, 두려움, 사랑, 충격, 수치심, 질투, 용기, 분노, 부끄러움, 뿌듯함, 호기심, 공감, 죄책감 등 유년기의 풍부한 감정 팔레트에 두루 걸쳐 있기 때문에, 우리의 다양한 심리와도 연결된다.

어린 시절처럼, 그런 감정이 전부인 것 같다. 그런데 한편으론 대단히 불완전한 것 같다.

그렇게 우리는 오랜 친구처럼 유대를 맺는다.

미래를 창조해 나가기

아서 왕과 젊은 예언자 무함마드가 살던 6세기 무렵, 아리스토텔레스의 《시학》은 로마 비잔티움의 투창 부대와 사산 제국의 군상(軍象, 군사적으로 쓰이는 코끼리) 간에 벌어진 전투지 어딘가에서 파피루스 두루마리 형태로 살아남았다. 하나 남은 기다란 두루마리는 그나마 온전한 상태가 아니었다. 중간에 끊어져서 뒤에 이어지는 장들은 돌아올 기약이 없었다.

그 장들에 무슨 일이 일어났는지는 아무도 모른다. 어쩌면 기원전 86년 3월 1일, 짙은 자줏빛 뺨을 한 루키우스 코르넬리우스 술라 Lucius Cornelius Sulla 장군이 아테네를 불살랐던 한밤중에 잿더미로 변했을지 모른다. 어쩌면 대다수 파피루스처럼 세월의 풍상에 바스러져 먼지가 됐을지도 모른다. 그도 아니면 어쩌다 전갈과 쥐만 방문하는, 모래로 뒤덮인 아라비아의 기록 보관소에 꿋꿋이 버티고 있을지도 모른다.

잃어버린 두루마리 장들의 운명이 어떻게 됐든, 우리가 가진 장들에서 배워야 할 비밀이 하나 더 있다. 문학의 과거 발명품을 찾는 것을 넘어 미래 발명품을 어떻게 창조할 것인가?

그 비밀은 문학의 기원이 모방에 있다고 본 아리스토텔레스의 관찰에서 시작된다. 우리 조상들은 새소리를 모방하여 초기 시 음악을 지어냈다. 영원히 살 수 없는 인간의 갈망을 모방하여 신화의 초기 캐릭터들을 고안했다. 삶의 웃음과 상실을 모방하여 희극과 비극의 초기 플롯을 짜냈다.

그러므로 새로운 문학 발명품을 고안하려면, 우리는 발명가를 모방해야 한다. 세상의 모든 발명가 중에서 한 발명가는 타의 추종을 불허한다. 그 발명가는 헤아릴 수 없이 많은 발명품을 고안했다. 그 발명가는 날아다니고 바라보고 꿈꾸는 기적을 이뤄냈다.

그 발명가는 바로 자연이다.

자연의 발명 비밀은 찰스 다윈이 자연선택에 의한 진화의 미스터리를 풀어낸 19세기 중반에 밝혀졌다. 하지만 다윈이 나오기 훨씬 전, 문학 작가들 역시 그 비밀을 알아냈다. 그리고 대략 2,000년 전, 라 리오하La Rioja 출신의 작문 강사인 퀸틸리아누스Quintilianus가 그 내용을 대단히 교육적인 《웅변 교수론Institutes of Oratory》에 자세히 기록해두었다.

《웅변 교수론》은 아마도 역사상 가장 영향력 있는 교과서가 아니었을까 싶다. 영국에서 바빌론에 이르기까지 수천 명의 학생들이 이 교과서로 공부했고, 훗날 (셰익스피어의 문법학교에 비치된) 토머스 윌슨Thomas Wilson의 《수사학의 기술The Arte of Rhetorique》부터 (프레더

릭 더글러스가 평생 간직했던) 케일럽 빙엄Caleb Bingham의 《미국의 웅변가》
까지 100여 가지 글쓰기 안내서를 탄생시켰다. 《웅변 교수론》에서
퀸틸리아누스는 문필가들이 모방할 수 있는 '발명품 만들기 테크닉
invention-making techniques'을 세 가지 선보이는데, 죄다 자연에서 차용한
기술이다.

첫 번째 테크닉은 행복한 우연을 수용하는 것이다. 자연의 온갖
발명품이 그런 행복한 우연으로 탄생했는데, 하나같이 뜻밖의 돌연
변이와 운 좋은 환경이라는 진화의 맹목적 과정을 거쳤다. 경이로운
벌새의 심장과 잠자리의 눈은 우연의 산물이었다. 그리고 이 책에
포함된 문학 발명품도 전부 다는 아니지만 상당수는 우연의 산물이
었다. 그냥 우연히 생겨난 것이다. 작가는 다른 걸 의도했다가, 나중
에 가서야 자신이 실제로 무엇을 만들었는지 알아차렸다. 퀸틸리아
누스가 표현한 대로, "당신이 원래 의도하던 대로 쓰는 것보다 실수
로 우연한 혁신을 이루는 게 더 쉽다."

두 번째 테크닉은 낡은 청사진 둘을 하나로 합치는 것이다. 그렇
게 해서 자연은 유성 생식이라는 발명품을 우연히 만나게 되었다.
그렇게 해서, 에우리피데스는 비극과 희극을 합쳤다(제24장을 참고하
라). 프레더릭 더글러스는 아우구스티누스와 루소를 합친 자서전을
썼다(제14장을 참고하라). 버지니아 울프는 제임스 조이스와 마르셀 프
루스트의 스타일을 결합시켰다(제17장을 참고하라). 셰익스피어는 햄
릿의 독백과 대화를 하나로 합쳤다(제19장을 참고하라). 그런 이유로 퀸
틸리아누스는 이렇게 조언했다. "한 가지 모델이 아니라 여러 가지
모델을 모방하라."

우리는 지금 문학이 필요하다

세 번째 테크닉은 "옳은 것"이 아니라 작동하는 것에 초점을 맞추는 것이다. 그렇게 해서 자연은 생명의 온갖 얽히고설킨 놀라움을 만들어냈다. 자연선택이 더 고차원적 이성을 모르는데도 자연은 위로 들어 올리는 날개와 생각하는 뇌를 개발했다. 이러한 경험적 방법 덕분에, 현대 의학과 심리학은 온갖 유용한 강장제와 해독제와 치료제를 개발했다. 그런 이유로 퀸틸리아누스는 이렇게 말했다. "당신의 글이 항상 진실일 필요는 없다. 그 글로 당신이 무얼 하려는지가 중요하다."

진실의 힘이 무엇이든, 문학 자체의 특별한 힘은 항상 허구에, 우리가 고안한 경이에 놓여 있기 때문이다.

우리 마음을 치유하는 것은 바로 그 발명품이다.

그리고 우리에게 희망과 평화와 사랑을 안겨주는 것도 그 발명품이다.

결론. 미래를 창조해 나가기

코다

이 책의 은밀한 역사

25세기 전쯤 동지중해 연안, 작은 만灣과 백사장이 넓게 펼쳐진 섬들에 상거래가 활발한 어촌 마을이 드문드문 들어서 있었다. 케오스, 아카라가스, 아브데라, 엘리스, 칼케돈 등 짠 내 풍기는 이 항구들을 떠돌면서 이집트와 페르시아, 히브리, 페니키아 여행자들과 어울리던 한 무리의 교사들이 있었다. 그들은 문학의 모든 발명품을 알고 있었다.

교사들은 은화 한두 푼에 지식을 나눠주곤 했다. 사랑으로 마음을 홀릴 만한 시적 장치, 용기로 영혼을 단련시킬 만한 신화적 장치, 방대한 비전으로 눈을 축복할 만한 플롯 장치를 보여주었다. 이러한 발명품은 마법처럼 신비했는데, 교사들은 씩 웃으며 그 뒤에 숨겨진 원리를 슬며시 공개했다. 그 세밀한 원리를 파악하면, 당신은 문학이 어떻게 창조됐는지 알게 될 것이다. 숨겨진 청사진을 배우면, 모든 은밀한 힘을 스스로 풀어낼 수 있을 것이다.

작은 만과 섬들을 떠돌던 교사들은 이제 없다. 그들의 미소와 재치와 지혜도 모두 연기처럼 사라졌다. 하지만 그들의 가르침은 숱한 세월을 견뎌내서, 우리가 이 책 내내 활용했던 '발명품 찾기 방법'에 보존되어 있다. 그래서 교사들이 우리에게 알려준 가르침을 기리고자, 다음 페이지에서 그들의 잊힌 스토리를 파헤치고자 한다. 그들이 어떻게 생겨났고 어떻게 소멸됐는지, 그리고 그들이 섬들을 떠돌면서 꾸던 꿈을 어떻게 되찾을지 살펴보고자 한다.

(사라진 교사들)

교사들이 흔적도 없이 사라졌기 때문에 그들의 원래 학습 계획안은 하나도 남아 있지 않다. 다행히 그들의 가르침에 관한 단서가 그들과 경쟁하던 강사 그룹인 철학자들의 글에 일부 남아 있다.

철학자들도 동지중해 연안을 떠돌았지만, 교사들과 달리 그들은 흔히 독재 정권과 가깝게 지냈다. (기원전 625년경 태어난) 철학자 탈레스Thales는 보라색 꽃이 만발하던 밀레토스의 폭군과 과두 정치 속에서 활약했다. (기원전 535년경 태어난) 철학자 헤라클레이토스Heracleitos는 에페수스Ephesus가 아케메네스 제국의 태수太守들에게 지배되던 시기에 활약했다. 그리고 후대에 가장 유명한 철학자 플라톤은 (기원전 425년경 태어났으며) 아테네 민주주의를 전복시킨 '30인 참주Thirty Tyrants'의 이론을 (일부 책략을 제외하고) 찬성했다.

철학자들이 절대주의 체제에 순응한 이유는 세상이 하나의 절대

코다. 이 책의 은밀한 역사

적 교리에 의해 지배된다고 확신했기 때문이다. 그러한 교리를 찾기 위해, 탈레스는 생명이 성수聖水에서 부화했음을 수학적으로 증명했다. 헤라클레이토스는 평화의 뿌리가 전쟁임을 증명하고자 역설을 내세웠다. 플라톤은 영원한 형태의 선험적 지식을 발굴하고자 기억의 고고학을 활용했다. 이렇게 경쟁하는 신조들을 분류하기 위해, 철학자들과 그 제자들은 격렬하게 논쟁했다. 논쟁 과정에서 부족한 의견은 도태되고 진실의 더 강한 측면만 남을 거라고 믿었기 때문이다.

철학자들은 자기네끼리만 토론한 게 아니라 교사들을 포함해 교육적으로 경쟁하던 사람들과도 논쟁했다. 기원전 4세기 전반, 철학자들과 교사들의 논쟁은 플라톤에 의해 《소피스트The Sophist》와 《고르기아스Gorgias》 같은 제목의 사이비 역사 논문으로 각색되었다. 이러한 논문은 교사들을 말만 번지르르한 사기꾼이라며 대놓고 비난할 의도로 작성되었기 때문에 객관적이라고 할 순 없다. 그렇긴 해도 철학자들이 교사들을 소피스트sophist와 수사학자rhetorician라고 지칭했다는 사실 등 우리가 모르는 점을 몇 가지 담고 있다.

소피스트는 고대 그리스의 아티카 방언으로 '지혜로운 자'라는 뜻이다. 그리고 수사학자는 '연사', '토론가', 심지어 '논쟁가'라는 뜻이다. 그런데 철학자들이 교사들을 묘사하려고 사용했던 이름은 철학자 자신을 묘사하는 말, 즉 논쟁하는 법을 아는 지혜의 탐구자와 매우 흡사하다. 실제로 철학자의 어원은 문자 그대로 소피스트이다. '지혜sophia'를 '사랑하는 사람philos'이 바로 철학자philosopher이다.

어쩌면 그들도 교사들의 학생이었는지 모르겠다.

(교사들의 학생들)

철학자들이 문학을 지적 출발점으로 삼았다는 데엔 의심의 여지가 없다. 그들의 초기 교육은 호머의 《일리아드》와 헤시오도스의 《신통기》 같은 운문 서사시로 이루어졌다. (아마도 그들은 거북의 등껍질로 만든 리라와 더블 리드로 된 관악기의 멜로디에 맞춰 《일리아드》를 흥겹게 암송하거나, 《신통기》에 나온 대로 신전 숲에 놓인 청금석 위에서 춤추며 희생 제물을 바쳤을 것이다.) 그들은 부모와 형제자매들 속에서 즐겁게 기초 교육을 받은 뒤, 노예 신분의 가정교사가 지켜보는 가운데, 혹은 공공도서관의 희미한 등불 아래, 밀랍 서자판書字板을 긁어가며 중등 형태의 문학 공부를 수행해나갔다. 헤라클레이토스는 자신의 주장을 은유로 멋지게 수놓았고, 플라톤은 소크라테스 철학을 극적 대화로 완성했다. 그리고 탈레스와 그의 제자들이 유일하게 남긴 텍스트는 두운을 살린 산문시의 한 토막이다. "시간의 무덤은 시간의 자궁이기도 하다."

따라서 철학자들은 교사들의 비밀을 적어도 몇 가지 알고 있었다. 만약 철학자들이 정말로 교사들의 학문적 후예라면, 교사들의 잃어버린 역사는 이런 식으로 흘러가지 않았을까 싶다.

첫째, 문학을 공부한 학생들이 있었다. 완만한 만과 백사장이 펼쳐진 섬에서, 학생들은 시와 신화에 대한 것을 배우는 데 전념했다. 세월이 흘러서 그들이 아주 많은 것을 발견한 후, 다른 학생들이 그 섬에 와서 또 배웠다. 그리하여 원래 학생들은 교사가 되었고, 그들의 지혜를 기리는 제자들에게 소피스트라는 이름을 얻었다.

오랜 세월 동안 소피스트들과 그 제자들은 문학의 테크놀로지를 연구하면서, 문학이 어떻게 사랑과 용기와 여러 심리적 고양제로 인간의 삶을 풍요롭게 해주는지에 관한 비밀을 공유했다. 그러던 어느 날, 한 무리의 학생들이 문학을 무기로 쓸 수 있다는 사실을 알아냈다. 마음을 움직이려고 고안된 시인의 발명품이 논쟁에 삽입된다면, 변호사들과 정치인들이 배심원과 왕자들의 마음을 흔들 수도 있었다.

이런 식으로 문학을 휘두른 학생들은 수사학자로 알려지게 되었다. 그들은 법정과 입법부를 돌면서 정의와 시민 정책에 대한 논쟁을 벌였고, 자기네 주장이 옳다고 사람들을 능숙하게 설득했다. 워낙 능숙하게 설득하는 바람에, 우려하던 일부 시민들은 수사학자들이 옳고 그름을 문학적 말장난으로 전락시켰다고 비난했다.

이 우려하던 시민들은 자신들을 철학자라 일컬었다. 진리를 회복하기로 다짐한 그들은 은밀한 정원으로 물러나, 수사학자들이 문학적으로 윤색해놓은 표현을 분석해서 그 속에 담긴 순수한 주장을 밝혀냈다. 철학자들은 그러한 주장을 더 치밀하게 다듬은 다음, 수사학자와 소피스트를 공격하는 데 활용했다.

그들은 수사학자들에게 상처를 입혔다.

그리고 소피스트들을 완전히 소멸시켰다.

물론 교사들의 역사가 이렇게 단순할 수는 없다. 과거는 어떠한 서술로도 다 묘사할 수 없을 만큼 복잡하다. 그렇긴 하지만 고대 교사들과 관련된 집단을 세 부류로 나누는 데는 서술만큼 유용한 수단이 없다.

우리는 지금 문학이 필요하다

1. 문학 소피스트: 이 집단은 문학의 비밀을 가르쳤다.

2. 수사학자: 이 집단은 문학의 비밀에 논쟁의 비밀을 결합시켰다.

3. 철학자: 이 집단은 문학의 비밀엔 등 돌리고 논쟁의 비밀에만 집중했다.

　고대 어느 시점에, 문학 소피스트는 다 소멸했다. 다른 두 집단과 달리, 그들은 논쟁에 집착하지 않았다. 그래서 자신들을 방어할 수 없었거나 아예 방어하려 들지 않았다. 결국 전쟁터에 나간 시인들처럼 모두 죽고 말았다.

　하지만 나머지 두 집단은 계속 존재했다. 아니, 단순히 존재만 한 게 아니라 번성했다. 수사학자들과 철학자들은 고대 세계부터 중세, 르네상스, 계몽주의 시대를 거쳐 현대에 이르기까지 활발하게 움직였다. 오늘날 거의 모든 사람이 십대 시절 학교에서 어떤 형태로든 수사학과 철학을 배운다. 그리고 규모가 큰 대학에는 두 학문을 위한 학과가 별도로 마련되어 있다.

　이러한 현상이 수사학자와 철학자에겐 아주 좋았다. 하지만 그것은 소피스트의 문학 정신을 파괴했던 논쟁 연구로 그들의 정신을 대체한 것에 지나지 않는다. 초등학교부터 대학교까지 현대의 문학 수업에서 우리는 줄곧 (1) 작문, (2) 독해와 분석 등 두 가지 기술을 키우는 지시문에 집중한다. 작문에선, 논지와 그 논지를 입증할 자료문을 작성하는 방법을 배운다. 독해와 분석에선, 문학이 무엇을 말하는지 정확히 찾아내는 법을 배운다. 삶에 관한 이 시의 관점은 무엇인가? 사회에 관한 이 연극의 관점은 무엇인가? 이 소설의 표현은 무엇을 의미하는가? 이 만화책은 어떤 주제를 담고 있는가? 나는 이 영화에서 주장하는 내용에 동의하는가? 아니면 내 나름의 논지로 그 내용을 비판하고 싶은가?

다시 말해서, 우리는 문학을 논쟁의 일종으로 보도록 배운다. 멋진 수사학자나 현명한 철학자들처럼, 무엇이 정의롭고 무엇이 진리인지를 남들에게 납득시키는 것을 문학의 주요 목적으로 생각하라는 것이다. 그런 이유로, 오늘날 전 세계 문학 수업에서 로맨스 시가, 마법의 전설, 애도 시가, 불굴의 회고록이 비판적 사고와 논설문 작성, 논리와 논쟁의 여러 기술을 훈련시키는 데 두루 쓰이고 있다.

그렇다면 우리는 섬들을 떠돌던 소피스트들을 어떻게 기억할까? 그들의 교육 프로그램이 후예들의 이성과 수사법으로 철저하게 다듬어졌다면, 사랑과 용기 등 이 책에서 다룬 여러 정신적 고양제를 창출할 청사진으로 가득한 테크놀로지로서 문학을 다룰 수 있다는 그들의 고대 통찰이 지금까지 어떻게 계속 보존됐을까?

일단 간단한 답부터 살펴보자. 서론에서 살펴봤듯이, 소피스트의 가장 중요한 발견, 즉 문학 발명품을 발굴하는 방법은 집단에서 이탈한 어느 철학자 덕분에 보존되었다. 그 이탈한 철학자는 물론 아리스토텔레스이다. 그런데 아리스토텔레스는 힘을 보탰을 뿐, 소피스트의 발견을 보존하는 데는 호기심 많고 부지런했던 여러 사람들의 노력이 필요했다.

그리고 행운도 꽤 많이 따랐다.

(좀 더 자세한 답변)

기원전 335년경, 아리스토텔레스 학파의 한 필경사가 섬세한 파피루스 두루마리에 소피스트들의 방법을 기록했다. 그 뒤로 두루마리는 숱한 세월 동안 이리저리 떠돌다 우리 시대에까지 이르게 되었다.

일단, 두루마리는 삼각법三角法이 처음 만들어지고 이아손이 아르고호를 타고 황금 양피를 찾아 출항하던 시기에 로도스섬의 온화한 해안가로 이동했다. 다음으로, 두루마리는 클레오파트라가 이집트의 방대한 지혜로 카이사르를 사로잡으려고 사용했던 10만 권의 다른 원고들과 함께 알렉산드리아 대도서관Great Library of Alexandria에 안치되었다. 그 후로 꽤 오랫동안 종적을 감췄던 두루마리는, 9세기 페르시아 수도원의 양피지 더미에서 실체를 다시 드러냈다. 그리고 한 네스토리우스 교인에 의해 바그다드의 모스크로 다시 옮겨졌다. 11세기엔 두루마리의 사본이 카스피해 강변에 살던 이븐 시나Ibn Sīnā라는 박식한 의사의 손에 들어가게 되었다. 12세기엔 또 다른 사본이 이븐 루시드Ibn Rushd라는 이슬람 율법학자의 짐에 실려 모로코에서 알 안달루스로 이동했다. 13세기 무렵, 두루마리는 제4차 십자군 원정의 행적을 따라 아르카디아의 언덕 꼭대기까지 이동했다. 100년 후, 두루마리의 텍스트는 염소 가죽에 다시 베껴졌고, 콘스탄티노플의 금박 장식된 돔에서 르네상스 시대 이탈리아의 열주식 별장으로 옮겨졌다. 그리고 그곳에서, 베네치아의 유명한 인쇄업자인 알두스 마누티우스Aldus Manutius의 손에 들어가게 되었다. 마누티우스는 1508년에 두루마리를 깔끔한 페이퍼백으로 출간했다. 그 페이퍼백

코다. 이 책의 은밀한 역사

은 우여곡절을 겪다가 결국 루벤Leuven에서 로스앤젤레스의 서적 보관소로 흘러들어갔다.

이때쯤, 그 페이퍼백이 소피스트들의 '발명품 찾기 방법'을 전 세계로 퍼뜨렸어야 한다. 하지만 안타깝게도 그러지 못했다. 두루마리의 서사적 여정 동안, 절반은 흔적도 없이 사라졌고 나머지 절반도 구멍이 나거나 글자가 뭉개져서 온전하지 않았다. 그 뒤로 300년 동안, 부지런한 학자들이 피해를 복구하고자 갖은 노력을 기울였다. 그 일이 얼마나 힘들고 벅찼던지, 영국의 유명한 골동품 전문가인 토머스 트와이닝Thomas Twining은 1786년에 에섹스Essex의 평화로운 목초지에 서서 이렇게 절규했다.

텍스트가 지독하게 오염되어 도무지 알아볼 수 없으니… 내 수고의 대부분은 여러 구절을 이해할 수 없다고 입증하는 데 쓰였다.

두루마리는 완전히 손상된 것 같았다. 그와 더불어 문학 발명품을 찾으려던 방법도 영영 사라진 것 같았다.

그런데 천만다행히 복구할 길이 조금씩 열리기 시작했다. 19세기 동프로이센의 산성에서, 나비넥타이를 맨 문헌학자 칼 라흐만Karl Lachmann이 계통주의stemmatics를 개척했다. 고생물학자들이 흩어진 화석 조각으로 공룡의 계통을 재조립하듯, 계통주의는 현존하는 텍스트의 계보를 만들어 올바른 내용을 결정한다. 이 힘든 과정을 통해 레오나르도 타란Leonardo Tarán과 디미트리 구타스Dimitri Gutas 같은 고생물학자들이 아랍어, 라틴어, 시리아어, 그리스어로 된 너덜너덜한 조각에서 오랫동안 잃어버렸던 두루마리의 일부를 복구할 수 있었다. 그 덕에 두루마리의 큰 덩어리는 여전히 사라진 상태지만 학자들이 소피스트의 방법을 재사용할 수 있을 만큼 충분히 복구되었다.

그리고 그 방법을 재사용한 덕분에 복구의 다음 단계로 나아갈 수 있었다. 실제로 제2차 세계대전이 벌어지던 수십 년 동안, 복구 작업이 진행되었다. 당시 문학에 대한 교과서적 접근 방식은 해석interpretation이었다. 해석은 (케임브리지 대학의 I. A. 리처즈I. A. Richards와 예일 대학의 클린스 브룩스Cleanth Brooks 등) '신비평가New Critics'로 알려진 일단의 카리스마 넘치는 학자들이 주도한 독서 기법이었다. 신비평가라는 이름에도 불구하고 해석은 전혀 새로운 게 아니었다. 해석은 고대 로마어로 '번역translation'과 동의어로 쓰였었다. 그러다 4세기에 베들레헴의 성 제롬Saint Jerome이 성경을 저속한 라틴어로 번역하는 작업을 맡았다. 제롬은 팔레스타인의 동굴에서 이 거대한 프로젝트를 진행하다가 성경 구절을 '버범 더 버보verbum de verbo'즉 "단어 대 단어"로 번역할 수 없다는 사실을 알아냈다. 결국 그는 더 심오한 '뜻'을 전하기 위해 모세의 히브리어와 그리스어 복음서의 각 단어를 '해석하면서' 자기 앞에 놓인 신성한 텍스트의 숨은 의미를 추출해냈다. 그리하여 제롬 이후로, 해석은 언어를 신중하게 연구한 끝에 숨겨진 진실과 함축된 의미를 도출하는 도구로 자리 잡았다. 교회 신부들과 (랍비 슐로모 이츠하키 같은) 탈무드 해석자들이 줄곧 이 도구를 이용해 토라와 신약성경에 대한 풍부한 논평을 내놨다. (랍비 슐로모 이츠하키 Rabbi Shlomo Yitzchaki는 그 이름의 첫 글자를 따서 흔히 '라시Rashi'라고 불린다. 라시는 11세기에 가업인 샴페인 양조업을 겸했다. 그의 주석을 인쇄한 반필기체 형태의

코다. 이 책의 은밀한 역사

글꼴은 라시 문자로 불리는데, 그의 샴페인 거품만큼이나 활기차 보인다고 한다.)

창세기의 7일 창조는 인간의 일곱 세대를 상징한다. … 그리스도 우화의

주제는 용서이다. … 그 단어의 심오한 의미는 '사랑'이다.

신비평가들이 이런 텍스트 해석 테크닉을 문학에 이입했더니 문학도 비슷한 계시 효과를 띠게 되었다. 소네트와 허구, 연극적 오락물의 단어가 더 고상한 '주제'와 우화적 '상징'으로 가득한 교육적 훈계로 바뀌었다. 21세기 초 유럽과 미국 전역의 교실에서, 십대는 셰익스피어의 희곡을 정독하고 《리어왕》이 실제론 자연과 인간의 운명을 주제로 한 논문이라는 것을 (심지어 설교라는 것을) 알게 되었다. 한편, 버클리에서 옥스퍼드까지 대학 칠판마다 맥베스는 야망을 상징하고 클레오파트라는 여성을 상징하며 오셀로는 흑인을 상징한다고 도식적으로 그려졌다.

그런데 1930년대 중반, 지금은 아리스토텔레스의 《시학》으로 명명된 고대 두루마리의 조각조각을 이어 붙인 사본이 로널드 샐먼 크레인Ronald Salmon Crane 교수의 손에 들어왔다. 크레인은 워낙 신중해서 거창한 아이디어에 회의적인 사람이었다. 그런 그가 시카고 대학 하퍼 도서관의 원뿔형 조명 아래에서 두루마리를 펼쳤을 때, 전기에 감전된 듯 아찔했다. 소피스트들의 고대 방법은 그의 대학에서, 아니 전 세계 모든 대학에서 가르치던 방법과 달랐다. 그 방법은 문학 해석이 아니라 문학 발명품에 초점을 맞췄기 때문에, 신비평가들이 상상하지 못했던 독서의 길을 열어주었다. 그 방법은 자구字句에 집

중하는 대신 플롯과 캐릭터, 스토리의 기본 내용에 집중했다. 문학 텍스트의 숨겨진 의미를 찾는 대신, 각 요소의 심리적 효과인 경이와 공감, 서스펜스를 파악했다. 성 제롬이 성경을 분석했던 방식으로 문학을 분석하는 대신, 현대 과학자들이 인간 뇌를 탐구하는 방식으로 문학을 탐구했다. 즉, 역설계reverse engineering와 연구실 실험을 혼합해서 그 심오한 청사진을 밝혀낼 수 있는 진화된 기계로 문학을 다루었다. 크레인은 오랫동안 잊고 있던 이 접근 방식에 대중이 흥미를 보일 거라 믿고서 복구 작업에 착수했고, 마침내 1952년에 600페이지에 달하는 《비평가와 비평Critics and Criticism》 교본을 대학 서점에 내놨다.

하지만 크레인의 교본은 실패로 끝났다. 소피스트들의 기술-과학적techno-scientific 방법의 부활은 이상하면서도 속물적인 것으로 치부되었다. 그렇기 때문에 우리는 학교에서 여전히 문학을 공부하는 가장 효과적인 방법으로 주제와 상징을 찾기 위해 '해석해야' 한다고 배운다. 그렇긴 하지만 그 실패한 교본은 주류에서 벗어난 일부 학자들, 즉 제임스 펠런James Phelan과 (본 저자가 속한) 오하이오 주립대학의 두뇌집단인 프로젝트 네러티브Project Narrative에게 영감을 불어넣었다. 우리는 소피스트들의 방법을 세계 곳곳의 시와 희곡, 소설, 영화, 텔레비전 시리즈, 만화책에 적용했고, 그 결과 수백 개에 달하는 문학 발명품 자료를 구축할 수 있었다.

이 책의 모든 장은 그 수백 가지 발명품 중에서 뽑아낸 것이다. 이미 발견한 수백 가지 발명품만으로도 놀랍긴 하지만, 아직은 시작에 불과하다. 세상엔 독창적인 문학 작품이 무수히 많기 때문이다. 당

코다. 이 책의 은밀한 역사

신이 지금 이 책을 읽는 와중에도 어딘가에서 어떤 작가가 또 다른 혁신적 작품을 바쁘게 제작하고 있다.

우리는 문학 소피스트들에게 이미 많은 것을 얻었지만, 앞으로 발견할 게 무궁무진하다. 당신이 읽는 새로운 시마다, 당신이 넘긴 허구의 새로운 페이지마다, 당신의 박수를 끌어낸 새로운 무대 쇼마다, 당신이 관람한 화면의 새로운 픽셀마다 색다른 돌파구가 담겨 있을 수 있다. 문학 소피스트들이 25세기 전에 지중해 해변에서 개척한 방법만 있으면 그 돌파구를 찾아낼 수 있다.

그 방법은 우리가 서론에서 배웠던 방법이요, 이 책의 모든 장에서 연습했던 방법이다.

1단계. 문학 작품의 독특한 심리적 효과를 파악하라. 그 효과가 의학적일 수도 있고 행복 촉진제일 수도 있다. 그게 아니라도, 우리의 회백질에 어떤 식으로든 이로운 것일 수 있다. 그 효과를 바로 알아보고 싶다면, 지역 신경과학 연구소에 있는 강력한 심리측정 장비를 활용해보라. 그런 장비를 이용하기 어렵다면 당신 자신의 내장된 뇌 스캐너, 즉 의식을 이용해 문학 작품의 독특한 효과를 최대한 정확하게 묘사해보라.

2단계. 그 효과를 추적해서 플롯, 캐릭터, 이야기 세계, 서술자, 또는 다른 서술 요소를 독창적으로 활용한 발명품을 찾아보라. 주제나 상징, 작가가 무슨 말을 하는지 신경 쓰지 마라. 아울러 문학의 자구字句에 빠져 헤매지 마라. 작품의 스타일이나 목소리나 스토리에 귀를 기울이도록 하라.

두 단계 방법을 숙달할 때까지 연습하고 또 연습하면, 당신은 문학의 온갖 발명품을 탐색하여 그 은밀한 힘을 다 파악할 수 있다.

훗날, 미래 세대가 당신이 찾아낸 지혜를 듣게 될 때가 올 것이다.

그러면 그 지혜를 배우러 당신이 정착한 섬에 찾아올 것이다.

코다. 이 책의 은밀한 역사

감사의 글

이 책을 꿈꾸도록 용기를 준 캐롤린 새버리스와 실제로 쓰도록 용기를 준 밥 벤더에게 감사드린다. 원고를 완성하기까지 여러 모로 도움을 준 조애나 리, 리사 힐리, 필립 바시 등 사이먼&슈스터Simon&Schuster 출판사의 모든 분에게 감사드린다. 셰익스피어와 관련해서 도움을 준 로렌스 맨리, 이탈리아어에 도움을 준 메들린 푸조, 그리스어에 도움을 준 토머스 하비넥, 초서와 고대 영어에 도움을 준 세스 레러, 페르시아와 중동에 관련해서 도움을 준 디미트리 구타스, 다윈과 관련해서 도움을 준 에드워드 스투엔켈, 아리스토텔레스와 관련해서 도움을 준 짐 펠란에게 감사드린다. 글쓰기 이론에 도움을 준 프로젝트 네러티브팀과, 실제 작성에 도움을 준 수잔나 쇼울러, 알레이나 벨리슬, 줄리 가버스, 엘리자 스미스, 소피 뉴만 등 오하이오 주립대학의 내 제자들에게 감사드린다. 각 장을 읽고 도움을 준 카렌 백, 마이크 벤베니스테, 댄 브린, 수현 조, 더글러스 파이퍼, 프리티 싱, 엘리자베스 먼델 퍼킨스, 벤저민 카드에게 감사드린다. 예술 속 과학과 과학 속 예술에 대해 도움을 준 조너선 크램닉, 존 몬테로소, 제임스 파벨스키 등 여러 학제 간 연구자들에게 감사드린다. 그리고 나를 믿어준 가족과 그 믿음의 근원인 내 딸 말로에게 고마움을 전하고 싶다.

번역, 출처, 더 읽을거리에 대한 주석

예전에 어느 뛰어난 작가가 "끝에 주석이 없으면" 그 책은 완성된 게 아니라고 주장했다.
그래서 오래되고 모호한 출처를 밝혀줄 주석을 다음과 같이 첨부한다.

번역

따로 언급된 경우를 제외하면, 모든 번역은 작가가 했다.

서문: 창작의 빛나는 하늘

엔헤두안나의 시는 〈케쉬 사원 찬가The Kesh Temple Hymm〉와 〈이난나 여신의 찬미 Exaltation
of Inana(Inana B)〉에서 발췌했으며, 옥스퍼드 대학의 '수메르 문학 전자 텍스트 코스The
Electronic Text Corpus of Sumerian Literature(ETCSL)', http://etcsl.orinst.ox.ac.uk, 텍스트 번호
4.80.1과 4.07.2에서 이용 가능하다. 중앙아메리카의 우화는 베르나르디노 데 사아군
Bernardino de Sahagún 수사의 《Florentine Codex》(원제: La Historia Universal de las Cosas de Nueva
España) 제7권에서 발췌했으며, 유네스코 세계 디지털 도서관에서 이용 가능하다. 피
라미드 텍스트는 알렉산더 피안코프Alexandre Piankoff가 번역한 《우나스 피라미드 텍스
트》267절에서 발췌했다(《The Pyramid of Unas: Texts Translated with Commentary》, Princeton, NJ:
Princeton University Press, 1968). 《슈신Shu-Sin에게 바치는 사랑의 기도A balbale to Inana for ŠuSuen
(Šu-Suen B)》는 ETCSL, 텍스트 번호 2.4.4.2이다. 《상히타Samhita》 인용문은 mandala 2,
sukta 2, line 7에서 인용했다. 양쯔강의 송가는 《시경Book of Poetry》의 82번 시 작품이며,
Chinese Text Project, https://ctext.org에서 이용 가능하다.

서론: 잃어버린 테크놀로지

아리스토텔레스의 플롯 확장에 관한 논의는 《시학》1452a1-4에 나오며, 타우마제인 [θαυμάσιος]에 관한 논의는 《시학》 1452a4-7 (섹션 11, 최신판)에 나온다. 아리스토 텔레스의 카타르시스에 관한 논의는 《시학》1449b28 (sec. 6)에 나온다. 아리스토텔 레스의 상처 지연(즉, 아나그노리시스)에 관한 논의와 소포클레스의 《오이디푸스 왕》에 서 상처 지연의 역할에 관한 논의는 《시학》 1452a29-33 (sec. 11)에 나온다. 《아가멤 논》의 코러스 합창은 176-81에 나온다. 아이아스Ajax의 힐책은 《일리아드》 15. 508에 나온다. 외상 후 기억 [μνήμη]에 대한 오이디푸스의 외침은 《오이디푸스 왕》 1318 에 나오고, 코러스 단원들과의 대화는 1319-22에 바로 나온다. 앞에서 언급한 그리 스 텍스트는 모두 터프츠 대학교Tufts University 페르세우스 디지털 도서관Perseus Digital Library https://www.perseus.tufts.edu/hopper에서 찾아볼 수 있다. 윌리엄 제임스 의 '영적' 경험에 관한 내용은 《The Varieties of Religious Experience: A Study in Human Nature》(New York: Longmans, Green, 1902)에 자세히 나와 있다. EMDR에 관한 추천 내용은 미국 정신의학협회의 《Practice Guideline for the Treatment of Patients with Posttraumatic Stress》(2004), 세계보건기구의 《Guidelines for the Management of Conditions Specifically Related to Stress》(2013), 재향군인회의 《Clinical Practice Guideline for the Management of Posttraumatic Stress》(2017)에 자세히 나와 있다.

제1장. 용기를 북돋워라

'거대 아칸 설화'는 게일 E. 헤일리Gail E. Haley의 《A Story, A Story》(New York: Aladdin, 1980)에서 인용했다. 체로키족의 창조 스토리는 제임스 무니James Mooney의 《Myths of the Cherokee: Extract from the Nineteenth Annual Report of the Bureau of American Ethnology》(Washington, DC: Government Printing Office, 1902)에서 인용했다. 아 이스킬로스의 노래는 《Persians》391-94에 나오며, 터프츠 대학 페르세우스 디지털 도서관에서 이용 가능하다. 최초의 '찬가' 사용은 《일리아드》 473행에 나온다. 성경 의 서사시적 비유는 창세기 49장 9절이다. 이 구절을 비롯한 모든 성경 번역은 킹 제 임스 버전King James Version에서 인용했다. 호머의 사자 비유는 《일리아드》 3.23-2행에

우리는 지금 문학이 필요하다

나온다. "참호 속의 아킬레우스Achilles in the Trench"는 "나는 오늘 아침에 한 남자를 보았다I saw a man this morning"로 알려지기도 했다. 저자 패트릭 쇼 스튜어트가 전쟁터로 가져간 A. E. 하우스만의 《A Shropshire Lad》 빈 페이지에 제목도 없이 적어둔 것을 훗날 존 스톨워시Jon Stallworthy가 《The New Oxford Book of War Poetry》(Oxford: Oxford University Press, 2014), 170-71에 옮겨 적었다.

제2장. 로맨스의 불을 다시 지펴라

중국 송가는 《서경》의 73번 시 또는 《Book of Poetry》 1.6.9이다. ("그는 나에게 신과 같은 존재"로 번역된) 사포의 첫 서정시는 사포의 'Fragment 31'이며, 롱기누스의 《숭엄론On the Sublime》 1.10.2에 실려 있고, 터프츠 대학 페르세우스 디지털 도서관에서 이용 가능하다. ("어떤 이는 기마병이나"로 번역된) 사포의 두 번째 서정시이자 쓰레기 더미에서 발견한 헬레네에 관한 시는 사포의 'Fragment 16'이며, 〈파피루스 옥시린쿠스Papyrus Oxyrhynchus〉 1231에 실려 있다. 버나드 그렌펠Bernard Pyne Grenfell과 아서 헌트Arthur Surridge Hunt가 《The Oxyrhynchus Papyri 10》(London: Egypt Exploration Fund, 1914)이라는 제목으로 출간했다. ("나는 우리 사랑을 이 서정시에 담았다"로 번역된) 울라야 빈트 알 마흐디Ulayya bint al-Mahdi 공주의 시 'خَبِّئْ هْ الخَاِ/اْمرأَتِ ذِي المَرشَاِ عِرْعِيشُ فِي أتُ فِيالْجَ بِيَ'는 아부 바쿠르 알-술리Abū Bakr al-Sūlī의 10세기 시집 《Kitāb Al-Awrāq》 (제임스 해이워스 딘James Heyworth Dunne 편집, London: Luzac, 1934)에 실려 있으며, 알 마흐디al-Mahdi의 다른 서정시와 함께 《Classical Poems by Arab Women: A Bilingual Anthology》 (압둘라 알 우다리Abdullah al-Udhari 편집, London: Saqi, 1999), 108-19에도 실려 있다.

제3장. 분노를 떨쳐내라

욥의 사과는 〈욥기〉 42장 6절에 나온다. 시그노미suggnômê의 함축적 의미를 탐색하려면, 루이스-숏-존스Lewis-Short-Jones의 《Greek-English Lexicon》(Oxford: Oxford University Press, 1843)에서 συγγνώμη에 관한 항목을 찾아보라. συγγνώμη는 헤로도토스, 아리스토텔레스 등이 사용한 용어이다. 《안티고네》에서 발췌한 내용은 1266-69행(아들에 대한 왕의 애도)과 1317-20행(아내에 대한 왕의 애도)을 합친 것으로, 터프츠 대학 디지털 도서관에서 이용 가능하다. 오이디푸스의 ἰοὺ ἰοὺ 외침은 《오이디푸스 왕》 1182행에 나온다. 《리처드 3세》 내용은 셰익스피어의 첫 희곡 전집인 《퍼스트 폴리오First Folio》 3662-65행 (가장 최신판의 5막3장)에서 발췌했다. 하마르티아hamartia에 관한 아리스토텔레스의 논의는 《시학》 1453a10 (sec. 13)을 참고하라.

제4장. 상처를 딛고 올라서라

철학에 대한 소크라테스의 정의인 "ὀρθῶς φιλοσοφοῦντες ἀποθνήσκειν μελετῶσι,"는 플라톤의 《파이돈Phaidon》 67e4-5에 나와 있으며, 터프츠 대학 페르세우스 디지털 도서관에서 이용 가능하다. 소크라테스의 이솝 흉내에 관한 논의는 《파이돈》 60c-e에 나와 있다. 아이스킬로스의 말은 'Fragment 114', 히포낙스의 말은 'Fragment 68'이며, 둘 다 로엡 고전 도서관Loeb Classical Library의 《Greek Iambic Poetry》 (더글러스 E. 거버Douglas E. Gerber 편집, Cambridge, MA: Harvard University Press, 1999)에서 인용했다. 소크라테스와 메논의 대화는 플라톤의 《메논Menon》 71c-d에서 인용했으며, 터프츠 대학 페르세우스 디지털 도서관에서 이용 가능하다.

제5장. 호기심을 자극하라

고대 수메르의 설형문자 수수께끼 두루 보려면, C. J. 가드C. J. Gadd와 S. N. 크레이머 S. N. Kramer의 《Ur Excavations Texts VI. 2: Literary and Religious Texts》(London: British Museum Publications, 1966), 340-48를 참고하라. 영어 수수께끼를 보려면, 아처 테일러 Archer Taylor의 《English Riddles from Oral Tradition》(Berkeley: University of California Press, 1951)을 참고하라. 아라비아 수수께끼를 보려면, 찰스 T. 스콧Charles T. Scott의 《Persian and Arabic Riddles: A Language-Centered Approach to Genre Definition, Publication of the Indiana University Research Center in Anthropology, Folklore, and Linguistics 39》(Bloomington: Indiana University, 1965)를 참고하라. 티레시아스Tiresias 가 오이디푸스와 주고받은 수수께끼는 《오이디푸스 왕》 316행에서 시작되어 438-

39행에서 끝난다. 《맥베스》에 나오는 수수께끼는 《퍼스트 폴리오》의 6, 12, 1635-57행(1막 1장과 4막 4장)에 나온다. 《순자타 서사시Epic of Sundiata》 발췌문은 G. D. 피케트G. D. Pickett가 번역한, 지브릴 탐시르 니안Djibril Tamsir Niane의 《Sundiata: An Epic of Old Mali》(Essex, UK: Longman, 1965)에서 인용했다. 《가웨인 경과 녹색의 기사Sir Gawain and the Green Knight》 발췌문("Bot of alle þat here bult, of Bretaygne kynges, / Ay watz Arthur þe hendest, as I haf herde telle, / Forþi an aunter in erde I attle to schawe, / Ðat a selly in 3e summe men hit holden, / And an outtrage awenture of Arthurez wonderez. / If 3e wyl lysten þis laye bot on littel quile, / I schal telle hit as-tit, as I in toun herde")은 J. R. R. 톨킨J. R. R. Tolkien과 E. V. 고든E. V. Gordon, 노먼 데이비스Norman Davis 목사가 편집한 초기 《파수스 IPassus I》(Oxford: Clarendon Press, 1967)에서 인용했다. 《맥베스》의 예언과 관련하여, 모든 전투는 (패자가) 패하고 (승자가) 승리해야 승패가 갈린다. 이 말은 곧, 모든 미래는 (패배를 겪는 자에겐) 괴롭고 (승리를 주장하는 자에겐) 공정하다는 뜻이다. 자, 이것으로 당신은 삶의 모든 수수께끼를 풀었으니 한 가지 묻겠다. 당신은 왜 여기에 더 많은 답이라도 있는 양 이 주석을 열심히 들여다보고 있는가?

제6장. 정신을 해방시켜라

'라 멘테 모데르나la mente moderna'라는 표현은 루지에로 봉기Ruggiero Bonghi 같은 19세기 중반 이탈리아 진보주의자들이 프랜시스 베이컨Francis Bacon과 결부지어 설명했다. 베이컨은 마키아벨리의 혁신에 대한 해석을 열렬히 지지했다. (더 자세한 내용은 제13장을 참고하라.) 오늘날, 라 멘테 모데르나는 마키아벨리의 글에서 고무하는 좀 더 일반적인 태도와 관련된다. 가령 윤리적 공리주의, 기술적 진보, 정치적 사실주의, 자연의 각성, 절대적 진리와 과거의 권위에 전반적으로 의문을 제기하는 태도 등을 두루 의미한다. 이노바토리innovatori에 관한 마키아벨리의 논의는 《군주론IlPrincipe》 제6장에 나와 있다. 마키아벨리를 "인간의 적"이라 비난하고 "악마의 손가락으로" 글을 썼다고 비난한 사람은 레지날드 폴 추기경Cardinal Reginald Pole으로, 그의 라틴어 논쟁서인 《Apologia ad Carolum Quintum》(1539)에 기록되어 있다. 단테가 오르페우스에 관한 오비디우스의 인용문을 언급한 책은 《향연Convivio》 2.1.3이며, 콜롬비아 대학 도서관이 운영하는 디지털 단테 https://digitaldante.columbia.edu/text/library에서 이용 가능하다. 《베어울프Beowulf》에 삽입된 해설 오퍼히그드oferhygd는 36섹션 1743행에 나온다. 성경의 '눈에는 눈' 경고는 출애굽기 21장 24절이다. 메두사를 향한 외침 "Vegna Medusa: sì 'l farem dis malto"는 《신곡 지옥편》 9.52에 나온다. 알레고리의 사용 방식에서 교회와 시인의 차이에 관한 단테의 주장, 즉 "Veramenti li teologi questo senso prendono altrimenti che li poeti; ma però che mia intenzione è qui lo modo de li poeti seguitare, prendo lo senso allegorico secondo che per li poeti è usato"는 《신곡 지옥편》 2.1.4에 나온다. 베르길리우스의 파롤라 오나타parola ornata는 《신곡 지옥편》 2.67에 나오고, "낯선 시구의 베일"에 관한 기원, 즉 "O voi ch'avete li 'ntelletti sani, / mirate la dottrina che s'asconde / sotto 'l velame de li versi strain"은 《신곡 지옥편》 9.61-3에 나온다. 칸그란데Cangrande에게 쓴 단테의 편지, 즉 "Si vero accipiatur opus allegorice, subiectum est homo prout merendo et demerendo per arbitrii libertatem iustitie premiandi et puniendi obnoxius est"는 《Dantis Alagherii Epistolae》 13.34에서 찾아볼 수 있다. 마키아벨리가 친구에게 단테의 《희곡》을 들고 다닌다고 쓴 편지 "Ho un libro sotto, o Dante"는 프란체스코 베토리Francesco Vettori에게 1513년 12월 10일에 보낸 것이다.

제7장. 비관적인 생각을 버려라

"탈출한 공주"와 그녀의 궁극적 운명(그리고 도느와 남작부인의 역할)에 대해서는 앤 마거릿 쁘띠 드 노이어Anne Marguerite Petit du Noyer의 《Lettres Historiques Et Galantes》 5 vols. (1713), 특히 vol. 1, letter 24를 참고하라. '레 콩드 페Les Conte de Fées'는 도느와 남작부인이 1697년 파리에서 출간한 자신의 첫 동화집 제목으로 붙인 표현으로, 〈그라시오사와 페르시넷의 이야기The Tale of Graciosa and Percinet〉는 이 동화집의 세 번째 이야기였다. "인형처럼 예쁜" 신데렐라에 관한 비판은 〈버라이어티 31Variety 31〉(1949년 12월호)에 실려 있다. 페로는 〈A Mademoiselle〉(파리, 1697)이라는 동화의 서문을 "교훈을 가미한 옛날이야기Histoires ou contes du temps passé avec des moralitez"라고 시작하면서 이성de raison의 중요성을 언급한다. 앙리에트-줄리 드 뮈라Henriette-Julie de Murat 백작부인의 1699

년 동화집은 《Histoires sublimes et allégoriques》이다. 베티 에드워즈Betty Edwards의 베스트셀러는 《Drawing on the Right Side of Your Brain: A Course in Enhancing Creativity and Artistic Confidence》이며, 일곱 개 언어로 번역되었고 170만 부 이상 팔렸으며, 현재 네 번째 개정판이 나왔다. 희극comedy에 대한 프란체스코 로보르텔로Francesco Robortello의 정의 "eventa quaedem fortuita, quae insperatam laetitiam afferent"는 《Paraphrasis in Libellum Horatii》의 "De Comoedia" 섹션에 나와 있다. 스트라파롤라Straparola의 동화집은 《Le Piacevoli Notti》이며, 흔히 《Facetious Nights》 또는 《The Nights of Straparola》로 번역되었다. 《그라시오사와 퍼시넷》에서, 동화 반전에 대한 서술자의 아무런 설명도 없는 전개는 다음과 같다. "Hélas! quel eût été son sort, / Si de son Percinet la constance amoureuse / Ne l'avait tant de fois dérobée à la mort!" 트램프 캐릭터의 탄생에 대한 채플린의 말은 그의 회고록 《A Comedian Sees the World》 제3부에 기록되어 있으며, 이 회고록은 〈Women's Home Companion〉이라는 월간지에 1933년 9월부터 1934년 1월까지 연재되었다. "우연의 세계"에 관한 인용문은 빅토리아 시대 소설가 새뮤얼 버틀러Samuel Butler의 《Life and Habit》(London: Jonathan Cape, 1878)의 마지막 행에 나온다. "샤를 페로는 좋은 남자요, 좋은 아버지요, 좋은 기독교인이요, 좋은 동료였다"고 한 앤드루 랭Andrew Lang 의 인용문은 《Perrault's Popular Tales》(Oxford: Clarendon Press, 1888), xvi의 서론에서 발췌했다. 로도피스Rhodopis의 이야기는 스트라보Strabo의 《지리학Geography》17.1.33에서 찾아볼 수 있다.

제8장. 상실의 아픔을 치유하라

유령이 햄릿에게 "그렇게 나는…"이라고 한 대사는 퍼스트 폴리오 《햄릿Hamlet》 759-60행(1막 5장)에 나온다. 햄릿의 "말words"에 관한 대사는 1230행(2막 2장)에 나온다. 햄릿의 "괴상한 기질"은 868행(1막 5장)에 나온다. 햄릿이 "연극의 목표는 본성에 거울을 비추는 격이지"라고 한 대사는 1870-88행(3막 2장)에 나온다. 유령이 "무뎌진 네 결심"이라고 한 대사는 2491행(3막 4장)에 나온다. 햄릿이 "아아, 불쌍한 요릭!"이라고 한 대사는 3372행(5막 1장)에 나온다. 《카르다노의 위안Cardano's Comfort》 발췌

번역, 출처, 더 읽을거리에 대한 주석

문은 토머스 베딩필드Thomas Bedingfeld가 번역한 《Cardanus Comforte》(London, 1573) 1권, 25에서 인용했다. 맥더프가 로스와 맬컴과 나눈 대화는 퍼스트 폴리오 《맥베스》 2047-73행(4막 3장)에서 인용했다. "그토록 훌륭하신 … 그토록 사랑하셨건만 … 누구보다 소중했던 사람을…"이라는 대사는 《햄릿》 323-24행(1막 2장)과 1610행(2막 2장)에 나온다. 앤서니 스콜로커Anthony Scoloker의 "친근한 셰익스피어 비극들"에 관한 발췌문은 그의 《Epistle to Daiphantus, or the Passions of Love》(London, 1604)에서 인용했다. 《티에스테스》의 작가가 "동물의 경우, 슬픔이 격렬하지만 빨리 지나간다. 사람의 경우, 슬픔이 몇 년이고 지속될 수 있다."라고 한 말은 세네카Seneca의 〈Consolation to Marcia〉 섹션 7, "Aspice mutorum animalium quam concitata sint desideria et tamen quam breuia . . . nec ulli animali longum fetus sui desiderium est nisi homini."를 인용했다. 햄릿이 "오, 맙소사! 짐승일지라도… 그보다는 오래 애도할 것이다."라고 한 대사는 334-35행(1막 2장)에 나온다. 햄릿이 "기억해 달라고?"라고 한 대사는 782-89행(1막 5장)에 나온다. 햄릿의 비통함이 "유별나다"고 한 어머니의 대사는 252-56행(1막 2장)에 나온다. 햄릿의 비통함이 "고집스럽다"고 한 숙부의 불만은 282행(1막 2장)에 나온다. "폐하의 아들은 정신이 나갔습니다."라고 한 폴로니어스의 평가는 1119행(2막 2장)에 나온다. 햄릿이 "이따위 복장은 슬픔의 겉치레일 뿐입니다."라고 한 대사는 267행(1막 2장)에 나온다. "오, 나의 상상력이여!"는 《티에스테스》 192-93행에 나온다. 원문 "age, anime, fac quod nulla posteritas probet, / sed nulla taceat,"는 세네카의 《Tragedies, Vol. 2: Oedipus. Agamemnon. Thyestes. Hercules on Oeta. Octavia》(존 G. 피치John G. Fitch 편집, Cambridge, MA: Harvard University Press, 2018)에서 인용했으며 로앱 고전 도서관에서 이용 가능하다. 고인의 기억을 "생생하게" 붙잡는다는 대사는 《햄릿》 180행(1막 2장)에 나온다. 햄릿이 "나도 그런 일을 당한 처지로 미뤄볼 때, 그의 심정을 잘 알지."라고 한 대사는 3581-82행(5막 2장)에 나온다. 햄릿이 "누구도 자기가 무엇을 남기고 떠나는지 모르는데, 일찍 떠나는 게 대수란 말인가?"라고 한 대사는 3672-73행(5막 2장)에 나온다. "이 산만한 지구에서"는 《햄릿》 782행(1막 5장)에서 인용했다. 햄릿이 "내 이야기를 전해다오."라고 한 대사는 3835행(5막 2장)에 나온다.

제9장. 절망을 떨쳐내라

'신철학New Philosophy'에 관한 존 던John Donne의 2행시는 《An Anatomy of the World》 (London, 1611), 205-6행에서 인용했다. 오스먼드Osmond가 고안한 '사이키델릭psychedelic' 이라는 용어는 올더스 헉슬리Aldous Huxley와 주고받은 서신에서 찾아볼 수 있다. LA 에서 지내던 헉슬리가 1956년 3월 30일자로 보낸 편지에서 "phanerothymic"이라 는 용어를 제안하자, 캐나다 서스캐처원주의 웨이번에서 지내던 오스먼드는 1956 년 4월 초에 보낸 답장에서 이렇게 대답한다. "친애하는 올더스에게, 지옥에서 헤매 게 되든, 천상에서 날아다니게 되든/ 사이키델릭을 살짝 맛보게나. (My Dear Aldous, To fathom Hell or go angelic / Just take a pinch of PSYCHEDELIC)." 올더스와 오스먼드 간의 서신 은 《Psychedelic Prophets: The Letters of Aldous Huxley and Humphry Osmond》 (신시아 카슨 비스비Cynthia Carson Bisbee 등 편집, Montreal: McGill-Queen's University Press, 2018)에 실 려 있다. 러셀 브레인Russell Brain의 과학과 시에 대한 뇌와 마음의 차이는 그의 《Mind, Perception and Science》(Oxford: Blackwell, 1951) 88에서 인용했다. 하트윅 컬린벡 Hartwig Kuhlenbeck의 마음-뇌 이론은 "Further Remarks on Brain and Consciousness: The Brain-Paradox and the Meanings of Consciousness," 〈Confina Neurologica〉 19호 (1959), 462-84를 참고하라. "뇌-마음 문제"에 대한 로저 월콧 스페리Roger Wolcott Sperry의 치료는 "Neurology and the Mind-Brain Problem," 〈American Scientist〉 40 호 (1952), 291-312를 참고하라. 좌우 대뇌 반구의 다른 의식에 관한 스페리의 인 용문은 "Lateral Specialization in the Surgically Separated Hemispheres," 〈3rd Neurosciences Study Program〉(F. O. 슈밋F. O. Schmitt과 F. G. 워든F. G. Worden 편집, Cambridge, MA: MIT Press, 1974)을 참고하라.

제10장. 자아수용을 달성하라

공자의 치恥, 즉 수치에 관한 논의는 《논어》 1.13과 2.3을 참고하라. 중국철학서 전자 화 계획Chinese Text Project, CTP에서 《맹자》, 《장자》와 함께 이용 가능하다. 맹가Mèng Kē는 흔히 맹자Mencius라는 로마체로 표기되며, "네 가지 싹들" 또는 "원칙들" 중 하나로 논 의되는 치chi는 《맹자》 2.1.6에서 찾아볼 수 있다. 치恥에 관한 격주 강연은 임금이 내

번역, 출처, 더 읽을거리에 대한 주석

린 칙서인 성유聖論를 백성에게 설명하고 암송하게 하는 것이었다. 자세한 내용을 보려면, 윌리엄 밀른William Milne의 《The Sacred Edict》(Shanghai: American Presbyterian Mission Press, 1870)를 참고하라. 이 책에서, 수치는 칙령 3, 5, 6, 8, 11, 12에 명시적으로 언급되며, 그 밖에도 책 전반에서 내내 암시된다. "이상한 가르침"에 대한 경고는 성유聖論의 칙령 7에 나와 있다. 〈원툰 이야기〉는 《장자》 7.7을 참고하라. "원툰Wonton"은 혼돈混沌을 광동어 발음으로 표기한 말로, 구멍이 없는 원시적 상태를 뜻하는데 이 원시적 상태에서 모든 생명이 나온다고 여겼다. 유생들을 매장했다는 황제皇帝의 이야기는 출처가 불분명하지만, 부자父子 역사가인 사마담과 사마천이 기원전 2세기 말과 1세기 초에 지은 《사기》 또는 《본기Records of the Grand Historian》에서 찾아볼 수 있다. 공자의 도道 또는 "방식Way"이라는 용어는 《논어》 1.14과 3.24 등에서 자주 언급된다. "나비의 꿈Dream of the Butter"은 《장자》 2.14를 참고하라. 《붉은 누각의 꿈Dream of the Red Chamber》, 즉 《홍루몽》의 영어 번역본은 데이비드 혹스David Hawkes와 존 민포드John Minford가 번역한 《The Story of the Stone》(Penguin Classics)을 읽어보라. 이 소설에서 조설근의 실제 저술이 어느 정도인지를 놓고 학계에서 의견이 분분하지만, 뭐가 됐든 나비 몰입기Butterfly Immerser는 책 전반에서 두루 나타난다.

제11장. 실연의 아픔을 물리쳐라

제인 오스틴이 카산드라 언니에게 보낸 편지는 1796년 1월 16일자이지만, 톰 르프로이에 대한 짤막한 언급은 1월 17일자로 적혀 있다. 이 편지는 《Letters of Jane Austen, Selected from the Compilation of her Great Nephew, Edward》(사라 울시 Sarah Chauncey Woolsey 편집, Boston: Little, Brown, 1908)에서 찾아볼 수 있다. 《돈키호테》 인용문은 제1권 제2장에서 발췌했다. 뉴턴의 《프린키피아Principia》 인용문, 즉 "우리 현대인들은 신비한 힘forces을 묵살하고 자연을 수학 법칙으로 되돌리려고 애써왔습니다(phaenomena naturae ad leges mathematicas revocare aggressi sint)"는 "독자에게 전하는 저자 서문"의 첫 문장이다. 공감과 반감의 효과에 관한 데카르트의 논의는 《Principia Philosophiae》 제4부, 섹션 187에서 찾아볼 수 있다. 연금술에 관한 뉴턴의 글은 실로 방대하다. 뉴턴이 출판을 염두에 두진 않았지만, 이 원고는 옥스퍼드 대학의 뉴턴

우리는 지금 문학이 필요하다

프로젝트 http://www.newtonproject.ox.ac.uk/texts/newtons-works/alchemical 에서 찾아볼 수 있다. "이것은 ☿과 선명한 황금의 영역이다(This is the sphere of ☿ & the living gold)"라는 인용문은 Keynes MS 53 "첫 번째 관문에서" 따온 것이며, 원래 요한 데 몬테 스나이더스Johann de Monte Snyders의 연금술학 논문인 〈The Metamorphosis of the Planets〉(1663년 독일에서 출판됨)를 개략적으로 번역한 것이다. 뉴턴의 원래 원고에는 "the spere of ☿"라고 적혀 있다. "돈키호테의 작가 세르반테스를 모방하여 씀"이라는 부제는 《Joseph Andrews, or The History of the Adventures of Joseph Andrews and of his Friend Mr. Abraham Adams》에 붙인 것으로, 필딩이 《샤멜라》를 발표한 지 1년 뒤, 그리고 《톰 존스》가 나오기 6년 전인 1743년에 발표한 작품이다. 《패니 힐》의 발췌문은 "첫 번째 편지"에서 인용한 것으로, 이 저자는 그 첫 번째 편지를 읽다가 바로 책을 내려놓았다. 《클라리사》 발췌문은 제1권, 편지 8에서 인용했다. 《클라리사》에 홀딱 반한 디드로Diderot의 반응은 그의 1761년작 《Éloge de Richardson》에 실려 있다. 《톰 존스》 발췌문은 제18권 10-11장에 나온다. 호라티우스의 첫 번째 풍자 발췌문, 즉 "o fortunati mercatores gravis annis / miles ait, multo iam fractus membra labore. / contra mercator navim iactantibus Austris, / militia est potior. quid enim? concurritur: horae / momento cita mors venit aut victoria laeta,"은 4-8행으로, 터프츠 대학 디지털 도서관에서 이용 가능하다. 초서의 발췌문, 즉 "A Monk ther was, a fair for the maistrie, / An outridere, that lovede venerie. . . . What sholde he studie and make hymselven wood, / Upon a book in cloystre alwey to poure, / Or swynken with his handes, and laboure, / As Austyn bit? How shal the world be served? / Lat Austyn have his swynk to hym reserved! / Therfore he was a prikasour aright"는 《The Riverside Chaucer》 3판(래리 D. 벤슨Larry D. Benson 편집, Oxford: Oxford University Press, 2008)의 General Prologue, 165-66행과 184-89행에 나온다. 《파멜라》나 《클라리사》처럼 서간체로 쓰였던 《이성과 감성Sense and Sensibility》의 원래 버전은 남아 있지 않으며, 흔히 "엘리너와 메리앤"으로 지칭된다. 오스틴이 19살 때인 1795년쯤 초고를 썼다고 전해진다.

번역, 출처, 더 읽을거리에 대한 주석

제12장. 삶에 활력을 불어넣어라

메리 셸리의 "연인"은 시인 퍼시 비시 셸리Percy Bysshe Shelley이고, "영국의 신비주의 거장"은 바이런 경이며, "몽유병 전문가"는 바이런의 주치의인 존 윌리엄 폴리도리John William Polidori였다. "소름끼치는 공포"와 "공포의 전율"에 대한 메리 셸리의 설명은 1831년 개정판《프랑켄슈타인Frankenstein》의 머리말 x-xi에서 인용했다. 이 개정판은 헨리 콜번Henry Colburn과 리처드 벤틀리Richard Bentley가 출간했다. 한스 셀리에Hans Selye의 논문〈A Syndrome Produced by Diverse Nocuous Agents〉는〈네이처〉138호(1936년 7월 4일) 32에 나온다. 월터 스콧Walter Scott의 "기이한 공포"는《오트란토 성The Castle of Otranto》(Edinburgh: John Ballantyne, 1811)의 "비평적 해설" xxix에서 인용했다.

제13장. 온갖 미스터리를 해결하라

신비극의 기원은 신도들을 가르칠 뿐만 아니라 그들의 관심을 불러일으킬 목적으로 성서의 주제를 다양한 방식으로 실연했다. 신비극의 정확한 역사는 분명하지 않지만, 교회의 "Four Fathers", 즉 4대 교부敎父가 극적 연기의 힘에 살아났고 성스러운 연극과 죄악 사이의 경계가 처음부터 흐릿했다. 390년대 중반, 성 제롬Jerome은 밀라노의 주교인 암브로시우스Ambrosius가 배우들을 후원한다는 사실을 통렬히 비난했다. 어린 셰익스피어가 코벤트리에서 봤음직한 신비극은 열 편 남짓이며, 그중에서 '직조공의 야외극Weavers' pageant'과 '재단사의 야외극Tailors' pageant' 등 두 편은 여전히 살아남았다. 두 작품은 셰익스피어의 집에서 30킬로미터쯤 떨어진 무대에서 공연되었는데, 셰익스피어가 열다섯 살 때쯤인 1579년부터는 그마저도 억압받았다. 신비극에 관한 더 자세한 내용은 토머스 샤프Thomas Sharp의〈Dissertation on the Pageants or Dramatic Mysteries Ancienly Performed at Coventry〉(Coventry, UK: Merridew, 1825)를 참고하라. "terram mobilem, Solem vero in medio universi immobilem constituit", 즉 "지구는 움직인다. 반면 우주의 중심에서 가만히 서 있는 것은 바로 태양이다."라는 라틴어 구절은 코페르니쿠스의《천구의 회전에 관하여De Revolutionibus Orbium Coelestium》1543년판 앞부분에 나온다.《천구의 회전에 관하여》는 지구가 태양 주위를 돈다는 것을 입증했다고 주장하지 않는다. 단지 태양을 중심으로 하는 태양계가 기하학을 본받는 게 더 간단하며, 물질의 최종 진실은 수학 너머에 있다고 주장할 뿐이다. 베이컨Bacon의《새로운 아틀란티스New Atlantis》가 무엇이고, 그 책이 "경계심 유발기"를 어떻게 편입했는지 알고 싶다면, 앵거스 플레처Angus Fletcher의 〈Francis Bacon's Literary-Scientific Utopia〉를 참고하라. 이 논문은《The Palgrave Handbook of Early Modern Literature, Science, and Culture》(하워드 마키텔로Howard Marchitello와 린 테리블Lyn Tribble 편집, New York: Palgrave, 2017) 73-92에 실려 있다.《예비 담론A Preliminary Discourse》에 관한 찰스 다윈의 "뜨거운 열정" 표현은 "그것은 자연과학의 숭고한 구조에 가장 보잘것없는 공헌을 더하겠다는 뜨거운 열정을 자극했다"는 문장에서 발췌했으며,《Charles Darwin: His Life Told in an Autobiographical Chapter, and in a Selected Series of his Published Letters》(프랜시스 다윈Francis Darwin 편집, London: John Murray, 1892) 23에 나와 있다. 마리아 에지워스Maria Edgeworth는 자신의 소설《Helen》(1834)에서 주인공의 영웅적 약혼자인 그랜빌 보클레르크의 입을 빌어《예비 담론》을 다음과 같이 언급한다. "내 생각에 그것은 자연철학의 진보에 관한 가장 훌륭한 견해이자, 과거를 판단하고 미래를 통찰하는 데 가장 확장되고 공정한 견해입니다. 게다가 경험적 지식이 풍부하고 이론적 독창성도 뛰어나서, 베이컨 시대 이후로 한 개인이 이뤄낸 가장 훌륭한 작품입니다." 존 허셜John Herschel의 "시행하기 전에 사실을 예측하는 데"라는 표현은《예비 담론》제2부 제7장 섹션 215에서 인용했다. 금성의 뿔에 관한 허셜의 일화는《예비 담론》제3부 제3장 섹션 299에서 인용했다. 데이비드 브루스터David Brewster의 "메커니컬 터크Mechanical Truk"에 관한 논의는《자연 마법에 관한 편지Letters on Natural Magic》편지 11에 나와 있다.

제14장. 더 나은 자신으로 성장하라

개리슨의 7월 4일자 연설은 〈해방자Liberator〉 1854년 7월 7일자, 2페이지 칼럼 2-4에 그대로 실린다. 신문에 실린 내용은 다음과 같다. "[개리슨]은 미국 헌법을 집어 들고서 온갖 잔혹 행위의 근원이라고 낙인찍으며, 죽음과 맺은 조약이자 지옥과 맺은 협정이라고 비난했다. 그리고 즉석에서 불태우며 이렇게 소리쳤다. '독재와 함께 맺은 타협은 모두 소멸하라!' '그리고 모든 사람이 아멘을 외치게 하라!' 그러자 그의 행동에 동조하듯이, '아멘!'이라는 엄청난 함성이 하늘 높이 퍼져나갔다." 더글러

번역, 출처, 더 읽을거리에 대한 주석

스의 연설은 원래 《Oration, Delivered in Corinthian Hall, Rochester, by Frederick Douglass, 1852년 7월 5일》(Rochester, NY: Lee, Mann, 1852)로 출간되었다. 노예 이야기 인용문은 바로 앞 본문에 인용된 작품들에서 발췌한 것이다. 개리슨은 "도의적 권고"를 반복해서 옹호했다. 《더글러스의 인생 이야기》를 "염가판 한 부당 25센트, 혹은 12부당 2.75달러에 판매한다"고 광고했던 〈해방자〉 15:36(1854년 9월 5일자)에 개리슨은 "노예제도를 전쟁으로 폐지하기란 불가능하다. … 도의적 권고만으로도 이 세상의 잘못을 없앨 수 있다"고 선언하는 편지를 실었다(3페이지 칼럼 5). "도의적 권고는 도의적 헛소리이다"라는 표현은 《American Temperance》의 "메인주 법Maine Law vs. 도의적 권고"의 첫 단락에서 인용했다(New York: R. Van Dien, 1852). 아우구스티누스의 전향에 대한 설명은 《고백록Confessions》 8.12에 나온다. 아우구스티누스가 읽은 성경 구절은 로마서 13장 13절이다. 아우구스티누스의 "플라톤 학파의 특정한 책들"은 《고백록》 7.9에 나오는 "quosdam Platonicorum libros"이다. "육신"에 관한 아우구스티누스의 아이러니한 언급은, 《고백록》 1.6에서 "parentibus carnis(육신의 부모)"라는 말과 함께 시작한다. 그리고 1.13에서 "caro eram et spiritus ambulans et non revertens(나는 육신이며, 가고 나면 다시 돌아오지 못하는 바람이다)"라는 말로 시편 78장 39절을 암시하고, 제13권까지 이어진다. 루소는 《고백록》 제1장에서 어린 시절의 무분별한 행동을 "J'avois les défauts de mon âge; j'étois babillard, gourmand, quelquefois menteur. J'aurois volé des fruits, des bonbons, de la mangeaille"라는 식으로 자세히 묘사하고, 로맨스 소설에 탐닉했다는 점을 "Ma mere avoit laissé des Romans. Nous mîmes à les lire après soupé, mon pere & moi"라고 자세히 묘사한다. 후안 루이스 비베스Juan Luis Vives의 주장은 《De Disciplinis Libri XX》(Antwerp, Bel.: 1531)의 '학문 전수론De Tradendis Disciplinis' 4.4에서 인용했다. "저자는 시스템보다 다양성을 선호해 왔다"는 표현은 《미국의 웅변가The Columbian Orator》(Boston: Caleb Bingham, 1817)의 서문에서 인용했다. "더글러스는 유머가 넘친다"는 조지 러핀George Ruffin의 논평은 《Life and Times of Frederick Douglass, Written by Himself》(Hartford, CT: Park, 1881)의 서문 vii에서 인용했다. 프레더릭 더글러스에 관한 메리 처치 테렐Mary Church Terrell의 회상은 〈Mary Church Terrell Papers〉의 "여성들이 프레더릭 더글러스에게 진 빚" 부분에서 인용했으며, 전문은 의회 도서관 사료 MSS425490639에 있다.

제15장. 실패를 딛고 일어서라

프루동Proudhon이 "우리는 패배했다"라고 한 탄식, "nous sommes vaincus et humilés . . . nous voilà tous disperses, emprisonnés, désarmés, muets,"은 《Les Confessions d'un Révolutionnaire》(Paris, 1849) 1의 다섯 번째 단락에서 인용했다. "전환점에 실패한 전환점의 해"라는 표현은 G. M. 트리벨리언G. M. Trevelyan의 《British History in the Nineteenth Century, 1782-1901》(London: Longmans, Green, 1922) 제19장, 292페이지에서 인용했다. 조지 엘리엇George Eliot의 "수백만에 달하는 굶주린 영혼과 육신" 그리고 "동물원 같은 정원" 표현은 1848년 2월에 존 시브리John Sibree에게 보낸 편지에서 인용했으며, 이 편지는 《George Eliot's Life, as Related in Her Letters and Journals》(존 월터 크로스John Walter Cross 편집, New York: Thomas Y. Crowell, 1884) 91-92에 실려 있다. "쉬지 말고 기도하라. 범사에 감사하라"는 〈데살로니가 전서〉 5장 17-18절에 서 인용했다. "케쉬 사원 찬가"는 ETCSL의 텍스트 번호 4.80.2에서 인용했다. "여호 와께 감사하라"는 표현은 시편 제136편에서 인용했다. 포이어바흐Feuerbach의 《기독 교의 본질The Essence of Christianity》은 엘리엇의 번역본(London: John Chapman, 1854)에서 인 용했는데, 엘리엇은 자신의 이름을 메리 에반스Mary Evans라고 적었다. 엘리엇의 1856 년 〈웨스트민스터 리뷰Westminster Review〉 에세이는 "Silly Novels by Lady Novelists"라 는 제목으로 〈웨스트민스터 리뷰〉 130(1856년 10월) 243-54에 실려 있다. 오노레 드 발 자크Honoré de Balzac의 "보라! 이 비극은 허구도 아니고 로맨스도 아니다"라는 표현은 《고리오 영감Le Père Goriot》의 첫 단락 "Ah! sachez-le: ce drame n'est ni une fiction un roman"을 인용했다. 엘리엇의 1859년 10월 25일자 일기, 즉 "우리는 《고리오 영감》 을 큰소리로 다 읽었는데, 참 혐오스러운 책이다"라는 내용은 《George Eliot's Life》 319에 실려 있다. 《고리오 영감》에서 1인칭 복수형인 "우리"로 시작하는 인용문은 "N'aimons-nous pas touts à prouver notre force au dépens de quelqu'un ou de quelque chose?"이다. "내가 너희를 간절히 보고자 함은… 내가 너희와 함께 있어 너희와 나의 공통된 믿음으로 서로 위로를 받으려 함이라"라는 성경 구절은 로마서 1장 12절이다. 거스리Guthrie의 "하나님은 사랑이다"는 표현은 《Born to Win》(로버트 셸 턴Robert Shelton, New York: Collier Books, 1967), 163 ff에서 발췌했다.

번역, 출처, 더 읽을거리에 대한 주석

제16장. 머리를 맑게 하라

하라 다케시는 새 황제에 관하여 이렇게 썼다. "그의 기이한 행동에 관한 일화가 다양하게 회자되었다. 그중 가장 유명한 일화는 '망원경 사건'인데, 황제가 정부 개원식에서 연설문 종이를 읽기는커녕 망원경처럼 돌돌 말아 그걸로 사람들을 쳐다봤다는 것이다." 이 내용은 하라 다케시의 "Taishō: An Enigmatic Emperor and His Influential Wife", 《The Modern Emperors of Japan》(Leiden, Neth.: Brill, 2008), 227-40에 나온다. 하라 다케시는 이 망원경 이야기를 오랫동안 다시 살핀 후 다음과 같이 결론 내린다. "그 사건이 실제로 일어났다는 증거는 전혀 없다." 하지만 좀 더 최근에 앨리슨 밀러Alison Miller는 그 증거를 다시 검토하고 다음과 같이 주장했다. 망원경 사건을 두고서 "황제를 반대하는 정치인들에 의한 소문, 또는 … 대중의 헛소문으로 야기된 산물"이라고 일축하려는 노력은 "이용 가능한 증거를 간과했다"는 점에서 유죄일 가능성이 있다. "이 유명한 사건은 다이쇼 일왕의 전기에서 제일 많이 나오는 내용 중 하나이다. 온갖 음모론에도 불구하고 다이쇼 일왕의 건강은 1910년대 말에 악화되고 있었던 것으로 알려져 있다." 이 내용은 앨리슨 밀러의 "Imperial Images: The Japanese Empress Teimei in Early Twentieth-Century Newspaper Photography", 《Self and Nation 7》(2016)에서 인용했다. 마크 안토니Mark Antony의 연설은 《Julius Caesar》, first folio, 1614-35행(2.3)에서 인용했다. 바질 홀 체임벌린Basil Hall Chamberlain 교수의 부시도bushido 평가는 《The Invention of a New Religion》(London: Watts, 1912)에서 인용했다. 치요타 시미주Chiyota Shimizu와 구로사와의 교류는 타다오 사토Tadao Sato의 《Kurosawa Akira no Sekai》(Tokyo: Sanichi Shobo, 1968)에 기록되어 있으며, 《Roshomon》(도널드 리치Donald Richie 번역, 고로 사토Goro Sato 편집, New Brunswick, NJ: Rutgers University Press, 1987) 167-72에 번역, 전재되었다.

제17장. 마음의 평화를 찾아라

"이 멋진 12월의 밤들"은 《The Diary of Virginia Woolf》(앤 올리비에 벨Anne Olivier Bell과 앤드루 맥닐리Andrew McNeillie 편집, London: Hogarth Press, 1977-1984) 제7권 2.217에서 인용했다. "우울한 기분"은 1923년 1월 28일자 2.227에서 인용했다. 울프의 "폭군처럼 위압적

우리는 지금 문학이 필요하다

이고"와 "진짜로, 의사는 남편보다 더 나쁘다"는 《The Letters of Virginia Woolf》(니 겔 니콜슨Nigel Nicolson과 조앤 트라우츠맨Joanne Trautmann 편집, London: Hogarth Press, 1975-80) 제6권 1.147-8에서 인용했다. 조지 새비지George Savage의 "만약… 여자애가 집에서 독학하도 록 허용되면" 부분은 《Insanity and Allied Neuroses: Practical and Clinical》(London: Cassell, 1884) 제3장 22페이지에서 인용했다. 울프는 "너는 이것을 읽으면 안 된다"라 는 새비지의 지침을 기억하면서, 에셀 스미스Ethel Smyth에게 1930년 6월 22일 보낸 편 지에 다음과 같이 적었다. "6개월 동안, 3개월이 아니라 자그마치 6개월 동안 침대 에 누워 있으면서 자신에 대해 많이 배웠어. 그런 훈육을 거치고 나서 난 정말 불구 자나 다름없게 되었어. 세상에 다시 나왔지만 공포에 질려 한 발짝도 움직일 수 없었 거든. 의사의 훈육에서, 완전히 낯설고 관습적인 남성에게서, 한순간도 자유롭지 못 했다고 생각해 봐. '너는 이것을 읽으면 안 된다. … 글을 써서도 안 되고. 그냥 가만 히 누워서 우유만 마셔야 해. 6개월 동안.'" 이 편지 내용은 《The Letters of Virginia Woolf》 4.180에서 인용했다. "허구 속 캐릭터"에 관한 울프의 이단자 협회 강연은 원래 1924년 7월 'Criterion'에서 《Character in Fiction》으로 발행되었다가, 《Mrs. Bennett and Mrs. Brown》으로 수정되어 1924년 10월 30일 호가스 프레스Hogarth Press 에 의해 다시 발행되었다. 울프의 "시대(時代) 정신"은 "허구 속 캐릭터"의 초고에서 인용했으며, 전문은 다음과 같다. "이 세상 어느 세대도 우리 세대만큼 캐릭터에 대 해 많이 알지 못한다. … 오늘날의 보통 남자나 여자는 자기네 조부모보다 캐릭터에 대해 더 많이 생각한다. 캐릭터는 그들의 흥미를 더 많이 끈다. 그들이 가까이 다가 갈수록 동료 생명체의 진짜 감정과 동기에 더 깊이 빠져든다. 여기엔 그럴 만한 과학 적 이유가 있다. … 그리고 여기엔 어떤 막연한 힘이 작동한다. 때로는 시대정신Spirit of the Age이라고 불리는 힘이다." 이 내용은 《The Essays of Virginia Woolf》(앤드루 맥닐 리 편집, London: Hogarth, 1986-88) 제3권 3.504에서 인용했다. 버트런드 러셀Bertrand Russell 에 관한 울프의 발언, 즉 "그의 빛나고 활기찬 정신은 다소 작고 허술한 차에 부착된 것 같다"는 《The Diary of Virginia Woolf》 2.295에서 인용했다. "몸을 치료하면 그 럭저럭 정신도 치료되는 걸 알 수 있다"는 사일러스 위어 미첼의 표현은 《Journal of the American Medical Association》 25(June 20, 1908)에 실린 "The Treatment by Rest, Seclusion, Etc., in Relation to Psychotherapy,"에서 인용했다. 샬럿 퍼킨스 길먼에

번역, 출처, 더 읽을거리에 대한 주석

대한 미첼의 경고, 즉 "살아 숨 쉬는 동안 펜이나 붓이나 연필을 절대로, 절대로 만지지 마세요"는 《The Living of Charlotte Perkins Gilman: An Autobiography》(New York: D. Appleton-Century, 1935) 96에 기록되어 있다. 울프의 "거대한 암돼지마냥" 부분은 《The Diary of Virginia Woolf》의 1913년 12월 4일자, 2.35에서 인용했다. "르누비에가 쓴 두 번째《시론》의 첫 부분을 읽었는데"라는 윌리엄 제임스의 말은 1870년 4월 30일자 일기이며, 《The Letters of William James》(헨리 제임스Henry James 편집, 제2권, Boston: Atlantic Monthly, 1920) 1.147-8에서 인용했다. "노력했다는 느낌"에 관한 제임스의 발언은 다음과 같이 이어진다. "생각의 흐름은 강과 같다. 전체적으로 쉽고 단순한 흐름은 그 안에서 우위를 차지하고, 사물의 표류는 중력의 당김과 함께하며, 용이한 관심은 규칙이다. 하지만 이따금 장애물과 역류, 정체가 발생하여 흐름을 정지시키고 소용돌이를 일으키며 사물을 잠시 다른 식으로 움직이게 한다. 강이 진짜로 느낄 줄 안다면, 이러한 소용돌이와 역류를 노력의 상황으로 느낄 것이다. 강은 이렇게 말할 것이다. '난 지금 평소처럼 가장 작은 저항의 방향 대신 가장 큰 저항의 방향으로 흐르고 있다. 나의 노력이 이러한 업적을 이룰 수 있게 해준다.'" 이 내용은《심리학의 원리The Principles of Psychology》제2권(New York: Henry Holt, 1890) 1.451-2에서 인용했다. 버트런드 러셀이 제임스의 자유 의지에 대한 설명을 인용한 부분은 《정신 분석The Analysis of Mind》(London: George Allen & Unwin, 1921) 285에 나온다. 새비지의 부고는 〈영국 의학 저널British Medical Journal〉 2 (1921년 7월 16일) 98-99에서 인용했다. 울프의 "치아세 개를 허무하게 잃고 말았다"라는 말은 《The Diary of Virginia Woolf》 2.176에서 인용했다. 울프의 "죄다 시시하다. 재미도 없고 의미도 없고"라는 말은 1926년 7월 31일자 《The Diary of Virginia Woolf》 3.103에 기록되어 있지만, 실제 상황은 4일 전인 7월 27일이다. 울프의 "몸이 좀 피곤하지만"이라는 말은 7월 30일자이고, "단테를 읽을 것"이라는 말은 7월 31일자이다. 두 일기는 《The Diary of Virginia Woolf》 3.103에서 인용했다. 윌리엄 제임스의 논문 〈On Some Omissions of Introspective Psychology〉은 〈마인드Mind〉 9:33 (1884년 1월): 1-26에 실려 있다. 제임스의 "조각조각 다져 놨다chopped [it] up in bits", "'사슬chain'이나 '일련의a train of' 같은 말은 그것을 정확하게 묘사하지 않는다"라는 내용은 〈마인드〉의 논문을 나중에 더 정교하게 다듬어서《심리학의 원리》 1.239에 발표한 것이다. 논문에서는 "조각조각 잘라 놨다broken

[it] into bits"라는 식으로 영국의 위대한 심리학자들을 더 가볍게 비판한다. "의식은 사슬이나 열차처럼 이어져 있지 않고 유유히 흐른다"는 《심리학의 원리》1.239에 실려 있다. "신경 쇼크nervous shocks"와 의식의 관계에 관한 제임스의 논의는 《심리학의 원리》1.152-3에 실려 있다. "마음속의 모든 뚜렷한 이미지는 그 주변으로 흐르는 자유로운 물에 깊이 스며들고 물든다"는 〈마인드〉16과 《심리학의 원리》1.255에 실려 있다. 작가와 연사가 "심리적 전이"로 작용하는 접속사를 개발했다는 제임스의 논의는 〈마인드〉14와 《심리학의 원리》1.252-3에 실려 있다. 도로시 리처드슨Dorothy Richardson의 소설 《벌집Honeycomb》을 "신경 쇠약"의 작품으로 진단한 내용은 〈Saturday Review of Politics, Literature, Science, and Art〉124 (1917년 11월 24일): 422에 실려 있다. 메이 싱클레어May Sinclair가 리처드슨을 비평한 내용은 도로시 리처드슨의 소설, 〈에고이스트Egoist〉5:4 (1918년 4월): 57-59에 실려 있다. "감흥과 인상, 아이디어, 감정이 서술자의 의식에서 벗어난다"고 한 울프의 비평은 《The Essays of Virginia Woolf》3.11-12에서 인용했다. "오, 조이스는 정말 지루하다!"고 한 울프의 불평은 1922년 5월 5일 제럴드 브레넌Gerald Brenan에게 보낸 편지, 《The Letters of Virginia Woolf》2.533에서 인용했다. "하늘 아래에서 활개치고 다니는"과 "자유"는 "Modern Novels", 〈Times Literary Supplement〉899 (1919년 4월 10일): 189-90에서 인용했다. 이 표현은 나중에 "Modern Fiction", 〈The Common Reader〉(London: Hogarth Press, 1925)에서 "넓게 확대되고 자유로워지는"으로 수정되어 발표되었다. 조이스의 의식의 흐름 기법에 대한 울프의 비평 전문은 다음과 같다. "하지만 우리의 의식이 넓게 확대되고 자유로워지는 게 아니라 좁지만 밝은 방에 감금되고 갇히는 게 아닌지 의문이 들 수도 있다. 그게 창의력을 억제하는 방법인가?" 사일러스 위어 미첼의 남북 전쟁 당시 의사로 복무하던 시절의 회상은 "The Medical Department in the Civil War," 〈Journal of the American Medical Association〉62 (1914): 1445-50에 실려 있다. 회상 내용은 다음과 같다. "신경 상처의 일부 증상은 전례가 없을 정도로 심했다. … 꾀병으로 의심되는 사례는 모두 우리에게 넘기는 게 관례였다. 이들은 망나니거나 겁쟁이였으며, 일부 사례는 이상한 형태의 정신질환에 걸린 것으로 … 남자를 히스테리 상태로 만들었다."

번역, 출처, 더 읽을거리에 대한 주석

제18장. 창의성을 길러라

본유적 원리Innate speculative principles는 존 로크John Locke의 《인간 이해에 관한 에세이An Essay Concerning Human Understanding》(London, 1690), 1.1에 나온다. "공간 개념의 단순한 모드"는 2.13에 나온다. "아이들과 멍청이들의 생각 등"은 1.1에 나온다. "결점"과 "실수"와 "광기"는 2.33에 나온다. "어린아이들을 교육시킬"은 2.33에 나온다. 마커스 라이클Marcus E. Raichle의 발견은 D. A. 거스나드D. A. Gusnard와 M. E. 라이클의 "Searching for a Baseline: Functional Imaging and the Resting Human Brain", ⟨Nature Reviews: Neuroscience⟩ 2 (2001): 685-94, 그리고 마커스 E. 라이클과 동료들의 "A Default Mode of Brain Function", ⟨Proceedings of the National Academy of Sciences⟩ 98 (2001): 676-82에서 보고되었다. 《마더 구스의 노래Mother Goose's Melody》는 토머스 카넌Thomas Carnan에 의해 1780년에 런던에서 출판, 등록되었지만, 지금까지 남아 있는 가장 오래된 판본은 1784년본이다. ⟨고양이와 피들The Cat and the Fiddle⟩은 1791년판 32페이지에 실려 있다. 에드워드 리어Edward Lear의 ⟨올빼미와 고양이The Owl and the Pussy-cat⟩는 《Nonsense Songs, Stories, Botany, and Alphabets》(Boston: James R. Osgood, 1871)에 실려 있다. 존 허시John Hersey의 "지나치게 정중하고 부자연스럽게 깔끔한 소년, 소녀"에 관한 기사는 "Why Do Students Bog Down After the First R?" ⟨Life⟩(1954년 5월 24일): 147-48에 실려 있다.

제19장. 구원의 자물쇠를 풀어라

마틴 루터 킹 주니어의 기사, "기나긴 밤을 지나서"는 ⟨가스펠 메신저Gospel Messenger⟩ 107:6(February 8, 1958년 2월 8일): 3-4, 13-15에서 인용했다. "심령이 가난한 자는 복이 있나니"는 마태복음 5장 3절이다. 어린 시절에 대한 시어도어 파커Theodore Parker의 기억은 옥타비우스 브룩스 프로팅엄Octavius Brooks Frothingham의 《Theodore Parker: A Biography》(Boston: James R. Osgood, 1874)에서 인용했다. "과수원과 정원과 유원지"에 대한 묘사는 《The Edinburgh Gazetteer: Or, Geographical Dictionary》 제6권(London: Longman, Rees, Orme, Brown, and Green, 1827), 2.47에서 인용했다. 에머슨Emerson의 "사인私人의 무한성the infinitude of the private man"은 《Journals and Miscellaneous

우리는 지금 문학이 필요하다

Notebooks of Ralph Waldo Emerson》제16권(Cambridge, MA: Harvard University Press, 1960-82), 7.342에서 인용했다. 에머슨의 "이제, 문학과 철학과 사고는 셰익스피어화 되었다"는 "Shakspeare [sic]; or, The Poet", 《The Complete Works of Ralph Waldo Emerson》제12권(Boston: Houghton, Mifflin, 1903-4), 4.204에서 인용했다. 햄릿의 "남은 건 침묵뿐이로다"는 《퍼스트 폴리오》3847행(5막 2장)에서 인용했다. 햄릿의 "이대로 살 것인가, 아니면 죽을 것인가"는 1710-14행(5막 1장)에서 인용했다. 《시드Le Cid》 (1637년 파리) 1.7에서 피에르 코르네유Pierre Corneille의 원래 대사는 다음과 같다. "Père, maîtresse, honneur, amour, / Noble et dure contrainte, aimable tyrannie, / Tous mes plaisirs sont morts, ou ma gloire ternie. / L'un me rend malheureux, l'autre indigne du jour." 셰익스피어 연극을 관람하는 것에 관한 찰스 램Charles Lamb의 기록 은 "On the Tragedies of Shakespeare, Considered with Reference to their Fitness for Stage Representation(1811)", 《The Prose Works of Charles Lamb》제3권(London: Edward Moxon, 1836) 1.99-32, 102에서 인용했다. 캐릭터의 "정신" 속으로 들어가게 된 다는 램의 뒤이은 논평은 셰익스피어의 《리어 왕》과 관련된 것이다. "자네도 셰익스 피어의 배우에게 넋을 잃을 수 있는 행복한 인간들 중 하나로군"이라는 에머슨의 말 은 《The Complete Works of Ralph Waldo Emerson》4.354에서 인용했다.

제20장. 미래를 쇄신하라

가브리엘 가르시아 마르케스Gabriel García Márquez의 1965년 7월 "불현듯"은 "tuve la revelación: debía contar la historia como mi abuela me contaba las suyas, partiendo de aquella tarde en que el niño es llevado por su padre para conocer el hielo,"이며, 《Tras las huellas de Melquiades. Historia de Cien años de soledad》(Bogotá: Norma, 2001) 69에 기록되어 있다. 마르케스의 《Cien Años de Soledad》은 그레고리 라바사Gregory Rabassa가 《One Hundred Days of Solitude》의 고 독으로 번역했다(New York: Harper and Row, 1970). 마르케스가 1982년 노벨상을 수상했 을 때 공식 보도 자료는 다음과 같다. "스웨덴 아카데미는 콜롬비아 출신 작가인 가 브리엘 가르시아 마르케스에게 올해 노벨 문학상을 수여하면서 무명작가를 내세운

번역, 출처, 더 읽을거리에 대한 주석

다고 말할 수 없습니다. 가르시아 마르케스는 1967년 소설(《백년의 고독》)로 작가로서 이례적인 국제적 성공을 거두었습니다. 이 소설은 수많은 언어로 번역되어 수백만 부가 팔렸습니다. 지금도 여전히 새로운 독자들에게 변함없는 관심을 받으며 읽히고 있습니다." 코페르니쿠스의 원래 발언은 "Itaque cum mecum ipse cogitarem, quam absurdum ἀκρόαμα existimaturi essent illi, qui multorum seculorum iudiciis hanc opinionem confirmatam norunt, quod terra immobilis in medio coeli, tanquam centrum illius posita sit, si ego contra assererem terram moueri" 이며, 《De Revolutionibus Orbium Coelestium》(1543)의 서문에서 인용했다. 새뮤얼 테일러 콜리지의 확장된 인용구는 다음과 같다. "부차적 상상은 … 재창조하기 위해 … 용해되고 확산되고 소멸된다. 모든 객체가 (객체로서) 본질적으로 죽는다 하더라도 반드시 그 과정을 거쳐야 한다." 이 내용은 《문학 평전Biographia Literaria ; or Biographical Sketches of My Literary Life and Opinions》 제2권(London: Rest Fenner, 1817), 1. 295-6, 제13장에서 인용했다.

제21장. 더 현명하게 결정하라

'동시 발명Simultaneous Inventions' 목록은 앨프리드 L. 크로버의 《인류학Anthropology: Race, Language, Culture, Psychology, Prehistory》 개정판(New York: Harcourt, Brace, 1948) 140섹션 342페이지에서 인용했다. 크로버의 교재 초안 원고는 의회 도서관 사료 MSS28977에 있다. 크로버의 "역사의 위대한 인간 이론"에 관한 논의는 《인류학》 340에서 인용했다. 피론의 원래 표현은 세월이 흐르면서 사라졌지만, 그의 개략적인 생각은 4세기 후에 그리스 의사인 섹스투스 엠피리쿠스Sextus Empiricus가 작성한 《Outlines of Pyrrhonism》에 보존되어 있다. 엠피리쿠스는 제1권 제12장에서 아타락시아ataraxia와 판단 유보(즉, epoché)를 논의했으며, 《Outlines of Pyrrhonism》(R. G. 베리R. G. Bury 편집, Cambridge, MA: Harvard University Press, 1933) 18-21에서 찾아볼 수 있고, 로엡 고전 도서관에서 이용 가능하다. 헤로도토스의 "여우보다 큰 개미"는 《Histories》 3. 102-5에서 인용했다. 범성대Fan Chengda의 구당협瞿塘峽에 관한 묘사는 《Wuchuan lu》(Diary of a Boat Trip to Wu, 1177년)에서 인용했는데, 이 책은 그의 여행기 세 권 중 마지막이며, 다른 두

권은 《Lanpei lu》(1170)와 《Canluan lu》(1172-3)이다. 샤이흐Shaykh의 염소 털 망토에 대한 이븐 바투타의 욕심은 《Tuhfat an-Nuzzār fī Gharā'b al-Amsār wa 'Ajā'ib al-Asfār》(A Treasury for Traveling Souls)(c. 1354)에서 인용했다. 토머스 모어의 여행기 원래 제목은 《Libellus vere aureus, nec minus salutaris quam festivus, de optimo rei publicae statudeque nova insula Utopia》(Leuven, 1516)이다. 이시Ishi에 대한 크로버의 평가는 시어도어 크로버Theodore Kroeber의 《Ishi in Two Worlds》(Berkeley: University of California Press, 1961) 229에서 인용했다.

제22장. 자신을 믿어라

"옳은 일을 할 때는 생각할 필요가 없는 거야. 네가 하려는 일이 옳다면 생각하지 않고서도 저절로 하게 되니까"는 마야 안젤루Maya Angelou의 《새장에 갇힌 새가 왜 노래하는지 나는 아네I Know Why the Caged Bird Sings》(New York: Random House, 1970) 290에서 인용했다. "내 말의 힘은 그 진실에 달려 있다"는 《프리세 파피루스Papyrus Prisse》 버전의 《프타호텝의 지혜The Wisdom of Ptahhotep》 섹션 41에서 인용했으며, 유니버시티 칼리지 런던UCL에서 운영하는 디지털 이집트Digital Egypt for Universities, https://www.ucl.ac.uk/museums-static/digitalegypt에서 이용 가능하다. 프타호텝의 "네 마음 가는 대로 하라"는 《프리세 파피루스》의 섹션 14에서 인용했다. 마르쿠스 아우렐리우스의 "새벽마다 당신 자신에게 말하라"는 《명상록Meditations》 2.1에서 인용했으며, 로엡 고전 도서관의 《Marcus Aurelius》(C. R. 헤인스C. R. Haines 편집, Cambridge, MA: Harvard University Press, 1916)에서 찾아볼 수 있다. "우리는 일을 하면서 살아간다"는 《충신의 교리Loyalist Teaching》 섹션 9(조르주 포세너Georges Posener 편집, Geneva, 1976)에서 인용했으며, UCL 디지털 이집트에서 이용 가능하다. "여자가 그 순간을 한껏 즐긴다 하더라도 그녀를 내치지 마라"는 《프리세 파피루스》 섹션 40에서 인용했다. "문득 언젠가는 죽어야 한다는 생각이 들더군요. … 그게 나를 아주 이상하고도 진지한 방식으로 존재하게 해줍니다"는 내용은 린 달링Lynn Darling이 안젤루를 인터뷰하고 "Maya Angelou, a Woman's Heart: Inside the Raging Storm, Looking Out," 〈Washington Post〉, 1981년 10월 13일, D1에 실은 기사 내용이다. "우리는 아무 이유 없이 태어나 충돌을 겪

번역, 출처, 더 읽을거리에 대한 주석

다가 결국 죽는다"는 사르트르의 말은 "Tout existant naît sans raison, se prolonge par faiblesse et meurt par rencontre"이며, 《구토La Nausée》(Paris: Éditions Gallimard, 1938)에서 인용했다. "절망 속에서 진정한 낙관론이 싹튼다"는 사르트르의 말은 "A propos de l'existentialisme: Mise au point"이며, 〈Action〉(1944년 12월 29일)에서 인용했으며, 《Les Écrits de Sartre》(미셸 콘타Michel Contat와 미셸 리발카Michel Rybalka 편집, Paris: Gallimard, 1970) 653-58에 다시 실렸다. "나는 매 순간을 움켜쥐고 철저히 빨아 먹는다"는 사르트르의 말은 "Je me penche sur chaque seconde, j'essaie de l'épuiser"이며 《구토La Nausée》에서 인용했다. 세인트 마크스 플레이하우스St. Mark's Playhouse 극장에서 안젤루가 공연한 '검둥이들Les Nègres'의 번역은 버나드 프렛치먼Bernard Frechtman이 했으며, 그 내용은 다음과 같다. "이런 낭패가! 나는 아직 내 사진의 조각을 끝내지 못했어. 파멸의 형태로 나 자신을 깎고 다듬고 빚어내는 걸 아직 끝내지 못했어. 영원한 파멸. 나를 부식시키는 것은 시간이 아니야, 나 자신을 잊게 하는 것은 피로가 아니야. 나를 빚는 것은 바로 죽음이야. 그리고 … 여전히 움직이는 나의 숭고한 시신이 당신에겐 충분하지 않은가?"

제23장. 얼었던 마음을 녹여라

셰익스피어의 《리어 왕》은 1681년 네이험 테이트Nahum Tat에 의해 《리어 왕의 역사The History of King Lear》로 다시 쓰였고, 150년 동안 셰익스피어의 원작 대신 무대에 올려졌다. 앨리슨 벡델Alison Bechdel의 인용문은 모두 《펀 홈: 가족 희비극Fun Home: A Family Tragicomic》(New York: Houghton Mifflin, 2006)에서 가져왔다. 제임스 월프James Wolpe의 방법을 더 자세히 보려면, 《Psychotheraphy by Reciprocal Inhibition》(Stanford, CA: Stanford University Press, 1958)을 참고하라. 죽음의 신god Death이 아폴론을 비웃던 말은 "πόλλ' ἂν σὺ λέξας οὐδὲν ἂν πλέον λάβοις", 《Alcestis 알케스티스》 72행에서 인용했으며, 터프츠 대학교 페르세우스 디지털 도서관에서 이용 가능하다. "알케스티스는 살기도 하고 죽기도 했다"는 하인의 말은 "καὶ ζῶσαν εἰπεῖν καὶ θανοῦσαν ἔστι σοι" 141행에서 인용했다. 《알케스티스》에 대한 엘리엇의 설명은 《시와 시인에 관하여On Poetry and Poets》(London: Faber and

우리는 지금 문학이 필요하다

Faber, 1957) 91에서 인용했다. "어떤 이는 더 이상 웃지도 않아"를 비롯해《고도를 기다리며Waiting for Godot》의 여러 대사는 모두 사뮈엘 베케트의 1954년 영어 번역본(Grove Press)에서 인용했다.

제24장. 꿈을 펼쳐라

가짜 2편의 제목은《Segundo Tomo del Ingenioso Hidalgo Don Quixote de la Mancha》이며, 해군 지휘관인 존 스티븐스John Stevens가 영어로 번역한 제목은《Continuation of the comical history of the most ingenious knight, Don Quixote de la Mancha, by the licentiate Alonzo Fernandez de Avellaneda. Being a third volume; never before printed in English》(London, 1705)이다. 슈도루스Pseudolus의 대사 "나도 알아요, 알아"는 "suspicio est mihi nunc vos suspicarier, / me idcirco haec tanta facinora promittere, / quo vos oblectem, hanc fabulam dum transigam, / neque sim facturus quod facturum dixeram. / non demutabo. atque etiam certum, quod sciam, / quo id sim facturus pacto nil etiam scio, / nisi quia futurumst. nam qui in scaenam provenit, / novo módo novom aliquid inventum adferre addecet; / si id facere nequeat, det locum illi qui queat"이며, 플라우투스Plautus의《슈도루스Pseudolus》1.5.150-8에서 인용했고, 터프츠 대학교 페르세우스 디지털 도서관에서 이용 가능하다. 돈키호테가 "좋은 책일수록 진실하다"라고 한 말은 "las historias fingidas tanto tienen de buenas y de deleitables cuanto se llegan a la verdad o a la semejanza della, y las verdaderas tanto son mejores cuanto son más verdaderas"이며,《돈키호테》제2편 62장에서 인용했다. '코믹 윙크Comic Wink'와 '리얼리티 변환기Reality Shifter'라는 용어는 'indicium comicum'와 'veritatis mobile'를 번역한 것으로, 13세기 스페인 안달루시아에서 쓰인 개론서《Kitab al-Aikhtiraeat》(The Book of Inventions, 발명의 책)에서 인용했다.

번역, 출처, 더 읽을거리에 대한 주석

제25장. 외로움을 달래라

"오, 신화가 만들어낸 오르페우스, 노래의 아버지요, 아폴론이 내린 하프의 아들이여"의 원문은 "ἐξ Ἀπόλλωνος δὲ φορμικτὰς ἀοιδᾶν πατὴρ ἔμολεν, εὐαίνητος, Ὀρφεύς"이며, 핀다로스의 〈피티아 찬가 4Pythian Ode 4〉 177행에서 인용했다. 터프츠 대학교 페르세우스 디지털 도서관에서 이용 가능하다. "슬픔 뒤에 오는 사랑이 더 달콤하게 느껴진다"의 원문은 "Vissi già mesto e dolente; / Or gioisco, e quegli affanni / Che sofferti hò per tant'anni / Fan più caro il ben presente"이며, '오르페오L'Orfeo' 제2막에서 인용했다. 엘레나 페란테Elena Ferrante의 《L'amica Geniale》는 앤 골드스타인Ann Goldstein이 번역한 《나의 눈부신 친구My Brilliant Friend》(New York: Europa, 2012)에서 인용했다.

결론. 미래를 창조해 나가기

퀸틸리아누스Quintilianus의 《웅변 교수론Institutiones》(Institutes of Oratory)은 터프츠 대학교 페르세우스 디지털 도서관에서 이용 가능하다. 퀸틸리아누스는 10.6.5에서 행복한 우연happy accidents을 이렇게 말한다. "non superstitiose cogitatis demum est inhaerendum. neque enim tantum habent curae, ut non sit dandus et fortunae locus, cum saepe etiam scriptis ea quae subito nata sunt inserantur." 이를 번역하면 다음과 같다. "당신의 선입견에 미신적으로 집착하지 마라. 행복한 우연이 더 멋지게 해낼 수 있다. 그렇기 때문에 우리는 글을 쓸 때 가끔 생각지도 못한 깨달음을 얻는다." 여러 작가를 모방하라는 퀸틸리아누스의 조언은 《웅변 교수론》 10.2.26에서 인용했으며, 원문은 다음과 같다. "plurium bona ponamus ante oculos, ut aliud ex alio haereat, et quod cuique loco conveniat aptemus." 이를 번역하면 다음과 같다. "좋은 작가들을 두루 접하도록 하라. 그래야 다양한 작가들에게서 빌려와 당신이 당면한 상황에 적합한 글을 쓸 수 있다." 퀸틸리아누스는 《웅변 교수론》 2.17.20-1에서 글이 꼭 진실할 필요는 없다면서 이렇게 주장한다. "orator, cum falso utitur pro vero, scit esse falsum eoque se pro vero uti; non ergo falsam habet ipse opinionem, sed fallit alium . . . et pictor, cum vi artis suae efficit, ut quaedam

우리는 지금 문학이 필요하다

eminere in opere, quaedam recessisse credamus, ipse ea plana esse non nescit." 이를 번역하면 다음과 같다. "작가는 진실의 대용으로 허구를 사용할 때, 그것이 허구임을 알기에 스스로 믿지 않는다. 단지 다른 사람들을 현혹하려고 허구를 사용한다. … 화가가 예술적 힘을 통해 우리 눈을 속여서 있지도 않은 것을 보게 하는 것과 같다."

코다. 이 책의 은밀한 역사

"시간의 무덤은 시간의 자궁이기도 하다"는 "ἐξ ὧν δὲ ἡ γένεσίς ἐστι τοῖς οὖσι, καὶ τὴν φθορὰν εἰς ταῦτα γίνεσθαι κατὰ τὸ χρεών· διδόναι γὰρ αὐτὰ δίκην καὶ τίσιν ἀλλήλοις τῆς ἀδικίας κατὰ τὴν τοῦ χρόνου τάξιν"이며, 탈레스Thales의 제자인 아낙시만드로스Anaximandros에게 속하는 것으로 여겨진다. 6세기 이교도 신플라톤주의자인 심플리치오Simplicius의 《Comments on Aristotle's Physics》 24. 18-20에서 인용했다. 토머스 트와이닝Thomas Twining의 절규는 찰스 버니Charles Burney에게 1786년 10월 19일자로 보낸 편지이며, 《Recreations and Studies of a Country Clergyman of the Eighteenth Century, Being Selections from the Correspondence of the Reverend Thomas Twining》(리처드 트위닝Richard Twining 편집, London: John Murray, 1882) 139-41에서 인용했다. 제롬Jerome이 '해석interpretation'을 찬성하면서 '버범 더 버보verbum de verbo', 즉 "단어 대 단어"로의 번역을 거절하는 내용은 그의 편지 57, 즉 '팜마키우스에게 보내는 편지Letter to Pammachius'에 나와 있다. 이 편지는 제롬의 번역 관행을 옹호하는 것으로 시작해서, 로마 시인 호라티우스 같은 지식인들을 포함하여 교육받은 해석자에 대한 논의로 선회한다. 그리고 마지막으로 사도 바울이 히브리 성서의 진정한 의미를 도출할 수 있었던 이유는, "그가 단어 대 단어로 옮긴 게 아니라 다른 말로 바꿔 표현하면서 더 심오한 뜻을 전했기 때문이다"라고 선언한다.

주석의 필요성을 주장했던 "어느 뛰어난 작가"는 미겔 데 세르반테스로, 《El ingenioso hidalgo don Quijote de la Mancha》(Madrid, 1605)의 서문에서 그렇게 주장한다.

더 읽을거리

(문학 발명품이 아니라 문학 해석에 초점을 맞추는 인지적 서사학敍事學이나 문학에 대한 인지적 접근법 대신) 수사적 서술 이론 또는 이야기 과학으로 알려진 이 책의 학술적 방법을 더 알고 싶다면, 앞서 서론에서 논의했듯이 아리스토텔레스의 《시학》을 교과서로 삼아보라. 아리스토텔레스 이후 그 방법은 코다에서 언급했듯이 거의 잊힌 채로 있다가 20세기 들어서 R. S. 크레인과 시카고학파 학자들 덕분에 부활하게 되었다. 주요한 작품으로는 크레인의 《Critics and Criticism: Ancient and Modern》에 실린 에세이 '톰 존스의 플롯'(Chicago: University of Chicago Press, 1952), 웨인 부스Wayne Booth의 《The Rhetoric of Fiction》(Chicago: University of Chicago Press, 1961), 제임스 펠란James Phelan의 《Narrative as Rhetoric (Columbus: Ohio State University Press, 1996) 등이 있다.

문학 발명품의 심리적 효과에 관한 나의 이야기 과학 연구에 관심이 있다면, 일단 내가 존 몬테로소John Monterosso와 공동 저술한 논문인 "The Science of Free-Indirect Discourse: An Alternate Cognitive Effect," 〈Narrative〉 24 (2016): 82-103, doi:10.1353/nar.2016.0004를 출발점으로 삼아보라. 제11장에서 설명했듯이, 제인 오스틴의 스타일이 우리 뇌가 사랑에 더 관대해지도록 어떻게 돕는지 살펴볼 수 있다. 아울러 내가 쓴 《Comic Democracies》(Baltimore: Johns Hopkins University Press, 2016)에서 문학 발명품의 더 폭넓은 사회적 효과를 살펴볼 수도 있다. 이 책은 고대 희극에서 셰익스피어를 거쳐 미국 독립선언서에 이르기까지 호기심과 개방성, 유연성 등 민주주의의 여러 신경적 원천을 키워주는 여섯 가지 발명품을 자세히 다루고 있다.

우리는 지금 문학이 필요하다